W0331798

»Mühldorf a.Inn – Salzburg in Bayern«
935 · 1802 · 2002

Begleitband zur gleichnamigen Ausstellung
vom 8. Juni bis 27. Oktober 2002
im Haberkasten, Mühldorf a. Inn

Mühldorf a. Inn

Salzburg in Bayern

935 · 1802 · 2002

Stadt Mühldorf a. Inn

200 Jahre gehört Mühldorf a. Inn nun, nach beinahe 900-jähriger Zugehörigkeit zum Salzburger Erzstift, zu Bayern – Zeiten voller historischer Ereignisse, Zeiten, in denen Mühldorf a. Inn wegen seiner Lage stets eine gewichtige Rolle spielte, sei es als Verwaltungsmittelpunkt, als Handelsknotenpunkt oder als Wirkungsort großer Künstler von europäischem Rang.

Unsere mit viel historischem Spürsinn und Herzblut vorbereitete Ausstellung »In der Geschichte vereint. In Europa verbunden. Mühldorf a. Inn – Salzburg in Bayern« soll die politische und kulturelle Besonderheit Mühldorfs als Salzburger Insel in Bayern darstellen. Damit verbinden wir die Hoffnung auf eine gedeihliche Entwicklung und eine noch stärkere Integration unserer beiden Nachbarregionen im Interesse der Menschen diesseits und jenseits formal bestehender Landesgrenzen.

Nicht versäumen möchte ich an dieser Stelle, meinen Mitarbeitern für die zahllosen Stunden der Vorbereitung der Jubiläumsveranstaltungen ganz persönlich meinen herzlichen Dank auszusprechen.

Unseren Besuchern und Gästen wünsche ich einen angenehmen Aufenthalt in unserer schönen Innstadt, der Ausstellung einen guten Verlauf sowie viele interessierte Besucher.

GÜNTHER KNOBLAUCH
Erster Bürgermeister

Im **Jahre 2002** feiert die Stadt Mühldorf ihre 200-jährige Zugehörigkeit zu Bayern. Dazu wurde auch der Erzbischof von Salzburg um ein Grußwort gebeten. Das ist nicht leicht. Denn Salzburg müsste – realistisch gedacht – des endgültigen Verlustes von Mühldorf vor 200 Jahren gedenken. Lässt sich das aber »feiern«?

Diese Exklave, das schöne Innstädtchen Mühldorf, wurde von den Salzburger Erzbischöfen wie ein Augapfel gehütet und verteidigt. Nicht ohne gute Gründe. Für den Salzhandel war Mühldorf ein wichtiger Umschlagplatz; für Synoden und Konzile gesucht. Die Salzburger Domherren flohen 1481 nach Mühldorf und selbst Erzbischof Matthäus Lang, der sich lieber in Mühldorf als in Salzburg aufhielt, musste in den Bauernkriegen dort Zuflucht suchen. »Heiß umfehdet, wild umstritten« – dieses Wort aus der österreichischen Bundeshymne kann man gut auf Mühldorf anwenden.

Sinnbild des Kampfes um Mühldorf war der »große alte von quaterstuck gebaute Thurn«, der im Jahr 1348 von Erzbischof Ortolf von Weißeneck errichtet worden war. Im Jahr 1807 wurde der so genannte »Voitturm« auf Veranlassung der bayrischen Regierung abgebrochen – sichtbares Zeichen des Endes der Salzburger Herrschaft.

Auch größere Türme fallen heute. Wir müssen sie nicht alle wieder aufbauen; viel wichtiger wird es sein, Brücken zu bauen zu den verschiedenen Ländern, Völkern, Religionen und Kulturen. Der Friede ist unser Hochziel.

+ Georg Eder

DR. GEORG EDER
Erzbischof von Salzburg

Im **November 1802** kam die jetzige Kreisstadt Mühldorf a. Inn zu Bayern. Davor war die Stadt fast 900 Jahre lang Teil des Salzburger Erzstiftes. Dies war nicht ein herrschaftsgeschichtlicher, sondern auch ein kirchengeschichtlicher Wendepunkt, der sich mit der Säkularisation vollzogen hat.
Mühldorf hat nicht nur – man denke nur an die Niederlage der Böhmen 1257 oder die Schlacht zwischen Bayern und Österreichern 1322 – in der profanen bayerisch-salzburgischen Geschichte eine bedeutende Rolle gespielt, sondern auch in der Kirchengeschichte.

Die Salzburger Zeit war vorüber, als Ende November 1802 bayerische Truppen Mühldorf besetzten. Die provisorische Abtretung der Stadt Mühldorf durch das Erzbistum Salzburg an das Generalvikariat Freising geschah dann 1808. Mit dem bayerischen Konkordat von 1817 und der Neuumschreibung des Erzbistums München und Freising von 1821 wurde die Bistumszugehörigkeit festgeschrieben.
Mag auch der Eingriff in die kirchlichen Strukturen seitens der weltlichen Herrscher im Rahmen der Säkularisation noch so schmerzlich gewesen sein, das kirchliche Leben fand kein Ende, sondern erfuhr eine neue Blütezeit.
So wirkten im 19. und 20. Jahrhundert mehrere Orden in Mühldorf. Seit 1854 sind die Armen Schulschwestern und seit der Mitte des 19. Jahrhunderts die Franziskanerinnen von Mallersdorf in Mühldorf. Die Armen Schulschwestern sind im pfarrlichen Kindergarten eingesetzt und die Mallersdorfer Schwestern betreuen das Heiliggeist-Spital und das Kreiskrankenhaus Mühldorf. Von 1891 bis 1977 wirkten die Franziskaner im Mühldorfer Franziskanerkloster segensreich. Seit 1871 betreut die Schwesternschaft vom III. Orden des hl. Franziskus in Ecksberg behinderte Erwachsene.
Der erste Erzbischof des neuen Erzbistums München und Freising, Lothar Anselm Freiherr von Gebsattel, verstarb im Alter von über 85 Jahren am 1. Oktober 1846 in Mühldorf während einer Firmreise. Er war im Riedl'schen Gasthaus abgestiegen. Sein Leichnam wurde am 2. Oktober 1846 nach München in die Frauenkirche überführt.
Mit dem Wachsen der Stadt Mühldorf wuchs auch das kirchliche Leben in ihr. Im Bereich der Stadt wurden unter Kardinal Michael Faulhaber 1964 die Pfarrei St. Peter und Paul und unter Kardinal Julius Döpfner 1964 die Pfarrei St. Pius X. errichtet.

Über Jahrhunderte hinweg war der Patron der Pfarr- und Stiftskirche der hl. Nikolaus. Der hl. Nikolaus wird seit der Übertragung seiner Gebeine von Myra nach Bari in Unteritalien 1087 im ganzen Abendland verehrt. Er ist der Fürsprecher in allen Nöten und der, der allen Bedrängten in jeder Gefahr beisteht. Er ist der Patron der Fährleute und der Schiffer, genauso wie der der Kinder und Gefangenen.

Ich wünsche den Feierlichkeiten der Stadt Mühldorf die schützende Hand des hl. Nikolaus, damit wir, gleich dem hl. Nikolaus, auch in heutiger Zeit anderen das Gute schenken können, das wir empfangen.

+ Friedrich Card. Wetter

FRIEDRICH KARDINAL WETTER
Erzbischof von München und Freising

Die **Stadt Mühldorf** gedenkt im Jubiläumsjahr 2002 ihrer 200-jährigen Zugehörigkeit zum Kurfürstentum, Königreich und Freistaat Bayern. Als Landeshauptmann von Salzburg ist es für mich eine besondere Freude, dass man bei dieser Gelegenheit auch die Epoche vor 1802 dokumentiert, in der Mühldorf zum Erzstift und Land Salzburg gehörte. Unter den zahlreichen Besitzungen, über die Salzburg in den Nachbarländern Bayern, Österreich, Steiermark, Kärnten und Tirol verfügte, nahm Mühldorf immer eine Sonderstellung ein. Bereits 1190 leitete die Verleihung eines Niederlagsrechtes für Salz aus der Saline Reichenhall durch König Heinrich VI. den Aufstieg des Marktes Mühldorf, den der Salzburger Erzbischof kurz zuvor von Altmühldorf an die heutige Stelle verlegt hatte, zur Stadt ein. Die Schlacht bei Mühldorf 1322, in der das Salzburger Truppenkontingent auf Seiten des Habsburger Friedrich des Schönen gegen den Wittelsbacher Ludwig von Bayern unterlag, führte zur endgültigen Trennung Salzburgs von seinem »Mutterland« Bayern.

Im Gegensatz zu den erzbischöflichen Städten in Kärnten und der Steiermark, die der Landeshoheit der Habsburger unterworfen wurden, konnte sich Salzburg für Mühldorf 1442 das Hochgericht und damit auch die Landeshoheit sichern. Seit dieser Zeit galt die Stadt trotz ihrer räumlichen Entfernung als Teil des Landes Salzburg und ihre Vertreter besuchten die Salzburger Landtage. Wenn Mühldorf und seine Bürger als Salzburger Enklave im Herzogtum Bayern auch oft große Opfer bringen mussten, so hat doch die Bautätigkeit der Erzbischöfe das Stadtbild bis heute geprägt. Seinen Rang als regionales Verwaltungszentrum konnte Mühldorf auch nach dem Übergang an Bayern 1802 behaupten. Der Ausstellung »Mühldorf a. Inn – Salzburg in Bayern«, die nicht nur der reichen Geschichte Mühldorfs gedenkt, sondern auch Perspektiven für die Entwicklung in einem vereinten Europa eröffnet, wünsche ich viel Erfolg.

UNIV. DOZ. DR. FRANZ SCHAUSBERGER
Landeshauptmann von Salzburg

In die Zeit der gewaltsamen Neuordnung Europas durch Napoleon fällt auch der Aufstieg Bayerns zum stärksten deutschen Mittelstaat. Die historische Leistung Montgelas' liegt darin, mit seinem zukunftsorientierten Staatsneubau die Weichen für ein modernes Bayern gestellt zu haben. Mühldorf am Inn blickt in der Ära Montgelas auf eine fast 900-jährige Salzburger Vergangenheit zurück. Dass das Jahr 1802, in dem Mühldorf zu Bayern kommt, einen tiefen Einschnitt in die Geschichte der heutigen Kreisstadt bedeutet hat, wird Thema der Ausstellung »Mühldorf a. Inn – Salzburg in Bayern« sein. Gerne bin ich Schirmherr dieser Jubiläumsausstellung, die für mich einmal mehr zeigt, dass Bayern seiner Vergangenheit angemessen Rechnung trägt.

Als ehemaliger Teil des Erzstiftes Salzburg blickt Mühldorf im Jahr 2002 auf 200 Jahre bayerische Zeit zurück. Die Ausstellung widmet sich der Entwicklung von Wirtschaft und Handel, von Verwaltung und Recht ebenso wie von Kunst und Kultur sowohl in Salzburger wie in bayerischer Zeit. Die engen Kontakte zwischen Bayern und Salzburg sollen aber auch Basis sein für einen gemeinsamen Blick nach vorne – in eine europäische Zukunft. Als Schirmherr bin ich davon überzeugt, dass die Ausstellung »Mühldorf a. Inn – Salzburg in Bayern« nicht nur Aufschluss über die Vergangenheit bietet, sondern gleichermaßen Perspektiven für die Zukunft formt.

DR. EDMUND STOIBER
Bayerischer Ministerpräsident

»Salzburger Zeit«

»Bayerische Zeit«

»Salzburger Zeit«

Mühldorf als erzbischöfliche Stadt

Heinz Dopsch

Das Gebiet der Stadt Mühldorf und ihrer Umgebung war über 1000 Jahre im Besitz des Erzbistums Salzburg. Das 788/90 angelegte älteste Salzburger Güterverzeichnis *(notitia arnonis)* führt Mühldorf noch nicht namentlich auf. Es nennt aber in der weiteren Umgebung Eigenkirchen der Salzburger Bischöfe in Flossing, in Zeitlarn, in Burgkirchen an der Alz und in Holzen bei Neuötting. [1] Außerdem ist Salzburger Grundbesitz in der näheren Umgebung von Mühldorf in Ampfing, Mettenheim und Erharting an der Isen, sowie in Teising, Tüßling, Unterburgkirchen und Buch (bei Altötting) bezeugt. [2] Daraus ist zu erschließen, dass auch das Gebiet von Mühldorf bereits im 8. Jahrhundert durch die bayerischen Herzöge aus dem Geschlecht der Agilolfinger an die Salzburger Kirche geschenkt wurde und bis 1802 unter Salzburger Herrschaft blieb.

Das »weiße Gold« und das Werden der Stadt

Unter den mehr als 200 Gütern, die sich im Frühmittelalter durch Schenkungen von Kaisern, Königen und Herzogen im Besitz der Salzburger Kirche befanden,[3] spielte Mühldorf stets eine zentrale Rolle. Der Ort war Schauplatz kirchlicher Synoden, diplomatischer Verhandlungen, großer Schlachten und rauschender Feste, gewann als Stützpunkt für den Salzhandel nach Bayern und die Getreideeinfuhr nach Salzburg immer größere wirtschaftliche Bedeutung, spielte nach der Entwicklung zur Stadt eine entscheidende Rolle beim Werden des Landes Salzburg und blieb durch viele Jahrhunderte als Außenposten des Erzstifts, über den sich die Erzbischöfe schließlich die volle Landeshoheit sichern konnten, ein Stachel im Fleisch des Herzogtums und Kurfürstentums Bayern.

Wie der Name Mühldorf andeutet, entstand der Ort im 9. Jahrhundert an einer Stelle, wo starke Quellen zusammengefasst und für den Antrieb von Mühlen verwendet wurden. Es war das heutige Altmühldorf, ca. 2 km westlich der Stadt, das seit 1978 wieder zum Stadtgebiet zählt. Als Mühldorf 935 erstmals urkundlich genannt wird, bildete es bereits einen wichtigen Stützpunkt der Salzburger Kirche, da Erzbischof Odalbert (923–935) hier umfangreiche Tauschgeschäfte durchführte.[4] Zwei Jahrzehnte später erlangte der Ort traurige Berühmtheit: Der Salzburger Erzbischof Herold (939/40–958), der sich dem Aufstand der mit ihm verwandten Luitpoldinger gegen König Otto I. angeschlossen hatte, fiel hier 955 nach einer verlorenen Schlacht in die Hand des Bayernherzogs Heinrich I. Dieser ließ den Metropoliten blenden und schickte ihn nach Säben (in Südtirol) in die Verbannung.[5]

Salzburg verdankt seinen deutschen Namen dem Salz aus Reichenhall, wo bereits um 700 der bayerische Herzog Theodo den Großteil der Quellsalinen an den hl. Rupert, den Gründer der Salzburger Kirche, geschenkt hatte. [6] Mit der Saline Hallein, wo Erzbischof Adalbert II. ab 1191 die Salzproduktion zielstrebig ausbaute, [7] erwuchs dem Reichenhaller Salzmonopol jedoch eine gefährliche und bald übermächtige Konkurrenz. Während das Halleiner Salz vor allem auf dem Wasserweg nach Passau und von dort weiter nach Böhmen und Österreich ging, wurde das Salz aus Reichenhall überwiegend nach Bayern exportiert. Dabei spielte die Fernstraße von Salzburg an die Donau und nach Regensburg, die bei Mühldorf den Inn überquerte, eine wichtige Rolle. [8] Erzbischof Adalbert II. verlegte deshalb die Siedlung von ihrem ursprünglichen Standort in Altmühldorf an die Stelle der heutigen Stadt. Vor 1190 ließ er dort zur Sicherung der seit 1177 bezeugten Innbrücke einen mit Mauern befestigten Markt *(burgus)* errichten. [9]

Stadtansicht von Mühldorf
Aquarell, um 1765
StA Landshut
Die Stadt ist von einem erhöhten Standpunkt in Altmühldorf aus gesehen und das Bild zeigt deutlich, wie eng die salzburgische Stadt Mühldorf von bayerischem Territorium umschlossen war. Das Aquarell entstand als Beleg für den Grenzverlauf zwischen dem Landgericht Neumarkt und dem Pfleggericht Kraiburg im Jahre 1765. Die Stadttopografie zeigt die Katharinenvorstadt mit der Katharinenkirche, die vom Wassergraben umgebene Insel mit dem Pflegschloss und dem Voitturm, die Brücken über den Wassergraben und den Inn und die von Mauern umgebene Stadt. In ihrer Mitte heben sich die Kirche des Kollegiatstifts und die beiden Dächer von Korn- und Haberkasten ab.
Lit.: Stahleder, Helmuth: Mühldorf am Inn (Historischer Atlas von Bayern, Tl. Altbayern, Heft 36), München 1976.

Adalberts Vetter, der römische König und spätere Kaiser Heinrich VI., Sohn und Nachfolger Friedrichs I. Barbarossa, gewährte dem Erzbischof 1190 das Recht, im *burgus* Mühldorf eine Salzniederlage einzurichten – eines der ältesten Niederlagsprivilegien überhaupt. Das Niederlagsrecht, in der Volkssprache als *geienleide* bezeichnet, schrieb vor, alles durch Mühldorf transportierte Salz dort öffentlich zum Verkauf anzubieten.[10] Es bildete die wirtschaftliche Grundlage für den Wohlstand der Bürger und die rasche Entwicklung des Marktes zur Stadt. Bereits 1239 wird Mühldorf erstmals eindeutig als Stadt *(civitas)* bezeichnet.[11] Es war neben der aufstrebenden Salinenstadt Hallein, der erzbischöflichen Residenzstadt Salzburg, Laufen, dem Zentrum der Salzschifffahrt, und Tittmoning, das ab 1234 zur Sicherung der Grenze gegen Bayern planmäßig ausgebaut wurde, die fünfte erzbischöfliche Stadt am Flusssystem von Salzach und Inn.[12]

Mühldorf wurde durch Mauern, Türme und Tore gesichert, die Bürger mussten Rüstung und Waffen besitzen, um ihre Stadt im Kriegsfall selbst verteidigen zu können. An der Spitze der Gemeinde stand der seit 1278 bezeugte Stadtrichter als Vertreter des Erzbischofs, der von zwölf »Genannten« bzw. Geschworenen, den Beisitzern im Stadtgericht, unterstützt wurde.[13] Die Rechtsverhältnisse in Mühldorf wurden zunächst durch ein kurzes, in zehn Artikel gegliedertes Stadtrecht geregelt, das Erzbischof Rudolf von Hohenegg 1287 für seine Residenzstadt und für alle anderen erzbischöflichen Städte erließ.[14] Um die Mitte des 14. Jahrhunderts wurde dann ein ausführliches Stadtrecht »mit dem Rat der ältesten und besten Bürger« aufgezeichnet, das sich auf ältere erzbischöfliche Ordnungen stützte.[15] In seinen ausführlichen Bestimmungen bietet das Mühldorfer Stadtrecht einen guten Einblick in die Rechts-, Wirtschafts- und Lebensverhältnisse der Stadt und in die durch die Lage mitten in Bayern besonders wichtigen militärischen Pflichten ihrer Bürger und Einwohner.

Als Sondergruppe nennt das Stadtrecht die Juden, für die – entsprechend dem Bürgereid der Mühldorfer Bürger – ein eigener Judeneid überliefert ist.[16] Sie spielten zeitweise eine dominierende Rolle in der städtischen Wirtschaft. 1349 wurden sie aber beschuldigt, die Verursacher der großen Pestpandemie, die in Mühldorf besonders viele Opfer forderte, zu sein und deshalb grausam verfolgt und dezimiert.[17] Von einem zweiten Pogrom, zu dem es 1404 unter der Anschuldigung des Hostienfrevels in allen Salzburger Städten kam, scheint sich die Mühldorfer Judengemeinde nicht mehr erholt zu haben, lange bevor Erzbischof Leonhard von Keutschach 1498 die Ausweisung aller Juden aus Salzburg anordnete.[18]

Synoden, Turniere und Schlachten

Als wehrhafte Stadt im Besitz der Salzburger Erzbischöfe, die mitten im Herzogtum Bayern an einem strategisch wichtigen Übergang über den Inn lag, gewann Mühldorf im Spätmittelalter und der frühen Neuzeit immer größere Bedeutung. Das kommt in den Kirchenversammlungen, Festen und Turnieren, die hier stattfanden, aber auch in den endlosen Kämpfen, die um den Besitz der Stadt geführt wurden, deutlich zum Ausdruck. Der zum Erzbischof Erwählte (Elekt) Philipp von Spanheim beriet sich 1249 auf einer Provinzialsynode in Mühldorf mit Suffraganbischöfen, Prälaten und Klerikern seiner Kirchenprovinz.[19] Sieben Jahre später veranstaltete Philipp in Mühldorf glänzende Ritterspiele. Dabei verwettete er selbst beim Quintana-Rennen, einem Glücksspiel, das den heutigen Pferdewetten vergleichbar ist, die ungeheure Summe von 10.000 Mark Silber.[20] Dieses Verhalten, das gar nicht zum Bild eines geistlichen Oberhirten passte, sollte zu seinem baldigen Sturz beitragen.

Bis ins 13. Jahrhundert war Mühldorf nur einer der vielen Stützpunkte, die Salzburg in den benachbarten Herzogtümern Bayern, Kärnten, Steiermark und Österreich besaß. Diese Situation änderte sich aber, als Erzbischof Eberhard II. (1200–1246) in enger Zusammenarbeit mit Kaiser Friedrich II. ein großes, geschlossenes Herrschaftsgebiet aufbauen konnte. Der Schwerpunkt dieses werdenden Landes lag südlich der Stadt Salzburg, im alten Salzburggau, im Pongau, Pinzgau und Lungau, während die zahlreichen Güter der Salzburger Kirche im Chiemgau und im Isengau nur mehr Streubesitz im Herzogtum Bayern bildeten.[21] Auch Mühldorf und der bedeutende erzbischöfliche Grundbesitz in der Umgebung der Stadt wurden damit zu exponierten, vom Stiftsland getrennten Salzburger Enklaven im bayerischen Herzogtum.

Die »Harrach-Karte«
Johann Baptist Homann (1664–1724), kol. Kupferstich, um 1720 Kreismuseum Lodronhaus, Mühldorf a. Inn
Die Karte hat ihre Bezeichnung von dem Porträt des Salzburger Erzbischofs Franz Anton Fürst Harrach (1709–1727) in der rechten, oberen Ecke. Auf der Karte sind alle Salzburger Landesteile mit der gleichen Farbe als zusammengehörig gekennzeichnet. Vereinfachend, aber verfälschend ist Mühldorf und die Umgebung der Stadt als geschlossenes salzburgisches Territorium und nicht als Streubesitz gezeichnet.
Lit.: Schaup, Wilhelm: Salzburg auf alten Landkarten 1551–1866/67. Salzburg 2000, S. 108 f., Abb. 33.

Bereits der Elekt Philipp, der als prononcierter päpstlicher Parteigänger auf der Synode von Mühldorf 1249 über Herzog Otto II. von Bayern, den Führer der staufischen Partei im Reich, den Kirchenbann verhängen ließ, war in kriegerische Auseinandersetzungen mit Bayern verstrickt. König Přemysl Otakar II. von Böhmen unternahm 1257 mit Unterstützung seines Vetters, des Salzburger Erzbischofs Włodizlaus, einen Einfall nach Niederbayern. Beim Rückzug des böhmischen Heeres kam es zur Katastrophe, als in Mühldorf die Innbrücke einstürzte und zahlreiche Ritter ertranken, in einem Turm verbrannten oder von den Bayern erschlagen wurden.[22]

Der Gegensatz zwischen Salzburg und Bayern vertiefte sich noch, als Erzbischof Friedrich II. von Walchen (1270–1284) energisch für König Rudolf I. von Habsburg Partei ergriff und wesentlichen Anteil an der Festsetzung der Habsburger in Österreich hatte, während Herzog Heinrich XIII. von Niederbayern zu den Gegnern des Königs zählte.[23] Als Mühldorf 1285 von einem verheerenden Stadtbrand heimgesucht wurde, ergriff der Herzog die Gelegenheit, um die kaum mehr verteidigungsfähige Stadt zu besetzen. Fast ein Jahr lang blieb Mühldorf unter bayerischer Verwaltung, aber mit Hilfe König Rudolfs I. konnte Erzbischof Rudolf von Hohenegg, der zuvor königlicher Kanzler gewesen war, die Rückgabe der Stadt durchsetzen.[24]

Einen Höhepunkt erreichte der bayerisch-salzburgische Gegensatz im frühen 14. Jahrhundert, als der Wittelsbacher Ludwig der Bayer und der Habsburger Friedrich der Schöne um die deutsche Königskrone kämpften. Erzbischof Friedrich III. warb damals ein großes Kontingent von Soldrittern und Kriegsknechten an, um den Habsburger militärisch zu unterstützen. Im Verlauf der langwierigen, bisweilen planlos anmutenden Feldzüge veranstaltete der Erzbischof in Mühldorf festliche »Ritterweihen«, bei denen er 1319 insgesamt 60 Adelige und Angehörige des städtischen Patriziats und 1322 nochmals 18 Gefolgsleute zu Rittern weihte.[25] Damit sollte nicht nur die Kampfbereitschaft im Heer gestärkt, sondern auch dem Feldzug gegen die Wittelsbacher der Anstrich eines »gerechten Krieges« verliehen werden. Als es am 28. September 1322 nordöstlich von Mühldorf unterhalb der Burg Dornberg auf den Erhartinger Wiesen zur Schlacht kam, deren Ausgang der Erzbischof in der Stadt abwartete, errangen die Bayern einen vollständigen Sieg. Nicht nur Friedrich der Schöne von Österreich und sein Bruder Heinrich, sondern auch der Großteil des Salzburger Aufgebots geriet in bayerische Gefangenschaft.[26]

Für die Auslösung der Gefangenen musste der Erzbischof in den folgenden Jahren enorme Summen aufbringen. Er sah sich erstmals gezwungen, nicht nur vom Klerus, sondern auch vom Adel seines Herrschafts-

Grenzstein
Marmor, 1664
Kreismuseum Lodronhaus, Mühldorf a. Inn
Steine mit einem bayerischen auf der einen und einem Salzburger Wappen auf der anderen Seite wurden 1665 als Grenzmarkierung für den Mühldorfer Burgfrieden gesetzt. Einige stehen heute noch an ihrem alten Platz.
Lit.: Gollwitzer, Hans / Hartmann, Adolf: Salzburger Grenzsteine. Denkmäler aus vergangener Zeit. Mühldorf 1983. Gollwitzer, Hans: Der Mühldorfer Burgfrieden. In: Das Mühlrad XII (1965–67), S. 5–17.

gebietes eine außerordentliche Steuer einzuheben;[27] als Gegenleistung erließ er auf Drängen der Salzburger Ritterschaft 1328 ein erstes umfangreiches Gesetz, das an die Stelle der bis dahin in Salzburg geltenden bayerischen Landfrieden trat und eine demonstrative Trennung vom bayerischen Rechts- und Friedensbereich bedeutete.[28] Der schwer getroffene Salzburger Adel setzte damit die endgültige Lösung Salzburgs von seinem »Mutterland« Bayern durch, die wenige Jahre später vollzogen war. Bereits 1342 sprach Erzbischof Heinrich von Pirnbrunn ausdrücklich von seinem »Land«.[29] An der Entstehung dieses Landes hatte Mühldorf einen entscheidenden Anteil.

Die Salzburger Erzbischöfe hatten in den folgenden Jahrzehnten alle Hände voll zu tun, um ihre Herrschaft über Mühldorf zu behaupten. Chronikalische Aufzeichnungen, die der Mühldorfer Ratsherr Nikolaus Grill im Jahre 1400 niederschreiben ließ, bieten dazu genauere Informationen.[30] Als der Salzburger Pfleger 1331 die Spannungen zwischen Bayern und Salzburg ausnützte, um einen Aufstand zu inszenieren – angeblich strebte Mühldorf die Stellung einer freien Reichsstadt an – musste Erzbischof Friedrich III. mit Truppen nach Mühldorf ziehen und den Pfleger gefangen nehmen, um die Ordnung wieder herzustellen.[31] 1352 kam es erneut zu Auseinandersetzungen zwischen Salzburg und Niederbayern um gegenseitige Besitz- und Hoheitsrechte. Erzbischof Ortolf von Weißeneck eroberte mit Unterstützung der Mühldorfer Bürger die nahe gelegene bayerische Burg Dornberg und ließ sie brechen. Da die Bayern Dornberg wieder aufbauten, nahm der Salzburger Hauptmann in Mühldorf, Hans Trauner, die Burg 1357 nochmals ein und zerstörte sie.[32]

In die Kämpfe zwischen Wittelsbachern und Habsburgern um den Besitz Tirols griffen auch die Salzburger Erzbischöfe als Parteigänger der Habsburger ein. Die Bayern belagerten deshalb im Sommer 1364 fast drei Monate lang Mühldorf mit einem stattlichen Heer und setzten dabei Brandgeschosse und primitive Geschütze *(Büchsen)* ein – eine der ersten Nachrichten über die Verwendung von Feuerwaffen in Bayern. Die Mühldorfer Bürger wehrten sich tapfer und konnten bei Ausfällen Erfolge erzielen, bis Ende August die Belagerung aufgehoben wurde.[33] Bereits 1376 zogen erneut bayerische Truppen vor die Stadt, plünderten das Umland und bauten die Burg Dornberg wieder auf. Mühldorf erlitt zwar beträchtlichen Schaden, widerstand aber erfolgreich allen Angriffen.[34] Als die bayerischen Herzöge 1387 den Salzburger Erzbischof Pilgrim von Puchheim in Raitenhaslach unter Bruch des Gastrechts gefangen genommen hatten, konzentrierten sich die folgenden Kämpfe erneut auf Mühldorf. Bayerische Truppen belagerten 1389 die Stadt und beschossen sie mit Geschützen, scheiterten aber wieder an der gut organisierten Verteidigung und der Entschlossenheit der Bürger. Nach der Meinung des Ratsherrn Nikolaus Grill gereichten diese militärischen Erfolge dem Erzstift Salzburg und der Stadt Mühldorf »zu großer Ehre«.[35] Die ärmeren Stadtbewohner und die Bevölkerung der umgebenden Ortschaften, die den größten Schaden zu tragen hatten, werden das wohl anders empfunden haben.

Zwischen Salzburg und Bayern

Für die Bewohner Mühldorfs und seiner Umgebung warf der andauernde Gegensatz zwischen Bayern und Salzburg die Frage nach ihrer Identität und politischen Zugehörigkeit auf. Sie saßen auf Grund und Boden der Salzburger Kirche, unterstanden der erzbischöflichen Gerichtsbarkeit und wurden von Salzburger Beamten verwaltet, aber Mühldorf und seine Umgebung lagen nicht im Land Salzburg, sondern im Herzogtum Bayern. Als sich 1403 Adel, Prälaten und Städte Salzburgs im »Igelbund« gegen die willkürliche Herrschaft des Erzbischofs zusammenschlossen, beteiligten sich daran mit Salzburg, Laufen, Hallein, Tittmoning und Radstadt alle Städte, die im Land Salzburg lagen. Mühldorf aber stand abseits und wurde offenbar nicht als Teil des Landes angesehen.[36]

Von den insgesamt elf Städten des Erzbistums Salzburg lagen mehr als die Hälfte, nämlich sechs, außerhalb des Landes: neben Mühldorf waren das Pettau an der Drau und Rann an der Save in der Steiermark (heute Ptuj und Brežice in Slowenien) sowie Friesach, Gmünd und St. Andrä im Lavanttal in Kärnten. Nach jahrzehntelangen Auseinandersetzungen mussten die Erzbischöfe im späten 15. Jahrhundert für alle diese Städte die Landeshoheit der Habsburger anerkennen.[37] Sie blieben lediglich Grundherren, während die Städte zu den Ländern Steiermark und Kärnten gehörten, die Lasten der Landesverteidigung mitzutragen hatten und von den Habsburgern als Landesfürsten besteuert wurden. In Mühldorf hingegen gelang es dem Erzstift, in einem langwierigen Prozess selbst die volle Landeshoheit zu erwerben, sodass die Stadt trotz ihrer räumlichen Distanz schließlich als Teil des Landes Salzburg galt.

Grundlage der Landeshoheit bildeten vor allem das Hoch- und Blutgericht, die Militärhoheit und die Steuerhoheit. Die bayerischen Herzöge waren deshalb bestrebt, auch die Eigenleute des Erzstiftes Salzburg ihrer Hochgerichtsbarkeit zu unterwerfen. Als 1275 die gegenseitigen Besitzungen und Rechte vertraglich abgegrenzt wurden, stellte Herzog Heinrich XIII. von Niederbayern zunächst die Salzburger Güter im Isengau und speziell den Markt Buchbach an das Erzstift zurück. Er versprach auch, die Gerichtsrechte der Salzburger Kirche im Isengau und im Eslerwald zu respektieren, behielt sich aber ausdrücklich alle Hochgerichtsfälle vor.[38] Im Landshuter Ausgleich verpflichteten sich 1333 die bayerischen Herzöge, den von ihnen besetzten Isengau an Salzburg zurückzustellen, reservierten sich aber erneut das Hochgericht *(lantgericht)*.[39] Damit schien die Landeshoheit der Herzöge von Niederbayern über die Stadt Mühldorf und die Salzburger Besitzungen im Isengau auf Dauer gesichert.

Die Erzbischöfe versuchten aber, sich unter großen finanziellen Opfern selbst das Hochgericht zu sichern. Eberhard III. von Neuhaus (1406–1427) und Johann II. von Reisberg (1429–1441) erwarben 1414–1428 und 1431–1441 das »Halsgericht« in Mühldorf und über ihre Eigenleute im Isengau, aber die bayerischen Herzöge machten jeweils von dem ihnen vorbehaltenen Rückkaufsrecht Gebrauch.[40] Für die Stadt Mühldorf kam es 1442 zu einer dauerhaften Regelung. Erzbischof Friedrich IV. trat am 11. November einen Landstrich am östlichen Ufer der Alz in der unmittelbaren Umgebung von Trostberg an Bayern ab und erhielt dafür von Herzog Heinrich XVI. von Bayern-Landshut das oberste Halsgericht für die Stadt Mühldorf einschließlich der Vorstädte und der Innbrücke. Auch über den Burgfrieden, den Wildbann und die Fischrechte wurde eine Einigung erzielt.[41] Damit war die Landeshoheit der Erzbischöfe über die Stadt gesichert, die in der Richtstätte (Hochgericht) an der Altöttinger Straße und den 1557 gesetzten Grenzsteinen zum Ausdruck kam.

Ebenfalls am 11. November 1442 verkaufte Herzog Heinrich – so wie in den Verträgen von 1414 und 1431 – das oberste Halsgericht im Burgfrieden außerhalb der Stadt Mühldorf sowie über die erzbischöflichen Eigenleute im Landgericht Weilhart und in der Herrschaft Mattsee an Erzbischof Friedrich, behielt sich aber das Rückkaufsrecht vor.[42] Der Rückkauf wurde zwar 1488 durchgeführt, aber 1509–1519 befand sich das Hochgericht erneut im Besitz der Salzburger Erzbischöfe.

Die Bedeutung der Stadt Mühldorf für die Salzburger Erzbischöfe wurde damit wesentlich aufgewertet. Kardinal Matthäus Lang von Wellenburg, seit 1511 Koadjutor des Erzbischofs Leonhard von Keutschach, residierte von 1516 bis 1519 häufig in der Stadt Mühldorf, die gemeinsam mit Tittmoning an ihn übergeben worden war.[43] Als Erzbischof hielt Lang 1522 in Mühldorf eine Provinzialsynode ab, auf der weitreichende Maßnahmen gegen das Vordringen der evangelischen Lehre beschlossen wurden.[44] Auch einer der ersten Religionsprozesse fand in Mühldorf statt. P. Stephan Kastenbauer, der sich nach Humanistenart Agricola nannte, wurde 1522 hier verhört, dann zwei Jahre inhaftiert, 1524 aber freigelassen und des Landes verwiesen.[45]

Matthäus Lang, der Mühldorf 1522 eine neue Stadt- und Polizeiordnung verlieh,[46] wurde im Salzburger Bauernkrieg 1525 auf der Feste Hohensalzburg eingeschlossen und drei Monate lang von den Aufständischen belagert. Um einem Übergreifen der Empörung auf bayerisches Gebiet vorzubeugen, wurde damals die Stadt Mühldorf von Bayern besetzt.[47] Der Kardinal begab sich nach seiner Befreiung durch Truppen des Schwäbischen Bundes und dem Abschluss eines Waffenstillstands sofort nach Mühldorf, dem er sich besonders verbunden fühlte. Wegen der enormen Kriegskosten, die er an Bayern bezahlen musste, verpfändete er die Städte Laufen und Tittmoning sowie die Herrschaft Mattsee an die Wittelsbacher.[48] Deren Absicht auf die Erwerbung Mühldorfs trat er jedoch entschieden entgegen. Unter schwersten finanziellen Opfern und mit Hilfe von Sondersteuern, die in Mühldorf, Laufen und Tittmoning sowie im Flachgau und Rupertiwinkel eingehoben wurden, konnte er die verpfändeten Städte und Herrschaften zurücklösen und auch das Hochgericht über die Stadt Mühldorf behaupten.[49]

Vertrag über die Hochgerichtsbarkeit vom 11. November 1442
BayHStA
Erzbischof Friedrich IV. bekommt von Herzog Heinrich XVI. von Bayern-Landshut das oberste Halsgericht für die Stadt Mühldorf einschließlich der Vorstädte und der Innbrücke.
Lit.: Gollwitzer, Hans: Der Mühldorfer Burgfrieden. In: Das Mühlrad XII (1965–67), S. 5–17.

Für das Gebiet des Mühldorfer Burgfriedens außerhalb der Stadt, für die Güter im Isengau und für weitere Salzburger Besitzungen in Bayern musste Kardinal Lang jedoch in Verträgen mit Bayern 1525 und 1527 auf das Hochgericht, das die Erzbischöfe dort 1414, 1431 und 1442 jeweils langfristig erworben hatten, endgültig verzichten.[50] Seit dieser Zeit gab es zwei Kategorien von »Salzburgern«: Die Stadt Mühldorf war Teil des Landes Salzburg, ihre Vertreter besuchten seit 1473 die Salzburger Landtage. Als exterritoriales Gebiet, als ein Stück Salzburg in Bayern, galt jedoch nicht nur die Stadt, sondern der wesentlich größere Burgfrieden. Das wurde an den insgesamt 53 steinernen Grenzsäulen deutlich, die seit 1661 auf der einen Seite das bayerische Rautenwappen und auf der anderen das Wappen des Erzstiftes Salzburg zeigten.[51]

Die erzbischöflichen Untertanen im Mühldorfer Burgfrieden außerhalb der Stadt sowie auf den Besitzungen im Isengau saßen zwar auf Grund und Boden der Salzburger Kirche und unterstanden der Salzburger Verwaltung. Sie waren meist in Propsteien, Ämtern oder Hofmarken zusammengefasst, in denen die Salzburger Beamten die niedere Gerichtsbarkeit ausübten.[52] Das Hochgericht und damit auch die Landeshoheit stand jedoch den bayerischen Herzögen zu, die Salzburger Güter und Untertanen gehörten zum Land Bayern. Deshalb gingen auch die Appellationen gegen Urteile des Salzburger Propst- und Vogtgerichts in erster Instanz an den Salzburger Pfleger zu Mühldorf, in zweiter Instanz aber an die kurfürstlich-bayerische Regierung in Landshut bzw. Burghausen.[53]

Die Stadt als Zentrum der erzbischöflichen Regionalverwaltung

Das Erzstift Salzburg hatte bereits im späten 12. Jahrhundert, lange vor der Entstehung des Landes, mit dem Aufbau zentraler Verwaltungsbehörden begonnen. Diese orientierten sich nicht an geschlossenen Bezirken, wie sie uns heute vertraut sind, sondern an den differenzierten Personenverbänden von Grundholden und Eigenleuten, die auf den weit gestreuten Salzburger Kirchengütern ansässig waren.[54] Das Vizedomamt im steirischen Leibnitz verwaltete die Besitzungen in der fernen Mittel- und Untersteiermark, dem Vizedom im Kärntner Friesach unterstanden die Salzburger Kirchengüter südlich der Tauern und das Vizedomamt – seit dem späten 13. Jahrhundert Hofmeisteramt – Salzburg war für den Kirchenbesitz nördlich des Alpenhauptkamms, damit auch für Mühldorf und die Salzburger Güter im Isengau, zuständig.[55] Da die strategisch wichtigsten Positionen zunächst durch den Bau von Burgen gesichert wurden, erscheint auch in Mühldorf als erster erzbischöflicher Beamter 1197 ein Burggraf *(castellanus)*, gelegentlich auch Vizedom genannt, der für die Verwaltung der Feste (»Burghut«) und den militärischen Schutz der Salzburger Eigenleute verantwortlich war.[56]

An die Stelle des Burggrafen trat um 1350 ein Pfleger, der – so wie generell im Erzstift Salzburg – auch in Mühldorf der wichtigste erzbischöfliche Beamte war.[57] Er hatte die Burg für die Landesverteidigung und als Stützpunkt der erzbischöflichen Herrschaft instand zu halten, die militärische Einsatzbereitschaft

Landtafel
Hofmaler August Erich (?), Öl auf Leinen, 1707/08
Erzabtei St. Peter, Salzburg
Die Tafel enthält die Wappen der Mitglieder der Salzburger Landschaft. Die Wappen sind von oben nach unten in hierarchischer Weise angeordnet. Oben in der Mitte steht das Wappen des Fürsterzbischofs Johann Ernst Reichsgraf von Thun-Hohenstein. In der nächsten Reihe folgen die Prälaten, darunter die Erbämter, danach der Ritterstand. An fünfter Stelle erscheinen die sechs Salzburger Städte: Salzburg, Hallein, Mühldorf, Laufen, Tittmoning und Radstatt. An der untersten Stelle stehen die Märkte
Lit.: ÖKT XII, 142; Zaisberger, Friederike: Die Salzburger Landtafeln. Salzburg 1990, S. 40.

Des Hochlöblichen Hochfürstlichen Ertz Stüffts Saltzburg Land-tafel / welche Anno. 1706. in ein-neue Ordnung gebracht worden.
Der Hochwürdigiste Fürst und Herr / Herr Iohannes Ernestus Ertz-Bischove zu Saltzburg / Legat des H. Apostolischen Stuls zu Rom. Unser gnädigister Herr und Lands-Fürst als Obriste Haubt d. Landschafft
Der Löbliche Prælaten Standt.
Die vier Erbämbter.
Der Löbliche Ritter Standt.
Die Sechs Stett.
Die Märckht.

der ihm unterstellten Salzburger Eigenleute bzw. Untertanen auf den jährlichen Heerschauen zu überprüfen und im Kriegsfall das militärische Aufgebot zu führen. Daneben war er für die Hoch- und Blutgerichtsbarkeit verantwortlich, die er entweder selbst wahrnehmen konnte oder durch ihm unterstellte Richter ausüben ließ.[58] Im Erzstift Salzburg gab es – im Gegensatz zum wittelsbachischen Bayern – bis zum Ende des 16. Jahrhunderts eine strenge Trennung der Hochgerichtsbarkeit über schwere Kriminalfälle, die den Pflegern und Landrichtern vorbehalten war, und der niederen Gerichtsbarkeit, die im Rahmen der Verwaltung von Grund und Boden durch Amtleute oder Urbarpröpste wahrgenommen wurde. Erst Erzbischof Wolf Dietrich von Raitenau (1587–1612) beseitigte diese oft kritisierte Doppelgleisigkeit in der Gerichtsverwaltung.[59]

Der Pfleger zu Mühldorf wurde in seinen vielfältigen Aufgaben von untergeordneten Beamten unterstützt. Dazu zählten die Gerichtsschreiber, die Forstmeister im Mühldorfer Hart, die Zollner zu Ampfing, denen die Einhebung der erzbischöflichen Maut oblag, und die Kastner zu Mühldorf als Verwalter des erzbischöflichen Kastenamtes, das für die Einhebung, Lagerung und Verteilung der wichtigen Getreideabgaben verantwortlich war. An dessen Bedeutung erinnern noch heute der Haberkasten, der Kornkasten und das Lodronhaus in Mühldorf, die einst alle als Getreidespeicher dienten. Dem Pfleger als übergeordneter Instanz unterstand einerseits das Stadtgericht Mühldorf mit den städtischen Verwaltungsbehörden, andererseits das Propst- und Vogtgericht Mühldorf, das für Gerichtsbarkeit und Verwaltung der Salzburger Besitzungen und Eigenleute im Isengau zuständig war.[60]

An der Spitze der städtischen Beamtenhierarchie stand der Stadtrichter, der in Mühldorf seit 1278 nachweisbar ist. Er übte in der Stadt ab 1442 auch das Hochgericht aus, wofür ihm der Erzbischof den Blutbann verlieh, und innerhalb des städtischen Burgfriedens die niedere Gerichtsbarkeit. Das Stadtgericht, das unter dem Vorsitz des Stadtrichters zusammentrat, setzte sich aus zwölf »Genannten« (1303) bzw. »Geschworenen« (1333) zusammen. Aus diesem Gremium hat sich der Stadtrat entwickelt, der um 1350 im Stadtrecht und 1356 urkundlich genannt wird.[61] Gemäß der Stadt- und Polizeiordnung 1522 wurden jährlich am Georgentag (25. April) vier Stadträte ausgeschieden – einer durch den Stadtrichter und drei durch die Gemeinde – und dafür von den acht verbleibenden Stadträten vier neue aufgenommen. Erzbischof Johann Jakob von Kuen-Belasy nahm 1583 eine Abgrenzung der Kompetenzen von Richter und Rat vor. Der Bürgermeister, der erst seit dem 15. Jahrhundert auftritt, war in wichtigen Verwaltungsangelegenheiten gemeinsam mit dem Richter zuständig, die Aufsicht über den »Gemeindekotter« und die dort vom Rat inhaftierten Bürger führte er allein. Die städtischen Bediensteten (»Stadtdiener«), zu denen der Stadtschreiber, der seit 1294 nachweisbare Schulmeister, der Türmer, der Bruckmeister, die Torwärter, Stadtmesser, Aufleger und Amtleute zählten, wurden von Richter und Rat gemeinsam aufgenommen. Die Stadt war in Viertel eingeteilt, die sechzehn Viertelmänner unterstanden dem Rat.[62]

Wesentlich komplizierter war die Organisation der erzbischöflichen Regionalverwaltung für die Besitzungen und Eigenleute in der weiteren Umgebung von Mühldorf, im bayerischen Isengau. Die Anfänge des Vogtgerichts Mühldorf gehen auf die Vogtei (Schutzherrschaft) über Besitzungen und Eigenleute der Salzburger Kirche zurück, die im Früh- und Hochmittelalter von weltlichen Adeligen als Vögten ausgeübt wurde, seit der Einziehung der Vogteirechte im 13. Jahrhundert aber in den Händen der Salzburger Erzbischöfe lag.[63] Diese setzten seit dem späten 13. Jahrhundert Richter ein,[64] für die seit 1351 die Bezeichnung »Vogtrichter *(voitrichter)* im Isengau«, seit 1410 »Vogtrichter zu Mühldorf« üblich wurde. Das Vogtgericht war vor allem für jene »Vogtholden« zuständig, die dem Schutz (Vogtei) der Salzburger Erzbischöfe unterstanden, aber Grund und Boden anderer Grundherren bewirtschafteten. Deshalb waren dem Vogtgericht auch ganz unterschiedliche Gruppen von bäuerlichen Eigenleuten zugeordnet: Neben den Vogtleuten werden Urbarleute bzw. Grundholden genannt, die auf Salzburger Kirchengütern saßen, Inwärtseigner, die einstige Ministerialengüter übernommen hatten, Freisassen, die als erzbischöfliche Eigenleute Grund und Boden anderer Herren bewirtschafteten, und »Hühndler«, die als charakteristische Abgabe Hühner an den Erzbischof zinsten. Angesichts der komplizierten Rechtsverhältnisse konnten sich archaische Strukturen auffallend lange behaupten.

So begegnet in den Verträgen zwischen Salzburg und Bayern 1521 und 1527 schon die moderne Bezeichnung »Untertanen«, gleichzeitig finden sich aber noch immer genaue Bestimmungen über die Teilung der Nachkommenschaft bei Ehen zwischen Salzburgern und Bayern.[65] Da der Vogtrichter im 15. und frühen 16. Jahrhundert, als sich die Erzbischöfe durch Kauf das Hoch- und Blutgericht gesichert hatten, die hohe Gerichtsbarkeit ausübte, führte er in dieser Zeit den Titel »Land- und Vogtrichter«. Die Bedeutung der Vogtei und des Vogtgerichts demonstrierte der mächtige, 33 Meter hohe Vogtturm in der Katharinenvorstadt, den Erzbischof Ortolf von Weißeneck 1348 anstelle eines 1257 ausgebrannten Turms errichten ließ; er wurde 1807 abgebrochen, die Quadersteine verwendete man zum Bau der Innbrücke.[66]

Im Unterschied zum Vogtgericht sorgte das Propst(ei)gericht Mühldorf für die Verwaltung des erzbischöflichen Grundbesitzes im Isengau, die Pröpste übten das Niedergericht über die Salzburger Grundholden aus. Sie waren vor allem für den Grundverkehr, das Besiegelungs- und Pfandrecht sowie für Schulden zuständig, während die übrige Rechtsprechung, besonders die Strafgerichtsbarkeit, dem Vogtgericht vorbehalten blieb.[67] Nach dem Verzicht Salzburgs auf die hohe Gerichtsbarkeit und dem Vertrag mit Bayern 1527 fungierten die Pfleger zugleich als Vogtrichter. Außerdem wurde das Propst(ei)gericht dem Vogtgericht inkorporiert, die Pfleger zu Mühldorf waren damit auch Propstrichter. Gemäß dem damals angelegten Salbuch umfasste das Vogtgericht Mühldorf vier Ämter: Das Unteramt (Altmühldorf), das Oberamt (Ampfing) mit

Ich Karolina des H. R. Reichs Gräfinn von Ueber-Äcker verwittwete Pflegerin zu Mühldorf, gebohrne Gräfinn von Kuenburg etc. Urkunde hiemit,

Zeugnis der Pflegerwitwe Karolina Reichsgräfin von Überacker für ihren Gärtner Franz Xaver Holzinger, 1788
SLA
Ihr Mann, Wolf Franz Anton Reichsgraf von Überacker war von 1752 bis 1787 Pfleger in Mühldorf.

den beiden Märkten Gars und Buchbach, das Propstamt »auf den Wäldern« (Wald) und das Propstamt Mittergars. Die größeren Besitzungen, darunter auch die Märkte Gars und Buchbach, bildeten als Hofmarken geschlossene Niedergerichtsbezirke mit eigener Schranne. Später gliederte sich das Vogtgericht in die fünf Propsteien Altmühldorf, Mödling, Ampfing, Mittergars und Wald.[68]

Durch die Zusammenlegung der Gerichts- und Urbarverwaltung am Ende des 16. Jahrhunderts und einen deutlichen Trend zu Verwaltungseinsparungen vereinigten seit dem 17. Jahrhundert die meisten Beamten mehrere Funktionen in ihrer Hand. So war der erzbischöfliche Pfleger zugleich Vogt- und Propsteirichter, Stadtrichter zu Mühldorf, bisweilen auch Kastner. Höhere Adelige, welche die Pflege Mühldorf als zusätzliche Pfründe erhalten hatten, setzten dort nur mehr Pflegsverwalter ein, das Amt des Vogtrichters versahen gelegentlich Vogtgerichtsprokuratoren.[69]

Die frühe Neuzeit und das Ende der geistlichen Herrschaft

Die Entwicklung der Stadt verlief in der Neuzeit zwar ruhiger, war aber auch von Kriegen, Bränden und Seuchen geprägt. Kardinal Lang hatte 1539 das erzbischöfliche Schloss vor der Stadt errichten bzw. erneuern lassen [70] und sein Nachfolger, der Administrator Ernst von Bayern, hielt 1553 in Mühldorf nochmals eine Provinzialsynode zur Stärkung des katholischen Glaubens ab. [71] Eine langwierige Pestepidemie in Salzburg veranlasste Erzbischof Johann Jakob von Kuen-Belasy (1560–1586), nach 1571 samt seinem Hofstaat in Mühldorf Aufenthalt zu nehmen. Die Stadt selbst blieb damals zwar verschont, wurde aber noch in den Jahren 1611 und 1634 von der Pest heimgesucht. [72]

Im Zuge der Gegenreformation wurde 1610 in Mühldorf ein Kollegiatstift errichtet, dessen letzter Dekan 1801 der prominente Philosoph und Aufklärer Matthäus Fingerlos war; er avancierte bald darauf zum Universitätsprofessor in Landshut. [73] So wie das Kollegiatstift fand auch die 1640 errichtete Niederlassung der Kapuziner mit der Säkularisation 1802/03 ihr Ende. [74] Im Dreißigjährigen Krieg blieb Mühldorf zunächst von Eroberung und Besetzung verschont. Im Jahr 1640 fiel jedoch ein Großteil der Innenstadt einem verheerenden Brand zum Opfer, fast 300 Häuser gingen in Flammen auf. [75] Im letzten Kriegsjahr 1648 kam Kurfürst Maximilian I. von Bayern auf der Flucht vor den Schweden nach Mühldorf. Von seinem Küchenschiff, das damals mit einem Pfeiler der Innbrücke kollidierte und sank, konnten vor einigen Jahren Teile des kurfürstlichen Geschirrs geborgen werden.[76] Nach der Abreise des Kurfürsten wurde Mühldorf am 19. Juni 1648 von schwedischen Truppen besetzt, die allerdings den Übergang über den Inn nicht erzwingen konnten.[77]

Um die Probleme, die mit der Salzburger Enklave im Herzogtum Bayern verbunden waren, zu beseitigen, hatten Bayern und Salzburg immer wieder Verhandlungen geführt. Von insgesamt 18 Tauschprojekten ab dem Jahre 1442 scheiterte das letzte 1701 knapp vor der Realisierung. Für Mühldorf mit dem Vogt- und Propstgericht hatte Bayern damals das Pfleggericht Wildshut, Ämter aus den Gerichten Braunau und Friedburg sowie die Maut zu Strasswalchen geboten.[78] Nachdem die Stadt fast ein Jahrhundert von Kriegen verschont geblieben war, wurde Mühldorf 1742 im Österreichischen Erbfolgekrieg von bayerischen Truppen eingenommen und besetzt. Dabei kam es zu Exzessen, die den Unmut der Bürgerschaft erregten.[79] Trotz aller Gegensätze aber waren Bayern und Salzburg gezwungen, im Rahmen der Reichsverfassung zusammenzuarbeiten. Sie führten nämlich gemeinsam das Direktorium des Bayerischen Reichskreises und schrieben die Kreistage zusammen aus. Die Salzburger Erzbischöfe hielten in dieser Eigenschaft 1521, 1543, 1734 und 1757 in Mühldorf Kreistage ab, letzteren in Zusammenhang mit dem Siebenjährigen Krieg (1756–1763) zwischen Österreich und Preußen.[80]

Ein trauriges Schicksal erlitt die junge Maria Pauerin aus Mühldorf, die zur Hysterie neigte und offenbar über besondere Fähigkeiten als Medium verfügte. Das sechzehnjährige Kindermädchen wurde im Januar 1749 der Hexerei bezichtigt, im »Hexenkammerl« des Mühldorfer Rathauses inhaftiert und zwei Monate lang unter dem Vorsitz des Pflegers verhört. In Salzburg, wohin man sie im April überstellte, wurde der Prozess unter Anwendung der »peinlichen Befragung« (Folter) noch bis zum Herbst des folgenden Jahres fortgesetzt. Nach dem Eingeständnis des Schadenzaubers und der Teufelsbuhlschaft wurde Maria zum Tod verurteilt, am 3. Oktober 1750 auf der Richtstätte enthauptet und ihr Körper verbrannt. Dieser letzte Salzburger Hexenprozess war zugleich das letzte derartige Verfahren auf dem Boden des heutigen Österreich. [81]

Im Spanischen Erbfolgekrieg und besonders in den Kriegen gegen das revolutionäre Frankreich hatte Mühldorf so wie das gesamte Erzstift Salzburg enorme Summen für Einquartierungen und Kriegskontributionen zu tragen; damit ging die wirtschaftliche Blüte der Stadt zu Ende. [82] Schwerer wog noch, dass die geistlichen Fürstentümer schon seit vielen Jahrzehnten als überholt und unzeitgemäß betrachtet wurden. Mit ihrer Säkularisation, die der »Reichsdeputationshauptschluss« von Regensburg am 23. November 1802 festlegte, [83] sollten die Gebietsabtretungen an Frankreich aufgewogen werden. Salzburg wurde gemeinsam mit Berchtesgaden und dem Großteil der geistlichen Fürstentümer Passau und Eichstätt in ein Kurfürstentum umgewandelt, das Großherzog Ferdinand III., ein Bruder Kaiser Franz II., als Entschädigung für den Verlust der Toskana erhielt. [84] Bayerische Truppen besetzten schon am Tage nach dem Regensburger Beschluss die Stadt Mühldorf und die umliegenden Salzburger Güter; am 26. November stellte der Kurfürst und spätere König Maximilian Joseph das formelle Besitzergreifungspatent aus und am 1. Dezember nahm Johann Adam Frh. von Aretin die Stadt offiziell für Bayern in Besitz. [85] Der auffallend rasche Zugriff zeigte sehr deutlich, wie froh man war, die lästige Salzburger Enklave in Bayern endlich beseitigen zu können. Auch die Integration in das Königreich Bayern erfolgte schnell und effizient: Bereits am 21. Januar 1803 hielt die bayerische Gesetzgebung Einzug und im Frühsommer 1804 war die Arbeit des Generalkommissärs von Aretin abgeschlossen. [86]

Beim Übergang an Bayern hatte die Stadt 1322 Einwohner, dem Vogtgericht und den Propsteien unterstanden 1680 Personen, doch sind dabei die erzbischöflichen Untertanen der Propstei Wald nicht berücksichtigt. [87] Die wichtigen Funktionen, die Mühldorf in den Jahrhunderten der erzbischöflichen Herrschaft als Gerichts- und Verwaltungssitz wahrgenommen hatte, konnte es auch in bayerischer Zeit behaupten. Es wurde 1803 Sitz eines bayerischen Landgerichts und 1879 eines Amtsgerichts. [88] Trotz der großen baulichen Veränderungen und der starken Bevölkerungszunahme in den letzten Jahrzehnten erinnern noch eine Reihe wichtiger Bauwerke, darunter das erzbischöfliche Schloss (heute Finanzamt), das Rathaus, der renovierte Haberkasten und der Kornkasten, das Lodronhaus, die Mühldorfer Kirchenbauten und die erhaltenen Teile der Stadtbefestigung mit den beiden Tortürmen an die Salzburger Zeit. Wenn heute auf dem Nagelschmiedturm neben dem alten Stadtwappen von Mühldorf mit dem Mühlrad und dem bayerischen Rautenwappen auch das Salzburger Landeswappen angebracht ist, dann gibt das für Einheimische und Gäste einen Hinweis auf die reiche Geschichte dieser Stadt.

Bayerns jahrhundertelanges Ringen um Mühldorf

Joachim Wild

Zur Ausgangslage

Mühldorf, und zwar sowohl die Stadt als auch der in späterer Zeit als Propst- und Vogtgericht organisierte Herrschaftsraum rings um Mühldorf, bildete bis zum Ende des Alten Reichs ein salzburgisches Bollwerk im Herzogtum Bayern. Es ist daher fast zwangsläufig, dass die bayerischen Herzöge seit dem 13. Jahrhundert immer wieder versuchten, den Raum Mühldorf unter ihre Kontrolle zu bringen. Bei diesem Ausgreifen Bayerns und den Abwehrmaßnahmen Salzburgs war die Ausgangslage jedoch extrem unterschiedlich.

Bereits im 8. Jahrhundert muss die Salzburger Kirche im Raum Mühldorf bedeutenden Besitz von den bayerischen Herzögen erhalten haben, auch wenn Mühldorf selbst noch nicht namentlich erwähnt wird. Doch schon im 10. Jahrhundert ist Mühldorf (Altmühldorf) Ort bedeutender politischer Handlungen und seine Mittelpunktfunktion zeichnet sich in Umrissen ab. Gegen Ende des 12. Jahrhunderts ließ der Salzburger Erzbischof an der Stelle, an der die Fernstraße von Salzburg nach Regensburg den Inn überquerte, eine neue und mit Mauern befestigte Siedlung erbauen, die als *burgus* (Markt) bezeugt ist und 1190 vom deutschen König Heinrich VI. das Privileg einer Salzniederlage erhielt. Vor allem durch den Salzhandel, aber auch als Zentrum einer der Kornkammern Bayerns, aus der z. B. Salzburg und Berchtesgaden einen wichtigen Teil ihres Getreidebedarfs bezogen, nahm Mühldorf einen rasanten Aufschwung und begegnet schon 1239 als *civitas* (Stadt). Ein in der Mitte des 14. Jahrhunderts niedergeschriebenes Stadtrecht schließt die Stadtrechtsentwicklung Mühldorfs ab.

Seit dem Frühmittelalter war es der Salzburger Kirche gelungen, in dem geografischen Raum, den die späteren bayerischen Gerichte Neumarkt, Kraiburg und Mörmoosen ausmachen, bedeutenden Urbarsbesitz zu erwerben. Dieser wurde in den folgenden Jahrhunderten durch das Propstgericht Mühldorf verwaltet, seinerseits gegliedert in die Propsteien Altmühldorf, Ampfing, Mödling, Mittergars und Wald. Das Mühldorfer Vogtgericht dagegen verwaltete diejenigen Personen, die dem Schutz (Vogtei) der Salzburger Kirche unterstanden, jedoch nicht auf Salzburger Urbarsgütern saßen, sondern auf solchen fremder Grundherren bzw. auf freieigenen Gütern oder auf Salzburger Beutellehen.

Der seit dem Frühmittelalter durchgängig starken Position Salzburgs im Isengau stand eine extrem schwache Machtbasis der bayerischen Herzöge gegenüber. Im Jahr 1180 waren die Grafen von Wittelsbach mit dem Herzogtum Bayern belehnt worden, das sie nun bis zum Jahr 1918 regieren sollten. Unter ihnen setzte im 13. Jahrhundert ein erbitterter Machtkampf ein, aus einer Herrschaft über Personen eine flächendeckende Landesherrschaft zu machen. Im gegebenen Falle auch mit rabiaten Methoden, die jenseits aller Rechtmäßigkeit lagen, schalteten die Wittelsbacher Herzöge systematisch fast alle diesem Ziel entgegenstehenden Adelsgeschlechter aus, so die Grafenfamilien der Andechser, Falkensteiner und Wasserburger, um nur einige zu nennen. In gleicher Weise suchten sie die im Herzogtum gelegenen Bistümer zu hindern, eigene Landesherrschaften innerhalb des Herzogtums auszubilden. Beim Vorstoß der Wittelsbacher in den Raum Mühldorf, den alten Isengau, stießen sie dabei auf den erbitterten Widerstand der Salzburger Erzbischöfe. Diese waren insofern im Vorteil, als sie fast alle Rechtstitel innehatten, aus denen üblicherweise Landesherrschaft entsteht.

Der Burgfrieden der Stadt Mühldorf
BayHStA
Neuaufnahme von 1794
Lit.: Gollwitzer, Hans: Der Mühldorfer Burgfrieden. In: Das Mühlrad XII (1965–67), S. 5–17.

Die bayerischen Herzöge hatten überhaupt keinen Urbarsbesitz im Isengau wie die beiden ältesten Herzogsurbare aus dem 13. Jahrhundert überdeutlich belegen, die Salzburger Erzbischöfe dagegen in reichstem Maße.[1] Auch beim Aussterben bedeutender Adelsgeschlechter im Isengau gingen die Wittelsbacher leer aus. Die Allode der Grafen von Mögling (um 1208/13) sowie der Grafen von Dornberg (um 1225) konnte Salzburg an sich ziehen. Bis in die zweite Hälfte des 13. Jahrhunderts hinein hatten die bayerischen Herzöge auch nicht eine Burg und keinen einzigen Ministerialensitz in ihrer Verfügungsgewalt. Erst 1260 gelang ihnen ein bedeutender Durchbruch, als sie die Burg Kraiburg samt dem dazugehörigen umfänglichen Besitz aus dem Erbe der Spanheimer kaufen konnten.

Ähnlich verhielt es sich mit den Vogteien. Salzburg hatte beim Aussterben der Grafen von Mögling die Vogteien über die beiden salzburgischen Eigenklöster Au und Gars am Inn einbehalten, um sie in der Folgezeit durch salzburgische Untervögte ausüben zu lassen. Auch beim 1121/30 zuerst in Elsenbach (etwa 5 km nördlich von Neumarkt-St. Veit) gegründeten und dann 1171 nach dem heutigen Neumarkt verlegten Kloster St. Veit, das als nördlichster Vorposten der Salzburger Kirche gedacht war, gelang es den Wittelsbachern nicht, nach dem Aussterben der Grafen von Dornberg die Vogtei an sich zu ziehen; diese ging an die Herren von Julbach bzw. an die Grafen von Schaunberg über. Erst recht blieb den Wittelsbachern die Vogtei über die erzstiftischen und domkapitlischen Eigengüter der Salzburger Kirche vorenthalten. Lediglich die geringfügigen Vogteirechte über die Güter des Domkapitels Regensburg um Irl konnten sie aus dem Erbe der Grafen von Dornberg an sich bringen.

Der Isengau ist in besonderem Maße durch seine große Zahl an bedeutenden Forsten geprägt. Seit dem 9. Jahrhundert ist die Salzburger Kirche nach und nach in den Besitz aller dieser Forste gelangt (Mühldorfer Hart, Eigel- oder Eslerwald, Forst Haselstaude, Ampfinger Forst u. a.). Dieser Umstand ist insofern von großer Bedeutung, als die Forste nicht nur unbesiedelte Waldgebiete darstellen, sondern auch erhebliche Flächen urbaren Landes einschließen. Insbesondere boten sie die Möglichkeit, im Zuge einer Binnenkolonisation durch Rodung neues urbares Land zu gewinnen und die eigene Herrschaft zu verdichten. Als Immunitätsbezirke schließen sie zunächst alle anderen Herrschaftsaspiranten von einem Vordringen in diese Forste aus. Auch hier gelang es den bayerischen Herzögen überhaupt nicht, zum Zuge zu kommen.

Der einzige gewichtige Erfolg ist der Erwerb der Grafschaftsrechte im Isengau, die die Wittelsbacher nach dem Aussterben der Grafenfamilien (Möglinger, Dornberger) an sich zogen. Vermutlich gingen sie schon seit Herzog Heinrich dem Löwen vom Herzogtum zu Lehen. Die Probleme der bayerischen Herzöge, im Raum Mühldorf Fuß zu fassen, werden besonders sichtbar in der Gründung des Marktes Neumarkt (heute Neumarkt-St. Veit). Weil dem bayerischen Herzog jeglicher Grundbesitz fehlte, musste er vom Kloster St. Veit einen Hof eintauschen, um auf diesem Areal 1269 einen Markt zu gründen. Ähnlich misslich wirkte sich das Fehlen herzoglicher Burgen aus. In einer bayerischen Expansionsphase um 1285 ließ Herzog Heinrich von Niederbayern durch ihm nahe stehende Ministerialen Burgen in Zangberg und Teising bei Neumarkt errichten, auch bei Neumarkt selbst befand sich eine herzogliche Burg. Weiterhin hatte der Herzog die Burgen in Mörmoosen, Hofgiebing, Wörth bei Walkersaich und vermutlich Guttenburg an sich gebracht. Um 1290 muss dann auch die bisher salzburgische Burg Dornberg auf bisher ungeklärte Weise in den Besitz der bayerischen Herzöge gekommen sein. Die Lage der genannten Burgen beschreibt einen Dreiviertelbogen um den Mittelpunkt Mühldorf, wobei vor allem die Burg Dornberg der Stadt Mühldorf gefährlich nahe kommt. Die Strategie einer Einkreisung Mühldorfs durch einen Kranz herzoglich bayerischer Burgen ist jedoch unübersehbar.

Einsturz der Innbrücke 1257
Buchmalerei, Trauner Codex, Kloster Heiligenkreuz
Das Heer Ottokars von Böhmen floh vor Heinrich XIII. von Niederbayern und seinem Bruder Ludwig II. von Oberbayern über die Innbrücke nach Mühldorf. Unter dem Ansturm brach die Innbrücke ein und viele der gepanzerten Ritter fanden den Tod.
Lit.: Hoensch, Jörg K.: Přemysel Otakar II. von Böhmen. Der goldene König. Graz/Wien/Köln 1989.

Waffen statt Diplomatie

Im ersten Vertrag von Erharting im Jahr 1254 unternahmen die Bayernherzöge Ludwig und Heinrich sowie Elekt Philipp von Salzburg den Versuch, die bisherigen beiderseitigen Bemühungen um die Landeshoheit friedlich auszugleichen und die Machtbereiche abzugrenzen.[2] Dabei ging es vor allem um den Chiemgau; Mühldorf wird darin nicht genannt und spielt vordergründig keine Rolle. Indirekt zeitigt der Vertrag jedoch das Ergebnis, dass Mühldorf keine direkte Verbindung zum Salzburger Kernland mehr besitzt und ganz von Gebieten unter bayerischer Landeshoheit eingeschlossen ist. Doch schon drei Jahre später, 1257, wird Mühldorf direkt in die kriegerischen Auseinandersetzungen hineingezogen. Ottokar von Böhmen drang im August 1257 in Bayern ein und rückte bis vor Landshut vor. Nachdem Ludwig von Oberbayern seinem Bruder Heinrich von Niederbayern zu Hilfe kam, wich Ottokar ohne eine Entscheidungsschlacht zu wagen vor den ihn verfolgenden Bayern in Richtung Salzburg zurück, sicherlich weil er in Elekt Philipp von Salzburg einen Bundesgenossen wusste. Während seine Truppen bei Mühldorf den Inn überschritten, stürzte die Innbrücke unter der Last der gepanzerten Reiter zusammen und viele von ihnen kamen in den reißenden Fluten um. Der Rest des böhmischen Heeres, der noch auf dem linken Innufer stand, brachte sich in der Stadt Mühldorf in Sicherheit. Nach kurzer Belagerung gewährten ihm die Bayern unter bestimmten Bedingungen freien Abzug. In dieser Episode zeichnet sich ein Grundmuster ab, das in den folgenden Jahrzehnten noch häufiger begegnen wird: Salzburg wird als Bundesgenosse (in der Regel Österreichs) in kriegerische Auseinandersetzungen hineingezogen, die sich bevorzugt am salzburgischen Vorposten Mühldorf entzünden bzw. dort ausgetragen werden. Auch der zweite Vertrag von Erharting im Jahr 1275 war ein weiterer Versuch, eine eindeutigere Grenze insbesondere an Alz und Traun zwischen Salzburg und Bayern auszubilden, ohne jedoch deswegen die ständigen Kämpfe und Fehden abstellen zu können.[3] In den Jahren seit 1260 schob sich Herzog Heinrich von Niederbayern durch die Errichtung des Marktes Neu-

Friedrich der Schöne und Ludwig der Bayer
Aquarell, BSB
Die »Schlacht bei Mühldorf« der Gegenkönige Herzog Friedrich von Österreich und Herzog Ludwig von Bayern 1322 endete mit einem Sieg Ludwigs. Er hätte Mühldorf, das als Salzburger Stadt zu den Verbündeten Österreichs gehörte, einnehmen können, tat es aber nicht.
Lit.: Die Schlacht bei Mühldorf. 28. September 1322. Ursachen – Ablauf – Folgen. Mühldorf a. Inn 1993. Kaiser Ludwig der Bayer 1282–1347. AK Stadtmuseum Fürstenfeldbruck 1997.

markt und den Bau eines Burgenkranzes immer näher an das Zentrum Mühldorf heran. Im Zuge von Streitigkeiten mit Österreich überfiel Herzog Heinrich im Jahr 1285 die Stadt Mühldorf, die kurz zuvor abgebrannt und damit weitgehend wehrlos war, und ließ sich von den Bürgern huldigen. Doch 1286 musste er sie auf Drängen König Rudolfs wieder herausgeben. Vielleicht ist im Zuge dieser Kämpfe die bislang salzburgische Burg Dornberg an den bayerischen Herzog gefallen.

Nach einer Phase relativer Ruhe entstand zu Anfang des 14. Jahrhunderts eine neue politische Konstellation. Erzbischof Konrad IV. von Salzburg verbündete sich mit dem zuvor heftig befehdeten Österreich insbesondere gegen Bayern und seine Nachfolger setzten dieses Bündnis verstärkt fort. Bayern hatte also in Zukunft bei jeder Auseinandersetzung mit Österreich stets auch Salzburg zum Gegner. Die Doppelwahl vom Oktober 1314, bei der von den gegnerischen Parteien Herzog Friedrich von Österreich und Herzog Ludwig von Oberbayern zum deutschen König gewählt worden waren, steigerte die Spannung ins Unerträgliche, die nur noch eine militärische Entscheidung zuließ. Eine erste förmlich angesagte Schlacht zwischen Ludwig und Friedrich, die bei Mühldorf im September 1319 stattfinden sollte, kam nicht zustande, weil sich Ludwig zuvor in feste Städte zurückzog und einer Plünderung des Landes tatenlos zusehen musste. Erst drei Jahre später, Ende September 1322, wurde erneut die Entscheidung gesucht, auch dieses Mal wieder bei Mühldorf. Dicht an der Isen in der Nähe von Erharting standen sich die Heere am 28. September gegenüber. Der Kampf endete mit einer vernichtenden Niederlage für die österreichischen Herzöge und den mit ihnen verbündeten Salzburger Erzbischof. Viele der Ritter fielen im Kampf oder wurden gefangen genommen; auch die österreichischen Herzöge Friedrich und Heinrich gerieten in Gefangenschaft und kamen erst nach Jahren wieder frei. Während der Schlacht hatte sich der Salzburger Erzbischof in der Stadt Mühldorf aufgehalten. Offensichtlich konnte er von dort unbehelligt abziehen; auch von einer Eroberung Mühldorfs wird nichts erwähnt. König Ludwig der Bayer hat es bei diesem Sieg bewenden lassen und die Fliehenden nicht verfolgt. Die folgenden Jahre (bis 1331) sind vielmehr durch hohe Lösegeldzahlungen gekennzeichnet, um die österreichischen und salzburgischen Ritter aus bayerischer oder böhmischer Gefangenschaft freizukaufen. Ebenso hat Ludwig der Bayer die einmalige Gelegenheit des Jahres 1322 nicht genutzt, um die bayerischen Bemühungen um die Stadt Mühldorf zu einem endgültigen Erfolg zu bringen. Mühldorf ist nach der Schlacht des Jahres 1322 kein Thema.

Als 1352 die Spannungen zwischen den niederbayerischen Herzögen und dem Erzstift Salzburg wegen alter Differenzpunkte eskalierten, führte Erzbischof Ortolf von Salzburg einen Kriegszug gegen Niederbayern, in dessen Verlauf er die nunmehr bayerische Burg Dornberg nördlich von Mühldorf eroberte und zerstörte (seit der Landesteilung von 1255 gehörte das Gebiet nördlich von Mühldorf zu Niederbayern). Auch dieser Kriegszug wird nicht wegen Mühldorf geführt, bei dieser Gelegenheit jedoch eine alte Bedrohung Mühldorfs beseitigt.

Im Herbst 1363 brach in großer Heftigkeit ein Krieg zwischen Wittelsbachern und Habsburgern um die Erbfolge in Tirol aus. Nach dem Tod des jungen Wittelsbacher Thronfolgers Meinhard im Januar 1363 hatte seine Mutter Margarethe Tirol an Herzog Rudolf IV. von Österreich gegeben, der Tirol sofort in Besitz nahm. Wieder stand Salzburg fest auf der Seite Österreichs. Herzog Stephan von Niederbayern-Landshut belagerte im Sommer 1364 elf Wochen lang die Stadt Mühldorf, konnte sie aber trotz eines ersten nachweislichen Einsatzes von Feuerwaffen nicht erobern. Umgekehrt konnte gleichzeitig die bayerische Stadt Rattenberg einem österreichischen Belagerungsheer standhalten. Offensichtlich waren die spätmittelalterlichen Ritterheere nicht bzw. nicht mehr im Stande, eine inzwischen gut ummauerte und reichlich mit Nahrungsmitteln versehene Stadt in kürzerer Zeit zu erobern. Ebenso ergebnislos verlief ein erneuter Angriff Herzog Friedrichs von Niederbayern-Landshut im Oktober 1389 auf die Stadt Mühldorf, nachdem zwischen ihm und Salzburg wegen Berchtesgaden und der widerrechtlichen Gefangennahme Erzbischof Pilgrims bei Verhandlungen im Kloster Raitenhaslach ein heftiger Streit ausgebrochen war. 1389 scheint, im Rückblick betrachtet, zum letzten Mal der Versuch gemacht worden zu sein, grundsätzliche Differenzen mit Waffengewalt zu lösen, wobei sich der Angriff regelmäßig auf Mühldorf als Enklave Salzburgs im bayerischen Herzogtum konzentrierte.

Privileg Rudolfs IV. von Habsburg vom 16. Oktober 1364 mit großem Reitersiegel
Stadtarchiv Mühldorf a. Inn
In der Erbauseinandersetzung um Tirol zwischen Wittelsbachern und Habsburgern hielt die Stadt Mühldorf im Sommer 1364 elf Wochen der Belagerung durch bayerische Truppen stand. Als Belohnung erhielten die Bürger das Recht, mit 12 statt bisher 6 Zillen zollfrei Wein auf dem Inn zu führen.
Lit.: Gollwitzer, Hans: 1364 – ein denkwürdiges Jahr in Mühldorfs Geschichte. In: Das Mühlrad XI (1962–64), S. 50–60.

Die Zeit der Verträge

Das ganze 14. Jahrhundert hatte trotz der immer wieder aufflammenden Kriegszüge zwischen Bayern und Salzburg an der Machtbalance, wie sie in der zweiten Hälfte des 13. Jahrhunderts entstanden war, nichts verändern können: Bayern besaß als Folge der Grafschaftsrechte die Hochgerichtsbarkeit über den ganzen Isengau und damit auch über die Stadt Mühldorf; Salzburg dagegen war der mit Abstand größte Grundherr, übte fast alle Vogteirechte aus und hielt als größter Grund-, Leib- und Vogtherr die meisten Niedergerichtsrechte in seiner Hand. Bei dieser Konstellation schien eine wesentliche Veränderung so gut wie ausgeschlossen. Um so mehr überrascht, dass im Jahr 1414 Herzog Heinrich der Reiche von Niederbayern-Landshut für 10.000 Gulden seine ›hohe Halsgerichtsbarkeit‹ über alle salzburgischen Urbarsuntertanen, Vogtholden und Eigenleute im Isengau sowie über die Stadt Mühldorf dem Erzstift Salzburg auf Wiederkauf veräußerte.[4] 1429 machte Herzog Heinrich von seinem Rückkaufsrecht Gebrauch. Doch schon 1431 wiederholte sich der Vorgang und Herzog Heinrich verkaufte erneut die Halsgerichtsbarkeit an Salzburg auf Wiederkauf.[5] Warum Herzog Heinrich ein Rückkauf nicht möglich war oder ihm nicht wichtig genug erschien, ist vorerst ungeklärt. Jedenfalls erfolgte am 11. November 1442 eine endgültige Abtretung des obersten Halsgerichts an Salzburg, diesmal allerdings nur über die Stadt Mühldorf; die Hochgerichtsbarkeit im Isengau verblieb beim bayerischen Herzog.[6] In dem umfänglichen Vertrag wurden außerdem eingehend die Rechte des Stadtrichters zu Mühldorf, der Mühldorfer Burgfrieden und schließlich die Jagdrechte in den salzburgischen Forsten rings um Mühldorf geregelt. Damit hatte Salzburg nach fast zwei Jahrhunderten wenigstens ein großes Ziel erreicht, wenn auch nicht im ganzen Umfang. Die Folge war, dass das Erzstift Salzburg nur über die Stadt Mühldorf in den Grenzen ihres Burgfriedens die Landeshoheit erwarb, der frühere Isengau dagegen unter bayerischer Landeshoheit verblieb, obwohl Bayern die Halsgerichtsbarkeit im Vogtgericht Mühldorf und über Mattsee mehrmals auf Jahrzehnte an Salzburg verpfändete, so zuletzt 1509.

Mit dem Vertrag von 1442 brach im Verhältnis Bayerns zu Salzburg ein neues Zeitalter an. Die bisherige grundsätzliche Gegnerschaft wich einem weitgehend entspannten Miteinander, das in einer Reihe von Bündnisverträgen in der zweiten Hälfte des 15. Jahrhunderts zum Ausdruck kam. Differenzen entstanden eigentlich nur noch in den Details der Ausübung der grundsätzlich festgelegten Rechte, im Grundsatz wurden sie nicht mehr angefochten.

Stangenbüchse
Konrad Kyeser, Bellifortis-Handschrift, 1405.
Der Chronist Niklas Grill berichtet, dass bei der Belagerung Mühldorfs 1364 zum ersten Mal Feuerwaffen eingesetzt wurden.
Lit.: Kornkasten und Haberkasten. Kulturzentrum in der Mühldorfer Altstadt. Hgg. vom Heimatbund Mühldorf e. V. Mühldorf 1996. Schmidtchen, Volker: Kriegswesen im späten Mittelalter. Technik, Taktik, Theorie. Bochum 1984.

So blieb es bis zum Jahr 1525. Als im Salzburger Bauernkrieg Kardinal Matthäus Lang von den aufständischen Bauern auf der Feste Hohensalzburg eingeschlossen und belagert wurde, kam Bayern im Rahmen des Schwäbischen Bundes zu Hilfe, schlug den Aufstand nieder und befreite den Salzburger Erzbischof. Angesichts der prekären Situation des Salzburger Oberhirten liebäugelte Herzog Wilhelm von Bayern für kurze Zeit, die Stadt Mühldorf Bayern einzuverleiben, wurde aber von seinem Kanzler Leonhard von Eck energisch daran gehindert. So ließ sich Bayern schließlich seine enormen Kriegskosten von 54.400 Gulden durch die Verpfändung der Gerichte und Burgen Tittmoning, Laufen und Mattsee absichern.[7] Salzburg konnte dagegen die Stadt Mühldorf aus einer Verpfändung heraushalten. Zur Beilegung der steten Streitigkeit um die Ausübung des Mühldorfer Vogtgerichts wurde 1527 in beiderseitigem Einvernehmen ein großes Salbuch über alle Besitzungen, Rechte und Holden des Vogtgerichts angelegt und als Urkunde feierlich ausgefertigt.[8]

Auch im bayerisch-salzburgischen Krieg des Jahres 1611, den Herzog Maximilian I. dank überlegener Militärmacht in kürzester Zeit für sich entschied und den Salzburger Erzbischof Wolf Dietrich auf der Flucht gefangen nahm, spielte die Enklave Mühldorf überhaupt keine Rolle mehr. Bei den Friedensverhandlungen war es Herzog Maximilian I. vor allem um einen für Bayern günstigeren Salzvertrag zu tun, obwohl er als souveräner Sieger sehr wohl auch andere politische Ziele hätte durchsetzen können.

Tauschprojekte und allmähliche Integration

Bei den häufig stattfindenden Konferenzen bayerischer und Salzburger Unterhändler zur Beilegung von verschiedensten Streitigkeiten ist auch immer wieder der Gedanke eines Tausches Mühldorfs gegen bayerische Besitzungen ventiliert worden, so z. B. 1695. Aber erst im Jahr 1701 wurde diese Idee ernsthaft angegangen und ein konkretes Tauschprojekt erarbeitet.[9] Dieses sah vor, die Stadt und das Propst- und Voitgericht Mühldorf gegen die Pfleggerichte Wildshut und Friedburg sowie ergänzende Zahlungen auszutauschen. Die Stadt Mühldorf erklärte sich schriftlich mit diesen Absichten einverstanden. Doch Salzburg erschien die Gegengabe nicht gleichwertig – es wollte vor allem gute Getreideböden bekommen –, und auf bayerischer Seite legten die Landstände, die sich übergangen fühlten, Widerspruch ein. Damit wurde auch dieses Projekt ad acta gelegt.

Die große Lösung war zwar gescheitert, aber im Kleinen ergaben sich auch noch im 18. Jahrhundert kennzeichnende Veränderungen. Am 30. August 1765 schloss Bayern mit Salzburg wegen der Stadt Mühldorf einen Handelsvertrag.[10] In seinem ersten Paragraphen wird die Intention dieses Vertrages dargelegt: »Erstlichen sollen die in der Stadt Mihldorf befindliche Burger, Inwohner und Unterthanen allenthalben in denen Churlanden zu Baiern, wiewohl anderst nicht als denen Landes- und Pollizcey-Gesezen gemeß, wie die eigene bairische Landleute frey und unverhindert kaufen und verkaufen, ihnen auch von denen baierischen Landleuten all und jede Landsproducten ohne einige Sperr Aufenthalt zu freyen Verkauf ... zugeführt werden därfen«. Bayern erhoffte sich dadurch eine Belebung des Handels, der die entgehenden Maut-, Accis- und Weggelder bei Weitem ausgleichen sollte. Dass jedoch eine solche Regelung nach jahrhundertelangen und durchaus auch kriegerischen Auseinandersetzungen möglich war, zeigt die allmähliche und dabei sehr friedliche Integration Mühldorfs in das Kurfürstentum Bayern. Zumindest auf dem Gebiet des Handels gab es schon ab 1765 keine Unterschiede mehr. Die letztendliche Eingliederung Mühldorfs in das Kurfürstentum Bayern im Jahr 1802 auf der Grundlage des Reichsdeputationshauptschlusses war durch solche Maßnahmen im Grunde bestens vorbereitet.

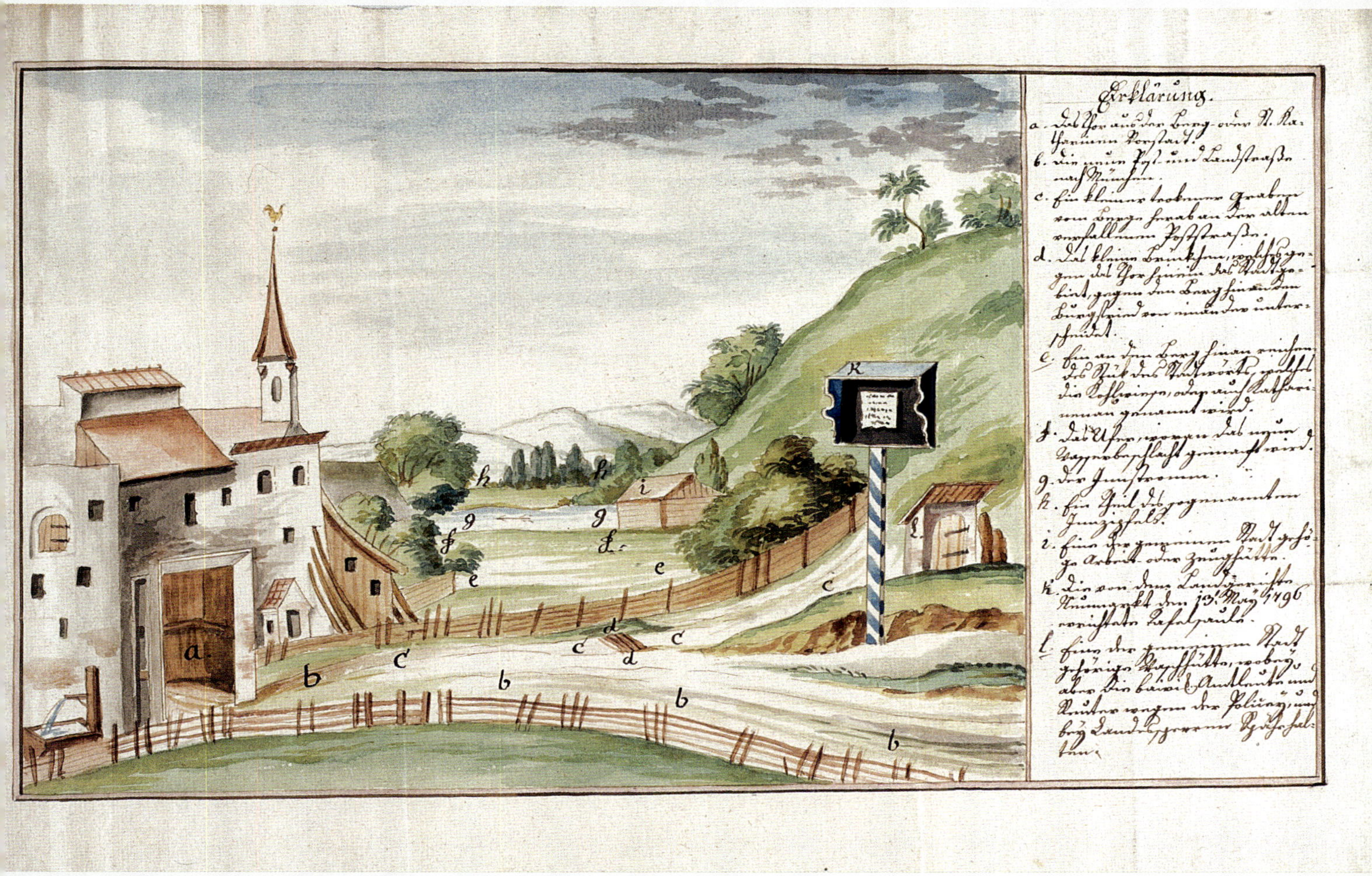

Die vom Landgericht Neumarkt 1796 vor dem Tor der Katharinenvorstadt errichtete Tafelsäule
BayHStA
Lit.: Gollwitzer, Hans: Der salzburgisch-bayerische Tafelkrieg. In: Das Mühlrad XV (1973), S. 5–10.

Das Mühldorfer Stadtrecht im Spätmittelalter und der Frühen Neuzeit

Hans-Georg Hermann

Wer heute an Kommunalrecht denkt, hat in erster Linie ein Gesetz wie die Bayerische Gemeindeordnung vor Augen. Sie ist ein Regelwerk, erlassen nicht für eine bestimmte Kommune, sondern gleichsam als abstrakter Normenvorrat für alle entsprechenden Siedlungsformen in Bayern, auf die die Gemeindeordnung anwendbar ist. Das war im Mittelalter ganz anders. Hier dokumentiert erst ein Stadtrecht den unbestreitbaren Status als Stadt, dokumentiert in aller Regel mit einem konkreten, mehr oder weniger ausführlichen Stadtrechtsprivileg vom Stadtherrn, Landesherrn oder vom König.

»Daz sint die alten gewœnleichen recht und saetz der stat ze Muldorf«

Gegen Ende der fünfziger Jahre des 14. Jahrhunderts entstand in Mühldorf eine Aufzeichnung des Stadtrechts, die für die bayerisch-salzburgische Region dieser Zeit durchaus sehr ungewöhnliche Züge trägt. Während die ostbayerischen Landstädte und Bannmärkte unter Wittelsbacherherrschaft ihr Stadtrecht normalerweise in privilegialer Urkundenform von ihren Stadtherren erhielten (etwa Traunstein 1375 oder Neumarkt-St. Veit 1366), entschloss man sich in Mühldorf zu einer eigenständigen und vergleichsweise viel umfangreicheren Aufzeichnung des eigenen Rechts in Buchform. [1] Sie schöpfte aus einem Fundus von Recht, der nur rudimentär auf stadtherrlicher Verleihung beruhte, weitestgehend aber aus städtischen Rechtsgewohnheiten, Erfahrungen aus der stadtgerichtlichen Praxis und nicht zuletzt eigener Satzung bestand. Nie wurde diese Mühldorfer Aufzeichnung in dieser Form belegbar von den Salzburger Erzbischöfen als Stadtherrn offiziell bestätigt. Jenseits seiner etwa 80 Artikel mit über 190 Einzelregelungen und der Fülle von materiellem Recht, die sich damit überliefert hat, verkörpert es ein selbstreferentielles Symbol von Stadt, die sich als Rechtsgemeinschaft mit höchst individuellen Zügen zeigt. Wahrscheinlich steht schon der Entschluss zur Aufzeichnung in engstem Zusammenhang mit den Auseinandersetzungen zwischen dem Erzstift und dem wittelsbachischen Bayern. Nimmt man an, dass die Aufzeichnung in die Zeit unmittelbar vor 1360 fällt – hierfür sprechen einige Indizien der städtischen Schriftgutproduktion dieser Zeit –, dann lägen Redaktion und Aufzeichnung des Stadtrechtes in einer Phase, in der sich die Mühldorfer berechtigt selbstbewusst und besonders intensiv als leistungs- und durchsetzungsfähige Bürgergemeinschaft erlebt haben dürften.

Entscheidende Hinweise liefern die Stadtchronik des Niklas Grill [2] und die Mattseer Annalen zum Jahr 1358. Die erfolgreiche Abwehr von Angriffen auf die Stadt bedeutet auf einer anderen Ebene als derjeinigen der unmittelbaren äußeren Stadtgeschichte einen wichtigen Kulminationspunkt für die städtische Selbsterfahrung als – bei aller Vorsicht hinsichtlich dieses Begriffes – kommunale Wehrgemeinschaft. Sie hatte sich in Mühldorf wegen der exponierten Stellung der Stadt als Enklave gegen die bayerischen Herzöge wiederholt bewähren müssen und hatte sich vor allem als Defensivverband bewährt. Auch in die Fehden um die seit jeher wegen ihrer strategischen Lage für den Verkehr nach Norden wichtige Burg Dornberg bei Erharting war Mühldorf im 14. Jahrhundert als Operationsbasis verwickelt gewesen und hatte dabei die Einsatzfähigkeit als militärisches Potential sogar in offensiver Hinsicht unter Beweis gestellt. Bereits zu Beginn der 1350er Jahre hatte der Salzburger Erzbischof mit Hilfe der Mühldorfer den Dornberg geschleift:

und sturmten auch dem Darwerch mit sampt den purger ze Muldorff und zeprachen und pranten den gar aus und fingen graff Hainrich von Wortstein auf der vest und all sein helffer und furten sew mit leib und mit gut gein Muldorff gefangen mit gewalt.[3]

Doch abredewidrig bauten die Bayern die Burg wieder auf, was 1358 zum neuerlichen Ausbruch des Krieges führte.

Derselb chrieg wert langew zeit und wart dem bischolf versprochen, daz man den darnwerch hinfur nit mer solt auffahen, daz die fursten hinnach nicht hielten und war ließen.

Zu der folgenden zweiten Eroberung des Dornbergs enthält die Mühldorfer Chronik merkwürdigerweise keine Ausführungen, sondern lediglich den knappen, wenngleich befriedigten Hinweis: *Der selb chrieg gieng dem gotzhaus und der stat nach grozzen eren aus.* [4] Genaueres wissen über die Auseinandersetzungen die Mattseer Annalen zu berichten, indem sie auch konkret die Eroberung und Schleifung des Dornbergs erwähnen: *[…] Eodem anno in adventu Domini, in die Barbare, dux Stephanus adversabatur metropolitano Saltzburgensi, et fundavit castrum in Liechtentann et castrum in Dornberch, et multa mala intulit suis hominibus. Tandem metropolitanus cum fratre suo Pataviensi episcopo se vindicavit in quantum potuit, Dornberg devastando expugnavit, et villas conbussit.* [5]

Beide Stellen zusammen erlauben den Schluss, dass die Mühldorfer dieses Mal wieder nicht unerheblich am Salzburger Erfolg bei Erharting beteiligt waren.

Die Selbsterfahrung als schlagkräftiger militärischer Verband mag, so wird man vermuten dürfen, der Anlegung des Stadtrechtsbuches als Ausdruck auch der städtischen (Rechts-)Gemeinschaft insgesamt Vorschub geleistet haben. Die existentiellen Belange der städtischen Wehrhaftigkeit selbst haben auch ihren Niederschlag im Stadtrecht. »Kein anderes städtisches Statutenbuch verbreitet sich so ausführlich über die Vorkehrungen, um die Stadt vor inneren und äußeren Feinden zu sichern, und behandelt so nachdrücklich das Kriegswesen als wichtigste städtische Angelegenheit«, schrieb schon 1878 Karl Theodor Heigel. [6] Das ist

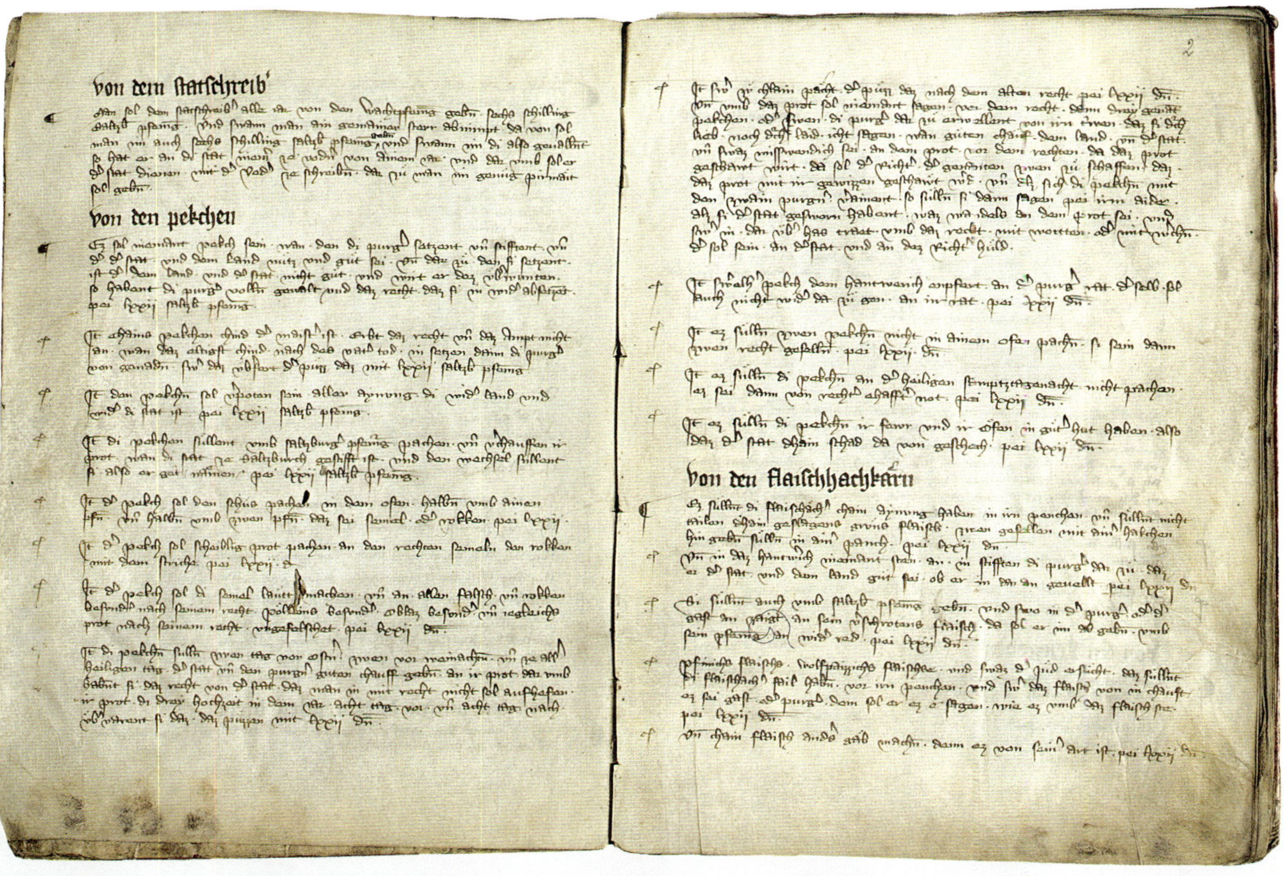
von dem statschreib
von den pekchen
von den flaischhachkarn

Das Stadtrecht von Mühldorf
BayHStA
Die im 14. Jh. entstandene Aufzeichnung des Stadtrechts enthielt Regelungen für die äußere und innere Sicherheit der Stadt.
Lit.: Heigel, Karl Theodor (Bearb.): Die Mühldorfer Annalen 1313–1428. In: Hist. Kommission bei der Bayer. Akademie d. Wiss. (Hg.): Die Chroniken der deutschen Städte vom 14. bis ins 16. Jahrhundert. Bd.15: Die Chroniken der baierischen Städte Regensburg, Landshut, Mühldorf, München. Göttingen 1878.

wohl eine etwas zu einseitige Gewichtung, da die äußere Sicherheit zwingend mit den ebenfalls nachhaltig berücksichtigten Fragen der inneren Sicherheit und des inneren Friedens korrespondiert, ganz abgesehen davon, dass das Wirtschaftsleben einen intensiven Niederschlag im Stadtrecht gefunden hat. Dennoch: Besonders augenfällig wird die große Bedeutung des Wehrwesens,[7] wenn man einen Zusammenhang von Stadttopografie und Stadtrecht herstellt. Darstellungsgrundlage hierfür ist die Katasteraufnahme Mühldorfs[8] aus dem Jahr 1814, die mit dem noch bestehenden Mauerring einen guten Eindruck der baulichen Situation auch des mittelalterlichen Mühldorf vermittelt:

Vorsorge für äußere Sicherheit – Vorsorge auch für die innere Sicherheit. Sie wird maßgeblich dadurch bestimmt, ob es der Stadt gelingt, im Innern den Frieden unter den Einwohnern zu stabilisieren und zu gewährleisten. Wichtigste Voraussetzung dafür ist die innere Konsolidierung des Bürgerverbandes, seine integrative Zusammenfassung. Auch dafür dient eine Aufzeichnung des genuin eigenen Stadtrechts. Neben seinen konkreten Normenbestand als Rechtssicherheit stiftenden Normenvorrat tritt die integrative Funktion: Ein Ereignis, wie die jährliche Verlesung vor versammelter Bürgerschaft anlässlich der Ernennung der Ratsmitglieder (Genannte) zeigt diese Doppelfunktion:

Daz puech sol man alle iar lesen vor den Genanten und vor der Gemain, wann man di Genanten setzt, daz man dest paz wizze, waz der stat Rechtt sein. [9]

Eine Formulierung wie diese (damit man desto besser wisse, was das Recht der Stadt sei) verschmilzt den Gesichtpunkt einer eher technisch gedachten Gesetzespublikation mit dem eines gemeinschaftsstiftenden Ereignisses.

Die Aufnahme in eine solche »gemein«, einen solchen Bürgerverband als »verschworene« Gemeinschaft der Bürger, erfolgte selbstverständlich ebenso mit einem Eid, in einem öffentlichen Akt vor dem Rat, wie das Ausscheiden (»aufsagen«) durch einen öffentlichen Akt vor dem Rat der Stadt publik getan werden musste. In diesem Aufnahmeeid verspricht der Neubürger Treue und Gehorsam, an erster Stelle dem Patron des Erzbistums, dem heiligen Ruprecht – das ist ganz wörtlich und real gemeint, nicht nur »symbolisch« – sodann der Hierarchie der »rechten« Herrschaft, die unter ihm in der weltlichen Herrschaft folgt: Erzbischof und Domkapitel. Sodann das »Burgrecht«. Mit diesem Begriff umfasste man nicht nur das Stadtrecht als bestehende

Art. 38 II
Wächter sollen im Wachhaus mit offener Tür wachen, bei Ausbruch eines Feuer es melden, aber am Platz bleiben, niemanden zum Schaden der Stadt fliehen lassen, von Schicht zu Schicht den Wehrgang vom Schnee räumen, bevor er gefriert und für ihre Stadthut Bürgen stellen.

Art. 34
Instandhaltung der Wehrzäune vor der Mauer vor Wintereinbruch.

Art. 31
Wer an einen Turm in der Ringmauer anbaut, übernimmt dessen Baulast.

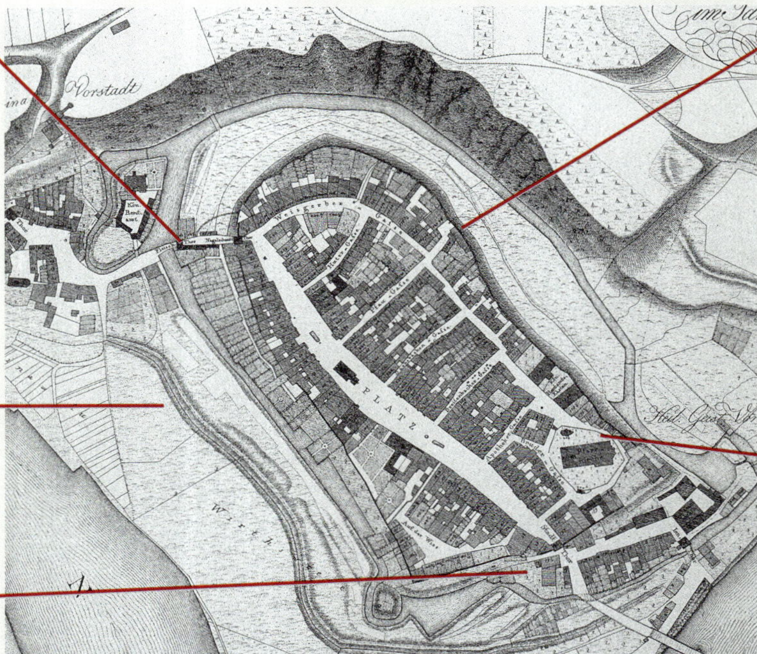

Art. 13
Wer die Burgmauer abbricht oder den Burggraben enger macht oder auffüllt, burgzäune abbricht, die Wehrhecken verödet, der soll das büßen mit 5 Pfund Pfennigen.
Art. 33
Kein eigenmächtiges Übersteigen der Burgmauer bei Strafe von 72 Pfennigen.
Art. 32 II
Schiffe im Stadtgraben verboten.

Art. 14
Keine Verengung von Straßen und Wegen innerhalb der Stadt oder im Burgfriedensbereich bei 1 Pfund Pfennigen Strafe.

Stadttopografie und Stadtrecht
Entwurf: Hans-Georg Hermann

Rechtsordnung, sondern das Recht der Stadt in seinem Charakter als gegenüber dem »Landrecht« abgesetzten Sonderrechtsraum. Dieser ist für Bürger eröffnet, durch diesen konstituiert sich Bürgersein, als bürgerlicher Lebensraum in Gemeinschaft mit den anderen Bürgern, mit denen man sich auf Gedeih und Verderb verbindet, im Tun wie im Sprechen, vor allem aber in elementaren Bedrohungssituationen, Feuer und Feind, gegen die man sich sogar aufzuopfern gelobt:

Item Swer purger wern wil, der sol chomen fur den Rat,
der sol swern eine Aid also [:]
Ich swer dem heiligen hern sand Ruedprecht,
unserm gnädigen hern zu Saltzburg,
dem capitl daselben und irn rechten nachkomen
trew und gehorsam sein als ein yeder seiner rechten herschafft schuldig ist.
Ich Swer auch das purkchrecht zu Muldorf,
armer und Reicher trewer mitpurger sein wil mit worten und mit werichen,
es sey zu veint oder zu fewer,
darInn nichs sparn leib noch guet,
und dem Rechten pey besten.
Ich sol und wil auch von der stat zu Muldorf nicht chomen
an des Ratz zu Muldorf willen, wissen und gunst.
Ich sull das purkchrecht mit mein selb leib mündleich
dem benanten rat auf sagen trewleich an gevär.
Das ich das also halten wil, also helf mir got und all sein heiligen. [10]

Die Situation der Stadt war über Generationen hinweg zu prekär, als dass man Zweifel hinsichtlich der Sanktion bei einem Bruch dieses Eides aufkommen lassen durfte. Eindeutig und lapidar heißt es daher im Stadtrecht:

Item wer auch sein ayd, den er der stat swert, nicht halt und überfert, der ist dem Rychter und der stat verfallen mit leyb und mit guet. [11]

Und für den, dem das noch nicht deutlich genug war:

Alle purger gemainleich zu dem fewr und gein den veinten mit irr were und swer daz verhabt [= versäumt], [...], der selb ist der stat veint. [12]

Das 15. Jahrhundert

Welche Bedeutung dem alten Stadtrecht im Verlaufe des 15. Jahrhunderts genau zukam, lässt sich nicht mit Sicherheit feststellen. Wir haben keinen einzigen Beleg dafür, dass man etwa im Stadtgericht unmittelbar eine Vorschrift aus dem aufgezeichneten Bestand herangezogen hätte. Auch wenn in den Mühldorfer Urkunden dieser Zeit zuweilen von »Stadtrecht« die Rede ist, so bezieht es sich nie auf eine konkrete Norm im Stadtrechtsbuch. Jetzt kommen allerdings auch neue Quellen hinzu, die einen Blick in die städtische Verwaltungspraxis als gelebtes Stadtrecht erlauben. Für sie legte man ein neues Stadtbuch an,[13] das ausschnitthaft laufende Geschäfte dokumentierte. Es bietet keinen umfassenden oder gar systematischen Überblick, doch einige Linien zeichnen sich ab. So kennen wir jetzt den verbindlichen Eid der Stadträte. Ihnen obliegen Amtsverschwiegenheit, Objektivität der Amtsführung ohne Ansehung der Person (besonders bei der Rechtsprechung), Gewissenhaftigkeit in der Erfüllung der Amtspflichten, Gehorsam und Einstehen auch gegenüber Entscheidungen im Rat, die nicht einstimmig, sondern lediglich als Mehrheitsentscheidung beschlossen werden:

Ich swer dem heiligen herren sand Rudbrechten, Ertzbischof n. zu Saltzburg, seinem rechten nachkomen und dem Capitel daselbtz, auch dem Rat und der gemain hie zu Muldorf, mit dem Rat trew und gewär sein, im Rat auch im rechten das pesst, so ich verste, Raten und folgen, dem armen als dem Reichen, dem gasst als dem burger, dem burger als dem gasst, und kainen Rattag versitzen noch versawmen weder durch lieb, freuntschaft, Neid, sorg, vorcht, noch in kainer weis, mich saumb dann redlich ehaft not, auch was mit merer volig erfunden und behabt wirt, das wil ich nit widertzeihen noch dawider mü ziehen, auch mich von den anndern nit entschuldigen noch daraus ziehen, und kainen andern in seinen aid und Rat nit sträflich reden und nichtz schadhafts, daraus meinen gnadigen herren und gemainer Stat schaden gieng und beslossen wiert zuverhalten [?], aus dem Rat nicht sagen, schreiben, noch öffen weder weibern, chindern, frewnden, nachpawren, veinten, noch nymands, haimlich noch offenlich, und daz Ich das alles treulich an alles gefärde stethalten wil etc. [14]

Die Organisationsstrukturen erweisen sich als noch recht übersichtlich: Es ist vor allem der Rat, der zusammen mit dem Stadtrichter das Zentralorgan der Stadt bildet; ein Bürgermeister spielt hier keine erkennbar dominierende Rolle, die im Stadtbuch aufgelisteten »Redner« von 1449 hatten sie tatsächlich aber wohl doch: [15]

Redner anno dmi [= domini] etc. 49

Kastner	*Verg*
Reuchner	*Preninger*
Termanskircher	*Statschreiber*

Der Rat ist Herr insbesondere des städtischen Haushalts. Anlässlich der 1453 erhobenen Steuer zu Weihnachten stellt er Einnahmen und Ausgaben einander gegenüber, der Überschuss wird an den die Stadtkammer bzw. deren Kämmerer übergeben:[16]

Nota das ausgeben den wachtern und ander ausgebe an Suntag vor dem weinachtag anno dmi etc. 53

Item von erst den gesellen In pharhoff 1 lb [=Pfund] d [=Pfennig] oppffergelt / Item Thomel torwartl 20 ß [=Schilling] d / Item Fridl torwartl auf dem Intor 20 ß d / Item Chuntzl krauthueter 6 ß / Item Hansel veldhueter 6 ß / Item Awer wachter auf dem Wisturn 13 ß d / Item Wertzl Marterchacher daselbs 13 ß d / Item Ull Pys auf dem poppell 12 ß d / Item Jorig Hertter daselbs 12 ß d / Item Kasper Messner auf dem fleyschturn 12 ß d / Item Hansel hertter Inder Ledrer gassen 12 ß d / Item Kleuber daselbs 12 ß d / Item Michl krauthueter 1 lb d / Item fewrRueffer 6 ß 60 d von fewerRueffen / Item Urmaister all Jar 3 lb d / Item statschreiber 1 lb d 60 d von umbgen / Item der chamrer 60 d / Item wer von des Ratz wegen mit Im get 60 d / Item ambtlewth etc.

[von anderer Hand:] summa weinachtstewr hat gemacht 37 lb minus 23 d mit allen sachen.

Item von weinachstewr haben wir eingantburt den chamerleuten uber alles au[s]geben 10 lb d minus 48[?] d anno dii. 53

Man erfährt, dass die Stadt an laufenden Ausgaben vor allem die Wächter zu bezahlen hatte, Feldhüter für das Gebiet des Burgfriedens ebenso wie Stadtwächter auf den Türmen und in den Gassen. Als ständiges städtisches Verwaltungspersonal mit fester Besoldung erscheinen der schon genannte Kämmerer, der Stadtschreiber

Kardinal Matthäus Lang von Wellenburg
um 1525, Donauschule, Kunsthistorisches Museum Wien
Matthäus Lang reformierte, mehr Staatsmann als Bischof, Recht und Verwaltung. Als Koadjutor residierte er von 1516–1519 zeitweilig im Pflegschloss (heutiges Finanzamt). Auch als Erzbischof von Salzburg zog er sich gerne nach Mühldorf zurück.
Lit.:Sallaberger, Johann: Kardinal Matthäus Lang von Wellenburg (1468–1540), Staatsmann und Kirchenfürst im Zeitalter von Renaissance, Reformation und Bauernkriegen. Salzburg/München 1997.

und schließlich der Uhrmeister (wohl für eine Rathausuhr, von der sonst offenbar noch kein Zeugnis aus dieser Zeit vorliegt).

Wieder spielen Eide eine zentrale Rolle, von Bürger- und Ratseid war schon die Rede. Ein solcher »Amtseid« ist der Kristallisationskern, an dem sich Aufgaben und Status städtischer Amtsträger beschreiben lassen. Im späteren Mühldorfer Statut von 1522 findet sich hierfür die besonders anschauliche Formulierung, der Amtsinhaber werde durch den Eid »pflichtig verstrickt«.[17] Für das 15. Jahrhundert hat sich in Mühldorf kein Eidbuch erhalten, das alle städtischen Ämter rekonstruieren ließe. Wie ein solcher Amtseid aber auch im späten 15. Jahrhundert ausgesehen haben wird, dem dürfte in Hinblick auf die Diensterfüllung eine im Stadtbuch erhaltene, auf etwa 1495 zu datierende »Dienstanweisung« sehr nahe kommen. In ihr heißt es für Mühldorfer Torwärter:

Item er sol an willen und wissen ains Richter und Rats nicht ausraisen. Er sol auch das tor weder mit weib, chinden noch knechten nit besetzen, sunder mit sein selb leib versorgen. Und ob er das tor nit recht versähe des nachts und morgens, das ainicherlay versawmbnuss beschähe, daraus gemainer Stat schäden geschehen, daruber wil man sich der borgen betragen. Und ob sich Rumor begäben, wie das beschähe, sol er des tors mit vleis wartten. Er sol sich auch auf dem tor beschaidenlich halten und sichern[?] mit Inbendigen und auswendigen, damit gemainer stat nit nachtail auferstee. Und ob er der artikl ainen oder mer nit hiellte, dadurch gemainer stat schaden ergieng, darumb wil man sich der porgen leib und guet betragen.[18]

Von München weiß man, dass es üblich wurde, einem neu vereidigten »Stadtbeamten« eine schriftliche Ausfertigung der Dienstinstruktion auszuhändigen. Sie ist die Grundlage für die Diensterfüllung, er soll *es in*

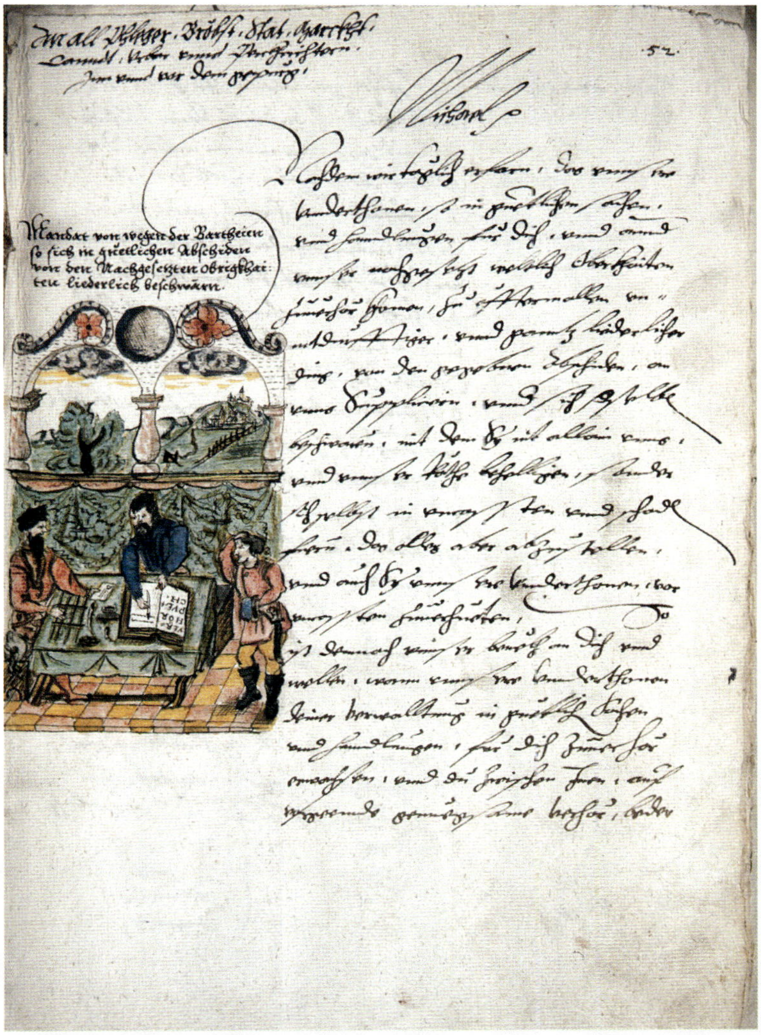

Gerichtssitzung
Kol. Federzeichnung, SLA
Eine der wenigen Darstellungen einer Gerichtsverhandlung in einem Urkundenbuch des Salzburger Landesarchivs mit »Richter«, Schreiber und Bauern aus dem Jahre 1557.

seinem Ambt halten nach laut der zetel Im uberantwort, desgleichen aine auch im Ratdisch ligt. [19]

Städtische Ämter bargen zuweilen massive Haftungsrisiken für den Inhaber, denn das Interesse an ordentlicher Aufgabenerfüllung war außerordentlich stark, sie konnte schließlich leicht genug existentielle Bedeutung für die Stadt haben. Dann musste ein Amtsinhaber Bürgen für die treue und verlässliche Erfüllung stellen, [20] eher zufälligerweise ist dies genau auch für die Bestellung zum Torwärter in Mühldorf belegt:

Vermerkt das mein herren habent aufgenomen tzu ainem torbartl auf das tor pey dem Tullinger Michel den Schuester Anno dni 1448 in den pfingstfeyrtagen, des purgen sind Pangratzen Tollinger, Hainreich Scheibenschuester, Jorg Huntobel, Jacob am Ekk, Hans Ircher der Jung, Erhart Katerler, Haslacherschuester, und stent meinen hern in solcher mass, ob das war, das der benant Michl anders tät, dann er gesworen hat, so wären di purgen meinen herren verfallen umb leib und umb guet und was schaden davon cham. [21]

Die Bürgen werden in die Haftung genommen, wenn der Torwärter »anders täte, als er geschworen hat«, ihre Haftung ist unbegrenzt, persönlich und hart. Solche Bürgschaftsgestellungen für unterschiedlichste Verpflichtungen, die man heute eher nicht dem Zivilrecht zuordnen würde, zeigen das ungebrochene Sicherheitsbedürfnis: beim Torwärter an seiner sorgfältigen Pflichtenerfüllung, bei Urteilen an deren Einhaltung zur Erhaltung des Friedens in der Stadt. Wenn in folgendem Text,[22] einem Ratsurteil vom 16. August 1449, nicht weniger als elf Bürgen für den Verurteilten einstehen sollen, zeigt sich zugleich der kluge Gedanke, dass ein Bruch diesen nicht nur mit der Obrigkeit (bei der ein Rückfälliger nicht noch einmal mit Milde rechnen könnte), sondern massiv auch mit seinem »sozialen Umfeld«, aus dem sich seine Bürgen rekrutieren, in Konflikt bringen würde. Die Beständigkeit des friedensstiftenden Urteils suchte man, abgesehen von einer drohenden, mit 40 Pfund Pfennigen exorbitant hohen Regressforderung, auch mit sozialem Druck auf den Delinquenten zu untermauern. Gegenstand des Verfahrens war eine Messerstecherei, das milde Urteil bestand lediglich in einer Geldstrafe von 2 Gulden und in einem auf ein Jahr befristeten Waffen- und Wirtshausverbot:

Item als Leondl Turndl mer dann aynest untzücht getrieben hat, und hat den Mairhofer mit ainem messer gestochen [...], darumb er ain grosse straff wol verdiennt hiet, Also ist erfunden und verlassen durch mein herren den Rate.
Das dem selben Türndl Swertt und Messer, grosse und chlaine, und alle weinhauß verpoten sind, von dem obgenanten tag uber ain ganntzes Jar, und ob Er das verpräch, so sind die hernach geschriben porgen verfallen umb 40 lb.d.
Thoman Tollinger, Jacob Preninger, Ziernheld, Prugkmaister, Conntz Ledrer, Jorg Reyter, Katherler Schuester, Seydel Aichinger, Leondl Ausytzer, Frydel Krauthuetter, Hannsel Turndl.
Item und ist gestraft worden umb ii Re [= Rheinische] gld [= Gulden].

Neuer Wind: Die Stadtordnung des Matthäus Lang von 1522

Wenn man es pointiert sagen wollte: Der Beginn der Neuzeit in stadtrechtsgeschichtlicher Hinsicht lässt sich für Mühldorf präzise datieren. Diese neue Stadtordnung markiert den Beginn eines Stadtregimes neuer Qualität. [23] Hatte beispielsweise die jährliche Verlesung des alten Stadtrechts anlässlich der Ratsbestellung nur auch der Publikmachung der Normen zur besseren Einhaltung gedient, im Übrigen aber ein autonomes kollektives Integrationsereignis für die Bürger dargestellt, so beschränkt das neue Recht die Verlesung ausschließlich auf den ersten Gesichtspunkt: Jedem, der gegen seine Gebote verstößt, soll die Ausrede der Unwissenheit abgeschnitten sein und der Obrigkeit wird die Durchsetzung unter Strafandrohung ans Herz gelegt: *[...] damit ein jeder wisse, derselben in ihrer Inhalt nach zu leben und Folge zu tun und sich mit Unwissenheit derselben billig nicht möge entschuldigen, darauf wir dann unser Aufsehen auch bestellen wollen, auch wo wir Richter und Rate darinnen säumig und nachlässig finden, sie darum ungestraft nicht lassen.* [24]

Dieser neue und strenge Ton hatte durchaus seine Vorgeschichte, auf die Matthäus Lang [25] ausführlich Bezug nimmt – und die Mühldorfer waren daran nicht ganz unschuldig. Dabei wird Mühldorfs halsbrecherischer Kurs in den Jahren 1481 bis 1488, als man sich auf die Seite des Domkapitels schlug und sich in der Führungskrise des Erzbistums [26] dem Amtsvorgänger Langs, Johann III. Beckenschlager, erst unterwarf, als bereits Kirchenbann und Reichsacht wegen »Perduellion« (Landesverrat) fertig vorformuliert in der Schublade lagen, in der Stadtordnung und ihrer – im Folgenden zitierten [27] – Vorrede noch nicht einmal angesprochen:

Wir, Matheus von Gotes Gnaden, der heiligen römischen Khürchen Kardinal, Erzbischof zu Salzburg, Legath des Stuls zu Rom bekhennen für uns und unser Nachkhommen am Stifft Salzburg mit dem offnen Brief aller meniglich, wo der fürkhombt:

Nachdem wür etliche Jahr her und Nemblichen in der Zeit unser Coadjutorey unseres Erzstiffts Salzburg, als wir in unser Statt zu Mildorf Hoff gehalten, in und bei derselben Statt etwo viel Unordnungen und von Stettlich Wesen befunden, auch daneben vermerkht und empfunden haben, dann gemeine Statt und die Burgerschafft daselbs dadurch an gemainen nuz, ihren Gewerben, und Handtierungen in nachtail gewachsen, auch die Statt an notturftigen gebeyen, als an der Rinkhmauern, Thurn, pflaster, Gräben und andern, was in Abfall khomen ist. Solches wür auch sintemalen wür in die Regierung Bemeltes unseres Stiffts Salzburg eingangen und Regierundter Herr und Landtsfürst worden sein, nit münder empfunden und gemaine Statt und Burgerschaft Zerrüttung und abfahl, ye lenger ye mehr gespürth, So haben sich auch zu lest, Inner ainem Jahr vergangen, zwischen Richter und Rath an ainem und dann mehreren Thaill ainer Gemain andern Thails, vill Ihrungen, widerwillen, Unlust und aufrhur, augenscheinlich zuegetragen. Also das die bemelt Gemain sich wider Richter und Rath, alß an unserer statt Ihr fürgesetzte obrigkhait aufgelaint, empört und under andern ihren Handlungen sich auf der gassen gerottet, auch yber etliche unser Verbott die sy veracht und ohn willen und zuegeben, Richter und Rath offen gemain gehalten, und sich wider dieselben Richter und Rath hitziglich zusammen verbundten haben, miteinander ob und underzeligen. Wie dann solches vor unser und unsern Räthen in genugsamer verhör verstanden, das dan zum maisten thaill auß der obangezaigten unordtnungen, Stettlichen wesen und besser Polizei entsprungen und hergeflossen ist, das haben wür vormahls zu der Zeit unseres Hofhaltens daselbs zu Mildorf offt bedacht und solcher nachfolg Leysorg tragen, Sein auch des gnedigen willens gewesen, gebührliche, nützliche einsehung zu haben und notturftige ordnung und Pollizey aufzerichten, haben auch allerley artikull zu derselben zeit in schrifften verfassen und die gemainer Statt fürhalten lassen. So sein wür doch durch die ville unserer geschefft verhindert worden. So hat sich auch dazwischen unseres negsten vorvordern Weillandt Erzbischofen Leonharten gueter gedechtnus abgang zuegetragen daß wür in die Regierung desselben Stiffts eingangen sein, deßhalben sich solche einsehung und aufrichtung angezogener ordtnung und Pollizey unzher verzogen hat und angestanden ist.

Alß auch dazwischen solch jetztgemachter unainigkhait, Ihrung und Aufruhrn, zwischen Richter und Raths und der gemain erstanden, so sein derhalben baidt thail auf ünser furbeschaidt in offner verhör zu Salzburg vor unß und unsern vortrefflichen Räthen fürkhomen und hat bemelte gemain durch Ihren Außschuß in ainer anzahl 24 die Sy mit volmechtigen verschriben Gewalt abgefertigt vor unß und denselben unsern Räthen allerley Beschwörung, klagweise wider Richter und Rathe fürbringen lassen. Darauf dann Richter und Rath Ihr antwortt auch geben haben und zu baidten seithen redt und widerredt, notturftiglich gehört worden. Dieselben Ihrungen zum thaill auf unseren entschidte bisher auch angestanden sein.

Damit dann in dem allen, notturftig und gebürlich einsechung beschehen und hinfiran nit also unordentlich und Stettlich und zwytrachtiglich gelebt und gemainer nuz gefürdert, alle ding stättlich und leidlich gehalten und niemand wed Inwohner noch außlender wider billigkheit und gut Pollizey beschwärt werden, so haben wür der sachen, als wür neulich hievor in andern unsern und unsers Stüffts geschäfften zu Mildorf gewesen sein, mitsambt etwo vill unsern trefflichen Räthen, daneben auch mit allem Fleiß und gnediglichen nachgedacht und mit gueter vorbetrachtung und zeitlichem Rathe volgent Statut, ordnung und Pollizey die unß zu fürdernus, gemaines nuz, und damit die Statt an den wöhr, not- und Zierpeyen, alß Rinkhmauern, Thurn, Pflaster, Gräben, Prünen und andern notturftigen Gepeyen, so ietzt vor augen sein, und sich mit der Zeit zuetragen, deß stattlicher gepauet und gebessert werden mueß, auch zu Erhaltung Burgerlicher ainigkhait, gueter Beiwohnung und Sittliches wesen, auch aufnemung Ihrer Nahrung für nothausträglich und guett angesehen, hiemit firgenomen auch daneben beeden thaillen, Richter, Rath und Gmain in iren obangezaigten Ihrungen gebürlich Abschidt gegeben und solch Statut und Ordnung, auch dazue etlich derselben Abschidt, damit hinfiran solch Ihrung abgeschniten und fürder nit mehr geäfert würden, mitsamt etwovill mehr Artikulln, ainer Bürgerlich ordtnung und Pollizey hernach in dies libell verfassen und begriffen, haben auch das alles zuvor Richtern und Rathe, auch einen Auschuß von der Gemain daselbs zu Mildorf zum thaill mündlich anzeigen und die anderen Pollizeiartikul in geschrift zuestellen, verlesen, erklären und sie selbst notturftiglich undereinander berathschlagen lassen. Daran sy dann guet gefallen gehabt und nachvolgend solch unser genedig firnehmen und ordnung, williglichen, undertheniglich, und dankhbarlichen angenomen und denselben also für und für gehorsamblich zugeloben uns zuegesagt haben.

[Inhaltsverdeutlichende neuhochdeutsche Übertragung:]
»Wir Matthäus, von Gottes Gnaden Kardinal der heiligen römischen Kirche, Erzbischof zu Salzburg, Legat des [Heiligen] Stuhles zu Rom, bekennen für uns und unsere Nachkommen am [Erz]Stift Salzburg mit dem öffentlichen Brief allen und aller Orten:
Nachdem wir vor etlichen Jahren, namentlich in der Zeit unserer Koadjutorei [= unterstützungsweise beigeordnete Stellvertretung eines Bischofs] im genannten Erzstift Salzburg, – als wir in unserer Stadt zu Mühldorf Hof gehalten – in und um dieselbe Stadt viel an Unordnungen von stattlichem Umfang festgestellt hatten, haben wir daneben auch vermerkt und empfunden, [dass] dann die Stadt überhaupt und die dortige Bürgerschaft dadurch hinsichtlich öffentlichen Wohls, ihres Handels und Wandels ins Hintertreffen gekommen sind, was auch für die Stadt hinsichtlich angemessenen Gebäuden, wie Ringmauern, Türmen, Pflaster, Gräben und anderem [gilt], was heruntergekommen ist. Auch nach Regierungsübernahme unseres Stifts Salzburg als regierender Herr und Landesfürst haben wir das nicht weniger empfunden und Zerrüttung und Abfall von Stadt und Bürgerschaft je länger, je mehr gespürt. So haben sich innerhalb eines Jahres augenscheinlich schließlich auch zwischen Richter und Rat auf der einen Seite und auf der anderen Seite einem größeren Teil der [Bürger]Gemein[de] viel an Irrung, Widerwillen, Unlust und Aufruhr dergestalt zugetragen, dass sich die genannte Gemein gegen Richter und Rat als die an unserer Statt ihr vorgesetzte Obrigkeit aufgelehnt, sich empört und unter anderem sich auf der Gasse zusammengerottet, außerdem: unter Missachtung etlicher unserer Verbote, ohne Erlaubnis und Willen von Richter und Rat, Gemeindeversammlung abgehalten [hat], und [sie] sich gegen Richter und Rat in Hitzigkeit miteinander verschworen haben, miteinander zu obsiegen oder zu unterliegen. Nachdem wir und unsere Räte das hinreichend mit dem Ergebnis erörtert hatten, dass solches größtenteils aus den oben erwähnten massiven Unordnungen und besserer [wohl: zu verbessernder] »Polizei« entsprungen und hergeflossen ist, was wir [schon] vormals zur Zeit unserer Hofhaltung in Mühldorf oft bedacht haben und über die Folgen Besorgnis [?] getragen, waren [wir] auch gnädigen Willens, ein angemessenes und nützliches Einsehen zu haben und eine angemessene Ordnung und »Polizei« aufzurichten, haben auch zu dieser Zeit [schon] allerlei Artikel verfassen und der Stadt vorhalten lassen. Doch durch die Fülle unserer Geschäfte sind wir aufgehalten worden. So hat sich auch zwischenzeitlich das Ableben unseres unmittelbaren Vorgängers – frommen Gedenkens – Erzbischof Leonhards zugetragen, so dass wir in die Regierung des (Erzstifts) (Salzburg) gefolgt sind, weshalb sich seither Plan und Erlass der »Polizeiordnung« bis jetzt verzögert haben.
Als auch zwischenzeitlich solche anhaltende Uneinigkeit, Irrung und Aufruhr zwischen Richter und Rat sowie der Gemein entstanden, so sind – auf unsere Vorladung hin – beide Teile zu offenem Verhör nach Salzburg vor uns und unsere vortrefflichen Räte erschienen und die genannte Gemein hat, vertreten durch einen mit schriftlicher Vollmacht versehenen Ausschuss von 24 Personen, vor uns und unseren Räten allerlei eidliche Beschlüsse im Wege der Klage vorbringen lassen. Worauf dann Richter und Rat Rede und Widerrede gegeben und das beiderseitige Vorbringen und die Gegenäußerungen ausreichend rechtliches Gehör erhalten haben. Diese Streitpunkte sind teilweise auch gegenwärtig durch uns entscheidungsreif.
Damit es dann in Allem ein ausreichendes und angemessenes Einsehen gibt und künftig nicht unordentlich und zwieträchtig gelebt werde, [vielmehr] der gemeine Nutzen gefördert, alles dauerhaft und erträglich gehalten und niemand – weder Einwohner noch Ausländer – wider die Billigkeit und »gute Polizei« bedrückt wird, so haben wir gemeinsam mit unseren vortrefflichen Räten kürzlich, als wir in Stifts- und anderen Angelegenheiten in Mühldorf waren, nach intensiver, gnädiger, reiflicher und zeitig beratener Überlegung folgendes Statut hiermit erlassen:
– Uns und gemeinem Nutzen zur Förderung;
– damit die Stadt desto stattlicher gebaut und verbessert werde an gegenwärtigen und künftigen Wehr-, Not- und Ziergebäuden wie Ringmauern, Türmen, Pflaster, Gräben, Brunnen und anderen notwendigen Gebäuden;
– auch zur Erhaltung der Einigkeit unter den Bürgern, gutem Zusammenleben und sittlichem Wesen;
– auch notwendig und günstig für ihre Versorgung;
– auch damit die genannten Konflikte beider Teile von Richter und Rat sowie der Gemein beendet seien.
Wir haben deshalb solche Statuten und Ordnung einschließlich etlicher Entscheidungen der streitigen Dinge erlassen, damit solche Misshelligkeiten und Torheiten künftig abgeschnitten werden. Darüber hinaus haben wir zusammen mit manch mehr Artikeln eine bürgerliche Ordnung der »Polizei«, enthalten im folgenden Libell [= Büchlein] verfassen lassen, wobei wir zuvor alles dem Richter und Rat sowie einem Ausschuss der Mühldorfer Gemein mündlich verkünden und die anderen Polizeiartikel haben schriftlich zustellen, verlesen und diese untereinander angemessen beratschlagen

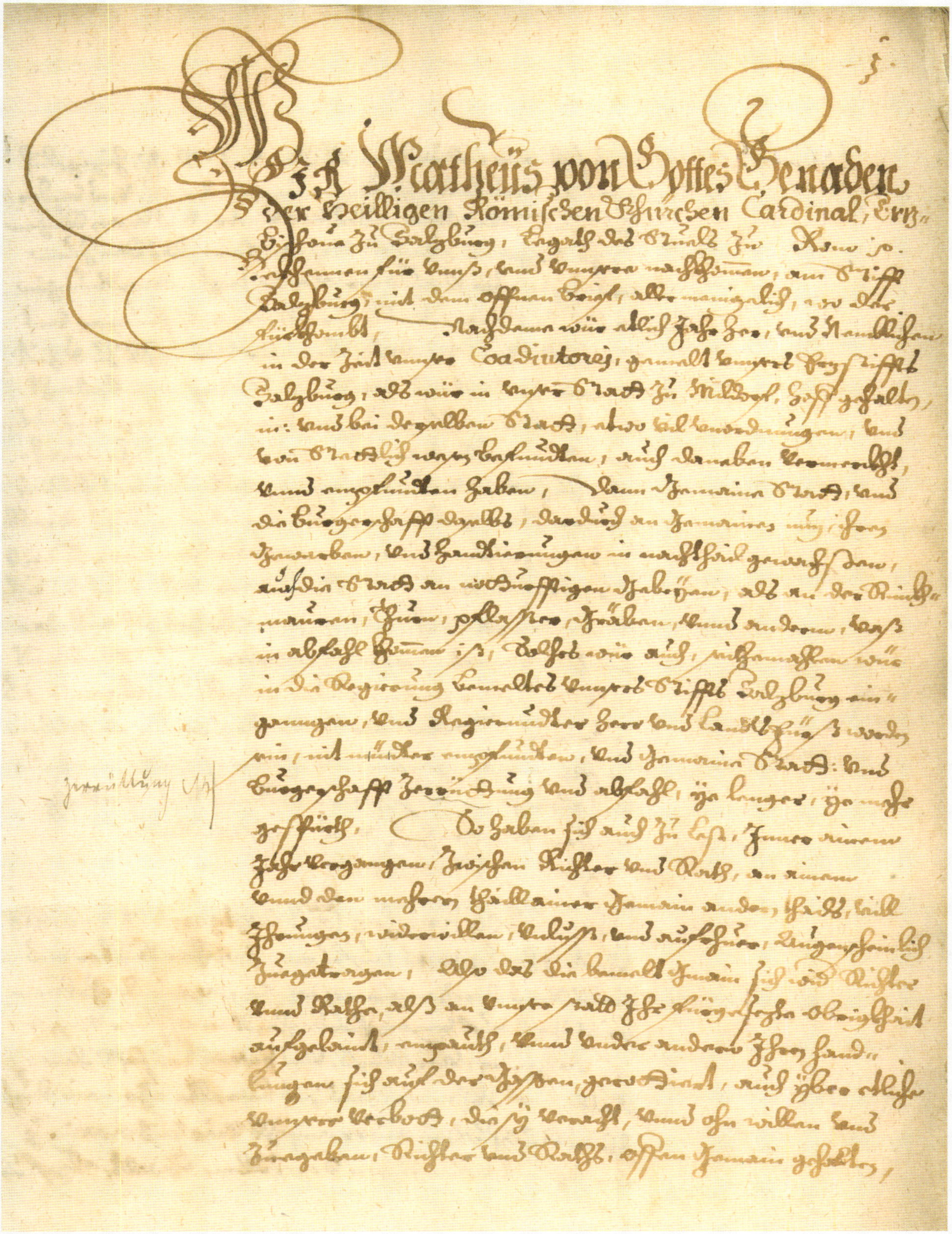
Wir Matheus von Gottes Genaden der heilligen Römischen Kirchen Cardinal, Ertz-

Die Stadtordnung von 1522
Stadtarchiv Mühldorf a. Inn
Lit.: Urzinger, Hans: Eine Stadtordnung der Stadt Mühldorf vom Jahre 1522 mit Nachträgen aus den Jahren 1560, 1562, 1583 und 1602. Mühldorf a. Inn, 1930.

lassen. Daran haben sie dann guten Gefallen gefunden und das Folgende, solches unser gnädiges Unterfangen und [die] Ordnung, willentlich, untertänig und dankbar angenommen und haben zugesagt, diese also je und je gehorsam zu geloben.«

Die definitive Wiedereingliederung Mühldorfs als in jeder Hinsicht verlässliches Element seiner Herrschaft vollzog schließlich erst Matthäus Lang. Schon während seiner Zeit als Koadjutor – nicht zuletzt auch wegen seiner (auch daraus resultierenden) Probleme mit Erzbischof Leonhard von Keutschach [28] – hatte er sich immer wieder in Mühldorf aufgehalten [29] und er baute später (1539) in unmittelbarer Nähe des alten Voitturmes in der Katharinenvorstadt mit erheblichem Bauaufwand ein neues Pflegschloss. [30] Er verfügte also auch aus eigener Anschauung über intime Kenntnisse der Verhältnisse in der Stadt.

Die Vorgeschichte des Statuts von 1522 zeigt sich vielschichtiger als man erwarten würde. Sie nimmt breiten Raum ein, dient zur Legitimation des Erlasses und macht den dringenden Handlungsbedarf, ordnend und Recht setzend zu intervenieren, manifest. Sicher bildet den unmittelbaren Anlass, die Unfähigkeit der Stadt, ihre Querelen intern zu regeln. Berichtet wird von Auseinandersetzungen zwischen der Obrigkeit von Rat und Stadtrichter mit einer anscheinend zu Allem entschlossenen Fraktion von Bürgern aus der Gemein: *hitzliglich zusammen verbundten […] mit einander ob und underzeligen* (hitzig miteinander verbündet, miteinander zu obsiegen oder zu unterliegen). Entzündet hatte sich der Streit u.a. an Gebührenüberhebungen durch den Stadtschreiber und den Stadtrichter, bei diesem ging es auch um unangemessene Inhaftierungen von Bürgern schon wegen geringfügiger Sachen. [31] Vertreten durch einen bevollmächtigten Bürgerschaftsausschuss gelangten die Beschwerden gegen die Stadtobrigkeit schließlich bis vor das Salzburger Hofgericht. Dieser Schritt rief den Fürsten als reorganisierenden, Missstände reformierenden und die Ordnung wieder herstellenden Stadtherrn auf den Plan, eine Gelegenheit, die sich Matthäus Lang nicht entgehen ließ. Außerdem wusste er sich zugleich als gnädiger Fürst in Szene zu setzen, wenn er den Hochverrat der verschwörerischen Zusammenrottung gegen die städtische Obrigkeit als Vertreterin fürstlicher Obrigkeit (und damit gegen ihn selbst) letztlich ungeahndet ließ. [32] Allenthalben ist im Vorspruch der Stadtordnung auch spürbar, dass sie Matthäus Lang nicht nur mit der Notwendigkeit der Bekämpfung erkannter Missstände begründet, sondern dahinter auch eine gewisse Verbundenheit mit Mühldorf als seiner vorläufigen Residenz während seiner Zeit als Koadjutor steht, eine Vorliebe, die in der Zeit als regierender Erzbischof anhielt, soweit es seine Zeit und die politischen Verhältnisse irgend zuließen. [33] Immerhin wurden auch auf Mühldorfer Bitten der Stadt die Zahlung der Weihsteuer völlig nachgelassen. [34] Schon in diesen frühen Jahren in Mühldorf hatte Lang offenbar entsprechende Mandate und Verordnungen erlassen, [35] an die sich aber anscheinend inzwischen niemand mehr hielt. Dem sofortigen Erlass einer Stadtordnung für Mühldorf [36] (1519) standen einstweilen vordringlichere Geschäfte in Salzburg und im Reich entgegen, ihr schließlicher Erlass am 23. Juli 1522 steht noch im Zusammenhang mit der großen Reformsynode, die Lang vom 26. bis 31. Mai des Jahres in Mühldorf abgehalten hatte, [37] *als wür neulich hievor in andern unsern und unsers Stüffts geschäfften zu Mildorf gewesen sein*.

Matthäus Lang versuchte mit dem autoritativen Zugriff einer neuen Stadtordnung seine Stadt aus selbstverschuldeter Paralyse herauszuführen. Sein Anliegen ist das der »guten Policey« d.h. einer Staats- und Herrschaftsaktivität mittels Normgebung, die auf Wahrung und Förderung des geordneten Zustandes des Gemeinwesens – konkret: in Mühldorf – gerichtet ist. [38] Wirkung und Wirksamkeit auch dieses neuen Rechts sind bislang nicht näher untersucht worden. In Hinblick wenigstens auf die prekäre Enklavensituation – um auf den Aspekt zurückzukommen, der oben zum alten Stadtrecht herausgegriffen wurde – lässt sich feststellen: Ging es im Proömium um Herrschaftskonsolidierung durch Rechtsetzung und damit um die »Innenansicht«, so verrät die Durchsicht der tatsächlich geregelten »Polizei«-Artikel noch immer auch die Bedeutsamkeit der Wehrhaftigkeit in einer bedrohlichen – nicht zuletzt: bayerischen – Umwelt. Der Fürst als Stadt- und Landesherr lässt sich angelegen sein, Fragen von Stadtwacht, Mauern, Türmen, Toren und Zeughaus kraft verbindlichen Gebotes zu regeln – mag sich die Stadtordnung auch so geben, als seien die Bürger von sich aus so einsichtig gewesen, hier nachhaltigen Verbesserungsbedarf anzuerkennen. Einen abschließenden Eindruck der Dichte des erzbischöflichen Regelungszugriffes zu vermitteln, dazu dient der folgende Überblick der behandelten Materien nach den Abschnittsüberschriften der Mühldorfer Stadtordnung von 1522:

[Vorspruch s.o.]
- *Ordnung der Raittungen*
- *Cammerer*
- *Ungeldt*
- *St. Niklas Zechpröbst*
- *Spithalmaister*
- *Gepey*
- *Weichsteuer*
- *Ain Zeughauß aufzerichten*
- *Thürner*
- *Rottierung*
- *Erwehlung des Raths*
- *Abschied der gemain Verbrechen wider uns als Landsfürsten betr.*
- *Abschidt in eltichen Irrungen zwischen Richter und Raths und der Gemain[:]*
  - *Des Pfarrers zu Mühldorf Werch betr.*
  - *Hierschauer Gärttl*
  - *Stattschreiber*
  - *Des Auschuß von der Gemain Zehrung betr.*
  - *StattRichter*
  - *Fänkhnuß der Bürger*
  - *Daß aller Unwillen zwischen Richter, Rath und Gemain aufgehebt sein soll*

Hernach volgen die Pollicey Artichl
- *Wie sich Richter und Rat halten sollen*
- *Gottsdiennst*
- *Schuelmaister*
- *Gottlösterung*
- *Die verwaisten Kinder zu begerhaben*
- *Wie die StattAmbter sollen besetzt werden*
- *Raittung*
- *Peckhen*
- *AuslenderPeckhen*
- *Metzger*
- *Weinschenckhen*
- *Waag und Maß*
- *Traidtkhauf*
- *Fragnerordnung*
- *Wie sich Stadtrichter mit dem Abnemen der Pfenwerth halten soll*
- *Ordnung und Behüett des Feurs*
- *Die Austandt der Handtwerksgesellen betr.*
- *Der Handt- und Tagwercher Belohnung*
- *Hochzeiten*
- *Beherbung der Gesst*
- *Die verdächtigen Pierschenchken abzethuen*
- *Das niemandt in seinem Haus angetast werde*
- *Rumor*
- *Wie man sich zu Nachts auf der Gassen halden solle*
- *An verdächtlichen Orthen nit umbzugehen*
- *Die hündt anzulegen*
- *Ordnung der wachter auf der Mauren*
- *Wachter auf der gassen*
- *Wer Steur schuldig ist zu geben*
- *In die Stadtmauer nichts zu bauen*
- *In sorglichen Leuffen die Fenster in der Stadtmauern zu vermauern*
- *Die fürgeben auf der gassen nit zu gestatten*
- *Das Prenholz hinfüran nach der Klafter zu kaufen*
- *Ehehalten*
- *Pflasster*
- *Ordnung die Gassen Allenthalben sauber zu halden*
- *Das die Schwein in der Stadt nit umbgehen*
- *Haimlich Gemach*
- *Fürgeben auf den Gräben*
- *Ordnung der Thör halben*
- *Schlissl zu den Statt Thorn*
- *Torhüetter*

[Schlussvorschriften]

Die Zeit Matthäus Langs ist aber auch eine Zeit zunehmenden Ausgleichs mit Bayern und selbst dieser Gesichtspunkt findet – bei aller Wehrhaftigkeit der Stadt – einen Anhaltspunkt in seiner Stadtordnung, denn er befiehlt dem Richter und dem Rat der Stadt einen maßvollen Umgang mit *der Fürsten von Bayern Städten und Märkten […], auf dass sich diese unsere Ordnung und Polizei und die Stat Mildorf den umliegenden Städten und Märkten […] gute Beiwohnung, Verstand und Nachbarschaft erhalten und keineswegs unglücklich gelebt werde.* [39] Auch die Mühldorfer sollten trotz (und wohl eigentlich: wegen) ihrer Enklavenlage einer friedlichen und gedeihlichen Koexistenz nicht im Wege stehen, Worte voller politischer Klugheit.

Streiflichter auf die Kirchengeschichte Mühldorfs

Erwin Naimer

Die Stadt Mühldorf am Inn besitzt neben der profanen Geschichte selbstverständlich auch eine kirchliche, die zudem noch mit einigen Besonderheiten aufwarten kann. Dabei ist darauf hinzuweisen, dass der Ort zu einem geistlichen Territorium gehörte. Das bedeutete, dass der Landesherr, also der Erzbischof von Salzburg, zugleich das Amt des geistlichen Oberhirten ausübte. In einer Zeit, in der die heute so selbstverständliche Trennung von Kirche und Staat in dieser Art nicht existierte, war damit eine sehr enge Bindung zwischen beiden Machtfaktoren gegeben. Daher ist es auch in einer Darstellung schwierig, beide Bereiche stets zu trennen, zumal besonders im Mittelalter weltliche politische Ziele durchaus mit kirchlichen Mitteln angestrebt wurden.

Hl. Rupert
Hans Pernegger (zugeschrieben), um 1630/40, Kreismuseum Lodronhaus, Mühldorf a. Inn
Der hl. Rupert gilt als der Gründerheilige für die Stadt und das Bistum Salzburg. Er wirkte im späten 7. Jh. als Bischof in Worms am Rhein und kam als Missionar nach Regensburg. Dort soll er den Bayernherzog Theodo getauft haben. Auf seinem Weg nach Salzburg hielt sich Rupert erst in Seekirchen am Wallersee auf, ehe er das Kloster St. Peter gründete.
Lit.: Hl. Rupert von Salzburg 696–1996. AK Dommuseum und Erzabtei St. Peter, Salzburg 1996.

Entstehung und Mittelalter

Wie die Entstehung des Ortes Mühldorf bislang nicht eindeutig geklärt werden konnte, so liegen auch die Entstehung der ersten Kirche und einer kirchlichen Organisation im Dunkeln. Zwar sind im Indiculus Arnonis und in den Breves Notitiae des ersten Salzburger Erzbischofs Arno etliche Orte in der Umgebung Mühldorfs genannt, doch fehlt der Ort selbst. Entweder existierte er damals noch nicht oder sein Gotteshaus gehörte im Rahmen des sogenannten Eigenkirchenwesens einem Adeligen und nicht der Salzburger Kirche. Die Christianisierung der Bajuwaren dürfte schon vor 700 abgeschlossen gewesen sein und der Raum um Mühldorf gehörte ab 739, als der hl. Bonifatius im päpstlichen Auftrag die Bistumseinteilung in Bayern vornahm, zum Bistum (seit 798: Erzbistum) Salzburg. Seit der Einteilung des Erzbistums in Archidiakonate, einer Art Mittelbehörde zwischen niederem Klerus und Bistumsleitung, unterstand Mühldorf dem Archidiakon von Gars, der zugleich Propst des dortigen Augustiner-Chorherrenstifts war. Eine erste Erwähnung des Archidiakonats Gars datiert aus dem Jahr 1159. [1]

Schon in der ältesten Nennung, die sich möglicherweise auf Mühldorf bezieht, dem Rückenvermerk auf einer Urkunde des Jahres 888, handelt ein Geistlicher. Der um 907 entstandene Vermerk besagt, dass ein Priester Adalolt die Güter im Lavanttal in Kärnten, die er 888 von König Arnulf geschenkt bekam, an den Salzburger Erzbischof Theotmar vertauscht hat. [2] Bereitet hier

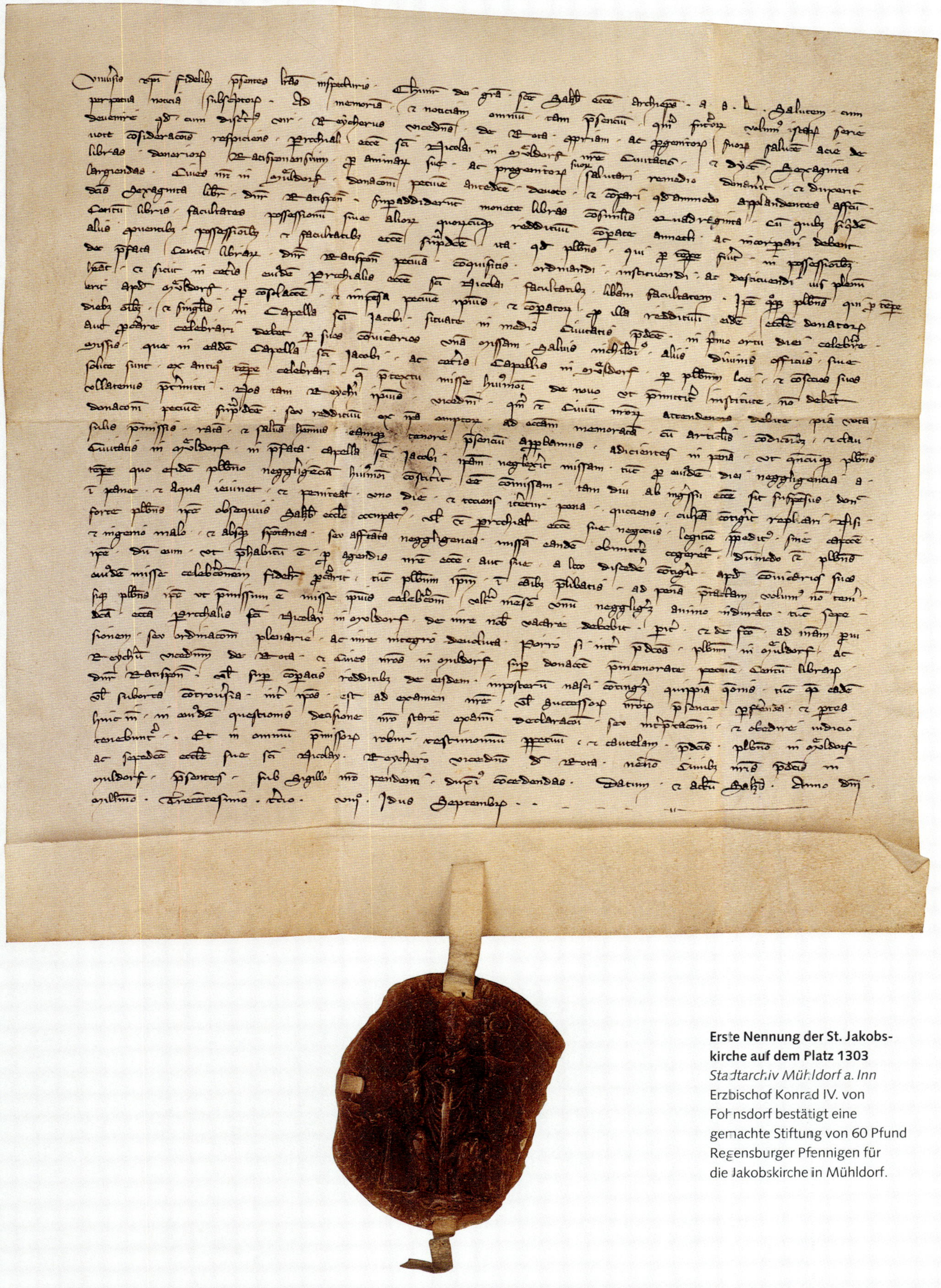

Erste Nennung der St. Jakobskirche auf dem Platz 1303
Stadtarchiv Mühldorf a. Inn
Erzbischof Konrad IV. von Fohnsdorf bestätigt eine gemachte Stiftung von 60 Pfund Regensburger Pfennigen für die Jakobskirche in Mühldorf.

auch die Identifizierung des genannten Orts mit Mühldorf am Inn Schwierigkeiten, so ist eine Übereinstimmung in der nächsten Erwähnung schon wahrscheinlicher. In dieser Nennung, einer um 927 ausgestellten Urkunde, ist Erzbischof Odalbert einer der Handelnden. [3]

Das kann nicht so sehr verwundern, da im Frühmittelalter der Klerus der Träger von Bildung und Schriftlichkeit war, es zeigt aber doch die Verbindung des Orts mit dem Salzburger Erzbischof schon am Anfang seiner Geschichte. Vermutlich hat hier damals bereits eine Kirche existiert. Da die Ausbildung von Pfarreien erst im 11. Jahrhundert zu einem gewissen Abschluss kam, ist weiterhin zu vermuten, dass spätestens zu dieser Zeit auch eine Pfarrei am Ort bestand. Die ältere Literatur berichtet von der ersten Erwähnung eines Gotteshauses in Mühldorf im Jahr 987, als Erzbischof Friedrich seine Diözese von der Benediktinerabtei St. Peter in Salzburg getrennt hat, doch bestätigen die Quellen die Nennung nicht. [4] Die neuere Literatur spricht hingegen von einer Ersterwähnung der Kirche im Jahr 1251; sie stand schon unter dem Patronat des hl. Nikolaus, dem Schutzheiligen der Schiffsleute. [5] Dass ein Vorgängerbau der hl. Margarethe geweiht war, konnte bisher nicht schlüssig bewiesen werden. Als erster Pfarrer von Mühldorf ist noch vor der Nennung der Kirche um 1214 ein Chunrad erwähnt, der bei der auf dem Totenbett vollzogenen Seelgerätstiftung des Chunrad von Schnaitsee anwesend war. [6]

Nach dem Stadtbrand von 1285 wurde das Pfarrgotteshaus neu erbaut; die Grundzüge des Neubaus sind in der heutigen Pfarrkirche noch erkennbar. Anstelle der romanischen Apsis erhielt die Kirche zwischen 1432 und 1443 einen gotischen Chor; 1448 ließ die Zunft der Bäcker die Andreaskapelle an der Nordseite des Turms errichten. Schließlich erbaute man nach dem Vorbild von Laufen 1474 einen spätgotischen Kreuzgang.

Zudem gab es im Mittelalter noch die etwa um 1300 entstandene Friedhofskirche St. Michael, zu der die Kaufmannszunft 1450 eine Johannes-Kapelle hinzubauen ließ. Heute ist denn auch Johannes der Täufer der Patron der Kirche, doch war sie wohl nie eine Taufkapelle. 1450 errichtete man eine Kapelle auf dem Gottesacker, deren Abbruch wegen Baufälligkeit 1880 erfolgte.

Siegel des Erzbischofs Philipp von Spanheim (1247–1257, Erwählter)
KAS
Philipp berief 1249 die erste Provinzialsynode nach Mühldorf ein. Ziel der Versammlung hoher und höchster geistlicher Würdenträger war es, den bayerischen Herzog Otto, der der kaiserlichen Partei angehörte, zum Wechsel auf die päpstliche Seite zu veranlassen.

Lit.: Hübner, Karl: Die Provinzialsynoden im Erzbistum Salzburg bis zum Ende des XV. Jahrhunderts. In: Deutsche Geschichtsblätter. Monatsschrift zur Förderung der landesgeschichtlichen Forschung 10 (1909), S. 187 ff. Winkler, Gerhard B.: Die Salzburger Provinzialsynoden. In: Rottenburger Jahrbuch für Kirchengeschichte 5 (1986), S. 25–32.

Weiterhin existierte eine Peterskirche auf dem heute verbauten Petersplatz. Vor 1274 gehörte sie mit einem dazugehörigen Haus den Augustiner-Eremiten von Seemannshausen. Da das Kloster St. Peter in Salzburg das Anwesen erwarb, wird vermutet, dass man so den Bettelorden – vielleicht die erste klösterliche Niederlassung in Mühldorf – wieder loswerden wollte. 1279 weihte Bischof Konrad I. von Chiemsee einen Neubau des Gotteshauses, der schließlich 1795 wieder abgebrochen wurde. 1419 hat Niklas Grill, der bekannte Mühldorfer Chronist, hierher eine ewige Messe gestiftet.

Für die St. Jakobskirche auf dem Platz hat sich als frühester Nachweis ein Stiftungsbrief für eine vom Pfarrer zu lesende Frühmesse von 1303 erhalten. 1393 ließ der Brixener Kanoniker und Propst Heinrich Surauer die Frauenkirche auf dem Platz errichten.

Die Gotteshaus der hl. Katharina in der Vorstadt »gein den Perg« dürfte aus der Zeit um 1300 stammen; das jetzige Gebäude wurde in der zweiten Hälfte des 15. Jahrhunderts aufgeführt. Es hatte als Vorstadtkirche für diejenigen Bürger, die aufgrund ihres Gewerbes außerhalb der Stadtmauern leben mussten, und als Pfarrsitz von Altmühldorf eine Doppelfunktion. Schließlich bestand noch die Spitalskirche zum hl. Geist, für deren Errichtung 1477 der Weber Thomas Waldner sein Haus und seine Hofstatt dem Spital abtrat. Ihr Abbruch erfolgte 1860. [7]

Das Collationsrecht für die Pfarrei Mühldorf, also das Recht den Pfarrer zu bestimmen, stand schon im Spätmittelalter dem Erzbischof von Salzburg zu; das Absentgeld betrug 120 Gulden Dukaten. Dies zeigt ein während der Regierungszeit des Erzbischofs Bernhard von Rohr, also zwischen 1468 und 1487 geschriebenes, aber vermutlich auf eine Vorlage aus der ersten Hälfte des 15. Jahrhunderts zurückgehendes Verzeichnis der Pfarrkirchen und Kapellen des Erzbistums Salzburg. Auch führt die Liste sechs Kaplaneien in Mühldorf auf. Das Besetzungsrecht kam in fünf Fällen dem Pfarrer zu, für den sechsten, die Messe auf dem St. Sebastians-Altar mit einem jährlichen Ertrag von 30 Pfund Pfennigen, ist es nicht recht ersichtlich. Jährlich 24 Pfund Pfennige ertrugen die Gottesdienste des Johann Purkircher, des Ulrich Stefflinger und des hl. Rupert; eine gewisse, nicht genannte Summe Geldes sowie das Essen erhielten vom Pfarrer die Inhaber der Messen des hl. Petrus und der hl. Anna. Übrigens kam das Collationsrecht für die Pfarrei Altmühldorf dem Erzbischof von Salzburg, für die Pfarrei Flossing dem Pfarrer in Mühldorf und für die Pfarrei Erharting dem Pfarrer von Altmühldorf zu. [8]

Waren die vorgenannten Daten eher von lokalem Interesse, so fand bereits während des Hochmittelalters im Ort ein Ereignis kirchlicher, allerdings politisch motivierter Art, mit überregionaler Bedeutung statt. In der Auseinandersetzung zwischen Kaiser Friedrich II. und Papst Innozenz IV., einer Zeit größter Wirrungen auch in Bayern, stand der erwählte Salzburger Erzbischof Philipp von Spanheim, ein Kärntner Herzogssohn, auf der Seite des Papstes. In dessen Auftrag berief Philipp eine Provinzialsynode nach Mühldorf ein, die dort im Januar oder Februar 1249 tagte. Die Abhaltung solcher Versammlungen zählte zu den wichtigsten Rechten eines Metropoliten, dem Vorsteher der Kirchenprovinz. Zur bayerischen Kirchenprovinz gehörten zur Zeit Philipps neben der Metropole Salzburg die Suffraganbistümer Brixen, Freising, Regensburg, Passau, Gurk, Chiemsee, Seckau und Lavant. Außer dem Erzbischof und den Bischöfen nahmen Abgeordnete der Domkapitel, die Äbte und Pröpste, aber auch Vertreter des niederen Klerus an den Salzburger Provinzialsynoden teil. Nur gewichtige Gründe, wie etwa Krankheit, bildeten einen Grund zur Entsendung von Bevollmächtigten; die Nichtbeachtung der erzbischöflichen Einladungsschreiben zog ansonsten die Exkommunikation nach sich. Zu dieser ersten Synode in Mühldorf kamen neben dem Erwählten Philipp noch die Bischöfe Konrad von Freising, Albert von Regensburg und Ulrich von Seckau sowie einige Prälaten. Ziel war es, den bayerischen Herzog Otto, der der kaiserlichen Partei angehörte, durch die Androhung der Exkommunikation oder von Gewaltmaßnahmen zum Wechsel auf die päpstliche Seite zu veranlassen. Der Herzog blieb jedoch standhaft und auch die von der Versammlung gesetzte Frist bis zum 1. Mai verstrich ohne das gewünschte Ergebnis. Ob auf der Tagung weitere, rein kirchliche Dinge zur Sprache kamen, ist nicht überliefert. [9]

Am 26. Juli 1254, einem Sonntag, erfolgte die Konsekration des neugewählten Passauer Bischofs Otto von Lonsdorf in Mühldorf. Da Philipp der Erwählte nie die höheren Weihen empfing, um seine Erbansprüche nicht zu gefährden, vollzog in seiner Anwesenheit und in seinem Auftrag Bischof Konrad von Freising, assistiert von Bischof Heinrich von Chiemsee und dem resignierten Bischof Siboto von Augsburg die Bischofsweihe. Anwesend waren eine Reihe hochrangiger kirchlicher Würdenträger, darunter die Äbte von St. Peter in Salzburg und von Niederaltaich. [10]

Provinzialsynoden und Beratungen im 15./16. Jahrhundert

Die Krise der spätmittelalterlichen Kirche und die daraus resultierende Kirchenspaltung sollte auch an der Stadt am Inn nicht spurlos vorübergehen, ja der Ort wurde sogar zum Schauplatz einiger für den Fortbestand des Katholizismus in Bayern und Österreich bedeutender Entscheidungen. Als ein gewisser Auftakt kann die Flucht des Salzburger Domkapitels im Jahr 1481 nach Mühldorf im Zuge der Auseinandersetzungen um die Resignation des Erzbischofs Bernhard von Rohr und der Einsetzung von Johann Beckenschlager zum Koadjutor und Administrator mit dem Recht der Nachfolge gesehen werden. Am 18. Mai 1487 kam es in der Stadt zur Wahl des Salzburger Dompropstes Christoph Ebran von Wildenberg zum Gegen-Erzbischof. Ebran konnte sich zwar nicht durchsetzen, doch wiesen ihn die Mühldorfer auch nicht aus. Sie argumentierten damit, dass der Dompropst ein eigenes Haus im Ort besitze, in dem ihm Wohnrecht zustünde. Der Papst forderte die Stadt am 16. Juni 1487 unter der Androhung von geistlichen Strafen zur Unterwerfung auf, sie vollzog aber erst am 16. Juni 1488 den Ausgleich mit dem Landesherrn. Dennoch wohnte Ebran bis zu seinem Tod am 16. Januar 1491 in Mühldorf. [11]

Schon am 19. Oktober 1490 [12] hielt Erzbischof Friedrich von Schaunberg hier eine Provinzialsynode ab, bei der mit Sixtus von Tannberg, Georg Altdorfer und Matthias Scheit die Oberhirten der Diözesen Freising, Chiemsee und Seckau sowie Abgesandte der übrigen Bischöfe und eine Reihe von Prälaten anwesend waren. Der Versammlung lagen zahlreiche Beschwerden von Geistlichen vor, denen in den Synodalstatuten Rechnung getragen wurde. Ziel war die dringend notwendige Reform des Klerus, wobei allerdings der Lebenswandel des bayerischen Metropoliten keineswegs Vorbildcharakter beanspruchen konnte. Daher kann die geringe Wirkung der von der Kirchenversammlung beschlossenen 49 Artikel, die man durchwegs aus früheren Synodalbeschlüssen übernahm, nicht verwundern.

Es erging an den Klerus die Aufforderung zu einer sittenstrengen, mäßigen Lebensweise. Die Geistlichen sollten die vorgeschriebene Kleidung tragen, nicht im Konkubinat leben, weltliche Vergnügen, wie etwa die Teilnahme an Würfelspielen, das Jagen oder ungerechtfertigten Wirtshausbesuch vermeiden sowie keine Schankbetriebe führen. An den Primiztagen durften keine Gastmähler gefeiert werden. Den Nonnen und Mönchen wurde die genaue Befolgung ihrer Regel vorgeschrieben. Die Äbte der Benediktinerklöster erhielten den Auftrag am 15. Juni 1491 ein Ordenskapitel der Provinz in Salzburg abzuhalten. Dieses Kapitel sollte dann in den folgenden drei Jahren wiederholt werden und anschließend in einem dreijährigen Rhythmus stattfinden.

Denkmal des Leonhard von Keutschach (1495–1519)
Hans Valkenauer, 1515, Festung Hohensalzburg
Leonhard von Keutschach berief 1512 eine Salzburger Provinzialsynode nach Mühldorf ein. Es wurden die Vertreter für das V. Laterankonzil in Rom benannt und ihnen die entsprechenden Verhaltensmaßregeln vorgegeben.

Lit.: Hübner, Karl: Die Provinzialsynoden im Erzbistum Salzburg bis zum Ende des XV. Jahrhunderts. In: Deutsche Geschichtsblätter. Monatsschrift zur Förderung der landesgeschichtlichen Forschung 10 (1909), S. 187 ff. Winkler, Gerhard B.: Die Salzburger Provinzialsynoden. In : Rottenburger Jahrbuch für Kirchengeschichte 5 (1986), S. 25–32.

Vor der sonntäglichen Messe waren Wasser und Salz zu weihen und hierauf eine Prozession zu halten; den daran teilnehmenden Personen wurde ein Ablass von vierzig Tagen gewährt. Der Klerus hatte für eine würdige Spendung der Taufe, für die sorgfältige Aufbewahrung der kirchlichen Gerätschaften, des Chrisams und des Allerheiligsten sowie für eine andächtige Feier der Gottesdienste, während der sie nicht im Gotteshaus herumgehen und sich unterhalten sollten, zu sorgen. Erinnert wurde weiterhin an die Einhaltung der Pflicht zum Brevierlesen und der Betstunden.

Auf Ablehnung stieß die Lehre, dass ein sich in einer Todsünde befindender Priester nicht gültig von Sünden lossprechen könne. Strengstens untersagte die Versammlung den Geistlichen die Lossprechung von Sünden in bischöflichen Reservatfällen, die Umwandlung von Kirchen- in Geldstrafen, die Bestattung von Schwerverbrechern und Wucherern, die Zulassung von Personen, die in Reservatfällen keine Lossprechung erlangt hatten, zur Kommunion sowie die Erteilung der Sakramente gegen Geld.

Die Aufnahme fremder Priester und Bettelordensleute ohne Empfehlung des Bischofs hatte zu unterbleiben, Almosensammler sollten sich an ihre Vollmachten halten und nicht approbierte, verdächtige Orden waren aufzulösen. Eingeschärft wurden die Residenzpflicht, das Verbot der Pfründeakkumulation und der Simonie. Über das Kichenvermögen, das der Pfarrer mit den Kirchenpflegern und zwei Gemeindemitgliedern zu verwalten hatte, war der vorgesetzten geistlichen Behörde jährlich Rechnung abzulegen. Von den Schlüsseln zur Kirchenkasse standen dem Pfarrer einer, den Kirchenpflegern zwei zu. Die Geistlichen wurden in Schutz genommen gegen Gewalttätigkeiten von Seiten der Laien gegen ihre persönliche Freiheit, ihre Rechte, insbesondere beim Bezug des Zehends, und ihre Güter, wobei vor allem auch bei der Vakanz von Benefizien Acht zu geben war, sowie gegen die Belastung mit Abgaben und Steuern. Zudem durfte der Klerus den Archidiakonen und Dekanen keine Abgaben zahlen und die Pfarrer sollten von ihren Parochianen keine ungerechtfertigten Gebühren verlangen.

Die geistliche Jurisdiktion betreffend beschloss man, dass Laien nur unter Angabe des Grundes vor ein kirchliches Gericht zu zitieren waren und der Bann erst nach vorausgegangener Mahnung und allein per Dekret zu verhängen war. Die geistlichen Urteile sollten respektiert und deren Überbringer ordentlich behandelt werden. Eingeschärft wurde auch die Befolgung des Interdikts, währenddessen nur die Spendung der Taufe, des Viaticums, des Bußsakraments, eine einmalige Predigt in der Woche, eine tägliche stille Messe bei verschlossenen Kirchentüren und das kirchliche Begräbnis von würdigen Klerikern gestattet war. Insgesamt empfahl die Synode aber Mäßigung im Verhängen kirchlicher Strafen. Den Umgang mit exkommunizierten Personen hatte man nur dann abzubrechen, wenn es sich um notorische Verbrecher oder um solche, deren Verurteilung die Richter besonders und ausdrücklich verkündeten, handelte. Weder durften Kleriker vor ein weltliches Gericht zitiert werden, noch Gegenstände, die vor ein geistliches Gericht gehörten, wozu insbesondere Ehesachen zählten, vor solchen verhandelt werden.

Die Unterstützung von Gauklern, Scholaren und anderen Landstreichern untersagte man; Wucherer hatten zusätzlich zur kirchlichen Strafe zehn Pfund Pfennige zu bezahlen. Schließlich folgte noch das Verbot heimlicher Verlobungen und Eheschließungen; der bischöflichen Zustimmung bedurfte die Erklärung Kranker zu Aussätzigen, die Errichtung neuer Kirchen und Bildstöcke und die Anstellung von Notaren. Angefügt wurden an die Bestimmungen noch das Statut des Laterankonzils von 1215 über die Beichte und Kommunion zu Ostern, die Beschlüsse des Konzils von Basel über die Einberufung von Provinzial- und Diözesansynoden sowie die von Kaiser Karl IV. erlassene und von Papst Martin V. bestätige Carolina, die den Schutz der kirchlichen Immunität bezweckte. Diese Verordnungen waren jährlich an den Quatembersonntagen in den Pfarrkirchen zu verkünden. Am Ende folgt den Beschlüssen noch eine Liste mit den bischöflichen und päpstlichen Reservatfällen.

Der Einberufer der Versammlung, Erzbischof Friedrich V., verstarb am 3. Juli 1495 auf dem Rückweg vom Reichstag zu Worms in Mühldorf; die nächste Salzburger Provinzialsynode tagte während der Regierungszeit des Salzburger Erzbischofs Leonhard von Keutschach am 17. März 1512 ebenfalls in der Innstadt. [13] Sie sollte der Vorbereitung für das angekündigte V. Laterankonzil dienen und deshalb wurden die Vertreter, die zum Konzil reisen sollten, benannt und ihnen die entsprechenden Verhaltensmaßregeln vorgegeben. Die stark zerrüttete Kirchendisziplin machte eine Erneuerung der Synodalstatuten von 1490 nötig, auch forderte man die Visitation der Geistlichen, der Kapitel und Klöster in den einzelnen Bistümern durch geeignete Männer innerhalb von sechs Wochen, was aber nicht zur Ausführung kam. Die sogenannten »Gravamina«, also Beschwerden des Klerus wegen von Laien verübter unerlaubter Eingriffe in die kirchlichen Rechte und die kirchliche Jurisdiktion, sollten dem Erzbischof mitgeteilt und dem Laterankonzil vorgelegt werden.

Einige Jahre nach der Provinzialsynode residierte in Mühldorf zeitweise der vielleicht bedeutendste Diplomat Kaiser Maximilians I., der wegen dieser Dienste in der kirchlichen Hierarchie bis zum Kardinal und zum Erzbischof von Salzburg aufstieg. Es handelt sich um Matthäus Lang von Wellenburg, [14] einen Augsburger Patriziersohn. Lang war es 1512 gelungen, die Ernennung zum Koadjutor des Erzbischofs Leonhard von Keutschach mit dem Recht der Nachfolge durchzusetzen. 1515/16 bekam er Mühldorf – neben Tittmoning – als eine Art Dotation zu Lebzeiten des Erzbischofs Leonhard und hier hielt sich Lang auch noch gerne auf, nachdem er 1519 die Regierung im Erzstift angetreten hatte. Der Ort diente damals also als Nebenresidenz. Zudem tagte hier in der Zeit Langs der nach der Stadt benannte Reformkonvent, [15] der ein Aktionsprogramm gegen die Lehre Luthers beschloss.

Die Gegenreformation in Bayern begann Anfang Februar 1522, als sich die gemeinsam regierenden Herzöge Wilhelm IV. und Ludwig X. auf Schloss Grünwald zu einer Besprechung wegen des aufkommenden Luthertums trafen. Das von den beiden Regenten entworfene Programm stellte für die nächsten eineinhalb Jahrhunderte die Grundlage der bayerischen Religionspolitik dar. Neben staatlichen Maßnahmen waren vor allem kirchliche Reformen, die in den Aufgabenbereich der Bischöfe fielen, nötig. Am 25. Februar ging deshalb eine Gesandtschaft nach Salzburg ab, um den Erzbischof zur Einberufung eines geistlichen Reformkonvents unter herzoglicher Beteiligung zu veranlassen. Während die Bayern auf die Erregung des Volkes und die Schuld der Priesterschaft verwiesen, führte Lang, der sich wohl selbst kritisiert fühlte, im Gegenzug die Gravamina und Beschwerden des Klerus gegen die weltliche Obrigkeit als Verhandlungsgegenstand ein. Diese Verklammerung von Reform und »Gravamina ecclesiastica contra saeculares« sollte in Zukunft die kirchliche Reform mit zusätzlichen Schwierigkeiten belasten.

Der Forderung nach einer Beratung gab er aber ohne Schwierigkeiten nach und bot den 23. März als nächstmöglichen Termin an. Die Gesandten schlugen als Tagungsort Mühldorf vor. Nach einigen Vorarbeiten kamen dort am 24. Mai 1522 – es hatte also noch eine Verzögerung gegeben – der Salzburger Erzbischof Matthäus Lang, der zu dieser Zeit auch noch das Bistum Gurk innehatte, der Bischof von Freising, Pfalzgraf Philipp, der Passauer Administrator Herzog Ernst von Bayern, der aber erst am 25. Mai anreiste, und der Chiemseer Bischof Berthold Pürstinger zusammen. Aus Salzburg nahmen an der Versammlung als Repräsentanten des Domkapitels und als Räte des Erzbischofs der Domdekan Trauttmannsdorff, der Domherr Balthasar von Lamberg sowie Dr. Ägidius Rem und Dr. Nikolaus Ribeisen teil. Weiterhin waren Vertreter des Bischofs von Brixen und der Domkapitel von Freising, Passau und Brixen, der Propst von Berchtesgaden und die Äbte von Aldersbach, Weihenstephan und Scheyern anwesend. Hinzu kamen noch weitere Räte der gegenwärtigen Bischöfe und die Abgeordneten der bayerischen Herzöge. Abwesend und ohne Vertretung waren der Administrator und das Domkapitel von Regensburg, die sich aber im Voraus mit den zu erwartenden Beschlüssen einverstanden erklärt hatten. Wegen der Schwere der Zeiten und aus anderen gewichtigen Gründen hatte man auf die Ladung der Bischöfe von Seckau und Lavant verzichtet, doch wurden sie dann von den Ergebnissen der Tagung unterrichtet.

Die Sitzungen begannen am 26. Mai, einem Montag, und dauerten die ganze Woche über. Dr. Ägidius Rem hielt die Eröffnungsansprache; anschließend beriet man sich in einem großen und einem kleinen Ausschuss. Das Resultat der Tagung waren ein Schlussrezess, der einen bindenden Vertrag für alle Bischöfe der bayerischen Kirchenprovinz darstellte, und ein Reformmandat, das den Geistlichen der Provinz zugesandt werden sollte. Zudem empfahl die Versammlung die Abhaltung von Sühneprozessionen.

Der Rezess umfasste vier Hauptpunkte, dessen erster die Erstellung eines Reformmandats, der zweite eine spätestens nach drei Monaten zu vollziehende Generalvisitation der gesamten Provinz einschließlich der österreichischen Teile forderte. Der dritte Hauptpunkt besagte, dass nach der Visitation zur Ergänzung von Reformordnung und -vollzug sowie zur Behandlung der Gravamina eine Provinzialsnode einzuberufen sei. Schließlich wurde zur Bekämpfung der Reformation beschlossen, dass Prediger, die von der Kirche verbotene Lehren verbreiteten, unter Beihilfe der weltlichen Obrigkeit gefangen zu nehmen, den Bischöfen auszuliefern und bei nachweislichen Irrtümern zum Widerruf und zum Abschwören zu bewegen seien. Im Weigerungsfall waren ihre Ämter und Pfründen einzuziehen und sie selbst dem weltlichen Arm zur weiteren Bestrafung zu übergeben. Druck und Verkauf von Büchern sollten gewissenhaft überwacht werden, um häretisches Schrifttum fernzuhalten. Diesbezüglich plante man Verhandlungen mit den anderen deutschen Metropoliten.

Das Reformmandat, das für den Klerus in lateinischer Sprache erging, wiederholte größtenteils die Bestimmungen der Provinzialsynoden von 1490 und 1512; auch wurden zusätzliche Bestimmungen der von Matthäus Lang im März 1522 erlassenen Diözesanverordnung nun für die gesamte Kirchenprovinz verpflichtend. Neu waren nur das Verbot, Verstöße gegen kirchliche Vorschriften gegen die Annahme von Geld zu tolerieren, sowie die Bestimmung, dass die betreffenden Bewerber vor der Erteilung der höheren Weihen beziehungsweise vor der Zulassung zur Seelsorge zu prüfen seien. Auch erfolgte schon die Ankündigung der Visitation.

Von dem Reformmandat wurde wegen der großen Anzahl der benötigten Exemplare ein eigener Druck verfertigt; davon sandte der Salzburger Erzbischof allein 1.000 Stück dem Bistumsadministrator von Regensburg, Pfalzgraf Johann, zu. Auch im Bistum Freising und im Bistum Brixen ist die Verbreitung des Mandats nachzuweisen.

Da die Habsburger nicht zur Tagung hinzugezogen worden waren, sollten sie durch eine eigene Gesandtschaft informiert werden. Kardinal Lang versuchte auf dem Nürnberger Reichstag den Erzherzog Ferdinand für die Mühldorfer Beschlüsse zu gewinnen, doch zeigte sich dieser in der Frage wenig zugänglich.

Die bayerischen Herzöge waren ebenfalls mit den Ergebnis der Mühldorfer Verhandlungen nicht zufrieden, wobei sie anscheinend die Überängstlichkeit der Bischöfe am meisten störte. Zudem schätzte der Episkopat der Provinz die Lage anlässlich einer Zusammenkunft auf dem Nürnberger Reichstag von 1522/23 nun schon als so gefährlich ein, dass man sich nicht mehr getraute, die geplante Generalvisitation und eine anschließende Provinzialsynode durchzuführen. Die Aufgabe der Visitation übertrug man nun auf die Archidiakone und Ruraldekane, doch offenbar nur im Erzbistum Salzburg visitierten schließlich die Archidiakone ihre Sprengel. Die eingesandten Berichte waren aber äußerst mangelhaft. In den anderen Diözesen der bayerischen Kirchenprovinz scheint die Überprüfung überhaupt nicht durchgeführt worden zu sein. Auf der Einhaltung des an den Klerus ausgegangenen Mühldorfer Reformmandats, so beschloss man in Nürnberg, sollte bestanden werden.

Letztendlich hatte also die allgemeine Entwicklung im Heiligen Römischen Reich und das damit verbundene Zurückschrecken der Bischöfe vor exponiertem Handeln die Mühldorfer Beschlüsse weitgehendst wirkungslos gemacht, doch kommt dem Reformkonvent als einem der frühesten Zeichen von katholischer Reform und Gegenreformation mit zukunftsweisenden Einsichten große Bedeutung zu.

Übrigens ist Ägidius Rem, der auf dem Mühldorfer Konvent die Eröffnungsrede hielt und der ein bedeutender Ratgeber von Kardinal Lang war, noch in anderer Weise mit der Innstadt verbunden. Hier weihte ihn nämlich der Salzburger Erzbischof, dem das Besetzungsrecht für das Amt des Bischofs von Chiemsee zustand, zum Chiemseer Oberhirten. Die Bischofsweihe fand möglicherweise am 1. September, dem Tag des hl. Ägidius, satt; als Assistenten Langs fungierten der zurückgetretene Amtsvorgänger Rems, Berthold Pürstinger, der Augsburger Weihbischof, Lic. iur. Johannes Laymann, der Propst von Herrenchiemsee, Adam Vogl, und Abt Christoph Fürlauf von Raitenhaslach. [16]

Die nächste Zusammenkunft, die sich in Mühldorf mit den drängenden kirchlichen Fragen beschäftigte, fand 1537 statt. Am 4. Juni 1536 berief der Papst für den 23. Mai 1537 ein Allgemeines Konzil nach Mantua ein, das jedoch dann nicht zustande kommen sollte. Matthäus Lang zögerte noch, ob zur Vorbereitung dieses Konzils eine Provinzialsynode anzuhalten sei.

Um darüber Klarheit zu gewinnen, schrieb er zunächst eine Konferenz nach Mühldorf aus, die vom 10. bis 15. Januar 1537 dauerte.[17] Im Auftrag des Metropoliten erschienen der Bischof von Chiemsee, Hieronymus Meitting, die Salzburger Domherren Paulus Stadler und Sigmund Graf zu Ortenburg, der Rat Dr. Nikolaus Ribeisen, der Dominikaner Dr. Johann Jung und der Propst von Gars, Valentin Rem. Der Freisinger Bischof entsandte den Kanzler Jörg Spies und den Domherrn Antonius von Alberstorffer; aus Regensburg kamen der Kanzler Augustin Ros und der »vicarius in spiritualibus« Georg Wirttenberger. Passau war durch den Domherrn Stephan Rosinus und den Weihbischof Heinrich Khurz, Brixen durch den Domherrn Dr. Jörg Stamler und den Notar Hans Gallus vertreten. Der Propst zu Straßburg, Silvester Peck, nahm für den Administrator von Gurk an der Zusammenkunft teil; an Seckau und Lavant hatte man keine Einladung geschickt.

Die – sicherlich vom Erzbischof genehmigte – Tagesordnung ließ die Wahl zwischen drei Optionen. Entweder sollte die Mühldorfer Konferenz direkt die Vorbereitung des Allgemeinen Konzils übernehmen oder es war eine weitere Tagung dafür anzusetzen; drittens bestand die Möglichkeit der Abhaltung einer Provinzialsynode. Zwar schien dem Bischof von Freising, wie er seinen Gesandten in einer Instruktion mit auf den Weg gegeben hatte, die Einberufung einer Synode nicht sinnvoll, dennoch sprachen sich die Konferenzteilnehmer als erstes dafür aus.

Für diesen Fall sah die Tagesordnung neunzehn Artikel vor, deren Beratung nun folgte. Am Schluss der Konferenz stand ein Rezess, der das Ergebnis in fünf Punkten zusammenfasste. Danach hatten die Diözesanbischöfe dem Metropliten, wenn es denn noch nicht geschehen war, die in ihren Sprengeln vollzogene Ankündigung des zu erwartenden Konzils zu melden. Der Erzbischof sollte eine Provinzialsynode nach Mühldorf oder Salzburg ausschreiben und König Ferdinand, dem Pfälzer Herzog Friedrich, den bayerischen Herzögen Wilhelm und Ludwig sowie dem Landgrafen von Leuchtenberg, über deren Territorien sich die Kirchenprovinz erstreckte, davon Mitteilung machen. Der Markgraf von Brandenburg, der der Reformation anhing, war bei den Beratungen ausgeklammert worden. Die Einberufung der Synode hatten die Bischöfe in ihren Bistümern allen zur Teilnahme verpflichteten Personen zu verkünden, wobei auch Bestimmungen über den Kreis der Teilnehmer getroffen wurden. Dem Metropoliten empfahl man, die Einstellungen, Absichten und Meinungen der Erzbischöfe von Köln, Mainz und Trier zum Konzil durch Gesandte alsbald erfragen zu lassen, um dann auf der Synode darüber referieren zu können. Die auf der Konferenz behandelten Punkte und Artikel waren den Ordinarien zuzustellen, um sie in den Diözesen nochmals zu beraten und einen schriftlichen, für die Provinzialsynode bestimmten Bericht darüber zu verfertigen.

D. Martinus Luther.

IM Jar nach Christi geburt M.D.XVII. war ein prediger Münich Johann Detzel / vom Bapst in Teutschland abgefertiget / dasselb nach Römischem brauch / durch Ablaßbrieff Gelt zu machen. Weyl aber der selbig Detzel eines ergerlichen lebens / vnd sein predigen vnuerschampt vnd zu vil frech war / deñ er sagt: Weil der Gülden / so man in den Ablaßkasten einstieß / noch klünge / füre die Sel auß der qual des Fegfewrs inn das Ewig leben. Wolte vñ kunte Got solchen mut willen / lestern / lügen vñ verderbliches verfüren der armen Seelen lenger nicht leyden / Erweckt den ehrwirdigen Herrn Martin Luther / der heiligen schrifften Doctor / Augustiner Ordens / der mit einer disputation sich wider solchen Ablaß prediger leget. Als Detzel nit bestehen / vnd Römischer Bapstlicher weise / mit fewer vnd schwerdt / vnd nit mit der schrifft / sich wehren wolt / ist durch vil schreyben vnd disputiern / der handel von tag zu tag weytleufftiger worden / vnd die mißbreuche / so im Predigen vnd im Gotes dienst im Babstumb gewaltig gingen / durch Gotes wort entdeckt. Derhalb gemelter Doctor Luther / die Messe / der heiligen anrüffung / die gelübde der Klosterleut / die Beicht / den mißbrauch mit den Sacramenten / Menschensatzung / vnd anders / in seinen schrifften gewaltig widerlegte / vnd lehrete / wie allein durch den glauben an Christum wir zu vergebung der sünde kummen / wie Gott allein im namen Christi Jesu anzurüffen / vnd die gewissen allein auff Gottes gnad vnd zusagung / bestehen mögen / vnd nit auff eignem verdienst. Ist also in vbung dises Gotseligen wercks / andere recht zu leren / für vnd für verharret / biß er im M.D.XLVI. Jar / den xviij. Februarij / vngeferlich iij. stund nach mitnacht / zu Eißleben / da er auch getaufft worde / seligklich vnd mit eim sanfften ende / inn rechter Christlicher bekantnuß entschlaffen / vnnd hernach zu Wittenberg im Schloß / bey dem Predigstul / sehr ehrlich zur erden bestettet worden / seines alters im LXIII. Jar.

GRABSCHRIFT
Des Ehrwirdigen Herrn Doct. Martini Lutheri.

ZV Eyßleben ist mein Vatterlandt
In Sächssen hat mich Gott gesandt
Auff Wittenberg der werden Stadt
Durch mich / sein wort / Gott geben hat

Dardurch das Bäbstlich reich gestürtzt
Vnnd seine Tyranney verkürtzt
Im lieben Vatterlande mein
Bin ich in Gott entschlaffen fein

Zu Wittenberg lig ich im Grab
Gott lob für seine gegebne gab
Bald werd ich wider aufferstehen
Mit Jesu Christ zur frewd eingehen.

Bey Hans Glaser Brieffmaler zu Nürnberg / hinter Sanct Lorentzen auff dem Platz.

Flugblatt auf die Einführung der Reformation durch Martin Luther
Gedruckt bei Hans Glaser, »Brieffmaler zu Nürnberg, hinter Sanct Lorentzen auff dem Platz«, SLA
Martin Luther ist nach der Art von Lukas Cranach d. Ä. als Brustbild mit Gesangbuch, Kruzifix und Lutherrose dargestellt. In Mühldorf fanden Hausdurchsuchungen und Verhöre verdächtiger Personen statt. Eine Vertreibung lässt sich nicht nachweisen.
Lit.: Fischer, Manfred: Die »Lutherischen« in Mühldorf. Eine Chronik der evang. luth. Gemeinde Mühldorf a. Inn. Gedr. Manuskript, Mühldorf 1998; Reformation, Emigration, Potestanten in Salzburg. AK Schloß Goldegg 1981.

Nicht in der Stadt am Inn, sondern in Salzburg fand dann vom 15. bis 28. Mai 1537 die tatsächlich von Matthäus Lang einberufene Provinzialsynode statt; die hier für den 26. August beschlossene, nach Mühldorf ausgeschriebene Konferenz der bischöflichen Räte wurde aber wieder abgesagt. Begründet hat dies der Erzbischof mit den Kriegsereignissen in Italien und den Ungewissheiten wegen des Konzils. [18]

Zwei Jahre später, vom 3. bis 6. Dezember 1539, trafen sich Abgesandte des Salzburger Metropoliten – darunter der Bischof von Chiemsee – der Bischöfe von Freising und Regensburg sowie des Administrators von Passau in der Stadt am Inn, um über den Priestermangel und dessen Behebung sowie eine angemessenes Bezahlung für die Geistlichkeit zu sprechen. Die dort gefassten Pläne wollten die Bischöfe auf einer gemeinsamen Konferenz mit Vertretern der bayerischen Herzöge beraten; diese Versammlung in Salzburg blieb jedoch ohne endgültige Beschlüsse. [19]

Die nächste Provinzialsynode, die in Mühldorf tagte, führte ihre Beratungen vom 17. bis zum 30. Dezember 1553 durch; sie war vom Administrator des Erzbistums Salzburg, Herzog Ernst von Bayern, im Einvernehmen mit dem bayerischen Herzog Albrecht V. und König Ferdinand einberufen worden. Der Administrator Ernst und der Bischof von Regensburg waren persönlich anwesend, während Freising und Passau ebenso wie der bayerische Herzog und der König Vertreter entsandt

Heiltums- und Ablassbuch des Degenhart Pfeffinger
Stadtarchiv Mühldorf a. Inn
Von seiner Pilgerreise ins Heilige Land brachte Degenhart Pfeffinger 400 Heiltümer mit. Diese lies er durch den Mühldorfer Maler, Wilhelm Pätzsold, in dem Heiltumsbuch abbilden.

Lit.: Liedke, Volker: Der Maler Wilhelm Pätzsold und der Bildhauer Matthäus Krinis, zwei bedeutende Mühldorfer Meister vom Anfang des 16. Jahrhunderts. In: Ars Bavarica 59/60 (1989), S. 1–44; Fischer, Manfred: Degenhart Pfeffinger aus Salmanskirchen, ein Freund Martin Luthers? In: Das Mühlrad XLIII (2001), S. 61–98.

hatten. Man behandelte neben anderem Fragen der Disziplin des Klerus, des Kommunionempfangs unter einer Gestalt, der Ohrenbeichte, der Anerkennung des Opfercharakters der Messe und des Eingreifens gegen Laien oder Priester, die gegen kirchliche Lehrsätze verstießen. Die Beschlüsse, die zunächst als recht streng empfunden und später abgemildert wurden, blieben aber ohne Erfolg, da die Durchführung wieder einmal nicht gelang. [20]

Zur Vorbereitung des Provinzialkonzils von 1569 [21] fand – wie auch anderswo – im Archidiakonat Gars die Erhebung von Gravamina statt. Mitunterzeichner der Beschwerdeschrift war der Mühldorfer Pfarrer Magister Christoph Spandel. Er nahm dann an der Synode, die der Umsetzung des Konzils von Trient für den Bereich der bayerischen Kirchenprovinz diente und die in Salzburg tagte, als einer der Vertreter des Archidiakonats Gars teil. Seine Pfarrei verstand er als durchaus mustergültig hinzustellen; am letzten Tag der Zusammenkunft, dem 28. März 1569, hatte er während des Abschlussgottesdienstes die Ehre, die Predigt zu halten. Spandelius führte in seiner kunstvoll gestalteten, mit allerlei Rhetorenbeiwerk und Zitaten aus den drei heiligen Sprachen geschmückten lateinischen Rede aus, dass er ein »Dunkelmann« sei, der für seine Ansprache vor einer solch hohen Versammlung eigentlich mehr Gelehrsamkeit besitzen müsse. Demosthenes und Cicero, die großen Vorbilder, hätten gefordert, dass ein Redner nur das vorbringe, was er durch eigenen Fleiß erarbeitet habe. Er jedoch könne dem, was die Versammlungsteilnehmer beraten hätten, nichts hinzufügen. Dann lobte Spandelius in überschwenglichen Worten die Arbeit der Synodalen, verdammte die Häretiker und tadelte schlechte Kleriker. Abschließend forderte er die Verabschiedung und in Kraftsetzung der beschlossenen Dekrete, dies würde auch zu Folge haben, dass den Geistlichen – und das war eines der Leitmotive, das sich durch die Beschlüsse zog – wieder mehr Achtung zuteil würde. [22]

Der Salzburger Erzbischof hatte zwar am 31. Juli 1569 auf die Abhaltung von Diözesansynoden ausdrücklich verzichtet, aber am 28. Februar 1572 fand in Mühldorf eine Garser Archidiakonalsynode statt, die als Musterversammlung einzuschätzen ist. Obwohl dem Archidiakon von Gars die Leitung der Tagung zustand, gelang es dem Pfarrer Magister Spandel wiederum, sich in ein sehr positives Licht zu setzen. Der Erzbischof sandte ihm sogar ein Dankschreiben. Die Zusammenkunft diente diesmal der Umsetzung der früheren Beschlüsse in die Praxis. Eine von Spandel verfasste Niederschrift enthält nach einer wortreichen Einleitung über die Nützlichkeit von Synoden in zwölf Artikeln eine Kurzfassung und offenbar bewusste Vereinfachung der Salzburger Dekrete mit der Darstellung, was als katholisch zu gelten habe. Viele gegenreformatorische Gemeinplätze sind darin enthalten. Auf die Erstellung von Gravamina wurde laut Artikel zwölf wegen der Kürze der Zeit verzichtet. Mit einer Ermahnung an den Klerus schließt die Niederschrift. Dies war die letzte bedeutende Synode, die in Mühldorf abgehalten wurde. [23]

Protestanten in Mühldorf im 16. Jahrhundert

Der erste Protestant, dessen Aufenthalt in Mühldorf belegt ist, weilte keineswegs freiwillig dort. Pater Stephan Kastenbauer, der seinen Familiennamen in »Agricola« latinisiert hatte, stammte aus Abensberg und war wohl in Regensburg ins Kloster der Augustiner-Eremiten eingetreten. [24] Nach seiner Versetzung nach Rattenberg in Tirol wählte man ihn dort im Frühjahr 1522 zum Prior. Als Anhänger der Reformation aufgefallen, befahl Erzherzog Ferdinand seine Inhaftierung, die vor dem 4. Dezember 1522 stattfand. Aus der Haft in Rattenberg erfolgte am 10./11. März 1523 per Schiff seine Überstellung in die Gewalt des Salzburger Erzbischofs nach Mühldorf. Die Gefangenschaft führte wegen der Strittigkeit des Halsgerichts in Mühldorf zwischen Bayern und Salzburg zu Auseinandersetzungen und es wurde dem Erzbischof die Verlegung des Gefangenen über bayerisches Gebiet nach Salzburg verweigert. So vernahm der Salzburger Rat Dr. Eberhard Englmar ihn in der Stadt am Inn, wobei Agricola abstritt, ein Lutheraner zu sein. Da diese Aussage in Salzburg, wo man die Abschwörung des Häftlings vom Luthertum erstrebte, nicht überzeugte, erfolgten weitere Beratungen, die Abfassung verschiedener Gutachten zu seinem Fall und zusätzliche Einvernahme des Gefangenen. Die Haft in Mühldorf, zunächst im städtischen Rathaus, dann im erzbischöflichen Pfleghof, scheint nicht sehr streng gewesen zu sein, denn Kastenbauer konnte während dieser Zeit zwei Schriften im Druck erscheinen lassen. Im Sommer 1524 kam der Häftling frei, wohl auch weil sich die Frau des Erzherzogs Ferdinand, deren Beichtvater er einst gewesen war, für ihn eingesetzt hatte. In Augsburg, wohin er sich nun wandte, trat Agricolas reformatorische Überzeugung klar zutage. Gestorben ist er 1547 als Prediger in Eisleben, dem Geburts- und Sterbeort Martin Luthers.

Ein weiterer, im lutherischen Sinne predigender Geistlicher war der Wasserburger Pfarrer Michael Haydnecker, der zuvor in Mühldorf als Kaplan und Kurator tätig gewesen sein soll. Im März 1526 verurteilte man ihn nach der Verhandlung seines Falls in München, zu ewigem Kerker. [25]

An den – auch religiös motivierten – Aufständen von 1525/26 gegen Matthäus Lang haben sich die Mühldorfer nicht beteiligt; doch besetzten schon bald bayerische Truppen den Ort. Weitere mit der Stadt am Inn in Verbindung stehende Personen, die bereits in dieser Frühzeit dem Protestantismus zuneigten, sind bisher nicht nachgewiesen, doch könnte es durchaus sein, dass die Lehre auch hier Anhänger fand. Möglicherweise existieren dazu keine Quellen oder sie sind noch nicht erforscht worden. Vom Adel in der Umgebung haben sich Degenhard Pfeffinger, der im Dienst des sächsischen Kurfürsten stand, Luther in Wittenberg predigen hörte und dessen Heiltumsbuch im Stadtarchiv von Mühldorf verwahrt wird, und sein Verwandter Hans Herzheimer bald nach dem Thesenanschlag von 1517 zu den Lehren des Wittenberger Reformators bekannt. Die Herzheimer hielten sich denn auch bis zu ihrem Aussterben 1603 einen protestantischen Prediger.

In den Jahren 1561/62 lebte, wenn auch vielleicht nicht ständig, die Adelige Margarete von Trenbach in der Stadt, die von ihren Eltern den evangelischen Glauben übernommen hatte. Sie starb 1562 auf dem Schloss des ebenfalls evangelischen Grafen Ladislaus von Haag, der sie beerbte. In ihrem Nachlass befanden sich Bücher von Martin Luther, etwa dessen Bibelübersetzung, und von Philipp Melanchthon. Dass Margarete von Trenbach einige Zeit in Mühldorf leben konnte, ist wohl gewissen Privilegien des Adels zuzuschreiben.

Stiftsdekan Wolfgang Summerer
Öl auf Leinwand, Kreismuseum Lodronhaus, Mühldorf a. Inn
Wolfgang Summerer stand dem Kollegiatstift St. Nikolaus von 1739 bis zu seinem Tod am 19. Juni 1777 als Dekan vor. Unter seiner Leitung wurde die eingestürzte Stadtpfarrkirche wieder aufgebaut. Sein Vermögen brachte er in eine Witwen- und Waisenstiftung ein, außerdem verfasste er eine Chronik des Kollegiatstifts.
Lit.: Fraitzl, Karl: Das Kollegiatstift Mühldorf. In: Das Mühlrad I (1951), S. 52–56.

Auch bei der Stadtbevölkerung haben nach 1550 die Lehren der Reformatoren Eingang gefunden, wie der Bericht des Christoph von Lamberg an den Administrator Herzog Ernst belegt. Lamberg schreibt 1553, dass es in der Pfarrei Mühldorf viele gäbe, die die Messe gering achteten und verspotteten, die nicht kommuniziert hätten oder die Kommunion unter beiderlei Gestalt fordern würden. Zudem schildert er ein Vorkommnis, das sich während seines Aufenthalts am Ort ereignet hatte. Der Pfarrer von Altmühldorf, der ja bei St. Katharina in der Vorstadt wohnte, sollte das Kind eines Hutmachers taufen. Die Patin, eine in der Vorstadt lebende Bierbrauerin, fragte vor der Taufe den Geistlichen, ob er das Kind in deutscher Sprache, das hieß nach den Vorstellungen der Reformatoren taufen wolle. Der Pfarrer bestand aber auf der dem katholischen Ritus entsprechenden lateinischen Sprache. Da »... hat sye im trutzt ...«, also widersprochen und das Kind wieder wegtragen lassen, obwohl der Priester sich erboten hatte, ihr die lateinische Taufformel zu übersetzen. Erst am anderen Tag konnte das Kind, nun mit einer anderen Patin, getauft werden. [26]

Im Juli 1556 erging aus Salzburg in die Innstadt eine Weisung an den Salzburger Domdekan, mit der ihm zugleich eine vom Ortspfarrer erstellte Liste mit den Namen von Leuten, die nicht kommuniziert hatten, zugesandt wurde. Diese Personen waren vorzuladen, zu vernehmen und, so sie die Kommunion unter beiderlei Gestalt forderten, ihnen dieses zu verbieten. Jeder hatte sich zu verpflichten zu beichten und unter einer Gestalt zu kommunizieren. Wer sich weigere, müsse seine Güter im Ort verkaufen und bis Weihnachten aus der Stadt auswandern.

Ein Mitglied des Stadtrats namens Wiener, dessen Name sich auf der Liste befand, sollte, falls er nicht gehorchen wollte, aus dem Rat entlassen werden. Nach dem Verkauf seines Besitzes hätte er dann Mühldorf bis Weihnachten ebenfalls zu verlassen.

Zudem waren diejenigen Personen, die aus der Stadt nach Altötting ausliefen, also ins benachbarte Ausland gingen, um dort an einer protestantischen Abendmahlsfeier mitsamt Kommunion unter beiderlei Gestalt teilzunehmen, vom Pfarrer namhaft zu machen. Sie sollten ebenfalls vorgeladen werden und es war mit ihnen wie mit den oben Genannten zu verfahren. Allerdings hatte man sie im Weigerungsfall nicht aus der Stadt zu weisen, sondern an den Erzbischof Bericht zu erstatten. Dieser behielt sich weitere Entscheidungen vor.

Ferner hatte sich der Domdekan bezüglich des Kaplans, der wegen der Austeilung der Kommunion unter beiderlei Gestalt in Verdacht geraten war, zu erkundigen und ihn strengstens zu ermahnen, beim Gebrauch der katholischen Kirche zu verbleiben. Über den Pfarrer zu Mühldorf sollten ebenfalls Erkundigungen eingezogen werden; gäbe es Anlass zu Beanstandungen, so sei ihm dies darzulegen und auf Abstellung zu dringen. Er dürfe keinerlei Neuerungen in Bezug auf die Religion einführen. Zusätzliche, gegen den Pfarrer und andere Geistliche, darunter den Pfarrer von Ensdorf, der von seinem Mühldorfer Amtsbruder als der Häresie verdächtig angezeigt worden war, erhobene Vorwürfe müssten abgestellt werden. Dabei sei darauf zu achten, dass der Mühldorfer Pfarrer nicht als Anzeiger vieler Beschwerden bekannt würde, um ihn nicht bei den Leuten in Misskredit zu bringen. Auch sonst wären alle schismatischen Handlungen zu verbieten und Einigkeit im Sinn der katholischen Kirche sowie Gehorsam der Untertanen herzustellen. Hier erhielt der Domdekan freie Hand für geeignete Maßnahmen.

Wie auch das Obige zeigt, wurde der Empfang der Kommunion unter beiderlei Gestalt immer mehr zum Zeichen protestantischer Gesinnung, doch war er zeitweise – im Erzstift Salzburg von 1565 bis 1571 – ebenfalls den Katholiken gestattet. Bereits 1564 erhielten teils in Mühldorf, teils in Salzburg die Pfarrer der Erzdiözese eine Unterweisung über den Vollzug der Kelchkommunion. Als Erzbischof Johann Jakob am 15. März 1571 die Kelcherlaubnis wieder aufhob, Zuwiderhandlungen aber mit Landesverweisung und dem Verlust des kirchlichen Begräbnisses bedrohte, kam es in der Innstadt zu Unmutsäußerungen. Dem Erzbischof, der vor der in Salzburg grassierenden Pest in Mühldorf Zuflucht suchte, übergaben Untertanen aus der Stadt eine Bittschrift, in der sie um die Belassung des Laienkelchs oder wenigstens um eine Bedenkzeit bis zum Jahresende baten. Der Erzbischof schlug beide Bitten ab, versuchte aber durch persönlichen Zuspruch zu beruhigen und zu belehren. Obwohl die Bürgervertretungen Gehorsam versprachen, wurden doch einige Gemeindemitglieder, die sich nicht fügen wollten, zur Emigration gezwungen. [27]

Mehrmals nennen die Akten Mühldorfer Bürger, die ihre katholische Rechtgläubigkeit beweisen mussten. So sollte ein gewisser Hochmair, der das Bürgerrecht anstrebte, es dann aber doch nicht erwarb, ein vom zuständigen Pfarrer auszustellendes Zeugnis über seine österliche Kommunion unter einer Gestalt beibringen.

Eine Liste vom 22. Oktober 1579 nennt 68 Mühldorfer, die meisten davon offensichtlich Bürger, die nicht unter einer Gestalt kommuniziert hatten; einige wollten dies auch nicht tun. [28] Wer sich nicht fügte, durfte nicht im Herrschaftsbereich des Erzbischofs bleiben. Auch der Fall des Christoph Rinner zeigt dies.

Rinner erwarb 1566 das Bürgerrecht und am 1. Mai 1570 ist er als Mitglied des Rats erwähnt. Nachdem ihm von der Obrigkeit aufgetragen worden war, unter einer Gestalt zu kommunizieren, er sich dazu aber nicht entschließen konnte, verzichtete er auf sein Bürgerrecht und verlangte eine Entlassung als Bürger, die er auch erhielt. Er bat aber um die Zusicherung, ihm das Bürgerrecht auf ein Jahr offenzuhalten, weswegen man ihn nach Salzburg verwies.

Schlechter als den Anhängern Luthers erging es den Täufern, die grausame Verfolgungen erlitten. Schon recht früh wurden drei davon in Mühldorf hingerichtet und mehrmals erwähnen die Akten Personen, die man verdächtigte, der Sekte anzugehören.

Große Bedeutung für die Verbreitung des reformierten Gedankenguts kam dem Buchdruck und -handel zu, weshalb man immer wieder versuchte, beides zu kontrollieren und auch den Schmuggel zu unterbinden. Ein am 9. Mai 1617 erlassenes Generalmandat für das gesamte Erzstift stellte den Besitz verbotener Bücher unter Strafe und forderte die Untertanen auf, diese beim Ortspfarrer abzugeben.[29] Schon vorher war dem Dekan in Mühldorf mitgeteilt worden, dass sowohl bei neu bekehrten Personen als auch bei eifrigen Katholiken nicht erlaubtes Schrifttum vorhanden sei. Er solle darauf hinwirken, dass dieses freiwillig bei den Seelsorgern abgegeben würde und mit der weltlichen Obrigkeit eine Visitation in den verdächtigen Häusern veranlassen.

Lothar Anselm Freiherr von Gebsattel (1761–1834)
Öl auf Leinwand, Diözesanmuseum Freising
Nach der Säkularisation sollten auch die Bistumsgrenzen den neuen Ländergrenzen angepasst werden. 1808/1825 ging Mühldorf in die kirchliche Zuständigkeit des Erzbistums München und Freising über. Der erste Erzbischof des neuen Bistums war Lothar Anselm Freiherr von Gebsattel.
Lit.: Ammerich, Hans (Hg.): Das bayerische Konkordat 1817. Weißenhorn 2000.

Unerwünschte Bücher hatte er einzuziehen und zu verbrennen. Die Eigentümer waren zu ermahnen, damit sie sich von der mit dem Besitz der Bücher aufgeladenen Kirchenstrafe absolvieren ließen und solche Werke in Zukunft mieden. Zwar zögerten Dekan und Pfleger die Ausführung des Befehls hinaus, doch schließlich mussten sie dem Drängen aus Salzburg nachkommen. Zwischen dem 25. Oktober und dem 4. November 1617 fand die Visitation statt, bei der etliche nicht genehme Werke, darunter Schriften von Luther und Melanchthon, zum Vorschein kamen. Da man es in Salzburg ganz genau wissen wollte, luden die Visitatoren am 23., 24. und 29. November die Besitzer der verbotenen Bücher nochmals vor, um sie zu vernehmen. Die meisten der Befragten gaben an, nicht gewusst zu haben, dass es sich um unerwünschtes Schrifttum gehandelt habe; es wurde ihnen auch durchwegs gut katholische Überzeugung attestiert.

Ein Geheimprotestantismus wie in den Salzburger Gebirgsgauen hat sich in Mühldorf nicht entwickelt; die Maßnahmen des erzbischöflichen Landesherrn zeitigten ihre Wirkung. Jedenfalls ist nach dieser Büchervisitation nichts mehr über Protestanten oder verbotene Bücher im Mühldorf der Barockzeit bekannt geworden.

Kollegiatstift und Kapuzinerkloster

Seit 1587 herrschte in Salzburg mit Wolf Dietrich von Raitenau ein selbstbewusster, absolutistisch regierender Fürst, der als Germaniker entschieden die Position der katholischen Reform und der Gegenreformation vertrat. Dieser Erzbischof versuchte durch einen Tausch gegen Mühldorf am Inn die reichsunmittelbare Fürstpropstei Berchtesgaden mit ihren Salzwerken zu erwerben, [30] wobei das Augustiner-Chorherrenstift von Berchtesgaden in die Innstadt verlegt werden sollte. Nach dem endgültigen Scheitern der Tauschpläne im September 1604 konnte ein neues Konzept für die Seelsorge in Mühldorf erprobt werden. So errichtete Wolf Dietrich von Raitenau im Jahr 1610 ein Kollegiatstift in der Stadt. [31]

Kollegiatstifte sind Kollegien von Priestern, die in Gemeinschaft leben, aber eigenen Besitz haben dürfen und feierliche liturgische Funktionen an der Stiftskirche durchführen. Ihre Wurzeln reichen bis ins Frühchristentum zurück; im Hochmittelalter entwickelten sich daraus die strengeren Chorherren-Orden und die milderen Säkularkanoniker. Im Erzbistum Salzburg kam es im Laufe des Mittelalters zur Gründung der Kollegiatstifte in Altötting, Maria Saal, Maria Wörth, Friesach St. Bartholomäus und Friesach Virgilienberg, Völkermarkt, Unterdrauburg, Gurnitz, Wiener Neustadt und Salzburg-Mülln. Hinzuweisen ist auch auf das Salzburger Domkapitel, das streng genommen nach 1515 ebenfalls als Kollegiatstift anzusehen ist.

Denkmal für Lothar Anselm Freiherr von Gebsattel
Marmor, Stadtpfarrkirche St. Nikolaus, Mühldorf a. Inn
Gebsattel starb am 1. Oktober 1846 im Alter von 85 Jahren auf einer Firmreise im Gasthaus »Zum Schwan« in Mühldorf a. Inn. Sein Leichnam wurde zur Bestattung nach München überführt. Das Denkmal in der Stadtpfarrkirche St. Nikolaus erinnert an den ersten Erzbischof von München und Freising.

Die meisten der Salzburger Kollegiatstifte sind in der Zeit der Reformation untergegangen. Durch die 1608 mit päpstlicher Erlaubnis erfolgte Umwandlung des Stifts Virgilienberg in eine Titularpropstei und die Auflösung des Zisterzienserinnenklosters in Friesach gelang die einer Neugründung nahe kommende Reorganisation des Stifts St. Bartholomäus in Friesach. Ganz klar zeigen sich hier die ersten Ansätze zu einem wichtigen Aspekt der Salzburger Reformpolitik.

Zur Errichtung des Kollegiatstifts in Mühldorf kamen die Doktoren und wirklichen Geistlichen Räte Johann Kurz und Rupert Rottmayr aus Salzburg, zu denen sich noch der Pfleger Dr. Heinrich Knoll gesellte. Am 12. Oktober nahmen sie ihre Arbeit auf, am 15. des Monats wurde das erste Chorgebet gehalten und einen Tag später hatte die Kommission ihre Aufgabe erfüllt. Die Statuten, die Erzbischof Marcus Sitticus 1618 bestätigte bzw. erweiterte, besagten, [32] dass in der Kirche das Stift mit sieben Kanonikern und einem Dekan errichtet wird, die Gottesdienste und Chorgebet verrichten sollten. Der Dekan als Vorsteher war für die Disziplin verantwortlich und er konnte dem Erzbischof neue Kanoniker präsentieren. Von den Stiftsherren sollten drei die Seelsorge ausüben; vier waren nicht zur Seelsorge bestimmt, hatten aber auch gewisse Aufgaben zu erfüllen. Das weitere Personal setzte sich aus sechs Musikanten, vier Pedellen und Mesnern und einigen anderen Personen zusammen, wozu seit dem 18. Jahrhundert auch ein Stiftsverwalter zählte.

Neben Mühldorf gehörten die Pfarreien Altmühldorf, Flossing und Erharting mit ihren Filialen zum Kollegiatstift; es wurde völlig aus der Jurisdiktion des Archidiakons von Gars herausgelöst und direkt dem Erzbischof bzw. dem Konsistorium in Salzburg unterstellt. Zur finanziellen Ausstattung erfolgte die Zusammenlegung der Pfarrvermögen von Mühldorf und Altmühldorf, die Neugliederung der 15 gestifteten Benefizien, die Einverleibung der Erträge aus dem landwirtschaftlichen Besitz mit rund 4.000 Gulden und der etwa 300 Grunduntertanen. Von dem Einkommen sollten jährlich der Dekan 720 Gulden, die beiden ersten Seelsorgskanoniker je 240 Gulden, der dritte Seelsorgskanoniker, der als Vikar die Pfarrei Altmühldorf zu betreuen hatte, 200 Gulden, das Stolgeld und andere Einnahmen aus der Kirche von Altmühldorf erhalten. Für die nicht in der Seelsorge tätigen Stiftsherren hatte man ein Gehalt von 216 Gulden jährlich vorgesehen.

Das Stift der Stadt am Inn diente als Modell für die Gründung weiterer solcher Einrichtungen im Erzbistum; als nächstes plante Erzbischof Marcus Sitticus 1618 ein Kollegiatstift in Graz, das aber nicht verwirklicht wurde. In Laufen errichtete 1620/27 Paris Lodron an der Pfarrkirche Maria Himmelfahrt ein Kollegiatstift. Damals ging der erste Mühldorfer Dekan Andreas Rudolf Jörger als Stiftsdekan nach Laufen – ein deutliches Zeichen für den Vorbildcharakter Mühldorfs. 1622 etablierte Erzbischof Lodron in Salzburg das Schneeherrenstift, dessen Mitglieder keine pastoralen Aufgaben zu erfüllen hatten, sondern in der erzbischöflichen Verwaltung arbeiteten.

Mehrmals scheiterte in Hallein die Einführung eines Kollegiatkapitels, nämlich 1622, 1635/36 und 1680. Beim letzten Versuch leistete der Erzbischof Plänen des Ruraldekans Widerstand. 1633/34 erfolgte in Tittmoning die Gründung des Kollegiatstifts, 1647 scheiterte nach kurzer Zeit das Projekt eines Kollegiatstifts in Gmund in Kärnten und 1679 errichtete Erzbischof Max Gandolph das Kollegiatstift in Seekirchen.

Die neuen Kollegiatstifte sollten eine Säule der nachtridentinischen Reformen im Erzbistum bilden und bis auf Radstadt hatte man in allen Städten des Erzstifts die Gründung zumindest betrieben. In den Zentren hoffte man so eine intensivere pastorale Betreuung zu erreichen, zudem dienten die Anstalten der Versorgung von Klerikern, wie die Errichtung von Inkuratkanonikaten zeigt. Die Kapitel waren flexibel einzusetzen und auch leichter durch den Erzbischof lenkbar. Dennoch ist letztendlich nicht klar, warum man in Salzburg so stark auf die Kollegiatstifte als Mittel der Kirchenreform zurückgriff, während die übrigen Bischöfe des Heiligen Römischen Reichs kaum davon Gebrauch machten.

Zu den bedeutendsten Mitgliedern des Kollegiatstifts in Mühldorf zählt sicherlich der Kanoniker Achaz Cajetan Hellsperger, denn er ließ auf eigene Kosten die Eichkapelle Mater Dolorosa anstelle einer baufälligen Holzkapelle erbauen. [33] Die Weihe des Kirchleins nahm am 4. Oktober 1700 der Chiemseer Bischof Sigmund Karl von Castel-Barco vor.

Weiterhin ist natürlich der Dekan Wolfgang Summerer zu nennen, der dem Stift seit 1739 38 Jahre vorstand und als wirklicher Salzburger Geistlicher Rat und emeritierter Generalvisitator im Alter von 69 Jahren am 29. Juni 1777 verstarb; [34] er wird als Wohltäter der Armen, Witwen und Waisen geschildert. Doch seine eigentliche Leistung liegt nicht darin, auch nicht in der Abfassung der nach ihm benannten Chronik des Kollegiatstifts und der Erwerbung der Reliquien des hl. Deodatus, sondern in der Wiederherstellung der Stadtpfarrkirche, die nach verschiedenen baulichen Veränderungen am 17. März 1768 eingestürzt war. Am 15. August 1775 konnte das Gotteshaus dann durch Erzbischof Hieronymus Colloredo neu geweiht werden.

Schließlich ist auch noch an Matthäus Fingerlos, den letzten Dekan des Kollegiatstiftes, zu erinnern. Fingerlos, dessen Ernennung zum Stiftsdekan eine Art Strafversetzung war [35] und der nur von Juni/Juli 1801 bis zur Säkularisation dem Stift vorstand, wird von den Mühldorfer Chroniken nicht sehr positiv beurteilt. Seine Leistung liegt denn auch in seiner schriftstellerischen Tätigkeit im Sinne der Aufklärung.

Weiterhin wirkten in Mühldorf die Kapuziner, [36] deren Förderung auf den Salzburger Erzbischof Paris Lodron zurückgeht, im Sinn der Kirchenreform. Der Erzbischof setzte Mitglieder des Ordens im diplomatischen Dienst und für Missionsaufgaben ein; Niederlassungen entstanden 1628/34 in Radstadt, 1640/44 in Tamsweg und 1654/58 in Laufen. In der Innstadt forderten die Bürger, nachdem in der Fastenzeit 1638 der Guardinan der Kapuziner in Wasserburg, Pater Dionys, gepredigt, Exerzitien gehalten, Messe gelesen und die Beichte abgenommen hatte, die Errichtung eines Kapuzinerklosters. Der Wunsch danach hatte wohl schon länger bestanden.

Bereits 1639 kam die Gründung zustande, doch mussten die Patres zunächst in einem Privathaus wohnen, bis zwei Anwesen für die nötigen Gebäude erworben werden konnten. Die als Klosterkirche ins Auge gefasste Jakobskirche erwies sich als ungeeignet und es erfolgte ihr Abbruch. Dafür legte der Propst von Gars am 7. August 1638 den Grundstein zu einem neuen Gotteshaus, das Johann Christoph von Liechtenstein, Bischof von Chiemsee, am 12. April 1643 einweihte. Trotzdem oder vielleicht weil die Kapuziner ohne feste Einkünfte bescheiden von Almosen der Bevölkerung und seelsorgerischer Tätigkeit lebten, waren sie recht beliebt.

Säkularisation und kirchliche Erneuerung

Im Zuge der Aufklärung stellten neue Ideen die traditionellen Frömmigkeitsformen und die überkommenen Strukturen im Bereich der Kirche in Frage. So veranlassten die kirchlichen Reformen Kaiser Josephs II. Papst Pius VI. dazu, zu Verhandlungen nach Wien zu reisen. Von dort fuhr er weiter nach München und Augsburg. Während dieser Aufsehen erregenden Reise passierte er am 26. April 1782 auch Mühldorf.

Die im Zusammenhang mit den französischen Revolutionskriegen geschlossenen Friedensabkommen machten dann klar, dass die Zeit der geistlichen Fürstentümer abgelaufen war. Der Friede von Lunéville vom 9. Februar 1801 bestimmte, dass die von der Abtretung des linken Rheinufers an Frankreich betroffenen deutschen Fürsten aus dem Reich entschädigt werden sollten. Das konnte nur durch die Säkularisierung reichsunmittelbarer kirchlicher Gebiete geschehen.

Noch bevor Erzbischof Hieronymus Colloredo am 11. Februar 1803 seine Abdankungsurkunde als Landesherr in Wien unterzeichnete und der Reichsdeputationshauptschluss, der die Vereinbarung über das Entschädigungsgeschäft enthielt, am 25. Februar 1803 angenommen wurde, besetzte bayerisches Militär am 19. August 1802 die Stadt Mühldorf. [37] Damit war auch die Entscheidung für die Auflösung des Kapuzinerklosters und des Kollegiatstifts gefallen. Am 9. Januar 1803 verließen die Kapuziner die Stadt und zogen, versehen mit 300 Gulden Reisegeld, nach Salzburg ab; [38] ihre Baulichkeiten fanden erst einmal unterschiedliche Verwendung, unter anderem als Schrannenhalle, als Magazin und als Lazarett. 1814/15 verlegte man die alte Frauenkirche mitsamt dem 1644 gemalten Gnadenbild, einer Kopie der Madonna von Maria Hilf in Passau, in die ehemalige Klosterkirche und riss die alte Frauenkirche ab.

Die Aufhebung des Kollegiatstifts erfolgte ebenfalls schon 1802, zog sich aber etwas hin, da die Seelsorge einer Neuorganisation bedurfte. Das Barvermögen des Stifts betrug bei der Säkularisation 35.165 Gulden; die übrigen Besitzungen hatten einen Wert von über 200.000 Gulden. Der Stiftsdekan Fingerlos übersiedelte am 18. Juni 1804 nach Landshut, wo er als Regens dem herzoglichen Georgianum vorstand; Pfarrer in Mühldorf wurde Jakob Sametsamer.

Nach 1844 unternommene Versuche, das Kollegiatstift mit dem Hinweis auf Laufen und Tittmoning wieder herzustellen, blieben erfolglos. Die Pfarrei der Stadt unterstand jetzt wieder dem Archidiakonat Gars, obwohl das Augustinerchorherrenstift 1803 ebenfalls aufgelöst worden war. Ungeachtet dessen, dass die bayerische Regierung deren Tätigkeit schon moniert hatte, blieben die Archidiakone bis 1813 auf ihrem Posten.[39] In diesem Jahr fand die Errichtung des Dekanats Mühldorf, zu dem nun auch Gars gehörte, statt; erst am 1. August 1886 erhielt Gars einen eigenen Dekanatssitz.

In der Zeit kurz nach 1800 blieb auch die Diözesanstruktur nicht unangetastet, sollten doch die Bistumsgrenzen den Ländergrenzen angepasst werden. Daher delegierte das Salzburger Konsistorium im Auftrag von Erzbischof Hieronymus Colloredo am 11. April 1808 seine Jurisdiktion über die bayerischen Bistumsteile provisorisch an das Generalvikariat Freising. Mit dem bayerischen Konkordat von 1817, der Neuumschreibung des Erzbistums München und Freising 1821, der Zirkumskription des Erzbistums Salzburg im Jahr 1818, der endgültigen Abtretung der bayerischen Gebiete 1822 von Salzburg nach München und Freising und der Bulle »Ubi primum« Leos XII. von 1825 ging die Stadt am Inn in die kirchliche Zuständigkeit des Erzbistums München und Freising über.[40] Der erste Erzbischof dieser neuen Metropole, Lothar Anselm Freiherr von Gebsattel, ist während einer Firmreise am 1. Oktober 1846 im Alter von 85 Jahren in Mühldorf im Riedl'schen Gasthaus verstorben; sein Leichnam wurde zur Bestattung nach München überführt.[41]

Der Verlust der Kapuzinerklosters scheint die Bürger der einstigen Enklave durchaus geschmerzt zu haben, denn es gab Versuche, wiederum einen Bettelorden in die Innstadt zu holen. Aufgrund dieser Bestrebungen kam es 1891 zur Ansiedlung von Franziskanerpatres, die aber 1977 die Niederlassung wegen Personalmangels wieder aufgeben mussten.[42] Außerdem wirken am Ort seit 1861 Mallersdorfer Franziskanerinnen[43] und seit 1854 Arme Schulschwestern; letztere scheinen aber in der NS-Zeit nicht erwünscht gewesen zu sein.[44] In den Schematismen der Jahre 1950 bis 1969[45] sind auch noch Schwestern der Hl. Familie in Mühldorf verzeichnet.

Im 20. Jahrhundert mussten neben der Pfarrei St. Nikolaus wegen der Bevölkerungszunahme zwei neue katholische Pfarreien errichtet werden; die Pfarrkirche von St. Peter und Paul weihte Erzbischof Michael Faulhaber am 27. Juni 1937, die Pfarrkirche St. Pius konsekrierte Weihbischof Johannes Neuhäusler am 8. Dezember 1961.[46] Seit der Gebietsreform der 70er Jahre gehören auch noch einige umliegende Gemeinden samt ihren Kirchen zum Ort.

Nachdem der bayerische Staat 1803 den Lutheranern die freie Religionsausübung gestattet hatte, siedelten sich auch wieder Protestanten in Mühldorf an.[47] So fand 1837 die Beerdigung des evangelischen Hufschmieds Johann Schmied, der aber wohl kein Bürger war, statt. Hingegen erwarb Georg Herold, der in seinem Sterbeeintrag von 1866 als Protestant bezeichnet wird, 1847 das Bürgerrecht. Erfolgte die Betreuung der evangelischen Einwohner zunächst von außen, so konnte wenigstens 1875 der erste Gottesdienst am Ort in einem Gasthaus gefeiert werden.

Mit Heinz Gollwitzer kam am 1. Juli 1922 ein protestantischer Geistlicher als Vikar in die Innstadt; am 1. November 1931 wandelte man dieses Vikariat in eine Pfarrei um, die auch etliche Nachbarorte umschloss. Die erste, 1923 errichtete Kirche wurde zwar im Zweiten Weltkrieg zerbombt, doch am Pfingstsonntag 1950 weihte man den Nachfolgebau, die Erlöserkirche, ein. Wohl aufgrund der Umwälzungen des Zweiten Weltkriegs erhielt die protestantische Bevölkerung einen solchen Zuwachs, dass der große Pfarrbezirk in den 50er Jahren geteilt werden musste.

Zusammenfassung

Sind auch die kirchlichen Anfänge Mühldorfs nicht zu ermitteln, so taucht schon sehr früh der Erzbischof von Salzburg als Besitzer des Orts auf. Zu seinem Bistum bzw. Erzbistum gehörte die Gegend schon seit 739. Bereits im Hochmittelalter fand in Mühldorf eine erste Provinzialsynode statt, der weitere Synoden und Beratungen über die Kirchenreform in der Zeit der Vorreformation und der Reformation folgen sollten; damit wird die Stadt für die überregionale Geschichte der Zeit bedeutsam.

Im 16. Jahrhundert bekannten sich etliche Mühldorfer zur Lehre Martin Luthers; sie wurden entweder zur Auswanderung oder zur Rückkehr zur katholischen Kirche gezwungen. Die Errichtung eines Kollegiatstifts 1610 und die Büchervisitation von 1617 schließen in der Stadt das Reformationszeitalter ab; 1640 hat die Bürgerschaft die Gründung eines Kapuzinerklosters erfolgreich betrieben.

Nach dem Übergang des Ortes an Bayern hob die neue Obrigkeit 1802 das Kapuzinerkloster und das Kollegiatstift auf; zudem kam Mühldorf nun in kirchlicher Beziehung zum neu organisierten Erzbistum München und Freising. Es fanden aber noch im 19. Jahrhundert die Wiederansiedlung von klösterlichen Niederlassungen und im 20. Jahrhundert die Errichtung und Eingemeindung von katholischen Pfarreien und die Schaffung einer evangelisch-lutherischen Pfarrei statt.

Armenfürsorge in Mühldorf

Sabine Veits-Falk

Armenfürsorge im Spätmittelalter und in der Frühen Neuzeit

Die organisierte Armenfürsorge setzte in der Stadt Mühldorf so wie in zahlreichen Salzburger und bayerischen Städten im Spätmittelalter ein.

Die Anfänge der Armenpflege gehen im ganzen christlichen Abendland in das Frühmittelalter zurück, als man sich der durch Fremdheit entstehenden Bedürftigkeit zuwandte, die in erster Linie durch Gewährung von Obdach und Nahrung überwunden werden sollte. Die Kirche verwaltete nach dem Gebot der Caritas und der im Matthäus-Evangelium (Mt. 25/36) ausgesprochenen Aufforderung zum Praktizieren der Barmherzigkeit bis ins Spätmittelalter fast ausschließlich allein die Armenpflege, da nur sie über die dafür notwendigen organisatorischen Mittel verfügte.

Bedingt durch den Siedlungsausbau des 11. und 12. Jahrhunderts, dem damit einhergehenden Bevölkerungswachstum, dem Vordringen der Geldwirtschaft, durch die Herausbildung von Städten und Märkten und vor allem nach dem neuerlichen Bevölkerungsanstieg in den Jahrzehnten nach der Großen Pest 1348 stieg die Anzahl der Armen an. [1] Mit der Entstehung von Zentralorten wurden zusätzlich Einrichtungen geschaffen, um nicht nur Fremden, sondern auch Einheimischen Beistand leisten zu können. Die Fürsorgemittel beschränkten sich nun nicht mehr auf Speisung und Herberge, sondern erweiterten sich auf Begräbnis, Kleidung, Pflege, physischen Schutz, Medizin, Rechtshilfe und billige Darlehen. Erste Anstalten der geschlossenen Pflege und Bruderschaften entstanden.

Vermutlich Ende des 14. Jahrhunderts wurde auch die älteste geschlossene Fürsorgeeinrichtung der Stadt Mühldorf, das Leprosenhaus, auch als »Sundersiechenhaus« bezeichnet, errichtet. In einer Urkunde aus dem Jahr 1398 ist von einem Pflanzgarten »gegen den Siechen«, 1401 von einem Krautacker »bei den Siechen« sowie 1406 von einer Wiese jenseits des Inns »bei den Siechen« die Rede. [2] Der »Aussatz«, der vor allem über die Kreuzzüge im Ostalpenraum Eingang gefunden hatte, erforderte zum Schutz der Bevölkerung eine wirksame Absonderung der Kranken und führte zur Errichtung einer eigenen Einrichtung für die Betroffenen außerhalb der Stadtmauern.

Als 1472 die Stadt von einem Bürger und seiner Frau ein Haus in der Vorstadt bei der Innbrücke kaufte, um dort ein »Seelhaus« für bedürftige Leute zu errichten, hatte auch Mühldorf mit dem Heiliggeistspital eine multifunktionale Institution ins Leben gerufen, die unter dem Zeichen der christlichen Nächstenliebe und der Barmherzigkeit karitative Aufgaben erfüllte und zugleich den Bürgern eine Möglichkeit bot, für ihr eigenes Seelenheil Vorkehrung zu treffen. Das Mühldorfer Heiliggeistspital reihte sich damit in eine bereits bestehende Anzahl von salzburgischen und bayerischen Bürgerspitälern ein, zählte aber zu den späteren Gründungen. In der näheren Umgebung bestanden beispielsweise schon Spitäler in Salzburg (1322/27), [3] in Burghausen (1332), in Wasserburg (1341), in Braunau (1417), in Neuötting (1426) und in Erding (1444). [4]

Bis ins Spätmittelalter hinein bestimmte die christliche Almosenlehre die Haltung gegenüber den Armen, die nicht nur als soziales Übel betrachtet wurden, sondern auch eine positive gesellschaftliche Funktion erfüllten: Sie waren Anlass, gottgefällig zu handeln, d. h. Almosen zu spenden. Zu Beginn der Neuzeit (um 1500) vollzog sich dann aber, bedingt durch das starke Anwachsen der Armen in den großen Städten Mitteleuropas, unter dem Einfluss der Reformation und aus macht- und wirtschaftspolitischen Interessen ein Einstellungswandel. Bettlerinnen und Bettler wurden nun nicht mehr aus unterschiedsloser Nächstenliebe als Bestandteil des Gesellschaftssystems betrachtet, sondern als ordnungsgefährdend empfunden, v. a. dann, wenn sie in großen Massen auftraten. Die Reaktionen der Städte und die darauf folgenden allgemeinen Entwicklungstendenzen können unter den Schlagwörtern Kommunalisierung, Rationalisierung, Hierarchisierung und Pädagogisierung zusammengefasst werden. [5]

Bettelordnungen unterschieden in der Folge zwischen ehrbaren, schwachen, arbeitsunfähigen Armen und falschen, starken, arbeitsfähigen Bettlern, zwischen Heimischen und Fremden. Sie enthielten Beschränkungen der Aufenthaltsdauer, Arbeitszwang oder Ausweisung von arbeitsfähigen Bettlern sowie Strafandrohungen für zu aggressives Betteln – und sie privilegierten einheimische Arme. Diese frühen Verordnungen und Mandate legten die Grundlinien des armenpolitischen Vorgehens dar, die dann fast drei Jahrhunderte in modifizierter und verschärfter Weise Gültigkeit hatten.

Die Salzburger Stadt- und Polizeiordnung von 1524 enthält auch einen umfangreichen Passus über das Bettelwesen: Sie unterscheidet unter anderem zwischen heimischen und fremden Bettlern, forderte, dass zum Betteln berechtigte Personen ein Bettelzeichen tragen sollten und als Kontrollorgan ein Bettelrichter einzusetzen sei. [6]

Die Mühldorfer Stadtordnung, die Erzbischof Matthäus Lang 1522 erließ, beinhaltet aber keinen eigenen Abschnitt über den Umgang mit Bettlern, widmet sich jedoch in einem Absatz den Spitalmeistern, die vom Rat und vom Richter eingesetzt wurden. Wer aber als arm galt und wen die beiden Spitalmeister betreuen sollten,

Ein Bettlerpaar
Süddt. Raum, Papier, gemodelt, aquarelliert, Mitte 18. Jh.
SMCA
Das malerisch zerlumpte Bettlerpaar ist ein Teil eines Quartetts aus der Mitte des 18. Jahrhunderts. Die Figuren sind reliefartig über einen Model gepresst, aquarelliert und mit zahllosen Stichen zerlöchert. Dadurch entsteht der Eindruck einer samtenen, gestickten Oberfläche.
Lit.: Veits-Falk, Sabine: Pittoreske Armut. Ein Bettlerquartett aus der Mitte des 18. Jh. In: Das Kunstwerk des Monats. 14. Jg., August 2001, Blatt 160.

geht daraus nicht hervor. Sie werden lediglich ermahnt, für eine gute Wirtschaftsführung zu sorgen, damit »dadurch die Anzahl der armen Leith gemehrt« und sie »stattlich underhalten werden mögen …« [7] – das heißt, möglichst viele Arme sollten eine angemessene Unterstützung erhalten. Vermutlich bestand zu diesem Zeitpunkt in Mühldorf noch kein Handlungsbedarf, sich explizit mit Bettelbekämpfung auseinander zu setzen.

Zahlreiche Arme wurden aber nicht in einer »geschlossenen Armenfürsorgeeinrichtung« betreut, sondern erhielten von der Stadtverwaltung eine »offene« Unterstützung in Form von Geldspenden. Einen Einblick in die Vergabepraxis dieser Almosen gewähren die Protokolle und Rechnungen des Stadtrats, die 1551 einsetzen. [8] Auffallend ist, dass diese in erster Linie fremden, durchreisenden Personen zukamen, während die städtischen Armen auch vom Bürgerspital und ab den 1560er Jahren vor allem vom Bruderhaus Unterstützungen in Form von Nahrungsmitteln und Geld erhielten. Durchreisende Lehrer, Studenten, Schüler und Schreiber gehörten zu den Personengruppen, die immer wieder beteilt wurden, wie z. B. ein welscher, stummer lateinischer Schreiber (1556) oder zwei Studenten, die »der Schule weiter nachreisten« (1569). Die Folgen von Kriegen und das neuzeitliche Militärwesen ließen ebenfalls viele Frauen und Männer zum Bettelstab greifen: Ein Adeliger, dessen Vater von den Türken beraubt und gefangen genommen worden war (1579) und eine arme »Landsknechtin« mit Kind, deren Mann in München vor dem Isartor erstochen worden war (1582) erhielten beispielsweise eine Unterstützung. Aber auch Brände,

Eine Pfründnerin im Salzburger Bürgerspital
Abb. aus der Kuenburg-sammlung, SMCA
So ähnlich wie diese Pfründnerin im Salzburger Bürgerspital kann man sich auch die Bewohnerinnen des Mühldorfer Heiliggeistspitals vorstellen.
Lit.: Prodinger, Friederike / Heinisch, Reinhard R.: Gewand und Stand. Kostüm- und Trachtenbilder der Kuenburg-Sammlung. Salzburg u.a. 1983.

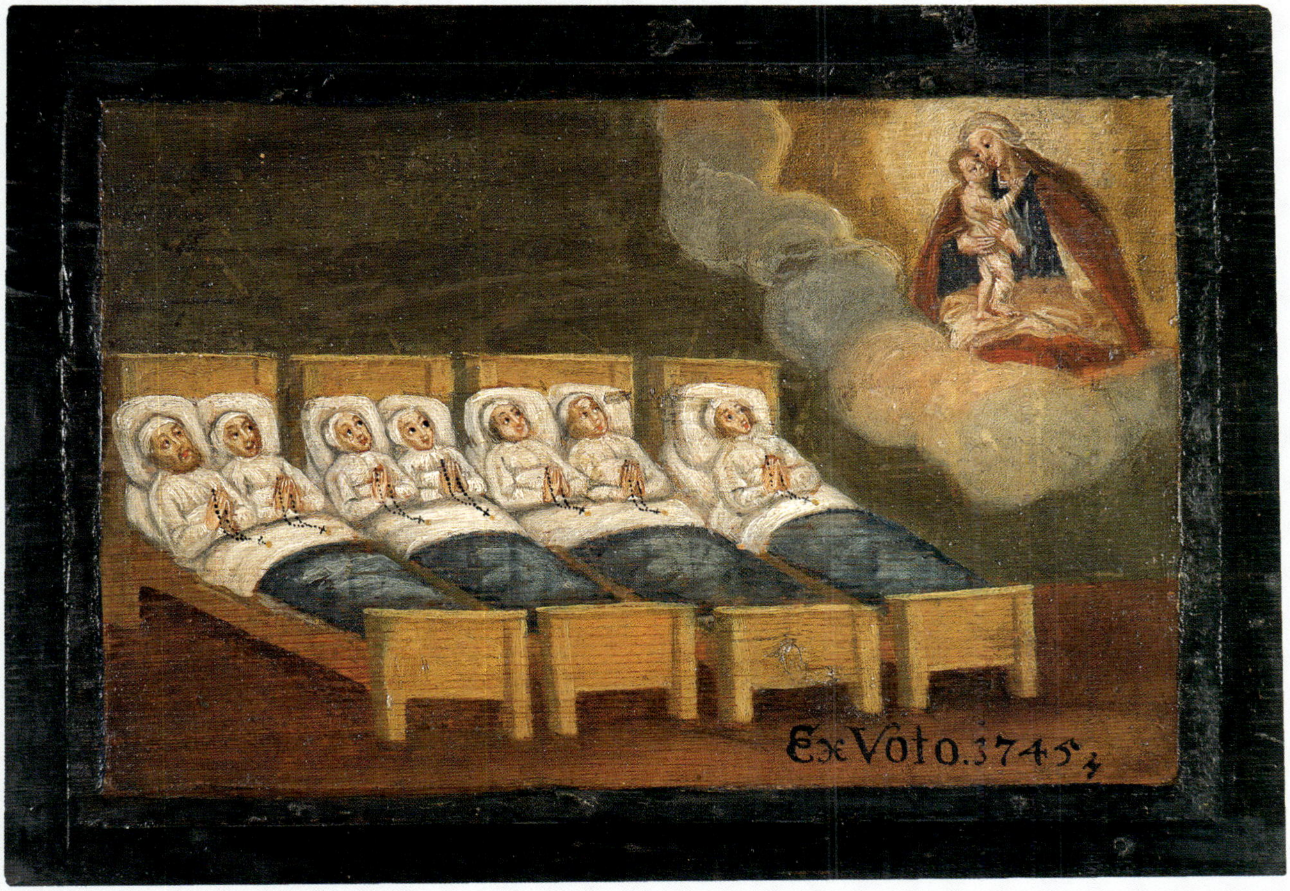

Votivbild Seuchenkranke
Öl auf Holz, 1745
BNM
Die Kranken beten zum Gnadenbild Mariahilf von Sammarei, aus welcher Wallfahrtskirche das Votivbild auch stammt. Die Überbelegung – sieben Kranke teilen sich vier Betten – deutet auf eine Seuche hin.
Lit.: Kriss-Rettenbeck, Lenz: Das Votivbild. München 1958.

Verletzungen und nicht näher ausgeführte individuelle Notsituationen veranlassten viele Fremde, in Mühldorf um ein Almosen zu bitten.

Um einheimische, zum Betteln berechtigte Arme von fremden Personen unterscheiden zu können, erhielten die sogenannten Hausarmen ein zinnernes Zeichen mit dem Stadtwappen, damit sie sich als städtische Bettler ausweisen konnten. [9] Unter Hausarmen verstand man in erster Linie Bürgerinnen und Bürger, die in der Stadt wohnten und meist aufgrund ihres fortgeschrittenen Alters oder anderer Gebrechen verarmt waren. [10] Das Tragen dieses Zeichens, das in Mühldorf ab der Mitte des 16. Jahrhunderts in einer Rechnung belegt ist, bedeutete aber gleichzeitig auch eine Stigmatisierung.

1560 bemühte sich die Stadt Mühldorf für die Armen und Kranken, die im Spital neben den Gesunden nicht aufgenommen wurden, erfolgreich um die Errichtung eines Bruderhauses. [11] In dieser Armenfürsorgeeinrichtung wohnte auch der Bettelrichter, der im 16. Jahrhundert auch im Spital seine Bleibe hatte. [12] 1587 hatte dieses Amt Hans Lützelkircher, Pflastermeister, inne, der in Anbetracht seines Alters in die untere Pfründe des Spitals aufgenommen und verpflichtet worden war, auf die Bettler Acht zu geben. [13] Bettelvögte, wie die Bettelrichter auch genannten wurden, stammten aus der gleichen sozialen Schicht wie diejenigen, welche sie verfolgen sollten. Sie mussten verhindern, dass Bettler häufig in die Stadt kamen und fast täglich »in den Häusern umgingen«. [14] Ihrer Tätigkeit standen aber viele Hindernisse entgegen. Als städtische Sicherheitsorgane hatten sie kaum obrigkeitliche Befugnisse, sie konnten die bettelnden Frauen und Männer nur durch Abschreckung verjagen oder ausliefern, eine eigenmächtige Verhaftung war ihnen nicht gestattet.[15] Ab 1767 sollte der Amtmann die Tätigkeit des Bettelrichters versehen, 1786 und 1793 scheinen aber wieder Bettelrichter auf. [16]

Spätestens seit der Aufklärung wurde Armut zunehmend als gesellschaftliches Problem betrachtet. Die zahlreichen Versuche, dem Bettel Herr zu werden und das Problem der Armut zumeist unter polizeilichen Aspekten zu lösen, scheiterten am Unvermögen, die tatsächlichen Armutsursachen zu erkennen.

1770 erließen Pfleger, Bürgermeister und die Räte von Mühldorf eine Bettelverordnung, die sie in Anlehnung an das im gleichen Jahr verordnete bayerische Bettelmandat ausstellten. [17] Darin wurde unter anderem den Mühldorfer Bürgern und Insassen »das Almosen Geben bei wüllkürlicher Straf verboten«. Fremde, die sich nur von Almosen ernährten, mussten innerhalb von acht Tagen bei »Vermeydung der Zuchthaus Straf« an ihren Geburtsort zurückkehren. »Taugliche«, in Mühldorf geborene Frauen und Männer hatten sich ebenfalls bei Strafandrohung um eine Dienststelle umzusehen. Als »wahrhaft Arme« galten – noch immer – Menschen, die sich aufgrund von Alter oder »Leibes Mängel« ihren Unterhalt nicht mehr durch Arbeit verdienen konnten. Sie sollten sich innerhalb von acht Tagen in der Stadt einschreiben lassen, damit sie eine Unterstützung erhielten. Einmal in der Woche war eine Sammlung mit einer Büchse für die unterstützungswürdigen Armen vorgesehen, um diesen aus »christlicher Schuldigkeit« zu helfen. [18]

Ende des 18. Jahrhunderts hatten sich die polizeilichen Maßnahmen gegenüber den Bettlern verschärft. Mit der christlichen Caritas als zentralem Spendenmotiv wurde aber noch immer argumentiert. Jedoch sollte sie nach dem Willen der Obrigkeit nur mehr jenen zuteil werden, die sie nach ihren Kriterien auch tatsächlich verdienten. In der Realität konterkarierte aber meistens das in der Bevölkerung noch immer tief verwurzelte Gebot der Nächstenliebe die Gesetzgebung.

Geschlossene Armenfürsorgeeinrichtungen in Mühldorf

Das Leprosenhaus

Als älteste Einrichtung, die sich der Pflege von kranken, arbeitsunfähigen und daher auch armen Menschen widmete, ist das Sondersiechen- oder Leprosenhaus zu nennen. Über die genaue Entstehungszeit des Mühldorfer Hauses liegen keine genauen Angaben vor, aufgrund von Nennungen in verschiedenen Urkunden kann man aber davon ausgehen, dass ein Leprosenhaus Ende des 14. Jahrhunderts existierte. [19]

Siechenhäuser wurden für an Lepra und anderen ansteckenden Krankheiten leidende Menschen errichtet und waren seit dem 13. Jahrhundert in Mitteleuropa fast flächendeckend verbreitet. Auch das Mühldorfer Haus wurde so, wie es für Leprosorien allgemein typisch war, vor den Toren der Stadt an einem Wasserlauf, der Einmündung des Hammerbaches in den Inn, errichtet. [20]

Laut Salzburger Visitationsbericht von 1673 war das Sondersiechenhaus für die Aufnahme von sieben Personen eingerichtet. Die Anzahl der tatsächlichen Bewohner schwankte zwischen fünf und acht Menschen. [21] Ende des 17. Jahrhunderts lebten kurzfristig sogar nur zwei Personen im Haus. 1571 wurde beispielsweise dem Bäcker Georg Mair, der nach strenger »Beschau zum Kläppeln bestimmt« worden war, der Einzug in das Sondersiechenhaus bewilligt. [22] Nach dem offiziellen Akt der Lepraschau, der Untersuchung eines Erkrankten durch den Stadtphysiksus, erhielt der

Kranke auch entsprechende »Insignien seines neuen Standes« wie z. B. die Lepraklapper (manchmal auch -glocke oder -horn). Dieses markante Attribut diente in erster Linie als Warnung der Gesunden vor der Ansteckungsgefahr, denn mit dem Klappern (»Kläppeln«) als Warnsignal konnte sich der Kranke frühzeitig bemerkbar machen. [23]

Der Tagesablauf im Sondersiechenhaus ähnelte dem Alltag in klösterlichen Gemeinschaften und war vor allem durch die Gebete geregelt. Auch Gehorsam und Keuschheit wurden von den Bewohnern erwartet. 1612 wurde beispielsweise eigens betont, dass im Siechenhaus niemand heiraten dürfe, außer er verlasse das Haus. [24] Kontakte mit den Stadtbewohnern waren ebenfalls reglementiert. Sondersieche durften in der Kirche nur vor und nach der Messe beten und das Betreten von Wirtshäusern war ihnen generell untersagt. Wirte, die sie dennoch als Gäste bedienten, wurden wegen der durch die Benutzung der »allgemeinen Trinkgefäße« hervorgerufenen Ansteckungsgefahr bestraft. [25]

Für die innere Ordnung sorgten ein Verwalter und ein Hausmeister bzw. ein Hausmeisterehepaar. Ab 1706 stand dem Oberverwalter auch ein Unterverwalter zur Seite. 1626 wurden beispielsweise Ulrich Mitterpauer und seine Ehefrau als Hausmeister in das Siechenhaus aufgenommen, sie mussten aber vorher 100 Gulden dafür bezahlen. [26] Das heißt, die Aufnahme war – zumindest ab dem 17. Jahrhundert – wie dann auch der Besitz einer Pfründe im Mühldorfer Heiliggeistspital an die Entrichtung eines Geldbetrags gebunden. Wie auch in anderen Leprosorien ist mit dem Rückgang der Lepra in dieser Zeit ein Wandel der Aufnahme- und Alltagsverhältnisse zu beobachten. Vielfach suchten Bürgerinnen und Bürger das unter städtischer Verwaltung stehende Haus als Versorgungsstätte für das Alter und gaben ihm damit faktisch den Charakter eines bürgerlichen Spitals [27] – allerdings unterschied sich das soziale Ansehen der »Leprosen« von den »Spitalern«. Die Einstandsumme betrug zu dieser Zeit die stattliche Summe von 50 Gulden, konnte aber auch wie 1666 im Fall eines Ehepaars, das Hausmeister-Tätigkeiten verrichten wollte, aus der Begleichung von 60 Gulden und dem Einbringen einer Kuh oder aus dem Erlag von 15 Gulden Bargeld und der Zusicherung der Erbschaft bestehen. [28]

Neben Geldmitteln, welche die »Sondersiechen« selbst einbrachten, stifteten beispielsweise 1772 Thomas Unterholzner, »Austrägler auf dem Reindlgut zu Neufahrn«, 100 Gulden für das Leprosenhaus (400 für das Spital und 100 für das Bruderhaus) [29] und 1783 Maximilian Mayr, Regularkanoniker von St. Zeno, dem Bruderhaus und dem Leprosenhaus zusammen 1.000 Gulden. [30] Diese Stiftungen waren mit der Auflage verbunden, dass die Empfänger für die Stifter zu beten hatten, so wie es auch in einem Bürgerspital praktiziert wurde. Einkünfte bezogen die Leprosen weiters aus den wöchentlich drei Mal stattfindenden Sammlungen in der Stadt und aus den Erträgen aus den Kirchensammlungen. [31]

Für den eigenen Bedarf hielten die Bewohner zwei bis drei Kühe, gelegentlich verkauften sie Milch und auch Schmalz, dessen Erlös sie – wie ihnen vorgeworfen wurde – für Alkohol ausgaben. Darüber hinaus erhielt jeder Bewohner vierteljährlich eine kleine Geldsumme. [32]

1790 wurde das Leprosenhaus als ein eine halbe Stunde außerhalb der Stadt liegendes hölzernes und vielen Reparaturen unterworfenes Haus mit Garten und Wiese für zwei Kühe beschrieben. Aufgrund der Baufälligkeit des Hauses und des geringen Ertrags der Wiese schlug man vor, die »Leprosen«, die unter keiner ansteckenden Krankheit litten, in das Bruderhaus zu verlegen und das Haus gegen einen Jahreszins zu veräußern. [33] Als 1812 die Wiese vom Inn unterspült und weggerissen worden war und dem Haus das gleiche Schicksal drohte, ordnete die Stiftungsadministration in Neumarkt an, die sechs armen Bewohner im Heiliggeistspital unterzubringen und das Haus zu versteigern. [34]

Das Heiliggeistspital

Am 4. Juli 1472 erwarb die Stadt Mühldorf von Lienhart und Ursula Türndl ein Haus in der Vorstadt bei der Innbrücke mit dem Zweck, ein »Seelhaus« für hausarme, bedürftige Leute zu errichten. Ein Jahr später kaufte man dann von Lienhart und Margret Wintenmacher das daneben liegende Gebäude aus dem gleichen Grund dazu, womit sozusagen der »Grundstein« für ein Spital gelegt war, das 1477 erstmals urkundlich als »Heiliggeistspital« bezeichnet wurde. [35]

Stadtpfarrer Josef Bauer erwähnt in seinen Beiträgen über das Heiliggeistspital ein früheres »Seelhaus«, das bereits in einer Urkunde von 1327 aufscheinen soll. Möglicherweise bestand schon im 14. Jahrhundert eine Art Vorläufer des Spitals. [36]

Die Lage in der Innvorstadt entsprach einem typischen Standort eines Spitals, ebenso die Wahl des Patroziniums: Das Haus, das den Schwachen der Gesellschaft gewidmet war, sollte unter dem Schutz des heiligen Geistes stehen, um innere Stärkung zu bewirken. [37]

Die umfangreichen Mittel, die dem Haus im Laufe der Jahrhunderte zukamen, zeigen sehr deutlich, mit welcher Motivation sie gestiftet wurden und welche Einstellungen sich damit verbanden. Schon kurz nach der Gründung kauften sich Bürger in das Spital ein, um sich selbst oder ihre Angehörigen im Alter versorgt zu wissen: 1475 vermachten Hans und Margarethe Teysensee testamentarisch ihre Besitzungen dem »Seelhaus«, mit der Auflage, dass ihr Vetter verpflegt und ihre Dienerin als Pfründnerin aufgenommen werde. [38]

Wesentlich für die weitere Entwicklung des Spitals wirkte sich die Dotation des aus Mühldorf gebürtigen Nürnberger Ratsherrn Martin Liebhard aus. Er stiftete 1477 dem Spital und der neu errichteten Kapelle eine ewige tägliche Messe und Pfründenplätze für sechs hausarme Menschen, die in diesem Haus »Herberg, pett, pettgewand, speise und Leibs notturft« gegen Gebete erhalten sollten. 2.600 Gulden in Gold sollten so angelegt werden, dass dem Spital jährliche Einnahmen von 100 Gulden gesichert waren. Die beträchtliche Restsumme investierte man in Grundstücke, Mühlen, Bauernhöfe und Häuser in der Stadt.[39] Weitere Ankäufe und zahlreiche Stiftungen in Form von Geld und Grundstücken folgten. 1574 setzte Sabina von Chaldes, geborene von Prandt, »eheliche Hausfrau« des Salzburger Pflegverwalters zu Staufenegg Hanns Pilgrim von Chaldes, ihr Testament auf. Sie wollte – wie die meisten Stifter – als wahre Christin sterben und Vorsorge treffen, dass ihre Seele »zu seiner göttlichen Gnaden vnnd ewiger Seligkait genommen werde.« In ihrem Testament bestimmte sie das Heiliggeistspital als Universalerben. [40] Die Kosten für drei »arme presthaffte Persohnen« sollten aus den Einkünften der Verlassenschaft bestritten werden und eine vom Rat

Dr. med. Engelbert Ferchl
Öl auf Leinwand
SMCA
Engelbert Ferchl (1704–1787) war hochfürstlicher Rat, Stadt- und Landschaftsphysikus. In dieser Funktion arbeitete er 57 Jahre in Mühldorf. Zu seinen Aufgaben gehörte auch die Versorgung des Heiliggeistspitals. Ferchl starb am 17. Juni 1787 im Alter von 83 Jahren in Mühldorf.

Lit.: Ferchl, Franz: Dr. Franz Ferchl, k.k. Salinenarzt in Hallein. Eine Selbstbiographie. Kurze Lebensbeschreibung, mich und meine Familie betreffend. In: MGSL 91 (1951), S. 107–123; Kohl, Irene: Dr. Franz Ferchl aus Mühldorf, k.k. Salinenarzt in Hallein. In: Das Mühlrad X (1960–1961), S. 103–112.

Stiftsbrief des Nürnberger Bürgers Martin Liebhard vom 20. November 1477

BayHStA

Martin Liebhard stiftete für das Heiliggeistspital in Mühldorf 2600 Gulden in Gold mit der Auflage diese so verzinslich anzulegen, dass das Spital eine jährliche Einnahme von 100 Gulden hatte.

Lit.: Gollwitzer, Hans: Das Heiliggeistspital zu Mühldorf. In: Das Mühlrad XII (1965–1967), S. 88–119.

bestimmte arme Jungfrau eine Heiratsgabe von 10 Gulden erhalten. Als Gegenleistung beanspruchte Sabina von Chaldes die Gebete der Pfründner und einen Jahrtag mit Seelamt. Nach ihrem Tod kam es 1587 zu Uneinigkeiten zwischen dem Spital und den Verwandten, die schließlich in einem Vergleich beigelegt wurden. [41] 1635 vermachte auch Christoph Aspacher, Ratsherr und Gastwirt in Mühldorf »seine Seel dem Allmächtigen zu Gnaden befehlend« sein Hab und Gut dem Heiliggeistspital. [42] In diesem Fall fochten die enttäuschten Erben ebenfalls das Testament an. [43]

Durch Stiftungen und Ankauf von Grundstücken und Häusern verfügte das Bürgerspital bald über beträchtliche Kapitalien. [44] Das Spital betrieb auch eine Landwirtschaft sowie einen Obst- und Gartenbaubetrieb auf den stadtnahen Grundstücken und verkaufte die Erzeugnisse auf den Wochenmärkten. Als wichtige Einnahmequelle erwiesen sich auch die Fuhrdienste – Mistfuhren auf die Felder, Holzfuhren, Getreidefuhren sowie Fahrten zur Schiffslände, die das Spital anbot. [45] Einnahmen bezog das Spital außerdem auch aus Geldspenden, die in Opferstöcken und Büchsen gesammelt wurden.

Nachdem zu Beginn des 16. Jahrhunderts das Zinsverbot für Spitäler und Bruderschaften (nicht für Einzelpersonen) aufgehoben worden war, durften Spitäler nun ihr Stiftungsgeld verzinslich weiterleihen, wovon auch das Heiliggeistspital Gebrauch machte und Einkünfte erzielte – das Spital fungierte somit auch als erstes Mühldorfer Geldinstitut. [46]

Die Ausgaben des Spitals bestanden vor allem aus den Unterhalts- und Essenskosten der Pfründner, der Erhaltung der Gebäude, der Verköstigung und Entlohnung der Dienstboten und Taglöhner und aus der Ausgabe von Almosen an heimische und fremde Arme. [47]

Wohlhabende Personen wurden im Heiliggeistspital in die »obere Pfründe« aufgenommen. Sie kauften sich um eine bestimmte Summe ein, verschrieben dem Spital eine Hypothek oder übergaben ein Grundstück. Wer allerdings wenig oder gar nichts für die Aufnahme zahlen konnte, kam nur in den Genuss einer »unteren Pfründe« und musste sich verpflichten, in der Landwirtschaft mitzuarbeiten, soweit er bzw. sie dazu imstande war. 1584 waren beispielsweise für eine obere Pfründe 80 Gulden und für eine untere 60 Gulden zu entrichten. [48] Aufgenommene Pfründner wurden lebenslänglich versorgt, nach ihrem Tod blieben die eingebrachten Gegenstände und ihr Bargeld im Spital. [49]

Dem Visitationsprotokoll von 1673 ist zu entnehmen, dass in jeder Pfründe acht Personen aufgenommen waren und zusätzlich einer Person Kost und »dreien das Brot hinaus« gegeben wurde. [50] 1790 und 1811 befanden sich elf Spitalpfründner im Haus. [51]

Die Verwaltung des Spitals oblag der Stadt; die Oberaufsicht hatte, wie bei allen Wohltätigkeitsstiftungen, das erzbischöfliche Konsistorium in Salzburg. Zwei Spitalmeister, die nach der Stadtordnung von 1522 von Richter und Rat eingesetzt wurden, waren für die Verwaltung und Wirtschaft verantwortlich. Ende des 18. Jahrhunderts ist nur ein aus den Reihen des Magistrats gewählter Verwalter belegt. [52] 1687 bestimmte das Konsistorium nach Unregelmäßigkeiten im Spital, dass die Aufsicht und Verwaltung auch dem Dechant zustehe. 1699 war diesem auch die Kasse auszuhändigen. [53]

Ein Hausmeister sorgte für die innere Ordnung: Für die Sicherheit des Hauses, dass nachts kein Licht brenne, nicht mehr Holz als erlaubt in den Zimmern gelagert werde, dass keine »belästigenden Störungen« in den Zimmern und auf den Gängen stattfänden sowie für Sauberkeit der Kleidung und die Erhaltung des Gebäudes. Er verfügte auch über die Schlüssel sämtlicher Zimmer, musste diese täglich visitieren und das sittliche und religiöse Verhalten der Bewohner überwachen. [54] Bei der Verrichtung der angeordneten Gebete war er verpflichtet vorzubeten und Acht zu geben, ob alle Pfründner daran teilnahmen. [55]

Wie in der Hausordnung von 1799 betont wird, sollte jeder seinen Fähigkeiten entsprechend auf Anweisung des Verwalters oder der Köchin Arbeiten im Haus verrichten. [56] 1790 waren im Haus zwölf Dienstboten und in der Heu- und Erntezeit auch Taglöhner beschäftigt.

Das Alltagsleben wurde wie in allen Spitälern und geschlossenen Fürsorgeeinrichtungen sehr stark vom Gebet und der Ausübung von religiösen Pflichten dominiert, wie der 1667 erlassenen Ordnung [57] zu entnehmen ist. Die Pfründner sollten für ihr »Allmuesen« täglich den Stiftern mit einem Rosenkranz danksagen. [58] Vor und nach dem Essen musste jemand aus dem Katechismus langsam und laut vorlesen und die anderen Bewohner »ordentlich« nachbeten. In allen Zimmern sollten Weihwasserkessel angebracht sein, damit sich jeder beim Hinausgehen mit Weihwasser im Namen der Dreifaltigkeit besprengen konnte. [59]

In der Hausordnung von 1799 bildeten noch immer der christliche Lebenswandel und das Gebet als Gegenleistung für die Aufnahme der Pfründner das Kernstück: »Da die Bewohner des Spitals, jedenfalls Arme erwerbslose Personen sind, so ist es ihre unerlässliche Pflicht, für die Stifter des Spitals u. der andren Wohlthätigkeits Instituts zu bethen.« Täglich war um halb acht an der Messe, an Sonn- und Feiertagen an den pfarrlichen Gottesdiensten sowie an den um elf Uhr mittags in der Spitalskirche stattfindende »Kreutzwegandacht« und dem abendlichen Rosenkranz teilzunehmen. [60] Im Haus sollten die Pfründner in »Gottesforcht, Zucht und Ehrbarkeit gegeneinander wie Brieder und Schwestern« friedlich miteinander leben und »sich allen gegenseitigen Schwäzereien u. Zänkereien enthalten« damit das Spital nicht zu einem »Zankhaus« werde. [61] Die Tore wurden von Ostern bis Allerheiligen um neun Uhr und die restliche Zeit um acht Uhr geschlossen. [62] Bewohner durften ohne Erlaubnis nicht in das Zimmer eines anderen gehen und auch nicht ohne vorherige Ankündigung über Nacht vom Spital fernbleiben. [63] Verboten waren auch Wirtshausbesuche, das Betteln in Häusern und auf der Gasse, das Spielen, der Müßiggang und unerlaubte Bekanntschaften besonders mit dem anderen Geschlecht.

Bei Zuwiderhandeln war zuerst ein strenger Verweis durch den Verwalter, danach Abzug von sechs bis zwölf Kreuzer vom Wochengeld, abhängig vom »Grade der Strafwürdigkeit«, vorgesehen. Sollten »durch Trunkenheit einzelner Bewohner grobe Exzesse herbeigeführt werden«, dann sollte ein 24-stündiger Arrest verhängt werden. [64]

Beschwerden der Bewohner gab es wie in allen vergleichbaren Einrichtungen v.a. über das Essen. 1673 wurden zum Beispiel Klagen über zu schwarzes Brot laut. Der Verwalter erklärte, die Qualität der Speisen

Erzbischof Franz Anton Graf von Harrach (1709–1727)
SMCA
Unter Erzbischof Harrach wurde 1717 das neue Spitalgebäude errichtet.
Lit.: Gollwitzer, Hans: Das Heiliggeistspital zu Mühldorf. In: Das Mühlrad XII (1965–1967), S. 88–119.

könne verbessert werden, wenn die Pfründner kleinere Portionen erhielten. Sie ließen ohnehin meistens etwas übrig, um es dann zu verkaufen. Wenn sie aber einmal etwas weniger Essen bekämen, würden sie sich gleich beschweren. [65]

Das um 1476 erbaute Spitalsgebäude war im 18. Jahrhundert baufällig geworden. 1714 erging ein entsprechender Bericht des Spitalverwalters an das Konsistorium in Salzburg, 1717 wurde die Genehmigung für einen Neubau erteilt und der am Ende der Spitalgasse gelegene, großzügige Bau begonnen. Heute erinnert noch die am Eingang angebrachte Tafel daran, dass unter Erzbischof Sigmund Schrattenbach das Haus von Grund auf neu errichtet wurde. [66]

1790 beschwerten sich Mühldorfer Bürger bei Erzbischof Colloredo über Verwaltungsmängel bei den Wohltätigkeitsstiftungen. Daraufhin nahm das Konsistorium eine Untersuchung vor, bei der massive Vorwürfe gegen den Verwalter geäußert wurden, der zum Nachteil des Spitals in seine eigene Tasche gewirtschaftet hatte. [67] Fünf Jahre später wurde dem Stadtmagistrat die Verwaltung entzogen und ein eigener Spitalmeister aufgestellt, der unter Aufsicht des Pflegers und des Konsistoriums stand und 1797 auch die Landwirtschaft aufgehoben. Von März bis Mai 1801 waren französische Soldaten im Heiliggeistspital einquartiert, das auch als Lazarett diente. Die elf Pfründner brachte man in anderen Häusern unter. [68] Als Mühldorf 1802 an Bayern kam, ging die Verwaltung wieder an den Stadtmagistrat über. [69]

Das Bruderhaus

1560 schrieb die Stadt Mühldorf nach Salzburg, dass sie sich »aus Betrachtung gotselicher Werch der Barmbhertzigkheit vnnd Lieb des Negsten« sowie »zur Besserung des heiligen Almosen ain Gemaines Bruederhauß alhier in der Stat Müldorf aufzurichten enndtlich enntschlossen« habe, damit die hausarmen und kranken Bewohner, die im Spital neben den Gesunden nicht aufgenommen werden konnten, Unterkunft bekämen und ersuchte um eine entsprechende Bewilligung. [70] Ein Jahr später vereinbarte man mit dem Domdechant den Kauf eines Hauses des Salzburger Domkapitels beim Kirchhof. Bezahlt wurde unter anderem mit dem Geld, das der »zu den Wiedertäufern abweg gezogene« Peter Palhuber hinterlassen hatte, [71] und 1564 mit dem Um- und Ausbau des Bruderhauses begonnen. [72]

Schon kurz nach der Errichtung stiftete Johann Volkhamber, Pfarrer zu Schönberg, dem Bruderhaus 50 Gulden. Von den Zinsen sollten zweimal jährlich je 45 Kreuzer an die Armen verteilt und der andere Gulden dem Bruderhaus gegeben werden. [73] 1772 erhielten Bruderhaus und Leprosenhaus 100 Gulden von Thomas Unterholzner, [74] 1783 vermachte Maximilian Mayr, Regularkanoniker von St. Zeno, beiden Einrichtungen zusammen 1.000 Gulden. [75] Gebete für die Stifter waren auch in diesen Fällen als Gegenleistung vorgesehen.

Die 1673 auch im Bruderhaus durchgeführte Visitation hielt unter anderem fest, dass keine Statuten vorhanden wären und das Bruderhaus 23 Personen versorge: Zwölf bezogen Geld aus den Sammlungen, elf erhielten außer der Unterkunft keine anderen Leistungen. Mit dem Tod eines Bewohners folgte ein anderer nach. [76] 1799 bestand der Unterhalt der »Einverleibten« aus einer zinsfreien Wohnung, aus der Beheizung der Kommunstube, der Spende von Stiftungen und aus den Geldern »der Wochen-, und Kirch- und Bräu- und Würthshäusern und Getreidehändler Büchse.« [77]

Die Hausordnung orientierte sich an der des Heiliggeistspitals: Auch »Bruderhäusler« sollten sich eines »gottesfürchtig christlichen Lebenswandels befleißen«, an Sonn- und Feiertagen an den Gottesdiensten teilnehmen, besonders an den Jahrtagen und Andachten »für welche ihnen gewisse Spenden ertheilt werden, andächtig beiwohnen«, »ihre Gebethe für die Wohlthäter dem Allerhöchsten aufopfern« und die »Müssigen« unter ihnen sich an Werktagen zur Vesper und zum Rosenkranz einfinden.

Wie aus den Vorschriften hervorgeht, arbeiteten die Bewohner des Bruderhauses auch häufig außerhalb des Hauses. Wenn jemand während der Andachten »zur Arbeit gedungen« sei, »solle er jene Leute, die ihn aufgenommen, bitten, dass sie ihm erlauben, der gestifteten Andacht beyzuwohnen«, sonst dürfe er auch keine Spende erhalten und müsse mit seinem Arbeitslohn vorlieb nehmen. Die Einhaltung der Verpflichtung zum Gebet für den Stifter wurde demnach mehr Bedeutung zugemessen als der Arbeit außerhalb des Hauses.

Die Bewohner sollten friedlich zusammenleben, »ehrbar wandeln« und auch Ordnung und Sauberkeit achten. [78]

1612 wurden zwei »Brudermeister« erwähnt, [79] 1648 zwei »Bruderhausverwalter«. [80] Der Hausmeister hatte ähnliche Verpflichtungen wie der des Spitals und musste sich nach einer Quellenangabe aus dem Jahr 1646 auch mit 20 Gulden einkaufen. [81] Der Hausmeister des Bruderhauses hatte aber noch eine zusätzliche, wichtige Verpflichtung zu erfüllen: Er war für das Einsammeln von Almosen verantwortlich und musste die Büchse dem Verwalter abliefern. [82]

Wer im Bruderhaus Almosen und Herberge erhielt, durfte selber, als Individuum, allerdings in der Stadt nicht betteln. [83] Dafür verteilte das Bruderhaus aber auch Almosen an die Bedürftigen der Stadt: Einer armen Frau, ihrem kranken Mann und ihren fünf kleinen Kindern spendete das Spital 1651 wöchentlich einen Laib Brot und das Bruderhaus 15 Kreuzer. [84] In diesem Fall teilten sich Spital und Bruderhaus die Unterstützungen. 1580 wurde festgehalten, dass der Brudermeister künftig das tägliche Almosen von der Hand austeilen und jedem armen Menschen zwei Kreuzer geben solle. [85]

1780 wurde auch das Bruderhausgebäude baufällig und eine Instandhaltung notwendig. [86] Als in der ersten Hälfte des 19. Jahrhunderts im Bruderhaus ein Krankenhaus errichtet wurde, übersiedelten die Bruderhausinsassen 1849 in das Heiliggeistspital.

Ausblick: Veränderungen im 19. Jahrhundert

Das Leprosenhaus hatte seit dem 17. Jahrhundert immer mehr den Charakter eines bürgerlichen Spitals angenommen, was auch die Aufnahmesummen belegen. Das Heiliggeistspital kann aufgrund der sozialen Herkunft der Bewohner, der umfangreichen, prestigeträchtigen Stiftungen und hohen Aufnahmegelder als die »bürgerlichste« soziale Institution bezeichnet werden.

Die Lebensbedingungen und Zielsetzungen des Bruderhauses waren dem des Heiliggeistspitals sehr ähnlich, es wurde als Ergänzung zum Spital und zur Aufnahme von Kranken gegründet. Da in diesem Haus auch der Bettelrichter lebte, regelmäßige Sammlungen durchgeführt, Almosenausgaben an die Stadtarmen vorgenommen und wesentlich geringere Aufnahmegebühren verlangt wurden, kann es als die Anstalt bezeichnet werden, die am meisten einem »Armenhaus« entsprach. Das Bürgerspital beherbergte hingegen zwei Klassen von Bewohnern, die entweder aus Altersgründen oder aus Armut in der oberen bzw. unteren Pfründe untergebracht waren.

Mitte des 19. Jahrhunderts wurden sowohl das Leprosenhaus als auch das Bruderhaus aufgelöst und ihre Bewohner in das Heiliggeistspital verlegt. 1822 errichtete die Stadt in den Räumlichkeiten des Spitals zusätzlich eine Anstalt zur Versorgung armer, kranker Dienstboten und Handwerker und 1839 eine Distriktskrankenanstalt. Im Jahr 1885 übernahmen die Franziskanerinnen aus Mallersdorf die Hauswirtschaft und betreuen auch heute noch die Bewohner des Spitals, das nun zu einem Altersheim der Stadt Mühldorf geworden ist. [87] Obwohl das Spital nach dem Krieg einen Großteil seines Besitzes verkaufte, verfügt es noch immer über beträchtliche Kapitalien und Grundbesitz, die von der Stadt verwaltet werden.

Die salzburgische Enklave als Wirtschaftsstandort

Christian Dirninger

Betrachtet man die wirtschaftliche Situation der Stadt Mühldorf als erzstiftisch-salzburgische Enklave im bayerischen Staatsverband im Überblick vom Mittelalter bis zur Wende vom 18. zum 19. Jahrhundert, so erscheint diese insbesondere durch zwei Standortdimensionen bestimmt. Diese sind zum einen die wirtschaftlichen Verbindungen des unmittelbaren Stadtgebietes zu seinem Umland, also im wesentlichen die regionale Marktintegration, und zum anderen die Position Mühldorfs im überregionalen Wirtschaftsverkehr.

Beide Standortdimensionen stehen natürlich in Zusammenhang und sind in dem seit dem Mittelalter bestehenden permanenten politischen Spannungsfeld zwischen Bayern und Salzburg in vielfacher Weise zum Tragen gekommen. Während die Position Mühldorfs im überregionalen Wirtschaftsverkehr die wirtschaftliche Entwicklung der Stadt, insbesondere im Mittelalter, in vergleichsweise abgeschwächter Form aber auch noch in der frühen Neuzeit begünstigte, war das wirtschaftliche Verhältnis der salzburgischen Stadt zu ihrem bayerischen Umland immer wieder von Behinderungen und Einschränkungen gekennzeichnet. Als Grundproblem dabei erscheint letztendlich die durch die exterritoriale Stellung der Stadt bedingte Einschränkung in der regionalen Marktintegration und die damit verbundene Einschränkung der Entfaltungsmöglichkeiten der lokalen Wirtschaft. In besonderer Weise in Zusammenhang mit einer Beeinträchtigung der Position der Stadt im überregionalen Wirtschaftsverkehr stand diese Entwicklung dann in der Zeit des sich in der europäischen Staatenwelt, und somit auch in Bayern etablierenden protektionistisch ausgerichteten Merkantilismus im 17. und 18. Jahrhundert.

Im Folgenden sollen einige wesentliche Aspekte dieser komplexen und keineswegs einfachen wirtschaftlichen Standortbedingungen, soweit dies der derzeitige Forschungsstand zulässt, aufgezeigt werden.

Das fehlende Hinterland

Am 8. Jänner des Jahres 1803 erging an den bayerischen Kurfürsten eine ausführliche schriftliche »Vorstellung der Bürgerschaft von Mühldorf um Unterstützung und Beförderung ihres gemeinen Stadtwesens.« [1] Das dabei im Mittelpunkt stehende konkrete Anliegen war die Erlangung einer kurfürstlichen Genehmigung zur Errichtung einer Getreideschranne in der nunmehr zu Bayern gehörenden Stadt. Es war dies keinesfalls, wie das vielleicht aus heutiger Perspektive erscheinen mag, eine Detailfrage, sondern eine Frage, die ins Zentrum des damaligen lokalen Wirtschaftssystems verwies. Denn Getreide bzw. die Getreideversorgung und damit auch der Getreidehandel bildeten damals in der vorindustriellen Zeit, als die Konjunkturzyklen noch auf so genannten »Erntezyklen« [2] basierten, einen grundlegenden Sektor für die gesamten wirtschaftlichen und sozialen Verhältnisse einer Region. In diesem Sinne wurde in der Eingabe der Mühldorfer Bürger an den Kurfürsten das Anliegen zur Genehmigung einer Getreideschranne folgerichtig auch zu einer Frage der wirtschaftlichen Zukunft der Stadt insgesamt. Und hier war ohne Zweifel die Standortfrage von vorrangigster Bedeutung. Mit der 1802 erfolgten Eingliederung Mühldorfs in den bayerischen Staatsverband hatte sich diesbezüglich ja eine völlig neue Standortkonstellation ergeben, an die die Mühldorfer Bürger wesentliche Hoffnungen hinsichtlich einer deutlichen Verbesserung der wirtschaftlichen Entwicklungschancen ihrer Stadt knüpften. So wird ganz explizit auf eine bisherige deutliche wirtschaftliche Standortbenachteiligung der Stadt Mühldorf in ihrer Stellung als salzburgische Enklave im bayerischen Wirtschaftsraum Bezug genommen:

Hart entbehren wir von jeher gnädigste Auszeichnung umliegender Ortschaften, vermög welcher nemlich nicht nur den Provincial-Städten, sondern auch den beträchtlichen Marktflecken eine eigene Getreideschranne bewilliget ware. Traurig und wirklich drückend ware die Laage einer in einem fremden Bezirke gelegenen Stadt, welche aus Mangel an Feldgründen den selbst eigenen Bedarf zu erzeugen außer Stand wäre und sich daher im Ankaufe allenthalben gebunden sahe. [3]

Der hier besonders herausgehobene Punkt war das offensichtliche Fehlen eines landwirtschaftlichen Hinterlandes, das für eine ausreichende Versorgung einer Stadt zu jener Zeit notwendig war. Dies bewirkte eine starke Abhängigkeit vom Zukauf außerhalb des eigenen Ortes, was neben einer Verteuerung der Versorgungskosten offenbar auch mit einer gewissen Diskriminierung verbunden war. So heißt es diesbezüglich in dem Schreiben der Mühldorfer Bürger an den Kurfürsten:

Auf den umliegenden Schrannenplätzen mußten sich die Bürger außer Stadt dem Einstande und dem Vorkauf der Ortsbürger unterziehen, und bei Haußkäufen waren häufige Neckeryen die unausbleibliche Folge, da man hiesige Bürger mit den Ausländern stets in eine Klasse setzte. [4]

Ein gewissermaßen indirekter Effekt des Fehlens eines ausreichenden Hinterlandes und des damit erzwungenen lokalen Zuschussbedarfs war ein vergleichsweise geringeres Potenzial für die lokale Handelstätigkeit und damit verbunden eine Hemmung lokaler unternehmerischer Initiative sowie damit lokalen wirt-

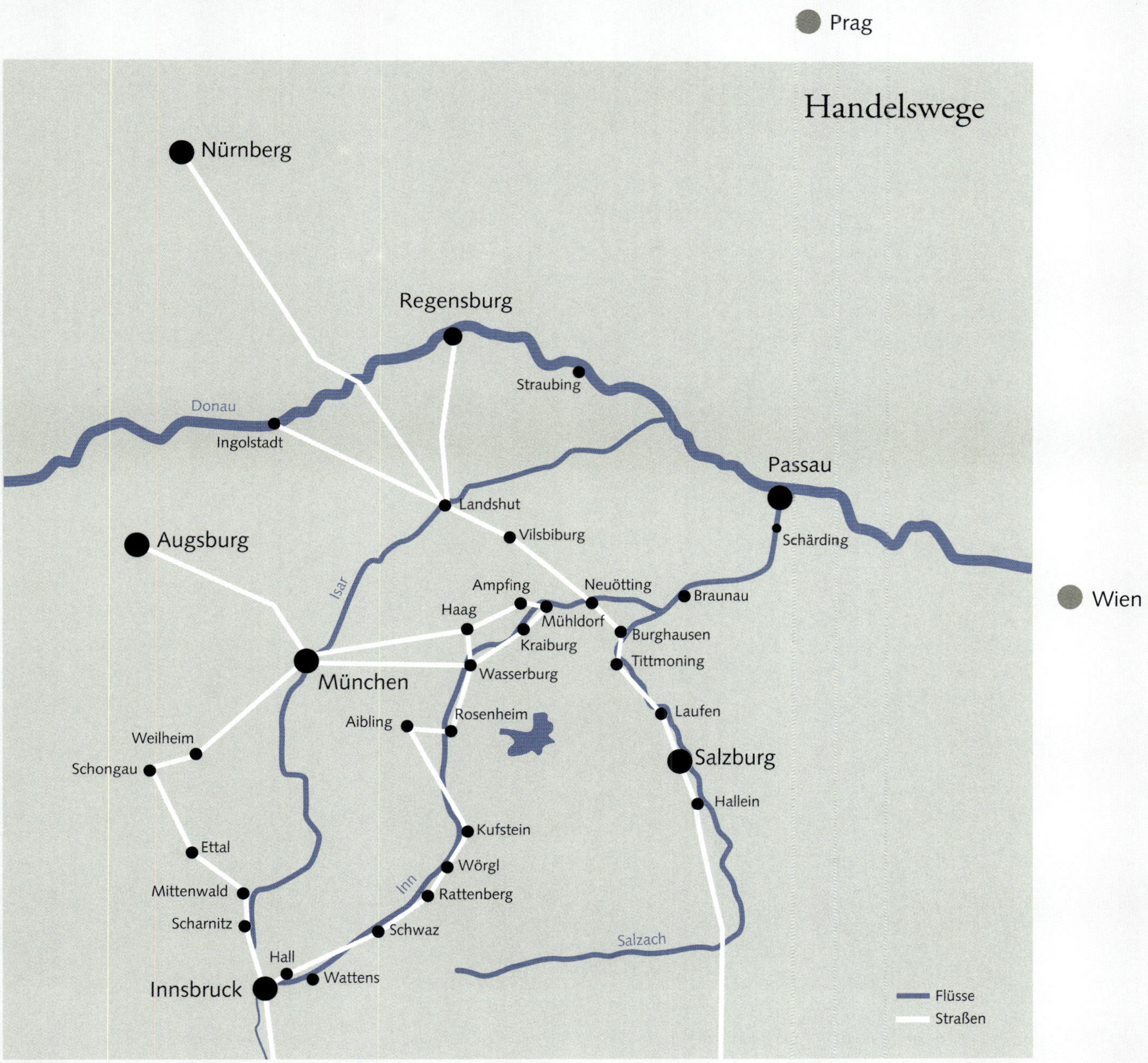

Handelswege
Grafik: engelhardt.atelier, Mühldorf a. Inn

Salzprivileg von 1190
König Heinrich VI. verlieh dem Erzbischof von Salzburg 1190 das Recht, in Mühldorf eine Salzniederlage zu errichten. Das bedeutete, dass die Bauern aus dem Umland in Mühldorf ihren Bedarf an Salz einkaufen konnten.
Lit.: Stahleder, Helmuth: Mühldorf (Historischer Atlas von Bayern, Teil Altbayern I/36). München 1976. Dirlmeier, Ulf: Mittelalterliche Hoheitsträger im wirtschaftlichen Wettbewerb (Vierteljahresschrift für Sozial- und Wirtschaftsgeschichte, Beiheft 51). Wiesbaden 1966.

schaftlichen Wachstumspotenzials. Die Mühldorfer Bittsteller führten dies dem Kurfürsten vor Augen:

Obwohl sich einige Bürger in Mühldorf befinden, die bei einem uneingeschränkten Handel wichtige Geschäfte zu unternehmen im Stande wären, so wurde doch stets die Industrie derselben gehemmt und ihre Geschäfte stockend gemacht, da die vielen sich ergebenden Differenzen selbe von mancher wichtiger Unternehmung abschreckten. [5]

Mit diesen »Differenzen« waren nun offenbar jene Beschränkungen der wirtschaftlichen Aktivität gemeint, die sich aus der Insellage der Stadt in einem fremden Territorium ergaben. Eine davon war eben, dass sich Mühldorf nicht zu einem wirklichen regionalen Handels- und Wirtschaftszentrum mit von der bäuerlichen Bevölkerung des näheren und weiteren Umlandes stark frequentierten Vieh- und Viktualienmärkten entwickeln konnte. Mit der politischen Integration in den bayerischen Staatsverband aber war nun die Chance für eine derartige Entwicklung gekommen und diese sollte nach Erhalt der kurfürstlichen Genehmigung einer Getreideschranne in Verbindung mit einem Vieh- und Viktualienmarkt auch genützt werden. »So wurde im Jahre 1804 die säkularisierte Kapuzinerkirche als Schrannenhalle eingerichtet und in einer neuen Marktordnung gestattet, daß alle Gattungen Groß- und Kleinvieh, wie Pferde, Rinder, Kälber, Schweine und Schafe, alle Gattungen von Getreide, sowie Viktualien jeder Art, Wild, Federvieh, Fische und dergleichen, auch Holz und sonstige Rohprodukte auf dem Stadtplatz zum Verkauf angeboten werden dürfen.« [6]

Der seit dem Hochmittelalter die Stadt als so genannter »Burgfrieden« umgebende Landstreifen diente zwar der agrarischen Versorgung der Stadt, konnte aber keineswegs eine wirkliche ökonomische Integration der Stadt in ihr Umland ersetzen. Dies zumal dieser Landstreifen trotz Abgrenzung, zunächst durch Zäune und Gräben und später ab dem 16. Jahrhundert durch Grenzpfähle, keineswegs leicht zu behaupten war. So ist es auch immer wieder zu Auseinandersetzungen um die Abgrenzung dieses Burgfriedens gegen das bayerische Umland gekommen. Die schließlich im 17. Jahrhundert von einer bayerisch-salzburgischen Kommission endgültig festgelegte Grenze dieses Burgfriedens »zog sich vom Innufer in großem Bogen um das Dorf Altmühldorf und um Ecksberg herum, verlief in der Höhe der heutigen Siedlung Mühldorf-Nord in West-Ost-Richtung, überschritt beim Ortsteil Eichfeld die Töginger Straße und verlief östlich der später erbauten Eichkapelle wieder zum Inn hinunter. Am Südufer verlief die Grenze an der Lohmühle vorbei, umfaßte das heutige Hammer und zog sich über die Tegernau wieder zum Inn zurück.« [7]

Diese nunmehr durch steinerne, jeweils mit dem bayerischen und dem salzburgischen Wappen versehenen Grenzsäulen markierte Grenze war in der Folge vor allem eine wirtschaftliche Trennlinie, die die Möglichkeiten einer effektiven Einbindung Mühldorfs in die regionalen Marktstrukturen stark reduzierte. In diesem Sinne schreibt Rudolf Angermeier von einem »Kleinkrieg um eingeschmuggeltes Vieh, um Bier, das zu Unrecht aus Mühldorf herausgeschafft wurde, um Mauten und Zölle und tausend Unregelmäßigkeiten bäuerlicher Handelsschaft«, was zu »Protestschreiben, Einsprüchen und Verwahrungen auf beiden Seiten« führte. [8]

Gerade bei der für die regionale Wirtschaft so bedeutsamen Bierbrauerei zeigt sich exemplarisch ein wichtiger Effekt dieser Abgrenzung. Dieser lag einerseits in einer Behinderung bzw. Verteuerung der Anlieferung des benötigten Hopfens aus dem weiteren bayerischen Umland, insbesondere der Hallertau. Andererseits zeigte sich der Effekt in Bezug auf den Absatz des in Mühldorf gebrauten Bieres an Wirte in den umliegenden Orten, wie Erharting, Ampfing, Mettenheim und Flossing und demgegenüber aber im Eindringen von Bier aus Kraiburger oder Neuöttinger Brauereien und damit in spürbarer Konkurrenz. [9]

Derartige Beeinträchtigungen und Einschränkungen gab es natürlich auch in anderen Bereichen. So z. B. beim Tabakhandel, der übrigens, so wie auch das Bier, sowohl für die bayerisch-kurfürstliche wie für Salzburgs Regierung von nicht unwesentlicher fiskalischer Bedeutung war. So ist etwa eine Beschwerde der Salzburger Regierung aus dem Jahr 1749 über eine Beschränkung des Mühldorfer Tabakhandels überliefert, die von Bayern mit dem Hinweis auf eine Umgehung bayerischer Zollbestimmungen zurückgewiesen worden ist. [10]

Große Mautkarte von Bayern von 1764

Johann Franz Seraph von Kohlbrenner, Kupferstich, Grenzen meist vielfarbig koloriert

SLA

Die Übersichtskarte enthält die größeren Orte, vor allem jene mit bayerischen Mautstellen und deren zugeordnete »Beymauthen«, die Handelsstraßen mit Kennzeichnung der »erhobenen«, d. h. zur Chaussee ausgebauten und damit wegegeldpflichtigen Straßenabschnitte und das Gewässernetz.

Lit.: Schaup, Wilhelm: Salzburg auf alten Landkarten 1551–1866/67. Salzburg 2000, S. 312., Abb. 111.

Standortgunst und Standortnachteile der Enklave im überregionalen Wirtschaftsverkehr

Die Position der salzburgischen Stadt Mühldorf im überregionalen Wirtschaftsverkehr war seit dem Mittelalter durch mehrere Faktoren geprägt. Zunächst hatte die Verleihung des Privilegs zur Errichtung einer so genannten »Salzniederlage« in der Stadt im Jahre 1190 durch König Heinrich VI. an Erzbischof Adalbert III. zweifelsohne sehr günstige Standortverhältnisse geschaffen, die auch in einem wirtschaftlichen Aufstieg der Stadt im Mittelalter Niederschlag gefunden haben. Denn die Salzniederlage bedeutete, dass in Mühldorf das antransportierte Salz entladen und zum Verkauf angeboten werden durfte. Mühldorf wurde damit zu einem regionalen Handelszentrum, von wo aus die Versorgung der näheren und weiteren Umgebung mit diesem damals so wichtigen Gut vonstatten gegangen ist.

Zugleich sind aber im Verlauf dieser Entwicklung die aus der exterritorialen Lage der Stadt resultierenden Beeinträchtigungen gleichsam als Standortnachteile wirksam geworden. Dabei handelt es sich im wesentlichen um jene negativen Auswirkungen, die aus den politischen Konfliktlagen zwischen Bayern und Salzburg resultierten. Dabei wurde auf bayerischer Seite immer wieder versucht, die wirtschaftliche Position Mühldorfs einzuschränken. Schlussendlich führte dies zu einem spürbaren Bedeutungsverlust Mühldorfs als Standort im überregionalen Salzverkehr im 14. Jahrhundert.[11] Dies betraf sowohl die Salzschiffahrt auf dem Inn als auch in noch höherem Maße den Salzverkehr auf dem Landweg. Dabei ging es insbesondere um Salz aus Hall in Tirol und dann vor allem aus Reichenhall, das über die Fernstraße nach Regensburg an die Donau transportiert wurde. Und hier war Mühldorf im Mittelalter mit seiner Brücke über den Inn zu einem zentralen Standort geworden.

Jedoch bereits im 13. Jahrhundert hat der Salzhandel für Mühldorf infolge diverser Repressalien der bayerischen Herzöge an Bedeutung verloren.[12] Diesen ging es vor allem darum, die Salzproduktion und den Salzhandel und damit die diesbezüglichen Marktplätze und Zollstellen unter ihre Kontrolle zu bringen. Dabei war eben unter anderem der Salzhandelsweg von Reichenhall nach Niederbayern und dort wiederum der in salzburgischem Besitz befindliche Innübergang Mühldorf von vorrangigem Interesse.

Im Zuge dessen ergab sich die wesentlichste Beeinträchtigung der Position Mühldorfs im überregionalen Salzverkehr zweifelsohne durch die Errichtung eines Innüberganges auf bayerischem Boden in Neuötting und der damit verbundenen Ablenkung der von Reichenhall her kommenden Salztransporte von Mühldorf. Der hauptsächliche Handelsweg führte nunmehr über Neuötting und von dort weiter über Neumarkt an der Rott nach Regensburg.

Diese verkehrs- und handelsmäßige Isolierung Mühldorfs wurde im 14. Jahrhundert durch einen vom bayerischen Herzog verfügten Schiffsanlege- und Straßenzwang in Burghausen, demzufolge alle Schiffe dort anlegen mussten und Fuhrwerke diese Stadt nicht mehr umfahren durften, weiter verstärkt.

Ausschnitt aus dem Modell eines Inn-Schiffszugs.
Holz, Rudolf Wondrak
Kreismuseum Lodronhaus, Mühldorf a. Inn
Lit.: Newklowsky, Ernst: Die Innschifffahrt und Flößerei im Raum der oberen Donau, 3 Bände. Linz 1954/1964.

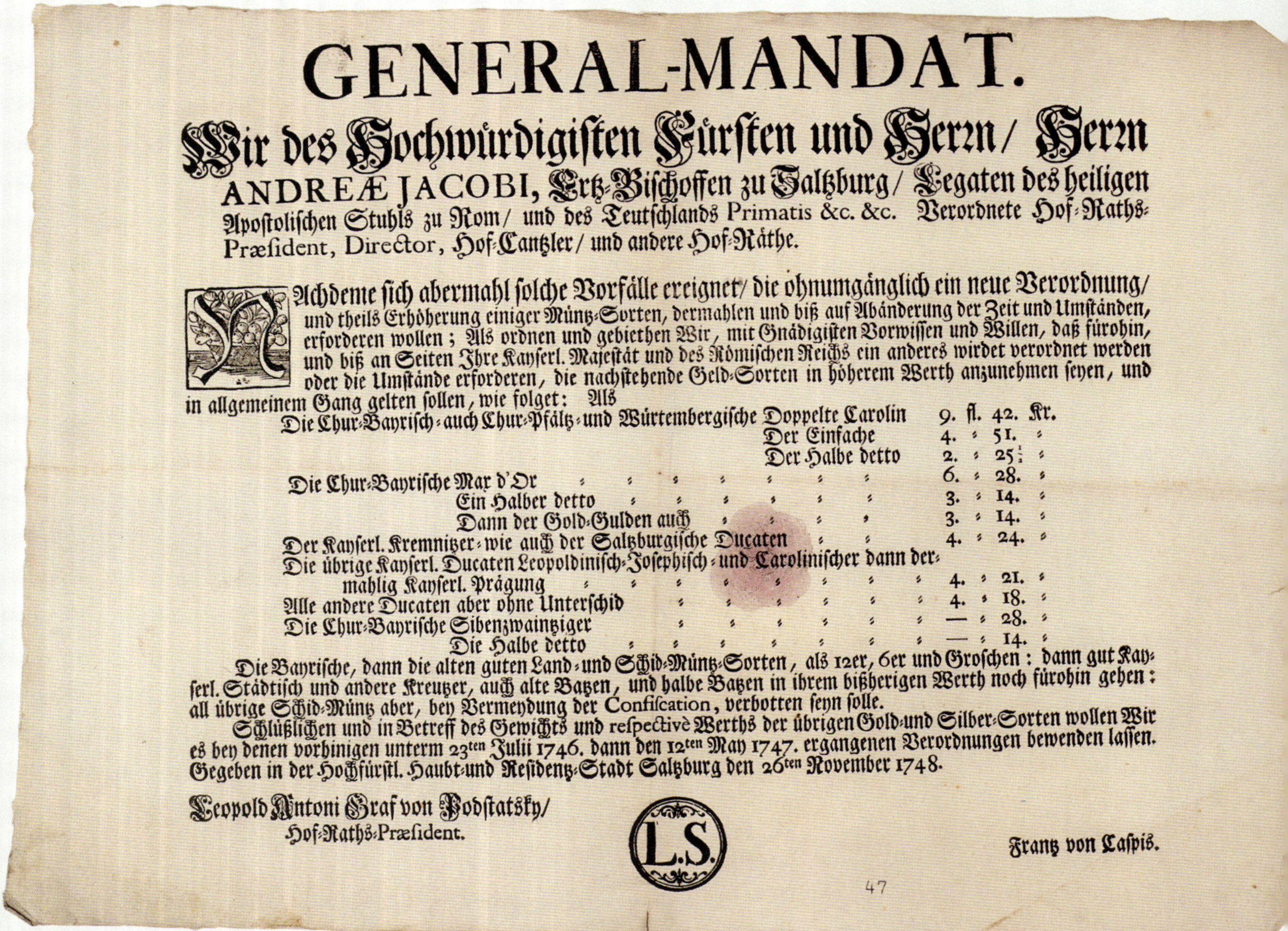

GENERAL-MANDAT.

Wir des Hochwürdigisten Fürsten und Herrn / Herrn ANDREÆ JACOBI, Ertz-Bischoffen zu Saltzburg / Legaten des heiligen Apostolischen Stuhls zu Rom / und des Teutschlands Primatis &c. &c. Verordnete Hof-Raths-Præsident, Director, Hof-Cantzler / und andere Hof-Räthe.

NAchdeme sich abermahl solche Vorfälle ereignet / die ohnumgänglich ein neue Verordnung / und theils Erhöherung einiger Müntz-Sorten, dermahlen und biß auf Abänderung der Zeit und Umständen, erforderen wollen; Als ordnen und gebiethen Wir, mit Gnädigisten Vorwissen und Willen, daß fürohin, und biß an Seiten Ihre Kayserl. Majestät und des Römischen Reichs ein anderes wirdet verordnet werden oder die Umstände erforderen, die nachstehende Geld-Sorten in höherem Werth anzunehmen seyen, und in allgemeinem Gang gelten sollen, wie folget: Als

	fl.	Kr.
Die Chur-Bayrisch- auch Chur-Pfältz- und Würtembergische Doppelte Carolin	9.	42.
Der Einfache	4.	51.
Der Halbe detto	2.	25½
Die Chur-Bayrische Max d'Or	6.	28.
Ein Halber detto	3.	14.
Dann der Gold-Gulden auch	3.	14.
Der Kayserl. Kremnitzer- wie auch der Saltzburgische Ducaten	4.	24.
Die übrige Kayserl. Ducaten Leopoldinisch- Josephisch- und Carolinischer dann dermahlig Kayserl. Prägung	4.	21.
Alle andere Ducaten aber ohne Unterschid	4.	18.
Die Chur-Bayrische Sibenzwaintziger	—	28.
Die Halbe detto	—	14.

Die Bayrische, dann die alten guten Land- und Schid-Müntz-Sorten, als 12er, 6er und Groschen: dann gut Kayserl. Städtisch und andere Kreutzer, auch alte Batzen, und halbe Batzen in ihrem bißherigen Werth noch fürohin gehen: all übrige Schid-Müntz aber, bey Vermeydung der Confiscation, verbotten seyn solle.

Schlüßlichen und in Betreff des Gewichts und respectivè Werths der übrigen Gold- und Silber-Sorten wollen Wir es bey denen vorhinigen unterm 23ten Julii 1746. dann den 12ten May 1747. ergangenen Verordnungen bewenden lassen. Gegeben in der Hochfürstl. Haubt- und Residentz-Stadt Saltzburg den 26ten November 1748.

Leopold Antoni Graf von Podstatsky /
Hof-Raths-Præsident.

L.S.

Frantz von Caspis.

47

Münzverruf vom 26. November 1748
Papier, Stadtarchiv Mühldorf a. Inn
Das Mandat vom 26. November 1748 legte fest, welche Münzen im Erzstift Salzburg in den Umlauf gebracht werden dürfen.

Zu Beginn der Neuzeit war die einst durchaus starke Position der Stadt Mühldorf im überregionalen Salzverkehr und dem damit verbundenen überregionalen Handelsverkehr weitgehend dezimiert. Vielmehr ergibt sich der Eindruck einer wirtschaftlichen Isolation innerhalb eines sich langsam auch wirtschaftlich integrierenden bayerischen Territoriums sowie auch im Rahmen der regionalen Marktstrukturen. So musste die Stadt Mühldorf, einst ein zentraler Ort in der regionalen Salzversorgung, ihren Bedarf nunmehr durch Käufe in Neuötting decken. »Für das erzbischöfliche Mühldorf war der Salzhandel verloren. Spätere Schreiben zeigen, daß man im herzöglichen Neuötting stets darauf achtete, Mühldorf nicht mehr am Salzhandel teilnehmen zu lassen. 1537 schrieb der Mautner von Neuötting seinem Landesherren, daß von Neuötting aus kein Salz nach Mühldorf oder anderswo hingelangte, das nicht über die Innbrücke zu Neuötting transportiert würde ... Ausnahme waren nur die Karren der Mühldorfer Fragner, die wöchentlich in Neuötting zur Versorgung von Stadt und Hinterland Salz kauften.« [13]

Demgegenüber war die salzburgische Regierung bemüht, die Straßenverbindung von Salzburg nach Mühldorf zu sichern und zu stärken. Im Zuge dessen wurde insbesondere Tittmoning zu einem wichtigen Umschlagplatz, über den Halleiner Salz nach Mühldorf zur dortigen Weitervermarktung gelangen sollte. Doch auch hiergegen gingen die bayerischen Herzöge im Interesse der angestrebten Kontrolle des gesamten Salzhandels auf bayerischem Gebiet vor. Das wurde in der Folge Teil des langwierigen, sich bis ins 17. und 18. Jahrhundert hinziehenden Salzstreites zwischen Bayern und Salzburg, der schließlich in einer monopolartigen Abnahme des salzburgischen Salzexportes durch den bayerischen Staat zur weiteren Vermarktung, vor allem im südwestdeutschen Bereich, endete. [14]

Eine ähnlich bedeutsame Standortqualität wie beim Salzhandel hatte Mühldorf im Mittelalter im Bereich des überregionalen Getreideverkehrs und Getreidehandels erlangt. Auch daraus haben sich eine Reihe wesentlicher Impulse für die lokale Wirtschaft ergeben. Zwar wurden in der Folge die beim Salzhandel zustande gekommenen Beeinträchtigungen auch hier wirksam, wurden in ihrem Effekt auf die städtische Wirtschaft aber relativiert. Denn beim Getreide kam als spezifische Standortkomponente die Funktion Mühldorfs als Sammelplatz und Drehscheibe für die Getreideanlieferung in das erzstiftische Mutterland und hier wieder insbesondere in die erzbischöfliche Haupt- und Residenzstadt zum Tragen. Bekanntlich war die salzburgische Landwirtschaft nicht in der Lage, selbst eine ausreichende Getreideversorgung zu gewährleisten. Andererseits aber hatten die Erzbischöfe selbst, so wie auch etliche weltliche und geistliche Stände des Erzstifts, außerhalb desselben gelegene Grundherrschaften, so auch in der näheren und weiteren Umgebung von Mühldorf, aber auch in den habsburgischen Ländern, aus denen sie Getreideabgaben bezogen. Für derartige exterritoriale Grundherrschaften fungierte nun eben die Stadt Mühldorf als Sammelplatz für diese feudalen Getreideerträge. Dazu kamen noch die meist nicht unbeträchtlichen Getreideimporte aus Ungarn und Österreich, die ebenfalls über Mühldorf nach Salzburg verfrachtet wurden.

Diese Funktion als Umschlagplatz im salzburgischen Getreideverkehr fand in der Errichtung großer Getreidekästen im 16. und 17. Jahrhundert (Kornkasten, Haberkasten, Lodronhaus) innerhalb des Stadtgebietes ihren heute noch sichtbaren baulichen Ausdruck. Aber auch etliche nichtsalzburgische Grundherrschaften, wie beispielsweise die Propstei Berchtesgaden oder die Klöster Seeon und Reitenhaslach nützten Mühldorf als Lager- und Umschlagplatz ihres grundherrschaftlichen Getreideertrages. [15] Ebenfalls von Bedeutung war Mühldorf als Stützpunkt und Umschlagplatz für die Getreideversorgung von Tirol.

Parallel zur Position Mühldorfs im überregionalen Salz- und Getreideverkehr war auch jene im überregionalen Weinhandel von Bedeutung. So führten große Schiffszüge Wein und Getreide aus Niederösterreich und aus Ungarn den Inn aufwärts bis nach Tirol. [16] Auch hier spielte die Funktion des »Außenpostens« Mühldorf für die Versorgung von Salzburg eine besondere Rolle, indem von hier aus der Wein auf dem Landweg dorthin verfrachtet wurde.

Sowohl der Getreide- wie der Weintransport, aber auch der sonstige Güterverkehr zwischen Mühldorf und Salzburg unterlag seit der weiter oben erwähnten Umlenkung des Handelsverkehrs über Neuötting laufenden Beschränkungen und Kontrollen seitens der bayerischen Machthaber. Besonders belastend erwiesen sich die immer wieder verfügten Getreidesperren. »Immer wieder begegnen wir in den Ratsprotokollen den Klagen, daß über die Stadt von Seite Bayerns eine Getreidesperre verhängt wurde, daß der Salzburger Bote auf seiner Fahrt nach Mühldorf seine Warenladungen untersuchen lassen mußte, ob er nicht Bannware, insbesondere Salz, mit sich führte.« [17]

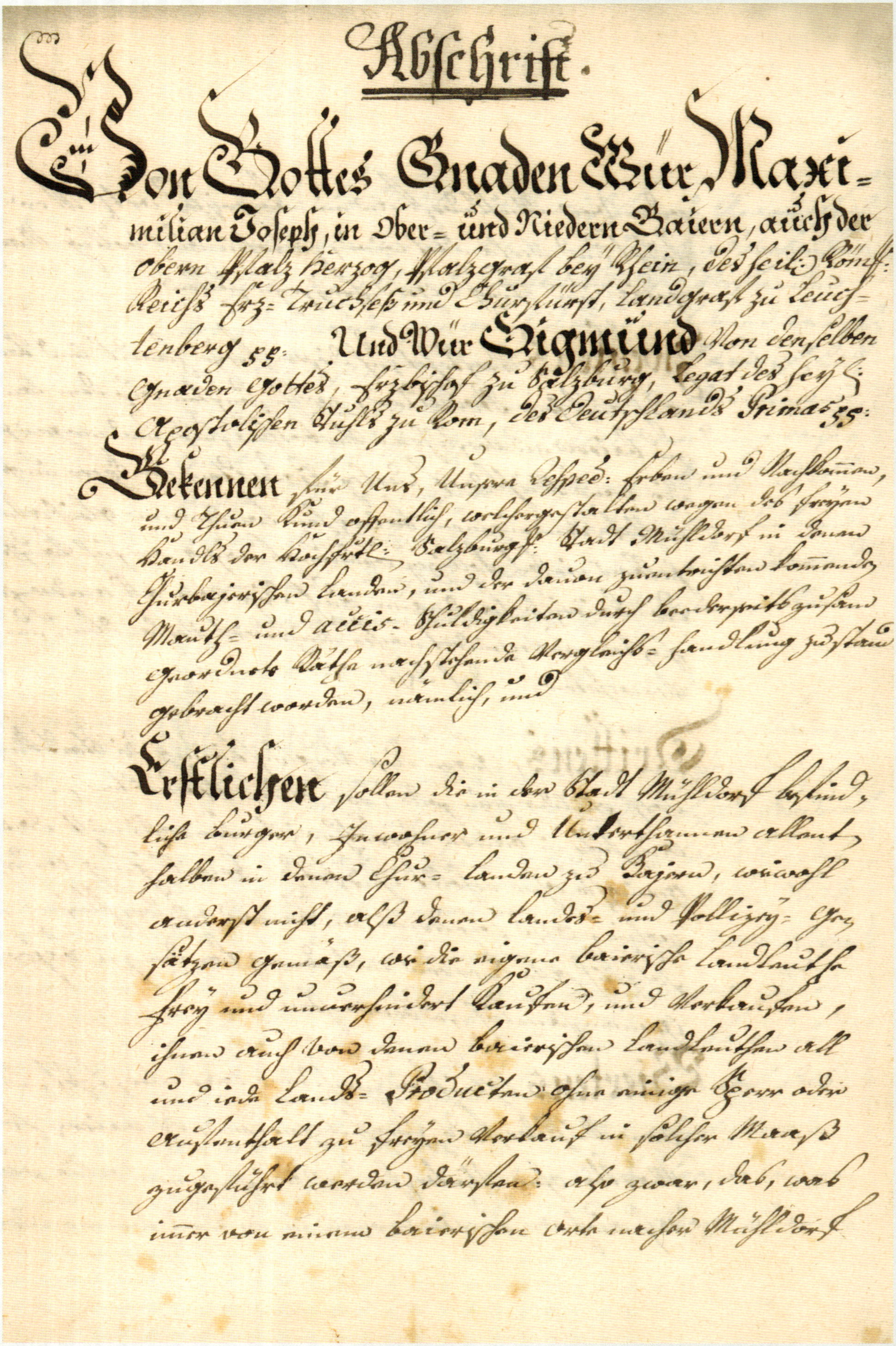

Abschrift.

Von Gottes Gnaden Wir Maximilian Joseph, in Ober- und Niedern Baiern, auch der obern Pfalz Herzog, Pfalzgraf bey Rhein, des heil: Röm: Reichs Erz-Truchsess und Churfürst, Landgraf zu Leuchtenberg ꝛc. Und Wir Sigmund von denselben Gnaden Gottes, Erzbischof zu Salzburg, Legat des heil: Apostolischen Stuhls zu Rom, des Deutschlands Primas ꝛc.

Bekennen für Uns, Unsere Nachfolger und Nachkommen, und thuen kund offentlich, welchergestalten wegen des freyen Handels der hochfürstl: Salzburgisch. Stadt Mühldorf mit denen Churbayerischen Landen, und der denen zuentrichten kommenden Mauth- und Accis- Schuldigkeiten durch beederseits hiezu verordnete Räthe nachstehende Vergleichs-handlung zustande gebracht worden, nämlich, und

Erstlichen sollen die in der Stadt Mühldorf befindliche Bürger, Inwohner und Unterthanen allenthalben in denen Chur-landen zu Bayern, wiewohl anderst nicht, als denen Landes- und Polizey-Gesätzen gemäss, wie die eigene bairische Landleuthe frey und unverhindert kaufen, und verkaufen, ihnen auch von denen bairischen Landleuthen all und iede Landes-Producten ohne einige Sperr oder Aufenthalt zu freyem Verkauf in solcher Maass zugeführt werden dürfen: also zwar, dass, was immer von einem bairischen Orte nacher Mühldorf

Über die bereits genannten Bereiche hinaus war der Wirtschaftsstandort Mühldorf im Mittelalter und in der frühen Neuzeit natürlich generell stark durch die Innschifffahrt geprägt. [18] Neben Salz, Getreide und Wein spielte dabei insbesondere auch die Tiroler Montanproduktion eine besondere Rolle. Die Krise der großen oberdeutschen Handelshäuser, der Rückgang des Venedigerhandels und letztendlich die Auswirkungen des Dreißigjährigen Krieges bedeuteten dann aber einen spürbaren Rückgang der Bedeutung der Innschifffahrt als Standortfaktor für die wirtschaftliche Situation der Stadt Mühldorf.

Im Schatten des bayerischen Merkantilismus

Die sich in der beginnenden Neuzeit deutlich abzeichnende Tendenz zur Isolation Mühldorfs innerhalb des bayerischen Wirtschaftsraumes verstärkte sich in der Zeit der Etablierung des Merkantilismus in Bayern ab dem späten 17. Jahrhundert sichtlich. Diese auf zentralstaatliche Steuerung und Systematisierung der wirtschaftlichen Zusammenhänge und Abläufe im Staatswesen ausgerichtete landesfürstliche Wirtschaftspolitik sah als eines ihrer wesentlichen Ziele die wirtschaftliche Integration des Herrschaftsgebietes als wichtige Grundlage für dessen politische Integration und Zentralisierung. Dass dabei ausländische bzw. exterritoriale Enklaven, wie eben Mühldorf, als in ihrer Eigenständigkeit möglichst einzuschränkende Fremdkörper betrachtet und damit vielfach in besonderer Weise in ihren wirtschaftlichen Standortbedingungen beeinträchtigt wurden, liegt nahe.

Eine ganz wesentliche Rahmenbedingung für deren wirtschaftliche Standortverhältnisse war nunmehr die auf territorialstaatliche Integration ausgerichtete, prinzipiell protektionistische landesfürstliche Maut- und Zollpolitik. Das Spezifikum dabei war, dass die zollpolitische Behandlung der Enklave gleichsam als Druckmittel gegen Salzburg je nach Bedarf eingesetzt wurde. [19] So gestand Bayern einerseits in Verträgen von 1677 und 1695 der Stadt Mühldorf zwar die Abhaltung von Wochenmärkten zu. Andererseits aber behielt sich der bayerische Kurfürst vor, jederzeit Ausfuhrsperren bzw. Zölle gegenüber der Stadt zu erheben. Davon wurde vor allem dann Gebrauch gemacht, wenn gegenüber dem Erzstift Salzburg handelspolitischer Druck gemacht werden sollte.

Zollvertrag vom 30. August 1765 zwischen dem Kurfürstentum Bayern und dem Erzstift Salzburg
Abschrift, Stadtarchiv Mühldorf a. Inn
Das wirtschaftliche Verhältnis der Salzburger Exklave Mühldorf zu ihrem bayerischen Umland war immer wieder durch Behinderungen und Beschränkungen gekennzeichnet. Daher war die Umgehung bayerischer Zollbestimmungen keine Seltenheit. Erst mit dem Zollvertrag von 1765 fielen die Beschränkungen. *Lit.: Häberle, Eckehard: Zollpolitik und Integration im 18. Jahrhundert. Untersuchungen zur wirtschaftlichen und politischen Integration in Bayern von 1765 bis 1811. München 1974.*

Max III. Josef, Kurfürst von Bayern
Porträtgemälde von Georg Desmarees, München, 1730–1732, München, Residenz, Ahnengalerie

Derartige Gelegenheiten ergaben sich wiederum speziell im Zusammenhang mit dem Salzexport von Salzburg nach Bayern. Im Zuge der Monopolisierung des Salzhandels durch den bayerischen Staat im Übergang vom 17. ins 18. Jahrhundert war die Bedeutung Mühldorfs als Salzumschlagplatz noch deutlicher zurückgegangen als dies schon infolge der weiter oben erwähnten Umleitung der Reichenhaller Salztransporte über Neuötting der Fall gewesen war. Aber auch die im 17. und 18. Jahrhundert, ebenfalls in merkantilistischer Manier, deutlich verstärkten habsburgischen Bestrebungen, Reichenhaller Salz aus dem Tiroler Unterland zu verdrängen, bedeutete natürlich für den am Inn über Mühldorf laufenden Salztransport eine Beeinträchtigung. [20]

Des Weiteren bekam Mühldorf in indirekter Weise die Auswirkungen der latenten Konflikte zwischen Bayern und Salzburg um das Salz zu spüren. Bekanntlich wurde ja der allergrößte Teil des Halleiner Salzes von Bayern aufgekauft und dann in Richtung Südwestdeutschland weitervermarktet. Da damit etwa ein Drittel der erzstiftischen Kameraleinnahmen von den bayerischen Salzzahlungen abhängig war, dabei aber immer wieder anwachsende Zahlungsrückstände zu verzeichnen waren, versuchte Salzburg in einem anderen Bereich, bei dem seitens Bayerns eine gewisse Abhängigkeit bestand, Druck auszuüben. Dabei handelte es sich insbesondere um die Holzlieferungen aus dem Salzburger Gebiet für die bayerischen Salinen in Reichenhall und Traunstein. Salzburgische Beschränkungen in diesem Bereich beantwortete die bayerische Regierung unter anderen mit handelspolitischen Maßnahmen gegen die Enklave Mühldorf.

So wurde im Zuge einer derartigen Auseinandersetzung in einem bayerisch-kurfürstlichen Patent von 1761 verfügt, dass die Einwohner von Mühldorf »sobald sie bayerischen Boden betraten, alle Konsumo-, Essito- und Transitzölle zu entrichten hatten, je nach Verkehrsrichtung der Waren.« [21] Diese Verbrauchsabgaben, Aus- und Durchfuhrzölle wurden von einem bayerischen Akziseamt bzw. Mautamt in der Stadt Mühldorf, das 1756 von seinem bisherigen Standort in Ampfing hierher verlegt worden war, erhoben. Der dort amtierende Mautner und Akziseeinnehmer unterstand in bestimmten Belangen dem Mühldorfer Stadtgericht, also letztlich der erzstiftischen Obrigkeit und hatte ein Viertel der erhobenen Mauten und Akzisen an die erzstiftische Hofkammer abzuliefern. [22]

Zunächst waren davon auch die von Mühldorf nach Salzburg gehenden Getreidelieferungen betroffen. Dies änderte sich jedoch im Zuge der Einführung der bayerischen Mautordnung von 1765. Nunmehr waren diese Getreidelieferungen von Zöllen befreit.

Am Ende des 18. Jahrhunderts, als sich im Zusammenhang mit den napoleonischen Kriegen das Ende des erzstiftischen Staatswesens abzeichnete, erfolgte dann aber der direkte und vollkommene handelspolitische Zugriff Bayerns auf Mühldorf. So deklarierte die Münchner Hofkammer mit Wirkung vom 1.1.1800 die Stadt Mühldorf als Bestandteil des bayerischen Gesamtzollverbandes.

Generell ergab sich im Verlauf des 18. Jahrhunderts insofern eine besondere Akzentuierung, indem der bayerische Staat, dem allgemeinen Trend folgend, dazu überging, ein Grenzzollsystem aufzubauen und diesem einen explizit protektionistischen Charakter gegenüber ausländischem Territorium zu geben. [23] Mühldorf war davon in zweifacher Weise betroffen. Zum einen dadurch, dass der protektionistische Außenzoll natürlich auch gegenüber der Enklave galt. Zum anderen aber in ihrer Situation als Schifffahrtsstadt, wobei sie dieses Schicksal im Wesentlichen mit den anderen Innstädten teilte. Denn der merkantilistische außenwirtschaftliche Protektionismus wurde natürlich auch von den Nachbarstaaten, insbesondere vom Habsburgerstaat betrieben. Die dabei zustande kommenden Retorsionsmaßnahmen bewirkten letztendlich eine deutliche Beschränkung des grenzüberschreitenden Güterverkehrs. Und damit war gerade die Innschifffahrt als Wirtschaftszweig, der wesentlich von diesem grenzüberschreitenden Wirtschaftsverkehr lebte und die mit diesem verbundenen wirtschaftlichen Aktivitäten in den Innstädten, somit also auch in Mühldorf, nachhaltig beeinträchtigt.

Aber es war nicht nur die protektionistische Außenhandelspolitik, die im 18. Jahrhundert zu einer Einschränkung des Wirtschaftsverkehrs auf dem Inn und damit auch für Mühldorf führte, sondern es war auch das ebenfalls zur Konzeption des Merkantilismus gehörende Bestreben, die wirtschaftlichen Hauptverkehrswege primär im Inland zu haben. In diesem Sinn kam es in Bayern wie in Österreich zum Ausbau der inneren Verkehrswege zu Wasser und zu Lande.

Das betraf natürlich den Inn als grenzüberschreitende Verkehrsader und die an dieser liegenden Orte in besonderer Weise, stellte er doch bisher einen wesentlichen Teil der weiträumigen Wirtschaftsverbindung von Ungarn im Osten und Tirol bzw. Italien im Westen und Süden dar. Und was für das Verhältnis Mühldorf-

Das Bergtor in der Katharinenvorstadt
Aquarell, BayHStA
Außenansicht des Bergtors mit Eintragung des salzburgischen und des kurbayerischen Schlagbaums sowie des zwischen beiden Territorien strittigen Grundes.

Lit.: Krausen, Edgar: Die handgezeichneten Karten im Bayerischen Hauptsstaatsarchiv sowie in den Staatsarchiven Amberg und Neuburg a. d. Donau bis 1650 (Bayerische Archivinventare, Heft 17, hgg. von der Generaldirektion der Staatlichen Archive Bayerns). Neustadt a. d. Aisch 1973.

Salzburg dabei von spezieller Relevanz war, war eben die Tatsache, dass damit die wirtschaftlichen Verbindungen des Erzstiftes zum niederösterreichischen Raum, wo dieses ja auch einige auswärtige Besitzungen hatte, und eben zu Ungarn, von wo Getreide und z.T. auch Vieh importiert wurde, stark beeinträchtigt waren. »Dem Inn kam das Verständnis, das man gerade damals in Bayern und Österreich für den Ausbau der Wasserstraßen hatte, keineswegs zugute, da er für beide Länder in ›fremdes Staatsgebiet‹ floß. Aber auch der Durchgangsverkehr auf dem Inn erlitt erhebliche Einbuße durch die Erklärung Triests zum Freihafen (1719). Zwischen Tirol und Ober- und Niederösterreich bestand nämlich nur eine geringe Verkehrsspannung, und die meisten Güter waren von Italien gekommen und dorthin gegangen. Und als ob man den Handel Triests noch dazu hätte fördern wollen, hat Bayern damals die Zahl der mautpflichtigen Waren und der Mautstationen erheblich erhöht. So hat Maria Theresia nicht die österreichische Innstrecke regulieren lassen, sondern sie ließ die Landstraßen ausbauen, auf denen man die bayerischen Zollstätten umgehen konnte.« [24]

Eine weitere Verschlechterung der Situation brachte der so genannte Friede von Teschen (1779), in dessen Folge das bisher bayerische Innviertel an Österreich ging und damit in das dortige, seit 1775 bestehende protektionistische Grenzzollsystem einbezogen wurde. »Dadurch wurde ein Wirtschaftsgebiet auseinandergerissen, das in mehr als tausend Jahren organisch zusammengewachsen war. Denn bis dahin hatte die Grenze zwischen Bayern und dem Land Salzburg nördlich Tittmoning den Fluß rechtwinkelig gekreuzt, während die Grenze zwischen

Zollstelle am Stadttor
Fries-Chronik, 1546
Stadtarchiv Würzburg
Der Fuhrmann bezahlt die Gebühr für die Ladung auf seinem Fuhrwerk beim Mautner am Stadttor. Der Pflaster- und Brückenzoll war auch für die Stadt Mühldorf eine wichtige Einnahmequelle.

Bayern und Österreich auf dem ostwärtigen Ufer in rund 50 km Abstand vom Fluß verlaufen war. Was nun die neue Grenzziehung für den Schiffsverkehr bedeutete wird sofort klar, wenn man bedenkt, daß die Schiffahrt flußaufwärts eine Treidlschiffahrt war und der Hufschlag wiederholt die Ufer wechselte. Jetzt wurde jeder Streit zwischen Schiffsmeistern und Anliegern – und solche Streitereien gehörten zu jeder Bergfahrt – zur Haupt- und Staatsaktion, die die hohe Diplomatie in Bewegung setzen konnte.« [25]

Andererseits aber bedeuteten all diese Einschränkungen natürlich nicht, dass es zu einem völligen wirtschaftlichen Niedergang der Stadt gekommen wäre. Darstellungen aus dem späten 18. Jahrhundert zeigen, dass es in der ca. 1.300 Einwohner zählenden Stadt unter den 144 versteuerten Gewerben auch einige »Handelsschaften« gab. So findet sich bei Lorenz Hübner in dessen Beschreibung des Erzstiftes Salzburg aus dem Jahre 1796 folgende Aufstellung:

Handelschaften: 3 Schnittwaaren- und Spezereyhandlungen, 1 Eisen- und Geschmeidhandlung, 1 Betten (Rosenkranz) Handlung, 1 Kleinwaarenhandlung, 5 Getreidhandlungen , 1 Früchtehandlung, 2 Fragnereyen, 2 Weinhandlungen. [26]

Dass zumindest einige davon ein durchaus dichtes Netz aus Verbindungen zu überregionalen Handelspartnern hatten, zeigen die Eintragungen in einem im Mühldorfer Stadtarchiv befindlichen »Hauptbuch« des Handelsmannes Andre Reischl aus den Jahren 1774 bis 1800. Dort finden sich Eintragungen über Geschäftsverbindungen zu Handelshäusern in Salzburg, unter anderen zu Siegmund Haffner und Johann Lorenz Hagenauer, in Nürnberg, Augsburg, Hamburg, Triest, München, Regensburg, Landhut, Linz, Basel, Frankfurt und noch mehreren anderen Orten.[27]

Verkehrsmäßige Isolation

Eine wesentliche Komponente der merkantilistischen Integrationspolitik war in Bayern, wie auch anderswo, der Auf- und Ausbau eines die Teile des Herrschafts- und Wirtschaftsgebietes möglichst gut verbindenden Verkehrsnetzes, wobei insbesondere den Landverbindungen, also dem Straßennetz besonderes Gewicht zukam. Für eine ausländische Enklave aber war dies ein eher negativer Standortfaktor, da sie als exterritoriales Gebiet dabei natürlich zunehmend isoliert wurde.

Wie drückend die verkehrsmäßige Ausgrenzung im Verlauf des 18. Jahrhunderts geworden war bzw. welcher Veränderungsbedarf dabei sich gewissermaßen schon seit langem aufgestaut hatte, tritt sehr anschaulich in den umfangreichen und detaillierten Vorschlägen zu Tage, die die Mühldorfer Bürger dem Kurfürsten 1803 in der eingangs erwähnten Petition für eine nunmehr möglich gewordene verkehrsmäßige Integration der Stadt in einen größeren regionalen Wirtschaftszusammenhang vorlegten und mit denen sie die Hoffnung auf wesentliche Impulse für eine wirtschaftliche Prosperität ihrer Stadt verbanden. Bisher lag die Stadt weitgehend abseits der wesentlichen Verkehrsverbindungen innerhalb Bayerns. So lag sie auch außerhalb des bayerischen Postverkehrsnetzes. Die bayerische Postlinie ging von Ampfing nach Altötting an Mühldorf vorbei. Die Stadt musste eigene Verkehrsverbindungen nach München und Salzburg unterhalten. Diese wurde als private Fuhrunternehmung vom so genannten »Salzburger« und »Münchner Boten« betrieben. Seit Generationen lag dieses Geschäft in der Hand der Familie Paulhuber, die ihren Fuhrpark im Stadtteil »Wies« stationiert hatte. [28]

1803 ging es den Mühldorfer Bürgern darum, die Stadt in das nunmehr von der bayerischen Regierung konzipierte integrative Verkehrssystem einzubinden und ihr jene zentralörtliche Position zu verschaffen, für die sie durch ihre Lage an sich durchaus günstige Voraussetzungen hatte, die aber durch die Stellung als Enklave nicht zur Geltung kommen konnten. In den diesbezüglich vorgelegten Vorschlägen der Mühldorfer Bürger werden in gleichsam indirekter Weise die bisherigen, sich wirtschaftlich immer nachteiliger auswirkenden Defizite recht deutlich erkennbar.

Da die Lage Mühldorfs schon so geeignet ist, daß die Vereinigung zweyer Straßen mit der Hauptstraße, die von München nach Wien durch Mühldorf führet und mit wenigen Kosten verbunden seyn würde, wagen wir es folgendes hier unterthänigst zu erinnern. Durch Mühldorf führet, wie wir oben zu erwähnen wagten, die Hauptstraße von München nach Wien – da in Mühldorf keine Poststation sich befindet, auch auf dieser Straße das Güter Fuhrwerk nicht sehr beträchtlich ist, so haben die hiesigen Einwohner von dieser Poststraße eben keinen sehr erheblichen Vortheil. Doch bei oben erwähnten Plan der Vereinigung mehrerer Straßen würde durch diese der Verband mit jenen Ortschaften hergestellt werden, die im Handelsverkehr den wichtigsten Einfluß auf unser Städtchen haben. [29]

Ein grundlegendes Defizit der wirtschaftsräumlichen Lage in der Salzburger Zeit hatte also offenbar darin gelegen, dass die Stadt Mühldorf nur sehr rudimentär mit den umliegenden bayerischen Ortschaften verbunden gewesen war, auf deren wirtschaftlichen Austausch und Märkte die Mühldorfer Bevölkerung und Wirtschaftstreibenden im alltäglichen regionalen Wirtschaftszusammenhang aber wesentlich angewiesen waren. Angesichts der mit der Integration Mühldorfs in Bayern gegebenen Möglichkeiten wurden nunmehr, sicherlich schon seit langem gewünschte und diskutierte Pläne vorgetragen:

Jenseits des Innstromes könnte durch eine Erweiterung einer Vicinal-Straße, die ein und eine halbe Stunde von Mühldorf an der Wiener Poststraße seitwärts durch den Graf Haslaugischen Marktflecken Tistling führet, der Verband mit jener Hochstraße hergestellt werden, welche über Trostberg nach Altenmarkt und Traunstein auch nach Wasserburg sich erstrecket. Da diese Straße ohnehin von Trostberg nach Neuötting führet, das in der Konkurrenz rings umher der Salz-Bedarf von Traunstein abgeführet werden muß, da wirklich in dortiger Gegend Mangel an Getrayd sich äußert und vieles von dem dortigen Bedarfe in hiesiger Gegend erkauft wird, welch schöner Zweig zur Handlung und wechselseitigen Verkehr würde diese Straßenverbindung für Mühldorf eröffnen … Durch Vereinigung der Mühldorferischen Hauptpoststraße mit der Comercial-Höchststraße, die von Nürnberg über Landshut und Neuötting nach Salzburg führt, würde Mühldorf sowohl in Hinsicht der Schrannenzufuhr, als der übrigen Handlungszweige beträchtlich gewinnen und dadurch dem unternehmenden Bürger die Bahn eröffnet seyn, durch Thätigkeit sich auszuzeichnen und den Wohlstand befördern zu können. [30]

In seiner Stellungnahme zur Petition der Bürger bestätigte der gerade erst eingesetzte Mühldorfer Landrichter Ruland die nunmehr günstigen Standortvoraussetzungen der Stadt Mühldorf, die mit der Getreideschranne einen wesentlichen wirtschaftlichen Entwicklungsimpuls erhalten würde:

Die Stadt Mühldorf ist ringsumher von der fruchtbarsten Ebene umkränzt. Hart an derselben fließt der schiffbare Innstrom, und in einer diesem durchkreuzenden Richtung zieht die schöne Münchner-Poststraße über Burghausen nach Salzburg und über Braunau nach Wien, mit welcher sich sogar seiner Zeit andere benachbarte wichtige Komerzial-Strassen verbinden lassen. Mühldorf ist daher durch seine physische Lage ganz vorzugsweise für die Errichtung einer Getreide-Schranne geeignet, ein Datum, welches durch den Umstand unterstützet wird, daß diese Stadt wirklich einige industriöse Bürger zählet, von denen sich die Realisierung des Zweckes einer Schranne vornehmlich erwarten läßt. [31]

Defensive in der regionalen Marktstruktur

Aus all dem lässt sich erahnen, wie eingeengt die Lage und Entwicklungsperspektive der Stadt in der regionalen Marktstruktur am Ende des 18. Jahrhunderts war. Und wie eingangs schon anhand des Gesuches der Mühldorfer Bürgerschaft um die Bewilligung einer Getreideschranne gezeigt, wurde dieses verkehrsmäßige Standortdefizit durch Behinderungen und Benachteiligungen bei der Integration der städtischen Wirtschaft in die regionalen Marktstrukturen begleitet.

Eine das alltägliche Wirtschaftsleben der salzburgischen Enklave bis zum Ende immer wieder betreffende und damit die Gemüter der betroffenen Mühldorfer Gewerbe- und Handelsleute bewegende Frage war jene der Zulassung auswärtiger Anbieter auf den Mühldorfer Märkten. Davon gab es laut Lorenz Hübners Beschreibung jährlich vier so genannte »befreyte« Märkte. [32] Das Problem war natürlich die damit verbundene Konkurrenz. Wie schwierig es dabei für die Mühldorfer Wirtschaftstreibenden, jedenfalls gegen Ende des 18. Jahrhunderts war, sich gegen das Eindringen der Konkurrenten aus dem bayerischen Umland zu behaupten, zeigt beispielsweise ein im Mühldorfer Stadtarchiv leider unvollständig erhaltener einschlägiger Akt aus den Jahren 1792 und 1793. [33]

Die in Mühldorf, gleichwie in den umliegenden bayerischen Rentämtern gemeinhin gültige Regelung bestand darin, dass auswärtige Anbieter auf so genannten gefreyten Märkten ihre Waren erst ab 12 Uhr mittags auslegen und anbieten durften. Nun führten aber die im bayerischen Rentamt Burghausen ansässigen »Fabricanten« gegenüber den bayerischen Regierungsbehörden Beschwerde darüber, »daß ihnen in Mülldorf auf den gefreyten Jahrmärkten vor 12 Uhr Mittags nicht erlaubt werden wolle, ihre Waaren auszulegen«. In dieser Beschwerde lässt sich, zumindest indirekt, wohl der Anspruch vermuten, die Mühldorfer Märkte als gleichsam eigenes Marktgebiet zu betrachten. Die sich klarerweise dagegen wehrenden »diesseitigen Mühldorferischen Handelsleuthe« verwiesen darauf, dass denjenigen von ihnen, »welche in Bayern die Jahr-Märkte besuchen, sowohl im Rent-Amt München und Landshut als auch im Rent-Amt Burghausen niemals gestattet worden, ihre Waaren vor 12 Uhr Mittags feil zu biethen, mithin daß die in Mülldorf gepflogene Observanz bloß in einem reciprocalischen Recht bestehet.« Die Sache wurde sodann auf der Ebene der jeweiligen Oberbehörden in München und Salzburg verhandelt. Dabei kam es zu einer Vereinbarung, nach der für die Burghausener und die Mühldorfer Gewerbe- und Handelsleute das Anbieten von Waren auch vor 12 Uhr mittags auf den jeweiligen Märkten erlaubt sein sollte. Die Mühldorfer legten dagegen beim salzburgischen Hofrat aber Protest ein. Die dabei vorgebrachte Argumentation lässt wiederum sehr deutlich die wirtschaftlich sensible und defensive Position der politischen »Insel« erkennen. Denn es stand zu erwarten, dass die in dieser Weise geöffneten Mühldorfer Märkte nicht nur von den Anbietern aus dem Rentamt Burghausen, sondern bald auch aus anderen bayerischen Regionen unbeschränkt frequentiert würden. So schrieben »sämmtliche mühldorferische Bürger und Fabricanten« an den erzbischöflichen Hofrat in Salzburg:

So bald wir den Rentamt Burghausischen Fabrikanten die gleichheitliche Ausleg- und Verkaufung ihrer Waaren gestatten, so bald und unaufhältlich werden ihnen auch die in den übrigen kurbaierischen Rentämtern entlegenen, die hiesige Freymärkte besuchenden Fabrikanten folgen, wodurch wir nicht allein in unseren Rechten und Gewerbe äußerst gekränket, sondern auch Verwirrungen, Gezänke und dergleichen entstehen würden.

Es wird aber zugleich auch die wirtschaftliche Ambivalenz der Insellage, die die Stadt seit dem Mittelalter gekennzeichnet hatte, insofern erkennbar, als gerade diese exterritoriale Position den Anspruch auf Schutzmaßnahmen der eigenen Staatsregierung ermöglichte, auch wenn dieser, wie in diesem Fall, am Ende des 18. Jahrhunderts keine echte Wirksamkeit mehr hatte. Denn die salzburgische Regierung hatte in jener Zeit gegenüber dem bayerischen Merkantilismus praktisch keinen effektiven wirtschaftspolitischen Handlungsspielraum mehr. Andererseits wird damit aus der Sicht der Mühldorfer Wirtschaft praktisch jene Situation vorweggenommen, die am Beginn des 19. Jahrhunderts ohnedies Realität wurde, nämlich die Integration in den bayerischen Wirtschaftsraum.

Abtei St. Peter in Salzburg. Eine Besitzgeschichte

Adolf Hahnl

Schon im ältesten Güterverzeichnis, das im dritten Band der Riesenbibel von St. Peter [1] eingetragen wurde, finden sich St. Petrische Güter in Mühldorf. Im ältesten Urbar [2] sind 22 Iteme eingetragen; das Amt nannte sich damals »Ultra enum« – jenseits des Inn. Im Gesamturbar [3] ist der Bestand bereits auf 83 Iteme angewachsen; die Grundholden werden erstmals namentlich genannt: Petrus de Wilfing, Chunrad Spiegl de Obernrot, Fridericus de Leupfing, Christanus de Tassenpach, Hainricus de Steten u.v.a.

1234 schenkte Graf Konrad zu Wasserburg einen Hof zu Usingen dem Stift St. Peter. Um 1250 wurde das Urbarsgut Wainpach über Vermittlung des Pfalzgrafen von Bayern von den Ansprüchen eines gewissen Albert befreit. 1251 erhielt Wichboto von Törring vom Erzbischof Philipp das Vogteirecht über 16 St. Petrische Urbarsgüter.

Abt Dietmar II. (reg. 1279–1288) kaufte 1274 von den Augustiner-Eremiten von Seemannshausen [4] ein Haus samt Magdalenenkapelle um 18 Pfund Regensburger Pfennige. Die Kapelle besaß Ablassbriefe der Bischöfe von Regensburg, Konstanz, Seckau, Lavant und Chiemsee. Wenig später wurde der Hof Verwaltungssitz für die zehentpflichtigen Untertanen von St. Peter, die das Urbarsamt (ultra Enum) Mühldorf ausmachten. 1299 erwarb das Stift das Gut Stetten in der Pfarre Bergkirchen. 1313 befreite Abt Rupert IV. (reg. 1297–1313) die Höfe zu Obermermoos um 4 Pfund (= 960) Regensburger Pfennige von den Vogteiansprüchen der Herren von Greimlingen. Von 1317 bis 1686 wurde die Urbarsverwaltung teils an Mühldorfer Bürger, teils an das Benediktinerstift St. Veit in Neumarkt übertragen. Um 1400 wurde der Hof zu Michlbach unter dem Vorbehalt der stiftischen Lehensherrschaft gegen die Güter Oberrot und Zandlhen abgetreten. 1449 erwarb Abt Petrus Klueghamer (reg. 1436–1466) das Gut Freytaghueb in der Pfarre Eich. 1453 wurden fremde Vogteirechte auf dem Gute Pfaffenberg und einer Wiese zu Polling von Abt Petrus gegen das Gut Sunseck in der Pfarre Nieder-Bergkirch eingetauscht. 1455 kaufte Abt Petrus die Innfeldwiese im Burgfried um 100 Pfund (= 2.400) Landshuter Pfennige. 1456 wurde um das gestiftete Jahrtagsgeld des Conrad Noppingen eine Gilt auf der Sickenwiese gekauft, 1491 erwarb Abt Rupert V. Kreutzl (reg. 1466–1495) das Gut Ebing in der Pfarre Mettenham. 1494 musste bewiesen werden, dass das Gut Greidlsrot rechtens dem Stifte St. Peter dienstbar sei. 1495 löste Abt Rupert V. die Gilt von 6 Pfund schwarzen bairischen Pfennigen auf dem Gut Greindleinsrot, Gericht Neumarkt, ab. 1525 kaufte das Stift vom Regensburger Domherrn Sebastian Klueghamer die Huben zu Tachering und Jungholzen mit dem Zehent zu Alterbuch. 1557 wurde der auf den Urbarsgütern Stetten, Perkham und Winkl liegende Drittel-Getreidedienst in eine jährliche Abgabe von 8 Gulden umgewandelt. 1559 wurde das Gut Weinbach um 50 fl verkauft. Und 1568 wurde das Gütl zu Arbing, das jährlich 82 Pfennige abwarf, mit erzbischöflichem Konsens um 25 fl verkauft. 1510–1511 fand im baierischen Gericht zu Traunstein ein Prozess statt, bei dem der widerspenstige Untertan auf dem Kreuzerlgut zurechtgewiesen wurde. 1684 wurde den Untertanen eine dreimalige Salzburger

Ehemalige St. Magdalenenkirche in Mühldorf a. Inn
Bleistift, Papier
Erzabtei St. Peter, Salzburg
Den Grundriss von Kloster und Kirche fertigte der fürsterzbischöfliche Bauverwalter Wolfgang Hagenauer anlässlich einer Inspektion der baufälligen Kirche am 23.4.1795 an. Der Abriss erfolgte kurz danach.
Lit.: Neumeyer, Anton Friedrich: Abgebrochene Mühldorfer Kirchen und Kapellen. In Heimatblätter Nr. 33, Mühldorf 1930.

(37

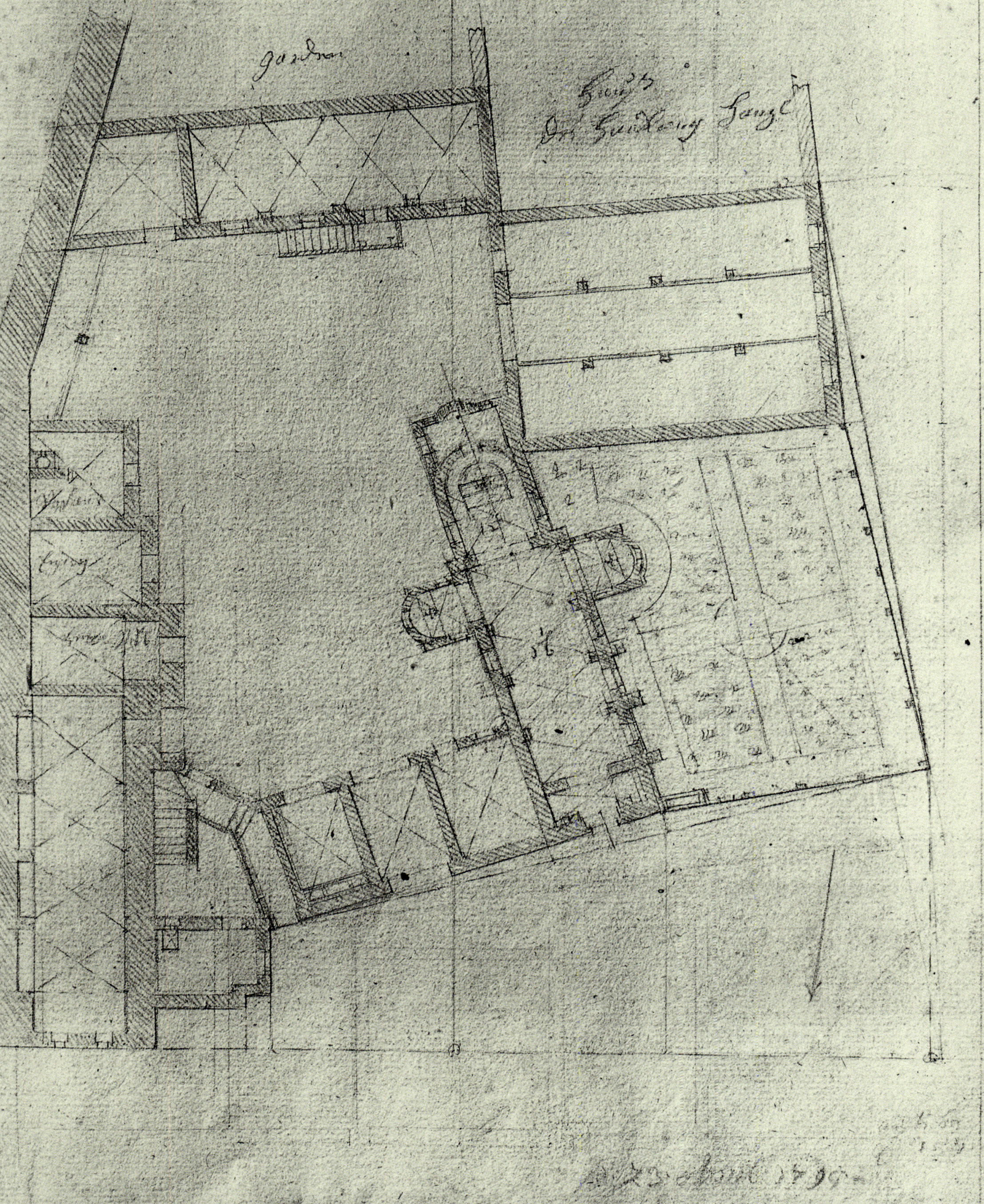

Türkensteuer von 137 fl 6½ Kreuzer auferlegt und 1690 auch seitens der kurfürstlich-baierischen Regierung in Höhe von 150 fl. Von 1759–1772 musste das Stift St. Peter seine grundherrschaftlichen Erträge offen legen (fatieren) und daraus eine Steuer von 97 fl (Dezimation) entrichten; St. Peter bezahlte in Form von Obligationen 140 fl, bekam trotz Protest keine Gutschrift über den Restbetrag von 43 fl.

1774 starb der St. Petrische Verwalter Enzensperger, ihm folgte der feb. Gerichtsschreiber Franz Leopold von Kaspis. 1777 wurden die Zehente zu Mettenham auf 7 Jahre um 85 fl jährlich abgelöst. 1778 folgte dem Freiherrn von Kaspis Corbinian Waldherr im Urbarsamt nach, diesem 1784 Carl Schildmair. 1779 bot der Kurfürst Carl Theodor von Baiern seinen Untertanen die Umwandlung der Leibgedinge in Erbrecht an; doch sowohl der Salzburger Erzbischof, wie auch St. Peter beharrten auf der alten Lehensform.

1798 forderte die kurfürstlich-bayerische Regierung eine Zusatzsteuer von 970 fl, die allerdings durch den Tod des Kurfürsten Carl Theodor rechtsunwirksam wurde. 1795 meldete der Urbarsverwalter in Mühldorf die Baufälligkeit der Magdalenenkapelle an; Abt Dominikus (reg. 1786–1811) reiste mit seinem Bauverwalter Wolfgang Hagenauer zur Besichtigung und beschloss, als der Stadtpfarrer von Mühldorf wie das feb. Konsistorium in Salzburg keine Einwände erhoben, den Abbruch. 1802 ergriff Bayern noch vor der Säkularisierung geistlicher Territorien des Hl. Römischen Reiches deutscher Nation die Regierung in der bisher Salzburgischen Stadt Mühldorf. 1804 verkaufte Abt Dominikus den ⅔-Zehent der Güter von Erlstädt und Mülln im Landgericht Traunstein um 3.500 fl an die Grundholden, 1816 wurden sämtliche Urbarsgüter an den bayerischen Staat abgetauscht. 1824 verkaufte Abt Albert Nagnzaun (reg. 1818–1856) nach dem Tode des letzten Urbarsverwalters Carl Schiltmair das Amtshaus mit den zugehörigen Gründen um 1.500 fl.

Abt Dominikus Hagenauer von St. Peter: [5]

Mitwoch den 8ten (April 1795)

Reisete ich mit dem Hochfürstlichen Baumeister (Wolfgang) Hagenauer, und einen Bedienten nach Mühldorf. Die Veranlassung gab ein vor Kurzen von Verwalter (Carl Schiltmair) eingeschickter Bericht, mit welchem er anzeigte, dass in dasigen Gebäuden, und besonders in der sich da befindlichen Kirche höchst nothwendige Reparationen, die sich gering angeschlagen auf 300 fl belaufen würden vorzunehmen wären. Da dieses Amt mehrere Jahre zusam(men) genommen nicht 300 fl in Geld erträgt, so wollte ich zuvor mit einem Bausverständigen den Augenschein nehmen. Gieng also heut um ½5 Uhr auf der Post über Lauffen, Tittmoning nach Reitenhaslach, besuchte da den H. Prälaten, besah die Seltenheiten des Stiftes, speißte zu Mittag, und empfing vorzügliche Ehren; um 3 Uhr machte ich mich (180) wieder auf den Weg, und kam über Altenötting um ½8 Uhr Abends zu Mühldorf an, Ich nahm die Absteige im petrischen Hof, und weil es schon äusserst dunkel war, so begab ich mich nach genommenen Abendessen um 10 Uhr zur Ruhe.

Donnerstag den 9ten (April 1795) [6]

nachdem ich in der eigenen Kirche Meß gelesen hatte(,) durchgieng ich den ganzen Hof. Er liegt an einem Winckel der Stadt(,) ist gegen Norden an die Stadtmauern angebauet, hat im Umfange beylich 450 Schuch, und hat viel ähnliches mit einem Frauen Kloster. Abt Dietmair kaufte diesen Hof im Jahre 1274 von den PP. Augustinern zu Seemanshausen für 18 Libris (Pfund = 4.320 Pfenninge) monete Ratisponense bey welchem noch ein Stück Feld war.

Dieser Abt erbaute, oder vielmehr was glaublicher ist(,) erneuerte das von den Augustinern hinterlassene kleine Gotteshaus, welche noch bestehet, und nur 16 Schuch breit und etwas 60 lang ist, der Thurm hat zwo Glocken. Dieser Letztere ist ganz neu zu decken, die Kirche selbst ist sehr demmig (feucht) hat an den Seittenwänden starke Klifte, und wäre besser zu einem Stall als zu einer Kirche geeigenschafet, dran an der Kirche ist rückwerts ein Heu oder Getreidestadl, der aber immer leer stehet(,) angebauet, auch dieser ist an den Mauern schadhaft, an diesem ist rechts herum ein 70 Schuch langer auf Gewölbern errichteter Getreid oder Schitt Boden; An den Stadtmauern ist zu ebener Erde eine Holzlege Sechtelstadl, Hennerstube, und ein 50 Schuch langer gewölbter Kellern, oben auf sind Aufhänge und baufällige Behältnisse. Von vorne ist zu ebener Erde, ein kleines Zimer, ein Fischkalter, die Einfa(h)t im Hof und eine Einsätze, oben die Wohnung des Verwaltern(s), die in einer Küche und Speiß, 2 Zimmern und 2 Kamern bestehet, Die Tachungen sind bis auf den

Getreidstadl mit Ziegl belegt; diese(n) weitwendigen (gestrichen: weil) unnützen, uneinträglich, und wegen der Unterhaltung kostspieligen Hof, in einen nur wenig brauchbaren Stande herzustellen(,) würden wenigst 1000 fl erfordert, und demnach blieb doch immer die beträchtliche Unterhaltung. Da ich mich dermal zu nichts entschlüßen konnte, ließ ich vom H. Bauverwalter den ganzen Hof ausmessen, und zu Papier bringen, welches auch bis Abends zu Stand gebracht worden ist. Ich besuchte noch Vormittag den Herrn Dechant Rieger, und befragte mich vorläuffig ob er es nicht für thunlich hielt(e), dass die Kirche ganz kassiert würde, indem sie ohnehin nicht zur Andacht und Erbauung, sondern wegen ihrer Lage mehr zum Anstoß ist. Er antwortete mir, dass er wünschte, es möchten mit dieser noch ein paar andere aufgehoben werden, indem auf eine so kleine und unbevölkerte Stadt 7 Kirchen zu viel wären, Diese Äusserung war mir für mein Vorhaben ganz befriedigend. Eben so besuchte ich den H. Hartmann Pflegekomissar, der eben mit der vorigen Meinung eines war. Zu Mittag wurde ich von beyden dringend eingeladen, verbatt es aber, und speißte beym Verwalter allein. Nachmittag musste ich dem Zudringen des H. Pflegekomissar nachgeben, und bey ihm an einen kleinen Jausen Theil nehmen, bey welcher Gelegenheit ich mich auch wieder zugleich beurlaubte, indem ich gleich folgenden Tag (183)

Freytag den 10then (April 1795)[7]
wieder abreißte, und zwar auf Mittag nach dem Kloster St. Veit 3 Stund von Mühldorf …

Im Stiftsarchiv von St. Peter haben sich zwei Plansätze dieser St. Magdalenenkirche von Mühldorf erhalten, wovon der jüngere nach dem Besuch des Abtes Dominikus in Mühldorf vom Hofbauverwalter Wolfgang Hagenauer angefertigt wurde (datiert 23. April 1799). Der ältere, (3. V. 18. Jh.) vielleicht von einem Mühldorfer Maurermeister gezeichnet, zeigt Grund- und Aufriss des Hofes mit Kirchen in geschönter Weise, woraus man ersehen kann, dass der Kirchturm eine barocke, einfach geschweifte Kuppel trug (Zwiebel). Die Grundrisse des Hochbauverwalters Hagenauer zeigen wesentlich genauer Art und Lage der abgebrochenen Magdalenenkirche. Die ursprünglich wohl romanisch-gotische Kirche war ein einschiffiger dreijochiger kreuzgratgewölbter Raum mit Vorraum, mit einer Art Querhaus, eine Vierung bildend, woran sich das Chorjoch mit runder Apsis mit Altar schließt. Auch im Querhaus standen Altäre. Hinter der Hauptapsis war eine gleich fluchtende Sakristei angebaut. Am linken Bildrand erscheint die Stadtmauern, an die das Haupthaus angebaut ist, im Erdgeschoss ein gangförmiger Raum (ehem. Refektorium?), im Obergeschoss die aus 6 Zimmern bestehende Wohnung für den Urbarsverwalter, um den unregelmäßig viereckigen Hof diverse Flügel als Nutzbauten, rechts der Kirche ein kleiner Garten.

Ehemalige St. Magdalenenkirche in Mühldorf a. Inn
Feder, farbig laviert, Papier
Erzabtei St. Peter, Salzburg
Abt Dietmar II. (reg. 1279–1288) kaufte 1274 von den Augustiner-Eremiten von Seemannshausen ein Haus samt Magdalenenkapelle um 18 Pfund Regensburger Pfennige. Wenig später wurde der Hof Verwaltungssitz für die zehentpflichtigen Untertanen von St. Peter.

Lit.: Angermeier, Rudolf: Mühldorf unter der Herrschaft der Salzburger Bischöfe. In: Mühldorf. Stadt am Inn. Hgg. vom Heimatbund Mühldorf e. V., Mühldorf 1995, S. 100 ff.

Handwerk und Zunft in Mühldorf am Inn zur Salzburger Zeit

Reinhold Reith

In der vorindustriellen Zeit stellte das Gewerbe bzw. das Handwerk den bedeutendsten Anteil an der Stadtbevölkerung. Neben den Handwerkern, bei denen das Bürgerrecht in der Regel in Verbindung mit dem Meisterrecht verliehen wurde, lebten auch Beisassen oder Inwohner, also »Bürger zweiter Klasse«, meist Tagwerker oder Taglöhner innerhalb der Stadtmauern. Hinzu kamen – in den Gewerbezählungen kaum berücksichtigt – Arbeitskräfte, die nur zeitweilig am Ort tätig waren, besonders die Gesellen. Ungeachtet der Bedeutung des Handels – einschließlich des Kleinhandels, der vielfach mit dem Handwerk verbunden war – stellten die Handwerker mit ihren Familien den Kern der städtischen Bevölkerung.

In den großen Gewerbestädten wie Nürnberg, Augsburg oder Köln war die berufliche Differenzierung schon im 14. Jahrhundert stark fortgeschritten: In Nürnberg war die Berufsteilung (als Form der Spezialisierung) sicher am stärksten ausgeprägt. 1363 zählte man bereits 50 verschiedene Handwerke, im 15. Jahrhundert bereits 88 Berufe und im 16. Jahrhundert schließlich 113. Differenzierung und Spezialisierung kennzeichneten vor allem die Wende vom 14. zum 15. Jahrhundert: Doch selbst Leipzig zählte im 14. Jahrhundert erst 20 Berufe bzw. Gewerbe. In München waren im Jahr 1370 903 gewerbetreibende Bürger ansässig, im Jahre 1500 dann 1.146. »Die Anzahl der verschiedenen selbstständig betriebenen zünftlerischen Handwerksarten stieg von 39 im Jahre 1459 auf 41 im Jahre 1475 und 46 im Jahre 1500. [1] In Landshut – neben München im Mittelalter die größte Handels- und Gewerbestadt Bayerns – beherbergte man zu Beginn des 13. Jahrhunderts schon Berufe wie Sattler, Gerber, Barbiere, Hutmacher, Huf- und Messerschmied und Ende des 14. Jahrhunderts kam es zu ersten Handwerkszusammenschlüssen. [2]

Mühldorf – schon im 10. Jahrhundert im Besitz des Salzburger Erzstiftes – war ein wichtiger Handelsplatz für die Salzach-Inn-Schiffahrt: Ab 1190 war Mühldorf die Niederlage von Salz gestattet, das von Hallein herangeführt wurde; auch der Handel mit österreichischen Weinen florierte. 1367 wird erstmals eine Zunft erwähnt, die der Kaufleute.

Zwischen 1343 und 1365 wurde das Mühldorfer Stadtrecht niedergeschrieben, das auf ältere Verordnungen zurückging und erste Einblicke in das gewerbliche Leben zulässt: Die Metzger und die Bäcker erscheinen hier – wie schon im Stadtrecht von 1307 des bayerischen Burghausen – als Kern des städtischen Gewerbes, wobei im benachbarten Salzburg schon zwischen 1100 und 1210 die ersten Metzger und Bäcker namentlich genannt sind. [3] Die Artikel für die »pekchen« und »fleischhachkärn« regeln die Warenzubereitung und den Verkauf: Die »pekchen«, die »umb Saltzburger pfenning pachen« sollen, waren offenbar auch Lohnbäcker, die gegen einen festgelegten Lohn den von den Kunden gebrachten Teig ausbuken. Zahlreiche Mahnungen gingen an die Bäcker: »der pekch sol die semel lauter machen (und) ungefelschet«. Wer zu »chlain pacht«, der solle dies büßen. Die Bäcker sollten auch nicht an der »heiligen samptztagenacht« backen, »ez sei dann von rechter ehaffter not«. Wegen der Feuergefahr sollten die Becken »ir fewer und ir oefen in gueter hut haben«. [4]

Ähnliche Mahnungen gingen an die Metzger: die »fleischhachkaer« sollten – wenn sie »pfinichs flaisch« oder »wolfpaizzichs flaisch« feilhaben – dem Kunden sagen »wie ez umb daz flaisch ste«. Zwei vereidigte Meister sollten melden, »swaz poeshait an dem flaisch sei«. Sie führten die Aufsicht über die Fleischbänke am Burgtor: Die Rinder und »ander ir viech« sollten die Metzger »slahen bei dem wazzer, daz die stat da von icht geunsawert wird«. In Salzburg wurde auf der Salzachbrücke geschlachtet: Wer kranke Tiere schlachtete, dem wurde das Fleisch weggenommen und in die Salzach geworfen, dort landeten auch die Schlachtabfälle. [5] Die Fischer sollten die Fische auf dem »marcht pei der capellen« feil-

Zunftordnung der Lederer vom 4. November 1552
Stadtarchiv Mühldorf a. Inn
Zünfte waren Berufsgenossenschaften einzelner Handwerke: Die Zünfte regelten den Zugang zum Handwerk, die Ausbildung und die Qualität der Produkte. Darüber hinaus hatten sie religiöse, gesellige und soziale Aufgaben.

Lit.: Putzer, Peter: Vom Zunftzwang zur Gewerbefreiheit. Aspekte der rechtlichen Ordnung des Salzburger Gewerbes. In: Vom Stadtrecht zur Bürgerbeteiligung. FS 700 Jahre Stadtrecht von Salzburg. Salzburg 1987, S. 107–125.

halten. Neben den Lebensmittelhandwerkern, denen das Hauptinteresse des Stadrechtes galt, sind die »leitgeben« (Wirte), die Fragner (Viktualienhändler), die Schmiede, Zimmerleute und Auflager explizit erwähnt. Neben dem Stadtrecht sind es auch die in den Kaufbriefen und Giltregistern des 14. und 15. Jahrhunderts erwähnten Gassen, die auf die Tätigkeit ihrer Bürger hinweisen: die Huterergasse, die Peckengasse, die Lederergasse oder auch die Badergasse.

Auf das Problem der Gütesicherung im Bereich der Warenproduktion – insbesondere bei den Lebensmitteln – hatte im 13. Jahrhundert schon Berthold von Regensburg in seinen Predigten hingewiesen: Der Fleischer verkaufe finniges Fleisch, der Schuhmacher röste die Sohlen am Feuer, damit sie hart und dick erscheinen und nehme Hundeleder, durch die Hüte des Hutmachers regne es durch. Noch aus dem 14. Jahrhundert stammt das Gedicht »Des Teufels Netz«, in dem Missstände und Betrug aufgelistet werden: Der Wirt, der »allzit uff grossen gewinn« sehe, biete zu kleine und überteuerte Portionen an, oft aus alten und halb verdorbenen Speiseresten. Der Müller unterschlage Korn und strecke das Mehl, der Bäcker mache es nicht besser. Die Metzger schlachteten heimlich, gute Fleischstücke würden auf die Seite geschafft, feilgehaltenes Fleisch oft betrügerisch aufgeblasen und falsch abgewogen. Die Würste würden zu klein gemacht, und statt des wertvollen Fettes minderwertige Innereien verarbeitet; auch krankes und finniges Fleisch verschwinde in der Wurst. Verendeter Fisch werde als Frischfisch ausgegeben und unverkäufliche Ware zu Dörr- und Räucherfisch verarbeitet. Die Viktualienhändler hätten falsche Maße

Ledererherberge Zum goldenen Kreuz
Öl auf Holz, Salzburg 1615, SMCA
Das Gemälde zeigt einen vorsprechenden Wandergesellen und Szenen aus dem beruflichen Alltag.

Lit.: Putzer, Peter: Vom Zunftzwang zur Gewerbefreiheit. Aspekte der rechtlichen Ordnung des Salzburger Gewerbes. In: Vom Stadtrecht zur Bürgerbeteiligung. FS 700 Jahre Stadtrecht von Salzburg. Salzburg 1987, S. 107–125.

und Gewichte, verkauften faules Obst und faule Eier würden unter den guten versteckt. Der Krämer halte verdorbene Gewürze feil, der teure Safran werde »geschmiert und geschwert«. In seiner Moralsatire »Das Narrenschiff« listet Sebastian Brant schließlich zahlreiche Fälle von »falsch und beschiss« auf. Auch der Metzger bekommt sein Fett ab, denn: »Den tumen wigt man zu dem Fleysch«.[6]

1522 erließ Matthäus Lang, der sich 1519 als Koadjutor in Mühldorf aufgehalten hatte, eine neue Stadtordnung. Er hatte »viel unordnungen« und »viel irrungen, widerwillen, verlust und aufruhr« unter der Bürgerschaft verspürt und vermerkt, dass Stadt und Bürgerschaft »an gemainen nuz, ihren Gewerben, und handtierungen in nachtail gewachsen«.[7] Zunächst ist einmal vom Ungeld auf Bier, Wein und Met die Rede: Drei verständige Bürger sollten alles Getränk besichtigen und anschlagen. Die »Peckhen« sollten gemeine Stadt mit gutem und gerechtem Brot versehen und nichts daruntermischen. Nach »Gang und Kauf des Traids« sollte ihnen das Gewicht des Brotes durch die Obrigkeit »gesetzt« und beschaut werden. Stieg der Preis des Getreides, so wurde kleineres Brot gebacken; fiel der Preis des Getreides, so sollte größeres bzw. schwereres Brot gebacken werden. Untergewichtiges Brot solle eingesammelt, in gleiche Teile zerschnitten und in das Spital und das Siechenhaus gegeben werden. Der Bäcker sollte zudem eine Geldstrafe durch Richter und Rat erhalten. Die Strafe des Schupfens – die in Laufen und früher auch in Salzburg verhängt wurde – war im Erzstift ansonsten ungewöhnlich.[8]

Die »Ausländerpeckhen« – in diesem Falle wohl die bayerischen Bäcker – sollten das Recht haben, zu allen Jahr- und Wochenmärkten in die Stadt zu fahren. Doch sollten sie gutes und gerechtes Brot liefern und nicht »für einen Kreuzer« den Wirten in die Häuser tragen, so daß die »Stadtbäcken« mit ihrem Backen »verhindert« würden. Die obrigkeitliche Kontrolle der »Stadtbäcken« schien offenbar umso notwendiger, als diese eine einflussreiche und vermögende Zunft bildeten: Bereits 1448 hatte Erzbischof Friedrich von Salzburg der Errichtung der Marienkapelle (die 1627 erneuert wurde) durch die Bäckerbruderschaft zugestimmt. Ab 1549 führten die Bäcker stolz ein Siegel, das im Wappen eine Brezel mit einer Krone, darunter zwei zusammenhängende Semmeln zeigt. Auch in den Urkunden erscheinen die Bäcker als vermögende »Bruderschaft«, die z. B. 1543 ein

Der Schrepler, ein Lederer, der 128. Bruder, 1440
Berufsbild aus der Mendelschen Zwölfbruderstiftung zu Nürnberg, Stadtbibliothek Nürnberg Lit.: Treue, Wilhelm (Hg.): Das Hausbuch der Mendelschen Zwölfbruderstiftung zu Nürnberg: deutsche Handwerkerbilder des 15. und 16. Jahrhunderts. 2 Bde. München 1965.

Versammlung der Weißgerber
Öl auf Leinwand, Salzburg 1612, SMCA
Die Mitglieder der Zunft, Meister und Gesellen, trafen sich auf der jährlichen, feierlichen Versammlung, um unter dem Vorsitz des Zechmeisters alle die Zunft betreffenden Entscheidungen über Neuaufnahmen, Freisprechungen oder Verstöße zu treffen.

Lit.: Putzer, Peter: Vom Zunftzwang zur Gewerbefreiheit. Aspekte der rechtlichen Ordnung des Salzburger Gewerbes. In: Vom Stadtrecht zur Bürgerbeteiligung. FS 700 Jahre Stadtrecht von Salzburg. Salzburg 1987, S. 107–125.

Messbenefitium stiftet, die Gelder ausleiht und Grundstücke ankauft. [9]

Die Metzger sollten das Fleisch »nicht ohne Beschau« und »damit nichts unreins und unbankmäßigs von Viech gemetzt noch geschlagen werde« verkaufen; der Preis wurde durch die »Satzleut« festgelegt. Die Bürger handelten sich den Vorwurf ein, sie würden viel Kleinvieh »erziehen oder erkaufen und auf den Weiden hie um Mildorf führen und faist machen«, dann den Ausländern verkaufen und nicht in der »Metzig zu Mildorf stechen«; deshalb sollten sie in der Bank metzgen.

Wie schon in der alten Stadtordnung nimmt der Feuerschutz breiten Raum ein: Die Feuerstätten sollten alle Wochen fleißig durchgekehrt werden, »auch zuvoran zu viermalen im Jahr geschaben werden«. Vor allem die Bader, Bäcker und Bierbrauer sollen »wohlbewahrte Feuerstätt« haben und »über zehn Klafter Scheiter nicht in die Stadt auf einmal legen noch führen lassen«.

Das Stadtrecht von 1522 regelte weiterhin der »Hand- und Tagwerker Belohnung«: Maurer und Zimmerleute sowie alle anderen Tagwerker sollten im Sommer um fünf Uhr zu und des Abends um sieben ab der Arbeit gehen. – Auch in Mühldorf ist es offenbar zu Arbeitsniederlegungen der Handwerksgesellen gekommen: In einem Artikel über die »Ausstandt der Handwerksgesellen betreffend« ist davon die Rede, »daß je zu Zeiten die Handwerksknecht aus mutwilligem Fürnehmen unterstehen, gemainiglich in ein Handwerk aufzustehen und ihren Meistern weiter zu arbeiten sich verwidern«. Wegen der daraus folgenden Zerrüttung solle der Rat »mit Ernst darein sehen, und auch solche Aufständ ohne redlich gegründete Ursachen keineswegs mehr gestatten ... sonderlich die Anfanger und Ursacher ... schwerlich darum strafen«. – Schon im Spätmittelalter hatten sich auch die Gesellen einzelner Handwerke zu »Bruderschaften« zusammengeschlossen, die – ähnlich wie bei den Meistern – über ansehnliche Dotationen verfügten: 1430 hatten z. B. Michael Lebzelter und seine »Hausfrau« Dyemut den Beckenknechten eine Ewiggült von 1 Pfund Pfennig aus ihrem Haus in der Syrfeygasse vermacht, 1450 übergibt die Witwe des Leonhardt Angrer der Bruderschaft der Bäckerknechtzeche für zwei Wochenmessen mehrere Güter, 1481 vermachte Hans Frank der Bruderschaft der Bäckerknechte 1 Pfund Ewiggeld, andererseits konnte auch die Bruderschaft der Bäckerknechte selbst 1441 von der Witwe des Hans Funsinger drei Krautäcker erwerben, 1463 vermacht Hanns Knabensperger der Bruderschaft ein Tagwerk Wiesen gegen Haltung eines Jahrtags. [10]

Einblick in die gewerbliche Struktur und Vielfalt sowie über die Vermögensverteilung gibt das Steuerbuch von 1624 mit seinen Ergänzungen. [11] Die Spanne der veranschlagten Vermögen ist weit: Die geringsten Vermögen wurden mit 20 Gulden veranschlagt, das höchste Vermögen – das des Wolf Schmidt, Ratsherr und Handelsmann – mit 18.000 Gulden; ihm folgten der Gerichtsschreiber Virgilius Lanngdorffer, der Umgelter mit 4.000 Gulden und der Schiffmeister Hans Derffler mit 4.000 Gulden.

Ebenso wie die Ratsherren konnten auch die Kauf- bzw. Handelsleute (der Eisenhändler 2.500 fl, ein Krämer 2.000 fl) hohe Vermögen versteuern. Bei den Gastgeben (Wirten) finden wir ebenfalls Vermögen bis 3.500 Gulden. Sie stellen sich in der Mehrzahl sogar noch etwas wohlhabender dar als die Bierbrauer, bei denen die Spanne zwischen 200 und 2.000 Gulden lag: Der Bierbräu Hans Mair, dessen Vermögen auf 50 Gulden geschätzt wurde, galt als »ziemlich unvermögend« und fiel aus dem Rahmen. Selbstbewusst gaben die Bierbrauer 1770 die Kosten zur Erlangung der Meisterwürde mit 100 Gulden an, da »derlei neue Meister gemeiniglich von Haus aus mit Geld versehen sind«. [12] Ihr Geld verdienten sie nicht nur mit gutem Bier: Die Haltbarkeit des Bieres war begrenzt, und nach kurzer Zeit wurde es ohne genügende Kühlung sauer. Die Ratsprotokolle vermerken zahlreiche Klagen über schlechtes Bier. 1681 führte der Stadt- und Gerichtsprokurator darüber Beschwerde beim Salzburger Hofrat: Von den Mühldorfer Brauern werde ein schlimmes, dickes, malzleeres und hopfenarmes Bier gebraut, in dem sich ein »höchst schädlicher Unflat« als Satz befunden habe. Das Publikum sei mit einem schlechten Bier bedrängt worden, das für »einen v.d. Schweinstrank« nicht zu gut sei. [13] Die Strafe von hundert Talern konnten sie zwar durch Fürsprache des Rates auf 40 Taler mindern, aber selbst die wohlhabenden Bierbrauer dürfte sie geschmerzt haben. [14]

Überblickt man die bei den Bäckern veranschlagten Vermögen, so stellen sich diese ebenfalls als wohlhabend dar: Das höchste Vermögen verzeichnete Ruprecht Galmpacher mit 1.000 Gulden, seine Mitmeister mit 700 und 500 Gulden, aber auch mehrere mit 400 oder 300 Gulden fallen durchaus auch in die Kategorie der Wohlhabenden. Hohe Vermögen und Steuerleistungen begegnen wir jedoch auch in anderen Handwerken: Der Weißgerber Martin Henig vermochte immerhin 1.030 Gulden, die Lederer Philipp Treuer und Baltasar Ruepp 900 bzw. 850 Gulden, der Lohmüller Stephan Hochholzner 800 Gulden (die Lohmühle wird bereits 1366 erstmals erwähnt), gefolgt vom Lebzelter Paulus

Farmpacher (700 fl), dem Färber Leopold Fenndt (600 fl), dem Kürschner Heinrich Monich (500 fl) und den Tuchmachern Stephan Marckhtner (500 fl) und Hans Lechner (300 fl).

Bei der Veranschlagung auf 20 oder 25 Gulden dürfte es sich um arme Handwerker – um »habnits« – gehandelt haben; in einigen Fällen ist dies auch explizit erwähnt: Hans Goltperger, ein »armer Inmann und Zimmermann«, Hans Pruckmair, ein »unvermögender Metzger«, Adam Maulsperger, ein »Hafner, aber bloßer Inmann«, Matthäuß Gaßner, ein Schreiner, »hat seine Behausung dem Goldschmied Adam Wiest verkauft, ist jetzt nur noch Handwerks- und Inmann«.

In die Kategorie der Habnits fallen auch die Tagwerker, die Aufleger (festangestellte Stadtarbeiter zum Entladen der Innschiffe und Beladen der Frachtwägen, auch Hilfsarbeiter bei städtischen Bauarbeiten), einige Bauleute (Maurer, Zimmerer), der Brothüter, einzelne unvermögende Handwerker (Seiler, Schmied, Sattler, Schlosser, Schuster, Weber, Huter, Schneider), ein Schiffknecht, ein Badknecht, ein Mühlknecht und schließlich der Calcant Georg Weilhaimer, der den Blasbalg an der Orgel trat. Das Gros der Handwerker versteuerte jedoch Vermögen von 50 bis 300 Gulden, wobei solche mit 250 bis 300 Gulden durchaus als gut situiert betrachtet werden können.

Insgesamt lässt das Steuerbuch eine Vielfalt an Berufen erkennen, die nicht nur die Stadt selbst versorgte: Bei den Lebensmittelgewerben waren es die Bierbrauer, Bäcker, Metzger, Lebzelter, Müller – bei den Ledergewerben die Lederer, Lohmüller, Weißgerber, Säckler, Sattler, Schuhmacher, Kürschner, Nestler und Riemer – bei den Textilhandwerken die Seiler, Schneider, Weber, Tuchmacher, Färber und Huter – bei den Metallhandwerken die Schmiede, Messerschmiede, Schlosser, Kaltschmied, Kupferschmied, Spengler, Sporer – bei den Holzhandwerken die Binder, Schreiner, Schopper, Wagner, Drechsler, Pechler, Kerblmacher – bei den Kunsthandwerkern die Goldschmiede, Gürtler, Zinngießer, Buchbinder und Saitenmacher – bei den Bauhandwerken die Zimmerer, Maurer, Maler, Hafner und Glaser sowie ein umfangreiches Transportgewerbe (Karrer, Schiffleute). Darüber hinaus zählte die Stadt drei Bader, den Vorder-, Mitter- und Grießbader, die vom Salzburger »Mittel« zu Meistern ernannt wurden und vom Collegio Medico et Chyrurgico in Salzburg examiniert und approbiert wurden; erst ab 1770 konnten sie bei der Mühldorfer »Viertellade« Meister werden. [15]

Nicht alle Berufe boten ein Auskommen, mancher versuchte sich auf mehreren »Gerechtigkeiten«: 1607 supplizierte z. B. der Schuhmacher Georg Lentner wegen seiner ärmlichen Verhältnisse um die Erteilung einer Pechlergenehmigung. Die Pechler gewannen durch das Anritzen der Bäume das zur Abdichtung der Fässer gebrauchte Harz; in den salzburgischen Wäldern war dies erlaubt, in den bayerischen jedoch verboten. Doch auch die Pechlerei, die zeitweise von »welschen« Pechlern betrieben wurde, bot nicht immer ein Auskommen: 1767 bat Josef Karl Fontin um eine Fuhrgerechtigkeit, da er sich von der Pechlerei allein nicht ernähren könne. [16]

Das Steuerbuch von 1752 lässt einen Wandel in der wirtschaftlichen Struktur der Stadt erkennen: Der Dreißigjährige Krieg hatte Mühldorf kaum berührt, nur 1632 und 1648 waren die Schweden in Mühldorf. Dennoch ergaben sich langfristige Folgen:

Ende des 16. Jahrhunderts wurden in Ingolstadt, Straubing, Schrobenhausen, Neumarkt und Eggenfelden sowie auch in Mühldorf große Wollmärkte abgehalten. Die Lodenherstellung hatte sich rasch ausgebreitet; in der ersten Hälfte des 15. Jahrhunderts bestimmte die billige und dauerhafte Stoffart die Land- und Alltagsmode im ganzen bayerischen, österreichischen und italienischen Alpengebiet und die Lodweberei war vom 15. Jahrhundert bis zum Dreißigjährigen Krieg ein typisches bayerisches Exportgewerbe. Mit der Vernichtung der meisten bayerischen Schäfereien im Krieg verlor das Gewerbe seine Rohstoffbasis. [17] Das Steuerbuch zeigt – deutlich ablesbar – einen Rückgang der Meisterstellen im Textilgewerbe (Weber, Tuchmacher, Tuchscherer), doch in allen Versorgungshandwerken, insbesondere bei den lederproduzierenden Gewerben, war durchweg ein Rückgang zu verzeichnen: am gravierendsten bei den Kürschnern und Weißgerbern.

Nicht immer muss ein Rückgang der Meisterstellen sinkende Wirtschaftskraft bedeuten: Zwar war auch im Nahrungsmittelgewerbe die Zahl der Gerechtigkeiten zurückgegangen, doch taten sich z. B. die Bäcker zusammen, um eine Gerechtigkeit aufzukaufen; 1741 beschlossen sie daher, keine Festmahlzeit zu halten, bis die Schuld an der aufgekauften Gerechtigkeit von Josef Paulhuber abgeführt sei. [18]

Unter den 144 bürgerlichen und versteuerten Gewerben waren jedenfalls am Ende des 18. Jahrhunderts – so Joseph Hazzi in seinen »Statistische(n) Aufschlüsse(n) über das Herzogthum Baiern« – elf Brauer »als die zahlreicheren, die anderen aber blos gewöhnliche Handwerker«. [19]

Das Steuerbuch von 1752 nennt jedoch auch zahlreiche 1624 noch nicht aufgeführte Berufe. Sie weisen auf eine veränderte Nachfrage hin, die im einen oder anderen Falle bisher sicher auch durch eine regionale (wenn nicht überregionale) Arbeitsteilung befriedigt werden konnte, denn ein Teil des Bedarfs wurde über den Handel, über die Jahr- und Wochenmärkte und nicht zuletzt über den Hausierhandel abgedeckt. Die zahlreichen Mandate weisen auf diese – manchmal auch unliebsame – Konkurrenz hin: So erlaubte 1583 zwar ein Mandat des Erzbischofs den »ausländischen Goldschmieden, Glastragern, wölschen oder teutschen Kramern, Apothekern und dergleichen Failtragern« in Mühldorf ihre Waren feilzuhalten, doch nicht länger als drei Tage, damit die anderen Bürger und Handelsleute »nit beschwert« würden. [20]

Doch die Zentralfunktion, die Mühldorf insbesondere auch für die umliegenden bayerischen Gerichte hatte, [21] kommt in der Liste der 1752 neu aufgeführten Berufe zum Ausdruck. Berufe wie die Seifensieder, Dachdecker, Uhrmacher, Bildhauer, Nadler, Strumpfstricker, Büchsenmacher, Kammmacher, Bortenmacher und Kaminfeger dürften auch eine Nachfrage über Mühldorf hinaus versorgt gaben.

Kammmacher gab es zwar in den großen Gewerbestädten schon seit dem späten Mittelalter, doch waren es meist nur wenige Meister; selbst Wien zählte 1621 nur drei Kammmacher. Sie hatten ein »handelndes« Handwerk und seit dem 17. Jahrhundert beförderten Perücke, Haarbeutel und Zopf die Nachfrage dieser Profession. [22] Die Bortenmacher verdankten ihren Aufstieg dem modischen und wechselnden Besatz der Kleidungs-

Radschloss
Silber, ziseliert
Kreismuseum Lodronhaus, Mühldorf a. Inn

stücke mit Bändern. [23] In der Befragung der Zünfte in allen Städten und Märkten Bayerns, die 1799 Kurfürst Maximilian IV. anordnete, wird immer wieder auf den »Luxus« verwiesen, der »den höchsten Grad der Grenzen überschreite«: »Mit welch prächtigem Anzug erscheint nicht der simple Handwerkspursch, ja sogar mit antragenden ein und zwei Sackuhren, sodass sich die Noblesse vor selben an der Tracht nit mehr zu unterscheiden wisse, ohn vom Bauern, so andren niedren Stand eine Meldung zu machen.« Doch auch – so der Bericht aus Landau an der Isar – »einige Bauernsöhne führen schon zwei Sackuhren, ein Bauernweib trägt jetzt schon schönere und kostspieligere Kleidungsstücke als vor kurzem noch manche Bürgerin.« [24]

Auch die Kaminfeger erscheinen als neuer Beruf: Zwar hatten schon die alten Stadtordnungen das Kehren und Schaben der Feuerstätten verordnet, doch war zum »Behüett des Feurs« 1522 in der Stadtordnung und 1624 im Steuerbuch noch kein Kaminfeger genannt, wenngleich seit dem 16. Jahrhundert Kaminfeger in Bayern wie auch in Österreich schon verbreitet waren. Schon zu Beginn des 16. Jahrhunderts werden die ersten Kaminfeger – meist Italiener – genannt: In Dingolfing ist schon 1519 ein Hans von Mailand, 1523 ein Peter von Mailand nachgewiesen; [25] in Wien kehrte bereits 1512 ein Hans von Maylandt, in Wolfenbüttel 1556 ein Antonius von Mailand und wiederum in Leipzig 1557 ein Hans von Mailand. [26] Das regelmäßige und professionelle Kehren erwies sich als dringende Notwendigkeit: 1640 war in Mühldorf in einem der Bäder ein Kaminbrand ausgebrochen. Das Feuer breitete sich rasch aus, und innerhalb einer Stunde fielen dem Feuer 300 von 360 Firsten der Altstadt zum Opfer. [27]

Neben Berufen, die aus der Gewerbestatistik verschwanden, wie z. B. die Sporer, oder solchen, die einen Bedeutungsverlust erfuhren, oder eben auch solchen, die sich neu etablieren konnten, gab es jedoch einen festen Bestand an Berufen, der über den gesamten Zeitraum eine gewisse Kontinuität erkennen lässt: Es spricht wiederum für eine gewisse Zentralfunktion und einen gewissen Wohlstand, dass die Stadt Mühldorf auch Handwerke für den gehobenen Bedarf schon seit dem späten Mittelalter in ihren Mauern beherbergen konnte. Ein solches Handwerk sind z. B. die Zinngießer, die bürgerliches und bäuerliches Repräsentationsgeschirr herstellten und kirchlichen Bedarf befriedigten, mitunter auch die Zünfte selbst mit Pokalen, Kannen, Krügen, Bechern, Geschirr und Schildern versorgten.

Zunftzeichen der Brauer, 18 Jh.
Privatbesitz, Mühldorf a. Inn
Lit.: Fraitzl, Karl: Alte Mühldorfer Bierquellen. In: Das Mühlrad VIII (1958), S. 35–38.

Schon früh wird ein Mühldorfer Zinngießer erwähnt: 1447 fungiert ein Berchtold Zinngiesser als Bürge; 1463 ist er als Hausbesitzer erwähnt. Bereits 1514 wird dem Martein Zinngiesser vom Rat der Stadt das Zeichen, Rad genannt, als Aufschlagzeichen zuerkannt: Er solle aber das Zeichen »zu Salzburg als bei der Hauptstadt oder anderen Enden, da eine Beschau ist« aufschlagen, d.h. auf einer Schlagtafel aus Blei registrieren lassen. Neben dem Stadtzeichen – in Mühldorf meist ein stilisiertes Mühlrad – konnte jeder Zinngießer darüber hinaus sein eigenes Bildzeichen, häufig die Initialen, führen. Im 16. Jahrhundert hatte sich dieses »Zweimarkensystem« flächendeckend durchgesetzt: Die Doppelstempelung war zugleich eine Garantie dafür, dass die verwendete Legierung nicht mehr als einen Teil Blei auf zehn Teile Zinn enthielt (Reichsprobe). [28]

Mehrere Mühldorfer Zinngießer kamen nicht aus der Stadt selbst: Georg Bichler (Pichler) kam von Landshut und trat 1617 in Mühldorf seine Lehre an. 1636 erlangte er hier das Bürger- und Meisterrecht. 1664 wurde ein Sebastian Polläkh, Zinngießer von Graz, ins Bürgerrecht aufgenommen, 1670 folgte ihm Christof Seider von Ingolstadt. Aus dem benachbarten Landshut kam Martin Wandl (Wandtl, Wandler), der 1689 zugelassen wurde; er arbeitete u.a. für die Pfarrkirche St. Nikolaus in Mühldorf und die Pfarrkirche Mariä Himmelfahrt zu Pürten. Seine Werkstatt dürfte 1731 sein Sohn Franz Wandl übernommen haben.

1747 erhielt Anton Troger aus Salzburg das Bürgerrecht in Mühldorf: Er starb 1772 und 1774 wurde sein Sohn Cajetan als Bürger aufgenommen. Er kaufte sich 1775 jedoch bei der Münchner Hauptlade als auswärtiger Meister ein. In Bayern fände er Verdienst durch den Besuch von Märkten. Von Salzburg habe er keinen Nutzen. Wenngleich man in Salzburg 1780 ein fürstbischöfliches Mandat erließ, das »die sofortige Abstellung aller auswärtigen Fretter und Hausierer« verordnete – es zielte vor allem auf die wandernden Zinngießer aus Italien – dürfte es gerade in Mühldorf kaum zur Geltung gekommen sein. Bereits der Zinngießer Georg Pichler wollte 1647 seinen Sohn in Landshut als Lehrling aufnehmen lassen und erklärte dem Mühldorfer Stadtrat: Er sei auf bayerische Kundschaft angewiesen und wenn er auf dem Lande »Fretter und Störer« antreffe, so ließe sich das mit Hilfe der bayerischen Meister abstellen, die Salzburger dagegen könnten ihm nicht helfen.

Auch Franz Abrell (Abrel, April) kauft sich im Jahr 1800 bei der Münchner Hauptlade als auswärtiger Meister ein und wurde, nachdem er 1802 ein Anwesen von 600 Gulden erwarb, 1803 in Mühldorf Bürger. Bis ins 19. Jahrhundert war in Mühldorf immer nur eine Zinngießerwerkstatt in Betrieb. Die Meister mussten sich daher einer anderen Zunft bzw. Lade anschließen. Man orientierte sich nicht nach Salzburg, sondern nach Landshut und München. – Was auf gewerblichem Gebiet zum Teil bereits vollzogen war, sollte 1802 dann auch auf politischem Gebiet folgen.

Walzenkrug »Zunft der Maurer«
Fayence, Zinn, Salzburg, Riedenburg, Werkstatt Pisotti d. Ä., 1788, SMCA
Der Walzenkrug mit Zinnmontierung (Fußrand und Deckel) mit der Darstellung der Maurer-Zunftzeichen in einem Blattkranz mit dem Monogramm »FP«. Darüber eine stilisierte Krone mit der seitlichen Jahreszahl 1788. Grob gemalte Pisotti-Streublumen wie übriger Dekor in Mangan gemalt.
Lit.: Salzburg zur Zeit der Mozart. AK Salzburg 1991, S. 168, Nr. I/540.

Zu Gottes Ehr, mir und den Meinigen zum Nutzen

Ein Blick in die Geschäftsbücher des Andre Reischl

Angelika Kromas

Die Entwicklungsmöglichkeiten der Wirtschaft in Mühldorf waren durch die »Insellage« der Salzburger Stadt in bayerischem Territorium nicht besonders günstig. Erst mit der Einführung der bayerischen Mautordnung von 1765 für Mühldorf fielen die Beschränkungen. [1] Dennoch gab es in Mühldorf Unternehmen, die überregional, ja sogar über die Landesgrenzen hinweg Handel trieben. Das bedeutendste war das Handelshaus Schmidt-Reischl-Daxenberger.

Im Stadtarchiv Mühldorf a. Inn werden neben anderen wichtigen Quellen zur Stadtgeschichte auch Geschäftsbücher des 17. bis 19. Jahrhunderts aus dem Nachlass der Mühldorfer Kaufmannsfamilie Daxenberger aufbewahrt. Diese Zeugnisse der kaufmännischen Tätigkeit sind selten, da sie normalerweise – ganz im Gegensatz zu anderen »Familienerbstücken« – als unwichtig angesehen und kaum des Bewahrens wert befunden wurden. [2] Ein »Stratza-Buch« und ein »Haubt-Buch« aus dem ausgehenden 18. Jahrhundert vom damaligen Geschäftsinhaber Andre Reischl sollen hier ein wenig beleuchtet werden. Aus den Eintragungen ergeben sich zwar mehr Fragen als Antworten, aber einige Einblicke in wirtschafts- und sozialgeschichtliche Zusammenhänge lassen sich doch gewinnen.

Zur Familiengeschichte

Das vorliegende Hauptbuch hat Andre Reischl 1774 begonnen. Andre Reischl stammte aus dem Hammerlgut in Piding, im ehemals salzburgischen Pfleggericht Staufenenck. [3] Er war dort am 29. November 1730 auf die Welt gekommen. Durch seine Ehe mit Katharina Schmidt heiratete er 1769 in eine der führenden Kaufmannsfamilien in Mühldorf ein.

Die »Handelsgerechtigkeit«, die rechtliche Grundlage zum Warenhandel, geht auf Franziskus Schmidt, [4] den Sohn des 1625 verstorbenen Mühldorfer Bürgers und Gastgebs Abraham Schmidt [5] zurück. Die Verleihung einer Gerechtsame war ein fürstliches Regal und gestattete den Verkauf auch außerhalb der gefreiten Märkte. Sie war an verschiedene Voraussetzungen gebunden, u.a. an die eheliche Geburt und die Aufnahme in den Bürgerstand. Daher finden sich bei allen Geschäftsübernahmen im Handelshaus Schmidt die gleichen Abläufe – Aufnahme in den Bürgerstand, Heirat mit Ehevertrag und Übernahme des Geschäftes durch den Erben bzw. Nachfolger.

Franziskus Schmidt (*30. November 1621, † 7. Januar 1699) hatte ein Vierteljahr nach seiner Heirat mit Katharina Wöttinger zusammen mit dem Bürgerrecht im April 1645 das Recht auf Kramereihandelschaft und Tuchschnitt erworben. [6] Schmidt wurde in den folgenden Jahren in den Rat der Stadt gewählt. Da er offensichtlich vertrauenswürdig war und durch sein Geschäft mit Zahlen umgehen konnte, übertrug man ihm 1654 die Verwaltung des Mühldorfer Kollegiatstifts. 1667 erhielt er das Amt des Bürgermeisters auf Lebenszeit, [7] ein Amt, das übrigens alle nachfolgenden Firmeninhaber auf längere oder kürzere Zeit inne hatten.

Franziskus' Sohn Adam [8] (*7. November 1645, † 31. Juli 1705) erwarb im Alter von 26 Jahren das Bürgerrecht und arbeitete eng mit seinem Vater zusammen. Er begleitete ihn auf vielen seiner Reisen. 1674 kaufte Adam Schmidt von Andre Angermaier, einem Kramer, das heutige Haus Nr. 55 am Stadtplatz für sich und seine Familie. Nachdem er zum zweiten Mal verwitwet war, heiratete er in dritter Ehe die um vieles jüngere Maria Cordula Heilrath, die Tochter des Mühldorfer Stadtschreibers. Adam hat sich und seine junge Frau porträtieren lassen. Die prachtvollen Ölgemälde sind im Kreismuseum Lodronhaus in Mühldorf zu sehen. Auch Adam wurde wie sein Vater und sein Großvater Mitglied des Rates. Als sein Vater 1699 starb, erbte Adam das väterliche Haus Nr. 43 am Stadtplatz. Beide Anwesen blieben von da an in der Familie.

Als Adam Schmidt 1705 verstarb, übergab Cordula den Besitz und das Geschäft an ihren Stiefsohn Josef aus der 2. Ehe ihres Mannes mit Catharina, die ihrerseits aus der Salzburger Händlerfamilie Mayr stammte.

Josef Schmidt führte den Handel weiter; auch er wurde Mitglied des Rates und für einige Jahre Bürgermeister. Als Josef am 11. Januar 1749 starb, hinterließ er acht Kinder aus zwei Ehen. Ein Vertrag regelte den Nachlass. Seine Witwe Maria Katharina erhielt das Haus mit Hofstatt und Stallung, Ecke Stadtplatz und Schiffereigasse im Vierten Viertel der Stadt gelegen und die Handelsgerechtigkeit. Ein weiteres Gebäude, die Peter Rokhingersche Handelsbehausung genannt, an der Ecke St. Petersgasse / Stadtplatz gelegen und die darauf liegende Handelsgerechtigkeit. Dazu kommen noch die gesamte bewegliche Hinterlassenschaft, ein paar Gärten

Porträts des Adam Schmidt und der Cordula Heilrath
Öl auf Leinwand, 1689
Kreismuseum Lodronhaus, Mühldorf a. Inn
Der Mühldorfer Kaufmann Adam Schmidt heiratete 1688 in dritter Ehe Maria Cordula, die Tochter des Mühldorfer Stadtschreibers Hieronymus Heilrath. Die beiden Gemälde entstanden ein Jahr nach der Hochzeit. Im Stadtarchiv befindet sich ein handschriftliches Kochbuch aus dem Besitz der Cordula Heilrath.
Lit.: Gollwitzer, Hans: Die Schmidt, eine alte Mühldorfer Kaufmannsfamilie. In: Das Mühlrad XVII (1975), S. 106–119.

und Krautgärten, ein Getreidestadl in der Wies, ein Sommerhaus und ein Fischweiher. [9] Maria Katharina Schmidt führte das Geschäft noch 20 Jahre weiter, unterstützt durch ihre Handlungsbediensteten und sicherlich auch durch ihre älteste, 1732 geborene Tochter Maria Katharina.

Diese Tochter übernahm nach ihrer Heirat am 11. November 1769 mit Andre Reischl aus Piding das Geschäft. Maria Katharina Reischl brachte laut Ehevertrag zwei Häuser, die Handelsgerechtigkeit, Gärten und andere Grundstücke und das gesamte Warenlager, alles zusammen ein Erbgut von 4.500 Gulden, mit in die Ehe. [10] Andre hatte ein Vermögen in Höhe von 2.000 Gulden. Als Morgengabe erhielt seine zukünftige Frau von ihm 300 Gulden, über die sie allein verfügen konnte. Zusammen hatte das junge Paar also ein »Startkapital« von 6.800 Gulden. Sie vereinbarten eine »Zugewinngemeinschaft«. Alles, was sie beide im Lauf der Ehe »erhausen« würden, sollte beiden je zur Hälfte gehören. Andre Reischl war es, der das neue Hauptbuch 1774 anlegte. Von ihm ist, ebenfalls im Kreismuseum Lodronhaus, ein kleines Porträt erhalten geblieben. Wie seine tüchtige Frau Maria Katharina ausgesehen hat, wissen wir leider nicht.

In seinem Ehevertrag, den er mit Maria Katharina geschlossen hat, steht, er habe »Kenntnisse, einen Handel zu führen« [11] d.h. er war vom Fach. Andre Reischl hatte sicherlich die damals übliche Ausbildung genossen. Die jungen Männer traten im Alter von etwa 15 Jahren als Lehrbuben in eine Handlung ein. [12] Voraussetzung waren gute Kenntnisse im Rechnen und Schreiben. Die Lehre dauerte zwischen vier und sechs Jahre, in denen das Kopieren von Briefen, die Registrierung einlaufender Briefe, das Aufsetzen der Frachtbriefe für die Warenversendung, das Führen der Portokasse u.a. zu den Aufgaben der Lehrlinge gehörte. Nach Abschluss der Lehrzeit war es üblich, als Handlungsdiener weiter Erfahrungen bei auswärtigen Kaufleuten

Porträt des Andre Reischl
Öl auf Leinwand, 18 Jh.
Kreismuseum Lodronhaus, Mühldorf a. Inn
Andre Reischl stammte aus Piding im salzburgischen Pfleggericht Staufeneck. Er war Kaufmann und heiratete 1769 in die Mühldorfer Kaufmannsfamilie Schmidt ein. Von seiner Frau Maria Katharina, die nach seinem frühen Tod den Handel 20 Jahre weiterführte, ist leider kein Porträt erhalten.
Lit.: Gollwitzer, Hans: Die Schmidt, eine alte Mühldorfer Kaufmannsfamilie. In: Das Mühlrad XVII (1975), S. 106–119.

zu erwerben und seine Kenntnisse zu vertiefen, vielleicht auch Sprachen zu lernen und Kontakte zu knüpfen. Voraussetzung für eine selbstständige Tätigkeit war aber der Besitz einer Konzession. Konnte diese nicht durch Erbschaft oder – in seltenen Fällen – durch Kauf erworben werden, gab es nur noch die Möglichkeit in eine Handlung einzuheiraten.

Andre Reischl starb bereits 1779 im Alter von 43 Jahren. Die Ehe war kinderlos geblieben. Nach dem Tod ihres Ehemannes führte Maria Katharina, wie ihre Mutter, das Geschäft noch 20 Jahre weiter. 1799 übergab sie Häuser und Geschäft an ihre Nichte Maria Ottilie, die den Kaufmannssohn Anton Daxenberger aus Altenmarkt heiratete. [13] Von da an blieb der Betrieb in den Händen der Familie Daxenberger. Man machte alle Höhen und Tiefen der Wirtschaft und Politik mit, modernisierte, vergrößerte, motorisierte. 1924 feierte die Firma Daxenberger ihr 125-jähriges Bestehen und firmierte »A. Daxenberger Mühldorf. Ältestes und größtes Kaufhaus am Platz mit Bankgeschäft. Damenkonfektion, Herren- und Damenstoffe, Baumwoll-, Weiß-, Woll- und Kurzwaren. Herren- und Damenwäsche, Spezerei und Kolonialwaren. Großhandel–Kleinhandel«. 1935 übernahm Daxenberger das Mühldorfer Herrenmodegeschäft Michaelis, deren jüdische Inhaber vor dem Naziterror aus Deutschland fliehen konnten.

Das Geschäft überstand Bombenschäden und Plünderung und prosperierte mit dem Wiederaufbau und Wirtschaftswunder. 1966 zog sich die letzte Firmeninhaberin, Frau Therese Daxenberger, endgültig zurück, nachdem sie schon zuvor das Geschäft verkauft hatte. [14] Mit dem Tod Therese Daxenbergers 1973 endete die Geschichte einer der bedeutendsten Mühldorfer Kaufmannsfamilien, deren Mitglieder das wirtschaftliche und politische Leben der Stadt wesentlich mitgeprägt haben.

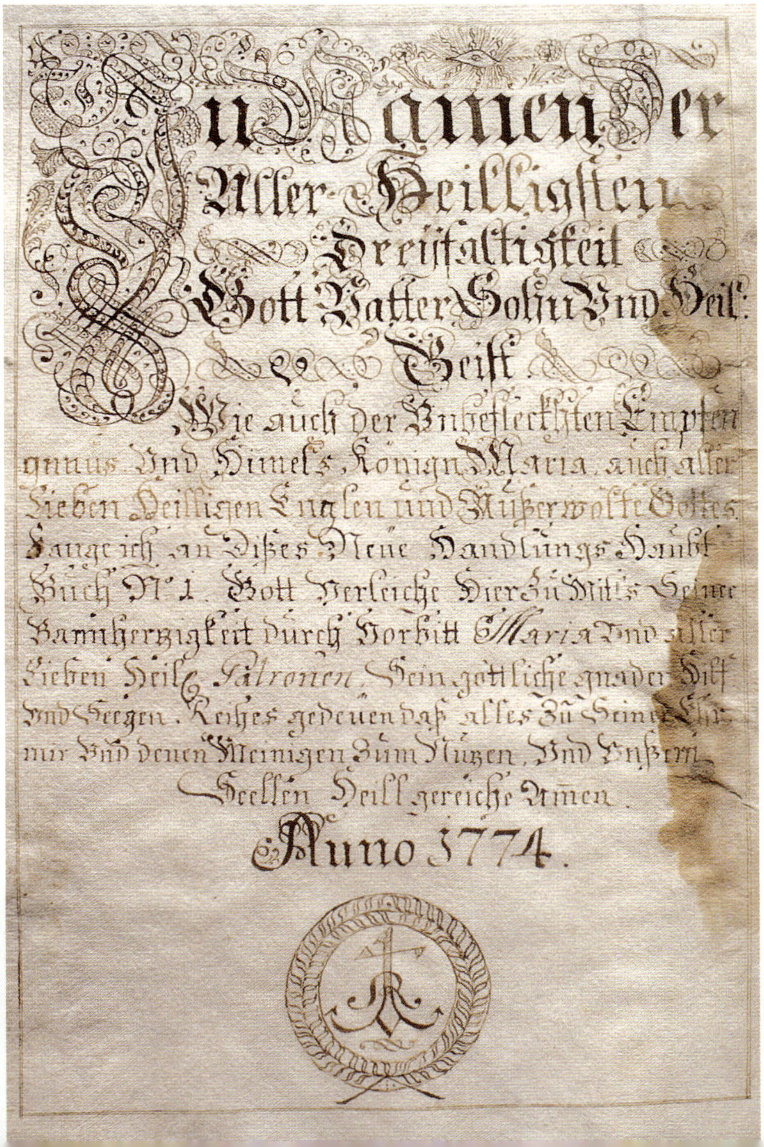
In Namen der Aller Heilligsten Dreifaltigkeit Gott Vatter Sohn Und Heil: Geist
Wie auch der Unbefleckhten Empfenngnus Und Himels Konigin Maria, auch aller Lieben Heilligen Englen und Außerwölte Gottes Fange ich an Dises Neue Handlungs Haubt Buch N.° 1. Gott Verleiche Hierzu Mit's Seiner Barmherzigkeit durch Vorbitt Maria Und aller Lieben Heil: Patronen, Sein göttliche gnaden Hilf Und Segen, Reiches gedeuen daß alles Zu Seiner Ehr mir Und denen Meinigen Zum Nuzen, Und Unßern Seellen Heill gereiche Amen.
Anno 1774.

Das Warensignet des Andre Reischl
»Haubt-Buch«, Stadtarchiv Mühldorf a. Inn

Die Buchführung

Die frühen Kaufleute waren nicht nur Einzel- und Großhändler, sondern betrieben sehr häufig auch Geldgeschäfte. Daher musste der Geschäftsgang einer Handlung, schon allein um selbst den Überblick zu bewahren, im Einzelnen dokumentiert werden. Dazu war es am Ende des 18. Jahrhunderts üblich, mehrere Bücher zu führen. Da die Form der doppelten Buchführung aus Italien in den Norden kam, sind viele Bezeichnungen italienisch. In das »Kopierbuch« wurden praktisch alle Geschäftsgänge eingetragen. Daraus hatte man alle Posten in das Prima Nota Buch (auch Kladde genannt) zu übertragen, wo die Positionen durchgestrichen, korrigiert und auf den aktuellen Stand gebracht werden konnten. Daneben musste ein separates Kassenbuch mit den Eintragungen der täglichen Rechnungen, Spesen, Fuhrlöhne, Trinkgelder etc. geführt werden. Die Ergebnisse aus dem Prima Nota Buch und dem Kassenkonto wurden in die Strazza (Kalender, Brouillard, Manuale) übertragen. Daraus übernahm man dann die Vorgänge ins Journal. Das Journal war wiederum die Basis für das Hauptbuch, aus dem der jeweilige Kontostand pro Geschäftspartner abzulesen war. [15]

Die Quelle

Im Gegensatz zu der oben beschriebenen Funktion enthält das »Stratza-Buch« von Andre Reischl in erster Linie als »Einschreibbuch« die täglichen Einträge zu den Detail-Verkäufen und deren Bezahlung. Quellen zu seinen Ausgaben wie Rechnungen, Spesen etc. sind darin nur vereinzelt festgehalten.

Das »Stratza-Buch« ist 41 cm hoch und 16 cm breit, es besteht aus 694 nummerierten Seiten und ist mit einer Fadenheftung und einem Deckel aus Pappe gebunden. Die Pappe war ursprünglich mit einem farbig gemusterten Stoff überzogen. Die Farben sind verblasst und braun geworden. Der Rücken ist mit einem breiten Leinenstreifen verstärkt, die Bindebänder sind aus feinem, hellen Leder. Ein originales Etikett mit der Aufschrift »Stratza Buch Nr. 2« ist ebenfalls verbräunt.

Das »Stratza-Buch« wurde im Januar 1777 begonnen und bis zum September 1783 geführt. Auf dem ersten Blatt steht die handschriftliche Widmung: »Im Namen der Aller/ heilligsten / Dreyfaltigkeit. Gott Vatter / Sohn Und Heilliger Geist, / Fang ich an dißes Neue / Stratza Buch ein Zu Schreiben / Gott verleiche Hier Zu Seine gott / liche gnad und beystand. Das / alles Zu Seiner Gottlichen Ehr. / Und Deß Nechsten Nutz, Unßeren / Sellen Heil, gereiche Amen. / Anno 1777.« Die einzelnen Seiten sind fortlaufend überschrieben mit der Formel »Laus Deo A° (*Jahr*) M° (*Monat*)«. Darunter folgt der Name des Kunden und dessen unter dem Tagesdatum notierten Einkäufe. In der äußersten rechten Spalte ist der offene Betrag festgehalten. Bezahlte ein Kunde die aufgelaufene Summe oder wenigstens einen Teil davon, sind die offenen Posten durchgestrichen, die bezahlte Summe zusammen mit dem Datum vermerkt. Wurde ein Übertrag einer offenen Summe nötig, ist die neue Seite notiert, sodass der Eintrag rasch gefunden werden kann. Im Verlauf der sechs Jahre sind mehrere Handschriften zu erkennen. Beigebunden ist ein alphabetisches Register, in das die Namen jener Kunden eingetragen sind, die beim Abschluss des Kassenbuches noch unbezahlte Rechnungen bei dem Kaufmann hatten; um die Seiten mit den offenen Positionen schneller zu finden, wurden die Seitenzahlen vermerkt.

Das »Haubt-Buch« ist 44 cm hoch, 32 cm breit und hat 185 nummerierte Doppelseiten. Im Gegensatz zum »Strazza-Buch« hat das »Haubt-Buch« einen braunen Ledereinband mit einem Prägemuster. Ein Papieretikett mit dem Warenzeichen des Andre Reischl weist es als »Haubt-Buch« aus. Es ist mit zwei Lederbändern zu verschließen. Reischl hat es im Jahre 1774 angelegt; es wurde bis 1802 durchgehend geführt. Auf den Seiten aus dickem, festem Papier lassen sich ebenfalls mehrere Handschriften feststellen.

Auch das »Haubt-Buch« beginnt mit einem Segensspruch. Er lautet » Im Namen Der / Aller Heiligsten / Dreyfaltigkeit / Gott Vatter, Sohn Und Heil: / Geist. /Wie auch der Unbefleckhten Empfen ./gnnus und Himels, Könign Maria, auch aller / Lieben Heilligen Engln und Außerwölte Gottes. / Fange ich an dies Neue Handlungs Haubt / Buch No 1. Gott Verleiche Hierzu Mitls Seiner / Barmherzigkeit durch Vorbitt Maria Und aller ./ Sieben Heilg. Patronen Sein göttliche gnaden Hilf . / und Seegen. Reihes gedeuen dass alles Zu Seiner Ehr, / mir und den Meinigen Zum Nutzen, und Unßern / Seelen Heill gereiche Amen. / Anno 1774«. Darunter setzte Andre Reischl sein Warensignet.

Das »Haubt-Buch« ist eine Gegenüberstellung der Forderungen und der Verbindlichkeiten für jeden Geschäftspartner pro Jahr. Für jeden Geschäftspartner hat Andre Reischl eine Doppelseite angelegt. Alle Seiten tragen die Überschrift »Laus Deo Anno … in Mildorff«, mit eingefügter Jahreszahl. Darunter steht in großer schöner Schreibschrift der Name und der Ort des Lieferanten. Die Seiten sind in Konten eingeteilt: die linke Seite »Sollen geben«, was den Forderungen des Andre Reischl an den Geschäftspartner entspricht. Auf der rechten Seite »Hierneben stehente Sollen Haben« sind die Verbindlichkeiten, also die eigenen Schulden des Andre Reischl diesem Handelspartner gegenüber angeführt. Jede Kontoseite ist in Spalten für das Jahr, das Tagesdatum, den Zweck und für die bewegten Summen Geldes aufgeteilt. Die Linien sind übrigens nicht gedruckt, sondern mit Tinte und Lineal den eigenen Vorstellungen entsprechend gezogen. Leider erfahren wir bis auf eine Ausnahme nichts über die Warenarten. Es wurde nur einmal eine Lieferung »Baumöl« = Olivenöl vermerkt. Aus Sparsamkeitsgründen hat man in mehreren Fällen die Seiten für zwei oder drei Lieferanten genutzt. Das war dann der Fall, wenn die Geschäftsbeziehungen offenbar beendet waren und auch nicht mehr aufgenommen wurden. Dann sind die einzelnen Lieferanten deutlich durch eine durchgehende Doppellinie getrennt. Überträge sind gekennzeichnet mit »acc: und der neuen Seitenzahl«.

Ein »Haubt-Buch« der Salzburger Seidenwaren- und Tuchhandlung Spängler aus den Jahren 1767 bis 1777 wird im Stadtarchiv Salzburg aufbewahrt. Es hat den gleichen formalen Aufbau wie das Hauptbuch des Andre Reischl. Es ist, der Bedeutung der Spängler'schen Handlung entsprechend wesentlich umfangreicher.

Die Herkunft der Waren

Reischls Geschäftsbeziehungen reichten weit über Mühldorf hinaus. Er muss viel unterwegs gewesen sein. So besuchte er mit seinen Waren regelmäßig den Jacobimarkt und den Heilig-Drei-König-Markt in München, die Fasten- und Michaeli-Jahrmärkte in Salzburg, den Altöttinger Hofmarkt, den Neuöttinger St. Andremarkt, den Gerner [16] Georgimarkt und – allerdings seltener – den Landshuter Barthlmemarkt. Dort traf er auch seine Lieferanten und kaufte ein. Er bekam aber auch Ware direkt nach Mühldorf geliefert, die er im »Gewölbe« verkaufte.

Reischl unterhielt u.a. Geschäftsbeziehungen mit Händlern aus den Städten Frankfurt am Main, Offenbach, Hamburg, Trient, Triest oder Budweis. Seine wichtigsten Partner aber saßen in Salzburg, München, Augsburg und Nürnberg. Er hatte Kontakte mit allen wichtigen Salzburger Händlern aus der Mitte des 18. Jahrhunderts: mit Matthias Lierzer (Lürzer), Dominico Kaufmann, Kaufmann und Lierzer Seel. Erben, Lorenz Hagenauer, Ignatii Christoph Mezger, Andrä Hofer, Johann Baptist Gussetti, Franz Joseph Rauchenbichler, Christian Pauernfeind, Franz Anton Muralt und natürlich mit den Faktoreien (Speditionen) Sigmund Haffner und Caspar Freysauf. Aber auch die Fabrikanten Leonard Faes und Josef Anton Zezi sind in seinem Hauptbuch vermerkt.

Aus dem »Haubt-Buch« sind die Geschäftspartner zu ersehen; aus dem »Stratza-Buch« erfahren wir die im Geschäft verkauften Warenarten. Es lässt sich aber bedauerlicherweise nicht ablesen, welche Waren von welcher Firma bezogen wurden. Man ist also auf Rückschlüsse und Vermutungen angewiesen. [17] So bezog er sicherlich Wolltuche und Seidenstoffe von den Tuch- und Seidenwarenhandlungen Kaufmann, Mezger, Muralt und Rauchenbichler; andere Schnittwaren wie Tücher, Bänder, Schleier, Stoffblumen und Handschuhe von Lierzer; Spezereien, Gewürze, Kräuter, Farben, Drogeriewaren und Arzneien von den Spezerei- und Materialwarenhandlungen Hagenauer, Gusetti, Pauernfeind, Zezi und Hofer; Tabak von der Tabakfabrik Leonard Faes, vielleicht auch Sohlenleder aus der 1785 neugegründeten Lederfabrik Zezi und Gschwendtner. [18] Als Gegengeschäfte und Großhandelstätigkeit lassen sich bisher nur der Verkauf von Kleesamen an Hagenauer in Salzburg aus der Quelle nachweisen. 200–300 Pfund, für den Transport in Fässern verpackt, wurden im Frühjahr 1778, 1779 und 1781 per Bote nach Salzburg geschickt. Es ist anzunehmen, dass er auch in und in der Umgebung von Mühldorf gewebtes Leinen auf- und weitergekauft hat (s. u.). Die Waren wurden durch einen fahrenden Salzburger Boten hin- und hertransportiert. Bis zu seinem Tod 1765 war dies der Weißbierwirt Joseph Pällhuber, danach sein Sohn Andre. [19]

Aus Augsburg bezog Reischl über den Großhändler Peter Laire et Compagnie bedruckte und vom Kattunfabrikanten Johann Michael bzw. Gottfried Hartmann unbedruckte Kattunstoffe (Baumwollstoffe). Von den Kaufleuten und Fabrikanten Dellefant kamen Fischbein und über Veith und Horterer sehr wahrscheinlich Bücher nach Mühldorf. [20] Hinter dem Namen Pelloux und Brentano, Lechhausen, verbirgt sich eine Seidenzeug-Manufaktur, [21] von der Reischl Ware bezog. Von der Münchner Tabakmanufaktur Tusch und Compagnie bekam Reischl Tabake, ebenso übrigens von der Churfürstl. Privileg. Toback Manufactur Heidelberg. Dazu führte Reischl natürlich auch das Rauchzubehör wie Feuerschwamm als Zünder sowie Pfeifen und Pfeifendeckel. Von der Churfürstl. Land Manufactor der Baumwollwaaren kaufte er Bänder und Borten ein. Aus Nürnberg kam Spielzeug. Nürnberg hatte eine Monopolstellung dafür, die durch den Werbespruch »Nürnberger Tand geht durch alle Land« deutlich wird.

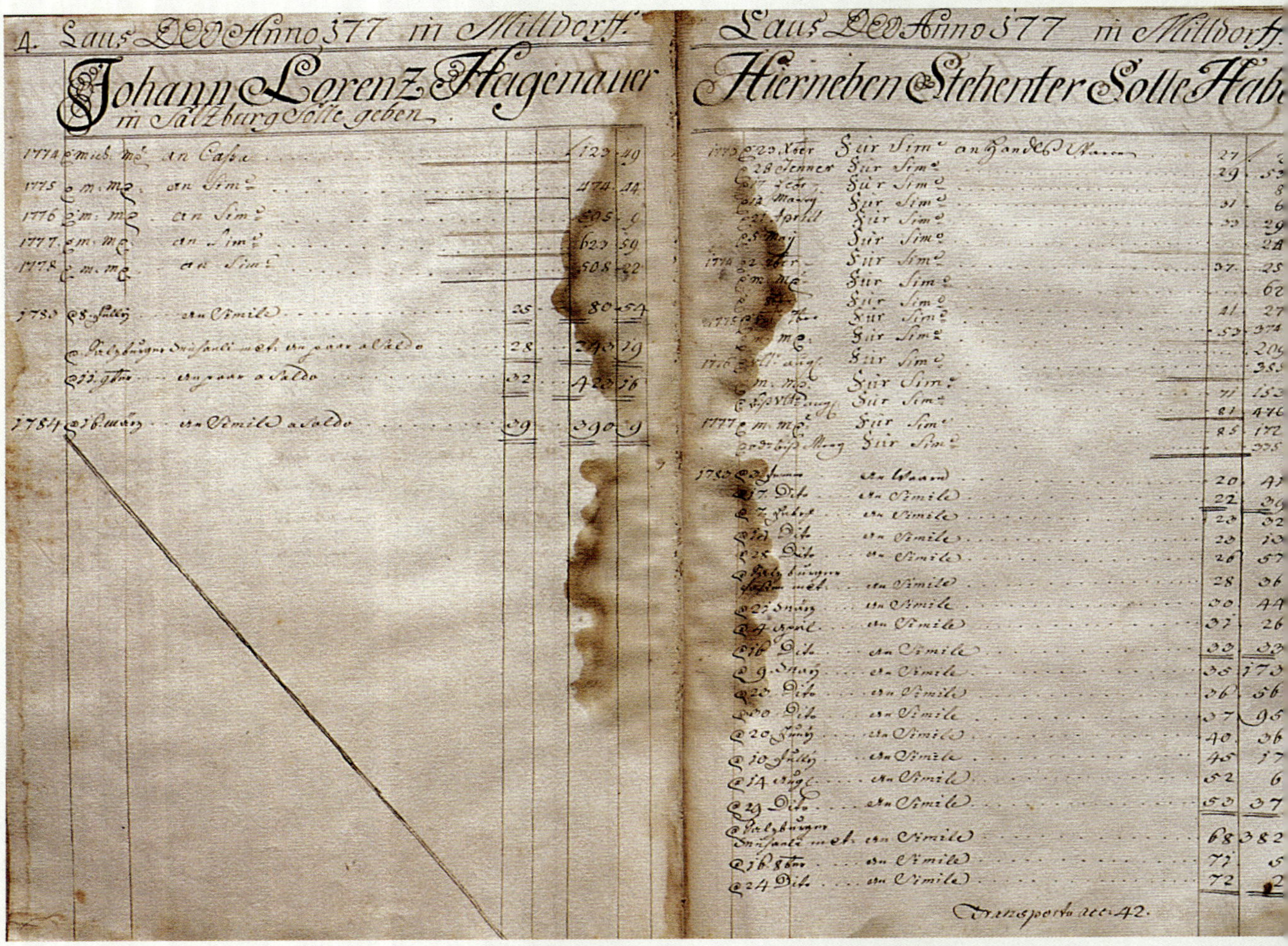

Eine Seite aus dem Hauptbuch des Andre Reischl
Stadtarchiv Mühldorf a. Inn

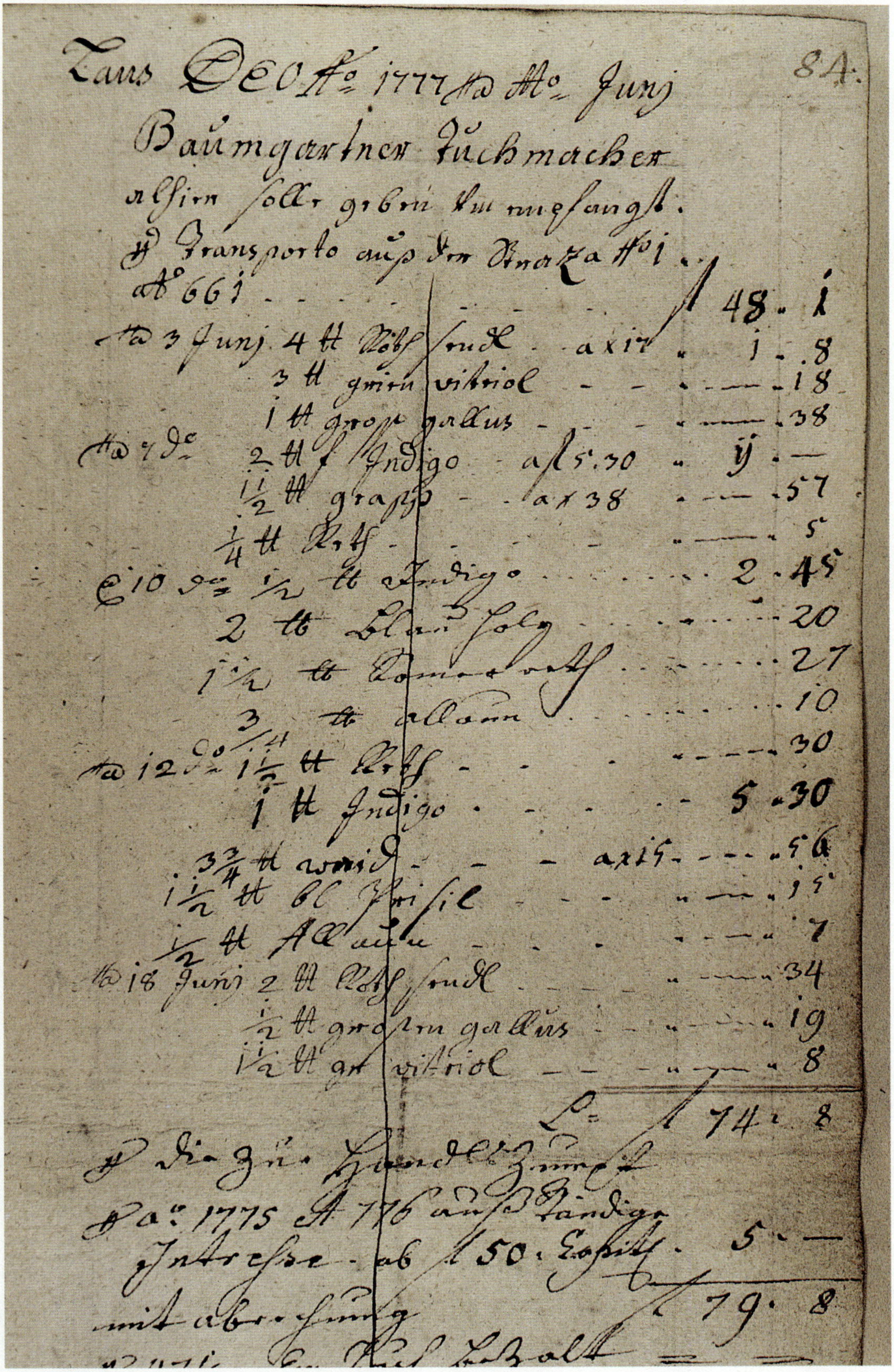
Laus Deo Ao 1777 ad Mo Junj 84

Baumgartner Tuchmacher

alhier soll geben [illegible] empfangt.

P Transporto aus dem Straza fol. [illegible] No 661 . . . fl 48.1

ad 3 Junj 4 lb [illegible] . a x 17 . 1.8
3 lb grün vitriol . . . 18
1 lb grossen gallus . . . 38
ad 7 do 2 lb Indigo a fl 5.30 . ij —
1 1/2 lb grassa . a x 38 . 57
1/4 lb [illegible] . . . 5
ad 10 do 1/2 lb Indigo . . . 2.45
2 lb blau holz . . . 20
1 1/2 lb [illegible] . . . 27
3 lb allaun . . . 10
ad 12 do 1 1/2 lb [illegible] . . . 30
1 lb Indigo . . . 5.30
3 3/4 lb waid . a x 15 . 56
1 1/2 lb bl. [illegible] . . . 15
1/2 lb [illegible] . . . 7
ad 18 Junj 2 lb [illegible] . . . 34
1/2 lb grossen gallus . . . 19
1 1/2 lb gr. vitriol . . . 8
fl 74.8

P [illegible] Ao 1775 et 1776 ausständige Intresse ab fl 50. Capital . 5 —
fl 79.8
mit abrechnung [illegible]

Eine Seite aus dem Stratza-Buch des Andre Reischl
Stadtarchiv Mühldorf a. Inn

Die Waren

Aus den einzelnen Einträgen lässt sich das breite Warenangebot ablesen, das Andre und Maria Katharina Reischl in ihrer Handlung in Mühldorf führten. Bis auf wenige Warenarten wie Eisenwaren, Leder u.a. fanden die Kunden so ziemlich alles, was man brauchte. Zum Sortiment gehörten: Schreibwaren – »Dintenzeig, Kugellack, Canzley- und Copier-Papier«; Lebens- und Genussmittel wie Edamer Käse, Salzheringe, Stockfisch, Reis, Graupen, Rosinen, Korinthen, Mandeln, Kaffee, Tee und Zucker, Gewürze wie Salz, Pfeffer, Kapern, Safran und Fenchel. Alles zum Anfertigen und Reparieren von Kleidung und anderen Textilien: eine große Auswahl an Seiden-, Leinen- und Baumwollstoffen und Spitzen verschiedenster Qualitäten, Fischbein, Knöpfe, Bänder und Nähgarn. Reinigungsmittel wie Seifenblätter und venezianische Seife, aber auch Stärke oder Weinstein. Olivenöl für die Kirchen wurde bereits erwähnt. Darüber hinaus führte Reischl die verschiedensten Pflanzen- und Mineralfarben, auch Bleiweiß. Auch die gängigsten Sorten Rauch- und Schnupftabake, Feuerstein, Pfeifen, Pfeifendeckel, geputzte Baumwolle bekam man bei Reischl und auch Spielkarten in verschiedener Qualität – »ordinari« oder »gewaxelte«. Dabei muss es sich um Karten aus den Salzburger Werkstätten Schnegg, Rauchmiller bzw. Traunwiser gehandelt haben, denn seit 1719, als Erzbischof Franz Anton von Harrach (1709–1727) die Einfuhr ausländischer Spielkarten per Mandat verbot, durften nur noch einheimische Karten verkauft werden. Dadurch erlangten die Salzburger Werkstätten eine Monopolstellung. [22] Bei Nichtbeachtung des Mandats drohten nicht nur die Konfiskation der Karten, sondern auch Strafen. [23] Um Preissteigerungen zu verhüten, wurden für die inländischen Karten die Preise festgesetzt. [24] Die Reischls führten auch Schießpulver – immerhin mussten die Bürger ihre Stadt verteidigen können. 1796 berichtet der Pflegsverwalter von Hartmann als Folge einer Anzeige an die Salzburger Regierung, dass das Schießpulver von jeher unter dem Dach aufbewahrt wird. Bei einer Überprüfung durch eine magistratische Kommission fanden sich aber nur eine kleine Menge von 2½ Pfund in einem Fässchen unter dem Dach und 1 Pfund im Laden. Hartmann wies aber Maria Katharina an, größere Mengen Schießpulver wegen der Explosions- und Feuergefahr in ihrem Sommerhaus außerhalb der Stadt aufzubewahren. [25]

Die Kunden

Wer kaufte bei Reischl ein? Er hatte Kundschaft aus Mühldorf und aus dem bayerischen Umland. Darunter in erster Linie als Endverbraucher die Mühldorfer Bürger, Klöster und Kirchen, der Kleinadel aus der Umgebung, die Verwaltungselite und die Handwerker. Nach ihren Wünschen richtete sich natürlich auch das Angebot. Das *Lobwürdige Unßer Lieben Frauen Gottshauß am blaz allhier* hat seinen Bedarf an Baumöl (= Olivenöl) für das Ewige Licht in der Kirche bei Reischl gedeckt. Woche für Woche kaufte man ein Pfund Öl zu 24 Kreutzer. Der aufgelaufene Betrag wurde im Dezember bezahlt. Das bedeutete, dass Reischl ein Jahr lang anschrieb und vorfinanzierte. Der Stiftsmesner vom Kollegiatstift, der Mesner von Lohkirchen, der Pfarrer von Ecksberg u.a. waren regelmäßige Kunden. Sie kauften Öl, Stoffe zur Ausgestaltung der Gottesdienste, aber auch Kleiderstoffe für die eigene Garderobe. Die Kapuziner bezogen im März 1777 u. a. Zucker, Lackmus, »weinpör« (= Rosinen), Fenchel, Anis, braunen Kandis, Tee, Baumöl, Tabak und ein »seidens meillendes Halstuch«.

Darüber hinaus hatte die Reischl'sche Handlung auch die Funktion eines Großhandels für die Fragner, Krämer und Kleinhändler der Umgebung. So waren die Fragnerin aus Ampfing und die Kramer aus Gars, Kraiburg sowie Zangberg regelmäßige Kunden. Sie deckten sich vor allem mit den verschiedensten Sorten Rauch- und Schnupftabaken ein, um sie auf dem Land weiterzuverkaufen.

Im »Strazza-Buch« sind drei Tuchmacher [26] aus Mühldorf eingetragen. Es handelt sich um den bürgerlichen Tuchmacher Luz, den Tuchmacher Mayrhofer und den Tuchmacher Baumgartner. Baumgartner fertigte mindestens drei Stoffqualitäten: »feines« und »ordinaires« und »Ponso«-Tuch [27] und färbte es auch selber. Von den dreien hat er den größten Umsatz getätigt; mindestens ein Mal pro Woche kaufte Baumgartner bei Reischl ein. Er schickte entweder den »Jung«, also den Lehrjungen oder seine Frau. Hin und wieder holte der Handwerker selbst die Farben in der Handlung ab. Die Eintragungen im Buch beginnen im Juni 1777 mit einem Übertrag von 48 fl 1 kr aus früheren Einkäufen. Am 26. August findet sich ein Eintrag über grünen »Rasch« [28], feine steife Leinwand, Knöpfe und Garne. Am 16. September 1781 kaufte Baumgartner ein »Kinderhäubl« mit Spitzen. Diese Einkäufe stehen isoliert und stellen Ausnahmen dar. Üblicherweise holte er sich nur Farbstoffe bei Reischl. Das sind »roth Sandl« [29], »grien Vitriol« [30], »kleine und große Gallus« [31], »Indigo« [32], »Grapp« [33], »Reth« [34],

»blaues Holz« [35], »Allaun« [36], »Waid« [37], »Rothweinstein« [38], »Gurgome« [39], »weißes Arsenicum«, »Kupferwasser« [40] und »Fernanpock«. [41]

Baumgartner hat also Tuche schwarz, grau, braun und in verschiedenen Rot- und Blautönen gefärbt. Reischl nahm Baumgartner die Tuche ab und verrechnete sie gegen die Forderungen aus den Farbeinkäufen. So kaufte Andre Reischl beispielsweise im Juli 1777 15⅔ Ellen braunes Tuch von Baumgartner, im Oktober 1778 13½ Ellen einfaches grünes Tuch, 20⅔ »pleyfarb(enes) feines Tuch« und 1781 feines braunes Tuch. Reischl gab Baumgartner auch einen Kredit von 50 fl, den er mit Zinsen in unregelmäßigen Abständen zurückzahlte. Möglicherweise war Andre Reischl auch als Verleger tätig.

An diesem Beispiel lässt sich sehr anschaulich ablesen, dass jene Geschäftsbereiche der Handlung – Einzelhandel, Großhandel und Bankwesen – , die 1924 beim Jubiläum zum 125-jährigen Bestehen gefeiert wurden bereits im 18. Jahrhundert voll ausgebildet waren. Die Funktion als lokales Bankinstitut konnte das Handelshaus Daxenberger bis zum Ende des 19. Jahrhunderts erhalten und ausbauen.

Sigmund Haffner
Salzburg, 3. Viertel 18. Jh., Öl auf Leinwand, doubliert SMCA
Sigmund Haffner war eine der wichtigsten Persönlichkeiten in Salzburg in der 2. Hälfte des 18. Jh. Er hatte sich vom Handlungsbediensteten zum reichsten Handelsfaktor der Stadt emporgearbeitet. Er war Stadtrat und Bürgermeister. Andre Reischl hatte intensive Geschäftskontakte mit Sigmund Haffner.
Lit.: Martin, Franz: Hundert Salzburger Familien. Salzburg 1946; Lospichl, Franz von: Die Familien Haffner und Triendl. Salzburg 1970, S. 10 ff.

Zur Kunst nachgotischer Zeit in der salzburgischen Exklave Mühldorf

Eine Analyse von Produktionsstandort und künstlerischen Beziehungen

Thomas Johannes Kupferschmied

Bis zum Jahr 1802 war mit den Grenzen des Mühldorfer Burgfriedens auch ein Spannungsfeld markiert. Pole dieses Spannungsfeldes waren die geografische Situation auf der einen Seite und die herrschaftlichen Verhältnisse auf der anderen: Landschaftlich lag Mühldorf im Kern des alten Baiern, politisch jedoch unterstand die Stadt als Inselbesitz Salzburger Obrigkeit.

Mühldorf war Brückenort am Schiffahrtsweg Inn und Stützpunkt an einer der alten Salzstraßen. Mit der Innstadt befand sich also einer der wichtigsten Verkehrsknotenpunkte innerhalb wittelsbachischen Territoriums in fremder Hand. Allein handelsstrategisch war dies für das baierische Herrscherhaus kein Wunschzustand. Wiederkehrende Nadelstiche isolierender ökonomischer Repressionen zeigten die wachsenden Begehrlichkeiten. Die Salzburger Territorialherren waren immer wieder gezwungen zu intervenieren, um die Offenheit und wirtschaftliche Integriertheit Mühldorfs aufrechtzuerhalten.

Kunst und Künstler waren Teil des auf diese Weise besonders sensiblen Wirtschaftslebens der Stadt. Wie wirkte sich die Exklaven-Situation auf sie aus? War die Kunstproduktion der Stadt eigenständig? Gab es kunstpolitische Einflussnahmen aus Salzburg? Existierten Verflechtungen zum baierischen Umland? Oder anders: Wie salzburgisch geprägt war eigentlich die Kunst in Mühldorf vor dem Jahr 1802? Antworten auf diese Fragen versucht [1] der folgende Beitrag zu geben.

Die Rahmenbedingungen in den Territorien des Kaiserreiches: Der Künstler als Handwerker

Dass sie sich »das sklavische Joch der Handwerker« [2] aufbürden müssten, beklagten viele Künstler früherer Jahrhunderte. Allerdings vergeblich. Anstrengungen, eine Sonderrolle einzufordern, hatten keinen Erfolg. Den Künstlern blieb bis zum 19. Jahrhundert in allen Ländern des Heiligen Römischen Reiches nur die Existenz innerhalb des staatlich regulierten Wirtschaftslebens, d. h. innerhalb des Systems der Zünfte.

Die Möglichkeit, z. B. als Maler, Bildhauer oder Goldschmied selbstständig tätig zu sein, war im Grundsatz nur durch den Erwerb einer Zunftzulassung – einer so genannten Handwerksgerechtigkeit – und durch den städtischen Wohnsitz gegeben. Zünftische Konzessionen gab es allerdings nur in beschränkter Zahl, was sich vor allem für die nachkommenden Generationen als problematisch erwies. Juristisch galt eine Handwerksgerechtigkeit als persönliches Eigentum. Ihr Inhaber konnte sie, wie es in einem alten Vertrag heißt, als »Aigenthum gaudieren, inhaben, nuzen, niessen und gebrauchen und fernershin widerummen verkommen, verkauffen, vertauschen, versezen, verwexlen und in all ander Weeg darmit handlen, thuen und lassen [...] wie ihm gelust und gelangt [...]« [3] Mit großer Regelmäßigkeit wurden die Handwerksgerechtigkeiten über Erbe und Einheirat, oft genug auch Witwenheirat, weitergegeben. [4] Der durchaus mögliche Kauf einer Konzession erforderte dagegen viel Kapital. In der Folge wurde der Erwerb des Bürgerrechtes notwendig, wurden Abgaben an Staat und Zunftkasse eingefordert, die dem Käufer weitere Kosten verursachten, ganz zu schweigen von den Aufwendungen für Wohnung und neu einzurichtende Werkstatt, für Werkzeuge und Materialien.

Herkunftsorte von Baumeistern, Künstlern und Kunsthandwerkern

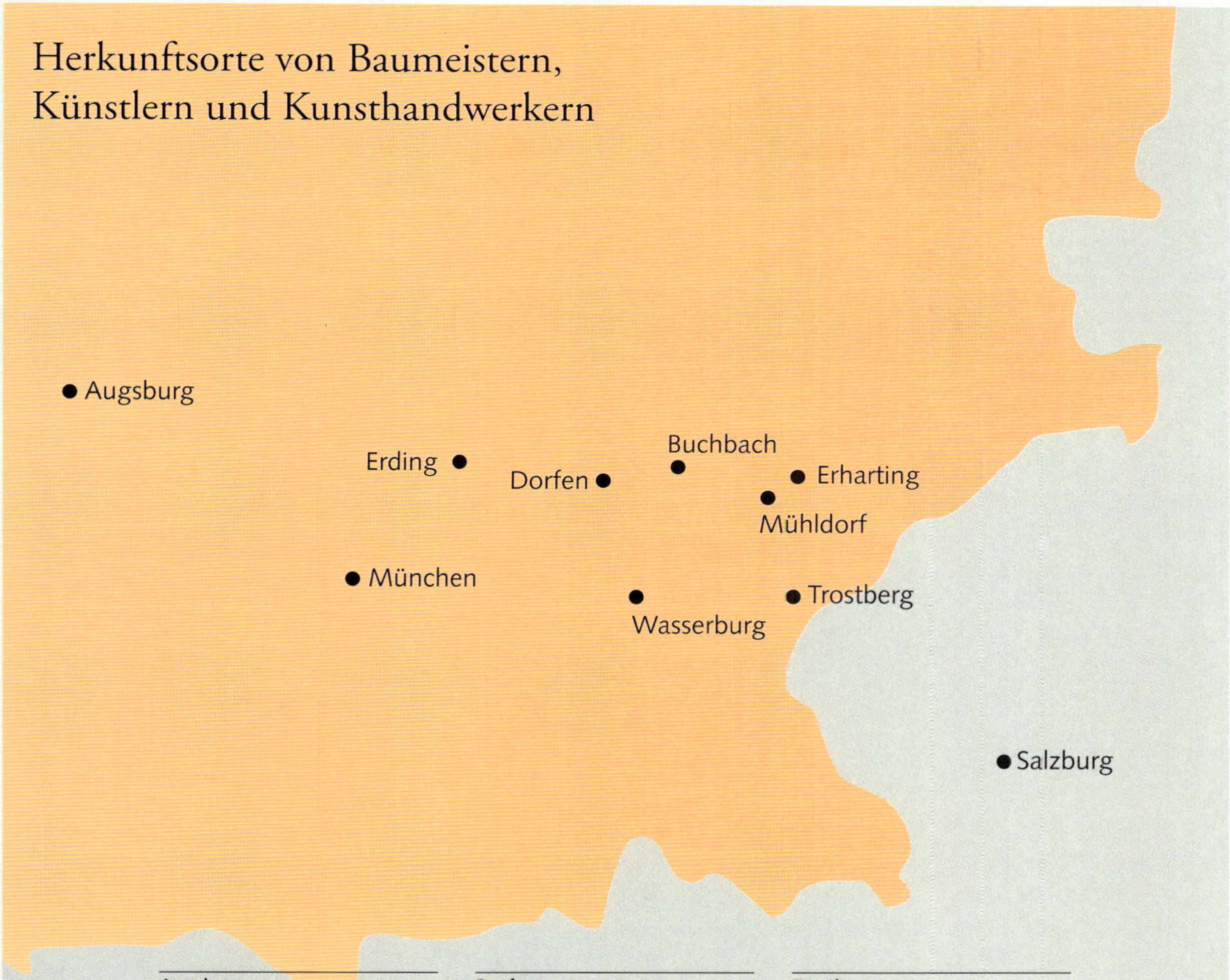

Augsburg:
Ignaz Caspar Bertold, Goldschmied, 1773–75
Georg Ignaz Bauer, Goldschmied, 1776 und später
Joseph Tobias Herzebik, Goldschmied, spätes 18. Jh.
Joseph Anton Reidler, Goldschmied, spätes 18. Jh.
Joseph Anton Seethaler, Goldschmied, spätes 18. Jh.

München:
Martin Heigl, Maler, 1771

Erding:
Franz Xaver Zellner, Faßmaler, 1772 (Zuschreibung)

Wasserburg:
Johann Schlett, Orgelbauer, um 1772

Dorfen:
Matthias Fackler, Kistler, 1772

Buchbach:
Balthasar Mang, Maler, um 1764/74

Mühldorf:
Adam Wiest, Goldschmied, um 1630
Martin Wandl, Zinngießer, 1689
Georg Pühlmann, Baumeister, 1771/72
Christoph Fröhlich, Holzbildhauer, 1772
Josef Lesch, Tischler, 1772
Johann Cajetan Troger, Goldschmied, spätes 18. Jh.

Erharting:
Georg Schmidt, Schreiner, um 1772

Trostberg:
Franz Alois Mayr, Baumeister, 1769–71
Johann Georg Kapfer, Holzbildhauer, 1770/71
Franz Josef Lindtmayr, Baumeister, 1771/72

Salzburg:
Lorenz Hermbler, Schnitzer/Holzbildhauer, 1746
Georg Dobler, Steinmetz/Steinbildhauer, 1762
Johann Högler, Steinmetz/Steinbildhauer, 1773/74
Franz Nikolaus Streicher, Maler, 1774

Übersicht über Künstler und Kunsthandwerker, die beim Bau der Stadtpfarrkirche im 17./18. Jahrhundert nachweisbar sind.
Entwurf: Thomas Kupferschmied
Grafik: engelhardt.atelier, Mühldorf a. Inn

Die auf diese Weise finanziell stark belasteten zünftischen Handwerker sahen eifersüchtig auf ihre Rechte. Wer nicht in die Zunft aufgenommen war und trotzdem Aufträge ausführte, wurde als »Störer« und »Pfuscher« verfolgt und hart abgestraft. Genauso ging man aber auch gegen Standeskollegen mit aller Schärfe vor, die sich nicht an ihr »Revier« hielten: Weil »ein Handwerck niemand treiben darf, als redliche zünfftige Meister […] desgleichen weil die zünfftige Meisterschafft in gewisse Orte und Districte eingeschränckt ist; so werden die Leute, die sich hierinne vergehen, aufgesuchet, aufgehoben und verjaget […]«, heißt es 1750 in Zedlers Universal-Lexicon.[5] Die einzige Ausnahme, Waren – keine Dienstleistungen – legal auch an anderen Orten anbieten zu dürfen als am Sitz der Werkstatt, boten nur die von der Obrigkeit gefreiten Märkte, die mehrmals im Jahr in Verbindung mit Feiertagen in regionalen Zentren stattfanden.

Künstler, die sich trotz Talent und technischer Qualifiziertheit durch die bestehende Ordnung vom Gewerbebetrieb ausgeschlossen sahen, suchten die Schlupflöcher des Systems zu nutzen. Zum Verdruss der zünftisch Organisierten konnten beispielsweise fürstliche Herrscher zusätzliche Handwerksgerechtigkeiten schaffen. »Frei-, Patent- oder Gnadenmeister« nennt Zedler Handwerker, die »einer Gnädigsten Herrschaft treulich gedienet« und auf hoheitlichen Befehl unter Erlass der üblichen Auflagen und Gebühren in die Zünfte aufgenommen werden mussten.[6] Andere Künstler ersuchten die Herrscherhäuser um direkte Privilegierung. Der sogenannte Hofschutz bzw. der Rang eines Hofkünstlers ermöglichten eine legale Existenz »neben« den zünftischen Handwerkern.[7] Eine weitere Variante der Zunftfreiheit boten die Handwerksgerechtigkeiten, die manche Klöster eingerichtet hatten.[8] Den Weg zur freien Tätigkeit des freien Künstlers sollte schließlich die Akademieausbildung ebnen, die seit dem Anfang des 18. Jahrhunderts gesteigerte Bedeutung erhielt. Die Akademiemitgliedschaft und die Auszeichnung mit Diplomen bzw. Wettbewerbspreisen stellte die Absolventen von jeglichem Zunftzwang frei.[9]

Den relativ wenigen Ausnahmen der Privilegierung stand aber gerade auch in den künstlerischen Berufen die Regel der Zunftzugehörigkeit gegenüber. Die Existenz der Zünfte war gesellschaftlich gewünscht. Die Regulierung durch die Zünfte sorgte für eine gleichmäßige Aufteilung der Marktanteile, hielt übermäßige und ruinöse Konkurrenz fern und sorgte für Stabilität im Gefüge von Preis und Qualität.

Das zünftische Prinzip umschloss aber nicht nur den Künstler bzw. Handwerker. Dem System musste sich über das »Zwangs=Recht« auch der Kunde oder Auftraggeber einordnen. Zedler definiert das »Zwangs=Recht« wie folgt: »[Es] hält nicht nur alle, die ausser der Zunfft sind, von der Treibung des Handwercks ab, sondern es […] nöthiget auch alle und jede Einwohner des Orts, daß sie, wenn sie des Handwercks oder etwas von dessen Arbeit bedürfftig sind, zu einem zünfftigen Meister [dieses Ortes] gehen, und sich dessen Arbeit bedienen müssen. […] Das Zwangs=Recht selbst […] entstehet […] aus und mit der Zunfft, und erstrecket sich über dieselbige Stadt, und über den ganzen District, und alle Einwohner desselben […]«.[10]

Mit dem so definierten »Zwangs=Recht« bzw. mit dem zünftischen System an sich wäre die Kunstgeschichte einer Stadt theoretisch schon festgeschrieben. Sie müsste weitestgehend autochthone[11] Züge tragen und vor allem von den örtlichen Werkstätten geprägt sein. Die Kunst Mühldorfs müsste lokal produziert sein; das salzburgische Mühldorf würde – nach (zugegeben: gewaltsamer) politischer Definition – Salzburger Kunst zeigen. Trägt die Realität diesen Schluss?

Zur Kunst im salzburgischen Mühldorf

Die Stadt als Auftraggeber – Beispiele

Leider sind nur wenige öffentliche Gestaltungsvorhaben archivalisch so gut belegbar wie die Rathausumgestaltung des 17. Jahrhunderts, wo sich die Vorgänge relativ klar nachzeichnen lassen. Der Rathausbau am Stadtplatz wurde im 15. und frühen 17. Jahrhundert mehrfach erweitert und nahm schließlich den Platz von drei Bürgerhäusern ein. Nach den Zerstörungen des verheerenden Stadtbrandes von 1640 mussten weitgehende Instandsetzungsarbeiten geplant werden. Die notwendigen Eingriffe zielten auch auf Modernisierung und schließlich auf die Formung eines Repräsentationsbaues. Laut Akten wurden, so wie es das »Zwangs=Recht« annehmen lässt, die Mühldorfer Maurermeister Wolf Schmidt und Georg Sulzgrueber beschäftigt. Sie führten allerdings nur Instandsetzungs- und Verputzarbeiten aus. Die Bauleitung und die gestalterisch-entwerfenden Aufgaben wurden ihnen nicht übertragen. Einen geeigneten Baumeister – üblicherweise ein eingezünfteter Maurer oder Zimmerer – gab es in der Stadt nicht, jedenfalls nach dem Urteil des Magistrates. Er bat in einem Schreiben an das salzburgische Hofbauamt »umb alher schikhung eines tauglichen Zimermaisters zu erpauung des […] ab= und nidergeprunen rathaus«[12], der offenbar auch die Architektenaufgabe übernehmen sollte. Das Vorgehen des Stadtrates verdross die Mühldorfer Handwerker, die sich allerdings sehr spät zur Kritik entschlossen: Erst nach Tätigwerden des von Salzburg abgeordneten Wolf Perger und seiner zwölf Gehilfen gingen mehrere Beschwerden ein, die sich mit den »fremden« Arbeitskräften beschäftigten. [13] Perger überprägte als Supervisor den Bau auf frühbarocke Art. Nicht alle baulichen und künstlerischen Eingriffe haben die Zeiten überdauert. Am deutlichsten sichtbar wird der gestalterische Ansatz noch an den erhaltenen Holzvertäfelungen der Innenräume. Pseudo-Intarsien [14] in Tradition manieristischen Beschlagwerks, mit Bezügen zum gerade erst in Süddeutschland aufkommenden Knorpelwerkstil zieren die prächtigen Holzverkleidungen der Innenräume. Die Türumrahmung zum heutigen Großen Sitzungssaal trägt stolz die Signatur »WP«, die Jahreszahl der Vollendung »1641« und die Zunftzeichen des Tischlermeisters, Zirkel und Winkel. Die Ausführung der Vertäfelungen lässt die Ergänzung durch Dekorationsmalereien fast zwingend annehmen. [15] Von der zeitgleich entstandenen Fassadengestaltung mit markant-wuchtigen Giebelformen – eventuell auch dem Gestaltungswillen Pergers entsprungen – können uns wenigstens noch die Ansichten in älteren Stichen und Gemälden eine Vorstellung geben.

Für die Anfertigung von Fassadenfresken an Stadttürmen und anderen öffentlichen Gebäuden – in dekorativer Funktion oder als Herrschaftsabzeichen verstanden – gibt es nur zufällige urkundliche Belege. Keine der Malereien hat die Zeiten überdauert, nur wenige Bildquellen können die Angaben der Archivalien illustrieren. Die Aufträge wurden, soweit feststellbar, immer lokal vergeben, wie es das Zunftrecht vorsah. Der in der Innstadt ansässige Wolf Zerer wurde beispielsweise 1604 für die Renovierung der Zifferblätter am »Thurner Thurn« bezahlt; 1613 freskierte er in städtischem Auftrag einen Crucifixus am Hochgerichtsgebäude. [16] Im selben Jahr wurde auch der Maler Anthonius Jastner beschäftigt, der, wie die Akten mitteilen, aus »Lunabürg« stammte; er erhielt für das Malen von Wappen und weiteren Darstellungen an Stadttor und Turm ein Honorar. [17] Der Auftrag wurde von der Stadt erteilt. Jastner muss sich also mit Genehmigung des Magistrats in Mühldorf aufgehalten haben; nicht nachvollziehbar ist bisher, ob Jastner vielleicht sogar für einige Jahre eine Malergerechtigkeit der Innstadt hielt. 1640 heißt es vom Mühldorfer Maler Jacob Staiger, er habe am oberen »Stadt- oder Mezgerthurn« die zwei Zifferblätter freskiert. [18] 1687 wird der Mühldorfer Maler Wolf Spägl bezahlt, »umb daß er des jetzigen festen, gnädigsten Landtsfürsten und Herrn, Herrens p Wappen am Metzger- und Thurmerturm« malt. [19]

Auf die rechtlich besonders geschützten Markttage in Mühldorf wies ein auf dem Stadtplatz aufgestelltes Zeichen hin. Zunächst fungierte als »Freyungs«-Symbol nur ein hölzerner Arm mit einem Schwert in der Faust, der später durch eine komplette Wächterfigur ersetzt wurde. Aus den Akten über die Maßnahmen zur Her-

Voitturm und Nagelschmiedturm
Ausschnitt aus der »Stadtansicht von Mühldorf«, Kopie des Gemäldes von Josef Anton Schröck aus Laufen, aus dem Jahre 1736
Die Aufträge zur Anfertigung von Fassadenfresken an Stadttürmen und anderen öffentlichen Gebäuden wurden immer an lokale Künstler vergeben, was die Angaben der Archivalien bestätigen.

stellung, Pflege und Instandhaltung dieser Marktzeichen durch die Jahrhunderte gehen ganze Reihen Mühldorfer Künstler und Kunsthandwerker hervor, denn fast ausschließlich wurden wieder Ortsansässige beauftragt. [20] So erfährt man, dass 1549 nach Beschädigungen der hölzerne Arm ersetzt werden musste; man beauftragte zwei Mühldorfer, den Schreiner Pangraz und den Maler Leb, mit der Neuanfertigung. 1640 akkordierte die Stadt mit zwei anderen Mühldorfern: Der Holzbildhauer Hans Teifelich sollte als repäsentativeres Symbol eine wohl lebensgroße Wächterfigur schaffen, der Maler Jacob Staiger die Fassarbeit übernehmen. Der witterungsempfindlichen Skulptur war kein hohes Alter beschieden. Bereits 1650 musste der Mühldorfer Schreiner Hofmann einen Arm wieder befestigen, der ortsansässige Maler Christoph Schrefl für einen Anstrich sorgen. Nur sieben Jahre später wurde vom Mühldorfer Schreiner Hans Geisenhauser ein komplett neuer Arm montiert, den wieder Schrefl fasste. Als sich um 1659 zeigte, dass bereits auch der Kopf der Figur auszutauschen war, kam der Ratsbeschluss, einen »märmelstainernen« Mann ausführen zu lassen. Den Auftrag für die Figur – die heute als Torwächter am Münchener Turm steht – erhielt ein Berchtesgadener, nämlich Franz

Türverkleidung des Sitzungssaales im Mühldorfer Rathaus
Salzburgisch, 1641, Wolfgang Perger
1640 brannte das Rathaus beim großen Stadtbrand ab. Salzburger Zimmerleute unter der Leitung von Wolfgang Perger schufen die prunkvolle Kassettendecke im Rathaussaal. Pseudo-Intarsien zieren die prächtigen Holzverkleidungen der Innenräume. Die Türumrahmung zum heutigen Großen Sitzungssaal trägt die Signatur »WP« und die Jahreszahl der Vollendung »1641«.
Lit.: Hartmann, Adolf: Ein Gang durch das Mühldorfer Rathaus. In: Das Mühlrad XXI (1979), S. 19–22.

Khiemhover.[21] In Mühldorf gab es damals offenbar keinen eingezünfteten Steinmetzen; die Vergabe an den Berchtesgadener Khiemhover ist trotzdem symptomatisch: Steinmetzarbeiten in der Stadt gingen meist an Handwerker aus der Gegend um den Untersberg bzw. aus Salzburg, woher auch der fast ausschließlich verwendete Rotmarmor stammt. Als beispielsweise 1664 neue Grenzsteine beschafft werden sollten, erhielt den Auftrag der Salzburger Steinmetz Johann Paul Wagner.[22] Für die Renovierung bzw. Teilerneuerung des Hochbrunnens am Stadtplatz wurde um 1692 vom Magistrat ausdrücklich ein Salzburger von der fürstbischöflichen Hofbaumeisterei angefordert; gesandt wurde damals der Bildhauer Andre Gözinger.[23] Doch zurück zur Wächterfigur. Die bis ins späte 18. Jahrhundert archivalisch zu verfolgenden Pflegemaßnahmen beschäftigten ausschließlich wieder die Mühldorfer Handwerker. Die Maler Wolfgang Spägl, Christoph Prämbl und Paul Kurz führten beispielsweise 1676, 1679 und 1713 Fassarbeiten durch. Einer der spätesten Vermerke bezieht sich 1760 auf den sehr talentierten Mühldorfer Schnitzer und Bildhauer Christoph Fröhlich, der die hölzernen Waffen, Schwert und Lanze, instandsetzen sollte.

Der enge, aber repräsentative Ausschnitt städtischer Projekte sei hier geschlossen. Auch für den kirchlichen Bereich erzwingt der vorgegebene Rahmen Konzentration.

Die Kirche als Auftraggeber – Beispiele

1767 initiierte Dekan Wolfgang Summerer zunächst Modernisierungsmaßnahmen an der Kollegiatstiftskirche[24] St. Nikolaus, schließlich ab 1768 aber den fast vollständigen Neubau. Summerer darf sich damit in die Reihe der großen Bauherren des Sakralbarock einordnen, die im 17. und vor allem im 18. Jahrhundert im katholischen Süden des deutschen Sprachraumes die Erneuerung oder wenigstens Umgestaltung zahlreicher klösterlicher Anlagen betrieben.[25]

Archivalisch gut nachzuverfolgen und in unserem Zusammenhang hochinteressant ist besonders das Verfahren zur Bestimmung des Baumeisters. Die Baumeister des Barock waren, wie erwähnt, in der Regel eingezünftete Maurer- oder Zimmerermeister. Die Bauakten zeigen zunächst einen Missklang zwischen dem Mühldorfer Kollegiatstift als Maßnahmeträger und dem Salzburger Consistorium als kirchlicher Aufsichtsbehörde. Monate vergingen bis man sich auf eine geeignete Person geeinigt hatte. 1767 hatte der Versuch Mühldorfer Baumeister, die Pfeiler im Schiff der Vorgängerkirche zu verschmälern, in einer Katastrophe geendet, nämlich dem Einsturz von Gewölben und Seitenmauern. Für Summerer stand deshalb fest, dass man auf erfahrenere und das bedeutere: auf auswärtige Baumeister zurückgreifen musste. Der Dekan schlug den aus Tegernsee stammenden Trostberger Gerichtsmaurermeister Franz Alois Mayr vor, einen Baiern also, der auf ihn mit »Erbauung der Kloster-Kirchen zu Baumburg, zu Mariaberg, und Raittenhaslach dan anderen Gottshäusern umligens« Eindruck gemacht hatte.[26] Das Salzburger Consistorium präsentierte dagegen einen Mann aus dem eigenen Haus: Wolfgang Hagenauer, der als fürstbischöflich salzburgischer Bauamtsverwalter zur Spitze der kirchlichen Verwaltungsbehörden gehörte.[27] Aufgrund seiner Stellung gelang es Hagenauer, nahezu jeden in seiner Amtszeit im Salzburger Territorium ausgeführten Kirchenneubau unter seine Direktion zu nehmen. In Mühldorf jedoch sollte er nicht zum Zug kommen.[28] Die Baumeisterfrage blieb zunächst lange zwischen den beiden Kandidaten unentschieden. Erste Pläne wurden von Mayr erstellt, fanden aber – erwartungsgemäß – keinen Beifall aus Salzburg. Die Planrisse seines Gegenspielers Hagenauer wiederum missfielen Summerer. Im Oktober 1768 schlug Mayr schließlich vor, Modelle von beiden, inzwischen verbesserten Planungen auszuführen und zu beurteilen. Erst im Februar 1769 wurde mit Mayr der baierische Bewerber zum Baumeister bestimmt, sein Entwurf allerdings vom Konsistorium erst ratifiziert, nachdem er wiederum »nach der mit H. Bauverwalter [Hagenauer] genommenen abrede […] verbesseret worden.« Mayr griff das große Architekturthema der Verschmelzung von längsgerichtetem und zentral geordnetem Sakralbau gekonnt auf und schuf letztlich eine harmonische Kirchenanlage deutlich altbaierischer Prägung. Die Fertigstellung des Baues erlebte er nicht mehr. Franz Josef Lindtmayr, Maurermeister aus Trostberg, wurde nach Mayrs Tod 1771 die Bauleitung übertragen. Die Überwachung der Arbeiten oblag immerhin einem Mühldorfer, dem Maurermeister Georg Pühlmann.

Dekan Summerer zeigte sich in den Verhandlungen über die Baumeisterfrage als geschickter Taktiker. Seine ästhetischen Ansprüche müssen präzise gewesen sein, seine Argumente waren letztlich überzeugend. In der sich anschließenden Frage der künstlerischen Innenausstattung ließ Salzburg dem Mühldorfer Stiftsvorstand offenbar sofort freie Hand.

Die Stuckierung und die Ausführung der Deckenmalereien wurden erneut baierischen Kräften übertragen. Beide Gewerke interpretieren die Architektur und beeinflussen ihre Wirkung entscheidend, so dass der Schluss nahe liegt, dass die Ausführenden vom baierischen Baumeister Franz Alois Mayr vorgeschlagen wurden. Summerer wird ihre Leistungen geprüft und mit seinen Vorstellungen abgeglichen haben. Die Ausführung der Stuckaturen übernahm Mayrs Bautrupp. Der Entwurf des Dekors aber geschah durch den Trostberger Bildhauer Johann Georg Kapfer; er wurde 1770 für die Anfertigung von Modellen zu Stuckornamenten und Pilasterkapitellen bezahlt. [29] Mit Kapfer bildete Mayr bei vielen Bauprojekten Arbeitsgemeinschaften, Mayrs Fürsprache für ihn scheint somit sicherbar. Der Rückgriff auf einen auswärtigen Meister lag nahe: In Mühldorf ist ein ansässiger Stuckateur für die Zeit um 1769/71 nicht feststellbar; die bestehende Bildhauergerechtigkeit war allerdings besetzt. [30] Auch der hofgeschützte Münchener Freskant Martin Heigl, der Maler der Deckenfresken in St. Nikolaus, könnte durch seine Bekanntschaft mit Mayr [31] zu seinem Auftrag gekommen sein. Er schuf ein Werk im Geiste seines Lehrers Johann Baptist Zimmermann, der als Inventor und Genius der süddeutschen Rokoko-Großmalerei gilt. Welche Maler Handwerksgerechtigkeiten in Mühldorf um 1769/71 innehielten, ist bisher nicht bekannt. [32] Für den Freskoauftrag kamen ortsansässige Künstler laut Aktenlage auf jeden Fall nicht in Frage und auch auf eine Konkurrenz mit Malern aus der Hauptstadt Salzburg verzichtete

Wappen des Erzbischofs Sigismund Graf von Schrattenbach und der Stadt Mühldorf
J. Martin Heigl, um 1771, Stadtpfarrkirche St. Nikolaus Lit.: Kupferschmied, Thomas Johannes: Der Freskant J. Martin Heigl. München 1989. Spagl, Hans Rudolf: Betrachtungen zu den Heigel'schen Deckenfresken der St. Nikolauskirche. In: Das Mühlrad XVII (1975), S. 5–22.

man. Der Beauftragung Heigls lag offenbar die bewusste Entscheidung für eine Ausmalung im Stil des Rokoko zugrunde, wie man sie typischerweise in der süddeutschen Kunstlandschaft findet und wie sie im Salzburger Raum eher epigonenhaft betrieben wurde; dazu nochmals unten.

Die Seitenaltäre und der Hochaltar in St. Nikolaus sind aus Rotmarmor gefertigt. [33] Die beauftragten Steinmetzen stammten aus Salzburg. Wie der städtische Magistrat sah offenbar auch die Kirche nur in der Untersberger oder Adneter Gegend geeignete Kräfte für die Bewältigung steinbildhauerischer Aufgaben. [34] Für die Zeit des späten 18. Jahrhunderts und das Gebiet des süddeutschen Sprachraumes hätte man eigentlich anstelle der Rotmarmorarbeiten eine Ausstattung mit in Steinart gefassten Kistlerarbeiten erwarten können. Marmorierungsmalereien, die in den schöpferischen Absichten oft weit über bloße Imitationen in den Bereich des Gewollt-Künstlichen gehen, [35] gehören zu den konstituierenden Gestaltungselementen des Rokoko. Die Entscheidung für echten Stein in St. Nikolaus war zugleich die Entscheidung für einen prägenden Salzburger Akzent im Raumbild: Als salzburgisch erkennbar sind die Altäre wegen der charakteristischen

Ausschnitt aus dem Deckenfresko über dem Hochaltar
J. Martin Heigl, um 1771
Stadtpfarrkirche St. Nikolaus
Den Fresken liegt die Legende des Kirchenpatrons Nikolaus zugrunde. Das Chorfresko zeigt den Heiligen als Fürbitter für die salzburgische Stadt Mühldorf und den gesamten Erdkreis vor Christus und Maria. Am linken Rand lehnt ein genius loci an einer Weltkugel, die eine Ansicht der Stadt Mühldorf wiedergibt; neben ihm ein sitzender Jüngling mit dem Doppelwappen der Stadt und des Salzburger Erzbischofs Sigismund Graf von Schrattenbach, der zur Zeit der Ausmalung Landesherr war.

Lit.: Kupferschmied, Thomas Johannes: Der Freskant J. Martin Heigl. München 1989. Spagl, Hans Rudolf: Betrachtungen zu den Heigel'schen Deckenfresken der St. Nikolauskirche. In: Das Mühlrad XVII (1975), S. 5–22.

Optik der verwendeten Rotmarmorarten, die aufgrund ihrer Auffälligkeiten auch dem geologischen Laien eine Lokalisierung ermöglicht; salzburgisch wirken sie aber auch mit ihren aus der Materialwahl resultierenden, strengen, statisch klaren Retabelformen, die sich von der im späten 18. Jahrhundert in Süddeutschland als typisch zu beobachtenden Dynamisierung der Altarkörper klar absetzen. Die beiden vorderen linken Seitenaltäre (Maria-Zell-Altar und Sebastianialtar) und das Tabernakel des Hochaltares waren bereits um 1762 von Georg Dobler geschaffen worden. Sie nahmen beim erwähnten Kircheneinsturz von 1767 nur wenig Schaden und wurden ab 1773 offenbar nur geringfügig überarbeitet bzw. neu versetzt. [36] Von den drei rechten Seitenaltären dagegen überstanden nur Einzelteile die Katastrophe. Die beiden vorderen Retabel (Kreuzaltar und Johann-Nepomuk-Altar [37]) wurden um 1774 von Johann Högler aus Salzburg nach dem Vorbild der Pendants von 1762 weitgehend neu errichtet. [38] Der westliche rechte Seitenaltar (Anna-Altar) dürfte von Högler aus Elementen eines wesentlich älteren Rotmarmoraltars des 17. Jahrhunderts gefügt und modern ergänzt worden sein. [39] Auch die Architektur des Hochaltars ist Höglers Werk; dazu noch unten. [40]

Für die übrige Ausstattung kamen fast ausschließlich Künstler aus Mühldorf und dem engeren – baierischen – Umland zum Zuge. Die in der Formdynamik des süddeutschen Rokoko gestaltete Kanzel stammt beispielsweise von Matthias Fackler aus Dorfen, einem in der Region sehr bekannten und gesuchten Kistler, der als künstlerisch hoch begabter Generalunternehmer für die Anfertigung von Sakralausstattungen auftrat. Der Figurenschmuck und die Rokoko-Ornamentik der Kanzel wurden vom talentierten Mühldorfer Bildhauer Christoph Fröhlich ausgeführt, der wohl auch die einzelne Rocaille im Auszug des Kreuzaltares geschnitzt hat. [41] Die Fassarbeit an der Kanzel dürfte gemäß Stilbefund ein Werk der Zellner aus Erding sein. Das fein gearbeitete Chorgestühl und wohl auch die Oratorienbrüstungen sowie die Türblätter im Chor entstanden 1772 in Zusammenarbeit von Tischler Josef Lesch aus Mühldorf und Bildhauer J. G. Kapfer aus Trostberg. [42] Das Laiengestühl ist eine Arbeit von Tischler Georg Schmidt aus Erharting. [43]

Werke zweier salzburgischer Künstler finden sich mit dem alten Gemälde des Johann-Nepomuk-Altares [44], den künstlerisch solide gestalteten Kreuzwegbildern und dem Schrein des hl. Deodatus auf dem Sebastianialtar. Letzterer wurde offenbar bereits 1746 (also noch für den Vorgängerbau) von Lorenz Hermbler geschaffen, der seine Werkstatt in der Stadt Salzburg hatte. [45] Die erwähnten Gemälde sind um 1764/74 zu datieren und werden Balthasar Mang aus Buchbach zugeschrieben, einer ebenfalls salzburgischen Exklave.

Ein besonderes Kapitel in der Autorenfrage ist mit den Vasa sacra, den metallenen liturgischen Geräten, aufzuschlagen. Obwohl in Mühldorf in der Barockzeit kontinuierlich Goldschmiede in den Handwerksrollen verzeichnet sind, konnten sie offenbar nur ausnahmsweise kirchliche Aufträge erlangen. Zu dominierend war der Ruf Augsburgs, das seit dem Beginn der Neuzeit die führende Rolle in der Metallbearbeitung spielte. Die schwäbische Metropole beherrschte den ganzen süddeutschen Markt. In St. Nikolaus stammen lediglich wenige Objekte der Vasa sacra von Mühldorfer Handwerkern: Ein Tablett ist für Zinngießer Martin Wandl nachweisbar, der 1689 Bürger in Mühldorf wurde, zwei Zinnleuchter fertigte im späten 18. Jahrhundert Johann Cajetan Troger. [46] Von Augsburger Künstlern stammen dagegen zahlreiche wertvolle Kelche, Ziborien und Monstranzen des Rokoko. [47] Nachweisbar sind Werke von Joseph Anton Reidler, Joseph Tobias Herzebik, Georg Ignaz Bauer, Ignaz Caspar Bertold, Joseph Anton Seethaler. [48]

Der zweite große Sakralbau barocker Zeit im salzburgischen Einflussbereich in und um Mühldorf war bereits etwa 90 Jahre vor St. Nikolaus mit der Neuerrichtung der Wallfahrtskirche Ecksberg um 1682/83 entstanden. Auch damals entzündete sich an der Baumeisterfrage fast ein Streit. Da Ecksberg schon außerhalb der Stadt und sogar außerhalb des Burgfriedens lag, Bauherr aber wieder das Kollegiatstift war, wollten zur Bausache gleich drei Parteien gehört werden: neben dem Mühldorfer Klerus erneut das Salzburger Consistorium, aber auch der baierische Kurfürst, der eine Kommission der Rentämter Burghausen, Kraiburg und Neumarkt einsetzte. [49]

Initiator der Baumaßnahme war der Mühldorfer Chorherr Cajetan Hellsperger. Wie beim Bau von St. Nikolaus wurde anfänglich kein Einheimischer als Baumeister in Betracht gezogen. Noch 1681 heißt es in einem aus Mühldorf nach Salzburg gerichteten Brief, dass »dis Orths kein solche Pauverstendige verhandten«. [50] Trotz dieser negativen Einschätzung wird allerdings doch Georg Pader, »Burger und Maurermaister« in Mühldorf, um Entwürfe gebeten. [51] Von der baierischen Kommission kommt 1682 der Vorschlag, den bekannten Graubündner Domenico Christophoro Zuccalli zu beauftragen, dessen Tätigkeit in Altötting man als Referenz anführte. [52] Weitere Pläne werden auf Vorschlag des Salzburger Consistoriums von Lorenz Stumpfegger »Maurermaister zu Salzburg« und dem

Kelch von Adam Wiest mit Stifterinschrift auf »Vilgili Owermair«
Stadtpfarrkirche St. Nikolaus, Kirchenstiftung St. Nikolaus

Monstranz des Rokoko
Stadtpfarrkiche St. Nikolaus, Kirchenstiftung St. Nikolaus

Salzburger Hofmaurermeister Ruep Hueber erarbeitet, sowie von Bartholomäus von Opstall, damals fürstbischöflich-salzburgischer »Cammer Portir« und in der Kunstgeschichte vornehmlich als Bildhauer bekannt. [53] Den Kontrakt schließen 1683 der Mühldorfer Pfleger Christoph Jäger und Dekan Josef Speth am Ende mit Zuccalli – offenbar überraschend für das Entscheidungsgremium, das sich aber nicht widersetzt. [54] Zuccalli selbst sucht übrigens als »welscher Maurermaister« 1693 um das Mühldorfer Bürgerrecht nach, das ihm auch gewährt wird; er wandert allerdings bereits 1697 nach Burghausen ab. [55]

Den Bau der Ecksberger Kirche hielt Zuccalli in schlichter hochbarocker Formensprache. Die Stuckierung der Raumschale, für die Zuccallis Bautrupp verantwortlich zeichnete, zeigt deutlich oberitalienische Einflüsse, wie man sie von Arbeiten Graubündner Meister in Süddeutschland kennt. Die Altar-Ausstattung wurde Mühldorfer Künstlern übergeben. Noch 1683 ergingen die Aufträge an den seit 1677 in Mühldorf ansässigen Kistler und Bildhauer Martin Oberhofer sowie den Maler Wolf Spägl, der seit 1671 Bürger in Mühldorf war. [56] Die Retabel stehen stilistisch auf der Höhe der Zeit und zeigen den Hochbarock süddeutscher Ausprägung.

Kirche St. Salvator in Ecksberg
Die Ecksberger Kirche wurde von dem Graubündener Domenico Christophoro Zuccalli aufgeführt. Am 29. Juni 1686 erfolgte die offizielle Einweihung des Gotteshauses.
Lit.: Reindl, Irmengard: Die Wallfahrtskirche St. Salvator in Ecksberg. In: Das Mühlrad XXXVIII (1996), S. 33–92.

Außenansicht der Eichkapelle in Mühldorf a. Inn
Am 21. Juni 1698 kaufte der Stiftskanoniker Achaz Cajetan Hellsperger vom dem Mühldorfer Kaufmann und Ratsherrn Franz Schmid das Grundstück und ließ in den Jahren 1698–1699 ebenfalls durch Domenico Christophoro Zuccalli die Kapelle errichten.
Lit.: Reindl-Witt, Irmengard: Die Eichkapelle Mater Dolorosa in Mühldorf. In: Das Mühlrad XLII (2000), S. 3–22.

Private Auftraggeber – Beispiele

Eher seltene Archivfunde sind es bisher, die in Mühldorf das oben skizzierte System der Zünfte und des »Zwangs=Rechtes« in seiner Rigorosität lebendig illustrieren können: In einem Akt des Stadtarchivs ist das Streitverfahren um ein Epitaph festgehalten, das eine Mühldorferin 1629 für ihre verstorbenen Eltern anfertigen lassen wollte – allerdings in »Ötting«. Sie müsse bei einem eingezünfteten Handwerker der Exklave arbeiten lassen, andernfalls werde er das Werk beschlagnahmen lassen, drohte ihr der Mühldorfer Maler Jacob Strauß. Es kam zur Klage vor dem Mühldorfer Stadtrat. Nach dem Urteil des Magistrats musste Strauß zurückstecken, was vor dem Hintergrund der Zunftrechte erstaunt: Das Epitaph durfte ein Maler der baierischen Nachbarstadt ausführen. [57]

Im Allgemeinen allerdings lassen sich Künstleraufträge aus dem privaten Kreis bisher kaum je so detailliert oder auch nur mit hinreichender Klarheit darstellen. Der einzige Bereich, der sichere Schlüsse über den Zusammenhang Auftraggeber-Werk-Schöpfer zulässt, ist der der religiösen Stiftungsakte. Notwendigerweise bezieht sich der folgende Abschnitt daher erneut auf Sakralbauten und -ausstattungen.

Für St. Nikolaus ist eine ganze Reihe von privaten Stiftungen nachvollziehbar. Um 1630 beispielsweise schenkte ein Wohltäter einen Kelch für die Messfeier am Sebastiansaltar. Die Inschrift auf dem Gefäß lautet: »jüngling virgilli owermair verschaft diesen kelch: ale: mitwochen: zu: brauchen: pei: s: sewastianum: godt zu lob und: ehr«. Über die Beschlagmarken ist diese Goldschmiedearbeit dem Mühldorfer Goldschmied Adam Wiest zuzuweisen, was bei der oben erwähnten, auch im 17. Jahrhundert gültigen »Monopolstellung« der Augsburger auf dem Metallsektor durchaus bemerkenswert ist.

Im Rahmen des Kirchenneubaues von St. Nikolaus sind mit der Ausmalung sowie der Anfertigung von Hochaltar und Orgel dann eine ganze Reihe hoch dotierter Stiftungen zu verzeichnen.

Der von dem Münchener Martin Heigl in süddeutscher Rokokomanier ausgeführte Nikolauszyklus wurde offenbar vom Magistrat sowie der Katharinen-Zunft, der Corporis-Christi-Bruderschaft, dem Bruderhaus und der Jungfrau-Aussteuerungsfundation gestiftet. [58] Heigl konnte auf seine Ausbildung bei Johann Baptist Zimmermann verweisen, auf eine Schüler-Lehrer-Beziehung, die indessen zunftrechtlich Probleme bereitete. Zimmermann war bereits zu seinen Lebzeiten bekannt und berühmt, er gehörte zum Kreis der Münchener Hofkünstler. Allerdings hielt er nie eine Meistergerechtigkeit und durfte somit auch nicht ausbilden. Mit seiner nicht zünftischen Ausbildung drohte Heigl als selbstständigem Auftragnehmer das Schicksal der »Pfuscher«. Er entging ihm durch die so genannte Hofbefreiung, die ihm für seine Arbeiten in Schloss Nymphenburg verliehen wurde und den Abschied aus der Zimmermann-Werkstatt ermöglichte. Der Mühldorfer Auftrag kam, wie oben dargestellt, sehr wahrscheinlich durch die Einflussnahme des Baumeisters Franz Alois Mayr und natürlich in intensiver Abstimmung mit Stiftsdekan Summerer zustande. Ob es zum Zeitpunkt der Freskoausführung in Mühldorf eingezünftete Maler gab, die Heigls Beauftragung hätten streitig machen können, ist, wie erwähnt, nicht bekannt. Heigls Honorar von 1.500 fl war allerdings relativ hoch. Man darf also davon ausgehen, dass die Akkordierung mit ihm aufgrund seiner besonderen künstlerischen Qualitäten erfolgte: Die Entscheidung für den Zimmermann-Schüler Heigl war eine bewusste Entscheidung für die Rokokokunst baierisch-süddeutscher Prägung. [59]

Der Hochaltar mit seinem Bildschmuck war eine Stiftung des Salzburger Erzbischofs Sigismund von Schrattenbach. Er schenkte 2.500 fl unter der Bedingung, dass die Altarbilder den hl. Rupert mit der Altöttinger Muttergottes und den Kirchenpatron St. Nikolaus zeigen würden. [60] Es ist nicht nachweisbar, dass der Stifter Forderungen nach bestimmten Künstlern erhob oder wenigstens ihre Salzburger Herkunft wünschte. Der beauftragte Steinmetz und der Maler stammen aber beide aus der fürstbischöflichen Residenzstadt. Das aus Rotmarmor gearbeitete Retabel schuf Johann Högler 1774. Er setzte, wie beschrieben, mit seinen Altargestaltungen einen ganz spezifischen Salzburger Akzent im Kirchenraum. Der Maler der Altarbilder, Franz Nikolaus Streicher, war baierischer Abstammung, zählt aber zum Salzburger Kunstkreis. Streicher wurde 1738 in Trostberg geboren und erlernte das Malen in Regensburg, Wohnsitz und Arbeitsort des auch an den Wiener und Augsburger Akademien Gebildeten war aber Salzburg. [61]

Die Orgel in St. Nikolaus stiftete Dekan Summerer selbst. Er brachte die stattliche Summe von 1.300 fl auf. [62] Der Auftrag ging an den Wasserburger Johann Schlett; in Mühldorf gab es um 1770 keinen Orgelbauer. [63]

Auch für die Ausstattung der Ecksberger Kirche trat der Salzburger Fürstbischof Sigismund von Schrattenbach als Wohltäter auf. Die Kanzel wurde zum 300-jährigen Jubiläum der Wallfahrt 1753 von ihm gestiftet und trägt sein Wappen am Schalldeckel. Vieles spricht hier dafür, dass trotz des Salzburger Geldgebers die im süddeutschen Rokokostil gehaltene Arbeit zumindest teilweise aus baierischer Hand stammt. Es ist erneut, wie in St. Nikolaus, von einer Auftragnehmerschaft des Dorfeners Matthias Fackler auszugehen, dem wohl wieder der Mühldorfer Bildhauer Christoph Fröhlich zuarbeitete. [64]

Von den inschriftlich oder archivalisch nachgewiesenen zahlreichen Stiftungen in der Katharinenkirche (z. B. Hochaltar und Betstuhl), ist leider kaum eine mit Künstlernamen zu verknüpfen. Die unspektakulären Bilder des linken Seitenaltares, gestiftet vom Mühldorfer Bierbrauer Franz Prindl und seiner Gemahlin im Jahre 1709,[65] werden seit neuestem Johann Carl Fechtl zugewiesen, der seit 1701 Bürger der Innstadt war. [66]

Gemäß urkundlichen Unterlagen ist auch der 1699 entstandene Neubau der Eichkapelle eine Stiftung. Bauherr war Chorherr Cajetan Hellsperger, der bereits als treibende Kraft bei der Errichtung der barocken Ecksberger Kirche 1682/83 hervortrat. [67] 17 Jahre später war für ihn erneut der Graubündner D. C. Zuccalli der Baumeister seiner Wahl; mit ihm schloss er den Kontrakt. [68] Auch bei der Ausstattung griff der Chorherr auf bewährte Kräfte zurück. Wie in Ecksberg beauftragte er den Mühldorfer Schnitzer Martin Oberhofer mit der Gestaltung des hochbarocken Altares süddeutscher Prägung. Als Zentralfigur wurde die ebenfalls Oberhofer zugeschriebene, allerdings schon für den Vorgängerbau geschaffene eindrucksvolle Pietà verwendet. [69]

Resümee

Nur schlaglichtartig konnte im vorgegebenen Rahmen die Situation von Kunst und Künstlern im nachgotischen Mühldorf erhellt werden. Zusammenfassende Aussagen und Schlüsse scheinen deshalb lediglich für den Bereich der Hochkunst und die Zeit des späten 17. sowie des 18. Jahrhunderts legitim.

Künstlerische Lenkungsversuche aus Salzburg waren allein aufgrund der consistoriellen Genehmigungspflicht kirchlicher Projekte zu erwarten. Es gab sie tatsächlich, allerdings nur mit mäßigem Erfolg. Von einer systematischen und bewusst programmatischen Einflussnahme Salzburgs, die gar den Namen »Kunstpolitik« tragen könnte, ist in Mühldorf nichts zu bemerken.

Das System der Zünfte mit seinen rechtlichen Regelungen beherrschte das allgemeine Wirtschaftsleben. Auf dem Sektor hochkünstlerischer Aufgaben hatten die heimischen Gewerbetreibenden, trotz juristischer Protektion, allerdings einen schweren Stand gegenüber arrivierter Konkurrenz von außerhalb.

Die Mühldorfer Auftraggeber agierten erstaunlich frei, unberührt von auferlegten Zwängen des Wirtschaftssystems, unbeeinflusst von territorialer Zugehörigkeit, dafür konsequent nach eigenen Vorstellungen. Nicht lokale Ausrichtung, nicht politische Orientierung waren ihre Kriterien, sondern künstlerische Ansprüche. Die Situation der »Exklave« scheint für die Auftraggeber in Mühldorf keine besondere Rolle gespielt zu haben. Beispielhaft dafür seien noch einmal die wichtigsten Entscheidungen bei Neubau und Neuausstattung der Stadtpfarrkirche St. Nikolaus rekapituliert. Der Salzburger Diözesanbaumeister Wolfgang Hagenauer setzt sich beim wichtigsten Mühldorfer Bau der Rokokozeit nicht als Architekt durch. Beauftragt wird der Baier Franz Alois Mayr aufgrund seiner Leistungen anderen Ortes. Er schafft mit St. Nikolaus ein dynamisches Werk süddeutscher Prägung, das künstlerisch auf der Höhe der Zeit ist. Wohl auf Fürsprache des Baumeisters, sicher aber auch aufgrund seines eigenen hohen Rufes darf ein anderer Baier, der kurfürstlich hofbefreite Maler Martin Heigl aus München, die Gewölbebilder von St. Nikolaus ausführen. Er erhält damit den größten Freskoauftrag, der im Mühldorf des 18. Jahrhunderts auszuführen war. Die Altäre werden von versierten Salzburger Künstlern geschaffen (Högler, Dobler, Streicher). Sie sollten ästhetisch einen Kontrapunkt, ein erkennbar salzburgisches Element im Raumbild setzen. Die Kanzel ist ein Gemeinschaftswerk des baierischen Kistlers Fackler und des Salzburger (Mühldorfer) Bildhauers Fröhlich. Fackler war regional im nördlichen, baierischen Umland eine anerkannte Größe im Altar- und Kanzelbau. Er übertrug die Schnitzarbeiten an der Kanzel dem Mühldorfer Fröhlich wegen seines hohen künstlerischen Niveaus.

Kennertum und Modernitätsstreben bestimmten das Handeln der wichtigen Mühldorfer Auftraggeber. Das beweist auch ein Blick auf andere Gewerke. Selten beschäftigte der Klerus Mühldorfer Handwerker, wenn es um Goldschmiedeprodukte ging. Man wandte sich auch nicht nach Salzburg und nicht nach München. Augsburg war das unumstrittene Zentrum der Metallbearbeitung, fast ausschließlich hier entstand die Mühldorfer Vasa sacra. Steinbildhauer suchten Kollegiatstift und Magistrat an den Orten des Materialvorkommens, wo sich offenbar auch die qualifiziertesten Kräfte zur Bearbeitung fanden. Den bevorzugten Rotmarmor gibt es in den Alpen nahe Salzburg und Berchtesgaden; beide Regionen, die salzburgische und die baierische, kommen zum Zuge.

Wo lokale Künstler die gesuchte Qualität boten, vertraute man auf sie. Exemplarisch sei auf die Bildschnitzer verwiesen. Hier setzte sich die Mühldorfer Tradition guter Werkstätten fort von der Spätgotik in den Barock. Mit Martin Oberhofer und Christoph Fröhlich gibt es im 17. und 18. Jahrhundert zumindest zwei beachtenswerte Holzbildhauer, die ihr Können auch mit Werken für anspruchsvollste künstlerische Aufgabenstellungen in Mühldorf zeigen durften.

Eine Frage ist hier noch einzuschieben: Mühldorfer Künstler erhielten, wie man sah, trotz »Zwangs = Recht« eben nicht bei allen Mühldorfer Auftragsvorhaben den Zuschlag und die Stadt war eigentlich zu klein, um den Ansässigen – wie vom Zunftrecht vorgesehen – ausschließlich über örtliche Aufträge ein Auskommen zu ermöglichen; wie erzielten sie aber dann ihren Lebensunterhalt? Eine Antwort kann nur mit Vorsicht gegeben werden. Der aktenkundige Fall des Malers Quirin Staudacher 1657 zeigt, dass die zünftischen Einschränkungen und auch politische Sanktionen gegen die Enklave zu kritischen wirtschaftlichen Situationen führen konnten. In den Archivalien heißt es, Staudacher beklage, »daß ihm keine Arbeit aus Bayern hereingelassen werden wolle, dahero er recessiviert, sich wiederumben nächstens mit Haus nachher Kraiburg zu begeben [...]«, [70] woher er erst ein Jahr zuvor nach Mühldorf übersiedelt war. [71] Der Fall Staudacher steht allerdings nicht exemplarisch. Die allgemeine Perspektive scheint eine andere gewesen zu sein. Werke fast aller in Mühldorf ansässigen Meister finden sich auch und gerade im baierischen Umland. Eine gewisse Durchlässigkeit der Grenzen wie der Wirtschaftsordnung mag damit angezeigt sein. Der Realitätssinn der Mühldorfer Künstler führte darüberhinaus zu Strategien, die nochmals Schlaglichter auf den Status der Exklave werfen können. 1795 führte die Stadt eine Befragung nach den Jahresgebühren der Salzburger Zunftladen durch: Wegen der geringen Größe des Ortes gab es in Mühldorf in manchen Berufsständen nur wenige Handwerker, die sich somit den Zunftladen größerer Städte anschließen mussten; Mühldorfer Gewerbetreibende wandten sich regulär nach Salzburg. Befragt wurde 1795 auch der Zinngießer Cajetan Troger. Er, immerhin ein gebürtiger Salzburger, erklärte aber, dass er sich nicht in der dortigen Zunftlade eingekauft habe. Er habe sich vielmehr bei der Münchner Zunft eingeschrieben: Denn in Bayern fände er Verdienst durch Arbeit und den Besuch von Märkten, die Münchner Zunft schütze ihn; von der Zugehörigkeit zur Salzburger Zunftlade erwarte er dagegen keinen Nutzen; und er bitte, ihn zu verschonen, sich in Salzburg einkaufen zu müssen. [72]

Polemisierend hieß es am Ende des zweiten Abschnittes, die Werke der Künstler des salzburgischen Mühldorf zählten zur salzburgischen Kunst. Natürlich ist diese politisch basierte Definition aber unsinnig. Ein Fall wie der Cajetan Trogers zeigt das. Wie sollte man ihn einordnen: Geboren in Salzburg, ansässig in Mühldorf, zünftisch an München gebunden; produzierte er salzburgische oder baierische Kunst? Kunstlandschaftliche Einordnungen haben nur unter Auswertung stilistischer Eigenarten Sinn. Die in Mühldorf ansässigen Künstler zeigen unterschiedlichste Biografien, Herkünfte und Ausbildungswege. Manche stammen aus alteingesessenen Familien (z. B. der Maler Wolf Spägl, Bürger 1671 [73]), manche aus der weiteren Region (z. B. der Goldschmied Bartholomäus Furthmüller, Bürger 1678, aus Dingolfing [74]), manche aus der Hauptstadt Salzburg (der Goldarbeiter Simon Wolfgang Zäller, Bürger 1702 [75]). Andere verschlägt es aus Graubünden (D. C. Zuccalli, Bürger 1693 [76]), aus Tirol (der Maler Johann Carl Fechtl, Bürger 1701 [77]), aus der Steiermark (Goldschmied Hans Grilz, Bürger 1676 [78]) oder aus Böhmen (Goldschmied Jakob Gottlieb Schuster, Bürger 1747 [79]) nach Mühldorf; oft bleiben sie nicht lange. Wie viele Handelsorte war Mühldorf auch ein Schmelztiegel kultureller Einflüsse.

Soll man schließlich aus dem Betrachteten ein Resümee ziehen, dann dieses: Kunstgeschichtlich gesehen war Mühldorf nie Exklave. Oder allenfalls im positiven Sinne: Kein hermetischer, zum Isolationismus gezwungener Inselbesitz, sondern ein andersstaatlicher Kleinorganismus, der in lebhaftem Kontakt mit dem großen Nachbarn stand, der im wesentlichen sogar das Kulturbild des baierischen Umlandes zeigte, aber um eine Facette reicher war – um die Salzburger Facette.

Der Meister von Seeon

Albrecht Miller

Der Bildschnitzer der thronenden Muttergottes aus der Benediktinerabtei Seeon im Bayerischen Nationalmuseum (Abb. 4) ist unter dem Namen »Meister von Seeon« zu einer festen Größe in der Kunstgeschichte des deutschen Spätmittelalters geworden. Dennoch fehlt bis heute die systematische Erfassung und Erforschung seiner Werke. Folgende Abhandlung vermag diese Lücke nicht vollständig zu schließen, sie stellt jedoch eine Art Bozzetto für die noch ausstehende Monographie dar, die ich hoffe in absehbarer Zeit vorlegen zu können.

Mit dem Werk des Meisters haben sich in letzter Zeit vor allem Dieter Grossmann und Hans Ramisch beschäftigt. Grossmann publizierte auf der Basis zahlreicher Beobachtungen im Rahmen der Salzburger Ausstellung »Schöne Madonnen« einen umfänglichen Aufsatz.[1] Er fasst das Œuvre stilistisch und chronologisch sehr eng, arbeitet konsequent mit dem, bei der Erfassung der Arbeiten des Meisters und seiner Werkstatt wenig hilfreichen Begriff der Eigenhändigkeit und zeichnet auf diese Weise ein begrenztes Bild der Künstlerpersönlichkeit. Hans Ramisch erweitert in seiner Publikation [2] das Werk des Meisters von Seeon überzeugend um eine Gruppe von Rotmarmorgrabdenkmälern von Bischöfen, Äbten und Pröpsten, die sich unmittelbar an die Epitaphe der Pröpste Thomas Surauer von Gars und Caspar Ebenhauser von Baumburg anschließen lassen. Die übrige Zahl seiner Neuzuschreibung entbehrt jedoch jeglicher stilkritischer Basis und ist ebenso abwegig wie die Identifizierung des Meisters mit dem nur aus schriftlichen Quellen bekannten Bildhauer Hanns Sweicker, der auf dem Gut Hitzelsberg bei Prien ansässig war und zuvor lange Zeit mit seinem Schwiegervater, dem Meister Hartmann, in Ulm zusammengearbeitet hat. Das Werk des Meisters von Seeon enthält keinerlei ulmische Elemente, weshalb die These Ramischs nicht richtig sein kann und schnell der Vergessenheit anheim fallen sollte.

Ein großer Teil der Werke befindet sich in Mühldorf und der Umgebung der Stadt. Hier sind zu nennen der Schlussstein mit dem Relief des hl. Nikolaus über dem Portal der Pfarrkirche Mühldorf (Abb. 8). Ein mit der Sammlung Georg Schuster versteigerter hl. Georg aus Mühldorf (Abb. 10), die Marienfiguren von Pürten und Ranoldsberg (Abb. 23), die thronende Muttergottes aus Taufkirchen im Mühldorfer Museum (Abb. 3), eine stehende hl. Jungfrau aus Taufkirchen im Bayerischen Nationalmuseum, das Vesperbild in Lohkirchen (Abb. 1), der hl. Nikolaus in Eberharting (Abb. 7), der Grabstein des Propstes Thomas Surauer in der Stiftskirche Gars, das Grabmal des Propstes Petrus in der Stiftskirche von Au (Abb. 15), das Epitaph des Propstes Caspar Ebenhauser in der Stiftskirche Baumburg, die Madonna und der hl. Erasmus aus Seeon (Abb. 4 und 6) und die thronende Muttergottes in der Frauenkirche zu Wasserburg sowie die Madonnenstatuette aus dem Spital im dortigen Museum. Wir müssen demnach davon ausgehen, dass der Meister längere Zeit Bürger der Stadt Mühldorf war.

Die thronende Muttergottes aus Taufkirchen, die vor einigen Jahren aus der Sammlung Carl in Zürich erworben werden konnte, stellt ein charakteristisches Werk unseres Meisters aus der Zeit um 1430 dar. In der großzügigen, spannungsreichen Figurenanlage dominiert die energische, asymmetrische Verschiebung des Oberkörpers Marias, zu der das zurückgelehnte Christkind das Gegengewicht bildet. Die festgefügte Faltenkomposition wird bestimmt durch die vom rechten Knie ausstrahlende Dreieckskaskade, die zwischen den heraustretenden Knien und durchhängenden Faltenschüsseln und die straffe Diagonale des über den Kopf gezogenen Mantels. Bei letzterem handelt es sich nicht um ein Kopftuch. Als solches wurde der Mantelteil über der rechten Schulter durch den Fassmaler, der statt Gold Weiß auflegte, uminterpretiert. Das Faltenwerk selbst ist in seiner Struktur röhrenartig fest und dabei gitterartig

Abb. 1
Vesperbild, um 1430
Lohkirchen, Pfarrkirche

dicht. Das ungemein zarte, glatte Oval des Gesichts der Gottesmutter, deren sinnender, weltentrückter Blick in innere, geistige Welten gerichtet zu sein scheint, wird gerahmt von einer Fülle melodisch gewellter, sorgfältig gerillter, vergoldeter Haarsträhnen. Die Parallelität und der Gleichklang der Gesichter verbinden Mutter und Kind in stiller Harmonie.

Werfen wir einen Blick auf die thronende Muttergottes aus Kloster Seeon (Abb. 4) im Bayerischen Nationalmuseum, nach der unser Meister benannt worden ist, so stellen wir eine Zunahme an Volumen und motivischem Reichtum fest. Keine andere Skulptur des Meisters weist eine auch nur annähernd gleich gut erhaltene Originalfassung auf. Sie verleiht dem Werk seine strahlende, goldschmiedehafte Wirkung. Die Figur stand wie die Taufkirchner Muttergottes ursprünglich in der Mitte eines Schreinaltars. Der Seeoner Altar enthielt zur Rechten der Madonna einen stehenden hl. Erasmus, der sich heute in der Kirche von Pittenhart bei Seeon (Abb. 6) befindet. Er passt nicht nur in den Maßen zur Mittelfigur, sondern entspricht auch in der Dichte und Fülle des starren, röhrenartigen Faltenwerks vollständig der Madonna, weshalb an der auf Hans Ramisch zurückgehenden Zusammenordnung kaum ein Zweifel sein kann. Dies bedeutet, dass es sich nicht um den Choraltar der Klosterkirche Seeon gehandelt hat, die 1433 von Leonhard von Laiming, Fürstbischof von Passau, nach einem Umbau samt Chor und Hauptaltar geweiht worden ist. Zur Rechten Marias muss im Choraltar der Kirchenpatron St. Lambertus gestanden haben. Ramisch hat sicher Recht, wenn er die beiden erhaltenen Figuren dem Altar der Marienkapelle am Kreuzgang

Abb. 2
Muttergottes aus Riedegg, um 1425
Lenzburg, Kantonales Museum des Aargaus

Abb. 3
Muttergottes aus Taufkirchen, um 1430
Kreismuseum Lodronhaus, Mühldorf a. Inn

zuweist, die von Erasmus Laiminger 1392 als Familienkapelle erbaut wurde. Vormals stand dort das Tumbengrab des Bauherrn. Damit ist das Weihedatum 1433 für die Datierung der Muttergottes und des hl. Erasmus nicht mehr verbindlich.

Zwischen der lebensgroßen stehenden Muttergottes in Weildorf,[3] einem durch die Kirchen- und Altarweihe auf 1429 datierten Hauptwerk des Meisters, und der Taufkirchner Maria bestehen hinsichtlich der akzentuierten Ausbiegung des Körpers und des straffen Faltenwerks deutliche Übereinstimmungen, die für Taufkirchen eine Entstehung um 1430 nahe legen. Die Seeoner Figuren sind zweifellos später, wohl um 1435 entstanden. In diese Zeit gehört auch der dem Pittenharter Erasmus nächst verwandte kleine hl. Bischof im Mühldorfer Museum (Abb. 5).

Für gleichzeitig entstanden halte ich das Vesperbild in der Pfarrkirche Lohkirchen (Abb. 1), das von der Forschung bislang kaum zur Kenntnis genommen worden ist. Obgleich die neue Fassung die Skulptur stark beeinträchtigt, ist nicht zu übersehen, dass es sich um ein hervorragendes Werk unseres Meisters handelt. Die Gruppe steht in der Tradition der parallel zu den »Schönen Madonnen« am Ende des 14. Jahrhunderts sich entwickelnden »Schönen Vesperbilder«. Während die Darstellungen der Marienklage vor allem in der ersten Hälfte des 14. Jahrhunderts dem Betrachter die Grausamkeit der Passion und die Schmerzen Mariä überaus drastisch vor Augen führen, ist unsere Pietà von stiller Wehmut beseelt. Die mädchenhaft junge Mutter Maria umfasst mit dem rechten Arm den nahezu waagerecht auf ihrem Schoß ruhenden, durch das vorausgegangene

Abb. 4
Muttergottes aus Kloster Seeon, um 1435
BNM

Martyrium kaum verletzten Leib Christi. Ihr von verhaltenem Schmerz gezeichnetes Antlitz ist verschattet von dem mit welligen Säumen niedergleitenden Kopftuch, in das sie mit der linken Hand greift, um es als Tränentuch empor zu führen. Das schöne Gesicht des Herrn mit dem ebenmäßig gelockten Vollbart wird gerahmt von in gleichmäßigen Wellen strömendem Haar, das in seiner Struktur genau den Haaren der Madonnen in Seeon und Taufkirchen entspricht. Die einzelnen Strähnen zeigen dreieckigen Querschnitt und sind an ihrer Oberfläche parallel gerillt. Diese spezifische Art der Haarbehandlung darf man als Signum des Meisters und seiner Schule werten. Von den deutlich unter dem Mantel sich abzeichnenden Knien Marias fallen nahezu symmetrisch straffe, ausladende Gehänge aus Röhrenfalten nieder, die eine optisch stabile Basis bilden für den schwer lastenden Leib Christi. Das Lohkirchner Werk weist hin auf die Wurzeln der Kunst des Seeoner Meisters. Er hat offenbar Figuren wie das um 1400 wohl in Salzburg entstandene »Schöne Vesperbild« aus Kloster Seeon im Bayerischen Nationalmuseum oder das nächstverwandte in der Eremitage in St. Petersburg [4] sehr gut gekannt und studiert. Die motivischen Übereinstimmungen sind sehr eng, lediglich die innige Hinwendung des Blicks Mariens auf ihren toten Sohn gibt unser Meister nicht wieder. Er lässt Maria schmerzverloren in die Weite blicken.

Lothar Schultes hat eine als verschollen geltende Figur der thronenden Muttergottes (Abb. 2) anhand einer alten, seitenverkehrten Fotografie als Frühwerk des Meisters von Seeon angesprochen. [5] Sie stand bis zum Verkauf des Schlosses Riedegg bei Linz durch die

Abb. 5
Hl. Bischof, um 1435
Kreismuseum Lodronhaus, Mühldorf a. Inn

Abb. 6
Hl. Erasmus, um 1435
Pittenhart bei Seeon, Pfarrkirche

Fürsten Starhemberg im Jahr 1930 in einem Bildstock an der Schlossauffahrt. Über den Kunsthandel und einen Privatbesitzer gelangte die Skulptur in das Kantonale Museum des Aargaus in der Lenzburg. Der ursprüngliche Standort bleibt ungewiss. Das Bildwerk hat durch Verwitterung stark gelitten und ist in seiner Wirkung durch eine schlecht erhaltene neuere Fassung sehr beeinträchtigt. Dennoch ist die herausragende Qualität nicht zu übersehen. Gegenüber der Taufkirchener Madonna erscheint der Bewegungsrhythmus dynamischer, die Ausbiegung des Oberkörpers akzentuierter, die Proportionierung schlanker, die Führung der Faltenzüge straffer. Mit der Seeoner Muttergottes verbinden sie unter anderem charakteristische Details wie der in vertikalen Röhrenfalten niederfallende Behang der Thronbank, das seitlich schräg aufragende Polster und der links über das Polster geraffte Mantelbausch, der eine eigene Faltenkaskade bildet. Die bei den Madonnen des Meisters übliche zur Seite geneigte Sitzhaltung des Kindes findet sich hier noch nicht. Das Motiv des halb aufgerichtet liegenden Jesusknaben mit den ausgreifenden Armbewegungen ist übernommen von »Schönen Madonnen« des Salzburger Raums vom Typus der Muttergottes aus Hallstatt in der Nationalgalerie Prag und der Marienfigur in Bad Aussee. [6] Wir haben es offensichtlich mit einem Frühwerk aus der Zeit um 1425 zu tun, vergleichbar mit der Madonna in Pürten.

Im Archiv des Stifts St. Peter in Salzburg befindet sich eine Urkunde des Erzbischofs Sigmund von Volkensdorf (1452–1461) aus dem Jahr 1458 mit anhängendem großen Thronsiegel (Abb. 9).[7] Die ungewöhnlich gute Erhaltung des Siegelreliefs ermöglicht die kunst-

Abb. 7
Hl. Nikolaus, um 1440
Eberharting bei Mühldorf, Kirche

historische Würdigung und Einordnung. Unschwer erkennt man den stilistischen Zusammenhang zwischen dem Erzbischof und der Seeoner Madonna. Auch beim Siegelrelief finden sich die an Kanneluren erinnernden Vertikalfalten des Thronbanküberwurfs. Unmittelbar entsprechen sich die Knickungen der Staufalten auf den Sockeln. Die obere Hälfte des Bischofsreliefs deckt sich weitgehend mit dem Kirchenpatron St. Nikolaus auf dem Gewölbeschlussstein (Abb. 8), der sich ehemals im 1432–1443 errichteten Chor der Pfarrkirche Mühldorf befand und der 1932 in das Tympanon des Westportals eingesetzt wurde.[8] Die emporgeschwungene Segenshand und die ähnlich emporgereckte, Kugeln bzw. Stab haltende linke Hand stimmen ebenso überein wie die flachen Faltenschüsseln auf der Brust. Die späte Regierungszeit des Erzbischofs scheint der stilistischen Einordnung des Siegelstocks in die 1430er Jahre zu widersprechen. Tatsächlich wurde das Siegel jedoch nicht für Sigmund von Volkensdorf geschaffen. Der Stahlnachguss des großen Siegels des Salzburger Erzbischofs Johann von Reisberg (1429–1441) [9] im Bayer. Hauptstaatsarchiv stimmt, von Namen und persönlichen Wappen abgesehen, genau mit dem Volkensdorf-Siegel überein. Sigmund von Volkensdorf hat demnach das Siegel seines Vorvorgängers umarbeiten lassen. Der Zuschreibung des Siegelmodells an den Meister von Seeon um 1435 steht somit nichts im Wege.

Der Meister von Seeon war aber auch anderweitig als Modellmeister für Goldschmiede tätig. Die silberne Reliquienbüste des hl. Zeno aus Kloster Isen im Bayerischen Nationalmuseum (Abb. 12) geht zweifellos auf seinen Entwurf zurück. [10] Sie schließt sich

Abb. 8
Hl. Nikolaus, um 1440
Mühldorf, Stadtpfarrkirche St. Nikolaus

Abb. 9
Siegel des Erzbischofs Siegmund von Volkensdorf, 1458
Salzburg, Erzabtei St. Peter

nahtlos an den Mühldorfer und den Eberhartinger Nikolaus an.

Frappierend ist aber auch die Ähnlichkeit mit dem Kopf des 1438 gestorbenen Ritters Friedrich von Pettau von der Deckplatte seines Tumbengrabs, die heute im Schlossmuseum zu Ptuj in Slowenien (Abb. 11 und 13) steht. Wir finden hier dieselbe, dem Rechteck angenäherte Gesichtsform mit breiten, weich modellierten Wangen, schmalen Lippen, leicht knolliger Nase und mandelförmigen Augen. Bei beiden Werken, aber auch denjenigen in Mühldorf, Eberharting und Pittenhart sind die Haare kunstvoll in Spiralen gedreht und fein gerillt. Dieser bedeutende Grabstein wurde von Carl Theodor Müller und Polona Selinsek ausführlich beschrieben und gewürdigt, [11] weshalb eine detaillierte Behandlung in diesem Zusammenhang unterbleiben kann. Unter den Grabdenkmälern des Meisters von Seeon nimmt es aufgrund seiner räumlichen Gestaltung, des Reichtums an Motiven und der bildhauerischen Virtuosität die erste Stelle ein.

Der Grabstein für Friedrich von Pettau diente als Vorbild für zwei weitere Ritterdenkmäler unseres Meisters, zum einen für den schmalen, als Bodenplatte konzipierten, stark abgetretenen Stein des Matheus Granns, gest. 1449, im Kreuzgang des Klosters Raitenhaslach, [12] zum anderen für die Deckplatte der Tumba des Berthold Truchsess von Emerberg, gest. 1403 (Abb. 18), in der Benediktinerinnenabtei St. Gabriel in Schloss Bertholdstein/Steiermark. [13] Dieses mächtige, qualitativ hochrangige Relief ist um 1450 zu datieren und offenbar posthum von den beiden letzten aus dem Geschlecht der Emerberger, Dietrich, gest. 1461,

Abb. 10
Hl. Georg, um 1425
ehemals München, Sammlung Schuster

Abb. 11
Grabstein des Friedrich von Pettau, um 1440
Ptuj, Schlossmuseum

und Friedrich, gest. 1452, in Auftrag gegeben worden. Letzterer war 1441–1452 Erzbischof von Salzburg und dürfte bei der Auswahl des Meisters und der Vergabe federführend gewesen sein.

Einen Vorläufer der Rittergrabsteine sehe ich in der bereits erwähnten, aus Mühldorf stammenden Holzfigur des hl. Georg (Abb. 10), der sich vor dem Zweiten Weltkrieg in der Sammlung Georg Schuster in München befand. [14] Gegenüber dem Pettauer Burghauptmann wirken altertümlich das breite, gegrätschte Standmotiv, die starke Ausbiegung des Körpers und die Harnischform mit der tiefen Gürtung des Waffenrocks. Die Handschrift unseres Meisters wird erkennbar an der Gesichtsbildung und der unverkennbaren Stilisierung des Haupt- und Barthaares. Wir müssen von der Entstehung in der Frühzeit um 1425 ausgehen.

Vom Emerberg-Grabstein führt der Weg des Stilvergleichs zu den zwölf Eichenholzreliefs im Salzburger Dommuseum (Abb. 17), die 1450 datiert sind. Lange wurden sie für Teile der spätmittelalterlichen Domtüren gehalten. Neuerdings gelten sie, wohl zu Recht, als Reste des spätgotischen Chorgestühls. [15] Die Gegenüberstellung des Kopfs des Truchsessen mit einem der Propheten oder Apostel zeigt frappierende Übereinstimmung hinsichtlich des Kopftypus, der Gesichtsmodellierung – man beachte beispielsweise die Form der an der Wurzel eingekerbten Nasen mit den breiten, von tiefen Kerben umrandeten Nasenflügeln – und charakteristischen Art der Haarbehandlung. Der emporgeschwungene rechte Unterarm am Chorgestühlsrelief wiederum ist uns bei den Bischofsfiguren des Meisters bereits mehrfach begegnet. Der künstlerische Vorrang des Grabdenkmals

Abb. 12
Reliquienbüste des hl. Zeno aus Kloster Isen, um 1440
BNM

Abb. 13
Kopf des Friedrich von Pettau, um 1440
Ptuj, Schlossmuseum

ist evident. Die Skulpturen des Chorgestühls sind offensichtlich Werkstattarbeiten mittlerer Qualität, die mit der Stilentwicklung der Hauptwerke des Meisters nicht ganz Schritt gehalten haben.

Unter den Bischofs- und Abtsgrabsteinen des Seeoner Meisters greife ich heraus jenen des Bischof Lorenz von Lichtenberg in der Stadtpfarr- und ehemaligen Domkirche St. Andrä im Lavanttal (Abb. 16). [16] Die in Flachrelief wiedergegebene Gestalt folgt im Aufbau der Figur des hl. Erasmus in Pittenhart, ist hinsichtlich der Dichte der röhrenartigen Vertikalfalten aber auch vergleichbar mit den Madonnen von Weildorf und Seeon, wenngleich der Grabstein deutlich später entstanden sein muss. Lorenz von Lichtenberg ist als Patriarch von Aquileia dargestellt, ein Amt, das er von 1444 bis zu seinem Tod 1446 innehatte. In diesen kurzen Zeitraum fällt die Ausführung dieses bedeutenden Grabmals, dem qualitativ besten einer Gruppe von sechs Grabplatten, die kompositionell dem gleichen Schema folgen. Dem Patriarchen-Grabstein kommt nahe das Epitaph des Propstes Caspar Ebenhauser (1436–1479) in der Stiftskirche Baumburg und die nicht so gut erhaltene Deckplatte der Tumba des Bischofs Silvester Phlieger, gest. 1453, in Bischofshofen. Etwas weniger detailliert gearbeitet ist die stark beschädigte Grabplatte des Bischofs Georg Lembucher, gest. 1446, in der Stiftskirche Seckau. Wegen ihrer Verwendung als Bodenplatten stark abgetreten und deshalb in ihrer Qualität nicht mehr zuverlässig zu beurteilen sind die Denkmäler des Abts Leonhard Schellenstain, gest. 1445, in der Sakristei der Klosterkirche Raitenhaslach und des Bischofs Friedrich von Aufseß, gest. 1440, in der Friedhofskirche von Spital am Pyhrn.

Abb. 14
Grabstein des Seyfried Notthafft, um 1465
Passau, Dom, Herrenkapelle

Abb. 15
Grabstein des Propstes Petrus, um 1440
Stiftskirche Au

Abb. 16
Grabstein des Bischofs Lorenz von Lichtenberg, um 1445
St. Andrä im Lavanttal, Pfarrkirche

Der hl. Augustin in St. Margarethen in Lungau (Abb. 21) [17] knüpft kompositorisch und im Physiognomischen unmittelbar an den Pittenharter Erasmus an, repräsentiert jedoch eine spätere Stilphase. Nicht mehr rund durchhängende, sich gelegentlich im spitzen Winkel schneidende Faltenschüsseln dominieren jetzt, vielmehr haben sich eckige, unregelmäßig verwinkelte Faltenstege ausgebreitet und die Oberhand gewonnen. Ich halte diese beachtliche Skulptur für eine Arbeit der Jahre um 1450.

Die Abkehr vom harmonisch gleitenden Faltenwerk des weichen Stils und die Entwicklung flächendeckender, brüchiger Faltenformen tritt verstärkt in Erscheinung bei der aus Moosburg stammenden lebensgroßen Figur eines thronenden hl. Bischofs in den Staatl. Museen zu Berlin (Abb. 22). [18] Doch nicht nur die Faltenstrukturen, der gesamte figürliche Aufbau hat eine kantige, blockartige Verfestigung erfahren. Das Sitzmotiv mit den gleichförmig vortretenden Knien, den symmetrischen Vertikalfalten und der dazwischen eingelagerten, eckigen Faltenschüssel wirkt gebaut wie eine Pilasterarchitektur. Das jugendliche Gesicht ist dagegen von älteren Werken wie der silbernen Zenobüste oder den Kopf des Friedrich von Pettau kaum unterschieden. Mit der Datierung um 1455 dürfte man das Richtige treffen.

Eines der Spätwerke im Bereich der Sepulchralplastik sehe ich in der Grabplatte des Dompropstes Seyfried Notthafft, gest. 1476, in der Herrenkapelle des Passauer Doms (Abb. 14). [19] Wir beobachten die Loslösung vom horror vacui des eckigen Stils der 1450er Jahre. Es bahnt sich die Dominanz langer, großzügiger Faltenbahnen an. Vergleichen wir das ziemlich stark

Abb. 17
Halbfigur eines Apostels oder Propheten aus dem Salzburger Domchorgestühl, 1450
Salzburg, Dommuseum

Abb. 18
Kopf des Berthold Truchseß von Emerberg von dessen Grabplatte, um 1450
Benediktinerinnenabtei St. Gabriel, Schloss Bertholdstein, Steiermark

abgetretene und damit vieler bildhauerischer Feinheiten beraubte Grabrelief mit dem um 1440 entstandenen Epitaph des Propstes Petrus (Abb. 15) in der Stiftskirche von Au, so treten eine Reihe von Gemeinsamkeiten in Erscheinung, angefangen bei der Bildung der langfingerigen Hände über die streng geometrischen Zick-Zack-Falten im Schulter und Armbereich bis zur charakteristischen Haarstilisierung, die am Passauer Werk nur mehr an den tiefer gelegenen, nicht abgetretenen Stellen deutlich zu erkennen ist. Verändert hat sich das Verhältnis von Figur und Reliefgrund und die weitmaschigere, von flächigeren Zonen durchsetzte Faltenorganisation. Die straffe, dichte Parallelität der Vertikalfalten hat sich sehr gelockert. Das Todesdatum des Dompropstes wurde offensichtlich nachgetragen. Die Entstehung des Werks ist um 1465 anzunehmen.

Aus der selben Zeit stammt eine bedeutende lebensgroße Muttergottesfigur in Privatbesitz (Abb. 24 und 19), die in der Komposition auf die rund 30 Jahre ältere Madonna in Ranoldsberg (Abb. 23) zurückgreift. Gemeinsame Gestaltungselemente wie der Wolkensockel mit dem sorgfältig ausgearbeiteten Halbmondgesicht, der große diagonale Faltenwurf mit dem durchgedrückten rechten Knie, das mit übergeschlagenen Beinchen auf der linken Hand Marias sitzende kräftige Kind und der Gesichtstypus der Gottesmutter verbinden beide Figuren. Die Angleichung an den Zeitstil um 1465 beschränkt sich auf die großflächigere Faltenkomposition und die etwas längeren Wellen der Haare Marias. Die Konfrontation des Jesusknaben mit dem Altenhohenauer Christkind des Meisters von Seeon macht die Identität der Handschrift deutlich und bestä-

Abb. 19
Kopf des Kindes der Muttergottes Abb. 24

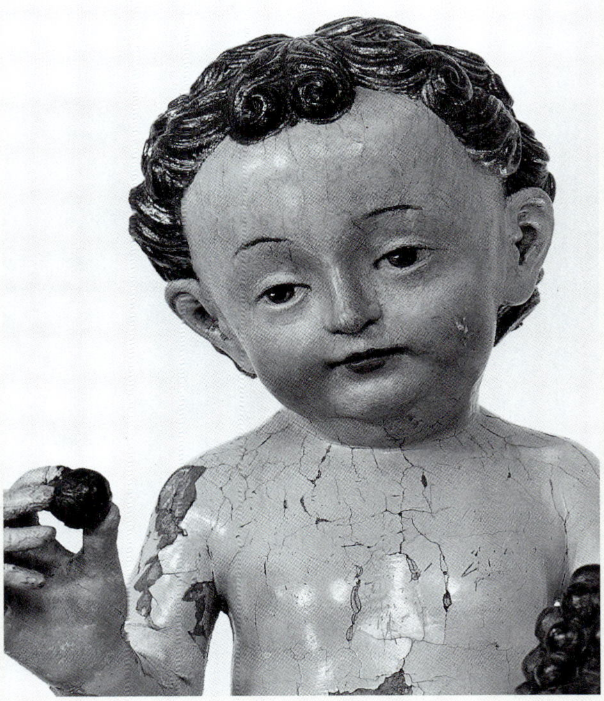

Abb. 20
Kopf des stehenden Christkinds, um 1430
Altenhohenau, Dominikanerinnenkloster

tigt die Richtigkeit der Einordnung der Madonna ins Spätwerk. Es ist erstaunlich, welche zwillingshafte Ähnlichkeit die beiden, in zeitlichem Abstand von 30–40 Jahren entstandenen Kinderköpfe aufweisen. Sie reicht bis zu Details wie der Form der Ohren oder dem Duktus der kurzen, an den Enden spiralig gedrehten Haaren, aus denen über der Stirn eine symmetrische Doppelspirale herauswächst.

Der Streifzug durch das Werk des Meisters von Seeon zeigt ihn als einen im östlichen Oberbayern und in der Erzdiözese Salzburg dominierenden Künstler, der ausgehend vom Stil der »Schönen Madonnen« über rund 40 Jahre hinweg eine lange Entwicklung durchlief. Er ist vergleichbar dem etwa gleichaltrigen Schwaben Hans Multscher, der, von der niederländisch-burgundischen Hofkunst des frühen 15. Jahrhunderts geprägt, rund 40 Jahre in Ulm tätig war und der schwäbischen Kunst neue Wege gewiesen hat. Sein Sterzinger Altar von 1458 ist ein Hauptwerk jenes Stilhorizonts, dem die große Muttergottesfigur des Meisters von Seeon in Privatbesitz angehört.

Die Konzentration der Werke des Meisters in und um Mühldorf beweist, dass sich der Sitz der Werkstatt lange Zeit in Mühldorf befunden hat. Es fällt auf, dass diese Arbeiten durchweg aus den ersten beiden Jahrzehnten der Schaffenszeit zwischen etwa 1425 und 1445 stammen. Schriftquellen, die Auskünfte über Namen, Lebensdaten und Lebensumstände dieses wohl bedeutendsten Künstlers, den Mühldorf hervorgebracht hat, geben könnten, liegen bislang nicht vor. Im ersten Band des Salzburger Bürgerbuchs von 1441–1540 findet sich jedoch ein interessanter Eintrag. 1446 wird »maister

Abb. 21
Hl. Augustin, um 1450
St. Margarethen im Lungau, Pfarrkirche

Abb. 22
Hl. Bischof aus Moosburg, um 1455
Berlin, Staatl. Museen

Hanns, snyczer, pürtig von Mülldorf«, eingebürgert. Die Vermutung, es könnte sich bei diesem Bildschnitzer Hanns um unseren Meister handeln, wird gestützt durch die Tatsache, dass die Skulpturen des Domchorgestühls von 1450 und die Deckplatte der Emerberg-Tumba um 1450 im Zusammenhang stehen mit dem Salzburger Erzbischof Friedrich Truchseß von Emerberg (1441–1452), der diese doch wohl eher an einen Salzburger als an einen Mühldorfer Meister vergeben haben dürfte. Ein Bildschnitzer Hans Paldauf schuf 1456 das nicht mehr erhaltene Grabdenkmal des Erzbischofs Siegmund von Volkensdorf (1452–1467), der, wie wir gesehen haben, die Kunst des Meisters von Seeon so hoch geschätzt hat, dass er das für seinen Vorvorgänger geschaffene große Thronsiegel für seinen Gebrauch umarbeiten ließ. Hans Paldauf übersiedelte später nach Passau, wo er 1459 beurkundet ist. Im gleichen Jahr erhielt der Mühldorfer Schnitzer Hans Weczel das Salzburger Bürgerrecht,[20] der vermutlich die Werkstatt Paldaufs übernahm. Es scheint kein Zufall zu sein, dass die spätesten Werke des Seeoner Meisters in Passau zu finden sind. Neben dem Notthafft-Epitaph zähle ich dazu den Grabstein des Hans Pickel, gest. 1467, in St. Severin.[21] Mit großer Wahrscheinlichkeit ist der Meister von Seeon identisch mit Hans Paldauf. Es ist zu erwarten, dass weitere Forschungen diese These untermauern werden.

Abb. 23
Muttergottes, um 1435
Ranoldsberg, Pfarrkirche

Abb. 24
Muttergottes, um 1465
Privatbesitz

»Nun sind wir glücklich, wir werden bayerisch«

Der Übergang Mühldorfs an Bayern 1802

Edwin Hamberger

Der Friede von Lunéville 1801

Seit November 1799 stand ganz Europa im Zeichen der Politik und der Feldzüge Napoleons. Nach der Schlacht bei Hohenlinden (3. Dezember 1800), wo österreichische und bayerische Truppen eine vernichtende Niederlage durch General Moreaus hinnehmen mussten, wurde am 9.2.1801 der Friede von Lunéville unterzeichnet. Habsburg musste die Abtretung des linken Rheinufers an Frankreich anerkennen, während Bayern von Napoleon geschont wurde. Bereits bei den Friedensvereinbarungen von Campo Formio (17.–18.10.1797) und beim Rastatter Kongress (9.12.1797–23.4.1799) hatte das Reich die Abtretung aller linksrheinischen Gebiete an Napoleon bestätigt. Die durch den Frieden von Lunéville betroffenen weltlichen Fürsten sollten durch Reichsstädte und geistliche Territorien entschädigt werden. Die Durchführung des Entschädigungsplans sollte nach Beschluss des Reichstags (2. Oktober 1801) durch eine Reichsdeputation erfolgen, die am 24. August 1802 bereits zusammentrat.[1] Der Reichsdeputation gehörten die Vertreter der fünf Kurfürsten (Mainz, Sachsen, Brandenburg, Böhmen und Bayern) und Abgeordnete des Herzogs von Württemberg, des Landgrafen von Hessen und des Hoch- und Deutschmeisters an. Die Grundlage für den Reichsdeputationshauptschluss vom 25. Februar 1803 bildete ein französisch-russischer Entschädigungsplan vom 3. Juni 1802, der die territorialen, staatsrechtlichen und kirchenrechtlichen Änderungen in Deutschland herbeiführte. Die am 24.8.1802 in Regensburg zusammengetretene Reichsdeputation war jedoch nur noch ausführendes Organ. Die deutschen Fürsten hatten sich bereits selber an Frankreich gewand, um mit Napoleon in Paris über angemessene Entschädigungen für die verloren gegangen linksrheinischen Gebiete zu verhandeln. »In Paris begann ein Handel mit deutschen Bistümern, Abteien, freien Reichsstädten, wobei die fürstlichen Bewerber vor dem ersten Konsul, seinem Gesandten Laforest in Regensburg um die Wette krochen. Es war ein höchst widerliches Schauspiel«.[2] Im Einvernehmen mit Russland hatte Frankreich bereits Vorverträge mit Bayern (24. August 1801), Württemberg (20. Mai 1802) und Preußen (23. Mai 1802) abgeschlossen, die den entschädigungsberechtigten Fürsten ermöglichten, ihre in Aussicht gestellten Entschädigungsgebiete bereits vor Verabschiedung eines entsprechenden Reichsgesetzes in Besitz zu nehmen.

Das Kurfürstentum Bayern bekam auf Grund der frankreich-freundlichen Politik Max IV. Joseph nach den Bestimmungen des Reichsdeputationshauptschlusses vom 25. Februar 1803 folgende Gebiete zugesprochen: Die Hochstifte Augsburg, Bamberg, Freising, Würzburg sowie kleinere Anteile des Hochstifts Passau einschließlich der Stadt selbst und des Hochstifts Eichstätt. Außerdem gelangten in bayerischen Besitz die Reichsabteien und Reichsklöster Kempten, Ebrach, Elchingen, Irsee, Kaisheim, Ottobeuren, Roggenburg, Wettenhausen, Söflingen, St. Ulrich und Afra in Augsburg, Ursberg, Waldsassen und Wengen, ebenso die fränkischen und schwäbischen Reichstädte Buchhorn, Bopfingen, Dinkelsbühl, Kaufbeuren, Kempten, Leutkirch, Memmingen, Nördlingen, Ravensburg, Rothenburg, Schweinfurt, Wangen, Weißenburg, Windsheim, Ulm, die »freien Leute auf der Leutkircher Heide«, die ehemals zum Erzstift Salzburg gehörende Exklave Mühldorf sowie die Reichsdörfer Gochsheim und Sennfeld (§ 2 RDH).[3] Das frühere Erzstift Salzburg, die Reichspropstei Berchtesgaden und die jeweils größeren Teile der Hochstifte Passau (Abteiland) und Eichstätt wurden dem Großherzog von Toskana zugeschlagen. Die Verluste Bayerns betrugen nach dem Frieden von Lunéville 255 Quadratmeilen mit 730.000 Einwohnern. Als Entschädigungsanteil wurde dem Kurfürstentum durch den RDH ein Gebiet von 290 Quadratmeilen mit 880.000 Einwohnern zugesprochen.[4]

Die militärische Besitznahme Mühldorfs durch bayerische Truppen 1802

Noch bevor die Reichsdeputation am 24. August 1802 in Regensburg offiziell zusammentrat, hatte Bayern am 24.5.1802 den mit Frankreich abgeschlossen Vorvertrag vom 24. August 1801 dahingehend präzisiert, dass es möglich war, die vertraglich zugewiesenen Territorien vor Verabschiedung eines offiziellen Reichsgesetzes militärisch in Besitz zu nehmen. [5] Am 19. August 1802 rückte nachmittags um half fünf eine Abteilung von fünfzig Mann und sechs Offizieren in Mühldorf ein und nahm die Stadt militärisch in Besitz. [6] Bereits am 12.8.1802 hatte der Pfleger von Mühldorf, Sigmund Christoph von Hartmann, dem Hofratsdirektorium in Salzburg berichtet, dass er aus zuverlässiger Quelle erfahren habe, »dass Mühldorf an die weise und gerechte Regierung von Bayern würde abgetreten werden«. [7] Das Hofratsdirektorium teilte daraufhin am 20.8.1802 dem Pfleger von Hartmann mit, dass für eine militärische Besetzung keine rechtliche Grundlage vorhanden wäre und dass dieses ein massive Rechtsverletzung sei. Angesichts der Lage könne jedoch nichts dagegen gesetzt werden und von daher wäre ein aktiver Widerstand nicht angemessen. Es sei jedoch Sorge zu tragen, dass die bayerischen Truppen die Verpflegung selbst bezahlen und nicht bei der Bevölkerung requirieren. Das Betragen und Benehmen der Untertanen soll passiv sein, da man immer noch davon ausgehen könne, dass die volle landesherrliche Gewalt beim Erzbischof sei. [8] Bei der militärischen Besetzung am 19.8.1802 wurde dieses von dem kommandierenden Offizier der bayerischen Truppen, Graf von Becker, dem Bürgermeister Schauer

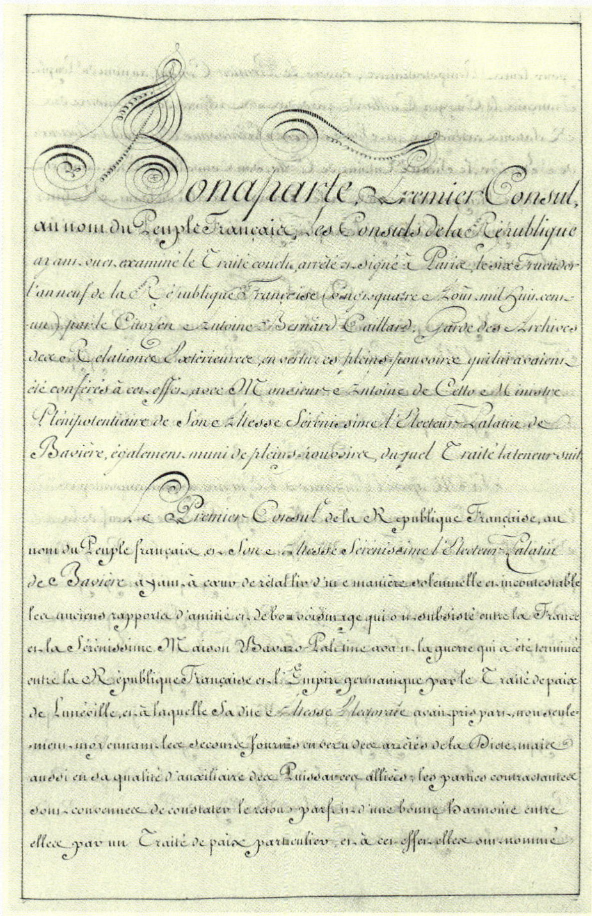
Bonaparte, Premier Consul,
au nom du Peuple Français, les Consuls de la République
ayant vu et examiné le Traité conclu, arrêté et signé à Paris, le six Fructidor
l'an neuf de la République Française (vingt quatre Août mil huit cent
un) par le Citoyen Antoine Bernard Caillard, Garde des Archives
des Relations Extérieures, en vertu des pleins pouvoirs qui lui avaient
été conférés à cet effet, avec Monsieur Antoine de Cetto Ministre
Plénipotentiaire de Son Altesse Sérénissime l'Electeur Palatin de
Bavière, également muni de pleins pouvoirs, duquel Traité la teneur suit.

Le Premier Consul de la République Française, au
nom du Peuple français et Son Altesse Sérénissime l'Electeur Palatin
de Bavière ayant à cœur de rétablir d'une manière solennelle et incontestable
les anciens rapports d'amitié et de bon voisinage qui ont subsisté entre la France
et la Sérénissime Maison Bavaro-Palatine avant la guerre qui a été terminée
entre la République Française et l'Empire germanique par le Traité de paix
de Lunéville, et à laquelle Sa dite Altesse Electorale avait pris part, non seule-
ment moyennant les secours fournis en vertu des arrêtés de la Diète, mais
aussi en sa qualité d'auxiliaire des Puissances alliées; les parties contractantes
sont convenues de constater le retour parfait d'une bonne harmonie entre
elles par un Traité de paix particulier, et à cet effet elles ont nommé

Bayerisch-Französischer Vertrag über Gebietsentschädigungen für Bayern vom 24. August 1801
BayHStA
Im Einvernehmen mit Russland hatte Frankreich bereits Vorverträge mit Bayern (24. August 1801) abgeschlossen, die den entschädigungsberechtigten Fürsten ermöglichten ihre in Aussicht gestellten Entschädigungsgebiete bereits vor Verabschiedung eines entsprechenden Reichsgesetzes in Besitz zu nehmen.

Lit.: Huber, Ernst Rudolf: Deutsche Verfassungsgeschichte seit 1789. Bd. 1: Reform und Restauration 1789 bis 1830. Stuttgart 1957, S. 42–61.

und dem Pfleger von Hartman noch einmal bei einer einberufenen Versammlung im Rathaus ausdrücklich zugestanden und beide wurden ermächtigt weiterhin ihre Amtsgeschäfte auszuüben. [9] Die Arbeit des Pfleggerichts Mühldorf war nicht beeinträchtigt und der Erzbischof hatte weiterhin die volle Landeshoheit über die Stadt. Das Zusammenleben mit der bayerischen Besatzung verlief reibungslos und ruhig. Bei der Bevölkerung war keinerlei feindselige Stimmung gegen die bayerischen Besatzer festzustellen, vielmehr war man in Mühldorf gespannt, wie sich die politische Lage weiterentwickeln würde. [10] Die Hofkammer in Salzburg erteilte am 9.10.1802 sogar dem Stadtmagistrat die Zustimmung das Brennholz für die Wachstuben der bayerischen Truppen aus den erzbischöflichen Wäldern zu nehmen.

Die Stadt Salzburg und die Fürstpropstei Berchtesgaden wurden ebenfalls am 19.8.1802 durch österreichische Truppen für Ferdinand von Toskana militärisch besetzt. Erzbischof Colloredo, der schon am 10. Dezember 1800 die Stadt verlassen hatte und sich im Exil in Wien aufhielt, erteilte der Stadthalterei-Regierung in Salzburg den Befehl entsprechende Weisungen der Österreicher vorerst entgegenzunehmen und zu erfül-

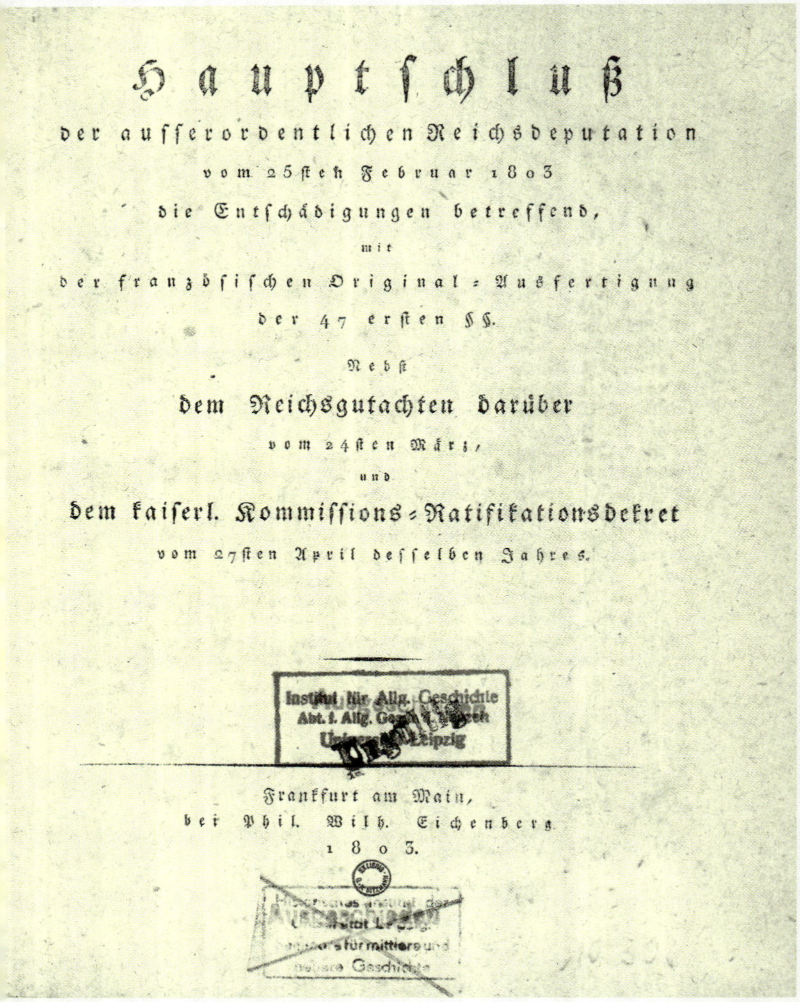
Hauptschluß
der ausserordentlichen Reichsdeputation
vom 25sten Februar 1803
die Entschädigungen betreffend,
mit
der französischen Original-Ausfertigung
der 47 ersten §§.
Nebst
dem Reichsgutachten darüber
vom 24sten März,
und
dem kaiserl. Kommissions-Ratifikationsdekret
vom 27sten April desselben Jahres.

Institut für Allg. Geschichte
Universität Leipzig

Frankfurt am Main,
bei Phil. Wilh. Eichenberg.
1803.

Reichsdeputationshauptschluss von 25. Februar 1803
Druck, Verlag Phil. Wilh. Eichenberg, Frankfurt am Main 1803
Stiftung Aventinum, Abensberg
Im Frieden von Lunéville wurden die linksrheinischen Reichsteile an Frankreich abgetreten. Als Ersatz für die Gebietsverluste erhielten die betroffenen Reichsstände Entschädigungen aus säkularisierten Territorien. Die Modalitäten wurden von einer Reichsdeputation in Regensburg erarbeitet und im Reichsdeputationshauptschluss festgehalten.
Lit.: Huber, Ernst Rudolf: Deutsche Verfassungsgeschichte seit 1789. Bd. 1: Reform und Restauration 1789 bis 1830. Stuttgart 1957, S. 42–61.

Der Entschädigungs-Baum vulgo Säcularisationen
Friedrich Ludwig Neubauer (1767–1828), um 1803, Radierung
GNM
Der Reichsdeputationshauptschluss und die daraus folgenden Klösteraufhebungen wurden in zeitgenössischen Karikaturen bespottet. Mit dem »Entschädigungsbaum« wird auf das Vermögen der geistlichen Territorien als »Verteilungsmasse« hingewiesen.
Lit.: Glanz und Ende der alten Klöster. Säkularisation im bayerischen Oberland 1803. München 1991.

len.[11] Am 11. Februar 1803 unterzeichnete er dann die Abdankungserklärung und rief die Untertanen auf »dem neuen Herrn mit der den guten Salzburgen eigenen Offenheit eben die Treue und Anhänglichkeit künftig fort zu bewahren, die wir bis zu diesem Augenblicke als das schönste Pfand der Liebe unserer theuren Unterthanen ansahen, und durch keinen Wechsel der Dinge je aus unserm dankbaren Andenken verlieren können.« [12]

Während in Regensburg der Reichsdeputationsausschuss weiterhin über die Entschädigungsfragen diskutierte, überreichte am 1.10.1802 »unterthänigst und gehorsamst« eine Abordnung von Mühldorfer Bürgern auf Schloss Nymphenburg dem Kurfürsten Max IV. Josef eine Bittschrift des Mühldorfer Stadtmagistrats. [13] In diesem Schreiben brachte die Bürgerschaft deutlich zum Ausdruck, wie sehr sich die Bevölkerung freue »dem durchläuchtigsten Churhause Bayern einverleibt« [14] zu werden. Damit würde »ein Wunsch, der schon Jahr Zehende in unseren Herzen glühte in Erfüllung tretten.« [15] Es waren vor allem die zahlreichen Auseinandersetzungen mit den bayerischen Nachbarn, die den Stadtmagistrat zu diesen Aussagen veranlassten. Mühldorf war seit Jahrhunderten ein Spielball zwischen dem Erzstift Salzburg und dem Kurfüstentum Bayern. Man versuchte zwar mit zahlreichen Verträgen und Rezessen die wirtschaftlichen und juristischen Probleme dieser salzburgischen Exklave zu lösen, konnte aber nicht vermeiden, dass immer wieder Streitereien und kriegerische Auseinandersetzungen an der Tagesordnung waren. [16] Im Laufe der Jahrhunderte war auch der Handel und der Warenaustausch mit den benachbarten bayerischen Städten durch restriktive Handels- und Zollbestimmungen so erschwert worden, dass Mühldorf immer mehr isoliert wurde und wirtschaftlich ins Abseits geriet. Die Mühldorfer Delegation machte aber auch bei ihren Besuch in Nymphenburg deutlich, dass die Stadt unter der Besetzung der österreichischen und französischen Truppen sehr gelitten habe und finanziell ruiniert sei [17]. Auch auf die zahlreichen Überschwemmungen des Inns und die fatalen Folgen wurde deutlich hingewiesen. Man erhoffte sich indirekt von dem neuen Herrscher, dass er mit aufwändigen und kostspieligen Uferverbauungen diesen Missständen abhelfen könnte. Die Salzburger Baubehörden hatten nämlich diese Baumaßnahmen mit der Begründung abgelehnt, dass dieses eine Aufgabe der Stadt wäre und zur Finanzierung dieser Maßnahmen der Brückenzoll heranzuziehen wäre. Auch wenn die Antwort des Kurfürsten Max IV. Joseph am 4.10.1802 eher zurückhaltend und knapp ausfiel, [18] so wurde sie dennoch mit großem Enthusiasmus von der Mühldorfer Bevölkerung aufgenommen. »Alles hatte sich auf das Rathaus gedrängt – Alt und Jung, und nach der dort erhaltenen Erklärung jubelte alles laut und rief: Nun sind wir glücklich, wir werden bayerisch! Erhalten einen Landesvater, der uns schon im Voraus Beweise gibt, dass er uns liebe.« [19]

Hieronymus Franz de Paula Graf von Colloredo (1771–1812)
Franz Xaver König, Öl auf Leinwand, Salzburg um 1773, Altes Rathaus Laufen a. d. Salzach
Hieronymus Franz de Paula Graf von Colloredo war der letzte Herrscher des Erzstifts Salzburg. 1772 gewählt, floh er am 10. Dezember 1800 vor den heranrückenden Franzosen nach Wien, von wo aus er als Erzbischof bis zu seinem Tod regierte. Die Regentschaft war geprägt von Sparmaßnahmen. Der Salzburger Hof wurde zum Zentrum der katholischen Aufklärung. In seinem Jubiläums-Hirtenbrief von 1782 griff er die veräußerlichte, barocke Prachtentfaltung an und verlangte nach einer Erneuerung im Glauben.
Lit.: Roth, Hans: Laufen in alten Ansichten. In: Das Salzfaß, 9. Jahrgang, Heft 3, S. 82.

Wir Maximilian Joseph,

Pfalzgraf bei Rhein, in Ober- und Niederbaiern Herzog rc. rc.

des heil. röm. Reichs Erztruchseß und Churfürst.

Entbieten allen und jeden, die dieses lesen, oder lesen hören, Unsere Gnade, und Unsern Gruß, und fügen denselben zu wissen:

Da durch den zwischen Seiner Römisch-Kaiserlichen Majestät und dem teutschen Reiche, dann der Republik Frankreich am 9ten Februar 1801 zu Lüneville errichteten Friedensschluß, Unsern mit dem ersten Consul am 24ten August vorigen Jahres unterzeichneten besondern Frieden, und die zwischen Frankreich und Rußland am 3ten des abgewichenen Monats Junius abgeschloßene, von der Reichs-Deputation angenommene Uebereinkunft, Uns, Unserm Churhause, dessen Erben und Nachkommen, zur Entschädigung wegen den an Frankreich abgetretenen Besizungen auf dem linken Rheinufer, unter andern teutschen Ländern, Städten, Abteyen, Prälaturen, Stiftern und Orten auch im baierischen Kreise die Stadt Mühldorf mit Zugehören als eine erbliche Besizung dergestalt zugetheilt worden sind, daß Wir und Unsere Nachfolger an der Chur in denselben alle Landesherrliche Gewalt, wie in Unsern andern Staaten ausüben sollen;

So haben Wir Unsern Director der ersten Deputation Unserer General-Landes-Direction, Johann Adam Freiherrn von Aretin, als General-Commissär ernannt, um davon für Uns und Unser Gesammthaus Besiz zu nehmen.

Wir versehen Uns demnach zu sämmtlichen Landsassen und Lehnleuten, den Civil- und Militärbedienten, Beamten und Magistraten der Städte, und endlich zu allen Einwohnern, wessen Standes, Würde, oder Wesen sie seyn mögen, daß sie Uns von nun an für ihren rechtmäßigen und einzigen Landesfürsten erkennen und ansehen, einen vollkommenen Gehorsam und unverbrüchliche Treue beweisen, und, sobald Wir es erfodern, die feierliche Huldigung leisten, überhaupt aber, sich als treue und gehorsame Unterthanen betragen werden.

Dagegen ertheilen Wir die Versicherung, daß Wir ihnen mit Landesväterlicher Huld und Gnade allezeit zugethan seyn, allen Schuz angedeihen lassen, der Beförderung der gemeinen Wohlfahrt unermüdete Vorsorge widmen, und überhaupt alles anwenden werden, sämmtlichen Unsern neuen Unterthanen den möglichsten Grad von Wohlstand zu verschaffen.

Wir lassen die feierliche und allgemeine Landeshuldigung noch ausgesezt, und es vor der Hand bey der gewöhnlichen Vereidung und Verpflichtung der Landescollegien, der Militär- und Civildienerschaft, der Beamten, Magistrate und übrigen Vorgesezten bewenden.

Damit aber durch diese Veränderung des Subjects der Oberherrschaft die Regierungsgeschäfte zum Nachtheile des gemeinen Wesens nicht unterbrochen, sondern in ihrem unverrückten Gange erhalten werden, so wollen Wir, daß sämmtliche Collegien, Aemter, und sonstige obrigkeitliche Stellen ihre Verrichtungen in ihrem dermaligen Stande gesezmäßig fortsezen, und es bei der bisherigen Behandlungs- und Verfahrungs-Art, nach der nähern Anweisung Unsers oben genannten Commissärs, sein Verbleiben habe.

Die Ausfertigungen bey den Collegien sollen zwar nach den bey Unsern ältern Landesstellen gebräuchlichen Fertigungen in Unserm Namen erlassen, die alten Sigille aber noch so lange, bis die neue verfertigt sind, beibehalten werden.

Uebrigens hoffen Wir nicht, in den unangenehmen Fall zu kommen, sträfliche Widersezlichkeiten ahnden zu müssen, sondern versehen Uns vielmehr, daß sich jedermann bestreben werde, diesen Unsern gerechten Anordnungen Folge zu leisten.

Gegeben in Unserer Haupt- und Residenzstadt München den 26 Novemb 180[illegible]

Besitzergreifungspatent für die Stadt Mühldorf vom 26. November 1802.
BayHStA
Am 2. Dezember 1802 wurde die Stadt formal durch Freiherr von Aretin in Besitz genommen. Das Patent wurde öffentlich publiziert und die fürstbischöflichen Beamten auf den neuen Landesherrn vereidigt.
Lit.: Hauf, Eugen: Mühldorf 150 Jahre bayerisch. In: Das Mühlrad II (1952), S. 20–25.

Die zivile Inbesitznahme Mühldorfs

In Regenburg hatte die ordentliche Reichsdeputation am 23. November 1802 nach einigen Modifikationen den Entschädigungsplan als Reichshauptschluss angenommen. [20] Damit schien sich die Frage der Entschädigungen auch auf Reichsebene zu klären. Ohne die reichsrechtliche Ratifizierung abzuwarten, beschloss Max IV. Joseph die ihm zugeteilten Territorien endgültig in Besitz zu nehmen. Am 24. November 1802 wurde der Direktor der ersten Deputation der kurfürstlichen Landesdirektion [21] Johann Adam Freiherr von Aretin [22] zum kurfürstlichen Generalkommissar für die Zivilbesitzergreifung des Hochstifts Freising sowie der Stadt Mühldorf ernannt. Zusammen mit einer 19 Punkte umfassenden Instruktion wurde ihm am 26. November 1802 durch das fürstliche Dekret Max IV. Josephs die Vollmacht erteilt Mühldorf in Besitz zu nehmen. [23] Am 1.12.1802 reiste er um drei Uhr morgens in Begleitung des kurfürstlichen Komissionssekretärs Eisenrieth und des Lizentiaten Simon Ruland, [24] der zum kurfürstlichen Besitznahmekontrolleur ernannt worden war, nach Mühldorf ab. [25] Die Zivilbesitznahme des Hochstifts Freising hatte Aretin bereits am 27. November 1802 abgewickelt. [26] Die Fahrt von Freising ging über Erding, Hohenlinden, Ampfing nach Mühldorf. Um zwei Uhr fünfzehn trafen sie in der Stadt ein. Bereits einen Tag zuvor hatte der Mühldorfer Stadtmagistrat durch einen Boten in Freising die genaue Ankunftszeit des Generalkomissars erfahren. Eine berittene Delegation des Stadtmagistrats und der salzburgische Pfleger Sigmund Christoph von Hartmann empfingen den Wagen in Altmühldorf und eskortierten ihn nach Mühldorf. [27] Dort wurde er am Stadttor mit Böllerschüssen und unter dem Jubel der Mühldorfer Bevölkerung, die sich am Stadtplatz versammelt hatte, begrüßt. Freiherr von Aretin bezog sein Quartier am Stadtplatz im Hotel Schwan. Das bürgerliche Militärkorps, das sich für diesen Anlass extra aus den Reihen der Bürgerschaft unter großen Kostenaufwand gebildet hatte [28] und das kurbayerische Militär bildeten eine Ehrenformation und stellten einen Posten zur Bewachung seines Zimmers ab. Nachdem ihm dort unter anderem der Stiftsdekan und Stadtpfarrer Matthäus Fingerlos [29] und der kommandierende Offizier der hiesigen kurfürstlichen Garnison, Graf von Seccau, »unterthänigist und mit der tiefsten Achtung gegen die neue Regierung« [30] begrüßt hatten, ließ er den Pfleger und Stadtrichter von Hartmann [31] zu sich rufen. Diesem teilte er mit, unverzüglich über die aktuellen Ereignisse nach Salzburg zu berichten und sein Dienstverhältnis mit dem Erzbischof aufzukündigen. Von Hartmann erklärte sich sofort bereit dieses zu tun und in bayerische Dienste zu treten. [32] Bereits am 24.11.1802 hatte er beim Kanzleidirektorium in Salzburg angefragt, ob er im Falle einer Zivilbesitznahme durch Bayern die Stadt selbst übergeben solle oder ob dieses durch einen Kommissar aus Salzburg abgewickelt werden würde. Die Antwort aus Salzburg war zurück-

Johann Adam Frhr. von Aretin (1769–1822)
Öl/Lw., Privatbesitz
Johann Adam Frhr. von Aretin war der für die Abwicklung der Übernahme Mühldorfs in das Kurfürstentum Bayern zuständige Generalkommissär.
Lit.: Bayern entsteht. Montgelas und sein Ansbacher Mémoire von 1796. Ansbach und München 1996/97.

haltend. Es wurde wieder darauf hingewiesen, dass keine gesetzliche Grundlage vorhanden wäre, da das notwendige Reichsgesetz noch nicht ratifiziert sei. Im Falle einer Besetzung solle man sich ähnlich wie bei der militärischen Besitznahme vom 20. August »passiv« verhalten. [33] Für den nächsten Tag erteilte Aretin von Hartmann den Auftrag den Stadtmagistrat und die fürstbischhöflichen Beamten des Erzstiftes im Sitzungssaal des Rathauses zu versammeln, wo die Stadt formell in Besitz genommen und die entsprechenden Patente verlesen werden würden. Nach der Vereidigung der Beamten sollte ein feierlicher Gottesdienst in der Pfarrkirche stattfinden. Der Pfleger wurde beauftragt die notwendigen organisatorischen Vorbereitungen für den nächsten Tag zu treffen. Am Abend wurde dann am Stadtplatz von Mühldorfer Bürgern eine Huldigungskantante für Chor und Orchester, die zu diesem Anlass von dem Altöttinger Komponisten Max Keller komponiert wurde, uraufgeführt. [34]

»Auf Brüder singt erfreut zu Maxen's Dank und Ehr! Flicht Kränze! Mädchen streut heut Blumen um in her. Wir lagen so ganz isoliert und ward von Fürsten Streit geführt, traf uns des Nachbarn Hand. Nun Dank! Der Friede bracht uns Ruh, und teilte unsere Stadt dem besten aller Fürsten zu, der Liebe zu uns hat, der Liebe zu uns hat. Laßt Brüder eure Stimmen schallen, dass Berg und Täler widerhallen und stimmt alle freudig an. Es lebe Maximilian. Es lebe Maximilian.«

Die Darbietung wurde von den neuen bayerischen Beamten mit großem Wohlwollen aufgenommen. Voller Begeisterung vermerkt Eisenrieth in seinem Bericht »So ward der heutige Tag beschlossen und alle Anstalten und die all gemeine Freude ließ auf morgen ähnliche Feierlichkeiten erwarten«. [35]

Am nächsten Morgen um acht Uhr versammelten sich auf dem Rathaus der gesamte Magistrat und alle erzbischöflichen Beamten. Johann Adam Freiherr von Aretin wurde unter »klingendem Spiel und türkischer Musik« vom Pfleggerichtsgebäude zum Rathaus geleitet. Dort wurde er von Schulkindern begrüßt, die ein Gedicht aufsagten und ihm einen Blumenstrauß übergaben. Im Sitzungszimmer verlas er dann feierlich vor dem Portrait des neuen Landesherrn, das unter einem roten Baldachin aufgehängt war, das Besitzergreifungspatent. Daraufhin begann er die fürstbischöflichen Beamten auf den neuen Landesherrn zu vereidigen. Alle bis auf einen waren bereit in kurfürstlichen Dienst zu treten. Danach befahl Aretin das Patent öffentlich in der Stadt zu verkünden und anzuschlagen. Die erste Publi-

Maximilian Keller (1770–1855)
Öl auf Leinwand, Bischöfliche Administration der Heiligen Kapelle Altötting
Das Bild zeigt den Komponisten Maximilian Keller, der am 16. September 1855 in Altötting im Alter von 85 Jahren verstarb. Er stammte aus Trostberg und genoss eine intensive musikalische Ausbildung. Ab 1801 wirkte er als Kapellorganist und Komponist in Altötting. Er komponierte eine Huldigungskantate auf Kurfürst Maximilian IV. Josef von Bayern, die 1802 bei der Übernahme Mühldorfs durch Bayern erklang.
Lit.: Hermann, Elisabeth Anna: Max Keller – Porträt eines Altöttinger Musikers. In: Öttinger Land 5 (1985), S. 158–164.

kation geschah sogleich vor dem kurfürstlichen Pfleggerichtsgebäude, die zweite vor dem Rathaus und die dritte auf dem unteren Stadtplatz unter Trompetenschall. An jenem der angezeigten Plätze machte das kurfürstliche Militär einen Kreis, in dessen Mitte der Stadtschreiber das Patent in Anwesenheit einer großen Volksmenge verlas. Der ehemals salzburgische Pfleger von Hartmann erhielt die Anweisung sofort die erzbischöflichen Wappen von den öffentlichen Gebäuden zu entfernen und die Amtsiegel abzugeben. Er wurde jedoch daraufhingewiesen, dass die »Erzbischöflichen Wappen mit Bescheidenheit abzunehmen oder zu vernichten wären«. [36]

Um zehn Uhr war feierlicher Gottesdienst zu dem Aretin am Portal vom Stiftsdechant und Stadtpfarrer und dem gesamten Klerus empfangen wurde. Der Stiftsdechant Matthäus Fingerlos hielt das feierliche Hochamt und am Schluss des Lobgesangs (O Gott wir loben dich) erhob er seine Stimme zu dem Altmächtigen um im Gebet für den »neuen Herrscher Mühldorfs Gottes Heil und für die Untertanen die alles segnende Tugend« zu erflehen. Nach einer nochmaligen Verkündigung des Patents von der Kanzel hielt der Kanoniker Franz Sales Tremel die Predigt, in der er die Bürger Mühldorfs zu Treue und Gehorsam gegenüber ihrem neuen Herrscher Maximilian ermahnte. In einer persönlichen Instruktion vom 19.11.1802 war Freiherr von Aretin von seinem Minister Graf von Monteglas angewiesen worden bei der Verkündigung des Patents von der Kanzel »den Predigern zu insurieren, dass sie sich bei dieser Gelegenheit das Volk zu Treue und Anhänglichkeit an ihren neuen Landesfürsten durch zweckmässiges Anreden ermahnen sollen.« [37]

Nach dem Gottesdienst war eine feierliche Tafel im Gasthaus Schwan mit den Honoratioren der Stadt bei der wieder die Huldigungskantate, die bereits am Tag zuvor aufgeführt worden war, zu hören war und etliche Toasts auf den neuen Landesherrn ausgesprochen wurden. Am Abend war in allen Gasthäusern bis elf Uhr abends Musik und Tanz, wozu Matthäus Fingerlos wegen der Adventszeit den nötigen Dispens erteilt hatte. »Bei diesem letzen Prunk des festlichen Vergnügens wimmelten die Strassen Mühldorf von den häufig zugelaufenen Landvolke, kurfürstliche benachbarte Beamte kamen noch um an der Freude Mühldorfs Teil zu nehmen. Man drang sich die in die Gasthöfe – diese und alle Schenken Mühldorfs waren von Menschen angefüllt. Man trank auf Kurfürst Maxens Wohl, man jubelte, man sang und tanzte die Nacht hindurch.« [38] Die ganze Stadt war illuminiert und der »Namenszug des neuen Herrscherpaars im brillanten Feuer auf der Spitze des Schießturms angebracht, war bezaubert schön; man

Max I. Josef, König von Bayern
Joseph Bernhardt, 1875, Ahnengalerie in der Residenz, München
Lit: Schmid, Alois / Weigand, Katharina (Hg.): Die Herrscher Bayerns. München 2001.

glaube bey dem Dunkel der Nacht dieses höchste Fürsten Paar wie Castor und Pollux schon unter die Sterne versetzt zu sehen.« [39]

An mehren öffentlichen Plätzen wie z. B. vor dem Spital, vor der Frauenkirche oder vor dem Rathaus waren Spruchbänder mit Lobpreisungen auf den neuen Landesherrn angebracht: [40]

»Nicht schalen Kultusprunk, nur auf der Tugendbahn
ein weises Handeln will Gott und Maximilian«
»Nicht die Religion, der Aberglaube falle,
sprach Maximilian; ruft Amen, Amen alle!«
»Der Dunkelmänner Reich zerfällt, der Tag bricht an
Der Geist wird endlich frei durch Maximilian«
»In Mühldorf stillen Mauern
Hat mancher zu bedauern,
dass Vorurteil und Aberwitz
noch finden ihren festen Sitz.«
»In Baierns Mittelpunkt und doch davon geschieden
War Mühldorf dies hört auf, wir danken es dem Frieden.«
»Die Stunde ist nun da, wo wir nach langen Sehnen
Dem besten Fürsten Treu erfreut geloben können.«

Noch während seines Aufenthalts in Mühldorf erließ Aretin zahlreiche Verordnungen, um die Stadt möglichst schnell in die Verwaltungsstrukturen des Kurfürstentums Bayern zu integrieren.

Am 2.12.1803 wies er das Pfleggericht an, keine Weisungen und Befehle mehr von Salzburg entgegenzunehmen. Der alte Pfleger Sigmund Christoph von Hartmann blieb zwar offiziell noch im Amt. Seine Schreiben mussten jedoch von dem Lizentiaten Simon Ruland gegengezeichnet werden, der für 60 Gulden als Amtsadjunkt beim kurfürstlichen Pfleggericht angestellt wurde. Appellationen des Pfleggerichts sollten ab sofort an das Hofgericht in München gerichtet werden. Ferner mussten ausführliche Statistiken über Einkünfte, Ausgaben und die wirtschaftliche Lage des Pfleggerichts erstellt werden. Als vorgesetzte Behörde fungierte das Generalkreiskommissariat Freising und Mühldorf. Von den Güter und Liegenschaften des Klosters St. Peter in Mühldorf wurden genaue Unterlagen angefordert. Ebenfalls wurden genaue Details über die Verhältnisse des Stadtmagistrats bezüglich der Gerichtsbarkeit, der

Portefeuille
»au Comte de Montgelas«
Innen sig. »Garnesson, au Palais Royal«, Paris, nach 1809, Grünes Leder mit Punzen vergoldet, Messingbeschläge

Portefeuille
»Ministère des Finances«
Rotes Leder mit Punzen vergoldet, Messingbeschläge

Polizei und der Administration verlangt. [41] Die kurfürstlichen Truppen blieben weiterhin als Besatzung in Mühldorf bestehen. Das bürgerliche Militärcorps, das sich selbst und unter großen finanziellen Belastungen gebildet hatte, wurde geduldet.

Am 3. Dezember reiste dann Aretin um 10 Uhr unter großen Jubel der Bevölkerung ab. Wie beim Einzug wurde sein Wagen vom Stadtmagistrat und Bürgercorps unter Abfeuerung von Böllerschüssen hinausbegleitet. Zuvor hatte er noch eine Stiftung über fünfzig Gulden für bedürftige Bewohner der Stadt gemacht. Das kurfürstliche Militär bekam auf Grund seiner Verdienste eine Erhöhung des Tagessolds zugesprochen. Um halb sechs traf von Aretin wieder in München ein. Bereits am 2. Dezember hatte er in einem ausführlichen Bericht an seinen Minister Graf von Monteglas den Enthusiasmus und den Jubel der Mühldorfer Bevölkerung lobend erwähnt. Der Generalkommissär war wohl selbst überrascht und erstaunt, dass die Zivilbesitznahme von Mühldorf ohne größere Probleme abgewickelt werden konnte und die Mühldorfer Bevölkerung die neue bayerische Regierung mit so überschwänglichen Gesten begrüßt hatte: »Mit welchem außerordentlichen Enthusiasmus aber und mit welchem allgemeinen Jubel die gesamte Bürgerschaft die Regierungsveränderung aufgenommen und ihre Freude und Anhänglichkeit an den Tag zu legen gesucht hat kann ich mit Worten nicht genug ausdrücken.« [42]

Säkularisation des Kapuzinerklosters und des Kollegiatstifts

Mit der Zivilbesitzergreifung war die auch Säkularisation des Kollegiatstifts Mühldorf und des Kapuzinerklosters verbunden. Noch am 2. Dezember teilte Aretin dem Stadt- und Pfleggericht mit, dass das Kollegiatstift und das Kapuzinerkloster als säkularisiert zu betrachten sei und beauftragte es alle notwendigen Schritte zu veranlassen. Das Pfleggericht sollte sich dabei an die Instruktion halten, die auch den in den Abteilen entsandten kurfürstlichen Kommissarien erteilt worden sei. [43] Am 6. Dezember eröffnete Pflegamtsadjunkt Simon Ruland dem Kapuzinerkloster [44] die Auf-

Portefeuille »Ministère de l'Intèrieur«
Rotes Leder mit Punzen vergoldet, Messingbeschläge
Privatbesitz
Montgelas leitete zeitweilig drei Ministerien zugleich. Das waren das Ministerium des Innern, das Finanzministerium und das »Geheime Ministerialdepartement der auswärtigen Angelegenheiten«, von dem sich allerdings keine Mappe erhalten hat. Die Portefeuilles dienten ihm als Aktenmappen für die Unterlagen der einzelnen Ministerien. Die grüne Mappe war wohl für seine persönlichen Agenden reserviert.
Lit.: Bayern entsteht. Montgelas und sein Ansbacher Mémoire von 1796. München und Ansbach 1996/97.

hebung und begann sofort ein Verzeichnis über die finanziellen Verhältnisse und Immobilien des Klosters anzufertigen. Die Barschaft belief sich auf 123 Gulden und einen halben Kreuzer. 150 Gulden für Wein, Hostien und Kerzen waren bei den örtlichen Bäckern und Lebzelter noch offen. Das Klostergebäude mit 27 Zellen befand sich in einem guten Zustand. Die acht Mönche erklärten sich bereit nach Salzburg ins Mutterhaus zurückzukehren. Bereits Wochen zuvor hatten sie die Tuchmacherei, die sich im Kloster befand, aufgelöst und nach Salzburg gebracht. Am 27. Dezember erteilte Montgelas den Mönchen die Genehmigung zur Abreise und bewilligte 300 Gulden Reisegeld. [45] Das 40-stündige Gebet in der Kapuzinerkirche, das bisher immer am ersten Weihnachtsfeiertag begonnen hatte und vier Tage dauerte, wurde in die Pfarrkirche verlegt. Am 9. Januar 1803 verließen um fünf Uhr morgens die Kapuziner die Stadt. Die Kapuziner-Bibliothek wurde am 1. und 2. Juli 1803 auf dem Rathaus versteigert. Zuvor waren bereits 222 Werke nach München in die kurfürstliche Staatsbibliothek gebracht worden. [46] Die Abreise der Kapuziner war die erste schmerzliche Erfahrung für die Mühldorfer Bevölkerung unter der neuen bayerischen Regierung. Dieses zeigt eine Unterschriftenaktion von Mühldorfer Bürgern, die in einem Schreiben an den Kurfürsten den Erhalt des Kapuzinerklosters und der klösterliche Seelsorge forderten. Insgesamt 100 Bürger hatten dieses Schreiben unterzeichnet. Der Grund war, dass die sehr vermögende Bürgerin Helene Schmied, die über 60.000 Gulden Vermögen besaß, gedroht hatte mit den Kapuzinern wegzuziehen. Die Stadt Mühldorf war aber auf Grund der desolaten städtischen Finanzsituation auf ihr Mäzenatentum angewiesen. [47] Aretin beauftragte daraufhin den neuen Pfleger Ruland sie persönlich zu überreden in Mühldorf zu bleiben und ihr zu versichern, dass weiterhin eine Seelsorge durch St. Nikolaus gewährleistet sei. Er sollte aber auch deutlich zum Ausdruck bringen, dass die Entscheidung die Kapuziner aus der Stadt zu vertreiben, nicht revidiert würde. Das erste Gespräch verlief zwar ergebnislos, in weiteren Gesprächen konnte er sie überzeugen zu bleiben. Bereits 2 Monate später, so Ruland in seinem Bericht, war die Sache mit den Kapuzinern vergessen und die Wogen der Empörung hatten sich bei der Bevölkerung gelegt. [48] Die Klosterkirche wurde der Stadt zunächst als Schrannenhalle überlassen. Der Chor der Kirche fand zur Aufbewahrung von Löschgeräten Verwendung. [49] Amtsadjunkt Ruland hatte ausdrücklich beim Generalkommissariat Freising-Mühldorf um die Genehmigung einer Schranne gebeten, da diese für den wirtschaftlichen Aufschwung der Stadt von zentraler Bedeutung wäre. Im Gegensatz zu den umliegenden bayerischen Orten hatte Mühldorf während der Salzburger Herrschaft nie das Privileg besessen eine Schranne abhalten zu dürfen. Am 2. Januar 1803 wurde der Stadt genehmigt jede Woche am Dienstag eine Getreideschranne und einen Viktualienmarkt abzuhalten. [50] Die übrigen Gebäude des Klosters wurden ver-

Umbauplan des ehemaligen Kapuzinerkloster um 1850
Feder, laviert,
Stadtarchiv Mühldorf a. Inn
Mit der Zivilbesitzergreifung 1802 war auch die Säkularisation des Kapuzinerklosters verbunden. Die Klosterkirche wurde der Stadt als Schrannenhalle überlassen. Die übrigen Gebäude wurden an Privatleute versteigert. Im Jahre 1854 erwarb dann die Stadt Teile des ehemaligen Klosters, um eine Mädchenschule zu errichten. Heute befindet sich dort der städtische Kindergarten.
Lit.: Hartmann, Adolf: Die Frauenkirche in Mühldorf. In: Das Mühlrad XXIV (1982), S. 114–127.

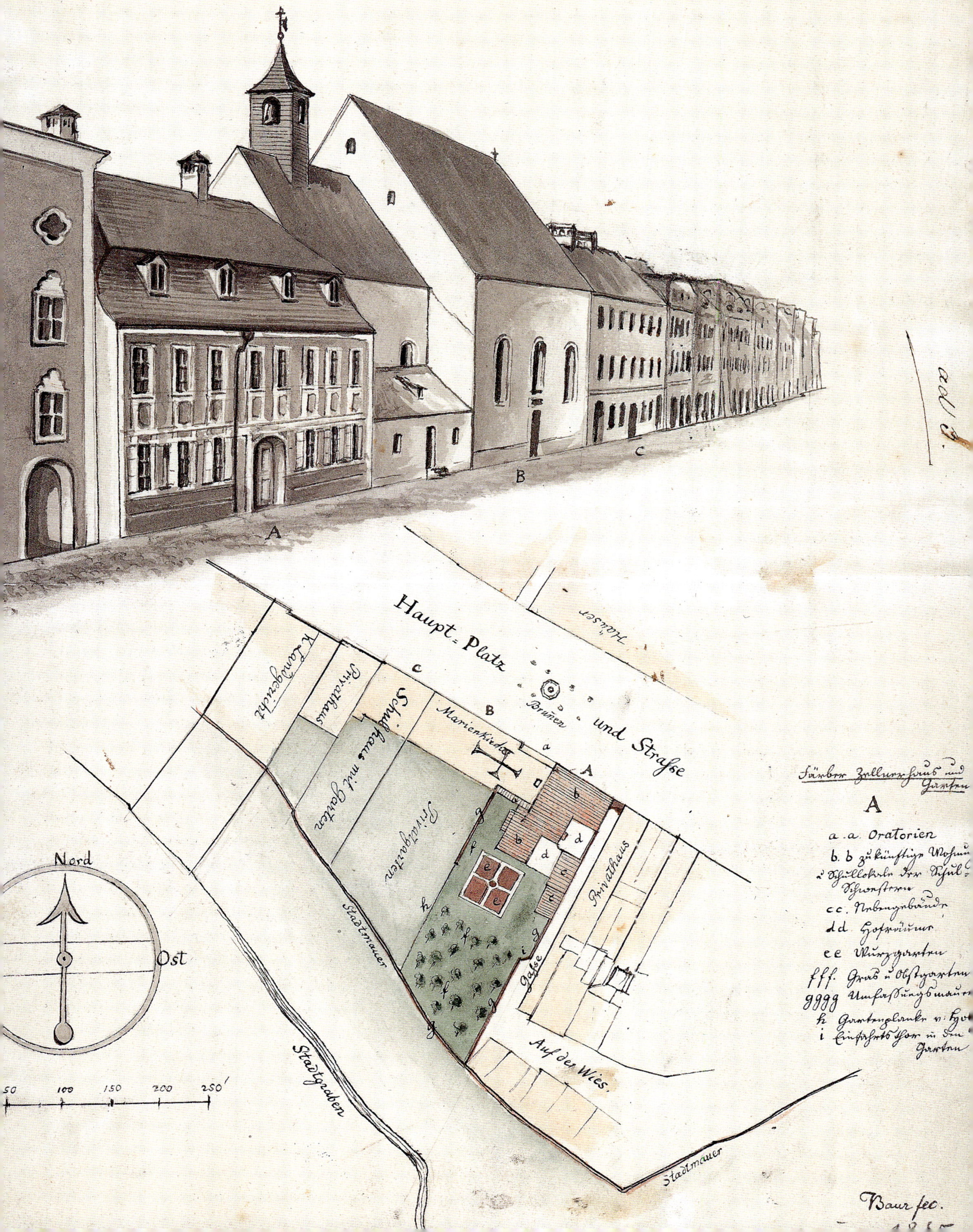

A
B
C
Haupt-Platz und Strasse
Häuser
Brunnen
Marienkirche
Schulhaus mit Garten
Privathaus
Privatgarten
Privathaus
Gasse
Stadtmauer
Stadtgraben
Auf der Wies.
Stadtmauer
Nord
Ost
50 100 150 200 250'
Färber Zellnerhaus und Garten
A
a.a. Oratorien
b.b zukünftige Wohnung u. Schullokale der Schulschwestern
cc. Nebengebäude
dd Hofräume
ee Würzgarten
fff. Gras u. Obstgarten
gggg Umfassungsmauer
h Gartenplanke v. Hof
i Einfahrtsthor in den Garten
Baur fec.

steigert. Einen Teil davon erwarb der Färbermeister Anton Stark, der im Jahre 1831 diesen an das Ehepaar Zellner weiterverkaufte. [51] Die Stadt kaufte dann 1854 diesen Teil wieder zurück, um eine Mädchenschule zu errichten. [52] Im anderen Gebäudeteil wurde aus dem säkularisierten Vermögen des Kapuzinerklosters eine Schule errichtet. [53] Der Gesamterlös betrug immerhin 2.862 Gulden, 53 Kreuzer und 3 Pfennige, die dem Stadtmagistrat vollständig überlassen wurden. Graf von Montgelas hatte bereits bei der Auflösung des Kapuzinerklosters verfügt, dass das Vermögen der Kapuziner in einem Schulfond anzulegen sei. [54] Dieses generöse Verhalten der bayerischen Regierung war sicherlich der Grund, dass die Säkularisation des Kapuzinerkloster trotz anfänglicher starker Empörung unter der Bevölkerung ohne weitere Zwischenfälle abgewickelt werden konnte.

Am 8. Dezember 1802, nur zwei Tage nach der Säkularisation des Kapuzinerklosters, wurde dem Stiftsdechant Matthäus Fingerlos und dem Verwalter Andreas Unterholzner die Auflösung des Kollegiatstifts eröffnet. Die Amtssiegel mussten abgegeben werden und die bestehenden Kassen wurden versiegelt. Amtsadjunkt Ruland wurde beauftragt Verzeichnisse über den aktuellen Vermögenstand des Kollegiatstifts anzulegen. [55] Das Barvermögen belief sich auf 35.169 Gulden. Der Grundbesitz, bestehend aus Häusern und Wiesen war beträchtlich. Die Gebäude hatten z. B. einen Wert von 12.150 Gulden. Die Wiesen und Äcker waren zum großen Teil an die Mühldorfer Bevölkerung verpachtet. An Pachtzins nahm die Kollegiatstiftsverwaltung jährlich 591 Gulden ein. Insgesamt verfügte das Kollegiatstift über ein Vermögen von 238.725 Gulden. Die Kollegiatsstiftsrechnung von 1798 wies einen Überschuss von 2.568 Gulden, 11 Kreuzer und 3½ Pfennig auf. Das von den Untertanen abgelieferte Getreide wurde im Kollegiatstiftskasten, der unter Erzbischof Paris Graf Lodron errichtet worden war, gelagert. [56] Auch dort war ein Überschuss von insgesamt 508 Scheffel Getreide vorhanden. Das gesamte Kirchensilber wurde von Ruhland inventarisiert und entbehrliche Teile am 12. Januar 1803 nach München an das Münzamt eingesandt. Das eingelieferte Silber hatte einen Wert von 1.193 Gulden 56 Kreuzer. Die Grundstücke und Immoblien wurden später per Submission verkauft, d. h. die Objekte wurden öffentlich ausgeschrieben und an den Meistbietenden versteigert.

Für die neue bayerische Regierung war es jedoch nicht nur wichtig, sich möglichst schnell einen Überblick über die finanzielle Situation des Kollegiatstifts zu verschaffen, sondern auch das kirchliche Personal stand zur Disposition. In seinem Bericht vom 10. Januar 1803 an Aretin empfahl Ruhland den Chorherrn Joseph Reitmayr sofort seines Amtes zu entheben, da dieser »nicht blos Unsinn, sondern auch Aufruhr« predige. [57] Dekan Matthäus Fingerlos, der als Aufklärer der bayerischen Regierung positiv gegenüberstand, bestätigte auf Anfrage des Generalkreiskommissariats, dass keiner der Kanoniker geeignet sei die Seelsorge »nach den Bedürfnissen des Zeitgeistes« [58] zu verrichten. Nur der Kanoniker Tremel, der auch sein Schüler war, sei in Lage entsprechend zu predigen. Auf seinen Vorschlag hin wurde Reitmayer am 31.1.1803 in den Ruhestand versetzt und der bisherige Koadjutor von Niedertaufkirchen Jakob Sametsamer als Kooperator eingestellt. Als Gehalt bekam er jährlich 150 Gulden, die vorerst aus der Vermögensmasse des aufgelösten Kollegiatstifts genommen wurden. Als 1804 Matthäus Fingerlos Mühldorf verließ, um die Direktion des Georgianums in Landshut zu übernehmen, bestimmte man Sametsamer zu seinem Nachfolger. Das weltliche Kirchenpersonal, bestehend aus Stiftsverwalter, Chorleiter, Organist, Chormusiker und Mesner wurde auf kurfürstlichen Befehl vom 17. Juni 1803 unter Zahlung von jährlichen Pensionsbezügen entlassen. Insgesamt waren davon 13 Personen betroffen. Die Staatskasse musste 1.699 Gulden für jährliche Pensionsbezahlungen aufbringen. [59] Dass trotz dieser relativ großzügigen Regelung immer wieder soziale Härtefälle auftraten, zeigt das Beispiel der verwitweten Ursula Rinesel, die durch den plötzlich Tod ihres Mannes, dem als ehemaligen Chorleiter eine jährliche Pension von 220 Gulden zugestanden worden war, in soziale Not geriet. In einem Schreiben vom 3. Juni 1803 wandte sie sich an das Generalkreiskommissariat Freising mit der Bitte sie monatlich mit einer Zahlung von 24 Gulden und 12 Metzen Korn zu unterstützen, da durch den Wegfall der Pensionszahlungen sie nicht im Stande sei sich und ihr Kind zu ernähren. [60] In seiner Stellungnahme an den Kurfürsten befürwortete Freiherr von Aretin zwar dieses Gesuch, eine Zahlung erfolgte aber trotzdem nicht. [61]

Mit dem Einzug der bayerischen Truppen und der zivilen Inbesitznahme durch Freiherr von Aretin ging für die Exklave Mühldorf eine fast 900-jährige Zugehörigkeit zum Erzstift Salzburg zu Ende. Die dauernden Konflikte mit den Wittelsbacher Herzögen und Kurfürsten hatten dazu geführt, dass Mühldorf im Laufe der Jahrhunderte immer mehr isoliert und wirtschaftlich geschädigt wurde. Während Mühldorf im 15. und 16. Jahrhundert als Umschlagplatz für den Getreidehandel von enormer Bedeutung war, verlor es durch restriktive Zollvereinbarungen und Verträge mit den bayerischen Nachbarn immer mehr an wirtschaftlicher Bedeutung. Die öfters unternommenen Tauschverhandlungen zwischen dem Erzstift Salzburg und dem Kurfürstentum Bayern zeigen, dass man auch auf diplomatischem Wege alles versuchte die salzburgische Exklave zu integrieren. Für die Politik der Wittelsbacher war die Stadt als salzburgischer Vorposten im bayerischen Kernland ein nicht zu akzeptierender Zustand. Auf Grund der Bestimmungen des Reichsdeputationshauptschlusses von 1803 war es endlich möglich, die Salzburger Insel formell in Besitz zu nehmen und in das bayerische Territorium zu integrieren. Mit Freiherr Johann Adam von Aretin und dem Licentiaten Simon Ruland waren zwei tüchtige bayerische Beamte geschickt worden, denen es in kurzer Zeit gelang, eine effektiv arbeitende Verwaltung aufzubauen und größeres Chaos zu vermeiden. Bereits am 21. Januar 1803 wurde die bayerische Gesetzgebung in Mühldorf eingeführt. [62] Mit der Auflösung des Generalkreiskommissariats Mühldorf-Freising am 10. Juli 1804 war auch die Arbeit von Aretins offiziell beendigt. Bei ihrer Arbeit übernahmen die beiden Beamten vorhandene Verwaltungsstrukturen aus der erzbischöflichen Zeit und versuchten diese im Sinne der Reformen Monteglas neu zu strukturieren. Mit diplomatischem Geschick, konsequentem Handeln und Durchsetzungskraft schafften sie es, etwaige Unmutsäußerungen der Mühldorfer Bevölkerung oder lieblich-romantische Reminiszenzen an die salzburgische Vergangenheit im Keim zu ersticken. Waren im ersten Moment die Vertreibung der Kapuziner oder die Säkularisation des Kollegiatstifts Mühldorf schmerzvolle Erfahrungen, so waren diese doch bald durch den Abbau von wirtschaftlichen Handelshemmnissen und die Errichtung einer Schranne vergessen. Die Reform des Schulwesens, der Verkauf von Immobilien und Grundstücken des säkularisierten Kollegiatstifts an die Bevölkerung, die Errichtung eines Landgerichts und Rentamts waren Errungenschaften, die man in Mühldorf nicht mehr missen wollte. Die in der Stadt anfangs herrschende Euphorie und Aufbruchsstimmung war sicher ein Grund, dass die Integration der ehemals salzburgischen Stadt in den bayerischen Staatsverband so gut klappte. Auch wenn einige Beifallskundgebungen der Mühldorfer Bevölkerung von den neuen bayerischen Machthabern inszeniert wurden, so war man doch gegenüber dem neuen Landesherrn positiv eingestellt. Die räumliche Entfernung zu Salzburg hatte wohl dazu geführt, dass man sich schon längst mit den bayerischen Nachbarn angefreundet hatte und sich wohl mehr dem Kurfürstentum Bayern zugehörig fühlte als dem Erzbistum Salzburg.

»Bayerische Zeit«

Das Königreich Bayern 1806 – 1918

Eine Skizze

Hans-Michael Körner

Folgt man der Chronologie, so beginnt die Geschichte des Königreichs Bayern am 1. Januar 1806, als der Reichsherold die Proklamation Bayerns zum Königreich verkündet. Das Jahr 1806 ist angesiedelt im Umfeld einer allgemeinen Umbruchsituation, wobei für unseren Zusammenhang wichtig ist, dass die Französische Revolution eben nicht bloß ein Ereignis der französischen Geschichte darstellt, sondern dieses Ereignis tiefgreifende und vielfältige Auswirkungen auf alle Staaten Europas mit sich bringt. Bayern ist hier keine Ausnahme; im Gegenteil, die spezifischen Entwicklungstendenzen des Zeitalters lassen sich am bayerischen Beispiel besonders gut und leicht greifen, wie andererseits aber auch unübersehbar bleibt, dass die bayerische Situation im Umbruch vom 18. zum 19. Jahrhundert eben nicht nur als Fallbeispiel für eine allgemeine Entwicklungstendenz verstanden werden kann, sondern in ihrer spezifischen Signatur eingeordnet werden muss.

Der Ausgangspunkt für jede Betrachtung dieser Zeit muss also die Französische Revolution von 1789 sein, mit der die Geschichte des monarchischen Absolutismus in Europa ihr Ende wenigstens insoweit findet, als sich danach die Monarchien nicht mehr in der derselben selbstverständlichen Weise definieren können, wie das

»Sieg von der Bastei in Paris d. 14. Juli 1789«
Radierung, GMN
Am 14. Juli 1789 stürmten Bürger und Nationalgardisten das französische Staatsgefängnis Bastille in Paris, das als ein Monument für die despotische Unterdrückung galt. Wenn auch keine Waffen gefunden wurden und nur noch wenige Gefangene zu befreien waren, gilt der Sturm auf die Bastille als Symbol der Französischen Revolution. Das Ereignis wurde durch unzählige Stiche in ganz Europa verbreitet.
Lit.: Freiheit – Gleichheit – Brüderlichkeit. 200 Jahre Französische Revolution in Deutschland. AK GNM 1989.

vorher der Fall gewesen war. Diese weitreichende Wirkung der Französischen Revolution wird ergänzt, katalysatorhaft verstärkt durch den Siegeslauf der französischen Heere über Europa. Die Sprengkraft des revolutionären Gedankens, von Napoleon im Sinne seiner eigenen hegemonialen Absichten und machtpolitischen Pläne eingesetzt, bricht über das System des Alten Reiches herein und dieses ist dem Anprall der Napoleonischen Heere nicht gewachsen. Unter deren Ansturm geht das Alte Reich unter. Am Beginn der politischen, gesellschaftlichen, konstitutionellen und sozialen Neuordnung zu Beginn des 19. Jahrhunderts steht die machtpolitische Veränderung der politischen Landkarte Mitteleuropas. Daraus entwickeln sich im Folgenden die neuen Strukturen der europäischen, deutschen und eben auch der bayerischen Verhältnisse.

In welch unmittelbarer Weise der militärische Siegeslauf Napoleons auf die Gestaltung der inneren Verhältnisse auch in Bayern einwirkte, wird besonders deutlich am Beispiel der Mediatisierung. Nachdem sich die französischen Heere im Zuge ihrer Ostexpansion in den Besitz des gesamten linken Rheinufers setzen konnten, nachdem dadurch deutsche Fürstenhäuser, so auch das Haus Wittelsbach, Territorien und Besitzungen verloren, eröffnet dies die Grundlage für einen Handel zwischen eben diesen Fürsten und Napoleon. Die Fürsten der größeren deutschen Territorien, die Verluste auf dem linken Rheinufer erlitten hatten, sollten entschädigt werden durch eine Politik der freien Hand gegenüber der Vielzahl kleinerer reichsunmittelbarer Herrschaften. Auf dieser Grundlage gelangt Bayern dann in den Besitz ritterschaftlicher Territorien in Franken und Schwaben, in den Besitz der Hochstifte, der Reichsstädte. Diese Mediatisierung bedeutet in der Praxis einmal den Zusammenbruch der alten Reichsorganisation und zum anderen eine erhebliche Vergrößerung des territorialen Umfangs der verbleibenden deutschen Staaten.

Wenn man zu diesem Prozess der Mediatisierung noch die territorialen Erwerbungen an der siegreichen Seite Napoleons nimmt, dann verdoppelt Bayern seinen Umfang: die hochstiftischen Territorien Bamberg, Augsburg, Würzburg, Freising, Eichstätt, Passau und Regensburg; die Reichsabteien mit ihrem reichen Besitz an Land und Leuten wie Kempten, Ebrach, Kaisheim, Ottobeuren, Waldsassen, Reichsstädte, darunter Din-

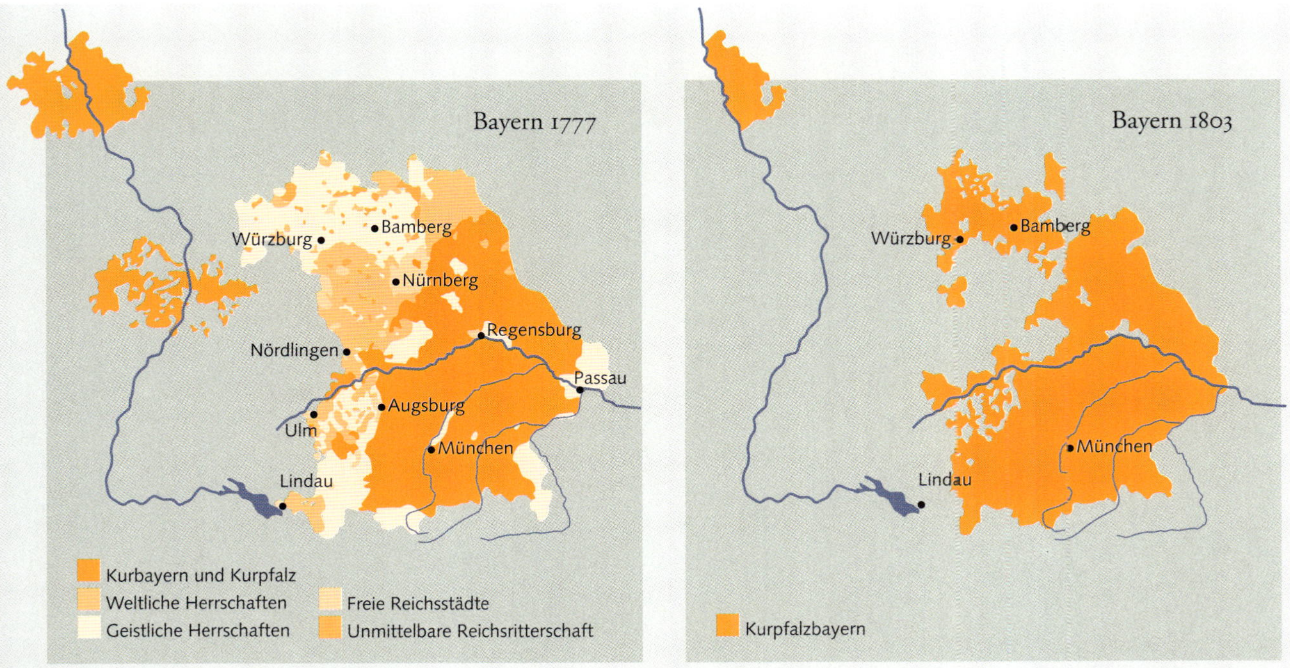

Gebietsveränderungen 1777/1803
Grafik: engelhardt.atelier, Mühldorf a. Inn

kelsbühl, Kaufbeuren, Nördlingen, Augsburg, Regensburg, Nürnberg; früher selbstständige Fürstenhäuser, wie die Oettingen, die Fugger, die Thurn und Taxis; schließlich die Markgrafentümer Ansbach und Bayreuth.

Neben den Vorgang der Mediatisierung tritt der der Säkularisation. Er bringt keinen territorialen Gewinn nach außen, keine Veränderung der Landesgrenze mit sich und ist doch von ebenso wichtigem Einfluss. Im so genannten Reichsdeputationshauptschluss wurden die deutschen Fürsten ermächtigt, die landständischen Klöster zu Gunsten des Staates einzuziehen. Gerade diese Klostersäkularisation zu Beginn des 19. Jahrhunderts erweist, wie weit die Folgen der Grundsatzentscheidungen am Beginn des 19. Jahrhunderts reichen. Einige Beispiele dafür: Der Staat wird durch die Übernahme der Klosterforsten zum großen Waldbesitzer, noch heute rührt ein Drittel der bayerischen Staatswaldungen aus den vormaligen Klosterforsten her; 37 % aller ländlichen Anwesen waren um 1800 Teil der klösterlichen Grundherrschaft, für deren Bewohner wird nun der Staat der Grundherr; die reichen Schätze der Klöster an Kunstwerken, Bibliotheken und Archivgut gehen in die staatlichen Sammlungen über, die Hauptstadt gewinnt, das Land verliert. Wissenschaft und Bildung, Musik und Kunst, das Kunsthandwerk nicht zuletzt hatten über tausend Jahre in den Klöstern ihre Heimstätte gehabt, diese Zentren gehen nun verloren, das flache Land wird Provinz und bleibt es teilweise bis heute. Wissenschaft und Forschung ist jetzt in großem Stil nur noch in der Hauptstadt möglich; Kulturpflege und höheres Schulwesen konzentrieren sich nun auf die größeren Orte. Und schließlich noch eine letzte Konsequenz der Säkularisation: Mit der Ausschaltung des Prälatenstandes bricht die alte Ständeordnung zusammen; der Weg ist auch im Inneren frei für den Neubau des bayerischen Staates unter Montgelas.

Fasst man die Momente des Wandels, des Umbruchs zusammen, so wird man drei Gesichtspunkte zu betonen haben. Da ist erstens die territoriale Erweiterung Bayerns: Franken und Schwaben, die Vielzahl der ehedem reichsunmittelbaren Gebiete kommen an Bayern. Da ist zweitens die Säkularisation mit ihren tiefgreifenden Folgen für die Kirche, den Staat und die Gesellschaft. Und als drittes kommt hinzu, dass Bayern am Beginn des 19. Jahrhunderts ein paritätischer Staat wird, dass das Prinzip der ausschließlichen Katholizität, wie es in Bayern seit der Gegenreformation gegolten hatte, aufgehoben wird und der Gleichberechtigung der Protestanten Platz macht. Das ist unmittelbare Folge des Anfalls neuer Territorien in Franken und Schwaben,

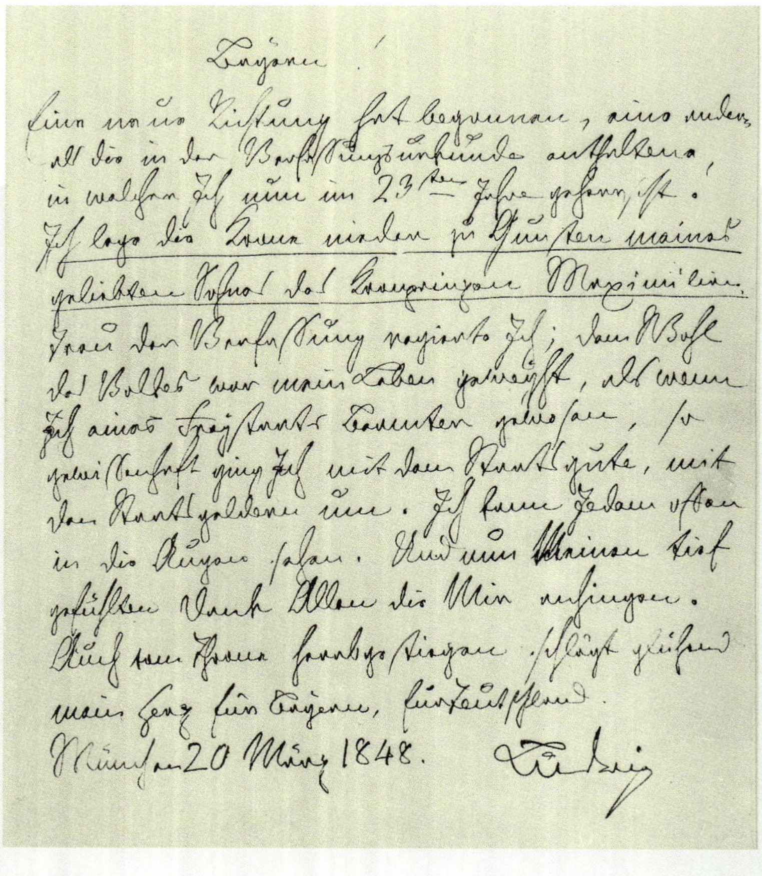
Bayern!
Eine neue Richtung hat begonnen, eine andere,
als die in der Verfassungsurkunde enthaltene,
in welcher Ich nun im 23sten Jahre geherrscht.
Ich lege die Krone nieder zu Gunsten meines
geliebten Sohnes des Kronprinzen Maximilian.
Treu der Verfassung regierte Ich; dem Wohle
des Volkes war mein Leben geweiht, als wenn
Ich eines Freistaates Beamter gewesen, so
gewissenhaft ging Ich mit dem Staatsgute, mit
den Staatsgeldern um. Ich kann Jedem offen
in die Augen sehen. Und nun meinen tief
gefühlten Dank Allen die Mir anhingen.
Auch vom Throne herabgestiegen schlägt glühend
mein Herz für Bayern, für Teutschland.
München 20 März 1848. Ludwig

Thronverzicht Ludwigs I. von 1848
Eigenhändiger Entwurf König Ludwigs I., 20. März 1848
BayHStA
Zu Beginn seiner Regierungszeit als liberaler Herrscher agierend, verschoben sich seine Überzeugung und sein Regierungsstil ab 1831 zu einer konservativen, autokratischen Staatsauffassung. Im Gegensatz dazu standen die Forderungen des Landtags und der Studenten nach mehr »Bürgerbeteiligung«, Pressefreiheit etc. Die Affäre Lola Montez führte schließlich zum Rücktritt Ludwigs I. am 20. März 1848. Er starb 1868 in Nizza.
Lit.: Gollwitzer, Heinz: Ludwig I. von Bayern. München 1986.

deren Bewohner protestantischer Konfession sind, das ist aber auch späte Folge des Toleranzgedankens der Aufklärung.

Diese Neuordnung firmiert unter der Überschrift: Bayern im Napoleonischen System. Bayern ist in den Wirren der Napoleonischen Kriege Durchzugsland und Schauplatz wichtiger Schlachten, aber es wird – wenigstens formal – nie als besetztes Land bezeichnet. Allerdings muss auch Bayern Truppen an der Seite Napoleons stellen; am bekanntesten sind wohl die 30.000 bayerischen Opfer des Napoleonischen Russlandfeldzugs. Dazu kommt noch etwas anderes: Napoleon wirbt mit dem Nachdruck des Mächtigen um das Haus Wittelsbach. Die alte bayerische Dynastie muss dazu beitragen, den Aufstieg der Familie Bonaparte zur Dynastie zu legitimieren. Dies geschieht durch die Heirat der Prinzessin Auguste mit dem Stiefsohn Napoleons, Eugen Beauharnais. Und schließlich fällt in diese Napoleonische Ära die Erhebung Bayerns zum Königreich. In der Proklamation vom 1. Januar 1806 heißt es: »[...] haben uns daher entschlossen, zur Begründung der Unabhängigkeit der uns von der Vorsehung anvertrauten Nation den dem vormaligen Beherrscher derselben angestammten Titel eines Königs von Bayern anzunehmen.« Erst durch den Vergleich mit dem Wortlaut der württembergischen Königsproklamation wird die bayerische Sonderstellung deutlich. Dort heißt es ganz nüchtern: »Nachdem wir zufolge eines mit dem Kaiser der Franzosen [...] errichteten Staatsvertrages die königliche Würde angenommen haben«. Es fällt auf, dass in der bayerischen Proklamation keine Rede ist von der Rolle Napoleons, dass vielmehr der historistische Rekurs

Maximilian Joseph Graf von Montgelas
Öl/Lw., Eduard Heuß, 1835
Graf Montgelas war überzeugter Vertreter der Ideen der Aufklärung. Als Reformer und »Vater des modernen Bayern« befürwortete er die Säkularisation. Montgelas führte den Grundsatz »Gleichheit vor dem Gesetz« ein und reformierte Verwaltung, Gerichts-, Steuer- und Schulwesen. Er schuf das Berufsbeamtentum mit qualifizierter Ausbildung. Die Grundstrukturen seiner Reformen prägen Bayern noch heute.
Lit.: Weis, Eberhard: Montgelas. Bd. I. München 1988; Weis, Eberhard: Die Begründung des modernen bayerischen Staates unter König Max I. (1799–1825). In: Handbuch der Bayerischen Geschichte. Hgg. von Max Spindler. Bd. IV/1. München 1974, S. 3–86. Bayern entsteht. Montgelas und sein Ansbacher Mémoire von 1796. AK München und Ansbach 1996/97.

auf die frühmittelalterlichen Verhältnisse gesucht und gepflegt wird. Dessen ungeachtet durchzieht das gesamte 19. Jahrhundert immer wieder das Schimpfwort vom »Königtum von Napoleons Gnaden« und kann sich beispielsweise Heinrich von Treitschke nicht genug tun, die nationale, die deutsche Unzuverlässigkeit Bayerns, das mit dem nationalen Feind paktiert habe, zu geißeln. Die Stilisierung des Königreichs Bayern als »von Napoleons Gnaden« erscheint insofern einseitig und schief, als es ja nach 1806 von der Nordsee bis zum Mittelmeer überhaupt nur noch Staaten »von Napoleons Gnaden« gab; und gleichzeitig ist hinzufügen, dass unter den überlebenden Mittelstaaten innerhalb des Napoleonischen Systems Bayern sicherlich noch die unabhängigste Stellung einnahm.

Die Erhebung Bayerns zum Königreich, das Ende des Alten Reiches, Mediatisierung und Säkularisation: Damit greift man das Tableau der Neuansätze in der bayerischen Geschichte am Beginn des 19. Jahrhunderts. Mit ihnen hatte der Neuaufbau des bayerischen Staates, seine innere Umstrukturierung zu rechnen, in ihnen hatte er seine substanziellen Fixpunkte. Was in dieser Hinsicht in Bayern am Beginn des 19. Jahrhunderts unter dem leitenden Minister Montgelas geschieht, hat man oft als »Revolution von oben« bezeichnet. Manche der Reformen der Ära Montgelas erscheinen in der Tat übertrieben, gewaltsam, unorganisch. Und doch prägen die Ergebnisse dieser Reformpolitik den bayerischen Staat bis heute. Nochmals: Die Voraussetzungen, die diese Reformen ermöglichten und erforderlich machten, waren das Ende des Alten Reiches, die Verdoppelung des Staatsgebiets, der Zusammenbruch der ständischen Ordnung, die Souveränität des Königreichs Bayern. Die Neuordnung selbst folgte dann weitgehend den Prinzipien des leitenden Ministers, des Grafen Montgelas: Rationalismus und Aufklärung sollen die barocken Lebensformen ablösen; nach französischem Vorbild soll Bayern ein straff gelenkter, zentralistischer und einheitlicher Verwaltungsstaat werden; der Staat soll für möglichst alle Bereiche des öffentlichen und kirchlichen Lebens zuständig werden; das Prinzip der Parität soll die Vorrangstellung der katholischen Kirche ablösen.

Die konkreten Reformmaßnahmen entsprechen dann auch diesen Grundsätzen Montgelas': Steuerverwaltung und politisches Mitspracherecht der Landstände werden aufgehoben; der Grundsatz »Gleichheit vor dem Gesetz« wird eingeführt; die Sonderrechte des Adels werden beschnitten; Verwaltung und Gerichtsverfassung werden hierarchisch aufgebaut; Städte und Märkte verlieren das Recht der Selbstverwaltung; Gerichtswesen, Polizei und Vermögensverwaltung werden verstaatlicht; ein neuer Beamtentyp soll die Durchführung der Staats- und Verwaltungsreform garantieren; es gibt keine Erblichkeit und keine Käuflichkeit von Ämtern mehr – statt dessen ein festes

Versammlung bedeutender Staatsmänner zur Zeit des Wiener Kongresses 1815
Druck nach einer Ölskizze zum Wandgemälde von Engelbert Seibertz, Mitte des 19. Jh.
Die zentrale Personengruppe zeigt von links nach rechts Fürst Talleyrand / Frankreich, Graf Montgelas / Bayern, Fürst Hardenberg / Preußen, Fürst Metternich / Österreich und als Protokollführer im Hintergrund Hofrat Gentz. Das Wandgemälde im Lesesaal der Abgeordneten im Maximilianeum in München ist leider nicht mehr erhalten.
Lit.: Altmann, Lothar / Mülbe, Wolf-Christian von der: Das Maximilianeum in München. Regensburg 1993.

System von Vorbildung, Prüfungen, Besoldung. Insgesamt wird man die Herausbildung einer zentralistischen Verwaltungsstruktur und die Schaffung einer leistungsstarken Bürokratie als die Hauptleistungen Montgelas' im Bereich der inneren Reformen ansehen dürfen.

Auf die Jahrzehnte der Veränderungen, des Umsturzes und des teilweise gewaltsamen Neuaufbaus folgt die Phase der Konsolidierung. Zwei Ereigniskomplexe bzw. Stichworte können diese Konsolidierungsphase kennzeichnen und verdeutlichen: der Wiener Kongress mit der Schaffung des Deutschen Bundes und die Verfassung von 1818.

Der Wiener Kongress war mit einer zweifachen Aufgabe konfrontiert. Einmal ging es um die Schaffung einer neuen tragfähigen europäischen Friedensordnung und zum anderen um die Frage, in welcher Form eine Nachfolgeorganisation für das zugrunde gegangene Alte Reich gefunden werden konnte. Von den Festlegungen, die der Wiener Kongress in diesen beiden Problemkreisen fixierte, war Bayern massiv betroffen. Im Zuge der europäischen Neuordnung musste Bayern seine Gebietserwerbungen gegenüber Österreich an dieses zurückgeben: Tirol, Vorarlberg, Salzburg und das Innviertel. Der territoriale Ausgleich für diese Verluste rundete das bayerische Territorium vor allem im Westen endgültig ab: Eichstätt, Würzburg und Aschaffenburg und dazu die linksrheinische Pfalz. – Das Organisationsmodell, das der Wiener Kongress für die Regelung der deutschen Verhältnisse schuf, war der Deutsche Bund: ein föderativer Bund, in dem die einzelnen Staaten nicht mehr lehensrechtlich von einem kaiserlichen Oberhaupt abhingen, sondern der lediglich die Sicherung der Bundesmitglieder nach innen und außen gewährleisten sollte. Das einzige Bundesorgan war der Bundestag in Frankfurt, ein Gesandtenkongress ohne exekutive Kompetenz. Wie für die anderen deutschen Staaten bedeutete die Schaffung des Deutschen Bundes auch für Bayern die staatsrechtliche Souveränität. Es musste sich erweisen, was die einzelnen deutschen Staaten aus dieser Souveränität machten, wie sie diese gegen die Ansprüche der deutschen Nationalstaatsidee verteidigen, welchen inneren Gehalt sie ihr verleihen konnten.

Nach dem Ausscheiden Montgelas' und dadurch erst ermöglicht, erhält das Königreich Bayern 1818 eine Verfassung, die partiell die bürokratischen und zentralistischen Übertreibungen Montgelas' zurücknimmt, die insgesamt die Epoche des Umbruchs und der Neuordnung abschließt. »Kein Land ist jetzt in Europa, wo freier gesprochen, freier geschrieben, offener gehandelt wird als hier in Bayern«, so urteilt Anselm von Feuerbach euphorisch über diese Verfassung. Genau hundert Jahre, bis zur Revolution von 1918, ist diese Verfassung das Staatsgrundgesetz von Bayern, der Rahmen für das sich entwickelnde politische Leben, das sich in der Folgezeit in dem Spannungsverhältnis zwischen königlichem Anspruch und den Bestrebungen nach politischer Mitwirkung bewegen wird. Bayern wird durch die Verfassung von 1818 eine konstitutionelle Monarchie, d.h. eine Monarchie, die den Monarchen durch eine Verfassung bindet, seine königliche Gewalt einschränkt. Die Verfassung legt fest, dass in Zukunft nicht mehr der König allein die Geschicke des Staates bestimmen kann, sondern dass eine Ständeversammlung, der Landtag dabei ein Mitspracherecht besitzt.

Max I. Joseph im Krönungsornat
Josef Stieler, 1805, Bayer. Staatsgemäldesammlung
Lit.: Schmid, Alois / Weigand, Katharina (Hg.): Die Herrscher Bayerns. München 2001. AK Wittelsbach und Bayern. Bd. 3. München 1980.

Das Königreich Bayern also im Jahre 1818: kein Kleinstaat, sondern ein Mittelstaat mit einer durch den Deutschen Bund garantierten Souveränität, eine konstitutionelle Monarchie. Mit einer solchen Etikettierung greift man gleichzeitig bereits die Mehrzahl der anstehenden Probleme: 1. die nationale Frage, die Frage nach der Stellung Bayerns im System des Deutschen Bundes, im Kontext der nationalstaatlichen Bewegung bis hin zur Reichsgründung von 1871 und zum Kaiserreich; 2. die Integrationsproblematik im Blick auf die neubayerischen Gebiete, also die Frage, ob und mit welchen Mitteln und wie weit es gelingen konnte, die verschiedenen Gebietsteile miteinander dauerhaft zu verbinden, zentrifugaler Tendenzen Herr zu werden, eine Gesamtstaatsidee zu etablieren; 3. die konstitutionelle Frage, näherhin das Problem, wie sich die Gewichte zwischen Monarch, Ministerium und Volksvertretung verteilten, wo das Gravitationszentrum der politischen Macht zu suchen ist.

Zwei Tendenzen können wir, wenn wir uns zuerst der nationalen Frage zuwenden, in dieser Hinsicht erkennen: einmal den bayerischen Wunsch, die im Wiener Kongress und in der Organisationsstruktur des Deutschen Bundes gewonnene Souveränität zu verteidigen und nach Möglichkeit noch auszubauen; und zum anderen die nationale Bewegung, die der Motor der Befreiungskriege gewesen war und die darauf drängte, den nationalen Gedanken in einen Nationalstaat umzusetzen.

Wenn wir unter dieser Fragestellung zuerst den bayerischen Vormärz betrachten, so erinnert man sich an das Wort Ludwigs I.: »Wir wollen Teutsche sein und Bayern.« Hinter diesem häufig zitierten Wort verbirgt sich in der Tat ein politisches Programm, das bestimmt ist von der Wertschätzung der föderativen Ordnung im Deutschen Bund und gleichzeitig eine Ausdehnung der Zuständigkeiten dieses Deutschen Bundes – etwa im Bereich der Rechtsprechung – auf gar keinen Fall zulassen will. Die Bewahrung der bayerischen Identität und Souveränität stand bei Ludwig I. – bei aller emphatischen Begeisterung für das Teutsche – im Vordergrund seines politischen Glaubensbekenntnisses. Ausgangspunkt seiner Politik musste die Überzeugung sein, dass ein deutscher Mittelstaat in machtpolitischer und militärischer Hinsicht nicht mit den beiden Großmächten Österreich und Preußen konkurrieren konnte. Konsequenz dieser realistischen Einschätzung war der Versuch, die Legitimität der souveränen staatlichen Existenz Bayerns auf anderen Feldern nachzuweisen, zu demonstrieren. Man hat in diesem Zusammenhang von der nationalen Kulturtätigkeit des Monarchen gesprochen und meint damit sein Bemühen, das uns in Bauten und Denkmälern, in vielfältigen kulturpolitischen Aktivitäten greifbar ist. Diese Politik hat einen Zug ins Monumentale, sie liebt die große architektonische Geste: Die via triumphalis der Ludwigstraße, die Nationaldenkmäler, die Verlegung der Universität von Landshut nach München, die Gründung der Bayerischen Staatsbibliothek, die Museumsbauten der Alten und der Neuen Pinakothek gehören in diesen Zusammenhang.

Nochmals: Die Kultur- und Kunstpolitik Ludwigs I. muss in ihrer politischen Funktion gesehen werden und diese Funktion ist im Kontext der nationalen Frage angesiedelt. Ludwig I. konnte im Vormärz davon ausgehen, mit einer solchen Politik nationalpolitisches Renommee für den bayerischen Staat zu sammeln, weil der deutsche Nationalbegriff dafür freien Raum ließ. Im Zeitalter des deutschen Vormärz verstand sich die deutsche Nationalbewegung zu einem guten Teil in den Kategorien der Kulturnation, eines Nationsbegriffs, bei dem die Gemeinsamkeit des kulturellen und historischen Erbes im Vordergrund stand. Und solange ein solcher Nationalbegriff dominierte, konnte in der Tat einer entsprechend dimensionierten Kulturpolitik ein entscheidendes Gewicht auch im Bereich politischer Entscheidungen zukommen. Diese Möglichkeit hat Ludwig I. aufgegriffen. Solange – anders ausgedrückt – die deutsche Frage in machtpolitischer Hinsicht noch offen war, konnte sich mit einem Anspruch, wie ihn Ludwig I. vertrat, die Hoffnung verbinden, etwas beizutragen zur Stabilisierung der Stellung Bayerns im Kontext des Deutschen Bundes.

Je länger desto entschiedener wurde eine solche Politik einem dreifachen Gefährdungspotential ausgesetzt. Dieses Gefährdungspotential bestand einmal aus einer nationalen Idee, die sich nicht mehr primär kulturnational verstand, sondern die in revolutionärer Energie auf eine staatspolitische Umgestaltung des Systems des Deutschen Bundes zielte, wie dies im Kontext der Revolution von 1848 deutlich geworden war; zu diesem Gefährdungspotential gehört zweitens der sich verschärfende Gegensatz zwischen den beiden deutschen Großmächten Österreich und Preußen, der es für die Mittel- und Kleinstaaten zunehmend schwieriger erscheinen ließ, sich aus dieser Konfrontation herauszuhalten; und drittens schließlich ist zu registrieren, dass in Bayern selbst die Strömungen an Gewicht gewinnen, die sich an

Bayerische Verfassung von 1818
BayHStA
Mit der Verfassung von 1818 wird Bayern eine konstitutionelle Monarchie, d.h. Bayern bleibt Monarchie, der Monarch ist aber durch eine Verfassung gebunden und seine zuvor absolutistische Gewalt ist eingeschränkt. Der Landtag hat nun ein Mitspracherecht bei Entscheidungen, die den Staat betreffen.
Lit.: AK Wittelsbach und Bayern. Bd. 3. München 1980.

einem Nationalstaat als politischem Ziel orientieren, die, im wirtschaftlichen Liberalismus verankert, das Lösungsmodell des Deutschen Bundes als unzureichend empfinden. Dieses hier nur grob skizzierte Gefährdungspotential für die bayerische einzelstaatliche Souveränität nimmt in der zweiten Jahrhunderthälfte dramatisch zu.

Mit dieser Zunahme korrespondiert eine Akzentverlagerung auch der bayerischen, näherhin der monarchischen Politik. Ein Beispiel dafür: Während Ludwig I. in großem Stil Kultur- und Kunstpolitik betreibt, um damit das Existenzrecht des bayerischen Staates und seinen Rang unter den anderen deutschen Staaten bildmächtig zu demonstrieren, weist die Kulturpolitik Maximilians II. eine andere Motivstruktur und eine andere Zielperspektive auf. Auch Max II. wird ein besonderes Engagement für Fragen der Kulturpolitik attestiert: Das Bayerische Nationalmuseum, die Gründung der Historischen Kommission bei der Bayerischen Akademie der Wissenschaft, die Berufungen nach München und viele andere Details gehören in diesen Zusammenhang. Bei all diesen Maßnahmen, die eng mit den ureigensten Interessensgebieten des Monarchen verknüpft sind, ist unübersehbar, dass der König Rückstände aufholen will, die er im Vergleich zum deutschen Norden, zu den preußischen Verhältnissen vornehmlich, zu erkennen glaubt. Auch in so einem speziellen Phänomen erkennt man die Verlagerungen der zweiten Jahrhunderthälfte: nicht mehr das selbstbewusste Aufgreifen bayerischer Möglichkeiten, sondern das Bemühen, nicht den Anschluss zu verlieren, nicht nachzuhinken hinter einer angeblich deutschen, im Kern jedoch preußischen Entwicklung.

Die deutsche Nationalstaatsidee der zweiten Jahrhunderthälfte wird überlagert vom deutschen Dualismus, ihm gegenüber ist auch eine Konzeption wie die der Triasidee Max' II. zum Scheitern verurteilt; Bayern als der bedeutendste der deutschen Mittelstaaten kann sich dem Konflikt nicht entziehen, sich nicht in Neutralität flüchten. Bayern durchmisst, wie auch die anderen süddeutschen Staaten, in den Kriegen von 1866 und 1870/71 den ganzen Bogen der eigenen Möglichkeiten in den Konfrontationen der nationalen Frage des 19. Jahrhunderts: mit Österreich und gegen Preußen zuerst; dann an der Seite Preußens gegen Frankreich auf dem Weg ins kleindeutsche Reich Bismarcks 1870/71.

Die Möglichkeiten und die Grenzen mittelstaatlicher und damit auch bayerischer Politik in der zweiten Hälfte des 19. Jahrhunderts – im Spannungsfeld von großdeutscher und kleindeutscher Lösung der nationalen Frage, im Machtkonflikt zwischen den beiden deutschen Großmächten – sind immer wieder diskutiert worden. Gleichwohl wird man festhalten müssen, dass mit der Niederlage Bayerns an der Seite Österreichs im Krieg von 1866 – noch dazu mit einem politisch weitgehend handlungsunfähigen König an der Spitze des Staates, Ludwig II. – allen realpolitischen Alternativen der Boden entzogen war, dass die Entscheidungen gefallen waren: gegen die mittelstaatlichen Souveränitätsansprüche, gegen den Aus- und Weiterbau des Deutschen Bundes, gegen alle Konzeptionen von der Art der maximilianeischen Triasidee. Darüber können weder die Landtagsverhandlungen vom Januar 1871, in denen mit aller Leidenschaft um den bayerischen Eintritt ins Deutsche Reich gestritten wurde, noch die Bayern in der Reichsverfassung eingeräumten Reservatrechte hinwegtäuschen. Allerdings: Unabhängig von der kontrovers diskutierten Frage, ob es sich beim Deutschen Reich von 1871 um einen Bundesstaat oder um einen Staatenbund gehandelt habe, darf man festhalten, dass die staatliche Existenz Bayerns durch die Reichsgründung im Prinzip nicht angetastet wurde und dass die Reichsverfassung von 1871 föderalistischen Prinzipien in weit höherem Maße entgegenkam, als das dann bei den Verfassungen des 20. Jahrhunderts der Fall sein sollte.

Dass die latent und potentiell dennoch vorhandenen Nahtlinien nicht aufbrachen, dass Bayern im Gegenteil kontinuierlich in das Kaiserreich hineinwuchs, lag nicht nur an der Sogkraft der wirtschaftlichen Entwicklung, sondern auch an der Verfassungskonstruktion selbst und schließlich am Geschick der föderalistischen Politik Bismarcks gerade gegenüber Bayern und seinem König. Es lag aber auch daran, dass die Inszenierung Bismarcks glückte, der deutschen Öffentlichkeit, vornehmlich dem deutschen – auch dem bayerischen – Bürgertum die erfolgreiche preußische Machtpolitik als Verwirklichung der deutschen Nationalstaatsidee zu verkaufen. – Und schließlich ist zumindest noch darauf hinzuweisen, dass der Hurra-Patriotismus Wilhelms II. und die Borussifizierungstendenzen im Kaiserreich auch Gegenwirkungen bayerischerseits provozierten, dass nach der Jahrhundertwende die Elemente bayerischer Eigenstaatlichkeit oder doch die Prinzipien des föderativen Reichsaufbaus wieder stärker ins Bewusstsein treten. Einer solchen Differenzierung ist jedoch sofort hinzuzufügen, dass die damit verbunden Tendenzen, die sich etwa im Umkreis König Ludwigs III. festmachen lassen, eine eigentliche Wirkungsmächtigkeit nicht entfalten konnten, dass der Weltkrieg hier eine entscheidende Zäsur darstellt.

Von der Integrationsproblematik – um den zweiten der angekündigten Problemkreise in den Blick zu nehmen – im Königreich Bayern zu reden, heißt, die schwierige Ausgangslage am Beginn des 19. Jahrhunderts interpretatorisch in Beziehung zu setzen mit der erstaunlichen Tatsache, dass dieser neu geschaffene, bunt zusammengewürfelte Staat weder 1848 noch 1866 oder 1871 oder 1918 wieder zerfällt, dass vielmehr die Gesamtstaatsidee Realität wird und auch über die Umbrüche des 20. Jahrhunderts hinweg Realität bleibt. Weder die revolutionäre Bewegung des Jahres 1848 noch die nationale Bewegung im Kontext der Reichsgründung stellen die Existenzgrundlagen des bayerischen Staates ernsthaft in Frage. Dieser Umstand scheint ein besonderes Erfolgskapitel der bayerischen Geschichte des 19. Jahrhunderts zu sein. Ein Erfolg, der angesichts der ungünstigen Startbedingungen alles andere als selbstverständlich ist. Was waren – so ist zu fragen – die Gründe für diesen Erfolg der bayerischen Integrationspolitik, einer Politik, die es dahin brachte, dass gegen Ende des Jahrhunderts die Integrationsfrage kein eigentliches Problem der bayerischen Politik mehr darstellt?

»Es gibt kein festeres Band, um die Bewohner der zu erwerbenden Länder an unsere Älteren zu knüpfen als eine gute Constitution.« Diese Wertschätzung Gneisenaus hinsichtlich des Integrationspotentials einer Verfassung erfährt auch im Königreich Bayern – bis hin zur Ausbildung eines »Verfassungspatriotismus« – ihre Bestätigung. Neben der Verfassung müssen in dieser Hinsicht und im Sinne von Integrationsfaktoren berücksichtigt werden: die administrativen Maßnahmen der Montgelas-Zeit, die, wie formuliert wurde, ein »kräftiges Netz staatlicher Funktionen über einen Komplex heterogener Strukturen« spannen; die Vereinheitlichungstendenzen, wie etwa im schulischen oder juristischen Bereich; die Tatsache, dass der Monarch am Beginn des 19. Jahrhunderts ja selbst kein Altbayer, sondern ein Pfälzer war; der Umstand, dass die Reformmaßnahmen Montgelas' Alt- und Neubayern in derselben vehementen, teilweise schmerzlichen Weise trafen; die Ausbildung eines administrativen Zentralismus; die Rolle der Dynastie, die Reisetätigkeit der Monarchen, die Integration der Führungsschichten, eine bewusste Adelspolitik.

Die Sensibilität der bayerischen Integrationspolitik kann an einem Beispiel erläutert werden, an der staatlichen Geschichtspolitik, an den Bemühungen des Staates, ein bayerisches Geschichtsbewusstsein zu begründen und zu befördern. Nur selten wird im Rahmen dieser Politik der Versuch unternommen, neubayerische

Ludwig I. von Bayern
Kreismuseum Lodronhaus, Mühldorf a. Inn
Die Herrschaft Ludwigs I. ist unverrückbar mit der Förderung der Kunst verbunden. Die Kunst- und Kulturpolitik hatte aber auch eine politische Dimension: Damit sollte die Stellung Bayerns als Mittelstaat im Deutschen Bund gefestigt werden.
Lit.: Gollwitzer, Heinz: Ludwig I. von Bayern. München 1986.

und altbayerische geschichtliche Erinnerungsbestände intensiver aufeinander zu beziehen. Weit häufiger kann man das Bemühen beobachten, die zur Separation neigenden geschichtlichen Überlieferungen der neubayerischen Gebiete durch ihre Einbindung in die Erinnerung an die Geschichte des gemeinsamen Königreichs Bayern zu entschärfen. Und vor allem unter König Ludwig I. gibt es ferner die Tendenz, die Traditionen der neubayerischen Gebiete in den gesamtbayerischen Nationaldenkmälern, vornehmlich in München, präsent zu machen. Durchgängig ist zu sehen, dass, um einer verstärkten Integration der neubayerischen geschichtlichen Erinnerungen willen, das Prinzip der regionalen Geschichtspolitik auf ganz Bayern ausgedehnt wird. Neubayerische und altbayerische Traditionsbestände werden dabei gleichberechtigt behandelt. Weder sollen den Franken die Sendlinger Mordweihnacht oder die Schlacht von Gammelsdorf als gesamtstaatliche Erinnerungsobjekte zugemutet werden, noch den altbayerischen Gebieten die spezifisch reichsstädtischen, mitunter dezidiert protestantischen Erinnerungselemente.

Mit dieser bewussten Regionalisierung der staatlichen Geschichtspolitik korrespondieren so unterschiedliche Phänomene wie die Förderung der Historischen Vereine in den einzelnen Kreisen des Königreichs, eine gewisse Dezentralisierung im Denkmalschutz oder die Einrichtung der Kreislehrpläne im Volksschulbereich in der zweiten Jahrhunderthälfte. Früh verbindet sich mit dieser Regionalisierung der bayerischen Geschichtspolitik die Tendenz, das Gewicht der politischen Geschichte in der öffentlichen Erinnerung zurückzunehmen. Diese Tendenz ist zu beobachten beim Verzicht auf die figürlichen Darstellungen am Sockel des Denkmals für Kurfürst Maximilian, bei der Gestaltung des Siegestores, bei der Auswahl der Persönlichkeiten, die in die Ruhmeshalle aufgenommen werden. Hierher gehört in einem weiteren Sinne auch noch die kulturgeschichtliche Orientierung des Geschichtsunterrichts an den Schulen, wie auch das Phänomen, dass die altbayerische Identität ihren Bezugspunkt nicht so sehr in der politischen Geschichte artikulieren kann, sondern dies vornehmlich im Kulturellen, Volkstümlichen und Folkloristischen tun muss. Regionalisierung und Entpolitisierung können als Merkmale einer bewusst auf die Integration der neubayerischen Gebiete abzielenden Geschichtspolitik im Königreich Bayern gelten.

Wenn schließlich von der konstitutionellen Problematik die Rede sein soll, von der Frage also, wo das Gravitationszentrum der politischen Entscheidungen liegt, so ist der Blick konsequenter auf die beteiligten Monarchen zu richten, als das bislang in dieser Skizze der Fall gewesen war.

Ludwig I., durch eine lange Kronprinzenzeit glänzend auf sein Herrscheramt vorbereitet, ganz anders im Temperament als sein Vater, autokratisch in seinem königlichen Willen, nicht bereit, sich der Bürokratie oder dem Ministerium oder dem Parlament unterzuordnen, mag in mancherlei Hinsicht als eine Provokation gegenüber allen Kräften und Tendenzen des Zeitalters verstanden werden, eines Zeitalters, das in der Fortbildung des liberalen Verfassungsstaates das Ideal erblickte. Ludwig I.: »Im zweiundzwanzigsten Jahre herrsche ich und habe mir von Ministern nie vorschreiben lassen. In Bayern besteht das monarchische Prinzip. Der König befiehlt, die Minister gehorchen. Glaubt einer, es sei gegen sein Gewissen, so gebe er doch das Portefeuille zurück, höre auf Minister zu sein. Der König läßt sich nicht durch seinen Minister vorschreiben, was er tun oder lassen soll.«

Die Verfassungskämpfe im bayerischen Vormärz sind das Resultat eines solchen Anspruchs, die rigorose Härte, wie etwa gegenüber dem Würzburger Bürgermeister Michael Behr, steht für die Schärfe der damit verbundenen Auseinandersetzungen. Immer wurde in diesem Zusammenhang die Frage gestellt, unter welchen Voraussetzungen und mit welcher Motivation sich jener Wandel vollzieht vom liberalen Kronprinzen zum autokratischen König, von der liberalen Reformperiode der Jahre bis 1831 hin zur konservativen Periode bis zum vielzitierten System Abel, als der König dann auch vor gefährlichen Überspitzungen des monarchischen Prinzips nicht mehr zurückschreckt. Dazu ist zu sagen, dass auch der liberale Kronprinz und die liberale Reformperiode der ersten sechs Jahre seines Königtums nie als eine Absage an das monarchische Prinzip verstanden werden dürfen und, ebenso wichtig, dass sich die Beurteilung dieses Wandels einer rein politischen Betrachtungsweise möglicherweise entzieht, dass dieser Wandel auch als psychologische Reaktion des Königs zu verstehen ist. Das Gefühl, vom Landtag verletzt und zum Nachgeben in wichtigen Punkten gezwungen worden zu sein, das Gefühl, missverstanden worden zu sein, wo er Dankbarkeit hätte erwarten dürfen, entschied des Königs Stellung zum Verfassungsgedanken, bereitete seiner Verfassungsfreudigkeit, ja Verfassungsbegeisterung ein Ende. Von nun an tritt der Kampf gegen die Aushöhlung des Königtums, gegen die Unterordnung des Fürsten unter den Staat, gegen die Tendenz, das Königtum zu entpersönlichen und den König zu einem Organ des Staates zu machen in den Vordergrund, sehen wir den Versuch einer monarchischen Selbstregierung, die in manchen Zügen an die Zeiten des uneingeschränkten vorkonstitutionellen Absolutismus erinnert, sehen wir schließlich auch, dass dem König sein monarchisch-autokratisches Selbstverständnis 1848 endgültig zum Verhängnis wird.

Das schließliche Scheitern dieses autokratischen Versuchs Ludwigs I. definiert weithin die politischen Möglichkeiten seines Nachfolgers Maximilian II. Von höchst unterschiedlichem persönlichem Profil, ängstlich, zweiflerisch, zum Grübeln veranlagt, in hohem Maße selbstkritisch, stand für ihn der Versuch einer Wiederholung des autokratischen Versuchs seines Vaters zu keinem Zeitpunkt ernsthaft zur Debatte. Im Gegenteil: Das Gewicht des Ministeriums steigt kontinuierlich an, der Monarch ist nicht mehr in der Lage, diesem Ministerium gegenüber seine eigenen politischen Vorstellungen kraftvoll durchzusetzen. Die gewandelten Zeitverhältnisse und die persönliche Schwäche des Königs wirken zusammen, die monarchisch-dynastische Dimension der staatlichen Politik tritt in den Hintergrund. Die Bewahrung der monarchisch-konstitutionellen Ordnung gerät in die Defensive einer revolutionsabwehrenden Politik, treibt gerade dadurch den König in die Arme seines Ministeriums, das sich in politischer Hinsicht immer dezidierter dem politischen und weltanschaulichen Liberalismus verpflichtet weiß. Umgekehrt nutzt die ministerielle Politik alle Gelegenheiten, sich vom Monarchen zu emanzipieren, ihn gegebenenfalls auch zu desavouieren; sie steht in Abwehr gegenüber allen unkontrollierbaren Volksbewegungen, verpflichtet sich daher den Monarchen noch stärker und verhindert systematisch alle auch nur im Keim bonapartistisch zu nennenden Ansätze.

Von hier aus sind die Linien bis zum Ende der Monarchie auszuziehen. Die Schwäche des Königtums nach 1848 wird zur dominierenden Stärke von Ministerium und Bürokratie, führt zur Herausbildung des Systems der Ministerregierung. Die Situation seit den sechziger Jahren ist darüber hinaus davon bestimmt, dass sich Ministerium und Landtagsmehrheit in schroffem Gegensatz gegenüberstehen. Das Ministerium ist weltanschaulich liberal und ausgesprochen reichsfreundlich, kleindeutsch orientiert. Die Landtags- und Bevölkerungsmehrheit ist weltanschaulich konservativ, entschieden katholisch, betont bayerisch-eigenstaatlich, großdeutsch gesinnt. Aber, entsprechend der Verfassung von 1818, hat der Landtag keinen Einfluss auf die Zusammensetzung des Ministeriums. Die Unabhängigkeit des Ministeriums von den Mehrheitsverhältnissen im Landtag bleibt Verfassungsprinzip bis 1918. Diese Unabhängigkeit verhindert bis 1918 ein parlamentarisches System, in dem die Minister dem Parlament verantwortlich sind.

Im Umkreis dieser Frage ist auch ein Großteil des Schicksals König Ludwigs II. angesiedelt. Ludwig II. sieht sich genauso wie sein Vater mit dem omnipotenten politischen Gestaltungsanspruch des Ministeriums konfrontiert. Im Unterschied zu seinem Vater ist er nicht in der Lage, resignierend über das eigene Scheitern gegenüber dem Machtanspruch des Ministeriums hinwegzugehen; er zieht daraus vielmehr, vielleicht zu früh, sicherlich aber zu radikal, die Konsequenz, den Kampf aufzugeben, in seine eigene Traumwelt zu flüchten. Und doch zeigt sich gerade am Beispiel Ludwigs II. die letzte Konsequenz, zu der das Verfassungsprinzip hinsichtlich der Unabhängigkeit des Ministeriums vom Landtag fähig war. Das politische Programm Ludwigs II. war außen- wie innenpolitisch durchaus konservativ. In seiner bayerisch-monarchisch-katholischen Grundstruktur befand es sich durchaus in Übereinstimmung mit einer breiten Bevölkerungs- und, was in diesem Zusammenhang wichtiger ist, Landtagsmehrheit. Die nahe liegende Konsequenz, ein Ministerium zu berufen, das dieser Mehrheitsmeinung, aber auch seinem eigenen politischen Credo entsprochen hätte, wird von Ludwig II. zwar 1875 einmal ernsthaft erwogen, bleibt jedoch unverwirklicht. Eine solche Konsequenz hätte in den siebziger Jahren angesichts der dominierenden Rolle Bismarcks und seines persönlichen Einflusses auf den König zu Konflikten mit Berlin führen müssen, sie hätte auch – und das war aus der Sicht Ludwigs II. wohl das Entscheidende – die Tendenz zur Parlamentarisierung impliziert. Und diesen letzten Rest des monarchischen Prinzips wollte Ludwig II. – auch wenn er dadurch in Widerspruch zu seinen politisch-inhaltlichen Vorstellungen geriet – nicht aufgeben.

In dieser Hinsicht wirkte die Angst vor der Parlamentarisierung lähmend, verhinderte sie über lange Zeit ein inhaltlich gleichgerichtetes politisches Programm. Erst nach der Jahrhundertwende, im Zeichen einer gewissen Annäherung zwischen Ministerium und Zentrumsmehrheit im Landtag kommt es auf diesem Gebiet, nicht zuletzt aufgrund des Einflusses von Prinz Ludwig zu gewissen Entkrampfungen, die dann zur politischen Wende der bayerischen Innenpolitik im Jahre 1912 führen, als mit Georg von Hertling zum ersten Mal ein führender Zentrumspolitiker Vorsitzender im Ministerrat wird.

Blickt man von hier aus abschließend auf den Umbruch von 1918, so gestaltet sich die Diskussion der Revolutionsursachen besonders dann schwierig, wenn man die Person des letzten bayerischen Königs, Ludwigs III., ins Auge fasst. »Wenn wir eine Reichsverfassung hätten, in der der Kaiser vom Volk gewählt würde und in der die Vorschrift enthalten wäre, der Kaiser müsse aus einem der regierenden Fürstenhäuser gewählt werden – ich gebe Ihnen mein Wort, Prinz Ludwig hätte die größte Aussicht, Deutscher Kaiser zu werden.« Das hat kein anderer als August Bebel, Führer der deutschen Sozialdemokraten formuliert, im Blick auf den Prinzen Ludwig, den nachmaligen König Ludwig III. von Bayern. Warum, so muss man sich angesichts einer solchen Einschätzung fragen, fiel ausgerechnet dieser Monarch der Revolution von 1918 zum Opfer? Von einer betonten Einfachheit der Lebensführung, von Leutseligkeit, Ungezwungenheit, von Schlichtheit und Einfachheit, von Untadeligkeit und ausgeprägtem Pflichtbewusstsein ist immer wieder die Rede, wenn man Charakterisierungen des Monarchen strapaziert. Nüchtern in der äußeren Erscheinung, ohne Begeisterung für die höfische und militärische Repräsentation, lag das Schwergewicht seiner persönlichen Interessen und seines politischen Engagements auf konkreten sozialen und wirtschaftspolitischen Fragen. – Wie gesagt, die Person Ludwigs III. gibt wenig her für eine unmittelbare Beantwortung der Frage nach den Revolutionsursachen. Umso schärfer stellt sich die Frage: Warum waren die Wittelsbacher die erste Dynastie im Deutschen Reich, die der Revolution zum Opfer fiel, eine Dynastie, deren Verbindung mit dem Volk über das etwa in Preußen übliche Maß weit hinausging, eine Dynastie, die das Erbe von acht Jahrhunderten als Kapital besaß?

War diese Revolution, um den Reigen denkbarer und in der Literatur tatsächlich auch formulierter Antworten zu eröffnen, vielleicht nur eine Art »Theatercoup«, ausgeführt von einer Handvoll landfremder Revoluzzer, denen ein einziges zuverlässiges Bataillon hätte ein Ende bereiten können? Oder, von einem viel grundsätzlicheren Standpunkt aus gefragt: Gab es einen Widerspruch zwischen dem Herrschaftsanspruch der politischen und gesellschaftlichen Oberschicht auf der einen Seite und den Emanzipationstendenzen – oder zumindest Unzufriedenheiten – im Volk auf der anderen Seite, der sich im Laufe der vergangenen Jahrzehnte dergestalt vergrößerte, dass er schließlich nicht mehr überbrückbar und nur noch im revolutionären Umbruch lösbar war? In der bayerischen Landesgeschichtsschreibung war lange Zeit viel von einer solchen Auffassung die Rede. Man versuchte dabei zu zeigen, dass schon in der Prinzregentenzeit die Spannungen so groß wurden, dass sie den Verfassungsbau der konstitutionellen Monarchie quasi von innen her aushöhlten. Von einer solchen Interpretation der Prinzregentenzeit her, in Verbindung mit der Auffassung, dass die reale politische Bedeutsamkeit der Monarchen seit 1848 kontinuierlich abgenommen habe, wird dann gefolgert, dass die Revolution von 1918 nur noch der Endpunkt einer vorgezeichneten Entwicklung gewesen sei. Und schließlich, ins Prinzipielle und Staatstheoretische gewendet, wurde gefragt, ob die konstitutionelle Staatsform nicht überhaupt eine zum Untergang verurteilte Staatsform gewesen sei. Stellte die konstitutionelle Monarchie lediglich eine Übergangsphase dar zwischen den Formen absoluter monarchischer Herrschaft der frühen Neuzeit und dem republikanisch-demokratischen System der Gegenwart – eine Übergangsphase, die notwendigerweise durchlaufen werden musste, der aber kein genuines Recht und kein originäres Eigengewicht in der Verfassungsentwicklung zuzuordnen sei?

Überblickt man die Fülle der vorgetragenen Argumente und versucht man, zu einer bilanzierenden Aussage zu kommen, so darf man Folgendes feststellen: Ohne den Krieg von 1914 bis 1918 hätte es diese Revolution nicht gegeben. Der Krieg dauerte länger, als die Bevölkerung erwartet hatte, er verlief verlustreicher als je ein Krieg zuvor, er bürdete dem ganzen Volk und nicht nur der kämpfenden Truppe Opfer und Entbehrungen auf, deren Sinn die Menschen immer weniger verstehen konnten. Lebensmittelrationierungen und das Gefühl völliger politischer Ohnmacht gegenüber der Berliner Kriegsführung, besonders hohe Verluste unter der Landbevölkerung und die Unzufriedenheit mit der politischen Führung, Unmut über den Reichszentralismus und die steigenden Lebensmittelablieferungen an Preußen: Das alles ist verantwortlich für die Stimmungslage vom November 1918 und definiert diese.

Auf diesem Hintergrund konnte die Beseitigung der Monarchie unter dem Motto der Kriegsbeendigung erfolgen; die Demonstration auf der Theresienwiese am Nachmittag des 7. November 1918 war primär eine Friedensdemonstration und keine Demonstration mit dem Zweck der Herbeiführung des revolutionären Umsturzes. Das Haus Wittelsbach war sicherlich nicht der primäre Adressat dieser Revolution, ihre Tendenz richtete sich viel eher gegen den Krieg und nur indirekt gegen diejenigen, die für die Verlängerung des Krieges Verantwortung trugen. In diesen Sog geriet dann auch die bayerische Monarchie. Und, was besonders wichtig ist: In dieser Situation findet dann auch das wittelsbachische Königtum keine entschiedenen Verteidiger mehr, kommt es mit seinen Verfassungsreformen vom 2. November 1918 zu spät, hat es im Krieg zu viel an Autorität verloren, litt es möglicherweise auch an den Strukturmängeln, von denen im Zusammenhang dieser Skizze der Geschichte des Königreichs die Rede war. Es war dem alten System nicht gelungen, mit dem Krieg und seiner Not fertig zu werden, es hatte vor der Aufgabe versagt, ihn früher zu beenden. Man wird sicherlich nicht so weit gehen, die Revolution von 1918 als bloße Friedensrebellion zu bezeichnen, im Kern bleibt es jedoch dabei: Im November 1918 findet eine Revolution gegen den Krieg und für den Frieden statt.

Proklamation.

Volksgenossen!

Um nach jahrelanger Vernichtung aufzubauen, hat das Volk die Macht der Zivil- und Militärbehörden gestürzt und die Regierung selbst in die Hand genommen. Die Bayerische Republik wird hierdurch proklamiert. Die oberste Behörde ist der von der Bevölkerung gewählte Arbeiter-, Soldaten- und Bauernrat, der provisorisch eingesetzt ist, bis eine endgültige Volksvertretung geschaffen werden wird. Er hat gesetzgeberische Gewalt. Die ganze Garnison hat sich der Republikanischen Regierung zur Verfügung gestellt. Generalkommando und Polizeidirektion stehen unter unserem Befehl. Die Dynastie Wittelsbach ist abgesetzt. Hoch die Republik!

Der Arbeiter- und Soldatenrat: Kurt Eisner.

Proklamation der Republik in Bayern, 8. November 1918
BayHStA
In seiner Funktion als erster Vorsitzender des neugegründeten Arbeiter-, Soldaten- und Bauernrates proklamierte Kurt Eisner in der Nacht vom 7. zum 8. November 1918 das Ende der Wittelsbacher Dynastie und die Umwandlung Bayerns in eine Republik.
Lit.: Albrecht, Dieter: Von der Reichsgründung bis zum Ende des Ersten Weltkrieges (1871–1918). In: Handbuch der Bayerischen Geschichte. Hgg. von Max Spindler. Bd. IV/1. München 1974, S. 283–386.

Mühldorfs Suche nach historischer Identität

Karl Borromäus Murr

Es gehört zweifellos zu den Grundbedingungen des Menschseins, sich in der Geschichte zu verorten. Der Mensch lebt *wesentlich* aus der Vergangenheit heraus. Dabei geht es ihm jedoch in der Regel weniger um die Vergangenheit als solche, sondern vielmehr um die in der Geschichte schlummernde Möglichkeit zur Identitätsstiftung für die je eigene Gegenwart, die zugleich offen ist auf die Zukunft. Es liegt darin die besondere Leistung der Erinnerung, dass sie das Gestern fruchtbar macht zur Orientierung für das Heute und Morgen. Dieser hier nur kurz angedeutete anthropologische Befund trifft nicht nur auf menschliche Individuen zu, sondern auch auf soziale Gebilde wie Völker, Staaten, Nationen, aber auch Regionen, Städte oder Gemeinden. All diese Gruppen pflegen ein kollektives Gedächtnis, das die Einheit und Eigenart ihrer selbst mit begründet. [1] Solche Gruppen bemühen sich um so intensiver um ihr kollektives Gedächtnis, je fundamentaler sich die Bedingungen ihrer eigenen politischen wie gesellschaftlichen Existenz verändern – gerät doch gerade in solchen Phasen die eigene Identität in Fluss und fordert konsequenterweise eine neue Definition. Deshalb liegt es für den Gedächtnishistoriker nahe, seinen Blick gerade auf Zeiten grundsätzlichen Wandels zu richten, weil sich dort die (Neu-)Formierung von geschichtlicher Orientierung am besten beobachten lässt.

Mit einer zweifelsohne fundamentalen Veränderung sah sich das heute oberbayerische Mühldorf am Inn zu Beginn des 19. Jahrhunderts konfrontiert, nachdem der »Napoleonische Umbruch« mit seinen zahlreichen gebietsmäßigen Veränderungen dieser Stadt einen neuen Landesherrn beschert hatte. Denn Mühldorf wurde im Dezember 1802, nachdem es bis dahin Jahrhunderte lang als Enklave des Erzstifts Salzburg im bayerischen Territorium überdauert hatte, zu Kurbayern geschlagen, das 1806 zum Königreich aufstieg. Damit wurde die Stadt vor die schwierige Aufgabe gestellt, sich in ein völlig neues Staatsgefüge einzufinden mit dem wittelsbachischen Landesherrn an der Spitze. Stand für Mühldorf in der ersten Hälfte des 19. Jahrhunderts die Integration in das bayerische Königreich im Vordergrund, so zog mit der Gründung des Kaiserreiches 1870/71 verstärkt ein deutsches Nationalbewusstsein am Horizont der politisch gesellschaftlichen Selbstbestimmung des Ortes auf. Gerade der deutsch-französische Krieg sollte auch in Mühldorf seine gemeinschaftsstiftenden Erinnerungsspuren hinterlassen.

In der folgenden Betrachtung soll im Blick auf Mühldorf anhand ausgesuchter Beispiele der Frage nachgegangen werden, welche Rolle im 19. Jahrhundert, das ob seiner Geschichtsbegeisterung als das »Jahrhundert der Geschichte« bezeichnet worden ist, die öffentliche historische Erinnerung im Ringen um die eigene Identität spielte. [2] Im Ausgreifen Mühldorfs auf seine nähere oder fernere Vergangenheit spiegelt sich dabei die gegenwärtige Identitätssuche einer Stadt, der es darum ging, sich zum engeren Vaterland Bayern wie auch zum weiteren Vaterland Deutschland ins Verhältnis zu setzen.

Mühldorfs Besitzergreifung von 1802 – Der Beginn historischer Neuorientierung

Schon unmittelbar mit der Besitzergreifung Mühldorfs durch das bayerische Kurhaus am 2. Dezember 1802 setzte für die Stadt am Inn die geschichtliche Neuorientierung ein. Bei den anlässlich der Besitzergreifung stattfindenden Feierlichkeiten wurde abends die ganze Stadt erleuchtet. [3] Auf dem Münchner Turm waren, feuerwerkstechnisch hervorgehoben, die Namenszüge des neuen Herrscherpaars, des Kurfürsten Max IV. Joseph und seiner Gemahlin Caroline, angebracht, die man »wie Castor und Pollux schon unter die Sterne versetzt sehen wollte« [4]. Auf dem Rathaus fanden sich schließlich Sinnbilder über die Vereinigung Mühldorfs mit Bayern, die gekrönt wurden durch den lateinischen Spruch: »Rediit, unde venit« (Sie ist zurückgekehrt, woher sie gekommen ist). [5] Mit diesen Worten versuchten die Festverantwortlichen, die wittelsbachische Besitzergreifung Mühldorfs als Wiederherstellung eines alten historischen Zustandes darzustellen, um damit eine bayerische Herrschaftskontinuität, die zwischenzeitlich lediglich ausgesetzt gewesen war, zu suggerieren – ein gewagter Versuch angesichts der Tatsache, dass Mühldorf seit dem Mittelalter zu dem Erzstift Salzburg gehört hatte.

Mit dem Bemühen, Mühldorf mit der bayerischen Geschichte »wiederzuvereinigen«, ging in den Feierlichkeiten von 1802 der Versuch einher, die Salzburger Vergangenheit der Stadt ausschließlich negativ darzustellen: als eine Zeit »großer Ungemach«. [6] Man beklagte die bis zur Besitzergreifung so isolierte Stellung Mühldorfs inmitten Bayerns und vor allem die daraus erwachsenen hohen militärischen wie wirtschaftlichen Belastungen für das Gemeinwesen der Stadt. Vor dieser Kontrastfolie musste natürlich der Übergang Mühldorfs an Bayern geradezu wie ein »historischer« Befreiungsakt erscheinen.

Aus der Perspektive des Historikers bleibt jedoch kritisch zu fragen, inwieweit die in den Feierlichkeiten vom Dezember 1802 ausgedrückte Harmonie bezüglich der »Wiedervereinigung« Mühldorfs mit Bayern von den Mühldorfern selbst getragen oder ob sie nicht vielmehr von der neuen bayerischen Administration inszeniert wurde.

Die 25-Jahr-Feier der bayerischen Besitzergreifung

Der Anstoß zur 25-Jahr-Feier der Besitzergreifung Mühldorfs am 2. Dezember 1827 erfolgte eindeutig von staatlicher Seite durch den zuständigen Landrichter, der sich zudem bereitwillig für die Planung der Festlichkeiten zur Verfügung stellte. [7] Aber auch die Mühldorfer selbst sahen in der Historisierung des Übergangs ihrer Stadt an Bayern eine willkommene Gelegenheit, ihre gegenwärtige Loyalität dem wittelsbachischen Landesherren gegenüber zu demonstrieren. Der Magistrat der Stadt, der die Besitzergreifung nun als »glückliches Ereignis« [8] bezeichnete, betonte, die Feier auf eine einfache Weise begehen zu wollen. Gleichwohl erlebte Mühldorf am 2. Dezember 1827 einen Jahrestag, der mit kirchlichem Hochamt, Landwehrparade, Militärmusik, Böllerschüssen, abendlicher Festveranstaltung, Feuerwerk etc. das bunte Spektrum landstädtischer Festkultur aufbot. Es war vor allem ein Fest, so betonte der Mühldorfer Stadtschreiber, »an welchem die Stadtgemeinde den herzlichsten Anteil nahm«. [9] Aber die Feierlichkeiten stellten keinen Selbstzweck dar, von zentraler Bedeutung dabei war vielmehr die Mühldorfer Beteuerung der Anhänglichkeit dem bayerischen Herrscherhaus gegenüber mit seinem regierenden König Ludwig I. Eine wesentliche Absicht dieser Feierlichkeiten bestand deshalb darin, dass diese Loyalitätsbekundungen dem bayerischen König auch zu Ohren kamen, der sich in der Tat dann bei der Stadtgemeinde Mühldorf bedankte für die »bei diesem Anlasse an den Tag gelegte treue Anhänglichkeit an Se. Majestät und das allerhöchste königliche Haus«. [10] Um Mühldorfs königstreue Gesinnung vor einer noch größeren Öffentlichkeit zu dokumentieren, strebte der Magistrat eine Berichterstattung über die Feierlichkeiten in verschiedenen Zeitungen an, darunter dem »Landboten«, aber auch der in Deutschland führenden »Allgemeinen Zeitung«. [11]

An dieser Stelle ist festzuhalten, dass sich das »neubayerische« Mühldorf in seinen dem Königshaus geltenden Loyalitätsbekundungen nicht wesentlich unterschied von »altbayerischen« Landstädten wie etwa Landshut, Straubing oder Ingolstadt. Die steten Beteuerungen von Treue und Anhänglichkeit der Bürger dem König gegenüber gehörten vielmehr in die politische Kultur einer Zeit, in der nach der Französischen Revolution Fürst und Volk zusammen zu den Trägern einer neuen Staatsform, der konstitutionellen Monarchie wurden.

Die Treuebekundung des Jahres 1831 und der »historische« Makel der Stadt

Am Ende des Jahres 1831, nachdem die von der französischen Julirevolution von 1830 ausgehenden Erschütterungswellen auch Bayern erreicht hatten, ergriff Mühldorf wie viele andere Städte aus dem Wittelsbacherstaat die Gelegenheit, ihrem König Ludwig ihre unverbrüchliche Treue zu versichern. [12] Hierbei wurde deutlich, dass sich die Mühldorfer in ihrem Loyalitätsversprechen in einer Hinsicht doch fundamental von den bayerischen Städten unterschieden, die seit Jahrhunderten zum wittelsbachischen Herrschaftsbereich gehörten. Und darin erkannten die Innstädter einen deutlichen Makel, den sie auch gegenüber Ludwig I. nicht verhehlten: »Die StadtGemeinde Mühldorf kann altbayerischen Städten nicht gleichkommen, aus der Vorzeit Beyspiele von Treue für das bayerische Regenten Haus anzuführen, weil sie erst am 2ten Dezember 1802 dem bayerischen Staate einverleibt wurde, – sie verletzte dieselbe aber nie gegen seine früheren Fürsten«. [13] Die Mühldorfer beeilten sich zugleich zu betonen, dass sie stolz seien »auf die Geschichte der neueren Zeit, in welcher /: 1805 und 1809 :/ Bürger aus ihrer Mitte Gut und Leben dem Dienste ihres Vaterlandes, der Treue für ihren neuen Fürsten geweiht« hatten. [14] Aus diesen Mühldorfer Bekenntnissen leuchtet vor allem eines deutlich hervor: nämlich der hohe Stellenwert, den die Innstädter der historischen Untermauerung des Treueversprechens zumaßen, die jedoch nicht im geschichtlichen Verweis auf eine friedliche Handlung, sondern nur im Rückbezug auf eine das Leben einsetzende Waffentat für den Landesherrn geschehen konnte. Immerhin konnte Mühldorf wenigstens an die jüngste Vergangenheit erinnern, als sie, gerade erst zum Wittelsbacherstaat gekommen, mit Bayern in den Koalitionskriegen auf der Seite Napoleons gekämpft hatten. Inwieweit Ludwig I. jedoch empfänglich war für den geschichtlichen Rekurs auf die bayerische Koalition mit Napoleon ist fraglich, war der bayerische König doch bekanntermaßen weder ein Freund der Franzosen und noch weniger des berühmten Korsen.

Mit ihrem Hinweis auf die hohe Bedeutung historischer Argumentation reagierten die Mühldorfer im Grunde schon auf die groß angelegte Kulturpolitik ihres Königs Ludwig I., der schon bald nach seinem Regierungsantritt damit begonnen hatte, in ganz Bayern ein historisches Bewusstsein vor allem auch in seiner regionalen Vielfalt anzuregen und zu fördern. [15] Die Geschichtspolitik Ludwigs ist ihrerseits einzubetten in die große romantische Bewegung ihrer Zeit, welche die vaterländische Historie, vor allem die des Mittelalters, als ein Mittel zur Vergewisserung der eigenen kulturellen wie politischen Identität entdeckte.

Die Erinnerung an die Schlacht bei Mühldorf – Das Fresko am Münchner Tor 1839/40

Für Mühldorf stellte sich die Frage, ob die Stadt ihre Geschichte mit der des Hauses Wittelsbach in identitätsstiftender Weise verknüpfen könnte, wie dies gleichzeitig vielen anderen neubayerischen Territorien gelang. Gegen Ende der 1830er Jahre griffen Mühldorfer Bürger jedenfalls ein historisches Ereignis auf, das den Namen der Stadt in die Annalen nicht nur der bayerischen, sondern der europäischen Geschichte eingetragen hatte: die sogenannte Schlacht bei Mühldorf, die 1322 unweit der Stadt zwischen den Gegenkönigen Ludwig dem Bayern

Gefangennahme Friedrichs von Österreich in der Schlacht bei Mühldorf 1322
Öl auf Metall 1838/1839
Kreismuseum Lodronhaus, Mühldorf a. Inn
Das Bild stammt von dem Maler Harras aus Berchtesgaden, der 1838/39 im Auftrag des Verschönerungsvereins ein Fresko mit dem gleichen Thema auf die Innenseite des Münchner Tors malte.
Lit.: Hartmann, Adolf: Kampf um Kampfbilder. In: Das Mühlrad XX (1978), S. 95–104.

aus dem Haus Wittelsbach und Friedrich dem Schönen aus dem Haus Habsburg ausgetragen worden war. [16] Mit dem Sieg über seinen Habsburger Kontrahenten hatte damals der nachmalige Kaiser Ludwig der Bayer den Grundstein für den mächtigen Ausbau der wittelsbachischen Herrschaft im späten Mittelalter gelegt.

Schon im Februar 1838 hatte sich der gerade erst von honorigen Bürgern Mühldorfs gegründete »Verschönerungsverein«, in dem sich auch die ersten Beamten des Ortes zusammenfanden, unter dem Vorsitz des königlichen Advokaten Michael Benl darüber Gedanken gemacht, in ihrer Stadt historische Momente mit kleinen Denkmälern zu verewigen. [17] Schon bald darauf hat der Verein ein Fresko mit dem Motiv der berühmten Schlacht bei Mühldorf in Auftrag gegeben. Im letzten Drittel des Jahres 1839 wurde dieses Bild, das den Augenblick der Gefangennahme Friederichs des Schönen festhielt, im inneren Durchgangsbereich des Münchner Tors ausgeführt. [18] Der Berchtesgadener Maler Harras hatte das Bild für die geringen Kosten von 133 Gulden gefertigt, wovon der Verein 100 und Benl selbst 33 Gulden aus seiner Privatschatulle bezahlten. Durch seine Platzierung im Inneren des Münchner Tors war das Fresko zweifellos an einer sehr publikumswirksamen Stelle angebracht, denn dieses Tor stellte den Hauptzugang zur Stadt dar, sodass jeder, der Mühldorf betrat, zugleich das Fresko passieren musste. Ob das Mühldorfer Schlachtenbild nicht letztlich von dem 1835 fertig gestellten Fresko auf dem Münchner Isartor, auf dem König Ludwig I. den Einzug Ludwigs des Bayern in die Stadt nach der siegreichen Schlacht von Mühldorf darstellen ließ, angeregt worden war, muss hier, obgleich aus den Quellen nicht nachweisbar, doch als Frage aufgeworfen werden.

Kaum fertig gestellt, wurde das Mühldorfer Fresko jedoch für mehrere Monate der öffentlichen Wertschätzung entzogen. Da nämlich der Verschönerungsverein die für das Fresko von staatlicher Seite nötige Genehmigung nicht eingeholt hatte, verfügte der zuständige Landrichter von Mühldorf am 11. Dezember 1839, das Schlachtbild verhüllen zu lassen, bis es offiziell zugelassen würde. [19] Der Streit um das Fresko zog sich nun beinahe ein ganzes Jahr hin und drang schließlich bis zu König Ludwig I. vor, der das genehmigungsformale Versäumnis der Mühldorfer scharf verurteilte. [20] Es drohte deswegen in der Tat die Gefahr, dass das Bild wieder entfernt werden müsse. Zugleich wurde von staat-

Ludwig der Bayer nach der Schlacht bei Mühldorf 1322
Zeichnung v. P.C. Geißler, Stahlstich von Carl Mayer's Kunstanstalt zu Nürnberg, 19. Jh.
Stadtarchiv Mühldorf a. Inn
Die Darstellung spielt auf eine Legende an, der zufolge nach der gewonnenen Schlacht nur ein paar Eier für das Siegesmahl verblieben. Mit den Worten »Jedem ein Ei, dem frommen Schweppermann zwei« habe Ludwig deshalb seinen »getreuen« Feldherrn Schweppermann vor allen anderen Kämpfern ausgezeichnet. Schon im 19. Jahrhundert war jedoch bekannt, dass die Teilnahme Schweppermanns an der Schlacht von 1322 historisch nicht haltbar ist.
Lit.: Allgemeine Deutsche Biographie. Bd. 33. Berlin 1971 (Nachdruck der Ausgabe von 1891), S. 415.

licher Seite die Expertenmeinung der Akademie der Bildenden Künste in München über das Bild eingeholt, die zwar die gute Absicht der Mühldorfer Initiative anerkannte, jedoch über den künstlerischen Wert des Freskos auf der Grundlage einer nach München eingesandten Skizze ein vernichtendes Urteil fällte. [21] Dennoch genehmigte der bayerische König schließlich im September 1840 »in Anbetracht der obwaltenden Verhältnisse« das fragliche Fresko, nicht ohne das Landgericht anzuweisen, in Zukunft darauf zu achten, dass die staatlichen Bestimmungen eingehalten würden. [22] Damit war den Mühldorfern nun offiziell erlaubt, sich mittels des Freskos an die Schlacht bei Mühldorf zu erinnern, nachdem bereits zuvor die Verhüllung des Bildes entfernt werden musste, um es – wohl aus Feuchtigkeitsgründen – vor dem Ablösen von der Wand zu schützen. Vor allem der ungünstig gewählte Ort zerstörte das Fresko im Laufe der Jahrzehnte zunehmend, bis es dann gegen Ende des 19. Jahrhunderts schlichtweg übertüncht wurde.

Versucht man der Bedeutung dieses Mühldorfer Fresko-Projekts auf die Spur zu kommen, so ist einerseits festzustellen, dass es sich dabei um eine – im Vergleich mit anderen bayerischen Landstädten – relativ frühe Privatinitiative von Bürgern zur öffentlichen Darstellung von vaterländischer Geschichte handelte. Diese Feststellung darf jedoch andererseits nicht darüber hinwegtäuschen, dass sich der Mühldorfer Einsatz für die berühmte Schlacht von 1322 letztlich doch in vieler Hinsicht als ein dilettantisches Unternehmen darstellte. Dieses begann schon mit dem Versäumnis, die notwendige staatliche Genehmigung einzuholen, obgleich mit Benl ein Advokat dem Verschönerungsverein vorstand und auch sonst mehrere Beamte dem Verein angehörten – der Verein selbst sollte sich letztlich im Gefolge der Fresko-Affäre auflösen. Der fehlende Sach- und Fachverstand führte überdies zu einer ästhetisch fragwürdigen Qualität des Bildes. Vor allem aber muss ein kritischer Punkt benannt werden, der eng mit der Motivwahl des Freskos verknüpft ist und der schließlich wieder zurück ins Zentrum der Mühldorfer Suche nach historischer Identität führt.

Es stellt sich nämlich die Frage, ob der Mühldorfer Verschönerungsverein mit seiner Darstellung der berühmten Auseinandersetzung von 1322 beabsichtigt hatte, seine Stadt, die noch bis 1802 salzburgisch gewesen war, in die Traditionslinie der bayerischen Geschichte einzureihen. Falls ein solches Unterfangen in der Absicht der Initiatoren gelegen hat, muss es bei näherer Betrachtung allerdings als sehr problematisch erscheinen. Denn die Mühldorfer hatten doch 1322 mit ihrem damaligen Landesherrn, dem Salzburger Erzbischof Friedrich III. von Leibnitz, auf der Seite der Gegner des späteren Wittelsbacherkaisers Ludwig gestanden und gehörten somit zu den eigentlichen Verlierern der Schlacht. [23] Angesichts dieser Tatsache erschiene das Fresko-Projekt von 1839/40 dann jedoch wie ein verdecktes Manöver der Mühldorfer, sich von der historischen Verliererseite in das Lager der Sieger schlagen zu wollen. Und in der Tat gab es zeitgleiche Artikulationen eines solchen Bemühens, wie folgende Gedichtstrophe aus einem patriotischen Lied der Mühldorfer Landwehr aus dem Jahr 1839 erkennen lässt:

Auf Mühldorfs nahen Fluren
Da ruhen tausend Spuren:
Seid eurer Väter werth!
Vor fünf hundert Jahren
Sie hier die Retter waren
Dem Thron & eigenen Heerd!
Stimmt ein, es gilt, stimmt ein es gilt,
Dem Thron & eigenen Heerd! Stimmt ein. [24]

Dass jedoch die Mühldorfer Vorfahren 1322 auf der wittelsbachischen Seite gekämpft hätten, wie die Gedichtzeilen suggerieren, diese Aussage konnte im 19. Jahrhundert selbst für einen Lokalforscher unmöglich der historischen Überprüfung standhalten. Was sich in flüchtiger Gebrauchspoesie noch leichtfertig aussagen ließ, konnte in einem auf Dauer angelegten öffentlichen Fresko jedoch nur schwerlich aufrecht erhalten werden. Die geschichtlichen Fakten konnten es den Mühldorfern jedenfalls kaum erlauben, einen Treueeid gegenüber dem Haus Wittelsbach auf eine Schlacht zu gründen, in der sie bekanntermaßen eine Niederlage auf der Seite Habsburgs erlitten hatten.

Letztlich wird man hinter dem Mühldorfer Fresko-Projekt viel mehr das Wunschdenken der Innstädter vermuten dürfen, an der wittelsbachischen Geschichte in irgendeiner Weise identifikatorisch teilzuhaben. Da nun aber den Mühldorfern keine historische Kontinuität wittelsbachischer Herrschaft zu Gebote stand, wollten sie, so scheint es, doch zumindest ein aus Bayerns Geschichte prominentes Ereignis markieren, das mit dem Namen ihrer Stadt verbunden war. [25] Dass jedoch aus dieser strukturell ungünstigen Situation heraus nur ein Fresko entstehen konnte, dessen Identifikationspotential für Mühldorf als Stadtkommune notwendigerweise immer begrenzt blieb, mag vor dem Hintergrund der vorstehenden Überlegungen einleuchten.

Deshalb steht es letztlich in Frage, inwieweit der im Rückgriff auf die Schlacht von 1322 bemühte Integrationsversuch der Mühldorfer in den bayerischen Staatsverband überhaupt gelingen konnte. Zu einem Gelingen hätte natürlich vor allem auch eine positive Würdigung der Mühldorfer Aktion durch den bayerischen König beitragen können, die jedoch zu keinem Zeitpunkt erfolgt war. Vielleicht lag Ludwigs Reserve auch weniger in der genehmigungstechnischen Verfehlung der Mühldorfer begründet als vielmehr in einer außenpolitischen Rücksichtnahme gegenüber Österreich. Dass nämlich die öffentliche Präsentation von historischen Themen, die das Haus Habsburg in einem ungünstigen Licht darstellten, zumal die Darstellung der Niederlage von 1322, ein mentales Problem für Österreich bedeuten konnte, hatte dessen Gesandter in München, Graf Spiegel, im Februar 1833 deutlich artikuliert. Sehr aufgebracht hatte sich Graf Spiegel über die damals gerade geplante Freskierung des Münchner Isartores mit dem Einzug Ludwigs des Bayern nach der siegreichen Schlacht bei Mühldorf geäußert, »so daß also an diesem Eingang in die Stadt, in den Hofgarten-Arkaden und in Sendling Freskogemälde mit Darstellungen gegen Österreich zu finden sein« werden. [26] Es ist bekannt, dass Ludwig I., der sich politisch eng mit dem Habsburgerstaat verbunden fühlte, mit Rücksicht auf Österreich immer wieder die öffentliche Thematisierung der so genannten »Sendlinger Mordweihnacht« einzuschränken suchte. Vor diesem Hintergrund mag sich erklären, warum eine öffentliche Zurschaustellung der Gefangennahme Friedrichs des Schönen, wie sie das Mühldorfer Fresko zum Thema hatte, nicht selbstverständlich mit einer positiven Aufnahme durch Ludwig rechnen konnte.

So erscheint das Mühldorfer Fresko-Projekt letztlich als ein geradezu paradoxes Produkt seiner Zeit. Denn obwohl die »geschichtsfreundliche« Kulturpolitik Ludwigs I. allenthalben in Bayern die Wiederentdeckung der vaterländischen Geschichte vor Ort anregte, stieß der historische Rückgriff der Mühldorfer auf die Schlacht von 1322 sowohl von lokaler als auch von staatlich monarchischer Seite auf eine ganze Reihe einschränkender Bedingungen, die ihn nur schwerlich zu einem Erfolg werden ließen.

Während für zahlreiche andere neubayerische Territorien die Erinnerung an verbindende historische Berührungspunkte mit Bayern aus der Zeit des Mittelalters oder der Frühen Neuzeit integrationsfördernd wirken konnte, blieb Mühldorf diese Rückgriffsmöglichkeit auf eine gemeinsame Geschichte vor dem Jahr 1802 verwehrt. Für die ehemalige Salzburger Enklave konnte konsequenterweise erst das 19. Jahrhundert solche gemeinschaftsstiftenden historischen Erfahrungen erbringen.

Die Erinnerung an den deutsch-französischen Krieg – Das Kriegerdenkmal von 1874

Mit der Erwähnung der Teilnahme von Mühldorfer Bürgern an den Koalitionskriegen 1805 und 1809 wurde bereits eine solche Erfahrung benannt, die jedoch in ihrer lokalen Wirkung weit übertroffen wurde durch die Rezeption des deutsch-französischen Krieges 1870/71, der schließlich zur Gründung des zweiten Deutschen Kaiserreiches durch Otto von Bismarck führte. Die Wellen des aus Krieg und Reichseinigung erwachsenen deutschen Nationalismus erfassten auch die Stadt Mühldorf, aus deren Reihen mehr als 50 Soldaten nach Frankreich gezogen waren, wovon acht dort ihr Leben verloren hatten. Die folgenschweren Ereignisse von 1870/71 bestimmten auch das Mühldorfer Erinnerungsgeschehen, über dessen ursprünglich bayerischen Bezugsrahmen sich nun ein deutsch national gefärbter Horizont wölbte.

Schon im Dezember 1871 initiierte der seit 1841 bestehende örtliche Veteranenverein ein Kriegerdenkmal zur »Erinnerung an alle in diesem glorreichen Feldzuge gefallenen Helden, insbesondere aber auch an unsere gefallenen Söhne, die mit ausgezogen waren und ihr Blut und Leben auf dem Altar des Vaterlandes niederlegten«. [27] Die Denkmalsidee wurde sodann dahingehend erweitert, dass auch die Kriegsgefallenen der näheren Mühldorfer Umgebung gleichfalls in das Denkmalsprojekt mit einbezogen wurden. Es ist bezeichnend für das nationale Pathos jener Zeit, dass das verantwortliche Denkmals-Komitee als ersten Monumentvorschlag eine »siegende Germania« zur Debatte stellte. Die nötigen finanziellen Mittel sollten über eine öffentliche Sammlung in Mühldorf und Umgebung zusammengebracht werden, wofür die entsprechende staatliche Genehmigung eingeholt worden war. Als Aufstellungsort hatte sich der Stadtplatz herauskristallisiert.

Gegen den Germania-Entwurf wurden jedoch schon sehr bald Stimmen laut und zwar aus dem Kreis des Veteranenvereines selbst. Zum einen hielt die Kritik mit guten Gründen die Germania-Figur, die auf eine Höhe von etwa 12 Metern veranschlagt war, für schlechterdings nicht finanzierbar. Zum anderen machten sich auch inhaltliche Einwände geltend. Diese richteten sich gegen eine Reduzierung der Denkmals-Erinnerung auf die Gefallenen von 1870/71. Der Vorstellung der Kritiker zufolge sollten auch die vor dem Jahre 1870 gefallenen Mühldorfer Soldaten in das Denkmalskonzept eingeschlossen werden. Anstelle der »Germania« schlugen sie deshalb die Aufstellung einer Büste des bayerischen Königs Ludwigs II. vor, der ihnen als Integrationsfigur eines erweiterten Totengedenkens geeigneter erschien als eine Personifikation Deutschlands. Dieser Lösungsvorschlag hätte allerdings eine gravierende inhaltliche Veränderung der ursprünglich vorgebrachten Denkmalsidee bedeutet: nämlich die Ersetzung ihrer deutsch nationalen Ausrichtung durch eine bayerisch monarchische. Realisiert wurde indessen weder die »Germania« noch die Büste des bayerischen Königs.

Die innerhalb von zweieinhalb Jahren erbrachten Spendengelder [28] ließen im Sommer 1874 mit zusätzlicher finanzieller Unterstützung der Gemeindevertretung von 400 Gulden eine Kompromisslösung zur Ausführung gelangen: einen etwa zehn Meter hohen Steinobelisken, auf dem die Namen der jüngst gegen Frankreich geschlagenen Schlachten wie auch die Namen der dort gefallen Soldaten aus Mühldorf und Umgebung geschrieben wurden. Mit dem Obelisken, der durch den Münchner Künstler Oehlmann gefertigt wurde, hatte der Veteranen-Verein eine geradezu »klassische« künstlerische Form des Totengedenkens gewählt, die im 19. Jahrhundert in ganz Europa weit verbreitet war. Das so entstandene Kriegerdenkmal war nun nicht mehr in so augenfälligen Weise deutsch national geprägt, wie es eine Germania-Statue zum Ausdruck ge-

Das Kriegerdenkmal, 1910
Stadtarchiv Mühldorf a. Inn
Das Kriegerdenkmal mit dem Obelisken am Stadtplatz wurde 1874 auf Betreiben des Veteranenvereins zum Gedenken an den deutsch-französischen Krieg 1871 errichtet.

Lit.: Gollwitzer, Hans: Der Mühldorfer Franzosenfriedhof. In: Das Mühlrad XVI (1974), S. 104–108.

bracht hätte, durch seine Inschriften jedoch wurde der Bezug auf den Krieg gegen Frankreich deutlich akzentuiert, wodurch natürlich die Erinnerung an Kriegsopfer aus früheren Zeiten völlig wegfiel.

Am 15. und 16. August 1874 feierte die Stadt Mühldorf in einem großen Fest unter Beteiligung zahlreicher auswärtiger Veteranenvereine die Enthüllung ihres Kriegerdenkmals. Diese Feierlichkeiten waren dazu angetan, den Kriegstod der Soldaten von Mühldorf und Umgebung sinnstiftend zu rechtfertigen mit Hilfe einer Siegesideologie, in der sich ein bayerischer Patriotismus und ein deutscher Nationalismus in mehr oder weniger diffuser Weise miteinander vermischten.

Werfen wir zunächst einen Blick auf die Mühldorfer Artikulationen eines deutschen Nationalismus. Dieser wurde schon musikalisch intoniert, als nach der Festansprache des Vorsitzenden des Veteranenvereins namens Bachem mit der »Wacht am Rhein« ein Musikstück vorgetragen wurde, das deutlich antifranzösisch aufgeladen war. Noch im Dezember 1871 war Bachems Amtsvorgänger Gebhardt rhetorisch hart mit den Franzosen ins Gericht gegangen. Bei seinem damaligen Plädoyer für das zu errichtende Kriegerdenkmal beschimpfte er die Franzosen als »räuberische Horden«, die »in unserm Vaterlande brennen und sengen, rauben und morden, und die Ehre unserer Frauen und Töchter schänden« wollten. [29] Deshalb müsse ein Denkmal entstehen, so Gebhardt, »das der großen deutschen Sache würdig sei, und als ein Zeichen des Opfermuthes, der Vaterlandsliebe, des Heldenthumes unserer theuren Söhne [...] sodann als Beweis diene, daß die Rückgebliebenen das von unsern Theuren gebrachten Opfer nach seinem ganzen Werthe erkannt« hätten. [30]

Anders als Gebhard, der hier in rückwärts gewandter Perspektive – nur wenige Monate nach Kriegsende 1871 – ein deutsches »Vaterland der Feinde« [31] beschwor, richtete der Mühldorfer Anzeiger in seiner Berichterstattung der Denkmalsenthüllungsfeierlichkeiten vom

Kriegerdenkmal am Stadtplatz 1924
Stadtarchiv Mühldorf a. Inn
Das Foto zeigt das Kriegerdenkmal nach der Neugestaltung im Jahre 1924. Auf den mit sitzenden Löwen bekrönten Sockeln stehen die Namen der 149 gefallenen Soldaten aus dem 1. Weltkrieg. Das Kriegerdenkmal wurde 1960 abgerissen, weil es den Verkehr behinderte. Ein Löwe wurde nach Waldkraiburg verkauft, der zweite fand eine neue Aufstellung auf dem »Franzosenfriedhof«.

Lit.: Gollwitzer, Hans: Der Mühldorfer Franzosenfriedhof. In: Das Mühlrad XVI (1974), S. 104–108.

August 1874 seinen Blick auf die Zukunft: »Möge nun das schöne Denkmal nicht nur ein Gedenkstein bleiben für die ruhmvoll Gefallenen, sondern mit ein Baustein sein für die zukünftige Größe und für das Glück des deutschen Vaterlandes!« [32] Der Berichterstatter wusste aber, seine Vorstellung vom neuen Deutschland durchaus noch weiter zu differenzieren: »Möge Jungdeutschland seine Größe« nicht so sehr »in ehrgeizigem Streben nach äußerem Glanze als nach dem Glück des Volkes suchen«. [33] Diese innere Entwicklung des deutschen Vaterlandes könnte jedoch, so der Autor weiter, nur gelingen, wenn bestimmte Grundrechte, nämlich »Einigkeit«, »Recht« und »Freiheit« Anerkennung fänden. [34]

Etwas zurückhaltender in ihren nationalen Bekenntnissen als Gebhart und der Mühldorfer Anzeiger äußerten sich die Festbeiträge vom 16. August 1874. Man hob zwar die einmütige Waffenverbrüderung Bayerns mit den deutschen Nachbarstaaten als Tugend hervor. In diesem Sinne wandte sich auch der Mühldorfer Festprolog direkt an die gefallenen bayerischen Soldaten:

Ihr aber, die ihr treu den deutschen Fahnen
Und freudig habt gefolget eurer Pflicht,
Ihr habt gezeiget euch würdig euren Ahnen,
Wo Deutschland ruft, da fehlt der Bayer nicht!
Und sei es auch auf kalten Todesbahnen
Für's Vaterland, für Freiheit und für Licht:
Wer sterben kann für seiner Brüder Frieden,
Der hat auch nicht umsonst gelebt hienieden. [35]

Letztlich jedoch erscheinen die Mühldorfer Äußerungen eines deutschen Nationalbewusstseins doch deutlich rückgebunden an eine monarchisch bayerische Loyalitätsbekundung, so vor allem in der schon angesprochenen Festrede Bachems. Denn, wie der Vorsitzende des Veteranenvereins in seiner Rede betonte: Der bayerische Soldat kämpfte »mit dem ererbten Löwenmuthe und siegte oder fiel treu seinem Spruche: ›Mit Gott für König u. Vaterland!‹« [36] Mit dem Ruf »Seine Majestät unser allergnädigster König lebe Hoch! Hoch! Hoch!« seien die gefallenen Mühldorfer Soldaten in den Krieg gezogen. [37] Bachem bemühte sich zugleich, die jüngsten Siege gegen Frankreich in die bayerische Kriegsgeschichte einzuordnen, indem er eine Traditionslinie konstruierte, die von den Schlachten bei Ampfing, am weißen Berg und vor Belgrad bis hin zu den jüngsten Gefechten von Wörth, Sedan, Orleans und Paris reichte. Der Festredner schloss seine Ansprache nicht ohne der Hoffnung Ausdruck zu geben, dass die Erinnerung an den bayerischen Kriegseinsatz von 1870/71 auch künftige Generationen »zu gleicher Vaterlandsliebe und zu gleichem Kampfesmuthe« ermuntern solle. [38] Danach ertönte die »Königshymne«, die das monarchisch bayerische Plädoyer der Rede gleichsam musikalisch krönte.

Ob nun der »Opfertod« der Mühldorfer Soldaten zuallererst in Bezugsetzung auf den wittelsbachischen König, auf das bayerische Vaterland oder aber auf die deutsche Nation gerechtfertigt werden sollte, dies lassen

Ansichtskarte vom Mühldorfer Volksfest 1902
Stadtarchiv Mühldorf a. Inn
Die 100-jährige Zugehörigkeit zu Bayern feierten die Mühldorfer 1902 mit einem riesigen patriotischen Volksfest. Dazu gehörten Buden und Fahrgeschäfte, aber auch ein Jubiläumsschießen der Königl. Feuerschützen, eine Landwirtschaftsausstellung, der Schäfflertanz und ein großer Festzug. Angeblich wurden 465 Hektoliter Bier verkauft.
Lit.: Spagl, Hans Rudolf: Aus der Geschichte des Mühldorfer Volksfestes. In: Das Mühlrad XLII (2000), S. 131–148. Angermeier, Rudolf: Mühldorf am Inn in alten Ansichten. Bd. 1. Zaltbommel / Niederlande 1982.

die Festbeiträge vom August 1874 nicht immer eindeutig erkennen. Von daher können aus den untersuchten Denkmals-Feierlichkeiten für Mühldorf auch keine eindeutigen politischen Parteinahmen in bayerisch »partikularistischer« oder nationalliberaler Richtung abgelesen werden. Der Blick auf diese Feierlichkeiten zeigt indes viel grundsätzlicher, wie sehr doch die Erinnerung an die gefallenen Soldaten mit ihrer gängigen Opfer- und Heldenrhetorik zum kräftigen Beweggrund für vaterländische Identitätsstiftung werden konnte – ob nun mit bayerischer oder deutscher Einfärbung. Das Mühldorfer Beispiel belegt damit auch Reinhart Kosellecks These einer im 19. Jahrhundert neuartig sich entwickelnden Politisierung des Soldatentodes, die in besonders prägnanter Weise für das Gedächtnis an den deutsch-französischen Krieg zutrifft: »Nun ist es nicht nur der Soldatentod selbst, der politischen Zwecken dient, sondern auch die Erinnerung daran wird in politischen Dienst genommen.« [39] Dieser Gedanke deutet zugleich schon darauf hin, dass das hier nur kurz skizzierte Mühldorfer Gedenken an die in Frankreich gefallenen Söhne der Stadt weder innerhalb Bayerns noch Deutschlands eine Besonderheit darstellte, es war im Gegenteil Ausdruck eines Massenphänomens. Allenthalben im Kaiserreich bewirkten der siegreiche Krieg von 1870/71 und seine kulturelle Verarbeitung in der nachfolgenden Erinnerung eine Intensivierung der Loyalitäten, vor allem des deutschen Nationalbewusstseins, das in einer bis dahin nicht gekannten Weise bis in kleinste soziale Räume vordrang. Die Aufstellung von Kriegerdenkmälern entwickelte sich dabei zu einer gleichsam »monumentalen« Mode, die selbst entlegenste Dörfer erfasste. Der auf den Kriegerdenkmälern namentlich aufgeführte und dadurch individualisierte Soldatentod betonte die Leistung des einzelnen einfachen Soldaten für die Schaffung der nationalen Einheit Deutschlands. Wenn man darüber hinaus bedenkt, dass dem gemeinen Soldaten überhaupt erst im 19. Jahrhundert Denkmalswürdigkeit zugestanden wurde, während diese Ehre bis dahin vor allem Fürsten oder Generälen vorbehalten war, so lässt sich in den Kriegerdenkmälern, die im Gefolge von 1870/71 entstanden, auch eine »Demokratisierung« des Gedächtnisses erkennen.

Im Sinne jedoch der Fragestellung unserer Untersuchung zeigt der Blick auf die Mühldorfer Feierlichkeiten von 1874 nicht zuletzt eines sehr deutlich: dass sich die ehemals salzburgische Stadt nun als voll integrierter Part des bayerischen Königreichs präsentierte. Auch im historischen Rückblick reihten sich die Mühldorfer nun wie selbstverständlich in die Kontinuitätslinie wittelsbachisch bayerischer Geschichte ein. Selbst die in den 1830er und -40er Jahren noch problembehaftete Thematisierung der Schlacht bei Ampfing mit dem Sieg gegen die Österreicher zählte man nun zum fraglosen Grundstock der eigenen Vergangenheit wie auch die siegreiche Schlacht Maximilians I. am Weißen Berg von 1620 oder den gegen die Türken errungenen Erfolg Kurfürst Max Emanuels vor Belgrad.

Die 100-Jahr-Feier der bayerischen Besitzergreifung und das Fresko an der Frauenkirche

Als sich 1902 die Einverleibung Mühldorfs in den Wittelsbacher-Staat zum einhundertsten Mal jährte, lag darin eine willkommene Gelegenheit für die Stadt zu einer weiteren »patriotischen Feier«, [40] die über mehrere Tage gegen Ende August des Jahres abgehalten wurde. Diese 100-Jahr-Feier erlaubte der Bürgerschaft nicht nur, dem bayerischen Könighaus erneut ihre »unerschütterliche Treue« [41] zu bekunden, sondern sie gab zugleich Anlass zu einer pointierten Historisierung der bayerischen Besitzergreifung Mühldorfs, die der Bezirksamtmann Closner in seiner Festansprache – nach schon bekanntem Muster – geradezu zu einer geschichtlichen Erlösungstat stilisierte. Denn erst durch die bayerische Besitzergreifung wäre die »Verworrenheit« der inneren Verhältnisse Mühldorfs beendet worden, welche sich unter der Salzburger Herrschaft bis zur Unerträglichkeit gesteigert hatte«. [42] Indem Closner die Salzburger Vergangenheit Mühldorfs in auffallend dunklen Farben zeichnete, konnte er den Eintritt Bayerns in die Geschichte der Stadt in einem um so helleren Licht darstellen. Der Stadtpfarrer Joseph Bauer unterstrich die positive Historisierung der bayerischen Besitzergreifung Mühldorfs mit seiner eigens zu diesem Anlass als Festschrift verfassten Stadtgeschichte. [43]

Die in Form eines mehrtägigen Volksfestes ausgetragenen Feierlichkeiten fanden schließlich einen Höhepunkt in der am 24. August 1902 erfolgten Enthüllung eines öffentlichen Gemäldes, das wiederum an die mit dem Namen der Stadt so eng verbundene Schlacht von 1322 erinnern sollte. [44] Eine Privatinitiative um den Kaufmann Gustav Daxenberger hatte den Akten zufolge schon 1897, damals noch unabhängig von der Mühldorfer 100-Jahr-Feier, den Anstoß zu der neuerlichen Darstellung dieses geschichtlichen Gegenstandes gegeben. [45] Wiederum wurde als künstlerische Form ein Fresko gewählt, das der Münchner Künstler Joseph Widmann für den Kostenaufwand von 3.200 Mark an der zum Stadtplatz gewendeten Außenseite der Mühldorfer katholischen Frauenkirche schon im Herbst 1901 fertig stellen konnte. Für diesen Ort hatte man sich nach längeren Verhandlungen aufgrund der größten Publikumswirksamkeit entschieden, nachdem andere Möglichkeiten wie das Münchner Tor oder der Rathaussaal aus den Überlegungen ausgeschieden wurden. Das Zugeständnis der Mühldorfer Stadtverantwortlichen für die Ausführung eines Schlachtenfreskos an der Frauenkirche hatte das Organisationskomitee jedoch erst gewinnen können, nachdem man versprach, dem allzu profanen kriegerischen Motiv eine Darstellung der »Mutter Gottes« als der Patrona Bavariae hinzuzufügen – eine Lösung, die auch der Stadtmagistrat nahe legte. Nachdem die Stadtväter sich jedoch weigerten, für die Mutter-Gottes-Darstellung die Kosten von 200 Mark zu übernehmen, fiel diese kommentarlos weg. Das Mühldorfer Schlachtenfresko erfuhr jedoch auf anderem Wege eine religiöse Deutung, nämlich durch eine erläuternde Inschrift, welche Widmann unter seine Darstellung setzte. [46] Dieser Inschrift zufolge sei den Bayern der Sieg in der Schlacht bei Mühldorf nur durch die Hilfe Gottes zugefallen, der als Geber des Friedens auch weiterhin den Bayern beistehen möge. So erhielt die Schlachtendarstellung an der Frauenkirche letztlich eine theologische Interpretation, die für Historiendarstellungen jener Zeit ungewöhnlich war, weshalb der Mühldorfer Fall bei so manchem Zeitgenossen, selbst aus den Reihen des Klerus, für Irritation sorgte. [47]

In seiner engeren Motivwahl für das Schlachtenfresko, der Gefangennahme Friedrichs des Schönen, folgte Widmann ausdrücklich dem Vorbild des 1839 am Münchner Tor entstandenen Bildes, das nach Auskunft des Künstlers »in Erinnerung der Bevölkerung z. hoch in Ehren gehalten« wurde. [48] Schon zu den Festtagen im August 1902 wurde dann das Schlachtengemälde Widmanns popularisiert – Abbildungen davon bot man sowohl in einer eigens gefertigten großformatigen Prachtausgabe als auch in Postkartenform an. [49]

Auf den ersten Blick mag es erstaunen, dass gegen Ende des 19. Jahrhunderts ein Bildmotiv wieder aufgegriffen wurde, das noch in der ersten Jahrhunderthälfte nicht so recht in das damalige historische Profil der Stadt passen mochte. Gegenüber dem Fresko-Projekt von 1839 hatte sich jedoch vor der Jahrhundertwende in Mühldorf eine entscheidende Erinnerungsbedingung gewandelt, nämlich das Selbstverständnis des Erinnerungsträgers: Die Stadt erinnerte nun an die Schlacht von 1322 nicht mehr als ehemalige Salzburger Enklave, sondern vielmehr als eine bayerische Landstadt, die sich im Prozess ihrer Integration in das Königreich auch die wittelsbachische Geschichte zu eigen gemacht hatte. Wenn Daxenberger in seiner Befürwortung für das neue Fresko ausdrücklich in Anspielung auf die Schlacht von Mühldorf/Ampfing von den »Heldenthaten unserer Voreltern« [50] sprach, dann ist in dieser Aussage die Salzburger Geschichte Mühldorfs endgültig durch die bayerische ersetzt. Erst für ein in das Königreich Bayern und seiner Geschichte integriertes Mühldorf konnte das Fresko dann auch seinen eigentlichen Zweck erfüllen, nämlich, wie der Festredner Closner formulierte, »den vaterländischen Sinn fort und fort anzuregen«. [51]

Im Vergleich mit dem Fresko-Unternehmen von 1839 hatte sich aber 1897 für Mühldorf noch eine weitere grundlegende Rahmenbedingung geändert. Während Ludwig I. der örtlichen Darstellung der Schlacht von 1322 noch eher reserviert gegenüber gestanden hatte, ließ dagegen der bayerische Staat dem von Daxenberger angestoßenen Projekt eine großzügige finanzielle Förderung angedeihen, die mit 3.200 Mark schließlich sämtliche für das Fresko anfallende Kosten abdeckte. Auch wenn es für die Mühldorfer Bevölkerung nicht offensichtlich erschien, so stellte diese generöse finanzielle Zuwendung durch den Staat keineswegs eine bloß uneigennützige Unterstützung seitens der Münchner Regierung dar. Die Mittel stammten aus dem so genannten »Fonds zur Förderung und Pflege der Kunst durch den Staat«, den der bayerische Kultusminister Johann von Lutz nach der Reichseinigung im Jahr 1872 ins Leben gerufen hatte, um damit ein weithin in Bayern einsetzbares Instrument staatlich gesteuerter Kunstpolitik zu schaffen. [52] Aus diesem Fonds konnten die bayerischen Kommunen finanzielle Förderung für die von ihnen betriebenen künstlerischen Projekte, näherhin für »monumentale Arbeiten der Malerei und Plastik«, beantragen – dies allerdings nur, wenn sie sich bereit erklärten, auch eigene Mittel beizusteuern, was interessanterweise im Mühldorfer Fall niemals geschehen war. [53] Mit der Gewährung der zum Teil beträchtlichen staatlichen Zuschüsse war jedoch zugleich unweigerlich eine starke Einflussnahme des staatlicherseits zuständigen Ministeriums des Innern für Kirchen- und Schulangelegenheiten auf die kommunalen Projekte verbunden. Die Gemeinden mussten eine ministerielle Mitbestimmung nicht nur in der Künstlerwahl oder in der Frage nach dem Bestimmungsort des Kunstwerkes in Kauf nehmen, sondern vor allem auch in der inhaltlichen Entscheidung für das darzustellende Motiv.

Das bedeutete letztlich, dass das Ministerium nur solche von den Kommunen vorgeschlagenen Motive guthieß beziehungsweise förderte, die mit einem von Seiten des Staates favorisierten monarchiefreundlichen bayerischen Patriotismus zu vereinbaren waren und die – im idealen Falle – auch noch eine maßvolle Offenheit für ein deutsches Nationalbewusstsein zuließen. Die Herausforderung bestand also darin, sich auf Kunstwerke zu einigen, in denen zugleich lokale, bayerische

Die Schlacht bei Mühldorf 1322
Lithographie nach dem Fresko an der Frauenkirche von Joseph Widmann, 1902
Stadtarchiv Mühldorf a. Inn
1901 malte der Münchner Künstler Joseph Widmann im Auftrag einer Privatinitiative um den Kaufmann Gustav Daxenberger das Fresko auf die dem Stadtplatz zugewandten Außenseite der Frauenkirche. Der Anlass war die 100-Jahr-Feier zur bayerischen Besitzergreifung Mühldorfs.

und deutsche Identitätszugehörigkeiten ausgedrückt und angesprochen werden konnten. Um ein Zusammenspiel dieser verschiedenen Identitätsebenen zu erreichen, eignete sich in besonderer Weise die Darstellung lokaler historischer Ereignisse, die auch in der wittelsbachischen Dynastiegeschichte eine wichtige Rolle spielten und sich überdies mit der Reichsgeschichte in positive Verbindung bringen ließen.

Diese verschiedenen Identitätskriterien erscheinen nun in nahezu idealer Weise erfüllt im Falle des kurz vor der Jahrhundertwende in Angriff genommenen Mühldorfer Fresko-Projektes an der Frauenkirche, das die berühmte Schlacht von 1322 zeigen sollte. Den Mühldorfern, die sich immer mehr mit dieser Schlacht zu identifizieren schienen, ginge es nämlich darum, so Daxenberger, »den Sieg des deutschen Kaisers aus dem edlen Wittelsbacher Geschlecht, der vor den Mauern unserer Stadt erfochten wurde«,[54] späteren Generationen ins Gedächtnis zu rufen.

Mit der Thematisierung des Wittelsbacherkaisers hatten die Mühldorfer zweifellos eine der herausragendsten Gestalten aus der bayerischen Geschichte gewählt, die zudem in Bayern mit der Gründung des Bismarckreiches 1871 noch eine weitere »historische« Aufwertung erfahren hatte. Denn Ludwigs des Bayern Handeln als mittelalterlicher König und Kaiser konnte nun im neuen deutschen Kaiserreich als ein ausdrücklicher wittelsbachisch-bayerischer Beitrag zur deutschen Reichsgeschichte verstanden werden. So muss es nicht verwundern, dass die in Mühldorf gewährte staatliche Unterstützung für die Thematisierung der Geschichte Ludwigs des Bayern bei weitem im bayerischen Königreich keinen Einzelfall in der Kaiserzeit darstellte. Mit der finanzkräftigen Hilfe aus dem besagten »Fonds zur Förderung und Pflege der Kunst durch den Staat« entstanden so in Ingolstadt wie auch in Weißenburg aufwendig gestaltete Ludwig-der-Bayer-Brunnen, in Landsberg am Lech war eines der neu gefertigten Rathausfresken Kaiser Ludwig gewidmet, ein weiteres dessen Sohn Ludwig dem Brandenburger und auch in die staatlich bezuschussten Rathausausgestaltungen Kaufbeurens und Wasserburgs wurden Anspielungen auf die Geschichte des Wittelsbacherkaisers eingearbeitet. Gleichfalls waren Ludwig-der-Bayer-Motive im Kontext der Rathausrenovierungen von Landshut und Passau in Vorschlag gebracht worden.

In Mühldorf am Inn schließlich sollte die Erinnerung an Kaiser Ludwig den Bayern und seine Schlacht gegen Friedrich den Schönen immer mehr – und das auch über den Zusammenbruch der Monarchie 1918 hinaus – zum bestimmenden Ereignis im historischen Selbstverständnis der Stadt werden. Unmittelbar nach Fertigstellung des Schlachtenfreskos im Herbst 1901 hatte man in Mühldorf schon über die Darstellung eines weiteren Motivs aus der berühmten Auseinandersetzung von 1322 nachgedacht. Ebenfalls an der Frauenkirche sollte die legendarische Szene von der Verteilung der zwei Eier durch Ludwig den Bayern nach der siegreichen Schlacht an seinen Feldhauptmann Schweppermann als weiteres Fresko entstehen – ein Plan, der allerdings nie zur Ausführung kam.[55] Als sich 1922 die Schlacht von Mühldorf/Ampfing zum sechshundertsten Mal jährte, musste jedoch Mühldorf den unweit entfernten Orten Ampfing und Kraiburg nachstehen, die in öffentlich aufgeführten Historienschauspielen an die Schlacht von 1322 erinnerten.[56] Allerdings war mit dem Heimatdichter Franz Xaver Rambold ein Mühldorfer Bürger daran beteiligt, anlässlich des Kraiburger Volksschauspiels eine historische Studie über die Schlacht von 1322 und deren Rezeption zu erarbeiten.[57] Rambold hatte zudem eine eigene Dialekt-Erzählung über die berühmte Schlacht geliefert.[58] Im Jahr 1926 schließlich ließ die Stadt Mühldorf ihren Rathaussaal mit den in Öl ausgeführten Brustporträts von Ludwig dem Bayern und Friedrich dem Schönen schmücken, womit die beiden gleichsam in den Rang säkularer Stadtpatrone erhoben wurden. Seither hängen die Kriegsgegner von 1322 friedlich nebeneinander vereint im Herzen der Mühldorfer Kommune und beobachten das politische Tagesgeschehen der Stadt.[59]

Die vorstehende Untersuchung nahm sich zum Ziel, ausgewählte Stationen der Mühldorfer Erinnerungsgeschichte im 19. Jahrhundert abzuschreiten, in dem die Stadt tiefgreifende politische wie gesellschaftliche Veränderungen zu bestehen hatte – Veränderungen, welche die Innstädter vom Erzstift Salzburg in das Königreich Bayern und schließlich in das deutsche Kaiserreich hineinführten. All diese Umwälzungen mussten zweifellos tiefe Spuren im Selbstverständnis der Stadt hinterlassen, die sich angesichts der gestellten Herausforderungen immer wieder gezwungen sah, ihre Identität neu zu formulieren. Für die notwendige Orientierung und Vergewisserung in der jeweiligen Gegenwart kam gerade der Erinnerung an die vaterländische Geschichte eine hohe Bedeutung zu. Der

Rückgriff in die Vergangenheit diente der Stadt zur Profilierung ihrer selbst vor allem auf zwei Weisen, die jedoch wesentlich miteinander zusammenhingen: einerseits, nach innen gewendet, zur Ausprägung des eigenen bürgerlichen Bewusstseins und andererseits, nach außen gewendet, zur Loyalitätsbekundung gegenüber dem Landesherrn und darüber hinaus auch gegenüber dem engeren bayerischen und weiteren deutschen Vaterland. Dabei hat sich immer wieder gezeigt, dass die Ausbildung einer bayernfreundlichen historischen Identität Mühldorfs nicht nur im Interesse der Stadt selbst lag, sondern insbesondere auch des wittelsbachischen Staates, der deshalb in mehr oder weniger offensichtlicher Weise auf unterschiedlichen Ebenen Einfluss auf die kommunale Erinnerungsgeschichte nahm.

Vor allem war es die bayerische Besitzergreifung am 2. Dezember 1802, die nicht nur auf der politischen, sondern auch auf der Gedächtnis-Ebene einen kaum zu überschätzenden Einschnitt in der Mühldorfer Geschichte markierte. »Tausend Jahre hatte Mühldorf mit Salzburg Freud und Leid geteilt. Eine neue Zeit begann, und die Vergangenheit zerfiel in Trümmer.« [60] Durch die Eingliederung in den bayerischen Staat sah sich die Stadt Mühldorf zur bedingten Preisgabe ihrer bisherigen historischen Tradition und zugleich zur Suche nach einer neuen Geschichte gezwungen. Was schien in dieser Situation näher zu liegen, als dass das ehemals salzburgische Mühldorf geschichtliche Gemeinsamkeiten mit Bayern aufzuspüren suchte, was schon mit der Besitzergreifungsfeier im Dezember 1802 einsetzte. Dass eine historische Annäherung Mühldorfs an Bayern jedoch kein unproblematisches Unterfangen darstellte, zeigte der noch in der ersten Jahrhunderthälfte schwierige Umgang der Innstädter mit der Schlacht bei Mühldorf/Ampfing von 1322. Gerade diese Schlacht sollte jedoch im Verlauf des 19. Jahrhunderts und darüber hinaus eine immer zentralere Rolle im geschichtlichen Bewusstsein der Stadt einnehmen. Dies aber konnte den Mühldorfern nur mittels einer grundsätzlichen Umgestaltung ihrer historischen Identität gelingen, indem sie nämlich von der Position der Verlierer von 1322 auf die Seite der wittelsbachisch-bayerischen Sieger wechselten. Dieser geschichtliche Frontwechsel war jedoch nur möglich auf der Basis einer bereits weit fortgeschrittenen Integration der Stadt in das bayerische Königreich – nicht mehr als ehemalige Angehörige des Erzstifts Salzburg, sondern als Bayern erinnerten sich die Mühldorfer an 1322. Das nunmehr gewonnene bayerische Bewusstsein musste es den Innstädtern aber auch konsequenterweise verwehren, an ihre Salzburger Vergangenheit zu erinnern, die deshalb in der öffentlichen Darstellung der Stadt auch keine Rolle spielte.

Der Zusammenhalt Mühldorfs mit Bayern konnte im 19. Jahrhundert vor allem auch gefördert werden durch die aktuelle Erfahrung eines gemeinsam gefochtenen Krieges. Während jedoch die Erinnerung an die Koalitionskriege von 1805 und 1809 kaum dazu geeignet war, Mühldorf näher an das Königreich heranzuführen, so um so mehr das Gedächtnis an den siegreichen Krieg von 1870/71, in dem auch Soldaten aus Mühldorf ihr Leben gelassen hatten. Das Mühldorfer Kriegerdenkmal für die gefallenen Soldaten aus dem Krieg gegen Frankreich zeigte die Innstädter jedoch nicht nur als treue Patrioten der bayerischen Monarchie, sondern darüber hinaus als kampfbereite, aber auch rechtsbewusste Mitglieder der nationalen Gemeinschaft des deutschen Kaiserreiches.

Lässt man die Mühldorfer Erinnerungsgeschichte im 19. Jahrhundert Revue passieren, so fällt ins Auge, welch prominente Rolle darin das Thema »Krieg« spielte – handelte es sich nun um Kriege, die in der fernen Vergangenheit lagen wie etwa die mittelalterliche Schlacht von Mühldorf/Ampfing oder aber um Kriege aus der unmittelbaren Vergangenheit wie der deutsche Feldzug gegen Frankreich 1870/71. Damit zeigt das Mühldorfer Beispiel eindringlich, was ein nahezu universales Phänomen jener Zeit war und teilweise bis heute ist: dass nämlich gerade das Gedächtnis an den Kriegstod eines der wirkmächtigsten Mittel zur Stiftung von kollektiver Identität darstellt – sei es nun in Form einer Treuegemeinschaft zwischen Bürgern und Monarchen, sei es in Form eines bayerischen Patriotismus oder aber auch in der Gestalt eines deutschen Nationalbewusstseins oder gar eines Nationalismus.

Was hier am Beispiel des Andenkens an den Krieg angedeutet wurde, gilt es, abschließend allgemein festzuhalten: dass nämlich das skizzierte Mühldorfer Erinnerungsgeschehen für das 19. Jahrhundert im Grunde keine Sonderentwicklung darstellte. Es folgte vielmehr den geistesgeschichtlichen Strömungen seiner Epoche, die im Zuge einer sich erweiternden Öffentlichkeit allenthalben in Europa die Berufung auf Geschichte in einer kaum überschaubaren kulturellen Vielfalt in das Zentrum der politischen Kultur rückte.

Mühldorf in Bayern: Stadt und Landkreissitz im 19. und 20. Jahrhundert

Reinhard Heydenreuter

Eingliederung in Bayern 1802/03

In § 1 des Reichsdeputationshauptschlusses vom 25. Februar 1803 heißt es im Abschnitt über die Entschädigungen, die der aus Italien vertriebene Erzherzog und Großherzog von Toskana im ehemaligen Salzburger Erzbistum bekommen sollte: »Mühldorf und der auf dem linken Innufer gelegene Teil der Grafschaft Neuburg werden mit aller Landeshoheit mit dem Herzogtum Bayern vereiniget.« Was der Text in aller Knappheit auf dem Papier festhielt, war schon längst vollzogen: Am 15. November 1802 hatte die in Regensburg tagende Reichsdeputation die Zivilbesitznahme der bereits im Juni 1802 festgelegten Entschädigungsobjekte zum Ende des Monats freigegeben. Mühldorf wurde am 24. November 2002 von Bayern übernommen, das entsprechende Besitzergreifungspatent datiert vom 26. November 1802.[1] Die Übernahme vollzog am 2. Dezember 1802 als Generalkommissar der Direktor der ersten Deputation der Generallandesdirektion, Johann Adam Freiherr von Aretin. Damit endete das staatsrechtliche Kuriosum einer unter Salzburger Landeshoheit stehenden Enklave im bayerischen Kurfürstentum. Wie uns ein Blick auf eine historische Karte des 18. Jahrhunderts zeigt, war Mühldorf zwar nicht die einzige Enklave im Kurfürstentum, aber die einzige, die lediglich aus einer kleinen Landstadt bestand. Begrenzt wurde sie durch den in einiger Entfernung vor der Stadtmauer verlaufenden Burgfrieden, der jahrhundertelang die hoheitliche und vor allem Wirtschaftsgrenze zum umgebenden Kurfürstentum (Landgerichte Neumarkt und Mörmoosen) gebildet hatte. Freilich waren die in der unmittelbaren Umgebung, vor allem im Westen liegenden Hofmarken (Niedergerichtsbezirke), also das Landgebiet der Stadt, zwar unter bayerischer Landeshoheit, die niedere Gerichtsbarkeit (hier Vogtgericht genannt) stand dem Erzbischof von Salzburg, also dem Mühldorfer Stadtherrn zu. Diese Gemengelage von Rechten, die uns heute unentwirrbar erscheint, hatte bis 1802 zu zahllosen Auseinandersetzungen zwischen den Juristen des Salzburger und des Münchner Hofrats geführt, wie heute noch in den Münchner und Salzburger Archiven mehrere Regalmeter Akten bezeugen.

Am 21. Januar 1803[2] wurden in Mühldorf die bayerischen Gesetze eingeführt; damit wurde eine Jahrhunderte alte am Erzstift Salzburg orientierte Rechtstradition unterbrochen. Ausdrücklich wurde angeordnet, dass »die in Bayern geltenden Gesetze und Verordnungen in allen bürgerlichen, peinlichen und Polizeiangelegenheiten auch in Mühldorf angewendet und beobachtet werden sollen«. Im Unterschied zu den anderen (später) in Bayern eingegliederten salzburgischen Gebieten scheint das salzburgische Recht (etwa Erbrecht und Familienrecht) nach 1803 in Mühldorf keine Rolle mehr gespielt zu haben, während beispielsweise im ehemals salzburgischen Laufen salzburgisches Lokalrecht bis zur Einführung des BGB 1900 weitergalt.

Die »Bajuwarisierung« der Stadt Mühldorf zeigte sich auch darin, dass das Stadtwappen mit dem Rad (und sechzehn Schaufeln) der neuen Landesherrschaft farbenmäßig angeglichen wurde: Aus dem roten Rad in Silber wurde ein blaues Rad in Silber. Eine ähnlich obrigkeitlich angeordnete Wappenänderung fand in Laufen statt, dessen Wappen ebenfalls die salzburgischen Farben Rot und Weiß hatte (In Rot ein silberner Torbau). Hier wurde ebenfalls das Rot durch das bayerische Blau ausgetauscht. Erst im Laufe des 19. Jahrhunderts fand man zur historischen Farbgebung (Tingierung) zurück.

Erster Katasterplan von 1814
Stadtarchiv Mühldorf a. Inn
Das Kurfürstentum Bayern war das erste exakt vermessene Land Europas. Der neu entstehende Staat bezog die benötigten Finanzmittel hauptsächlich aus der Grund- und Gebäudesteuer. Um einheitliche Daten von den hinzugekommenen Landesteilen wie Mühldorf zu bekommen, ließ Minister Montgelas das Land vermessen.
Lit.: Seeberger, Max: Wie Bayern vermessen wurde (Hefte zur Bayerischen Geschichte und Kultur 26). Augsburg 2001.

Terrritorialverhältnisse und Neuorganisationen in und um Mühldorf seit 1802/03

Am 24. März 1802, mit der Auflösung des Rentamts (Regierungsbezirks) Burghausen, wurden die bisher zu Burghausen gehörenden zwei Landgerichte Kraiburg und Mörmoosen in das Rentamt München eingegliedert. Wenig später (5. November 1801) unterstellte man auch das Landgericht Neumarkt, das bisher zu Landshut gehört hatte, München. Nach der Übernahme Mühldorfs wurde die Stadt und das dort bestehende Vogt- und Probstgericht zunächst durch Kommissare verwaltet. Nach einem Jahr (6. Dezember 1803) [3] errichtete man im Zuge der Neuorganisation der Landgerichte ein Landgericht Mühldorf, das sich aus dem ehemaligen Stadt-, Vogt- und Propstgericht Mühldorf und aus den Landgerichten Neumarkt, Kraiburg und Mörmoosen zusammensetzte. [4] Der salzburgische Pflegsverwalter Dr. von Hartmann wurde pensioniert. Der Landrichter und Kastner Johann Adam Paur, der Kraiburg und Mörmoosen zusammen verwaltete, wurde ebenfalls Ende 1803 nach über 40 Dienstjahren in Pension geschickt.

Zum Chef des neuen Landgerichts wurde Liz. Simon Ruland ernannt, der vorher in Aichach als Landrichter amtiert hatte. Ruland sollte 1809 ein tragisches Ende nehmen. Nachdem er am 12. April 1809, nach dem Einmarsch der österreichischen Truppen, versucht hatte, im Lager des österreichischen Generals für sein Landgericht Ermäßigung von den Einquartierungslasten zu erhalten, wurde er am 13. April 1809 erschossen aufgefunden. Die näheren Umstände seines Todes sind nicht geklärt. Wahrscheinlich ist Ruland wegen eines Spionageversuchs von den Österreichern erschossen worden. [5]

Im neuen Landgericht war Mühldorf die einzige Stadt. Neben vier Märkten (Buchbach, Gars, Kraiburg und Neumarkt) befanden sich in dem neu gebildeten Landgericht 21 Hofmarken und 12 Sitze mit niederer Gerichtsbarkeit. Neben dem Landrichter amtierte im neu gebildeten Landgericht ein Aktuar, ein Gerichtsdiener und vier Knechte.

Diese Neuorganisation der Landgerichte, die vor allem auch der Eingliederung der seit dem Reichsdeputationshauptschluss an das Kurfürstentum und Königreich Bayern gefallenen Gebieten diente, gehörte zu den schwierigsten Aufgaben der bayerischen Bürokratie unter der Leitung des allmächtigen Ministers Montgelas. Schon kurz nach Regierungsantritt des Kurfürsten Max IV. Joseph 1799 hatte man das Pfründen- und Sinekurenunwesen, die Dienstanwartschaften, Amtsadjunktionen und Erbpflegen beseitigt. [6] Seit 1802 kam dann die erste große Gebietsreform zustande: Durch die Auflösung der kleinen Landgerichte, durch Abtrennungen und Neugliederungen sollten einheitliche Landgerichte entstehen. Die Einzelheiten wurde in einer entsprechenden Verordnung vom 24.3.1802 niedergelegt. [7] Die »Purifikation«, also die gebietsmäßige Vereinheitlichung der Landgerichte, wurde zum großen Teil 1803 abgeschlossen. Auch die Behördenorganisation in den Landgerichten wurde vereinheitlicht: In jedem Landgericht amtierte ein Landrichter, ein Aktuar und Schreibpersonal. Die Landrichter, deren

Notar Hugo von Peter
Kreismuseum Lodronhaus, Mühldorf a. Inn
Am 1. Juli 1862 wurde in Mühldorf das Notariat errichtet. Hugo von Peter war vom 1.7.1862 bis zu seinem Tod am 28.11.1885 der erste Notar in Mühldorf. Im Jahr 1971 wurde in Mühldorf eine zweite Notarstelle geschaffen.

Hauptaufgabe die Justizverwaltung und die Polizeiverwaltung war, mussten in den Gemeinden den oder die Dorfführer ernennen und überwachen.

In Mühldorf begann das neue Landgericht unter Landrichter Ruland im Dezember 1803 mit der Arbeit. Am 16. Dezember 1803 wurden die Ehaften zu Gars, Mittergars, Buchbach und Altmühldorf und damit die letzten Reste bäuerlicher Gerichtsbarkeit, die typisch für Salzburg waren, aufgelöst. Ehaften sind zunächst Sammlungen von Dorfrechten oder Weistümern (Rechtsauskünften), also Dorfordnungen. In ihnen waren vor allem die Voraussetzungen für die Verwaltung von Ehaften im engeren Sinn geregelt. Unter Ehaften im engeren Sinn versteht man Gerechtigkeiten, die typisch zu einem Dorf gehören, etwa die Badstube, die Schmiede, die Ehafttaferne und die Mühle. Typisch ist auch die jährliche Verlesung dieser Ehaften auf so genannten Ehafttaidingen, den Versammlungen der Dorfgemeinde.

Da das Landgericht räumlich zu ausgedehnt war und daher für die Untertanen der Weg zum Gerichtssitz sehr beschwerlich war, bewarben sich schon 1810 der Markt Dorfen, 1813 der Markt Haag und schließlich 1818 der Markt Neumarkt als mögliche Sitze eines neuen eigenen Landgerichts. Nach vielen Schriftwechseln, Anträgen und Protesten kam es schließlich am 11. Mai 1838 zur Bildung des Landgerichts Haag und am 19. Juli 1838 [8] zur Bildung des Landgerichts Neumarkt.

Bis 1862 war Gerichtsbarkeit und Verwaltung in der Hand des allmächtigen Landrichters vereinigt. Seine richterlichen Funktionen umfassten die hohe und niedere Gerichtsbarkeit erster Instanz. Das Urteil in Zivil- und Strafsachen hatte er im Kollegium, d.h. zusammen mit seinen zwei Assessoren zu fällen. Da diese ihm allerdings in Verwaltungssachen untergeordnet waren, bestand die Gefahr, dass der Landrichter auch im Gerichtsverfahren gegenüber den dort prinzipiell gleichberechtigten Assessoren seine Autorität zur Geltung brachte. Schwere Vergehen und Verbrechen wurden nicht im Landgericht, sondern vom jeweiligen Appellationsgericht (hier: Isarkeis) abgeurteilt. Für die Vollstreckung war freilich wieder das Landgericht zuständig. In Mühldorf wurde die Todesstrafe zuletzt noch am 23. April 1827 auf der Richtstätte beim Bonimeier (in der Nähe der Mößlinger Eisenbahnüberführung) öffentlich durch die Hinrichtung mit dem Schwert vom Scharfrichter vollzogen. [9]

Die Trennung von Gericht und Verwaltung auf Landgerichtsebene wurde in Bayern vor allem aus Kostengründen lange hinausgeschoben (bis 1862). Außerdem verwies man darauf, dass gegen eventuell fehlerhafte Urteile des Landrichters in Zivil- oder Strafsachen vor einem »echten« Gericht Berufung eingelegt werden konnte. Die zweite Instanz für das Landgericht Mühldorf war seit 1818 das Kreis- und Stadtgericht München, seit 1848 das Kreis- und Stadtgericht Wasserburg. Das dort seit 1848 wie an allen Kreis- und Stadtgerichten eingerichtete Schwurgericht war für die Aburteilung der Verbrechen zuständig, welche mit Todes-, Ketten- und Zuchthausstrafe bedroht waren. Dritte Instanz war das Appellationsgericht für den Isarkreis (seit 1838 Appellationsgericht für Oberbayern) mit Sitz in Landshut, dann ab 1839 in Freising.

1857 wurden die Kreisgerichte durch Bezirksgerichte ersetzt. Zuständig für Mühldorf war wieder Wasserburg. Mit Wirkung vom 1. Juli 1862 [10] erfolgte die Trennung von Gericht und Verwaltung in Bayern. Die Verwaltungsangelegenheiten wurden dem Bezirksamt zugewiesen, an dessen Spitze ein Bezirksamtmann stand. Das Bezirksamt Mühldorf war nun Verwaltungsbehörde für den Bereich der beiden ehemaligen Landgerichte Mühldorf und Neumarkt. Das Landgericht Mühldorf und das Landgericht Neumarkt waren als Landgerichte jüngerer Ordnung nur noch für die Rechtspflege zuständig. Mit der Trennung von Justiz und Verwaltung wurde 1862 auch das Notariat eingeführt. Die nationalsozialistische Gleichschaltung der Länder machte 1939 aus dem Bezirksamt Mühldorf den Landkreis Mühldorf und aus dem Bezirksamtmann den Landrat. In den Dienstschreiben hieß es nun nicht mehr »Bezirksamt«, sondern »Der Landrat«, ein Titel, der aus der preußischen Verwaltungstradition stammte und das Führerprinzip auch auf der untersten Verwaltungsebene zur Geltung bringen sollte.

Mit dem Reichsgerichtsverfassungsgesetz vom 27. Januar 1877 wurde die Gerichtsverfassung reichseinheitlich neu gestaltet. Zusammen mit den Reichsjustizgesetzen (Zivil- und Strafprozessordnungen, Konkursordnung) trat die neue Gliederung in Amtsgerichten, Landgerichten und Oberlandesgerichten am 1. Oktober 1879 in Kraft. Mühldorf und Neumarkt erhielten je ein Amtsgericht, an die Stelle des Bezirksgerichts Wasserburg trat nun das Landgericht Traunstein.

Die Gebietsreform der Jahre nach 1970 blieb für den Landkreis Mühldorf ohne größere Folgen. Das Amtsgericht Neumarkt-St. Veit wurde 1970 aufgelöst und kam zum Amtsgericht Mühldorf. [11] 1972 wurde der Landkreis Mühldorf neu formiert. [12] Er behielt im wesentlichen sein alte Landkreisgebiet und nahm im Südwesten vor allem die Bereiche Gars a. Inn und Haag vom aufgelösten Landkreis Wasserburg auf.

Mühldorf in der bayerischen Kreiseinteilung

Als Mühldorf zu Bayern kam, stand das Kurfürstentum politisch bereits auf der Seite Frankreichs. Aber auch sonst war der französische Einfluss prägend. 1808 kam es zu einer neuen Kreiseinteilung nach französischem Vorbild, die vor allem gegen noch sichtbare regionale Besonderheiten der einzelnen in Bayern aufgegangenen Gebietsteile gerichtet war. Die Konstitution für das Königreich Bayern vom 1. Mai 1808 bestimmte in Titel I § IV: »Ohne Rücksicht auf die bis daher bestandene Eintheilung in Provinzen wird das neue Königreich in möglichst gleiche Kreise und soviel tunlich nach natürlichen Grenzen geteilt.« Die neuen Kreise erhielten nach französischem Vorbild Flüssenamen. Mühldorf wurde dem Salzachkreis mit der Hauptstadt Burghausen zugeteilt. Doch schon 1810 folgte eine neue Kreiseinteilung. [13] Aus den bisher 15 Kreisen wurden 9 gebildet. Zum Salzachkreis kam nun das neuerworbene Gebiet des Fürstentums Salzburg und Berchtesgaden, dafür wurde das Landgericht Mühldorf an den Isarkreis abgetreten. Bei der Kreiseinteilung von 1817 [14] blieb Mühldorf beim Isarkreis, dessen Appellationsgericht von München nach Landshut verlegt wurde. Die letzte entscheidende Kreiseinteilung wurde 1837 verfügt. [15] Aus dem Isarkreis wurde Oberbayern. An die Stelle der Kreiskommissare traten nun Regierungspräsidenten. Das Appellationsgericht für Oberbayern wurde 1838 von Landshut nach Freising verlegt.

Staatliche und kommunale Finanzverwaltung, sonstige Behörden

Vom Rentamt zum Finanzamt

Parallel zu den Landgerichten errichtete man für die Finanzverwaltung 1802 [16] Rentämter als Nachfolger der Kastenämter. Das neubegründete Rentamt Mühldorf deckte sich zunächst nicht mit dem Zuständigkeitsbereich des Landgerichts, da in Neumarkt ein eigenes Rentamt bestand. Das Rentamt Mühldorf arbeitete wie alle anderen bayerischen Rentämter mit eigenen Rentbeamten völlig unabhängig vom Landgericht. Eine Personalunion zwischen Pfleger und Kastner, wie sie im Kurfürstentum Bayern (bei kleineren Landgerichten) und auch im salzburgischen Rentamt Mühldorf seit 1620 üblich war, gab es nun nicht mehr. Ein Dekret vom 16. Dezember 1803 [17] erließ näherer Bestimmungen:

1. Das Landgericht Mülldorf enthält zwei Rentämter. Das eine zu Mülldorf, das andere zu Neumarkt. Zum Rentamt Mülldorf gehörten die Gefälle der ehemaligen beiden Landgerichte Kraiburg und Mermosen und alle Gefälle der ehemaligen salzburgischen Besitzungen von Mühldorf. Doch müssen vor der Hand von dem alt bairischen Gefällen und von den neu acquirirten Mühldorfischen Gefällen 2 besondere Rechnungen geführt werden … als Rentbeamten von Mülldorf ernennen wir den bisherigen dortigen Mautner Franz Xaver von Stubenrauch.

1804 bezog Stubenrauch seine Diensträume im ehemaligen salzburgischen Pflegamt. Der Wirkungskreis der Rentämter war schon in der Generalverordnung vom 24. März 1802 niedergelegt. Das Rentamt Neumarkt wurde mit Wirkung vom 1. Oktober 1828 aufgelöst und dem Rentamt Mühldorf zugeschlagen. Die Rentämter unterstanden den Kreisregierungen und zwar den dortigen Kammern der Finanzen. Ihnen oblag vor allem die Einziehung der Steuern und sonstiger Abgaben, insbesondere der Dominikalrenten, d.h. der Grundrenten der ehemaligen Urbarsbauern sowie derjenigen Bauern, die durch die Säkularisation an Bayern gekommen waren. Im Bereich des neuen Rentamts Mühldorf (das auch die ehemaligen Landgerichte Kraiburg und Mörmoosen umfasste) schlugen vor allem die vielen Salzburger und klösterlichen (Gars, Au, Seeon u.a.) Grunduntertanen zu Buch, die ihre Abgaben nun an das bayerische Rentamt zu zahlen hatten, falls sie nicht von den Ablösungsmöglichkeiten Gebrauch machten. Die Dominikalrenten bildeten den lohnendsten, weil dauerhaften Gewinn aus der Säkularisation des Salzburger Gebietes.

Die Aufgaben des Rentamtes, dem die Kontrolle des Landgerichts und umgekehrt oblag, wuchsen im Laufe des 19. Jahrhunderts rasch an. Zu einer größeren Neuorganisation kam es erst durch die Verordnung vom 10. Mai 1903: [18] Während bisher nur der Rentamtmann als Amtsvorstand ein staatliches Dienstgehalt bezog und von den ihm überlassenen Tantiemen und Funktionsnebenbezügen die übrigen Mitarbeiter besoldete, wurde nun das gesamte Personal auf die Staatskasse übernommen, die Rentbeamten wurden nicht mehr an den Steuerbeträgen beteiligt.

Am 1. Oktober 1919 übernahm das Reich die Beamten der bayerischen Rentämter. Die Rentämter erhielten den reichseinheitlichen Titel Finanzämter.

Kommunale Finanzen

Wie groß die Abhängigkeit der Kommunen vom Kuratel der vorgesetzten Staatsbehörden bis zur Gemeindeordnung von 1869 und darüber hinaus noch war, zeigt besonders die Finanzverwaltung. Gemeindevermögen war prinzipiell nicht veräußerlich, konnte aber mit Genehmigung der Kuratel aus administrativen Gründen veräußert oder zur Tilgung der Schulden verwendet werden (§ 25). Dieses Gemeindevermögen sollte in der Regel zur Deckung der Bedürfnisse der Gemeinde dienen. Gemeindeumlagen oder Beiträge an Geld oder Naturalien aus dem Privatvermögen der Gemeindeglieder sollten nur subsidiär erhoben werden (§ 34). Durch Gesetz vom 22. Juli 1819 über die Umlagen für Gemeindebedürfnisse wurden diese lokalen Verbrauchssteuern geregelt, wobei die Erhebung von Fleisch- oder Mehlaufschlägen durch die Gemeinde auf Grund des Gesetzes möglich war und nicht verweigert werden konnte, während der weit ergiebigere Lokalmalzaufschlag nur auf Grund allerhöchster Spezialbewilligung und nur zur Schuldentilgung oder zur Bestreitung außerordentlicher Bedürfnisse erfolgen durfte. Der Lokalmalzaufschlag wurde vom Malzaufschlag der vorhandenen Brauereien erhoben.

Schild »Kgl. Rentamt Mühldorf«
Kreismuseum Lodronhaus, Mühldorf a. Inn
Am 10. Januar 1804 wird das Kgl. Rentamt Mühldorf gebildet. Sein Bezirk umfasste die Stadt Mühldorf und die ehemaligen Landgerichte Kraiburg und Mörmoosen. Es wurde im bisherigen Pflegschloss untergebracht. Die Rentämter sind die Vorläufer der heutigen Finanzämter.

In Mühldorf sah sich die Regierung des Isarkreises im Jahre 1828 zum Eingreifen veranlasst, nachdem die Finanzlage der Stadt immer bedrohlicher wurde. Mit Einschluss des Fleisch- und Mehlaufschlages, den die Stadt bereits eingeführt hatte, und des Pflaster- und Brückenzolls betrugen die Einnahmen der Stadt um diese Zeit jährlich 3.165 fl., dem standen Ausgaben in fast gleicher Höhe sowie Kriegs- und Gemeindeschulden in Höhe von 8.000 fl. gegenüber. Außerdem war ein Betrag in Höhe von 2.000 fl. für dringend notwendige Anschaffungen, Bauten und »zweckmäßige Verschönerungen« notwendig (Anschaffung einer Feuerlöschmaschine, Auffüllung des Stadtgrabens, Uferbauten am Inn). Wegen dieser fehlenden 10.000 fl. beantragte nun die Regierung des Isarkreises beim Innenministerium in München im Februar 1828 die Einführung des Malzaufschlages, da man diese Schulden nicht auf die »größtenteils zur dürftigen Volksklasse gehörigen« Gemeindemitglieder umschlagen konnte. [19] Nach Meinung der Regierung konnte man mit diesem Lokalmalzaufschlag, der jährlich 2.500 fl. erbringen würde, die Schulden innerhalb von fünf Jahren abtragen. Darüber hinaus ließe sich in dieser Zeit auch der Mehlaufschlag verringern, der nur die ärmeren Volksschichten treffen würde.

Trotz der (üblichen) Proteste der Brauer wurde der Malzaufschlag am 8. Oktober 1828 von König Ludwig I. zunächst für drei Jahre genehmigt. Der Aufschlag wurde in Höhe von einem Gulden 15 Kreuzer für einen Scheffel Malz dem staatlichen Malzaufschlag zugeschlagen. 1831 waren die Gemeindeschulden bis auf 2000 fl. getilgt. Trotzdem befürwortete die Regierung die Fortsetzung der Aufschlagserhebung, da sowohl die Ausfüllung des Stadtgrabens sowie die Verlegung des Friedhofes noch erhebliche Mitteln erfordern würden. Der »ganz mit Morast angefüllte Stadtgraben« wäre vor allem aus gesundheitlichen Gründen aufzufüllen, da nach Meinung des zuständigen Landgerichtsphysikus Dr. Kosak dieser die Ursache eines seit zwei Jahren epidemisch auftretenden Wechselfiebers in Mühldorf und Umgebung sei.

Im Rahmen dieses Antrags der Stadtgemeinde und der Regierung erfahren wir auch einige Grunddaten über die Stadt. [20] Die Einwohnerzahl betrug 1.700 Seelen. »Der Stadtbezirk umfaßt 237 Haupt- und 191 Nebengebäude, wovon höchstens 12 Hauptgebäude mit Ziegel, die übrigen aber alle mit Holzschindeln eingedeckt sind.« Aus diesem Grunde benötigte die Stadt eine Löschmaschine, die 1.500 fl. kostete.

Nach vielem Hin und Her genehmigte König Ludwig I. am 25. August 1832 schließlich die weitere Erhebung des Lokalmalzaufschlags für drei Jahre und weiter noch im Jahre 1835 ebenfalls für drei Jahre. Die Verlegung des Friedhofes, die Auffüllung des Stadtgrabens bzw. die dafür aufgenommenen neuen Schulden verschlangen dabei das meiste Geld, auch wollte man ein Feuerrequisitenhaus kaufen, das Rathaus renovieren, eine Turmuhr kaufen und die baufälligen Brunnenkörbe auf dem Platz reparieren.

1838 wollte der Magistrat eine weitere Verlängerung des Malzaufschlags, die Versammlung der Gemeindebevollmächtigten sprach sich jedoch mit einer Mehrheit von 10:7 dagegen aus. Offensichtlich war man mit der Arbeit des Magistrats bzw. mit den erhöhten Bierpreisen nicht einverstanden. Erst 1839 lenkten dann die Gemeindebevollmächtigten ein. Um diese Zeit war die Schuldenlast der Gemeinde bereits wieder auf 15.598 fl. angewachsen. Nun wurde der Gemeinde am 30. September 1839 der Lokalaufschlag auf die Dauer von elf Jahren bewilligt. 1842 berichtete die Regierung von Oberbayern, dass die Schuldentilgung und die Reparatur der Brunnenkörbe zwar vorangekommen sei, nicht aber die Verlegung des Friedhofs. Darüber hinaus sei ein neues dringendes Bedürfnis erwachsen, nämlich die Trennung der Geschlechter an der sehr überfüllten städtischen Schule. Dieser Punkt, also die Errichtung einer Mädchenschule, stand dann als Begründung für die weitere Verlängerung des Malzaufschlags ab 1853 im Mittelpunkt, später (1867) war es u.a. die Herstellung einer Wasserleitung und die Errichtung einer freiwilligen Feuerwehr sowie die Begründung eines Knabenschulfonds. 1881 wird die Verlängerung mit der Herstellung von Trottoirs und gepflasterten Straßenübergängen gerechtfertigt. Die Stadt war um diese Zeit mit 70.000 Mark verschuldet, 1889 schon mit 102.351 Mark, der Mädchenschulhausbau und die Kanalisation hatten zusätzliches Geld verschlungen. Von den Gemeindebürgern wurde um diese Zeit 133 % Umlagen erhoben. 1897 wurde der Stadt erlaubt, Inhaberschuldverschreibungen im Gesamtnennwert von 120.000 Mark mit einer Verzinsung von 3½ % auszugeben. [21] 1909 betrugen die Gemeindeschulden 366.000 Mark. Aus den Schulden ist Mühldorf nicht mehr herausgekommen. Noch 1932 klagt der eben gewählte Bürgermeister Leo Mulfinger: »Nur bei größter Sparsamkeit wird es der Stadt gelingen, ihre Schuldenlast zu verzinsen und zu tilgen und ihre Pflichten gegenüber den vielen hilfsbedürftigen Mitbürgern zu erfüllen.« Damals lebten von den 7.000 Einwohnern fast 2.000 Menschen von der öffentlichen Fürsorge. [22]

Sonstige staatliche Behörden in Mühldorf

Ein Forstamt erhielt Mühldorf erst 1895, ein Landgerichtsarzt ist seit 1803 tätig, dieser (Dr. Johann Weißbrod) löste den bisherigen Stadtphysikus ab. 1862 wurde aus dem Landgerichtsarzt ein Bezirksarzt (Bezirksarzt I. Klasse für die Sanitätsverwaltung innerhalb des Distriktes und für den gerichtsärztlichen Dienst). Seit 1879 unterschied man zwischen Amtsärzten (Bezirksärzten) und den Landgerichtsärzten, die als Gerichtsmediziner am Landgericht (Traunstein) tätig waren. 1912 wurden die Amtsärzte der Regierung unterstellt, sie mussten den unteren Verwaltungsbehörden zur Verfügung stehen, sie konnten auch eine eigene Praxis führen. Erst 1935 wurden für die Gesundheitsverwaltung eigene Behörden in Form von Gesundheitsämtern organisiert.

Kommunalverfassung

Über die Verfassung der kleineren Munizipalstädte ergingen bereits am 20. März 1806 Bestimmungen: Die Rechtspflege sollte durch rechtskundige Stadt- und Marktrichter ausgeübt werden, die Leitung und Verwaltung der Polizei dem Landgericht zustehen, dem der Bürgermeister oder ein Magistratsdeputierter als Organ untergeben war. Über die Verwaltung der Gemeindeangelegenheiten durch den Magistrat hatte der Landrichter als beständiger Kommissar zu wachen.

Grundlage für die Gemeindebildung im Königreich Bayern war das Organische Edikt über die Bildung der Gemeinden vom 28. Juli 1808 [23] und über das Gemeindewesen vom 24. Sept. 1808. [24] Vorausgegangen war im Mai die Instruktion zur Bildung der Steuer-

Galahüte
um 1870
Kreismuseum Lodronhaus, Mühldorf a. Inn
Degen und Frack gehörten zwischen 1870 und 1910 zeitweise zum offiziellen Erscheinungsbild der »Gemeindebevollmächtigten«. Der Hut aus dem Besitz des Kreismuseums gehörte dem Mühldorfer Bürgermeister Nikolaus Fröhlich.
Lit.: AK Bayern entsteht. Montgelas und sein Ansbacher Mémoire von 1796. München und Ansbach 1996/97.

distrikte, da die Gemeindebildung auch der Vereinfachung der Besteuerung dienen sollte. Überhaupt sollten die Gemeinden in ihren Grenzen »alle Teil der Verwaltung ungeteilt in sich begreifen«: Die künftige Gemeinde sollte Steuerdistrikt, Wirtschaftsgemeinde, Pfarr- und Schulbezirk gleichzeitig sein. Das Edikt gestaltete nach französischem Vorbild die Gemeindeverwaltung zentralistisch. Die Gemeinden wurden als öffentliche Körperschaften unter die ständige Kuratel des Staates gestellt. Gemeindemitglieder waren nur solche, die in der Markung besteuerte Grundstücke besaßen oder besteuerte Gewerbe ausübten. Die Gemeinden teilten sich in Ruralgemeinden (Dorfgemeinden und kleinere Märkte), in größere Märkte und Städte unter 5.000 Seelen und in Städte von größerer Bedeutung.

In den städtischen Gemeinden war ein Munizipalrat Vertreter der Gemeinde, er wurde in den kleineren Städten von den Gemeindemitgliedern unmittelbar gewählt. Die Polizei handhabte ein vom Munizipalrat vorgeschlagener und vom Generalkreiskommissariat bestätigter Bürgermeister.

Die Gemeindebildung nach dem Gemeindeedikt von 1808 gestaltete sich angesichts der völlig neuen Vorgaben besonders schwierig. Die Landgerichte und die Generalkommissariate vor Ort konnten die ihnen gestellten Aufgaben nur zum kleinen Teil bewältigen. 1808 war in Mühldorf eine provisorische Kommunaladministration organisiert worden. Am 9. Juni 1812 waren die Organisationsanträge der Stadt Mühldorf noch nicht erledigt und am 5. Juli bestätigte das Innenministerium die Stadt Mühldorf als Munizipalgemeinde. [25]

Kurz vor der Verkündigung der Verfassung wurde das Gemeindeedikt vom 17. Mai 1818 [26] erlassen, durch das die staatliche Bevormundung der Gemeinden wieder rückgängig gemacht wurde. Man hatte den Fehler gemacht, das Staatsgebäude von oben anzufangen und herunter zu führen, statt von unten aufzubauen. Man hatte das gemeindliche Leben vernichtet. Staatsrat Zentner meinte in seinem einleitenden Vortrag zum Entwurf des Gemeindeedikts:

Die seit 1803 erschienenen Verordnungen haben die vormals bestandenen Gemeindeverfassungen aufgelöst. Was an ihre Stelle gesetzt wurde, waren nur leere Formen, Namen ohne Sache. Die Regierungen zogen Alles unter ihre unmittelbare Aufsicht und Leitung … es entstand daraus eine Vereinzelung der Staatsbewohner. Jeder steht unbekümmert neben dem Andern, nur für sich und sein Interesse besorgt. Der Gemeinsinn geht endlich ganz verloren … [27]

Das Gemeindeedikt von 1818 teilte die Gemeinden einerseits in Städte und größere Märkte, andererseits in Ruralgemeinden (kleinere Märkte, Dörfer, Weiler und Einöden) ein. Die ersten wurden je nach Bevölkerungszahl in drei Klassen eingeteilt: in Städte mit 2.000 Familien und mehr, Städte mit 500 bis 2.000 Familien und Städte und Märkte mit weniger als 500 Familien.

Als Organe der Gemeindeverwaltung in einer Stadt wie Mühldorf bestanden der *bürgerliche Magistrat* und ein *Gemeindeausschuss* von erwählten Gemeindebevollmächtigten. Der Magistrat wurde von den Gemeindebevollmächtigten, diese in mittelbarer Wahl durch die Gemeindemitglieder, die das volle Staatsbürgerrecht hatten, gewählt.

Der Magistrat war der Vorsteher der Gemeinde, er verwaltet ihre gemeinschaftlichen Angelegenheiten und ihr Vermögen. Er leitete die Gemeindeanstalten, verwaltete das Gemeinde- und örtliche Stiftungsvermögen, legte die Gemeindelasten um, nahm Bürger und Schutzverwandte auf, erteilte die Gewerbebewilligungen, verlieh Gewerbegerechtigkeiten, er kümmerte sich um die Armenpflege, das Kirchen- und Volksschulwesen.

Die Gemeindebevollmächtigten waren die »Vertreter der Gemeindecorporation«. Sie müssen vom Magistrat »in allen wichtigen Gemeindeangelegenheiten zur Rate« gezogen werden. »Der Magistrat ist schuldig, die Bemerkungen und Abstimmungen der Gemeindebevollmächtigten möglichst zu berücksichtigen. Glaubt er, davon abweichen zu müssen, so hat er, insoferne nicht Gefahr auf dem Verzuge haftet, die Genehmigung der Kreisregierung bzw. des einschlägigen Land- oder gutsherrlichen Gerichtes darüber einzuholen«.

In Städten der 3. Klasse (unter 500 Familien: Mühldorf besaß 1852 1.900 Einwohner, 1871 2.283 Einwohner), zu denen auch Mühldorf gehörte, bestand der Magistrat aus einem Bürgermeister, aus einem Stadtschreiber und sechs bis acht Bürgern (§ 47 III des Gemeindeedikts von 1818). Gewählt wurde der Magistrat von den Gemeindebevollmächtigten. Der Gemeindeausschuss der Gemeindebevollmächtigten wurde in Städten 3. Klasse von einem Kollegium von Wahlmännern gewählt, die 1/10 der wahlfähigen Gemeindeglieder umfasste. Sie wählten zu Gemeindebevollmächtigten die dreifache Zahl der Magistratsräte. Bürgermeister und Magistratsräte wurden für sechs, die Gemeindebevollmächtigten für neun Jahre gewählt. In Mühldorf amtierten 6 bürgerliche Magistratsräte und 18 Gemeindebevollmächtigte. Alle drei Jahre wurden drei Magistratsräte und sechs Gemeindebevollmächtigte neu gewählt. Im Jahr 1845 bestätigte die Regierung von Oberbayern beispielsweise als bürgerlichen Bürger-

Mühldorf von Nordosten
Nikolaus Gumberger (1822–1898), um 1860, Öl/Lw. Privatbesitz
Vater Nikolaus und Sohn Josef Gumberger bestritten ihren Lebensunterhalt mit Schauspielerei, Maler- und Anstreichertätigkeiten, später kam noch das Fotografenhandwerk dazu. Die Landschaftsmalerei brachte zusätzliches Einkommen. Die Familie des Nikolaus Gumberger hatte ihren eigentlichen Wohnsitz in Miesbach. Sie hat aber wohl auch im östlichen Oberbayern gelebt und gearbeitet, da sich zahlreiche Bilder im Raum zwischen Mühldorf, Bad Reichenhall und Bad Aibling nachweisen lassen.
Lit.: Götz, Ulrike / Spagl, Hans Rudolf: Mühldorf in Ansichten der Malerfamilie Gumberger. In: Das Mühlrad XXXVII (1995), S. 59–66.

meister den Apotheker Felix Gebhard und die bürgerlichen Magistratsräte 1) Michael Hauch, Handelsmann, 2) Anton Daxenberger, Handelsmann, und 3) Anton Scheifele, Eisenhändler, sowie die Gemeindebevollmächtigten 1) Georg Ferchl, Nadler, 2) Carl Mayer, Zinngießer, 3) Michael Schichl, Kupferschmied, 4) Carl Schwabl, Bäcker, 5) Joseph Riedl, Weinwirt, 6) Alois Mareis, Ländhüter. [28] Im Revolutionsjahr 1848 bestätigte beispielsweise die Regierung von Oberbayern am 28. September 1848 [29] die folgenden Magistratsräte: 1) Max Weninger, Chirurg, 2) Georg Ferchl, Fragner, 3) Georg Kremplsetzer, Tuchmacher, und die folgenden Gemeindebevollmächtigten: 1) Martin Leiseder, Hafner, 2) Joseph Knoll, Fragner, 3) Dr. Joseph Enzensperger, prakt. Arzt, 4) Nikolaus Fröhlich, Tischler, 5) Andreas Wiesmaier, Drechsler, 6) Joseph Lachermaier, Weißgerber. Wählbar als Magistratsrat und als Gemeindebevollmächtigter waren nach § 76 c des Gemeindeedikts von 1818 nur solche Bürger, die zu den ersten beiden Dritteln der Höchstbesteuerten gehörten.

Die Gemeindeordnung vom 29. April 1869 [30] verstärkte die Selbstverwaltung der Kommunen. Organe der Gemeinden mit Stadtverfassung waren weiterhin der Bürgermeister und der Magistrat als Verwaltungsbehörden (Gemeindebehörden) und die Gemeindebevollmächtigten als Gemeindevertretung. Nur noch Bürgermeister und die rechtskundigen Räte bedurften nun der staatlichen Bestätigung. Die Staatskuratel wurde durch eine Rechts- und Fachaufsicht abgelöst, deren Befugnisse im jeweiligen Fachgesetz aufgeführt

Nikolaus Fröhlich
Stadtarchiv Mühldorf a. Inn
Der Schreinermeister Nikolaus Fröhlich war von 1871–1881 Bürgermeister in Mühldorf. Auf dem Tischchen rechts im Bild ist der Galahut zu sehen.

sein müssen. In Gemeinden unter 10.000 Einwohner bestand der Magistrat aus 6 – 10 bürgerlichen Räten. Der Gemeindeausschuss bestand aus einem Bürgermeister, einem Beigeordneten und einer Anzahl von Gemeindebevollmächtigten, bei Gemeinden von 1.500 bis 3.000 Einwohner, wie in Mühldorf, aus 12 Gemeindebevollmächtigten.

Das Ende der königlich-bayerischen Kommunalverfassung mit seinem exklusiven Wahlsystem nach Steuerleistung und dem Ausschluss der Frauen vom Wahlrecht kam schließlich am Ende des 1. Weltkriegs und zwar genau 100 Jahre nach dem Gemeindeedikt von 1818: Nach der Revolution in München am 7. November 1918 stellt man in Mühldorf einen »Volksrat« auf, der am 11. November im Rathaus Magistrat und Gemeindekollegium für aufgelöst erklärte, was freilich vom damaligen Bürgermeister Franz Xaver Fischer zurückgewiesen wurde. Doch räumte er dem Volksrat immerhin Beratungsrechte ein. [31] Ende März 1919 wird dann Fischer von demonstrierenden Räten zum Rücktritt gezwungen. Im Laufe des Jahres 1919 beruhigte sich die Lage. Den Gemeinden in Bayern wurde durch Gesetz vom 22. Mai 1919 das Selbstverwaltungsrecht garantiert. Das Wahlgesetz vom 15. April 1919 demokratisierte die kommunale Selbstverwaltung und beseitigte die Honoratiorenverwaltung und das Klassenwahlrecht. Das neue bayerische Kommunalrecht verstärkte nun die Macht des Bürgermeisters und des direkt gewählten Stadtrats (monistische Ratsverfassung). Die bisherige Trennung nach Magistrat und Gemeindebevollmächtigtenkollegium fiel weg. Im Juni 1919 fanden in Mühldorf die ersten Gemeinderatswahlen nach dem 1. Weltkrieg statt. Erstmals waren Frauen wahlberechtigt. In Mühldorf stellte nun zum ersten Mal die SPD den Bürgermeister (Rechtsanwalt Hans Heß) und die Hälfte des 20-köpfigen Stadtrats.

Die Gemeindeordnung vom 17. Oktober 1927 bestätigte im wesentlichen den durch die Gemeindeordnung von 1919 eingeführten Rechtszustand. Die Allzuständigkeit des Gemeinderats (Stadtrats) wurde jedoch durch die verstärkte Stellung des ersten Bürgermeisters ausgeglichen.

Die Gleichschaltung von 1933 und die Deutsche Gemeindeordnung vom 30. Januar 1935 beseitigten schließlich im gesamten deutschen Reich den Einfluss der Bürger auf die Zusammensetzung der Gemeindeorgane und gaben dem Bürgermeister die alleinige Entscheidungsbefugnis und Verwantwortung. Die Nachkriegsentwicklung ist durch die starke Selbstverwaltungsgarantie der Bayerischen Verfassung von 1946, durch die Gemeindeordnungen vom 25.1.1952 (zuletzt in der Fassung der Bekanntmachung vom 22. August 1998) [32] und durch die Gebietsreform zwischen 1972 und 1978 bestimmt.

Das Gebiet der Stadt hat sich bereits zu Beginn des 20. Jahrhunderts vergrößert. 1902 kamen von der Gemeinde Altmühldorf 25 ha mit 50 Einwohnern an die Stadt und 1925 noch einmal 12 ha mit 30 Einwohner. 1950 erhielt Mühldorf von der Gemeinde Mößling 18,5 ha mit 400 Einwohnern und 1965 von der Gemeinde Hart unbewohnte 6 ha. Bei der Gebietsreform gingen schließlich am 1.7.1972 die ehemals selbstständigen Gemeinden Hart und Mößling in der Stadt Mühldorf auf. [33]

Wachstum, Strukturwandel und Integration in der Peripherie der Industrialisierung

Christian Dirninger

Zur Entwicklung der Wirtschaft der Stadt Mühldorf im 19. und 20. Jahrhundert

Integration und Zentralörtlichkeit

Die Eingliederung der Stadt Mühldorf in den bayerischen Staatsverband am Beginn des 19. Jahrhunderts war für diese nicht nur ein politischer Vorgang von einschneidender Bedeutung, sondern auch im Hinblick auf ihre langfristige wirtschaftliche und soziale Entwicklung. Dies deshalb, weil die Stadt damit in den Industrialisierungs- und Modernisierungsprozess des Königreiches Bayern eingebunden war. Dies nun wiederum unter spezifischen Standortbedingungen, die stark von der speziellen räumlichen Schwerpunktbildung der Industrialisierung Bayerns und der damit verbundenen voranschreitenden wirtschaftlichen Integration des Königreiches insgesamt geprägt waren.

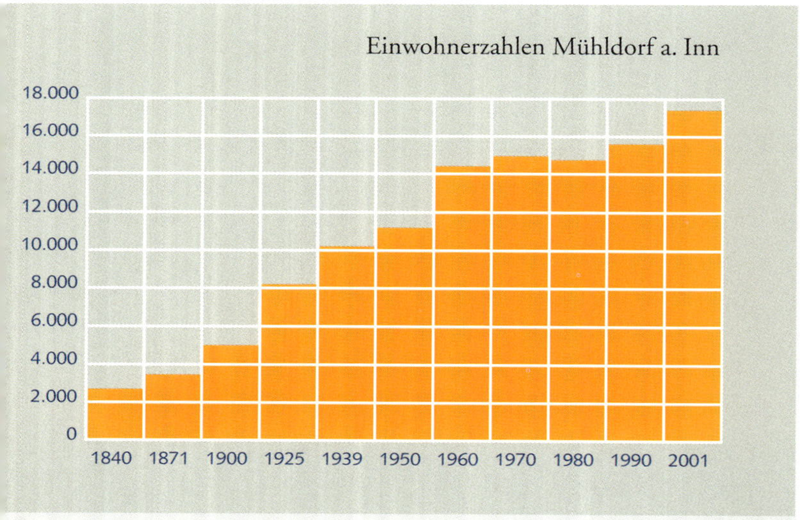

Einwohnerzahlen von Mühldorf a. Inn von 1840–2001
Grafik: engelhardt.atelier, Mühldorf a. Inn

So lag die Stadt mitten in jenem südöstlichen Teilgebiet Bayerns, das erst relativ verspätet vom Industrialisierungsprozess und den mit diesem verbundenen sozialen und gesellschaftlichen Modernisierungseffekten erfasst worden ist. Aber auch dann wurde diese Region nicht zu einer ausgeprägten Industriezone, sondern blieb weiterhin in ihrer Gesamtheit ein von der agrarischen Wirtschaft dominiertes Gebiet, das aber in zunehmendem Maße von den sekundären und tertiären Effekten der Industrialisierung erfasst wurde.

Die Stadt Mühldorf befand sich also in Bezug auf die Industrialisierung in einer peripheren Lage. Innerhalb dieser gelangte sie aber im Verlaufe des 19. Jahrhunderts in eine zentralörtliche Position, aus der heraus im regionalen Vergleich für die städtische Wirtschaft überdurchschnittliche Wachstumsimpulse resultierten. Dies ist um so bemerkenswerter als ja die Stadt zunächst gleichsam als »Fremdkörper« in »gewachsene« bayerische Strukturen integriert werden musste. Davon war die Entwicklung bis in die Mitte des 19. Jahrhunderts wesentlich geprägt.

Die Entfaltung dieser zentralörtlichen Position in der zweiten Hälfte des 19. Jahrhunderts und die damit verbundene entscheidende Veränderung bzw. Stärkung der wirtschaftlichen Standortbedingungen der Stadt Mühldorf hatte vor allem zwei wesentliche Grundlagen. Erstens wurde Mühldorf im Zuge der Formierung der Region als Bezirk Bezirkshauptstadt. Das betraf die zentralörtliche Funktion im Hinblick auf Behörden aber auch auf andere für das öffentliche und soziale Leben relevante Institutionen, wie etwa die Distriktssparkasse.

Zweitens wurde Mühldorf im Zuge des Ausbaus des bayerischen Eisenbahnnetzes zum zentralen Punkt in dem bisherigen »eisenbahnlosen Viereck« im Südosten Bayerns und erhielt damit den von der lokalen Wirtschaft seit langem gewünschten effizienten Anschluss an die überregionalen Verkehrsstrukturen. [1]

Die Situation zur Mitte des 19. Jahrhunderts

War mit der Beseitigung der Position als salzburgische und damit ausländische Enklave zweifelsohne eine nachhaltige Verbesserung der lokalen Marktstrukturen gegeben, so war nun als für die wirtschaftliche Entwicklung wesentlichstes Standortkriterium zweifelsohne die Anforderung der Einbindung der Stadt in den sich sukzessive entfaltenden regionalen und überregionalen Wirtschaftsverkehr voranzutreiben.

Dies betraf zunächst die Einbindung in das sich zusehends verdichtende Postverkehrs- und Stellwagenliniennetz zwischen München im Westen und Altötting und Burghausen im Osten. Im Zuge dessen wurde Mühldorf Sitz einer Postexpedition sowie Station und auch Ausgangspunkt etlicher Stellwagenlinien. Wurden dabei natürlich die Verbindungen in die Haupt- und Residenzstadt München immer wichtiger, so hatte auch weiterhin die Verbindung nach Salzburg Bedeutung. So betrieb beispielsweise der »Lohnkutscher- und Stellwagen-Inhaber« Michael Hurler seit den 1840er Jahren von Mühldorf aus eine »Stellwagenfahrt« dorthin. [2]

Unter diesen Bedingungen entwickelte sich die Wirtschaftsstruktur der Stadt in der ersten Hälfte des 19. Jahrhunderts noch weitgehend in den traditionell vorgegebenen Bahnen. So war die Wirtschaft in der Stadt in den 1830er Jahren noch gänzlich auf die Landwirtschaft, sowie die damit eng verbundenen Wirtschaftszweige wie Bierbrauerei und Getreidehandel konzentriert. In einer topografischen Landesbeschreibung aus dem Jahre 1831 ist über die Stadt Mühldorf zu lesen: »Die Einwohner treiben fleißig Feld-, besonders Hopfen- und Gemüse-Bau, lebhafte Schiffahrt, gute Bierbräuereien und starken Getreidehandel.«[3]

Andererseits aber machten sich innerhalb dieser traditionellen Struktur um die Mitte des 19. Jahrhunderts erste Ansätze einer Modernisierung des Wirtschaftslebens bemerkbar, denen aber noch erhebliche Hindernisse entgegenstanden. Da war zunächst wieder die für die Standortverhältnisse so wesentliche Frage der Verkehrswirtschaft. Die Innschifffahrt hatte noch eine gewisse, wenn auch mit früheren Zeiten nicht mehr vergleichbare Bedeutung, die aber immer weiter abnahm. Andererseits gab hier, angesichts der zu jener Zeit schwachen Wirtschaftslage und der damit verbundenen relativ hohen Beschäftigungslosigkeit die in den 1850er Jahren eingeführte Dampfschifffahrt zunächst wieder gewisse Zukunftshoffnungen. Insbesondere wurden Hoffnungen gesetzt auf die mit dem neuen Verkehrsmittel möglich erscheinende direkte Vermarktung der lokalen Produkte in größerem Radius ohne die im traditionellen System gegebene Position der Schiffmeister als Zwischenhändler. Ebenso auf die beim Verladen

Anzeige des Michael Hurler für seine Stellwagenfahrten von Mühldorf über Altötting, Burghausen, Tittmoning und Laufen nach Salzburg.
Stadtarchiv Mühldorf a. Inn
Michael Hurler inserierte am 27. Februar 1848 im »Wochen-Blatt für die Bezirke der königl. Landgerichte: Burghausen, Altötting und Mühldorf« und bot seine Stellwagenfahrten an. Die Saison begann am 6. März und dauerte bis November. Er fuhr montags von Mühldorf nach Salzburg, mittwochs zurück. Abfahrt in Mühldorf war um 4 Uhr früh, die Ankunft in Salzburg abends 7 Uhr. Der Fahrpreis betrug pro Person inkl. 20 Pfund Gepäck 2 Gulden, für die Zwischenstationen verlangte er entsprechend weniger.

Stellwagenfahrt
von
Mühldorf über Altötting, Burghausen, Tittmoning und Laufen nach Salzburg.

Da der Unterzeichnete von höchster Stelle die Erlaubniß erhielt, mit seinen Stellwagenfahrten in den Wintermonaten auszusetzen, so fängt der Stellwagen am 6. März die erste Fahrt an, und werden diese bis zum Monat November in nachfolgender Ordnung fortgesetzt:

An jedem Montag Morgens 4 Uhr wird in Mühldorf abgefahren, in Altötting um halb 6 Uhr, und Abends um 7 Uhr in Salzburg angekommen. Am Mittwoch Morgens 5 Uhr wird in Salzburg abgefahren und Abends 8 Uhr in Mühldorf angekommen.

sowie An- und Abtransport der Güter anfallenden Beschäftigungseffekte. Die diesbezüglichen Zusammenhänge werden in einem Bericht des Mühldorfer Stadtmagistrats aus dem Jahr 1850 formuliert. Demgemäß sollte die Dampfschifffahrt »für die Handels- und Gewerbsleute, so wie auch für die arbeitende Klasse die Verhältnisse bessernd auftreten. Jeder kann seine Produkte, die jetzt wegen Mangel an Absatz resp. Mangel an Frachtgelegenheiten nicht oder nur um wenigen Preis an den Mann zu bringen sind, selbst verwerten, während er sich bis jetzt nur an die Schiffmeister halten konnte, die eigentlich keine Frachtführer sind, sondern als Händler auftraten. Die Handels- und Gewerbeleute können selbst ihre Produkte zu Markt bringen u. somit den Gewinn in eigene Tasche stecken, den sie früher den Schiffmeistern geben mußten. Durch das seinerzeit jedenfalls geschehende Anlanden hier, Auspacken der Güter, Schaffen der Frachtstücke auf das Dampfschiff u. vom Dampfschiff, durch das Nachführen der Gepäcke der Reisenden etc. müssen auch eine Menge arbeitender Hände beschäftigt werden, die jetzt müßig sind. Kurz, der Magistrat glaubt, daß bei der Durchführung der Dampfschiffahrt Jeder von Ersten bis zum Letzten Nutzen habe.« [4]

Derartige Wachstums- und Beschäftigungseffekte blieben jedoch weitgehend aus. Zwar wurde zwischen 1855 und 1860 die Dampfschiffahrt auf dem Inn zwischen Passau und Rosenheim von zwei Aktiengesellschaften, der »Bayerischen Inn- und Donaudampfschiffahrt« und der Schifffahrtsgesellschaft »J. G. Riedl & Co.« betrieben, deren Schiffe auch in Mühldorf anlegten, jedoch kamen diese transportwirtschaftlichen Unternehmungen nicht so richtig in Schwung. Im Zuge des Aufkommens der Eisenbahn und auch wegen der schwierigen Wasserverhältnisse des Inn hatten sie keine wirklichen Zukunftschancen und so endete dieses Experiment auch zu Beginn der 1860er Jahre.

Für die nachträgliche Betrachtung aber ist bemerkenswert, dass in den an die Dampfschifffahrt geknüpften Hoffnungen die noch zur Mitte des 19. Jahrhunderts bestandenen deutlichen Standortdefizite der Stadt Mühldorf in indirekter Weise recht deutlich wurden. Und diese bestanden eben im immer noch weitgehenden Fehlen des Zuganges zu großräumigeren Marktstrukturen.

Briefkopf der Dampfschifffahrtsgesellschaft
Stadtarchiv Mühldorf a. Inn
Der Briefkopf, gedruckt im Verlag v. Lutzenberger in Burghausen um 1860, zeigt das Dampfschiff »Vorwärts« auf dem Inn vor der Maximiliansbrücke. Im Hintergrund die Ansicht Mühldorfs mit der dominierenden Stadtpfarrkirche St. Nikolaus. Die Dampfschifffahrt auf dem Inn war ein Versuch, das neue Verkehrsmittel zur Belebung der Wirtschaft zu nutzen. Die schwierigen Wasserverhältnisse auf dem Inn und die aufkommende Eisenbahn führten aber in den 1860er Jahren zur Stilllegung der Dampfschifffahrt auf dem Inn.
Lit.: Freundl, Stefan: Die Dampfschiffahrt auf dem Inn. Wasserburg 1984.

Jaquets,
Wintermäntel und Regenmäntel
in großer Auswahl,
das Neueste der Saison
empfehle zu billigsten Preisen.

A. Daxenberger, Mühldorf.

Bekanntmachung.

Während der Dauer der Erkrankung des kgl. Bezirksarztes Dr. Schleiffer zu Mühldorf versieht von nun an dessen Praxis der approbirte Arzt und bisherige Privatassistent des Herrn Professor Helferich, Herr **Dr. med. Franz Roettinger** aus München, Spezialarzt für Chirurgie und Geburtshilfe.

Sprechstunden wie bisher: Morgens von 7 bis 9 Uhr.

Dr. Schleiffer, kgl. Bezirksarzt.

Zur kommenden Wintersaison

habe ganz neu angefertigt eine große Auswahl **in ganzen Anzügen** von 24 M an, in allen Größen. **Knaben-Anzüge** für jedes Alter passend, **Winter-Ueberzieher, schöne Flocone Bauernjoppen** von 10 M an, **Loden-Joppen** für alle Größen, schon von 4 M an, **einzelne Hosen** auch **Hosen und Westen** zu den billigsten Preisen.

Anfertigungen nach Maß werden eben so billig hergestellt. Liefere nur gute Qualität und gute Arbeit. Empfehle mich daher zur geneigten Abnahme.

Achtungsvoll

A. Witter, Kleiderhandlung,
Mühldorf,
Hauptplatz, Gasthaus Auerhammer.

Anerkennung!

Das mir im vergangenen Monat verendete Pferd wurde mir von der Sächsischen Vieh-Versicherungs-Bank zu Dresden in schneller und höchst zufriedenstellender Weise entschädigt.

Schnaitsee b. Frabertsham, 1. Oktober 1885.

Anton Oberbauer, Oekonom.

Für Viehbesitzer!

Zu Viehversicherungs-Abschlüssen für alle Thiergattungen **bei festen, billigen Prämien, ohne jeden Nach- oder Zuschuß** empfehlen sich die Vertreter der Sächsischen Vieh-Versicherungs-Bank in Dresden.

München, Oktober 1885.

Die Subdirektion, Schwanthalerstraße 34.

Ferner **R. Scharfetter**, Haupt-Agent in Traunstein, **E. Flechtner**, Haupt-Agent in Laufen; **J. Wolf**, Agent in Reichenhall; **J. Mehler**, Kommissionär in Ebersberg; **J. Heinthaler**, Agent in Burghausen.

Außerdem werden noch Auskünfte auf das Bereitwilligste ertheilt von Herrn **J. Kordler**, k. Stabsveterinär a. D., Briennerstraße 6/2 in München.

Tüchtige Agenten werden von obiger Subdirektion gesucht.

Neueste Erfindung! Patent-Universal-Kurbel-Dreschmaschinen sowie Locomobilen mit Patent-Expansions-Regulator in unübertrefflich einfachster Construction und solider Ausführung fabricirt als Spezialität **Magnus Epple, Maschinen-Fabrik, München,** Landsbergerstr. 25. 12

Ganze Dreschsätze, sowie Locomobilen in gewünschten Grössen allein, werden auch miethweise abgegeben.

Die Fabrik lieferte bereits 1950 Stück Kassen-Schränke.

Gegen **Brand** und **Diebstahl** empfehle feuer- u. diebessichere

Geldschränke

bewährtester Construktion, mit **Heise's absolut unaufsperrbarem Patentschloß.** Mit und ohne harten **Patent-Stahlpanzer**; in **einfachster** sowie in reichster Auswahl. **Prämirt** Weltausstellung **Wien** und zu **Nürnberg** 1882 mit der **goldenen Medaille. Einzige höchste Auszeichnung** in dieser **Branche.** Bestbewährte **Feuer- u. Fallprobe** eines meiner kleineren Geldschränke bei dem **Brand** eines **großen hölzernen Wohnhauses.** Ferner empfehle **Casseten** mit **Sicherheitsschloß**, auch zum Anschließen, solid und billig.

Georg Heise,
Kassenfabrikant in Landshut.
Illustrirte Preislisten gratis u. franco.

Ein-Mark-Loose

der zweiten Collecte des Renten- und Unterstützungs-Vereines für bedürftige Frauen und Mädchen.

Oeffentl. Ziehung am 10. Novbr. 1885.

Nur Geld-Gewinne:

1	Hauptgewinn		M 25000
1	"		M 5000
1	"		M 2000
2	Gewinne	à M 500	= 1000
5	"	à M 300	= 1500
10	"	à M 200	= 2000
10	"	à M 100	= 1000
20	"	à M 50	= 1000

und noch viele Gewinne mehr.

10,700 Gewinne mit 75,000 Mark baar.

Anzahl der Loose: 225,000.

Die Gen.-Agentur A. & B. Schuler, München.

Loose à 1 Mk. sind zu haben bei D. Geiger.

Rechnungen liefert billigst D. GEIGER.

Cours vom 22. Oktober. 1885

mitgetheilt vom Bank- u. Wechselgeschäft **J. B. Stuber** in **Neuötting** mit der Filiale **Trostberg**, welches bezügl. Aufträge bestens ausführt und allen seinen geehrten Kundschaften die Verloosungen unentgeltlich überwacht, eventuell Anzeige erstatte:

Staatspapiere:	P.	G.
4% Deutsche Reichsanleihe . .	104 60	104 20
4% Bayern	104 —	103 70
4% Bayer. Grundr.	101 60	101 30
4% Oesterr. Goldrente fl. App.	— —	88 20
4¹/₅% " Silberrente . . .	— —	66 40
4% Stadt Münchener Anl. . .	102 70	102 20
Pfandbriefe:		
4% Bayer. Hypoth. u. Wechselb.	102 —	101 70
4% Südd. Bank	102 20	101 70
4% Bayer. Vers.-Bk.	101 70	101 20
3¹/₂% " "	— —	96 20
4% Bayer. Handelsbank . . .	101 30	100 80
4% Nürnb. Vers.-Bk.	101 50	101 —
4% k. Schwed. R.-Hyp.-Bk. 6000/3000	— —	98 50
4% " " 1500/300	— —	98 50
5% Preuß. C.-B.-Cr.-Bk. . .	— —	103 —
Diverse Anleihen:		
4% Bayer. Handelsbk. Vollakt. franco tout.	107 —	— —
4% steuerfr. Kais. Elis.-Bahn Priorit. Goldanl. . .	99 60	99 10
4% Frz. Jos. Bahn Priorit. .	— —	— —
6% Donau-Dampfschiff Priorit.	— —	— —
4% do. Pr. Goldanl.	— —	98 50
5% Oesterr. Südb. Prior. Goldanl.	— —	103 80

In meiner Filiale Trostberg bin jeden ersten und dritten Dienstag im Monat anwesend.

Baardarlehen gebe 3 Monat dato gegen entsprechende Sicherheit, eventuell gewähre auch blanco Credit.

Baargeld nehme stets an gegen Depositenscheine ausgestellt auf 4 Proz Verzinsung und tägliche Kündezeit. Alle hier verzeichneten Effektengattungen sind stets in großen Posten auf Lager. Couponeinlösung geschieht vollkommen spesenfrei.

Neue Couponsbogen zu 4 Pzt. Bayer. Handelsbank Act. können bei mir spesenfrei erhoben werden.

Redaktion: Johann Geiger. Druck und Verlag der D. Geiger'schen Buchdruckerei in Mühldorf.

Werbeanzeigen, Mühldorfer Anzeiger vom 25. Oktober 1885
Stadtarchiv Mühldorf a. Inn
Der Aufschwung der städtischen Wirtschaft nach der Anbindung an die Eisenbahn ab 1871 schlägt sich in den Werbeanzeigen im Mühldorfer Anzeiger nieder.

Belegschaft der Firma Kempf & Geiger, Möbelfabrik, um 1900
Stadtarchiv Mühldorf a. Inn

Wachstum und Entwicklung bis zur Jahrhundertwende

Beseitigt wurden diese Defizite dann etwa 20 Jahre später, nachdem im Jahre 1871 die Eisenbahn auch in Mühldorf Einzug gehalten hatte. Damit in Verbindung kamen die ersehnten Wachstums- und Beschäftigungseffekte für die lokale Wirtschaft. Von diesen wurde dann auch der sich bis über die Jahrhundertwende hinziehende Aufschwung der städtischen Wirtschaft getragen.

Als Rahmenbedingung dafür maßgeblich war unter anderem die in den 1860er Jahren in Bayern eingeführte Gewerbefreiheit, also die substanzielle Lockerung althergebrachter gewerberechtlicher Reglements. Es wurde damit vor allem der bis dahin im Zeichen der zünftischen Ordnung vielfach vorherrschende lokale Protektionismus beseitigt, mit dem sich die eingesessenen Gewerbetreibenden Konkurrenz weitgehend vom Leibe halten konnten. Nunmehr war der Zugang zur Gewerbeausübung wesentlich freier und damit die Gründung bzw. Ansiedlung aber auch die Erweiterung von bestehenden Unternehmungen deutlich erleichtert. Zugleich waren damit die Voraussetzungen für eine Modernisierung der städtischen Wirtschaftsstruktur gegeben.

Diese Modernisierung wurde sowohl von der Angebotsseite wie von der Nachfrageseite in Gang gesetzt und vorangetrieben. So zeichneten sich bald deutliche Veränderungen insofern ab, als in zunehmendem Maße, neben den Dingen des täglichen Gebrauchs, speziellere und auch modernere Waren, etwa im Bereich der Bekleidung, aber auch der Hauswirtschaft angeboten und nachgefragt wurden. Ein derartiger Bedarf war zunächst insbesondere von den entsprechenden Angeboten auswärtiger Händler auf den Jahrmärkten in Mühldorf und in benachbarten Orten angeregt und auch bedient worden. In späterer Folge erweiterten auch die ansässigen Händler ihr Angebot entsprechend bzw. wurden eine Reihe neuer Geschäfte eröffnet. Seit den 1880er Jahren ist hier anhand der Werbeanzeigen im Mühldorfer Anzeiger eine zunehmende Vielfalt zu beobachten.

Die heimischen Kauf- und Handelshäuser waren es auch, über die in ihrer Rolle als so genannte »Agenten« in wachsendem Maße geld- und kreditwirtschaftliche Angebote überregionaler Bankinstitute sowie Angebote im Bereich des an Bedeutung gewinnenden Versicherungswesen in die Region kamen. Im Zuge dessen bekamen einige dieser Handelshäuser, wie etwa das Haus Daxenberger, mit der Zeit den Status von lokalen Bankinstituten.

Auch in der produzierenden, gewerblichen Wirtschaft ergaben sich entscheidende Veränderungen und Modernisierungsvorgänge. Neben einer deutlichen Tendenz zur Spezialisierung im handwerklichen Gewerbe, bei der die zunehmende Bautätigkeit eine wesentliche Rolle spielte, kam es im Bereich der Stadt Mühldorf, wenn auch nur vereinzelt, zur Errichtung größerer Betriebsstrukturen. Die wesentlichsten Beispiele dabei sind die in der Weißgerberstraße errichtete »Tonwarenfabrik« der Gebrüder Mösl mit ca. 30 Beschäftigen und die in Altmühldorf angesiedelte »Dampfsäge-, Hobelwerk- und Kistenfabrik« von Ludwig Geiger mit über 150 Beschäftigen.

Eng verbunden damit war die sukzessive Etablierung motorischer Antriebsenergie in der gewerblichen Produktion. Zunächst für längere Zeit in Form der Dampfmaschine, ab der Jahrhundertwende langsam in Form der Verwendung elektrischer Energie. Eine amtliche Erhebung im Jahre 1910 weist für die Stadt Mühldorf insgesamt 22 von 124 erfassten Betrieben als solche mit »Motorenbetrieb« bzw. »Maschinenbetrieb« aus. [5]

Mit diesen Veränderungen in den Produktionsverhältnissen und Betriebsstrukturen waren in der zweiten Hälfte des 19. Jahrhunderts und zur Jahrhundertwende auch wesentliche Veränderungen der sozialen Struktur der Stadt verbunden. Von besonderer Bedeutung ist dabei der insbesondere mit dem Eisenbahnbau eingeleitete Prozess der sukzessiven Auflösung bzw. Zurückdrängung traditioneller Arbeitsverhältnisse wie Dienstboten, zünftische Handwerksgesellen und Taglöhner durch die Zunahme von Arbeiter- und Angestelltenverhältnissen. In den städtischen »Dienstbotenverzeichnissen« taucht gegen Ende der 1860er Jahre bezeichnenderweise bereits in zunehmender Anzahl ein neues Element, nämlich »Bahnarbeiter« bzw. »Eisenbahnarbeiter«, auch »Erdarbeiter« auf. Die »Emanzipation« der Arbeiter aus dem Dienstbotenstatus manifestiert sich nicht zuletzt darin, dass in den Dienstbotenverzeichnissen des späten 19. Jahrhunderts keine Arbeiter im Sinne des modernen Verständnisses mehr aufgelistet sind, sondern dafür eigene Erhebungsformen wie z. B. Verzeichnisse von »Arbeitsbüchern« eingerichtet wurden. [6]

Mit dem im ausgehenden 19. Jahrhundert und zur Jahrhundertwende gegebenen allgemeinen konjunkturellen Aufschwung und dem im Zuge dessen auch in der Stadt Mühldorf Platz greifenden Anstieg des allgemeinen Einkommensniveaus sowie dem in jener Zeit gegebenen überdurchschnittlichen Bevölkerungswachstum war ein steigender Bedarf an kommunaler Infrastruktur in den Bereichen Energieversorgung, Wasserversorgung, Gesundheitswesen verbunden. Dem wurde in Mühldorf, so wie in anderen Städten zur Zeit der Jahrhundertwende, unter anderem mit der Errichtung einer städtischen Wasserleitung, der Errichtung eines Elektrizitätswerkes und der Schaffung eines neuen Distriktskrankenhauses entsprochen. Neben damit verbundenen Beschäftigungseffekten trugen derartige kommunale Investitionen sicher wesentlich zu einer Steigerung der Lebensqualität in der Stadt bei.

Im Rahmen des wirtschaftlichen Aufschwunges der Stadt zur Jahrhundertwende spielte aber auch deren Position als Hauptort einer weiterhin ausgeprägten Landwirtschaftsregion eine ganz wesentliche Rolle. So hatte sich im Verlauf der Jahrzehnte im Bezirk Mühldorf, wie überhaupt im gesamten südostbayerischen Gebiet immer mehr die Viehzucht, speziell die Rinderzucht, als ein Schwerpunktbereich herausgebildet. Im Zusammenhang mit der Spezialisierung und Modernisierung in diesem Bereich steht die im Jahr 1903 erfolgte Gründung des »Zuchtverbandes für Fleckvieh in Oberbayern zu Mühldorf«. Es wird damit die Position der Stadt als landwirtschaftlicher Zentralort weiter ausgebaut. Ebenso durch die 1906 errichtete »landwirtschaftliche Winterschule«. [7] Schon seit Jahrzehnten hatte die Stadt mit den allmonatlich abgehaltenen Viehmärkten wesentliche Bedeutung für die Landwirtschaft gehabt. Der letzte dieser Viehmärkte hat 1915 stattgefunden.

Das Wasserwerk
Stadtarchiv Mühldorf a. Inn
1905 errichtete man das neue Wasserwerk am Stadtwall. Über 40 Quellen des Stadtbergs wurden gefasst und man leitete das Wasser durch eine Pumpstation und durch neu verlegte Rohrleitungen in die Häuser der »Unterstadt« und zum Hochreservoir und Wasserturm zur Versorgung des neuen Stadtviertels am Bahnhof.
Lit.: Hartmann, Adolf: Die Wasserversorgung von Mühldorf. In: Das Mühlrad XXV (1983), S. 79–84. Stadtwerke Mühldorf a. Inn: 100 Jahre. Festschrift anläßlich der 100-Jahr-Feier der Stadtwerke Mühldorf a. Inn. Mühldorf 1998.

Die Zeit des Ersten Weltkrieges und die Probleme der unmittelbaren Nachkriegszeit

Der noch im ersten Jahrzehnt des 20. Jahrhunderts deutlich spürbare wirtschaftliche Aufschwung erfuhr auch in der Stadt Mühldorf durch die Auswirkungen des Ersten Weltkrieges bald ein rasches Ende. Ein wesentlicher Faktor dabei war das sich in zunehmendem Maße durchsetzende kriegswirtschaftliche Bewirtschaftungssystem und die daraus resultierenden Einschränkungen. Das waren zum einen die Einschränkungen in der Versorgung mit Gütern des täglichen Bedarfes. Bereits im Frühjahr 1915 begann die Rationierung über Bezugsscheine bzw. -karten. Zunächst waren davon die Grundnahrungsmittel Brot, Fleisch und Milch betroffen. Bald wurden auch Textilien und Haushaltsbedarf rationiert. Zum anderen betraf das Bewirtschaftungssystem aber auch die gewerblichen Betriebe, insbesondere hinsichtlich ihrer Versorgung mit Roh- und Betriebsstoffen. »Mitte April 1917 wird eine neue Bekleidungsordnung veröffentlicht mit Listen für die verschiedenen Geschlechter und Altersstufen, die einen Mindestbedarf an Kleidungsstücken nennen, über den hinaus es keinen Bezugsschein gibt … Die wöchentliche Fleischmenge war ständig reduziert und am 13. Mai 1918 auf 200 g pro Person festgesetzt worden. Im Sommer und Herbst dieses Jahres müssen wiederholt fleischlose Wochen eingeschoben werden. Die wöchentliche Fettzuteilung pro Kopf beträgt schon seit Januar 1918 62 ½ g.« [8]

Landwirtschaftsschule
Stadtarchiv Mühldorf a. Inn
In Mühldorf errichtete man 1906 die 6. Kreiswinterschule Bayerns für die Distrikte Mühldorf und Neumarkt-St. Veit auf städtischem Grund.
Lit.: Angermeier, Rudolf: Mühldorf am Inn in alten Ansichten. Bd. 1. Zaltbommel / Niederlande 1982.

Die zentralörtliche Position der Stadt Mühldorf wird hierbei insofern wieder sichtbar, als sie Sitz der für den Bezirk zuständigen Bewirtschaftungsbehörden wurde, die das wirtschaftliche Leben auch in den Bezirken Altötting, Wasserburg und Eggenfelden weitgehend kontrollierten.

In der unmittelbaren Nachkriegszeit machte den Menschen und damit dem Wirtschaftsleben in der Stadt neben dem natürlich weiterhin bestehenden und sich verschärfenden Mangel ein weiteres Problem ganz erheblich zu schaffen. Es war dies die sich rasch und kräftig beschleunigende Inflation, die in den Jahren 1922 und insbesondere 1923 in eine fast völlige Geldentwertung überging. Zum einen wurde die entwertete Mark immer öfter gar nicht mehr als Zahlungsmittel angenommen, sondern im Wege des Tauschhandels gewirtschaftet. Zum anderen kam es wie anderswo auch zur Ausgabe eines nur für den lokalen Geldverkehr gültigen Notgeldes.

Im Jahre 1923 erreichte die Inflation ihren Höhepunkt. Zur Veranschaulichung für das Ausmaß der Geldentwertung können Eintragungen in der ab 1921 vom Bezirksarzt H. Eisenhofer geführten und im Mühldorfer Stadtarchiv aufliegenden »Chronik von Mühldorf« dienen. [9] Demnach kostete beispielsweise ein Liter Milch Anfang September 1923 240.000 Mark, Ende September bereits 5 Millionen und Mitte Oktober 1923 bereits 38 Millionen Mark. Parallel dazu war der Außenwert der deutschen Währung ebenfalls drastisch verfallen. Am 20. Oktober 1923 war ein US-Dollar 17.500.000.000 Mark wert. Die Entwertung steigerte sich noch bis gegen das Jahresende. In der Chronik heißt es etwa zum 6. November 1923: »Der Milchausschenkpreis in der Stadt Mühldorf 13,5 Milliarden pro Liter« und zum 26. November 1923: »Die Postgebühren sind auf das achtfache des Betrages vom 12. Nov. erhöht. Der einfache Brief kostet vom 26. Nov. ab 80 Milliarden, die Postkarte 40 Milliarden.« Und über den Außenwert liest man zum 5. Dezember 1923: »Letzte Angabe der Devisenkurse durch die Hypotheken- und Wechselbank: Dollar – 4.210.500.000.000.«

Von der Stabilisierung zur Weltwirtschaftskrise

1924 wurde dann auch in der Stadt Mühldorf die Währungsreform wirksam, die zunächst mit der so genannten »Rentenmark« und bald mit der auf einer Goldbasis beruhenden »Reichsmark« wieder eine stabile Währung brachte. So waren, beispielsweise mit einem Milchausschankpreis von 24 Pfennigen pro Liter Anfang April 1924 wieder gleichsam »normale« Verhältnisse hergestellt. In den folgenden Jahren konnte sich auch die städtische Wirtschaft einigermaßen normalisieren. Wesentlicher Träger war dabei die Bauwirtschaft. So war etwa im September 1924 eine Baugenossenschaft gegründet worden. Auch die Brauereiwirtschaft war weiterhin ein wichtiger Wirtschaftszweig. So wurde beispielsweise im Dezember 1929 in der Weißgerberstraße von J. Unertl eine Weißbierbrauerei errichtet. Dennoch blieb, so wie in der deutschen Volkswirtschaft insgesamt, auch in Mühldorf ein latentes Beschäftigungsproblem bestehen.

Im Übergang in die 1930er Jahre wurde das mit der Weltwirtschaftkrise verbundene starke Ansteigen der Arbeitslosigkeit auch in Mühldorf deutlich spürbar. Die bereits zitierte Chronik hält etwa fest, dass es im Arbeitsamtsbezirk Mühldorf, der neben Mühldorf auch Neumarkt, Altötting und Dorfen umfasste, am 31. Januar 1929 4.120 Arbeitssuchende, davon 3.742 männliche und 378 weibliche gab. Die Situation verschlechterte sich in den folgenden Jahren deutlich. Die Bemühungen der Stadtregierung mit kommunalen Investitionen und Arbeitsbeschaffungsmaßnahmen, wie z. B. der Straßenregulierung in der Bahnhofstraße und am Bahnhofvorplatz, der Kanalisierung am Stadtplatz und in der Ledererstraße oder der Erweiterung der Innstraße, gegenzusteuern fanden bald ihre fiskalischen Grenzen, zumal die Belastungen zur Unterstützung der wachsenden Anzahl der Beschäftigungslosen stark zunahm. Handel und Gewerbe stagnierten bzw. erlitten deutliche Rückschläge. Noch einmal sei die erwähnte Chronik zitiert, in der die Situation am Höhepunkt der Krise sehr gut zusammenfasst wird: »Das abgelaufene Jahr, das Jahr 1931 war ein Notjahr im größten Ausmaß. Die Stadt mußte in erster Linie ihren finanziellen Verpflichtungen für Verzinsung und teilweise Rückzahlung des großen Schuldenstandes nachkommen.« Und für 1932 musste man »die traurige Tatsache feststellen, daß das heimische Handwerk und der heimische Handel sich in schwerster Bedrängnis befinden, denn Konkurse, Zwangsversteigerungen, Zahlungs- und Vollstreckungsbefehle sind an der Tagesordnung. Der Zinsdruck auf die Unternehmer wird zudem allmählich unerträglich. Diese Nöte im Zusammenhang mit der durch beträchtliche Einkommenssenkung herbeigeführten Kaufschwächung auch aller anderen Berufsstände lassen es darum begreiflich erscheinen, wenn auch in Mühldorf schon gar mancher Handwerksmeister schweren Herzens seine Werkstätte schließen und den gleichen Gang wie die Wohlfahrtserwerbslosen antreten mußte. Dieses skizzierte Elend im Erwerbs- und Wirtschaftsleben überträgt sich selbstverständlich unmittelbar auf die Finanzverhältnisse der Stadt, weil einerseits die Steuersenkungen beträchtliche Einnahmenausfälle hervorrufen und andererseits die Fürsorgelasten sich unermeßlich steigern.«

Die Zeit des Nationalsozialismus

Nach der Machtergreifung der Nationalsozialisten, mit der auch die Mühldorfer Stadtregierung entsprechend umgebildet wurde, wurde im Rahmen der von diesem Regime bis zum Kriegsbeginn forcierten Arbeitsbeschaffungspolitik insbesondere der Wohnungsbau vorangetrieben. »1933 werden fünf Doppelhäuser in der Hartgassensiedlung erstellt, weitere neun Doppelhäuser in der Lohmühle von der Stadt gebaut … In der so genannten Horst-Wessel Siedlung, zwischen Mößlinger und Äußerer Neumarkter Straße stehen zum Jahresende 1937 bereits 21 Siedlungshäuser, weitere 15 sind im Bau.« [10] Ebenso wurde der Wasserleitungs- und Kanalbau fortgesetzt.

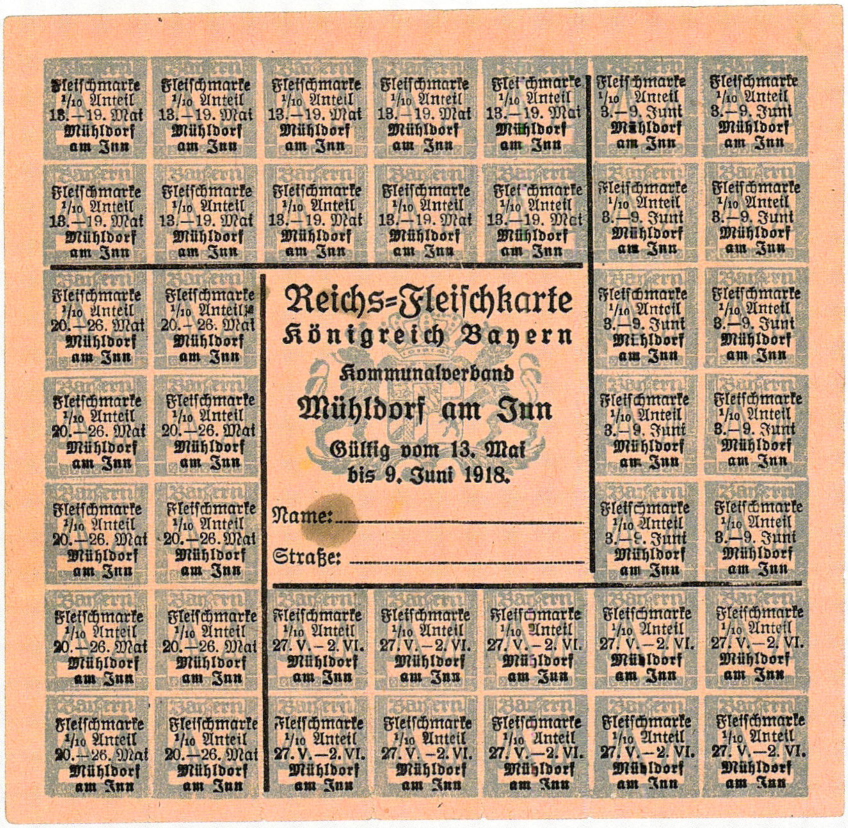

Reichs-Fleischmarken vom Mai 1918
Stadtarchiv Mühldorf a. Inn
Der Erste Weltkrieg setzte dem wirtschaftlichen Aufschwung rasch ein Ende. Güter des täglichen Bedarfs unterlagen dem kriegswirtschaftlichen Bewirtschaftungssystems. Grundnahrungsmittel wie Brot, Fleisch und Milch wurden bereits im Frühjahr 1915 rationiert.
Lit.: Pfeiffer, Wolfgang: Mühldorf im Spiegelbild der großen Geschichte. In: Mühldorf. Stadt am Inn. Hgg. vom Heimatbund Mühldorf e. V. Mühldorf 1989, S. 139 f.

Wie anderswo kam es auch in Mühldorf zu antisemitischen Ausschreitungen und Verfolgungsmaßnahmen, die für die Betroffenen mit der Vernichtung ihrer Existenz endeten. So wurde das im Besitz einer jüdischen Familie befindliche Herrenbekleidungsgeschäft Michaelis am unteren Stadtplatz boykottiert, beschädigt und schließlich 1937 zur Schließung gezwungen bzw. arisiert. 1938 wurden die Brüder Hellmann gezwungen ihren Pferdehandel aufzugeben.

Der Kriegsbeginn 1939 machte den von den Arbeitsbeschaffungsmaßnahmen ausgegangenen wirtschaftlichen Impulsen bald ein Ende und es mehrten sich rasch die kriegswirtschaftlichen Maßnahmen, mit denen das tägliche Leben und die wirtschaftliche Aktivität zunehmend eingeschränkt wurde. Schon vor dem 1. September 1939 wurde die Bevölkerung vom Mühldorfer Anzeiger darüber in Kenntnis gesetzt, dass eine Reihe von Verbrauchsgütern bezugsscheinpflichtig sein werden. Und tatsächlich wurden noch während des Septembers die ersten Lebensmittelkarten ausgegeben und ab November 1939 die Bekleidung mit der so genannten »Reichskleiderkarte« rationiert. Alsbald wurde auch der Treibstoff bewirtschaftet und geeignete Fahrzeuge durch die »KFZ-Beschaffungskommission« eingezogen. Ab 1940 wurden kriegswirtschaftliche Sammelaktionen durchgeführt. So z. B. eine Metallsammlung, eine Spinnstoffsammlung, eine Flaschensammlung sowie Sammelaktionen für Wollsachen, Pelze, Schi und Schuhe.

Eine ganz andere, katastrophale Dimension der nationalsozialistischen Politik und Kriegswirtschaft griff im näheren Umfeld der Stadt Mühldorf Platz, nämlich die industrielle Rüstungsproduktion in ihrer Koppelung mit der menschenverachtenden Verfolgungs- und Vernichtungspolitik. So wurde im Jahre 1944 im Wald bei Mettenheim eine riesige halbunterirdische Flugzeugfabrik gebaut. Zur Bereitstellung der dafür benötigten Arbeitskräfte wurde dort ein Außenlager des Konzentrationslagers Dachau errichtet. Dorthin wurden mehr als 8.000 Häftlinge aus anderen Konzentrationslagern, zum allergrößten Teil Juden, verbracht und unter härtesten Bedingungen zur Arbeit gezwungen, wobei viele der vom Regime intendierten »Vernichtung durch Arbeit« anheimfielen. [11]

Am 19. März und 20. April 1945 wurde die Stadt Mühldorf durch zwei Bombenangriffe schwer getroffen, bei denen es zu erheblichem Sachschaden kam und zahlreiche Tote und Verletzte zu beklagen waren. Bald darauf, am 2. Mai 1945 wurde Mühldorf von der amerikanischen Armee besetzt. In diesem Zusammenhang ist es noch zur Sprengung der Maximiliansbrücke gekommen.

Nachkriegszeit und Wiederaufbau

Die erste Nachkriegszeit war, abgesehen von menschlichem Leid auch in wirtschaftlicher Hinsicht wiederum von vielerlei schweren Problemen gekennzeichnet. Die Bezirkshauptstadt war insofern besonders stark betroffen, da sich hier eine große Zahl von Flüchtlingen, ehemaligen Kriegsgefangenen, ehemaligen KZ-Insassen und Fremdarbeitern versammelte, wodurch sich die ohnedies drastische Versorgungslage noch beträchtlich verschärfte. Die durchschnittlich zugeteilte tägliche Nahrungsmittelmenge umfasste 10 g Fleisch, 5 g Fett, 150 g Brot, 4 g Käse, 8 g Nährmittel, 9 g Zucker und 4 g Kaffee-Ersatz. [12] Zugleich begann der Schwarzmarkt zu blühen. Rudolf Spagl fasst die Situation folgendermaßen zusammen: »Im Laufe des Jahres 1945 waren die Vorräte weitgehend aufgebraucht. Es setzte ein erheblicher Mangel an Nahrungsmitteln und Gegenständen des täglichen Bedarfes ein. In den nächsten Monaten wurde die Zuteilung an Lebensmitteln immer stärker reduziert. In vielen Fällen reichten die Mengen, die an ›Normalverbraucher‹ ausgegeben werden durften, nicht mehr aus. Neben den Lebensmitteln waren es vor allem Rauchwaren und hier wiederum Zigaretten, die nur mehr in geringem Umfang verfügbar waren und alsbald zu einer zweiten Währung wurden. Besonders die Ami-Zigaretten beherrschten als wichtige Tauschobjekte einen riesigen schwarzen Markt«. [13] Zur Verbesserung der Versorgung mit Lebensmittel wurde die heimische Bevölkerung von der Stadtregierung zur Intensivierung der Selbstversorgung durch Gemüse- und Kartoffelanbau in den Hausgärten aufgefordert.

Nach der Überwindung der unmittelbarsten Not begann bald der Wiederaufbau. Ein wesentlicher Impuls ging dabei, wie überall in Deutschland, von der Währungsreform 1948 aus, mit der die D-Mark eingeführt wurde. In Verbindung mit den Ankurbelungseffekten der Marshallplan-Hilfe und zunehmender Investitionsbereitschaft der Unternehmerschaft wurde bald ein nachhaltiger Wachstumsprozess in Gang gesetzt, der auch in Mühldorf im Zeichen des so genannten »Wirtschaftswunders« stand. Einen bedeutenden Anteil an diesem wirtschaftlichen Aufschwung hatten die als Flüchtlinge in die Region gekommenen Heimatvertriebenen.

Am unmittelbarsten schlug sich der wirtschaftliche Wachstums- und Beschäftigungseffekt natürlich zunächst in der Baubranche nieder. Einerseits konnten sich hierbei bereits eingesessene Betriebe entsprechend entwickeln, andererseits entstanden im Bau- und Baunebengewerbe etliche neue Unternehmungen. Aber auch in Sektoren der produzierenden und der Dienstleistungswirtschaft bewirkte der Wiederaufbauaufschwung deutliche Entwicklungsimpulse. Diese wurden gewissermaßen in den 1960er und 1970er Jahren durch jene starken Nachfragekräfte abgelöst, die von dem in diesen Jahrzehnten, natürlich auch in der Mühldorfer Region sich vollziehenden Wandel von der Wiederaufbau- zur modernen Konsumgesellschaft ausgegangen sind. Nach den Anstrengungen und Entbehrungen der Wiederaufbauzeit wollte man nunmehr den Alltag, vor allem aber auch die Freizeit möglichst angenehm, komfortabel und abwechslungsreich gestalten.

Wurde die Wirtschaftsstruktur der Stadt Mühldorf von dieser Entwicklung zweifelsohne wesentlich geprägt, so war dies auch bei einem weiteren für die 1960er und 1970er Jahre kennzeichnenden Strukturwandel der Fall, nämlich der Etablierung spezialisierter Industrie in mittlerer und kleinerer Betriebsgröße. Gerade dafür bot die Stadt durchaus günstige Standortbedingungen.

Im Zuge der Entwicklungsverläufe wurde die Wirtschaftstruktur der Stadt durch viele Betriebsansiedlungen, Unternehmensneugründungen und -erweiterungen, insbesondere im gewerblich-industriellen Sektor, wesentlich erweitert und damit zu einem Wirtschaftsstandort von überregionaler Bedeutung. Zugleich konnte die Stadt in Anknüpfung an die im Verlauf des 19. Jahrhunderts entwickelten und in der Zwischenkriegszeit ausgebauten Ansätze ihre zentralörtliche Stellung als Hauptstadt des Landkreises erheblich und nachhaltig ausbauen.

Gewerbeausstellung 1950
Stadtarchiv Mühldorf a. Inn
Mit dem »European Recovery Program« (ERP) konnte nach dem Krieg die Wirtschaft angekurbelt werden. Auch Mühldorf kam in den Genuss von Mitteln aus dem volkstümlich nach seinem Initiator, US-Außenminister George Marshall, »Marshall-Plan« genannten Programm. Die erste Gewerbeausstellung nach dem Krieg fand 1950 auf dem Volksfestplatz statt.

Bayern im 20. Jahrhundert

Ulrike Stoll

Kaum ein Zeitabschnitt weist tiefere Brüche auf als das zwanzigste Jahrhundert. In der bayerischen Geschichte gilt dies etwa für den schnellen Wandel der Staatsform des Landes, die so unterschiedliche Ausprägungen aufwies wie Monarchie, Räterepublik und demokratisch-parlamentarischer Volksstaat, und für die Einbettung Bayerns in den Bezugsrahmen Deutschland mit so unterschiedlichem Status wie föderalem Gliedstaat, zentralisierter Reichsparzelle, Besatzungsgebiet und Bundesland. Der Weg Bayerns im zwanzigsten Jahrhundert ist aber auch gekennzeichnet durch eine erstaunliche Beständigkeit trotz dieser tiefen Einschnitte. Seine territoriale Gestalt weist bis auf wenige Ausnahmen eine große Kontinuität auf. Auf der Ebene des Landesbewusstseins hat sich trotz aller Anfechtungen das Gefühl eines staatsbayerischen Zusammenhalts gehalten, ja nach 1945 sogar noch vertieft. Die ökonomischen, sozialen und kulturellen Veränderungen im Zuge des rasanten Wirtschaftswandels der Nachkriegszeit haben das bayerische Selbstbild und das Lebensgefühl der Bevölkerung zwar verändert, nicht jedoch zerstört.

An Stelle ereignisgeschichtlicher Einzeldarstellungen sollen zwei Leitfragen in den Mittelpunkt rücken und als Richtschnur für den Weg durch die Vielfalt des zwanzigsten Jahrhunderts dienen. Zum einen ist dies die Frage nach Bayerns Stellung innerhalb des gesamtdeutschen Politikgefüges, zum anderen die Frage nach Existenz, Beschaffenheit und Ausdruck einer gesamtbayerischen Identität.

Bayern zwischen Monarchie und Diktatur

Mit der November-Revolution 1918 wurde in Bayern eine neue Verfassungsepoche eingeleitet. Kampflos hatte der König dem Druck der Straße nachgegeben und die Landeshauptstadt verlassen. Zwar trat Ludwig III. nicht förmlich zurück, aber der Revolutionsführer Kurt Eisner besiegelte das Ende der Monarchie als Staatsform mit der euphorischen Proklamation: »Bayern ist fortan ein Freistaat!«. [1]

Einen komplikationslosen Übergang zu einer demokratisch-parlamentarischen Staatsform gab es jedoch nicht. Der Mord an Eisner, Attentate im Landtag, Generalstreik, Plünderungen und Gewalttätigkeiten leiteten den Widerstreit zwischen den Kräften des Parlamentarismus und des Rätesystems ein und führten zur Flucht der neu gewählten Regierung Hofmann vor dem Räteterror nach Bamberg. Die politisch ruhige fränkische Bischofsstadt wurde so zum Geburtsort der neuen bayerischen Verfassung. München konnte erst durch das Vorrücken von Reichstruppen und Freikorps-Verbänden zurückerobert werden, wobei es sowohl auf Seiten der Kommunisten als auch auf Seiten der Reaktion zu grausamen Terrorakten kam.

Die Bamberger Verfassung vom 14. August 1919 wurde aber nur ein »nachgeborener Sprößling«. [2] Durchgehend stand sie im Schatten der drei Tage früher in Kraft getretenen Weimarer Reichsverfassung, auf deren Prägung das mit sich selbst beschäftige Bayern kaum hatte Einfluss nehmen können. Zwar war das neue Reich einigermaßen föderalistisch aufgebaut, entgegen dem bayerischen Wunsch, die eigenen Rechte gegenüber dem Reich auszubauen, behielt dieses aber mit dem Artikel 13 (Reichsrecht bricht Landesrecht) eine absolute Vorrangstellung, die es in der Staatspraxis der folgenden Jahre immer weiter in Richtung eines unitarischen Bundesstaates entwickelte.

Für Bayern bedeutete die Reichsverfassung von 1919 den bitteren Verzicht auf die bayerischen Sonderrechte hinsichtlich des Militärs, der Biersteuer, der Eisenbahn und der Post, die noch in der Bismarckschen Verfassung von 1871 garantiert gewesen waren. Die Finanzhoheit ging auf das Reich über. Außenpolitik war nun allein dem Reich vorbehalten und die bayerischen Gesandtschaften in St. Petersburg, Wien, Bern, Paris und am Quirinal mussten schließlich geschlossen werden. Allein die innerdeutschen Gesandtschaften und die bayerische Gesandtschaft am Heiligen Stuhl in Rom blieben bestehen und waren nach Ansicht des bayerischen Gesandten in Berlin »das letzte sichtbare Zeichen der Souveränität, das Bayern noch besitzt«. [3]

Unzufriedenheit mit der Kompetenzverteilung zwischen Reich und Ländern waren also Ausgangspunkt und Kontinuum der bayerischen Föderalismuspolitik bis ans Ende der Weimarer Republik. Ununterbrochen erklang in dieser Zeit der bayerische Ruf nach einer Reichsreform, [4] wobei die konservative, katholische Bayerische Volkspartei (BVP), deren Gründungsprogramm ein »Bayern den Bayern!« forderte, [5] zur Bannerträgerin des Föderalismus avancierte. Unterstützung in anderen Ländern fand sie kaum, was unter anderem daran lag, dass alle anderen Parteien reichsweit zentralisiert organisiert und von daher kaum auf die Anliegen einzelner Länder ausgerichtet waren. [6]

Gerade die Anfangsjahre des ersten Freistaats Bayern unter den schwachen Ministerpräsidenten von Kahr, von Lerchenfeld und von Knilling waren von schweren Konflikten mit dem Reich geprägt. Sie begannen mit den Auseinandersetzungen um die Auflösung der Einwohnerwehren 1920 und fanden im Hitlerputsch im November 1923 ihren Höhepunkt. Mit der Reichswährungsreform Ende 1923, mit der durch Einführung der Rentenmark die galoppierende Inflation gestoppt werden konnte, und dem Regierungsantritt des BVP-Mitglieds Johannes Held als neuer bayerischer Ministerpräsidenten im Juni 1924 setzte allerdings eine Phase der politischen und wirtschaftlichen Stabilisierung der bayerischen Verhältnisse auch gegenüber dem Reich ein. Infolge der von der bayerischen Regierung bzw. der BVP bekämpften unitaristischen Notverordnungspolitik der Berliner Präsidialregierungen seit 1930, mit der diese ohne vorherige Genehmigung durch den Reichstag Erlasse herausgeben und die Rechte der Länder aushöhlen konnten, flammten die gravierenden Konflikte allerdings wieder auf – freilich ohne dass sich Bayern durchsetzen konnte.

Notgeld der Stadt Mühldorf a. Inn von 1921
Kreismuseum Lodronhaus, Mühldorf a. Inn
Nach dem Ersten Weltkrieg gaben Städte, Länder und Provinzen als Ersatz für Münzen Notgeld heraus. Auch die Stadt Mühldorf beschloss am 11. März 1920 Notgeld drucken zu lassen. Durch Gesetz vom 17. Juli 1922 wurde jedoch die weitere Herstellung von Notgeld verboten und das umlaufende Geld war innerhalb von drei Monaten einzulösen.
Lit.: Pfeiffer, Wolfgang: Mühldorf im Spiegelbild der großen Geschichte. In: Mühldorf. Stadt am Inn. Hgg. vom Heimatbund Mühldorf e. V. Mühldorf 1989, S. 139 f.

Waren die politischen Schritte Bayerns gegenüber dem Reich nicht erfolgreich, so bemühte sich das Land um so mehr, zumindest symbolisch wo immer möglich seine Eigenständigkeit zu demonstrieren.

Die parlamentarische Demokratie als Staatsform war den Ländern durch die Reichsverfassung vorgegeben. Eigenständige Elemente der Bamberger Verfassung von 1919 waren jedoch entsprechend der bayerischen Verfassungstradition ein eigener Grundrechtskatalog und Bestimmungen zu einer eigenen bayerischen Staatsbürgerschaft. Heinrich Held hatte sogar das Amt eines bayerischen Staatspräsidenten als Repräsentant der Staatsgewalt und Eigenstaatlichkeit Bayerns gefordert. Hiermit konnte er sich aber nicht durchsetzen.

Als Erfolg im Bemühen um Eigenstaatlichkeit wurde dagegen bewusst das bayerische Konkordat mit dem Heiligen Stuhl 1924/25 gefeiert, das trotz der Bedenken der Reichsregierung und lange vor einem Reichskonkordat zustande kam und das Vakuum beseitigte, das durch das Ende der königlichen Oberherrschaft im kirchlichen Bereich durch die Revolution 1918 entstanden war. [7]

Der Fortbestand eines bayerischen Sonderbewusstseins manifestierte sich auch im zähen Festhalten weiter, über den Adel hinausgehender Kreise an der monarchischen Idee als organischer Verkörperung bayerischer Identität. Dies spiegelt sich etwa in der Linie des betont bayerischen Heimatblattes »Bayerland«, das sich gerade in den 1920ern und frühen 1930ern, in denen die Identität Bayerns in Frage gestellt war, bewusst der Stärkung des Heimatbewusstseins und damit des bayerischen Patriotismus verschrieb. [8] Besonders augenfällig manifestierte es sich auch in dem Begräbnis des im Ausland gestorbenen Ludwigs III., das 1921 unter Teilnahme aller Parteien in München wie ein Staatsbegräbnis zelebriert wurde und in dessen Anschluss es auch Überlegungen gab, die Monarchie als Staatsform wieder einzuführen. [9] Allerdings bleibt festzuhalten, dass das Zentrum der perpetuierten monarchischen Idee in Altbayern lag und nicht in gleicher Weise in den fränkischen und schwäbischen Landesteilen, [10] geschweige denn dem pfälzischen, [11] zum Tragen kam. Als mächtiges, alle Landesteile einigendes Band war die monarchische Bewegung also nicht unbedingt geeignet. Auch die bayerische Wahllandschaft der Weimarer Zeit weist auf die Existenz starker regionaler Unterschiede und den Fortbestand politisch-kultureller Traditionszonen noch aus dem 19. Jahrhundert hin: Unterschiede im Wahlverhalten der Bevölkerung blieben für die Regionen Altbayern, das protestantische Franken und für Schwaben mit dem katholischen Teil Frankens erhalten. [12] So war der Zusammenhalt der verschiedenen Landesteile zwar nicht grundsätzlich in Frage gestellt, jedoch auch nicht unerschütterlich. [13]

Vom Freistaat zur Reichsprovinz

Das Bayern der Weimarer Zeit war insgesamt von einem Rechtsruck im politischen Gefüge geprägt, der nach dem Schock der blutig beendeten linksgerichteten Räterepublik eingesetzt hatte. Schon 1920 war in dem konservativen bis reaktionären Klima der Landeshauptstadt München eine neue Partei entstanden, die für den späteren Verlauf der deutschen Geschichte schicksalhaft werden sollte: die Nationalsozialistische Deutsche Arbeiterpartei unter der Führung Adolf Hitlers. Bis zu dessen Putschversuch 1923 bildete Bayern die Basis für Hitlers Aufstieg. Sein Plan, nach dem Vorbild Mussolinis von dort aus einen Marsch auf die Reichshauptstadt zu beginnen und die Macht in ganz Deutschland an sich zu reißen, scheiterte jedoch an mangelhafter Organisation und der Haltung der führenden Persönlichkeiten Bayerns, des Generalstaatskommissars von Kahr, des Reichswehrbefehlshabers von Lossow, des Polizeikommandeurs von Seisser und des stellvertretenden Ministerpräsidenten Matt. So kam es, dass die NSDAP innerhalb Bayerns vorübergehend verboten wurde und ihre Hauptaktivitäten nach Nord- und Westdeutschland verlegte. Zwar verblieben zentrale Partei-Dienststellen in der bayerischen Landeshauptstadt, aber die hier tätigen Parteigenossen gehörten nicht zur obersten Führungsriege der NSDAP. Auch später fielen die Wahlerfolge der NSDAP in Bayern – zumal in den überwiegend katholischen Gebieten, in denen die BVP ihre besten Wahlergebnisse erzielte – im Vergleich zu anderen Ländern eher niedrig aus. Die Entwicklung führte sogar so weit, dass das Ursprungsland der Partei Hitlers sich ab 1930 zu einem Gegner von Hitlers Machtanspruch wandelte. Nur durch einen gleichsam diktatorischen Befehl des am 30. Januar 1933 zum Reichskanzler ernannten Hitler konnte die Regierung Held am 9. März 1933 entmachtet und die vollziehende Gewalt an Reichskommissar Franz Ritter von Epp übertragen werden. Mit Hilfe von Krawallen, Übergriffen und der Verhaftung politischer Gegner schalteten nun SA-Trupps zuerst München, dann das ganze Land gleich. Erst als letztes aller deutschen Länder wurde Bayern so in einem dramatischen Machtkampf zu großen Teilen von außen überwältigt und unter Zwang in Hitlers Herrschaft eingepasst. [14]

Wie den anderen Ländern auch, wurde dem Staat Bayern nun Schritt für Schritt die Macht entwunden. Nach der Berufung einer nationalsozialistischen Regierung, der Neubildung des Landtags nach dem Ergebnis der letzten Reichstagswahl, einem Ermächtigungsgesetz und der Berufung eines die Regierung kontrollierenden Reichsstatthalters wurden Anfang 1934 mit dem Gesetz über den Neuaufbau des Reiches auch de jure die Hoheitsrechte der Länder auf das Reich übertragen und der Landtag aufgelöst. Der Rest an eigener Staatshoheit, den Bayern in der Weimarer Republik noch gewahrt hatte, war damit endgültig erloschen. Die Landesregierung bestand zwar formell weiter, war aber nun lediglich ein Ausführungsorgan des Reiches und das Land nichts anderes mehr als eine Reichsprovinz. Das Prinzip des Föderalismus, das in der Weimarer Verfassung verankert gewesen war, war einem rigorosen Zentralismus gewichen. Umgekehrt bleibt aber auch festzuhalten, dass die Länder trotz dieser Entwicklung nie vollständig aufgelöst wurden, sondern als Relikte alter Zeiten in Umfang und Struktur erhalten blieben. [15] Eine von den Nationalsozialisten geplante Reichsreform wurde nicht umgesetzt.

Elemente bayerischen Eigenbewusstseins im Dritten Reich

Äußere Zeichen bayerischer Eigenständigkeit waren fortan verboten – die Landesflagge verschwand, die bayernpatriotische Hymne »Für Bayern« wurde aus den Schulbüchern gestrichen, die Landesfarben weiß-blau hatten dem einheitlichen schwarz-weiß-rot der Hakenkreuzfahne zu weichen. Gerade in Bezug auf die traditionellen Landesfarben hatten die Nationalsozialisten jedoch mitunter Schwierigkeiten, klar Stellung zu beziehen, weil sich in ihnen verschiedene Bedeutungsschichten überlagerten. Das weiß-blaue Banner als Ausdruck der Geschichte Bayerns innerhalb des deutschen Reiches akzeptierte man – nicht jedoch als Zeichen bayerischer Eigenstaatlichkeit oder aber als Symbol für die BVP, die vor allem in Altbayern bis zuletzt der stärkste politische Gegner der NSDAP gewesen war. Dass durch weiß-blau gestrichene Maibäume und weiß-blaue Fahnen und Wimpel zumindest vereinzelt auch nach 1933 noch demonstrativ anti-nationalsozialistische und anti-zentralistische Zeichen gesetzt wurden, belegen Zwischenfälle, die sich in den Akten niedergeschlagen haben. [16]

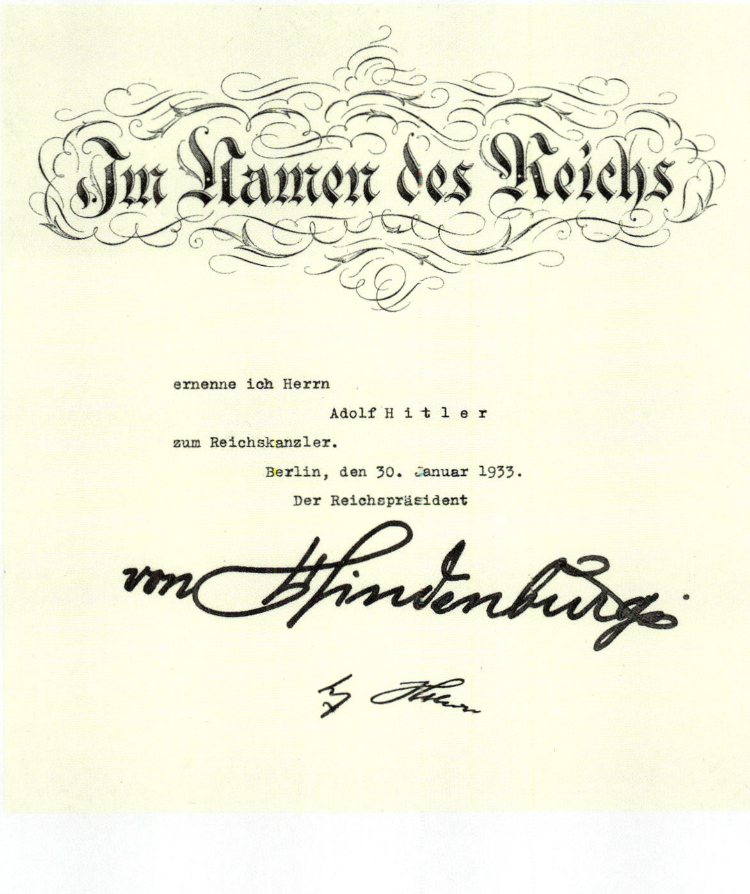
Im Namen des Reichs

ernenne ich Herrn

Adolf H i t l e r

zum Reichskanzler.

Berlin, den 30. Januar 1933.

Der Reichspräsident

von Hindenburg

Ernennungsurkunde Hitlers zum Reichskanzler
Berlin, 30. Januar 1933
BayHStA
Lit.: Aus 1200 Jahren. Das Bayerische Hauptstaatsarchiv zeigt seine Schätze. München 1979.

Lässt sich daraus schließen, dass sich im Dritten Reich trotz allem eine eigene bayerische Befindlichkeit erhielt? Den Gefühlen der Masse der Bevölkerung auf die Spur zu kommen, ist angesichts der damaligen totalen Kontrolle der öffentlichen Meinung kaum möglich. Tatsache ist, dass es einen spezifisch bayerischen Widerstand nur in sehr begrenztem Ausmaß gab. [17] Er ist mit der monarchistischen Bewegung, der »Bayerischen Heimatbewegung«, der »Freiheitsaktion Bayern« und in weiterem Sinne auch mit den Widerstandsaktionen der »Weißen Rose« verbunden, deren geistige Väter aus dem Lager der süddeutschen Föderalisten stammten. Da der Widerstand nur von einer verschwindend kleinen Minderheit getragen wurde, blieben auch die von Einzelpersonen organisierten wenigen bayerischen Exilorganisationen in Frankreich, London, New York und Zürich ohne Durchschlagskraft. [18] Immerhin weist Peter Jakob Kock darauf hin, dass Bayern als einziges Land im Dritten Reich überhaupt Widerstand aufweisen kann, der von regionalem Staats- und Traditionsbewusstsein getragen wurde. Er wertet die bayerische Politik in Exil und Widerstand als »Zwischenglied in der Traditionskette des bayerischen Föderalismus, die somit auch zwischen 1933 und 1945 nicht abriß.« [19]

Besuch Adolf Hitlers in Mühldorf am 12. März 1938
Stadtarchiv Mühldorf a. Inn
Der Reichskanzler Adolf Hitler trifft beim Armeeoberkommando 8 in Mühldorf ein und fährt nach dem Mittagessen nach Braunau und Linz weiter.

Festzuhalten bleibt auch, dass Bayern trotz der unitaristischen Strukturen des Dritten Reiches in Partei und Verwaltung Protektoren hatte, die sich für den Erhalt des ehemaligen Staates einsetzten und durch ihre repräsentative Stellung Bayern auch nach außen eine sichtbare Vertretung gaben. In erster Linie waren dies der bayerische Ministerpräsident Ludwig Siebert und Reichsstatthalter Franz Ritter von Epp. Letzterer vertrat zwar qua Amt eigentlich das Reich und verlor im Kampf der rivalisierenden Machthaber bald an Einfluss, stand aber zumindest formell durchgehend an der Spitze Bayerns und machte durch seine Person und seinen Amtssitz in München erstmals seit Ende der Monarchie wieder eine selbstständige Staatsspitze in Bayerns Hauptstadt sichtbar. [20] Von Parteiseite her gewann Adolf Wagner besondere Bedeutung. Als bayerischer Innen- und Kultusminister, als enger Vertrauter Hitlers und als Gauleiter des Traditionsgaues München-Oberbayern wurde er zum »eigentlichen Herrn des Landes«. [21] Für die Eigenständigkeit seines Herrschaftsgebietes setzte er sich besonders in seiner Funktion als Beauftragter für die Reichsreform seit 1935 ein. Auch die bayerische Ministerialbürokratie, die den Machtwechsel von 1933 zum Großteil überdauerte, unterstützte aus einer Haltung der Beharrung auf das tradierte Staatsdenken heraus die Eigenständigkeitsbestrebungen der lokalen NS-Größen gegen Berlin und stellte so ein nicht zu unterschätzendes Element staatsbayerischer Kontinuität dar. [22] Hilfreich für den Erhalt Bayerns war zuletzt sogar die Haltung Hitlers selbst, der Bayern als sein spezielles Aktionsfeld betrachtete. [23]

Auf der anderen Seite ist zu beobachten, dass als Kompensation für die politische Entmachtung des Landes nun auch von bayerischer Seite die Bedeutung Bayerns für die NS-Bewegung und die wichtige Rolle Münchens als »Hauptstadt der deutschen Kunst« und Nürnbergs als »Hauptstadt der Reichsparteitage« hervorgehoben wurde. Die braune Stadtregierung Münchens betonte zusätzlich den 1935 verliehenen Ehrentitel

»Hauptstadt der Bewegung«, um bewusst die Erinnerung an München als Hochburg eines eigenstaatlichen Föderalismus zu überlagern durch eine neue Identität als Hauptstadt der zentralistischen Nazi-Bewegung. [24]

In der NS-Propaganda wurden bayerische Stereotype auch gezielt instrumentalisiert. Bilder bayerischer Alpenlandschaft fanden durch die besondere Vorliebe des »Führers« für diese Region weite Verbreitung. Hitlers Zweitwohnsitz auf dem Obersalzberg an der österreichischen Grenze, der »Berghof« in faszinierender Alpenkulisse und heimischer Holzarchitektur, sollte den Deutschen nicht zuletzt Bilder liefern aus einer vermeintlich harmonischen, traditionell verwurzelten Welt und so die »Sehnsucht der Bürger nach heimatlicher Geborgenheit und Überschaubarkeit politischen Obrigkeitshandelns« [25] befriedigen.

Die Realität von Nazidiktatur und Krieg sah insgesamt in Bayern nicht anders aus als in anderen Landesteilen. Alle Lebensbereiche waren »gleichgeschaltet«, das System von Terror und Überwachung war fest etabliert, bayerische Juden wurden diskriminiert, deportiert und ermordet. Der 1939 einsetzende Zweite Weltkrieg war für Bayern und auch die bayerische Pfalz als unmittelbares Frontgebiet zunächst ein »ferner Krieg«[26], aber in den späteren Kriegsjahren führten Flächenbombardements besonders in den Städten zu schweren Schäden, wenn sie auch geringer waren als in anderen Teilen Deutschlands und Bayern daher als »Luftschutzkeller des deutschen Reiches« vielen Ausgebombten Zuflucht bot. Als der Krieg im Frühjahr 1945 mit dem völligen Zusammenbruch von Staat und Partei und mit der totalen Besetzung des Deutschen Reiches durch die alliierten Truppen endete, war Deutschland und auch Bayern in jeder Hinsicht ein zerstörtes Land.

Die Wiederentstehung Bayerns nach 1945

Die alliierten Truppen übernahmen nun unter Aufteilung des Reichsgebiets in Besatzungszonen die Staatsgewalt. Der Südosten Deutschlands kam dabei unter die Kontrolle der Amerikaner. Sie schufen im September 1945 zunächst in ihrer Zone drei als »Staaten« bezeichnete Verwaltungsgebiete: Großhessen, Württemberg-Baden und Bayern. Diese erhielten »unter Vorbehalt der übergeordneten Machtbefugnis der Militärregierung volle gesetzgebende, richterliche und vollziehende Gewalt«. [27]

Seitens der führenden Nationalsozialisten in Bayern waren keinerlei Pläne entwickelt worden, wie Bayern über das Kriegsende hinaus erhalten werden könne. Der Neuaufbau des Landes ab 1945 wurde ausschließlich von den ehemaligen Regimegegnern getragen, die nun aus dem Exil oder der »inneren Emigration« zurückkehrten. [28] Vor allem aber wurde der Neubeginn von den amerikanischen Besatzungsmächten bestimmt – sie waren es, die den Befehl erließen, Bayern in den Grenzen von 1933 wieder einzurichten. Zwar installierten sie bald auch eine bayerische Regierung, ließen schon 1946 freie Wahlen zu und erweiterten ständig den Aktionsradius der bayerischen Seite, aber noch über Jahre hinweg nahmen sie direkt oder indirekt ihre Einflussmöglichkeiten als letzte Kontrollinstanz wahr und waren damit richtungsweisend für den Wiederaufbau Bayerns.

Heutiger KZ-Friedhof an der Ahamer Straße
Stadtarchiv Mühldorf a. Inn
In der parkähnlichen Anlage erinnern einige schlichte Grabsteine an die hier ruhenden KZ-Opfer. Eine aufrecht stehende Gedenkplatte mahnt mit der Inschrift »Den Opfern der Gewalt 1933–1945«.
Lit.: Müller, Peter: Das Bunkergelände im Mühldorfer Hart. Rüstungswahn und menschliches Leid. Mühldorf 2000.

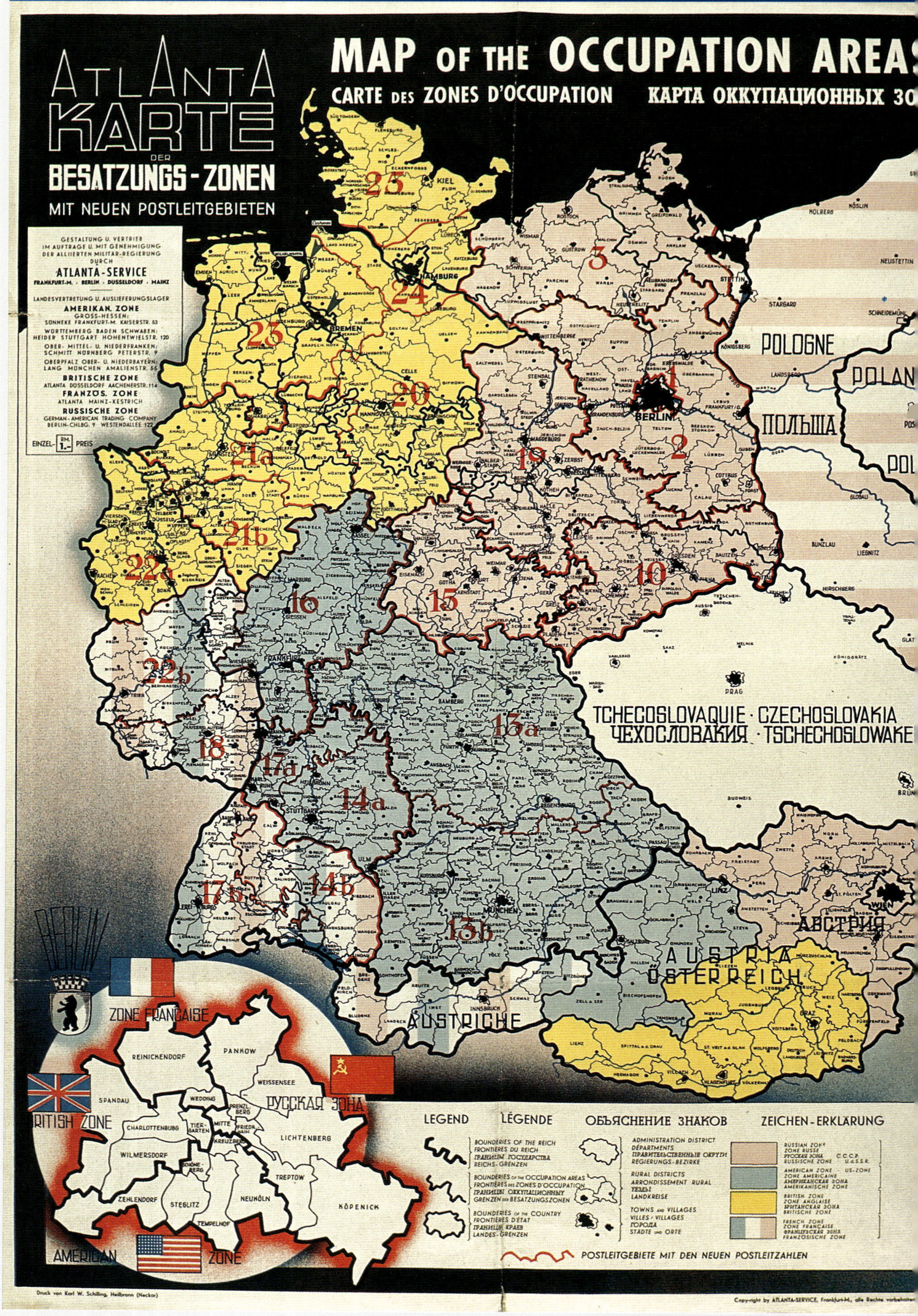
ATLANTA KARTE DER BESATZUNGS-ZONEN
MIT NEUEN POSTLEITGEBIETEN
MAP OF THE OCCUPATION AREAS
CARTE DES ZONES D'OCCUPATION
КАРТА ОККУПАЦИОННЫХ ЗО
GESTALTUNG U. VERTRIEB IM AUFTRAGE U. MIT GENEHMIGUNG DER ALLIIERTEN MILITAR-REGIERUNG DURCH
ATLANTA-SERVICE
FRANKFURT-M. · BERLIN · DUSSELDORF · MAINZ
LANDESVERTRETUNG U. AUSLIEFERUNGSLAGER
AMERIKAN. ZONE
GROSS-HESSEN: SONNEKE FRANKFURT-M. KAISERSTR. 63
WÜRTTEMBERG BADEN SCHWABEN: HEIDER STUTTGART HOHENTWIELSTR. 120
OBER- MITTEL- U. NIEDERFRANKEN: SCHMITT NÜRNBERG PETERSTR. 9
OBERPFALZ OBER- U. NIEDERBAYERN: LANG MÜNCHEN AMALIENSTR. 55
BRITISCHE ZONE
ATLANTA DÜSSELDORF AACHENERSTR. 114
FRANZÖS. ZONE
ATLANTA MAINZ-KESTRICH
RUSSISCHE ZONE
GERMAN-AMERICAN TRADING COMPANY BERLIN-CHLBG. 9 WESTENDALLEE 122
EINZEL- RM. 1.- PREIS
25
24
23
20
21a
21b
22a
22b
3
1
2
19
10
15
16
18
17a
17b
14a
14b
13a
13b
HAMBURG
BREMEN
BERLIN
MÜNCHEN
POLOGNE
POLAND
ПОЛЬША
TCHECOSLOVAQUIE · CZECHOSLOVAKIA
ЧЕХОСЛОВАКИЯ · TSCHECHOSLOWAKEI
AUSTRIA
ÖSTERREICH
АВСТРИЯ
AUTRICHE
ZONE FRANÇAISE
BRITISH ZONE
РУССКАЯ ЗОНА
AMERICAN ZONE
REINICKENDORF
PANKOW
WEISSENSEE
SPANDAU
WEDDING
PRENZL. BERG
CHARLOTTENBURG
TIERGARTEN
MITTE
FRIEDRICHSHAIN
KREUZBERG
LICHTENBERG
WILMERSDORF
SCHÖNEBERG
TREPTOW
ZEHLENDORF
STEGLITZ
NEUKÖLLN
TEMPELHOF
KÖPENICK
LEGEND
LÉGENDE
ОБЪЯСНЕНИЕ ЗНАКОВ
ZEICHEN-ERKLÄRUNG
BOUNDERIES OF THE REICH
FRONTIÈRES DU REICH
ГРАНИЦЫ ГОСУДАРСТВА
REICHS-GRENZEN
BOUNDERIES OF THE OCCUPATION AREAS
FRONTIÈRES DES ZONES D'OCCUPATION
ГРАНИЦЫ ОККУПАЦИОННЫ
GRENZEN DER BESATZUNGSZONEN
BOUNDERIES OF THE COUNTRY
FRONTIÈRES D'ÉTAT
ГРАНИЦЫ КРАЕВ
LANDES-GRENZEN
ADMINISTRATION DISTRICT
DÉPARTMENTS
ПРАВИТЕЛЬСТВЕННЫЕ ОКРУГИ
REGIERUNGS-BEZIRKE
RURAL DISTRICTS
ARRONDISSEMENT RURAL
УЕЗДЫ
LANDKREISE
TOWNS AND VILLAGES
VILLES / VILLAGES
ГОРОДА
STADTE UND ORTE
RUSSIAN ZONE
ZONE RUSSE
РУССКАЯ ЗОНА C.C.C.P.
RUSSISCHE ZONE U.d.S.S.R.
AMERICAN ZONE - US-ZONE
ZONE AMERICAINE
АМЕРИКАНСКАЯ ЗОНА
AMERIKANISCHE ZONE
BRITISH ZONE
ZONE ANGLAISE
БРИТАНСКАЯ ЗОНА
BRITISCHE ZONE
FRENCH ZONE
ZONE FRANÇAISE
ФРАНЦУЗСКАЯ ЗОНА
FRANZÖSISCHE ZONE
POSTLEITGEBIETE MIT DEN NEUEN POSTLEITZAHLEN
Druck von Karl W. Schilling, Heilbronn (Neckar)
Copyright by ATLANTA-SERVICE, Frankfurt-M., alle Rechte vorbehalten

Mit Ausnahme des Kreises Lindau und der Pfalz, die beide der französischen Zone zugeschlagen worden waren, wurde Bayern also in den Grenzen von 1933 wieder eingerichtet. Damit war es neben den beiden Stadtstaaten Hamburg und Bremen das einzige Land der späteren westdeutschen Bundesrepublik, das keine besatzungspolitische Neubildung war und so auf einem breiten und tief verankerten historischen Fundament mit dem Wiederaufbau und der Errichtung des zweiten Freistaates beginnen konnte. Die weitgehende territoriale Kontinuität über die Zäsur des Dritten Reiches hinweg bildete das entscheidende Fundament für ein ungebrochenes bayerisches Staatsbewusstsein, das sich vor allem in der Betonung der bayerischen Eigenstaatlichkeit und einer Führungsrolle bei der Artikulation föderalistischer Positionen innerhalb Deutschlands manifestierte.

Im Gegensatz zu Lindau, das 1955 ohne Diskussion an Bayern zurückfiel, musste sich der Freistaat jedoch mit der endgültigen Abtrennung der Pfalz abfinden. Ihre Zugehörigkeit war bis 1956 umstritten. Trotz vielfältiger, jahrelanger Aktionen vor allem von bayerischer Seite scheiterte ein Volksbegehren zur Rückführung der Pfalz jedoch an mangelnder Beteiligung der dortigen Bevölkerung. Damit war der endgültige Verbleib der bayerischen Pfalz im Bundesland Rheinland-Pfalz besiegelt. [29]

Auf Anweisung der Besatzungsmacht und unter deren Einflussnahme wurde 1946 von einer verfassungsgebenden Landesversammlung eine neue bayerische Verfassung geschaffen, die durch Volksentscheid angenommen wurde und am 8. Dezember 1946 in Kraft trat. Im Gegensatz zur Bamberger Verfassung von 1919 führte sie über drei Jahre lang ein völliges Eigenleben, das nur durch Interventionen der Militärregierung eingeschränkt war. So sah zwar auch die Verfassung von 1946 wieder eine bayerische Staatsangehörigkeit vor, das diese Verfassungsbestimmung ausführende Gesetz scheiterte jedoch am Einspruch der Amerikaner. [30] Erst mit der Verabschiedung des Grundgesetzes 1949 wurde der Vorrang des Bundesrechts wieder etabliert. Separatistische Ziele verfolgte die bayerische Verfassung aber nicht. Nach anfänglichem Zögern war sie als Landesverfassung eines deutschen, staatsrechtlich eigenständigen Bundeslandes in einem die deutschen Länder umfassenden Bundesstaat konzipiert. Ursprünglich vorgesehene Klauseln, die als Vorbehalte gegen einen Beitritt Bayerns zu dem (damals übrigens als Staatsform noch gar nicht festgelegten) Bund hätten ausgelegt werden können, ließ die amerikanische Militärregierung nicht zu. [31]

In Bezug auf die föderative Ausgestaltung der Bundesrepublik, die 1948 im Parlamentarischen Rat einen der entscheidenden Streitpunkte darstellte,

Karte der Besatzungszonen mit neuen Postleitgebieten, nach 1945
BayHStA
Die alliierten Truppen teilten das ehemalige deutsche Reichsgebiet in vier Besatzungszonen auf und übernahmen darin die Staatsgewalt. Bayern lag als Ganzes in der amerikanischen Zone, mit Ausnahme der bayerischen Rheinpfalz und des Landkreises Lindau, der erst am 1. September 1955 zu Bayern kam.
Lit.: Kock, Peter Jakob: Bayern nach dem Zweiten Weltkrieg. In: Treml, Manfred (Hg.): Geschichte des modernen Bayern. Königreich und Freistaat (Bayerische Landeszentrale für politische Bildungsarbeit 95). München 1994.

Eröffnungssitzung des Beratenden Landesausschusses in der Aula der Münchner Universität 26. Februar 1946
BayHStA
Das Bild zeigt den Ministerpräsident Dr. Wilhelm Hoegner bei seiner Eröffnungsrede.
Lit.: Auf dem Weg zum Grundgesetz, Verfassungskonvent Herrenchiemsee 1948 (Hefte zur bayerischen Geschichte und Kultur Band 21). Augsburg 1998.

konnten der besonders engagierte bayerische Ministerpräsident Hans Ehard und mit ihm alle Föderalisten mit dem gefundenen Kompromiss im Grunde durchaus zufrieden sein. Die Beteiligung der Länder an der Bundesgesetzgebung war über die Einrichtung des Bundesrats gesichert; bei den Finanzen hatte zwar der Bund den Vorrang, aber die Länder hatten weitaus größere Bewegungsfreiheit als in der Weimarer Verfassung. Dennoch hatten sich viele führende bayerische Politiker mehr erhofft und gaben ihrer Empörung offen Ausdruck. Die bayerische Unzufriedenheit manifestierte sich am 20. Mai 1949 nach einer marathonartigen Landtags-Debatte in einem demonstrativen Nein zum Grundgesetz. Allerdings handelte es sich um ein modifiziertes Nein, denn gleichzeitig wurde die Rechtsverbindlichkeit des Grundgesetzes auch für Bayern ausdrücklich anerkannt. [32] Hier ging es eher um eine symbolische Geste – eine echte Frontstellung der Länder gegenüber dem Bund wie in der Weimarer Republik besonders bis 1924 war nicht mehr denkbar.

Herausforderungen an ein gesamtbayerisches Landesbewusstsein

Die bayerische Verfassung blieb auch nach 1949 eine wichtige Dokumentation bayerischen Selbstbewusstseins. Unangefochten war die dort zum Ausdruck kommende geschlossene Identität jedoch gerade in der unmittelbaren Nachkriegszeit keineswegs. In der Präambel verweist die Verfassung auf die »mehr als tausendjährige Geschichte« des bayerischen Volkes. [33] Historisch zutreffend war dieser Verweis nicht, wurde hier doch die Geschichte Bayerns mit der Altbayerns gleichgesetzt. In Wirklichkeit war der moderne bayerische Staat zu Beginn der Nachkriegszeit noch nicht einmal 150 Jahre alt – erst zu Beginn des 19. Jahrhunderts waren die fränkischen und schwäbischen Landesteile in das neue Königreich Bayern integriert worden. Die drei historischen Traditionszonen – die altbayerische (in den Grenzen der heutigen Regierungsbezirke Ober- und Niederbayern sowie Oberpfalz), die fränkische (die späteren Regierungsbezirke Ober-, Mittel- und Unterfranken) und die schwäbische (der heutige Regierungsbezirk Schwaben) – waren trotz der Integrationspolitik der Wittelsbacher Herrscher im 19. Jahrhundert und trotz aller Veränderungen in der ersten Hälfte des 20. Jahrhunderts nach dem Zweiten Weltkrieg noch klar erkennbar, ja mehr noch: Mit der Wiederherstellung des bayerischen Staates nach Ende des Dritten Reiches

Sack einer Lieferung getrockneter Erbsen
Kreismuseum Lodronhaus, Mühldorf a. Inn
Nach dem Zweiten Weltkrieg war die Wirtschaft in Europa in Schwierigkeiten. Die USA unterstützten ab 1947 14 west- und südeuropäische Länder mit Mitteln aus dem »European Recovery Programm« (ERP), besser bekannt als »Marshall-Plan«. Die Kredite dienten zum Bezug von Rohstoffen, Investitionsgütern und Nahrungsmitteln. Im Rahmen dieses Marshall-Plans gelange auch der Sack mit Trockenerbsen in eine Mühldorfer Lebensmittel-Großhandlung.
Lit.: Kock, Peter Jakob: Bayern nach dem Zweiten Weltkrieg. In: Treml, Manfred (Hg.): Geschichte des modernen Bayern. Königreich und Freistaat (Bayerische Landeszentrale für politische Bildungsarbeit 95). München 1994.

erfolgte auch eine Revitalisierung überkommener innerbayerischer Strukturen und Kräfte. Bis dahin nur latent vorhandene Spannungen brachen wieder auf und führten sowohl in Schwaben als auch in Franken zu separatistischen oder partikularistischen Bewegungen. [34] Ursache für die dort formulierten Klagen waren die Ablehnung des Münchner Zentralismus und die Sehnsucht nach einer überschaubaren Welt – letztlich jedoch weniger eine grundsätzliche Ablehnung des bayerischen Staates. Durch mehr Freiheit für die Regionen im sozialen und im kulturellen Bereich vermochte die bayerische Staatsregierung die schwelenden innerbayerischen Partikularismen zu besänftigen, wobei sie im politischen Bereich weiter die Zügel fest in der Hand behielt. Zu einer echten Bedrohung des bayerischen Staates kam es nicht.

Zu den hier genannten »alten« bayerischen Stämmen der Franken, Schwaben und Altbayern gesellte sich nach dem Krieg eine weitere Volksgruppe, die für eine ungebrochene bayerische Identität eine massive, ja wahrscheinlich die stärkste Herausforderung darstellte – die Flüchtlinge und Vertriebenen, von denen nach 1945 etwa zwei Millionen nach Bayern gelangten. Aufgrund des Mangels an Wohnraum wurden sie teils in Lagern untergebracht, teils bei Familien vor allem auf dem Land einquartiert. Aus einer massiven Furcht vor Überfremdung heraus war die Stimmung der einheimischen Bevölkerung durchweg fremden- und flüchtlingsfeindlich. Die Abneigung gegen Fremde wurde noch dadurch verstärkt, dass außerbayerische Beamte in Positionen nachrückten, die als Folge der Entnazifizierung in der angestammten Beamtenschaft frei geworden waren. Im Laufe der Jahre stellte sich jedoch heraus, dass die Vertriebenen relativ problemlos in Wirtschaft und Gesellschaft einzugliedern waren. Voraussetzung war der bundesweite Wirtschaftsaufschwung. Hilfreich war aber auch die vergleichbare Sozialstruktur zwischen den Sudetendeutschen, die mehr als die Hälfte der Flüchtlinge ausmachen, und der bayerischen Bevölkerung mit dem starken Gewicht des Mittelstandes. Die Bestrebungen der Vertriebenen waren sowohl auf eine Pflege der eigenen wie auf eine Aneignung der neuen Kultur gerichtet. Hier gelang in Bayern erstaunlich bald ein erfolgreiches Miteinander: Der staatsnahe Landesverein für Heimatpflege erhielt den integrationspolitisch wichtigen Auftrag, neben den fränkischen, schwäbischen und altbayerischen Bräuchen auch die der Heimatvertriebenen zu pflegen und die Neuankömmlinge wurden schnell zu einem willkommenen Zuwachs der Trachtenvereine. [35] Von Ministerpräsident Hoegner 1956 und von Ministerpräsident Goppel nochmals 1962 als »vierter Stamm« Bayerns bezeichnet, griff hier wieder das Modell der Stammeszugehörigkeit bei gleichzeitiger Zugehörigkeit zum größeren staatlichen Ganzen, das schon im 19. Jahrhundert die verschiedenen Landesteile erfolgreich und versöhnlich zusammengeführt hatte. Bereits Anfang der sechziger Jahre galt die Eingliederung der Vertriebenen als weitgehend abgeschlossen. [36] Bayern hatte seine Integrationskraft erneut unter Beweis gestellt und die stärkste Herausforderung an den Bestand einer bayerischen Identität im 20. Jahrhundert war gemeistert.

Parteientwicklung und Identitätspolitik der CSU

Besonders deutlich wird der Prozess der politisch-kulturellen Homogenisierung Bayerns, der sich in der Nachkriegszeit vollzog, wenn man die Parteienentwicklung der CSU und deren gezielte Identitätspolitik betrachtet. Der Erfolgskurs dieser 1945 neu gegründeten überkonfessionellen Sammlungspartei war keineswegs von Anfang an vorherbestimmt. Neben heftigen Flügelkämpfen innerhalb der eigenen Partei hatte die CSU ab 1950, als die amerikanische Besatzungsmacht ihre Lizenzierungspolitik beendete, mit der neu zugelassenen und auf Anhieb erfolgreichen Bayernpartei zu kämpfen. Besonders in Altbayern konnte diese die Atmosphäre der Fremdenfeindlichkeit wirkungsvoll aufgreifen, sie propagierte massiv eine möglichst große Selbstständigkeit für Bayern und liebäugelte mit der Wiedereinführung der Monarchie als Staatsform. Es gelang der CSU jedoch im Laufe der 1950er und 1960er Jahre, den Bayerngedanken so weit aufzugreifen und in ihre Selbstdarstellung einzubinden, dass die christlich-soziale Partei nicht mehr wie anfänglich als Bedrohung, sondern vielmehr als Garant für dessen Fortbestand wirkten. Gleichzeitig erkannte sie in ausreichendem Maße die Notwendigkeit zur Öffnung und Modernisierung. Die CSU war es auch, die durch ihre Bundestags-Fraktion in Bonn gleichsam eine Vertretung Bayerns auf Bundesebene institutionalisierte. Mit der Landtagswahl 1966 sank die Bayernpartei in die Bedeutungslosigkeit ab – sie schaffte den Sprung in den Landtag nicht mehr. Damit hatte die CSU sich vor allem in Altbayern fest etabliert. Bis Mitte der 1970er Jahre gelang es der konservativen Partei zusätzlich, auch den fränkisch-protestantischen Raum in Ober- und Mittelfranken, der traditionelle SPD-Domäne war, zu vereinnahmen. Ab 1957 erreichte die CSU landesweit in den Bundestagswahlen die absolute Mehrheit, ab 1970 auch in den Landtagswahlen. Ursprünglich noch an den Wahlergebnissen ablesbare

Unterschiede in den drei großen Traditionszonen Franken, Schwaben und Altbayern waren bis zu diesem Zeitpunkt völlig verschwunden. [37]

In dem hier angedeuteten Vorgang kam es erstmals dazu, dass sich eine politische Partei neben der bayerischen Staatsverwaltung darum bemühte, die innerbayerische politisch-kulturelle Integration und Vereinheitlichung voranzutreiben. Erfolgreich vermittelte die CSU in der Öffentlichkeit das Bild einer weitgehenden Identität von CSU und Bayern, indem besonders seit den 1970er Jahren Hoheitszeichen des bayerischen Staates wie Löwe und Raute oder die Landesfarben und entsprechende Slogans systematisch für die Werbung der Partei eingesetzt wurden. Mit der Übernahme der weiß-blauen Symbolik gelang es der CSU Wählerstimmen zu gewinnen, gleichzeitig wirkte sie integrativ und stärkte ein gesamtbayerisches Bewusstsein in der Bevölkerung.

Auch andere Institutionen und Gruppierungen – allen voran selbstverständlich die bayerische Staatsregierung – machten ihren Einfluss auf eine bewusste staatsbayerische Identitätsstiftung geltend. Zu untersuchen wäre in diesem Hinblick u. a.: die Bedeutung der bayerischen Verfassung sowie die bayerischen Besonderheiten eines eigenen Bayerischen Verfassungsgerichtshofs und des Senats als zweiter gesetzgebender Körperschaft neben dem Parlament (bis 1999); die Stilisierung des Ministerpräsidenten zur integrativen Figur des »Landesvaters«; die Festlegung und Wirkung von Hoheitszeichen wie dem 1950 erneuerten bayerischen Staatswappen und dem 1965 zur offiziellen Hymne erhobenen Bayernlied; die Stiftung von Auszeichnungen wie dem Bayerischen Verdienstorden (1957) oder dem Maximiliansorden für Wissenschaft und Kunst (1980); Schlagworte wie das vom »widerspenstigen Freistaat« oder der legendären »Liberalitas Bavarica«; die Rolle von staatsnahen Vereinen und Institutionen wie der Bayerischen Einigung, dem Landesverein für Heimatpflege, dem Haus der bayerischen Geschichte und der Bayerischen Akademie der schönen Künste. Fest steht, dass in dem Prozess der Amalgamierung verschiedenster (Teil-)Identitäten zu einer gesamtbayerischen Leitidentität, wie sie heute zu bestehen scheint, vielfältige, zum großen Teil durchaus bewusst eingesetzte Initiativen erfolgreich zusammengewirkt haben. Sie konnten wirksam werden, da die Bevölkerung hierfür empfänglich war. Umgekehrt konnte sie aber auch nur zur vollen Entfaltung gelangen, weil Politik, Medien und verschiedenste Interessenvertretungen bewusst auf die bayerische Bevölkerung einwirkten. Dieser Vorgang setzt sich bis heute fort. Am Beispiel des in Bayern besonders wichtigen, regionale Identität stiftenden Volksgetränkes Bier hat Birgit Speckle erst neuerdings gezeigt, wie stark gerade in jüngster Zeit die Diskursbereiche des juristisch-politischen Sektors, die Berichterstattung in den Massenmedien und die Öffentlichkeitsarbeit betroffener Wirtschaftszweige ineinander fließen. [38]

Ludwig Erhard
Haus der Bayerischen Geschichte, Augsburg
Ludwig Erhard war 1945/46 bayerischer Wirtschaftsminister unter Ministerpräsident Wilhelm Hoegner. Der Name Ludwig Erhard steht für die marktwirtschaftliche Erneuerung der deutschen Wirtschaftspolitik. Das »deutsche Wirtschaftswunder« ist untrennbar mit seiner Amtszeit als erster Bundeswirtschaftsminister von 1949 bis 1963 verbunden.
Lit.: Hentschel, Volker: Ludwig Erhard. Ein Politikerleben. München/Landsberg 1996.

Wirtschaftsaufschwung und Imagewandel

Die politische Entwicklung Bayerns zeichnete sich spätestens ab Anfang der 1960er Jahre durch eine große Stabilität der Verhältnisse aus. Die Einheit des Landes stand außer Frage, die Parteienlandschaft war klar festgelegt. Einschneidende Veränderungen fanden aber ab Mitte der 1950er Jahre im ökonomischen und sozioökonomischen Bereich statt. Hier vollzog das bis dato kapital- und finanzschwache, industriell verspätete Bayern, das noch Anfang der 1950er Jahre seine bäuerliche Prägung nicht verloren hatte, ab 1954 in einer rasanten Aufholjagd eine bemerkenswerte Entwicklung: Nahezu kontinuierlich glich Bayern bis in die 1980er und 1990er Jahre seinen wirtschaftlichen Rückstand aus. [39]

Die Landesregierung unterstützte das schnelle Wirtschaftswachstum insbesondere durch den Ausbau der Verkehrswege und die Senkung der Energiekosten. Mittelstandsförderung, Ausbau der Energieversorgung und Sicherung der Absatzmärkte sind seit den 1960er Jahren die bestimmenden Schlagworte in der bayerischen Wirtschaftspolitik. [40] Auch die regionale Wirtschaftsförderung in den Zonenrandgebieten – jenem etwa 40 Kilometer breiten Streifen entlang der durch den Eisernen Vorhang geschlossenen Grenzen zur DDR und der Tschechoslowakei – wurde bis zur Wende von 1989 von allen Regierungen betrieben.

Zugleich mit dem wirtschaftlichen Wandel des Landes vollzog sich ein bemerkenswerter Imagewandel Bayerns vom »Agrar-Land zum High-Tech-Staat«. [41] Einrichtungen wie das bekannte, 1957 in Betrieb genommene Garchinger »Atom-Ei« oder das in den 1960er Jahren entstandene Raffineriezentrum im Ingolstädter Raum wurden zu Aushängeschildern einer spezifisch bayerischen Modernisierungspolitik. Spätestens seit dem Amtsantritt des an Wissenschaft und Technik überaus interessierten Ministerpräsidenten Franz Josef Strauß 1978 war das offizielle Leitbild des ehemaligen Bauernlandes Bayern das eines »moderne[n] Industrielands« und »führenden Wachstumslands in der Bundesrepublik Deutschland«. [42] Vergleicht man diese Etiketten mit den realen Gegebenheiten, so stellt man allerdings fest, dass es innerhalb Bayerns trotz der Flächenhaftigkeit des Industrialisierungsschubs große regionale Diskrepanzen gab. Die Pole bildeten einerseits die schon Mitte der 1960er Jahre zur führenden Industriestadt aufgestiegene Landeshauptstadt München, auf die das verbreitete Bild voll zutraf und das als »Silicon Valley der Bundesrepublik« («Municon Valley«, »Isar Valley«) gehandelt wurde, und andererseits in großen Teilen wenig industrialisierte, weiter eher agrarisch strukturierte Landstriche vor allem in Altbayern. [43]

Diese Gegensätze warfen das Problem auf, wie das von je her stark betonte Bekenntnis der Politiker zur bayerischen Tradition mit dem Einsatz für den technischen, wirtschaftlichen und sozialen Fortschritt vereinbart werden konnte. Geschickt reagierte die seit dem

Wilhelm Hoegner (SPD) ist Ministerpräsident von September 1945 bis Dezember 1946 sowie von Dezember 1954 bis Oktober 1957
Haus der Bayerischen Geschichte, Augsburg
Das Bild zeigt ihn auf einer Pressekonferenz am 22.1.1946.

Ende des dreijährigen Intermezzos einer Viererkoalition (SPD, BP, Gesamtdeutscher Block/BHE, FDP) 1957 erneut in Regierungsverantwortlichkeit stehende CSU-Führung, indem sie dieser Herausforderung offensiv begegnete und sie bewusst in ihre Selbstdarstellung aufnahm: Nicht ein Entweder-oder, sondern ein Sowohl-als-auch von Tradition und Fortschritt, von statischen und dynamischen Prinzipien, sollte für Bayern verpflichtend sein. Diese Vorstellung von »Kontinuität im Wandel« [44] in der Modernisierungsphase verkörperte in besonderer Weise Alfons Goppel, der als bayerischer Ministerpräsident von 1962 bis 1978 in einer Zeit rapiden Umbruchs den Modernisierungsschub befürwortete, gleichzeitig aber auch den unverwechselbaren Charakter des Landes betonte und unter dem Schlagwort »Die Bavarität bewahren!« der Bevölkerung spezifische Identitätsangebote machte. [45] So konnte sich der dynamische Wandel Bayerns vom Agrar- zum modernen Industriestaat ohne gesellschaftliche Brüche vollziehen.

Modernisierung und Reformen

Auch auf dem Bildungssektor erlebte Bayern grundlegende Veränderungen. [46] Mit dem Schulentwicklungsplan kam es Anfang der 1960er Jahre zu einer großen Zahl von Neugründungen von Gymnasien, Real-, Berufsfach- und Fachoberschulen, die eine flächendeckende Schulversorgung in allen Landesteilen sicherstellen sollte. Hinzu kam, dass nach langem Ringen 1968 die Bekenntnisschule durch die Christliche Gemeinschaftsschule, in der katholische und protestantische Kinder gemeinsam unterrichtet wurden, abgelöst wurde. Auch auf dem Hochschulsektor kam es zu einer starken Expansion der Studienplätze und nach der Eröffnung der vierten Landesuniversität in Regensburg 1967 in den Jahren 1969 bis 1972 zu einer Welle weiterer Neugründungen (Bayreuth, Bamberg, Passau, Eichstätt, Hochschule der Bundeswehr in Neubiberg) mit dem Ziel einer flächendeckenden Dezentralisierung.

In der Reformära der Bundesrepublik, als viele gewachsene Strukturen auf den Prüfstand kamen und auf Sinnhaftigkeit und Rentabilität durchleuchtet wurden, kam es mit der umstrittenen Gebietsreform von 1972 zur tiefgreifendsten Verwaltungsreform in Bayern seit Montgelas Zeiten. Sie halbierte die Zahl der Landkreise und kreisfreien Städte von knapp 200 auf etwa 100, die Zahl der Gemeinden reduzierte sie in ihrer zweiten Phase 1976 sogar um mehr als zwei Drittel von über 7.000 auf rund 2.000. [47]

Anfang der 1970er Jahre traten zu den bisherigen Schwerpunkten Struktur- und Kulturpolitik auch die Landessozialpolitik und der Umweltschutz hinzu. Spektakulär war dabei die Bildung eines Staatsministeriums für Landesentwicklung und Umweltfragen 1970, das erste Landesministerium in der Bundesrepublik, das diese beiden Aufgabenbereiche im Titel trug – wobei anfangs der Schwerpunkt auf der Landesplanung, nicht auf dem Umweltsektor lag. [48] Hinzu kam 1972 jedoch die Errichtung des Landesamts für Umweltschutz und 1973 die Verabschiedung des damals modernsten Naturschutzrechts in Europa. 1984 erklärte Bayern als erstes Bundesland den Umweltschutz zum Staatsziel und nahm es in die Verfassung auf.

Das Kontinuum der Föderalismuspolitik

Auch die Amtsnachfolger von Ministerpräsident Hans Ehard setzten sich durchweg weiter ein für die Tradition von Bayern als »Hort des Föderalismus«. Der verfassungspolitischen Entwicklung auf Bundesebene seit 1949, die eindeutig unitaristische Tendenz hatte und die Landesgesetzgebungen zunehmend einschränkte, [49] suchten sie entgegenzuwirken. Alfons Goppel etwa setzte 1962 mit der Schaffung eines Bayerischen Staatsministeriums für Bundesangelegenheiten mit Dienstsitz in Bonn ein demonstratives Zeichen. [50] Die Rückschläge der Länder suchte er auch auf europäischer Ebene zu kompensieren – beispielsweise in dem Bemühen, den Bundesrat bei der Wahl und Bestellung der Europaratsdelegation neben dem Bundestag zu beteiligen. [51] Der Großen Finanzreform von 1969 jedoch, die eine wesentliche Einschränkung des Handlungsspielraums der Länder bedeutete, stimmte Bayern im Bundesrat angesichts des damals herrschenden Reformdrucks zu, allerdings auch unter dem Druck des CSU-Vorsitzenden Franz Josef Strauß, der als Finanzminister der Großen Koalition in dieser Angelegenheit auf der Seite des Bundes stand. [52] Die Neuregelung der Steuerverteilung zwischen Bund, Ländern und Gemeinden stellte den bis dato gravierendsten Einschnitt in die bundesstaatliche Ordnung zu Ungunsten der Länder dar. [53]

Auch in der Phase der deutschen Wiedervereinigung und des zusammenwachsenden Europas bildete der Föderalismus in Deutschland und Europa einen Schwerpunkt bayerischer Politik. Auf der von Ministerpräsident Max Streibl initiierten ersten Konferenz »Europa der Regionen« in München im Oktober 1989 erklärten sich die anwesenden Vertreter der europäischen Regionen in der »Münchner Entschließung« mit seiner Ansicht einig, dass Föderalismus und Subsidiarität die Bausteine des künftigen Europas sein müssten. Bayern hatte gemeinsam mit Tirol schon 1972 eine erste grenzüberschreitende Arbeitsgemeinschaft der Regionen des Alpenraums (Arge Alp) initiiert, der bald weitere ähnliche Einrichtungen folgten.

Nach der Grenzöffnung zur DDR und nach der deutschen Wiedervereinigung lebte die Diskussion um die Länderrechte neu auf, wobei sich die bayerische Regierung sofort für die Stärkung der ostdeutschen Länder einsetzte. Durch die Entsendung von Beamten vor allem nach Sachsen und Thüringen und durch die Aus- und Fortbildung zahlreicher Mitarbeiter aus diesen Nachbarländern in Bayern leistete dieses aktive Aufbauhilfe. In der Föderalismus- wie der Europapolitik war schnell ein gemeinsamer Konsens aller sechzehn Bundesländer gefunden. Entsprechend ihrer Forderung nach der Berücksichtigung der Länder und Regionen wurde im Vertrag von Maastricht 1992 ein »Ausschuss der Regionen« verankert und in Art. 23 des Grundgesetzes, dem so genannten Europa-Artikel, festgelegt, dass der Bundesrat bei jeder Übertragung von Hoheitsrechten auf die EU mit einer Zweidrittelmehrheit zustimmen muss. [54]

Nach dem »Hauptstadtbeschluss« des Deutschen Bundestages vom Sommer 1991 über den Umzug der Regierung von Bonn nach Berlin beschloss die Bayerische Staatsregierung, mit der Bayerischen Vertretung beim Bund in Berlin wie bisher in Bonn möglichst bald präsent zu sein. Im Dezember 1998 wurde die neue Bayerische Vertretung in Berlin als erste voll funktionsfähige »Botschaft« eines Bundeslandes in Berlin eingeweiht – Ausdruck des erklärten politischen Willens, auch im wiedervereinten Deutschland für einen starken und selbstbewussten Föderalismus einzutreten. [55] In Brüssel unterhält Bayern übrigens gleichfalls eine eigene Vertretung.

Dennoch können all die genannten Initiativen und Erfolge nicht darüber hinwegtäuschen, dass sich die föderalen Handlungsspielräume, eingeschränkt durch Bund und Europäische Union, auch in den letzten Jahrzehnten verringert haben. Bayern hat sich daher auch am Ausklang des 20. Jahrhunderts darum bemüht, die Föderalismusdebatte neu anzuregen, legislative Kompetenzen für die Länder zurückzugewinnen und nicht zuletzt den Länderfinanzausgleich neu zu gestalten. [56] Letzterer war mit der Wahrung der Einheitlichkeit der Lebensverhältnisse begründet worden, stand mittlerweile nach Ansicht der Geberländer Bayern, Baden-Württemberg und Hessen jedoch einem gesunden Wettbewerb zwischen den Ländern entgegen. Ihrer Klage vor dem Bundesverfassungsgerichtshof wurde in der Tat Ende 1999 stattgegeben und die Vorgabe gemacht, dass die Länder sich bis Ende 2002 auf neue Maßstäbe einigen sollen. Auch in den kommenden Jahren wird sich kämpferischen bayerischen Föderalisten hier ein Betätigungsfeld bieten.

Wirft man einen resümierenden Blick auf Bayern im 20. Jahrhundert, so wird deutlich, dass die Staatstradition aus dem vorangegangenen 19. Jahrhundert sich als tragfähiges Fundament erwies. Sie bildete die Grundlage für die Fortentwicklung eines eigenen bayerischen Landesbewusstseins und für bayern-spezifische Bestrebungen nach einem eigenen Handlungsspielraum innerhalb des deutschen Bezugsrahmens. Allerdings setzten die Kompetenzeinschränkungen und politischen Turbulenzen der Weimarer Zeit sowie die Auswirkungen von Diktatur und Krieg in der ersten Hälfte des Jahrhunderts, die erzwungene Zuwanderung von mehr als zwei Millionen Flüchtlingen und vor allem der rasche Übergang vom Agrar- zum Industrieland in der zweiten Hälfte des Jahrhunderts dem unmittelbaren Rückgriff auf ältere Traditionen Grenzen. Die Sicht auf den eigenen Staat musste angesichts dieser Tatsachen modifiziert, alte Traditionen mussten angepasst und neue erfunden werden. Unterstützend für die Vertiefung eines staatsbayerischen Landesbewusstseins wirkte allerdings der Bedeutungsverlust innerbayerischer Regionalismen und innergesellschaftlicher Trennungslinien in der Nachkriegszeit, der mit der Hegemonialisierung des politischen Systems durch eine Partei einherging.

Nicht alle hier angedeuteten Tendenzen der vergangenen hundert Jahre waren allein bayern-spezifisch. Zum Teil traten sie in ähnlicher Spielart auch in anderen Ländern auf. Angesichts der nivellierenden Tendenzen von wachsendem Wohlstand, Massenkonsum und zunehmender Mobilität entfalteten sich ab den 1950er Jahren zusätzlich auch regionenunabhängige, Nationen und ganze Kontinente umfassende Erfahrungsräume. Dennoch wird deutlich: Auch in den zunehmend komplexen Zusammenhängen einer globalisierten Welt hat sich Bayern ein eigenes Profil erhalten.

Zwischen Ende und Anfang

Skizzen zur Mühldorfer Nachkriegsgeschichte

Angelika Fox

Kriegsende in Mühldorf

Bomben auf Mühldorf

Mühldorf verfügte über einen der größten Umschlagbahnhöfe in Bayern, der auch für die Wehrmacht große Bedeutung hatte. Aus diesem Grunde musste die Stadt spätestens seit 1944 als bevorzugtes Ziel alliierter Bomber gelten. Der erste Angriff erfolgte im November 1944 – jedoch bei so schlechtem Wetter, dass weder der Bahnhof noch die Stadt getroffen wurden. [1] Der zweite Luftangriff am 19. März 1945 hatte jedoch verheerende Folgen. Dieses Mal trafen die amerikanischen Bomben ihr Ziel: Der Bahnhof wurde zerstört und die Gebäude in der oberen Stadt stark beschädigt; 130 Menschen verloren ihr Leben. Da KZ-Häftlinge die Gleisanlagen unverzüglich wieder Instand setzen mussten, wurde Mühldorf ein weiteres Mal bombardiert. Am 20. April 1945 starben weitere 20 Personen. Die beiden Angriffe zerstörten 40 Prozent des Wohnraums der Stadt und

Bombenschäden 1945
Stadtarchiv Mühldorf a. Inn
Die zwei Luftangriffe am 19. März und 20. April 1945 forderten 150 Menschenleben und zerstörten rund 40 % des Wohnraums der Stadt. Das Foto zeigt den Bahnhofsfußweg mit den getroffenen Häusern, links im Bild die ehemalige Allgemeine Ortskrankenkasse.

Lit.: Prähofer, Hans: Wie es war. Kriegsende und Neubeginn in Mühldorf am Inn und seinem Hinterland. Hgg. vom Heimatbund Mühldorf e. V. Mühldorf ³1994 (1985). Hamberger, Edwin: Luftangriffe auf Mühldorf a. Inn. In: Das Mühlrad XXXVII (1995), S. 141–160.

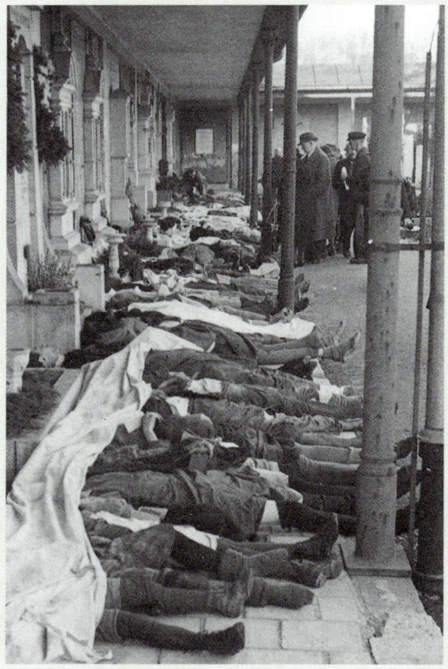

Die Opfer des Luftangriffs vom 13. März 1945 auf dem Mühldorfer Friedhof
Stadtarchiv Mühldorf a. Inn
Lit.: Prähofer, Hans: Wie es war. Kriegsende und Neubeginn in Mühldorf am Inn und seinem Hinterland. Hgg. vom Heimatbund Mühldorf e. V. Mühldorf ³1994 (1985). Hamberger, Edwin: Luftangriffe auf Mühldorf a. Inn. In: Das Mühlrad XXXVII (1995), S. 141–160.

nahezu die gesamte Infrastruktur. Am Ende waren rund 1.200 Einwohner obdachlos.

Während die Mühldorfer frühere Aufrufe, die Stadt zu verlassen, weitgehend ignoriert hatten, flohen sie nach den Bombenangriffen aufs Land. Kurz vor Kriegsende wohnten deshalb nur noch wenige Einheimische in der Stadt. Stattdessen lebten jetzt in Mühldorf vor allem Evakuierte und Flüchtlinge, Wehrmachtssoldaten, Mitglieder der SS, Verwundete und schließlich Einzelgänger, die sich rechtzeitig von der Wehrmacht abgesetzt hatten. Die Lebensmittelversorgung war auf ein bedrohlich niedriges Niveau gesunken, [2] obwohl noch kurz vor Kriegsende viele Geschäfte geöffnet hatten. Die Bewohner versuchten, ein Mindestmaß an Gewohnheit aufrecht zu erhalten. Diejenigen, die in Mühldorf selbst arbeiteten, kamen nach wie vor in die Stadt. Allein die ausländischen Zwangsarbeiter und die KZ-Häftlinge, die nach den Luftangriffen zur Schuttbeseitigung zugewiesen worden waren, erschienen nicht mehr zur Arbeit.

Der Einmarsch der Amerikaner

Am Nachmittag des 1. Mai 1945 überschritten amerikanische Truppen die Landkreisgrenze, der Panzeralarm in Mühldorf zeugte vom nahen Ende des Krieges. Einen Tag später, am 2. Mai gegen 9.30 Uhr, übergab Bürgermeister Hans Gollwitzer die Stadt kampflos dem Kommandanten des 49. Tankerbataillons der 14. US-Panzerdivision. Eine Verteidigung durch den schlecht ausgerüsteten Volkssturm war vermieden worden. [3] Die Sprengung der Maximiliansbrücke über den Inn durch SS-Gefolgsleute konnte die Stadtleitung dagegen nicht verhindern.

Kurz nach dem Einmarsch entfachten amerikanische Soldaten angesichts der kalten Witterung mit dem Mobiliar der umliegenden Wohnungen auf dem Mühldorfer Stadtplatz mehrere Feuer. Wenig später gesellten sich einige hundert befreite KZ-Häftlinge dazu, die trotz anders lautender Anweisung der alliierten Truppenverbände den amerikanischen Panzern gefolgt waren. Sie beteiligten sich mit Angehörigen der US-Armee,

Notbrücke über den Inn
Stadtarchiv Mühldorf a. Inn
Deutsche Truppen zerstörten beim Einmarsch der US-Armee die alte Innbrücke. Als Ersatz errichteten die Amerikaner eine Notbrücke, die bis 1952 in Betrieb war.
Lit.: Steinbichler, Josef: Die Mühldorfer Maximiliansbrücke. In: Das Mühlrad XXIV (1982), S. 61–82.

ehemaligen Kriegsgefangenen, Zwangsarbeitern, Kosaken der Wlassow-Armee und einigen Einheimischen an den spontan einsetzenden, tagelang andauernden Plünderungen der Geschäfte und öffentlichen Gebäude. Die städtische Polizei konnte dem Vandalismus nicht entgegentreten, da sie entwaffnet worden war, und die Amerikaner ließen die Randalierer zunächst gewähren.

Die unmittelbare Nachkriegszeit in Mühldorf

Erst nach 48 Stunden war der Spuk für die Mühldorfer Bevölkerung vorbei. [4] Die örtliche US-Militärregierung ging mit Unterstützung einiger französischer und griechischer ehemaliger Kriegsgefangener daran, die öffentliche Ordnung wieder herzustellen. Nach der Berufung einer neuen Stadtverwaltung konzentrierte man sich darauf, die Verhaftung der einstigen NS-Führungskräfte des Kreises in die Wege zu leiten. Dies geschah aber zu einem Zeitpunkt, als die meisten bereits geflohen waren. Der ehemalige Kreisleiter Fritz Schwägerl (1933–1945) entzog sich durch Selbstmord seiner Verhaftung sowie dem drohenden Gerichtsverfahren. Der letzte nationalsozialistische Landrat Dr. Beinhardt wurde dagegen genauso wie der abgesetzte Bürgermeister Hans Gollwitzer (am 23. Mai 1945) interniert.

In den letzten Junitagen 1945 übernahm das neu eingerichtete Detachment H6E3 bzw. H282 unter Major Charles E. Vickerman die Kontrolle über Stadt und Landkreis Mühldorf. Häufige Personalwechsel erschwerten allerdings in der Folgezeit die Zusammenarbeit mit den deutschen Behörden. Das öffentliche Leben konnte sich deshalb erst allmählich stabilisieren. Im August 1945 galt der »Sicherheitszustand [...] als äusserst gefährdet«. [5] Trotzdem öffneten im Herbst Kindergärten und Schulen. Die fehlenden Lehrkräfte infolge von Kriegsverlusten und Entnazifizierungsverfahren konnten schon bald mit Flüchtlingen und Vertriebenen ersetzt werden.

Die Lebensmittelversorgung und die Beseitigung der Bombenschäden blieben für die ersten beiden Nachkriegsjahre das größte Problem: Schwarzmarkt – wenn auch selten organisiert –, Tauschhandel, Kompensationsgeschäfte und Hamstern waren bis zur Währungsreform an der Tagesordnung: »Tauschgeschäfte absonderlichster Art werden getätigt. Holz, Lebensmittel, Steine, Schmuck, Zement und Textilien wechseln in den eigenartigsten Kombinationen und Kettenreaktionen ihre Besitzer«. [6] Sogar die Kompensationsartikel beschränkten sich »vielfach auf unwichtige Schundartikel«. [7]

Die permanente Angst der Bevölkerung vor einem neuen Krieg dämpfte den Willen zu einem raschen Neuanfang. Die anhaltenden »Nahrungs- und sonstigen Sorgen« drängten außerdem »alle übrigen Vorgänge« [8] in den Hintergrund. Neben strengster Sparsamkeit wurde deshalb im ersten Nachkriegssommer zur Bebauung jedes freien Quadratmeters mit Obst und Gemüse aufgerufen. Während die Versorgung des Kreises mit landwirtschaftlichen Produkten aufgrund seiner agra-

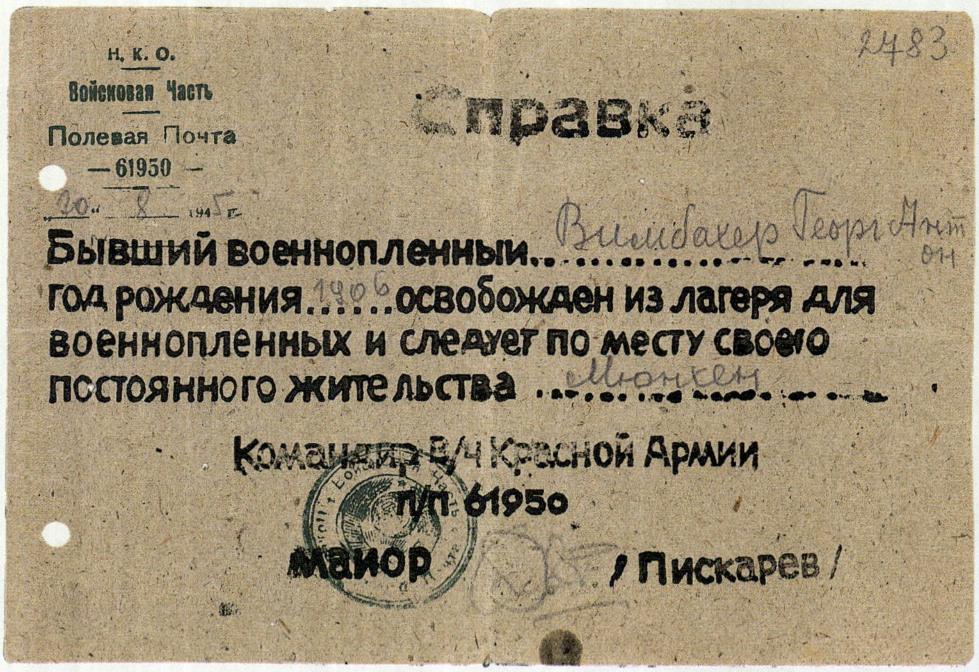
2483

Н. К. О.
Войсковая Часть
Полевая Почта
— 61950 —
"20" 8 1945 г.

Справка

Бывший военнопленный ... Вимбахер Георг Антон
год рождения 1906 освобожден из лагеря для военнопленных и следует по месту своего постоянного жительства ... Мюнхен

Командир В/Ч Красной Армии
п/п 61950
Майор / Пискарев /

Georg Anton Wembachers Entlassungsschein aus russischer Kriegsgefangenschaft
Stadtarchiv Mühldorf a. Inn

risch geprägten Wirtschaftsstruktur jedoch verhältnismäßig gut war, fehlte es an Kleidung, Stoffen, Schuhen und diversen Haushaltsgütern. Die Wirtschaftsämter hatten noch im Herbst 1945 geschlossen, da sie über keine Waren verfügten. Erst Ende 1947 eröffnete das erste Textilwarengeschäft, sodass endlich »Kleiderkartenpunkte oder Bezugsscheine« eingelöst werden konnten. [9] Daneben fanden die »unmöglichsten Gegenstände« [10] reißenden Absatz.

Die Beschaffung von Baumaterial zum Wiederaufbau funktionierte nur unter Umgehung der Vorschriften; Improvisation bestimmte den Alltag. Deshalb gingen die Aufräum- und Aufbauarbeiten nur langsam voran. Die Mühldorfer Bevölkerung glänzte laut den Angaben der Schutzpolizei aber auch mit Arbeitsunwilligkeit: »Sie sagen, warum sollen denn wir arbeiten, wo wir doch viel weniger zu essen haben als die Ausländer, die überhaupt nichts tun und trotzdem sehr viel und gut zu essen bekommen«. [11] Der Zorn richtete sich gegen die Ausländer und deren »stockende Rückführung« [12] in ihre Heimatländer, zumal sie für die Ausweitung des Schwarzmarktes und andere Gesetzesübertretungen verantwortlich gemacht wurden. [13] Gleichzeitig war die Militärregierung Ende 1945 mit der Versorgung der Ausländer und Displaced Persons (DPs) vollkommen überfordert. [14]

Das musst Du wissen
Broschüre
Kreismuseum Lodronhaus, Mühldorf a. Inn
Der Merkur-Verlag, Düsseldorf, brachte am 14. August 1945 mit Genehmigung der Militärregierung eine kleine Broschüre heraus. Sie erklärte die militärischen Dienstgrade der englischen und der amerikanischen Armee. Außerdem enthielt das Heftchen in englischer Sprache und in Lautschrift Fragen und Formeln, die für die deutsche Bevölkerung zur Verständigung mit der Militärregierung und den Verwaltungen unerlässlich waren.

Karikatur zum Schwarzmarkt
Rolf Peter Bauer, 1947
Kreismuseum Lodronhaus, Mühldorf a. Inn
In einer Postkartenreihe zeichnete Bauer ein ironisches Bild der Nachkriegssituation, wie beispielsweise die Situation vor der Währungsreform, als der Schwarzmarkt florierte.

Ausländer und Displaced Persons (DPs) in Mühldorf

Unmittelbar nach Kriegsende schätzte man die Zahl der im Landkreis Mühldorf lebenden Ausländer auf 14.000, zwei Monate später immerhin noch auf rund 7.000. 5.000 Ausländer wohnten in 13 Lagern bzw. wurden in zwei Krankenhäusern behandelt, 2.000 waren von der UNRRA (United Nations Relief and Rehabilitation Administration) privat untergebracht worden. [15] Ab Oktober 1945 begann die Militärregierung, gegen die hohe Kriminalitätsrate einzuschreiten, die vor allem den Ausländern angelastet wurde. Die Militärregierung verlegte etwa 2.000 DPs in den Landkreis Berchtesgaden oder überführte sie direkt in ihre Heimat. [16] Auf diese Weise konnte nicht nur die Belegungsdichte in den Lagern gesenkt, sondern auch Massenunterkünfte wie im »Gasthaus Hans Sachs«, im »Gasthaus Mößlinger Hof« und im »Braunwirtlager« in Altmühldorf aufgelöst werden. Im Frühjahr 1946 lebten in der Stadt in fünf staatlich geführten Lagern noch rund 1.000 Ausländer (vorwiegend aus den baltischen Staaten Lettland und Litauen) [17] und 165 in Privatquartieren. Die größere Zahl polnischer, russischer und auch italienischer Staatsbürger meist jüdischer Herkunft war dagegen in den Lagern im Landkreis untergebracht. Die meisten ehemaligen NS-Zwangsarbeiter hatten den Landkreis bereits verlassen. Bis zum Ende der 40er Jahre zogen die Ausländer nach und nach weg. Besonders die »jüdischen Staatsbürger bemühten sich verstärkt um ihre Auswanderung nach Übersee oder sonst wohin«. [18] Nach der Auflösung der IRO (International Refugee Organi-

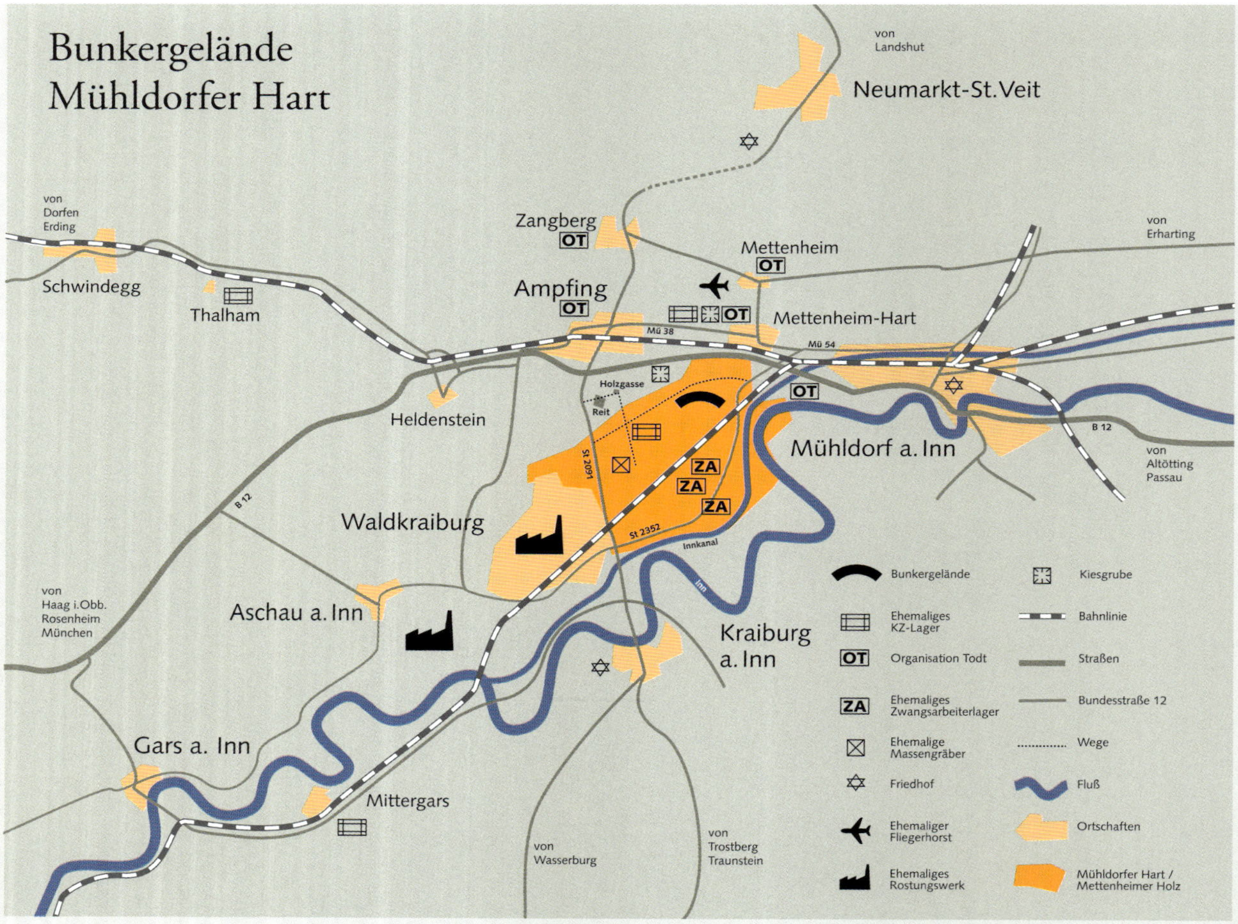

Skizze zum Bunkergelände
Grafik: engelhardt.atelier, Mühldorf a. Inn
Aktueller Plan mit den 1944/45 eingezeichneten Rüstungswerken, Konzentrationslagern, Zwangsarbeiterlagern, mit der Hauptbaustelle Weingut I und mit dem Fliegerhorst Mettenheim.

Lit.: Müller, Peter: Das Bunkergelände im Mühldorfer Hart. Rüstungswahnsinn und menschliches Leid. Hgg. vom Heimatbund Mühldorf e. V. und Kreismuseum Mühldorf a. Inn. Mühldorf 2000.

zation) im Juli 1950 sank bis Jahresende die Zahl der Ausländer im gesamten Landkreis von rund 2.300 (davon fast 2.000 in Lagern im Landkreis) auf 490.

Die Auswirkungen der Währungsreform 1948

Die Währungsreform 1948 brachte auch für Mühldorf eine vorübergehende Beruhigung der allgemeinen Lage. Schon kurz vor den Kommunalwahlen im April 1948 verwies das Arbeitsamt Mühldorf auf einen Überhang von 800 offenen Stellen. Dies änderte sich jedoch mit der Einführung der »Deutschen Mark«, da die Geldknappheit die Arbeitslosenzahl stark ansteigen ließ. Dagegen entspannte sich die Versorgung mit Dingen des alltäglichen Bedarfs. Die Einführung der neuen Währung im Juni 1948 führte nur vorübergehend zur »Erregung der Gemüter« und »panikartigen Stimmungen«. Nach ersten Großeinkäufen, die auch durch die jetzt wieder üppig dekorierten Schaufenster motiviert waren, flaute die Nachfrage merklich ab. Dies lag an den empfindlichen Preiserhöhungen bei den Grundnahrungsmitteln, verstärkt durch die Lebensmittelrationierung, die bis zur Gründung der Bundesrepublik bestand. Trotzdem ist seit Sommer 1948 ein weitgehend geregeltes Leben in Mühldorf feststellbar, in dem Kultur, Feste und Feiern wieder ihren festen Platz einnahmen.

Die Amerikaner blieben in Mühldorf präsent. Erst sieben Jahre nach dem Ende des Zweiten Weltkrieges verließen sie mit der Auflösung der Kreisämter der »Hohen Kommission« im Juni 1952 die Stadt. [19] Die US-Armee unterhielt fortan nur noch Verbindungsbüros in ausgewählten Landkreisen Bayerns, für Mühldorf war jenes in Berchtesgaden zuständig.

Das Erbe des 1000-jährigen Reichs in Mühldorf

Die Dachauer KZ-Außenkommandos um Mühldorf

Die hohe Zahl von Ausländern und DPs in und um Mühldorf nach Kriegsende war eine Folge der menschenverachtenden Politik im 3. Reich, deren Konzentrationslager ein System von KZ-Außenkommandos unterhalten hatten. Die nationalsozialistische Führung verlagerte seit Anfang 1944 aufgrund der verstärkten Bombardierungen von Produktionsstandorten auf reichsdeutschem Gebiet die wichtigeren Rüstungsbetriebe aus den industriellen Ballungszentren in unterirdisch angelegte, dezentrale Anlagen. Für die Herstellung der Motoren sowie der Flugzeugausrüstung des als kriegsentscheidend propagierten Flugzeugs von Messerschmidt, der ME 262, wurde ab März 1944 der Bau halbunterirdischer Fertigungsstätten auch in den Wäldern um Mühldorf – etwa 5 km von der Stadt entfernt – ins Auge gefasst. [20] Die gesamte Planung und Baukoordi-

Abbruch des Flugzeugbunkers
Stadtarchiv Mühldorf a. Inn
Im Sommer 1947 gelang nach mehreren vergeblichen Versuchen mit 120 Tonnen TNT die Sprengung des Flugzeugbunkers. Die Gewölbe stürzten bis auf einen Bogen in sich zusammen. Die frei stehenden Eisenarmierungen und der restliche Kies des Schalungskerns konnten von Mühldorfer Firmen genutzt werden.
Lit.: Müller, Peter: Das Bunkergelände im Mühldorfer Hart. Rüstungswahnsinn und menschliches Leid. Hgg. vom Heimatbund Mühldorf e. V. und Kreismuseum Mühldorf a. Inn. Mühldorf 2000, S. 29–41.

nation des Projekts »Weingut I« oblag der Organisation »Todt« (OT), die technische Durchführung der ortsansässigen Firma Polensky & Zöllner. Für dieses gewaltige Rüstungsprojekt mit dem Tarnnamen »Ringeltaube« setzte die OT als letzte Reserve menschlicher Arbeitskraft KZ-Häftlinge ein: Insgesamt wurden zwischen Juli 1944 und April 1945 rund 8.300 Häftlinge, davon rund 800 weibliche Gefangene, in die dafür eigens angelegten Dachauer Außenlager um Mühldorf gebracht. Neben dem Hauptlager Mettenheim (M1) bestanden bis Kriegsende die davon getrennten Unterkommandos »Waldlager V, VI« in Ampfing sowie die Komplexe bei Thalham und Mittergars. Die nach Mühldorf deportierten Menschen stammten aus Russland, Italien und dem Baltikum, das Gros waren allerdings ungarische Juden. Den Arbeitseinsatz überlebten sie durchschnittlich nur 80 Tage. »Vernichtung durch Arbeit«, fehlende Kleidung, mangelnde Hygiene und Ernährung, Schikanen des Aufsichtspersonals von SS und OT sowie schließlich eine Fleckfieberepidemie in den letzten Kriegswochen kosteten fast der Hälfte der Lagerinsassen das Leben, mehr als 800 Personen gelten als vermisst. [21] Die Toten wurden während des Krieges in Massengräbern am »Kronprinzstein« verscharrt.

Im Gegensatz zum Dachauer Außenkommando Kaufering bei Landsberg am Lech blieb das Werk in Mühldorf eine Baustelle, obwohl dort bis unmittelbar vor Kriegsende gearbeitet wurde. Als sich die amerikanische Armee näherte, wurden am 26. April 1945 mehr als 5.000 Häftlinge in Eisenbahnwaggons Richtung Südwesten verladen und erst bei Seeshaupt und Tutzing erlöst. Durch diese unmenschliche Aktion entspannte sich zweifellos die Situation im Mühldorfer Landkreis nach Kriegsende, da nur kranke Häftlinge zurückgelassen worden waren.

Die Befreiung der KZ-Häftlinge aus den Lagern bei Mühldorf durch amerikanische Truppenverbände am 2. Mai 1945 war unspektakulär. Der Lagerkommandant Anton Ostermann, das zurückgebliebene SS-Wachpersonal und der einstige Lagerführer von Dachau, Martin Weiss, wurden gefangenen genommen. Die befreiten KZ-Häftlinge hatten auf Anweisung der alliierten Truppen in den Lagern zu bleiben, wurden aber von einem amerikanischen Sanitätsteam versorgt. [22]

Während die KZ-Bauten in der Nachkriegszeit beseitigt wurden, diente ein Teil der stabileren Baracken jahrelang als Flüchtlingsunterkünfte. Die meisten provisorischen Hütten verschwanden erst, als sich die Lage auf dem Wohnungsmarkt entspannte. Derweil durften die an dem Bunkerbau beteiligten deutschen Firmen und auch der Rechtsnachfolger der Reichsbahn ihre technischen Einrichtungen vorbehaltlich späterer Reparationsleistungen abbauen, [23] während die Stadt Mühldorf um jedes Stück Material zur Beseitigung von Kriegsschäden betteln musste. Im Sommer 1947 sprengten US-Pioniere den riesigen Gewölbebogen, um die Widerstandsfähigkeit des Bunkers zu testen. In den folgenden Jahrzehnten verwilderte das Gelände, diente der Vernichtung von Kriegsmunition und als Giftstoffdepot. Versuchen, das ehemalige Außenlager als Mahnmal auszuweisen, wurde noch in den 1990er Jahren mit Teilabrissen der vorhandenen Gebäude entgegengearbeitet. Heute ist jedoch das Bunkergelände im Mühldorfer Hart als Mahnmal anerkannt und konnte damit »Gegen das Vergessen« gerettet werden. [24]

Die Außenkommandos und ihre Folgen für die Mühldorfer Bevölkerung

Noch im Mai 1945 wiesen ehemalige KZ-Häftlinge die örtliche Militärregierung auf die Massengräber südlich von Ampfing hin. Die amerikanischen Besatzungstruppen reagierten umgehend, als das grausige Ausmaß des KZ-Außenkommandos bekannt wurde: Wie an anderen Orten nationalsozialistischer Gräueltaten, konfrontierten die Besatzer die Einheimischen mit der Unmenschlichkeit des Hitler-Regimes. Im Mai und Juni 1945 ließ die Militärregierung 2.249 Leichen [25] ehemaliger KZ-Häftlinge auch aus seuchenhygienischen Gründen exhumieren und in Begräbnisstätten in Mühldorf, Burghausen, Altötting, Neumarkt, Kraiburg und Ampfing umbetten. Zuvor mussten jedoch alle Deutschen ab zwölf Jahren vor den offenen Särgen mit den bereits von der Verwesung gezeichneten, entblößten Leichen vorbeiziehen. Die Militärregierung setzte dazu im Juni drei »Bestattungstermine« auf der städtischen Wiese gegenüber dem katholischen Friedhof an, die Teilnahme war für die einheimische Bevölkerung unter Strafandrohung obligatorisch. [26] Obwohl es bei der ersten Trauerfeier am 2. Juni 1945 zu Übergriffen ehemaliger Zwangsarbeiter kam, wurden die beiden anderen Termine nicht ausgesetzt. Heute ist die von den Alliierten beabsichtigte erzieherische Wirkung derartiger Aktionen auf die Deutschen umstritten. [27] So leugnete der Mühldorfer Anzeiger bereits 1949 jedes Wissen der Bevölkerung über das KZ-Außenkommando vor den Toren der Stadt und stilisierte sie stattdessen selbst zu Opfern des nationalsozialistischen Regimes. [28]

Zwischen April und Juni 1946 erfolgte die Umbettung von weiteren fast 1.200 Leichen auf Ehrenfriedhöfe in Kraiburg, Ampfing und Neumarkt-St.Veit – ohne Beteiligung der Öffentlichkeit. [29] Die Arbeiten hatten ehemalige Parteimitglieder, so genannte PGs, zu leisten. Einige versuchten dem Arbeitseinsatz mit ärztlichen Attests zu entgehen, die amerikanische Militärregierung griff jedoch hart durch und genehmigte dies nur in Ausnahmefällen.

Die Lagerführer und sonstigen Verantwortlichen des Mühldorfer Außenkommandos wurden, soweit sie gefasst werden konnten, bis 1947 vor Gericht gestellt. Zwei der Hauptverantwortlichen verurteilten alliierte Gerichte im ersten Dachau-Prozess Ende 1945 zum Tode. [30] In den »Mühldorf- und Mühldorf-Ring-Prozessen«, fünf Verhandlungen zwischen dem 1. April und 13. Mai bzw. 23. September 1947, verhandelte man gegen weitere 28 Angehörige der SS, der OT (drei Personen) und der Firma Polensky & Zöllner (drei Personen). Bis 1951 wurden vier Todesurteile vollstreckt. Die Täter, deren Strafe in lebenslänglich umgewandelt wurde, erhielten zusammen mit den 17 zu Freiheitsstrafen verurteilten Angeklagten bis zum Jahre 1958 ihre Freiheit zurück. Fünf Angeklagte sprachen die Gerichte frei. Das gegen den ehemaligen Leiter des Hauptlagers Mettenheim, Sebastian Eberl, in den 1960er Jahren eingeleitete Ermittlungsverfahren verlief dagegen im Sande, ebenso wie sieben weitere, seit 1947 angestrengte Untersuchungen.

Entnazifizierung in Mühldorf

Die amerikanische Entnazifizierungspolitik

Einer der Kernpunkte amerikanischer Nachkriegspolitik war die Verhinderung einer Wiedergeburt deutschen Militarismus und Nazismus. Der wesentliche Teil der dazu notwendigen politischen Säuberungsmaßnahmen konzentrierte sich auf die Beseitigung der NS-Ideologie und ihres Einflusses auf das öffentliche Leben. Noch vor dem offiziellen Kriegsende am 8. Mai 1945 erließ das US-State-Department konkrete Instruktionen für die so genannte Entnazifizierung. Die ersten Kontrollratsgesetze zerschlugen den nationalsozialistischen Verwaltungsapparat. Die anschließende »personelle Säuberung« sollte nicht nur alle nationalsozialistischen Einflüsse aus öffentlichen Dienststellen sowie dem kulturellen und wirtschaftlichen Leben beseitigen, sondern auch zur Bestrafung der Kriegsverbrecher führen.

Die erste weitgehend unkoordinierte Phase der Entnazifizierungsmaßnahmen lag ausschließlich in den Händen der Besatzungsmacht und führte bis Ende Juni 1945 im Landkreis Mühldorf zur Entlassung von 70 ehemaligen Nationalsozialisten aus dem öffentlichen Dienst, mit mindestens 75 weiteren Suspendierungen musste gerechnet werden. Die Wiederbesetzung der Verwaltungsposten gestaltete sich in Mühldorf besonders schwierig, da sich laut Angaben der Militärregierung unglaubliche 95 Prozent der Bewohner in einer der nationalsozialistischen Organisationen engagiert hätten. [31] Da aber die ehemaligen Parteimitglieder als Arbeitskraft im Chaos der unmittelbaren Nachkriegszeit unverzichtbar waren, verblieben viele zunächst im Amt.

Einer der ersten Direktiven der amerikanischen Besatzungsmacht verpflichtete seit Juli 1945 jeden Deutschen, der einen Platz im öffentlichen Leben anstrebte oder innegehabt hatte, einen Meldebogen mit 131 Fragen auszufüllen. Dieser wurde einem siebenköpfigen Prüfungsausschuss unter Leitung des späteren sozialdemokratischen Stadtrates August Kolb vorgelegt. [32] Das alliierte Kontrollratsgesetz Nr. 8 vom 26. September 1945 dehnte die Entnazifizierungsmaßnahme auch auf die Privatwirtschaft aus. Dies führte aufgrund zahlreicher Entlassungen, Geschäftsschließungen oder treuhänderischer Leitungen von Unternehmen zu einer fahrlässigen Beeinträchtigung der Wirtschaft im Landkreis. Bis in den Sommer 1946 hinein blieben unentbehrliche Betriebe geschlossen. Die angespannte Versorgungslage der Stadt verschärfte sich beträchtlich; die Bevölkerung zeigte dafür wenig Verständnis. [33] Für ehemalige, aber auch für vermeintliche ehemalige Nationalsozialisten entwickelten sich die nächsten Monate zu einem Spießrutenlauf: Die Einordnung in den Bevölkerungsteil der nationalsozialistisch Belasteten bedeutete in der Regel Abtretung von Wohnraum, Zwangsspenden von Kleidung und Decken sowie Arbeitseinsatz bis zu einem Alter von 65 Jahren. Der eklatante Arbeitskräftemangel konnte jedoch selbst durch diese Art von Zwangsarbeit nicht kompensiert werden, da sich einstige Wehrmachtshelfer oder Büroangestellte selten für landwirtschaftliche Hilfsarbeiten oder fachmännische Trümmerbeseitigung eigneten.

Parallel zur personenbezogenen Entnazifizierung gingen die alliierten Behörden daran, Straßen, Plätze und Gebäude von ihrer »braunen Vergangenheit« zu befreien. [34] In Mühldorf war unmittelbar nach Kriegsende am Hotel Dinhuber die Gedenktafel, die an den Besuch Hitlers in der Stadt erinnerte, entfernt worden. Bis September 1945 verschwanden der Adolf-Hitler-Platz (jetzt Stadtplatz), die Dietrich-Eckart-Straße (jetzt Grillstraße nach dem Mühldorfer Geschichtsschreiber), die Horst-Wessel-Siedlung (Siedlung an der Mößlinger Straße), die Göringstraße (Harthäuselstraße), die Horst-Wessel-Straße (Xaver-Rambold-Straße nach dem Heimatforscher) und der Herbert-Norkus-Weg (Friedrich-Neumeyer-Weg nach dem Begründer des Mühldorfer Heimatbundes) aus dem Stadtbild.

Ende des Jahres 1945 schlug der Landrat auf Weisung der Militärregierung Männer aus dem Landkreis Mühldorf vor, die den so genannten Spruchausschuss für die Entnazifizierung leiten sollten. Als Ankläger waren Josef Kaiser und Josef Schlagbauer im Gespräch, als Vorsitzende August Kolb und Benedikt Bachmeier. Als Beisitzer waren je sechs Mitglieder von CSU, SPD und KPD vorgesehen. [35] Weitere Schritte zur Errichtung einer Entnazifizierungsstelle wurden jedoch nicht in Angriff genommen.

Die Spruchkammer in Mühldorf

In einer zweiten Phase der De- bzw. Entnazifizierung ab März 1946 beteiligten die Amerikaner unter Aufsicht auch deutsche Behörden. Als Grundlage diente das Gesetz zur Befreiung von Nationalsozialismus und Militarismus (BefrG). [36] Dieses Gesetz war von der Mühldorfer Bevölkerung sehnlichst erwartet worden, die Begeisterung ließ aber schon kurz nach der Veröffentlichung nach und schlug in »größte Enttäuschung« um: [37] Bereits im Anfangsstadium zeichnete sich ab, dass eine rasche Entnazifizierung nicht zu erwarten war. Außerdem empfand die Bevölkerung eine pauschale Einstufung aller Deutschen ab 18 Jahren in fünf Gruppen [38] aufgrund eines standardisierten Meldebogens als ungerecht und der Komplexität der Angelegenheit als kaum angemessen. Schließlich war als einziges Rechtsmittel gegen den abschließenden Spruchkammerbescheid nur eine stark eingeschränkte Berufung zulässig. Es zeigte sich tatsächlich sehr bald, dass das BefrG das Problem, eine Trennlinie zwischen nationalsozialistischen Parteiführern, einflussreichen Anhängern und nur nominell an der Tätigkeit der Partei beteiligten Personen zu ziehen, nicht einmal annähernd in den Griff bekam. Mit zunehmender Dauer der Entnazifizierung brachte gerade dies die Mühldorfer gegen das Verfahren auf, zumal die Zahl der zwangsweise zu schließenden Geschäfte und Betriebe in Stadt und Landkreis immer weiter anstieg und damit den Wiederaufbau empfindlich beeinträchtigte.

Kurz nach Erlass des BefrG ergingen an das Staatsministerium für politische Befreiung die Vorschläge für die Besetzung einer Spruchkammer. Die Prüfung der Meldebögen und eine mögliche weiterführende Untersuchung oblag dem so genannten Öffentlichen Kläger. Er entschied auf der Basis eigener Ermittlungen über

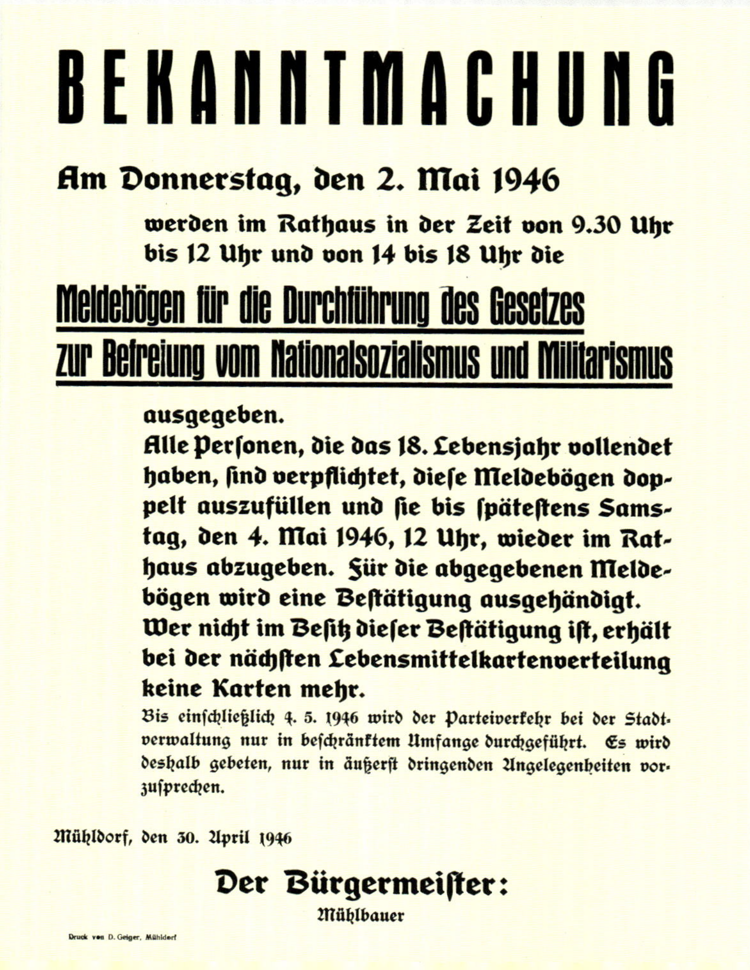

BEKANNTMACHUNG

Am Donnerstag, den 2. Mai 1946

werden im Rathaus in der Zeit von 9.30 Uhr bis 12 Uhr und von 14 bis 18 Uhr die

Meldebögen für die Durchführung des Gesetzes zur Befreiung vom Nationalsozialismus und Militarismus

ausgegeben.

Alle Personen, die das 18. Lebensjahr vollendet haben, sind verpflichtet, diese Meldebögen doppelt auszufüllen und sie bis spätestens Samstag, den 4. Mai 1946, 12 Uhr, wieder im Rathaus abzugeben. Für die abgegebenen Meldebögen wird eine Bestätigung ausgehändigt. Wer nicht im Besitz dieser Bestätigung ist, erhält bei der nächsten Lebensmittelkartenverteilung keine Karten mehr.

Bis einschließlich 4. 5. 1946 wird der Parteiverkehr bei der Stadtverwaltung nur in beschränktem Umfange durchgeführt. Es wird deshalb gebeten, nur in äußerst dringenden Angelegenheiten vorzusprechen.

Mühldorf, den 30. April 1946

Der Bürgermeister:

Mühlbauer

Druck von D. Geiger, Mühldorf

Aufforderung zum Abholen des Entnazifizierungsbogens vom 30. April 1946
Plakat
Stadtarchiv Mühldorf a. Inn
Die Militärregierung kommunizierte in der ersten Nachkriegszeit mit der Bevölkerung über Plakatanschläge. So auch in dem vorliegenden Fall. Jeder Deutsche über 18 Jahren hatte den Fragebogen mit 131 Fragen doppelt auszufüllen. An die Abgabe des ausgefüllten Fragebogens war die Ausgabe von Lebensmittelkarten geknüpft.
Lit.: Prähofer, Hans: Wie es war. Kriegsende und Neubeginn in Mühldorf am Inn und seinem Hinterland. Hgg. vom Heimatbund Mühldorf e. V. Mühldorf [3]1994 (1985).

eine Anklage. Die Urteile fällte anschließend die Spruchkammer bestehend aus einem/einer Vorsitzenden und mindestens zwei Beisitzern. [39] Im April 1946 übersandte der Landrat eine Liste der in Frage kommenden Personen: Als Vorsitzende schlug er August Kolb (als Vertreter von SPD und KPD) und Benedikt Bachmeier (CSU) vor, als Anklagevertreter Josef Kaiser (CSU) und Josef Schlagbauer (SPD und KPD). Da die Militärregierung Bachmeier aufgrund seiner undurchsichtigen Vergangenheit ablehnte, wurden August Kolb (vereidigt bereits im April 1946) als Öffentlicher Ankläger, Josef Kaiser (der von der Militärregierung anfangs abgelehnt worden war [40]) als dessen Stellvertreter, Ria Stempfle als Vorsitzende (nachträglich vereidigt im Juli 1946), die auf keiner Vorschlagsliste gestanden hatte, und schließlich Josef Schlagbauer als ihr Stellvertreter bestimmt. [41] Unterstützt wurden sie von Alfred Kothe als Geschäftsstellenleiter, vier Ermittlern, zwölf Auswertern und fünf Bürokräften. Die Spruchkammer war angehalten, »unverzüglich« ihre Arbeit aufzunehmen, sodass anfangs in der Töginger Straße, später in der Schlüsselbergstraße bzw. Münchner Straße Büros eingerichtet wurden.

Der Skandal um die Mühldorfer Spruchkammer

Bis zur Auflösung der Spruchkammer im September 1948 erlebte die Institution zahlreiche Umbesetzungen. Die untergeordneten Positionen mussten meist infolge von Fragebogenfälschungen oder Vorstrafen von ihren Ämtern zurücktreten. Im September 1946 führten aber der angeblich unsolide Lebenswandel [42] und mangelnde fachliche Ausbildung auch zur Entlassung von Ria Stempfle. [43] Ihr Amt übernahm – offensichtlich nur kommissarisch – Jakob Schernhammer (parteilos), der kurz darauf von Franz Binder abgelöst wurde. Erst Ende September 1946 fällte die Spruchkammer aufgrund ihrer zahlreichen Personalprobleme das erste Urteil gegen den Bäcker Georg Schwarz. [44] Zu diesem Zeitpunkt hatte der Ankläger Kolb in der Bevölkerung viel Kredit verspielt. Er hatte schon nach Prüfung der ersten Meldebögen damit begonnen, die Mühldorfer aufzufordern, all jene anzuzeigen, die augenscheinlich falsche Angaben gemacht hatten. Viele empfanden die ausgehängten Listen von »Nichtbelasteten« als offenen Aufruf zur Denunziation. [45] Dies trug dazu bei, dass das anfängliche Wohlwollen gegenüber einer gerechten Aufarbeitung der nationalsozialistischen Vergangenheit im Herbst 1946 in Resignation umschlug. Hauptklage führten die Mühldorfer gegen die zeitliche Verschleppung: »Bevor der letzte durch die Spruchkammer marschieren wird, sind unsere Kinder, die heuer in die Schule eingetreten sind, schon längst Großväter geworden«. [46] Bis Anfang 1947 waren gerade einmal drei Verhandlungen abgeschlossen und 18 Fälle bearbeitet worden. [47] Die Unzufriedenheit der Bevölkerung erreichte im Januar 1947 ihren vorläufigen Höhepunkt, als Landrat Goßner vorgeworfen wurde, ehemalige PGs zu begünstigen. Die Spruchkammer untersagte ihm daraufhin jede öffentliche Tätigkeit. Goßner wandte sich nun seinerseits an die bayerische Staatsregierung und insbesondere an den Staatsminister für Sonderaufgaben Alfred Loritz. [48] Loritz, der bei den Mühldorfern großes Ansehen genoss, enthob daraufhin ohne

Karikatur zur Entnazifizierung
Kreismuseum Lodronhaus, Mühldorf a. Inn
Diese Karikatur kursierte 1946 in Mühldorf. Der Künstler ist nicht bekannt.

persönliche Prüfung der Vorwürfe den Vorsitzenden und den Öffentlichen Kläger telegrafisch ihrer Ämter, ließ das Gebäude der Spruchkammer von der Polizei besetzen und leitete ein Disziplinarverfahren ein. Diese radikale Maßnahme brachte den »Fall Mühldorf« in die Schlagzeilen. [49] Am Ende wurden der Ankläger Kolb und der Vorsitzende Franz Binder von ihrem Amt suspendiert und die Spruchkammer neu besetzt.

Dieser Zwischenfall unterbrach die Arbeit der Spruchkammer für fast ein halbes Jahr. Die garantierte Entnazifizierung aller Mühldorfer Gewerbetreibenden bis zum Jahresende 1947 war damit utopisch geworden. Im März 1947 hatte zwar eine »2. Spruchkammer« ihre Arbeit aufgenommen, war aber ausschließlich mit der Abwicklung der Weihnachts- und Jugendamnestie von über 400 Personen beschäftigt. [50] Indes verzögerte sich die Neubesetzung des Vorsitzenden und des Öffentlichen Klägers der 1. Spruchkammer, da die Militärregierung den in Mühldorf tätigen Schulrat Josef Kastl als Ankläger sowie Jakob Hargasser als Vorsitzenden ablehnte. [51] So nahm die Kammer, die die Hauptschuldigen, Aktivisten und Belasteten aburteilte, erst Mitte Mai 1947 ihre Arbeit wieder auf. Als 1. Kläger fungierte nun Alois Hüppler (parteilos) und als 2. Kläger Josef Kaiser, der aber noch im Mai 1947 aus gesundheitlichen Gründen von Otto Pichler abgelöst wurde. Pichler seinerseits gab das Amt im September 1947 an den parteilosen Eckert Hartmann ab. Zum 1. Vorsitzenden wurde Martin Pinsner (WAV) bestimmt. Allein Jakob Schernhammer, der im November 1946 in die Spruchkammer berufen worden war, überstand alle Streitigkeiten. Bis zur Auflösung der Spruchkammer im September 1948 änderte sich die personelle Besetzung in den Führungspositionen nicht mehr, nur die Zahl der weiteren Mitarbeiter erhöhte sich geringfügig.

Die Auflösung der Mühldorfer Spruchkammer

Aus Sicht der Militärregierung arbeitete die Mühldorfer Spruchkammer zufriedenstellend und sie zeigte sich erfreut, dass das Verfahrenstempo stark anzogen hatte. [52] Je länger die Entnazifizierung dauerte, desto mehr verlor die Spruchkammer in der Bevölkerung an Ansehen. Seit Sommer 1948 kritisierte man die vergleichsweise harten Strafen von Minderbelasteten und Mitläufern aus den Jahren 1946/47 im Vergleich zu den milden Urteilen der Hauptverantwortlichen. Die Forderung nach einer gerechten Strafe für die NS-Verantwortlichen wich dem Wunsch nach einer baldigen und bedingungslosen Beendigung der leidigen Entnazifizierung. Der Plan, eine 3. Spruchkammer für den Landkreis Mühldorf zu installieren, um die Entnazifierung voranzutreiben, scheiterte im März 1948 an geeigneten, aus Mühldorf oder Bayern stammenden Mitarbeitern. [53]

Im Zuge des sich seit 1948 verschärfenden internationalen Ost-West-Konfliktes, aber auch aus wirtschaftlichen und finanziellen Gründen, drängte die amerikanische Militärregierung auf die Beendigung der politischen Säuberung. Laufende Verfahren sollten zwar abgeschlossen werden, neue jedoch nur noch eingeschränkt eröffnet werden. Deshalb reduzierte man zwischen September und Dezember 1948 durch Zusammenlegungen die Zahl der Spruchkammern in Bayern. Die Mühldorfer Kammer wehrte sich im Juni 1948 gegen die angekündigte Auflösung, da ihre Arbeit schließlich ein halbes Jahr geruht hätte und noch 150 schwerere Fällen abzuwickeln wären. [54] Die 29 Mitarbeiter wollten sich nicht dem Vorwurf aussetzen, die »wirklichen Nazis« verschont zu haben. [55] Der Protest war jedoch erfolglos, die Mühldorfer Spruchkammer wurde am 30. September 1948 aufgehoben und die noch offenen Verfahren an die Hauptkammer in Traunstein weitergeleitet. [56] Im Juli 1950 beschränkte der bayerische Landtag die Entnazifizierung gesetzlich auf formal Hauptschuldige und Belastete, vier Jahre später, am 1. September 1954, beendete das Gesetz zum »Abschluss der politischen Befreiung« die Entnazifizierung in Bayern.

Erneuerung des demokratischen Lebens

Die erste, provisorische Stadtführung

Eine der ersten Amtshandlungen der Militärregierung beinhaltete die Absetzung des nationalsozialistischen Bürgermeisters Hans Gollwitzer und die Ernennung einer neuen Verwaltungsspitze für die Stadt Mühldorf. Am 3. Mai wurde der verbürgt unbelastete Autohändler Anton Scheidl (später CSU) gegen seinen Willen zum provisorischen Bürgermeister der Stadt und kurz darauf der Rechtsanwalt Dr. Karl Mayer zum neuen Landrat bestimmt. Scheidl ernannte 13 provisorische Stadträte mit beratender Funktion, die bis zu den ersten demokratischen Wahlen Anfang 1946 im Amt blieben. Sie stammten aus allen antifaschistischen Lagern und wurden von der Besatzungsmacht genehmigt. Die wichtigsten Aufgaben des vorläufigen Stadtrates bestanden in der Versorgung der KZ-Häftlinge und in der Wohnraumbeschlagnahmung für ausländische Fremdarbeiter bzw. Kriegsgefangene sowie jüdische KZ-Insassen, Angehörige der Besatzungsmacht und schließlich für Flüchtlinge und Vertriebene, die in immer größerer Zahl eintrafen.

Kommunalwahlen in Mühldorf

Im Januar 1946 fanden die ersten demokratischen Nachkriegswahlen auf kommunaler Ebene statt. Ab Herbst 1945 konnten Gesuche auf Gründung von politischen Parteien bei der amerikanischen Militärregierung eingereicht werden. Bis zum Dezember gingen jedoch nur Anträge von SPD, CSU und KPD ein, die umgehend genehmigt wurden. Während einheimische Beobachter die Wahlversammlungen der Parteien als rege besucht bezeichneten, registrierte die Militärregierung ein »geringes Interesse«. [57] Für die ersten Wahlen war ganz offensichtlich der persönliche Charakter der Kandidaten ausschlaggebender als Wahl- und Parteiprogramme. Zwölf Jahre Diktatur hatten in der Bevölkerung Spuren hinterlassen. Die Skepsis gegenüber politischen Organisationen überwog und viele brachten der kleinen Pflanze »Demokratie« wenig Vertrauen entgegen.

An dem Urnengang im Januar 1946 nahmen 91 Prozent der Wahlberechtigten teil. Nicht wahlberechtigt waren politisch Vorbelastete (21 Prozent der Wahlberechtigten) und Personen, die weniger als ein Jahr in Bayern ihren Wohnsitz hatten. [58] Von den 3.583 im Mehrheits- und nicht im Verhältniswahlrecht abgegebenen gültigen Stimmen entfielen 54,6 Prozent (1.956 Stimmen) auf die CSU (neun Sitze im Stadtrat), 40,2 Prozent (1.439 Stimmen) auf die SPD (sechs Sitze) und nur 5,2 Prozent (188 Stimmen) auf die KPD, die keinen Sitz im Stadtrat erringen konnte. [59] Anton Scheidl wurde als ehrenamtlicher Bürgermeister bestätigt. Aber schon drei Monate später setzte ihn die örtliche Militärregierung ab, sodass der Stadtrat den bisherigen 2. Bürgermeister Franz Mühlbauer (SPD) zum neuen Amtsvorsteher wählte, den Stellvertreterposten übernahm Bäckermeister Josef Boch (CSU).

Mühlbauer ging mit Elan an den Wiederaufbau der Stadt. Sein »Hilfswerk zum Wiederaufbau der Stadt Mühldorf und für die Opfer des Krieges« brachte bis zur Auflösung des Fonds im November 1946 rund 55.000 RM ein. Aus diesem Grund kam es überraschend, als Mühlbauer im Mai 1947 seinen Rücktritt einreichte. Offiziell aus gesundheitlichen Gründen zurückgetreten hatten ihn die fortwährenden Streitigkeiten mit dem Flüchtlingskommissar sowie Verdächtigungen von Seiten der Militärregierung amtsmüde gemacht. [60] Da der Stadtrat dem Rücktritt aber nicht zustimmte und diesen auch nicht an das Innenministerium weiterleitete, blieb der SPD-Mann offiziell Bürgermeister von Mühldorf. Tatsächlich führte jedoch sein Stellvertreter Boch die Amtsgeschäfte, Mühlbauer nahm bis September 1947 an keiner Stadtratssitzung teil. [61] Erst im September führte ein erneuter Rücktrittsantrag zur Wahl Bochs zum 1. Bürgermeister sowie Jakob Schnappingers (CSU) zu seinem Stellvertreter. Die Wahlen im April 1948 brachten Mühlbauer erneut an die Spitze der Stadtverwaltung. [62] Im zweiten Stadtrat der Nachkriegszeit von 1948 bis 1952 gingen sieben Sitze an die SPD, fünf an die CSU, drei an die im August 1947 zugelassene Bayernpartei (BP) und einer an die FDP.

Der Mühldorfer Stadtrat von 1952 bis 1956 ergab ein buntes Bild. Die renommierten Parteien waren die großen Verlierer der Kommunalwahl 1952: Die CSU verfügte über gar keine eigene Liste und an die SPD gingen am Ende nur vier Sitze. Die Gewinner waren die unabhängigen Wählergemeinschaften: sechs Sitze erzielten die »Parteilosen Mühldorfer«, neun die »Mühldorfer Einheitsliste« und einen die »Heimatvertriebenen-Notgemeinschaft«. Leer gingen KPD und die »Notgemeinschaft der Arbeiter, Erwerbslosen und Sozialbedrängten« aus. [63]

1952 wurde Hans Gollwitzer (»Parteilose Mühldorfer«) zum neuen Bürgermeister der Stadt gewählt. Gollwitzer, der bereits zwischen 1938 und 1945 Bürgermeister gewesen war, regierte bis 1966, zunächst ehrenamtlich und ab 1960 berufsmäßig. Gollwitzer war kein unumstrittener Bürgermeister. Dies machte spätestens die Debatte um die Ehrenbürgerwürde der Stadt, die ihm im Januar 1971 verliehen wurde, deutlich. Hans Gollwitzer (1896–1979) stammte aus einer bürgerlichen Familie aus Erding. [64] Er nahm als Freiwilliger am Ersten Weltkrieg teil, danach war er Mitglied rechtsgerichteter Freikorps. Nach dem Studium der evangelischen Theologie kam Gollwitzer Anfang der 1920er Jahre als evangelischer Seelsorger nach Mühldorf. Schon früh zeigte er sich dem nationalsozialistischen Gedankengut gegenüber aufgeschlossen und trat 1929 der NSDAP bei. Obwohl ihn der bayerische Landesbischof im Jahre 1935 aufgrund seiner politischen Haltung aus dem kirchlichen Dienst entließ, unterstützte ihn die Mühldorfer Gemeinde, sodass er bis 1940 weiterhin als Priester tätig sein konnte. Unterdessen stieg Gollwitzer unaufhaltsam auf der örtlichen Karriereleiter der Nationalsozialisten auf: 1935/37 wurde er hauptamtlicher Geschäftsführer der Kreisleitung, 1937 ehrenamtlicher Bürgermeister, 1938 berufsmäßiger Bürgermeister. Nach vorübergehenden Kriegseinsätzen an der Ost- und Westfront lenkte er ab 1942/43 wieder die Geschicke Mühldorfs. Nach dem Zweiten Weltkrieg internierten ihn die Amerikaner im Lager Moosburg, wo ihm 1947/48 der Prozess gemacht wurde – zu einem Zeitpunkt, als man die Spruchkammerverfahren bereits großzügiger handhabte. Das Gericht stufte Gollwitzer in die Gruppe der »Belasteten« ein, verhängte als Strafe ein Jahr Arbeitslager und sprach

Hilfswerk

für den Wiederaufbau der Stadt Mühldorf und für die Opfer des Krieges

Der Aufruf zur freiwill. Schutt- und Trümmerbeseitigung, der vor einigen Wochen an die Bevölkerung der Stadt Mühldorf gerichtet wurde, hatte einen erfreulich guten Erfolg. Hunderte von freiwilligen Helfern aller Bevölkerungsschichten trugen dazu bei, das Stadtbild wieder freundlicher zu gestalten.

Aber trotz der vielen fleißigen Hände lasten noch schwere Sorgen auf uns. An die Stelle der Trümmer unserer öffentlichen Gebäude und der Wohnungen müssen wir wieder neue Gebäude erstellen und den vom Luftkrieg Betroffenen, abgestuft nach der wirtschaftlichen Notwendigkeit, dazu helfen.

Aus den vorhandenen Geldmitteln der Stadt können diese gewaltigen Lasten nicht mehr gedeckt werden. Die Finanzlage der Stadt, die einst durch Bürgerfleiß und sparsame Wirtschaft gut fundiert, ist heute durch die ungeheuren zusätzlichen Ausgaben sehr schlecht.

Und welch harte und grausame Schläge hat der Krieg manchem unserer Bürger zugefügt. In Minuten zerstörte der Luftkrieg, was in jahrzehntelanger fleißiger Arbeit geschaffen wurde. Und manche Familie, denen der Krieg den Ernährer geraubt hat, entbehrt heute die notwendigsten Dinge des Lebens, ja weiß oft nicht das Geld für das tägliche Brot zu beschaffen. Die zur Verfügung stehenden Mittel der öffentl. Fürsorge sind so gering, daß noch viel Not übrig bleibt, oft wirksame Hilfe einfach unmöglich ist.

Viele aber haben ihren Besitz und all das, was das Leben angenehm macht, ohne wesentliche Verluste durch diese schreckliche Zeit herübergerettet in unsere Tage. Ist es ihr Verdienst, daß das Schicksal sie davor bewahrte, vor den rauchenden Trümmern ihrer Habe zu stehen — um den Vater unmündiger Kinder trauern zu müssen. Jeder, der davon verschont blieb, möge sich das heute vor Augen halten und seine innere Einstellung dazu ergründen.

Nie war die Not und das Elend — des Einzelnen wie der Gesamtheit — so groß wie die Not unserer Tage. Ist es da nicht das zwingende Gebot der Stunde, zu helfen und diese Not zu lindern?

Die Männer des öffentlichen Lebens der Stadt Mühldorf, aller Stände, Konfessionen und Parteien wenden sich daher heute an die gesamte Bevölkerung. Ihre dringende Bitte, zu helfen, richtet sich an alle, deren wirtschaftliche Lage es erlaubt, ihr Herz und ihre Hand zu öffnen.

In einer Reihe von Wohltätigkeits-Veranstaltungen — ernsten und heiteren Charakters — und in einer Geldsammlung soll jedem Gelegenheit gegeben werden, sein Teil, entsprechend seiner wirtschaftlichen Lage beizusteuern. Spenden können außerdem in der Stadtkasse Mühldorf (Rathaus) einbezahlt werden.

Wir wollen nicht klagen und jammern, nicht bemitleiden, sondern freudigen Herzens helfen.

Christliche Nächstenliebe und wahrer Sozialismus — hier können, müssen und werden wir sie beweisen.

Hilfswerk für den Wiederaufbau der Stadt Mühldorf und für die Opfer des Krieges

Evangelischer Stadtpfarrer:
gez. Dr. Weichlein

Der 1. Bürgermeister: gez. Mühlbauer
Der 2. Bürgermeister: gez. Boch

Kath. Stadtpfarrer: gez. Sterr

Sozialdemokratische Partei
gez. Kolb

Kommunistische Partei
gez. Mannsheimer

Christlich Soziale Union
gez. Mauerer

Bayern Stadt Mühldorf am Inn
KB V 2a

Druck von D. Geiger, Mühldorf

ihm unter anderem seinen Anspruch auf eine Bürgermeisterpension ab. Gollwitzer wurde am 19. Juli 1948 entlassen. Keine zwei Jahre später erreichte er unter Anführung seiner Verdienste um die Stadt Mühldorf die Aufhebung seines ersten Spruchkammerbescheides: Die Hauptkammer München stufte Hans Gollwitzer im Februar 1950 nur noch als »Mitläufer« ein.

Kreistagswahlen

Die Kreistagswahl im April 1946 ergab einen beeindruckenden Sieg für die CSU. Sie erhielt 75 % der Stimmen und damit 35 der 45 Sitze. Die SPD errang nur acht Sitze (6 % der Wählerstimmen), während KDP und die WAV (Wirtschaftliche Aufbauvereinigung) jeweils einen Sitz erzielten. Sebastian Goßner wurde neuer Landrat und zwei Jahre später trotz der Vorfälle um die Mühldorfer Spruchkammer gegen die Stimmen von SPD und BP in seinem Amt bestätigt. Im Jahre 1952 setze sich als neuer Landrat Weggartner (BP) durch.

Im zweiten Nachkriegskreisrat 1948 musste die CSU zu Gunsten der BP hohe Verluste hinnehmen und sich mit 13 Sitzen (26 % der Stimmen) zufrieden geben – die BP erhielt 14 Sitze (31 % der Stimmen). Darüber hinaus erreichte die gemeinsame Liste aus BHE (Block der Heimatvertriebenen und Entrechteten) und »Notgemeinschaft« neun Sitze (21 %), die SPD (13 %) kam auf sechs Kreistagssitze. [65] Somit konnte die SPD, die seit 1946 ihre Mitgliederzahl von 120 auf mehr als 1.000 Personen fast verzehnfacht hatte, ihren Erfolg bei den überregionalen Wahlen anders als bei den Kommunalwahlen nicht umsetzen. [66] Besonders die Landbevölkerung wandte sich den konservativen Parteien zu. Entgegen der früheren Wahlversprechen hatten sich die Lebensbedingungen seit Kriegsende kaum verbessert, während aus Sicht der Einheimischen Ausländer und Vertriebene bevorzugt behandelt wurden.

Aufruf zur Gründung eines Hilfsfonds
Plakat
Stadtarchiv Mühldorf a. Inn
Der Stadt fehlte es direkt nach Kriegsende an Geld, um alle anstehenden Aufgaben zu bewältigen. Daher riefen Bürgermeister, Kirchen und Parteien die Bevölkerung zu Spenden für das »Hilfswerk für den Wiederaufbau der Stadt Mühldorf und für die Opfer des Krieges« auf. Durch Wohltätigkeitsveranstaltungen und Geldsammlungen erhoffte man sich Einnahmen. Es spricht eine weltanschaulich übergreifende Solidarität aus dem Aufruf.

Weihnachtsausstellung 1946
Plakat
Stadtarchiv Mühldorf a. Inn
Der Mühldorfer Künstler Hans Prähofer entwarf das Plakat zur ersten Kunstausstellung nach 1945. Weihnachten 1946 stellten Mühldorfer und Wasserburger Künstler im Mühldorfer Rathaus aus.

Heimat verloren – Heimat gewonnen

Zur Integration von Flüchtlingen und Vertriebenen in Mühldorf nach 1945

Reinhard Wanka

Flucht und Vertreibung

Im Marschlied 1945 lässt Erich Kästner Flüchtlinge aus Oberschlesien diese Strophe singen:

»*Ich trag' Schuhe ohne Sohlen,*
und der Rucksack ist mein Schrank.
Meine Möbel hab'n die Polen
und mein Geld die Dresdner Bank …« [1]

Unzählige Schilderungen und Berichte ähnlicher Art erinnern an diese Folgen des Zweiten Weltkriegs. Der Exodus von Millionen Deutschen aus dem Osten, sei es durch Flucht vor den heranrückenden russischen Heeren oder durch die Ausweisung, ist eines der dunkelsten Kapitel der Kriegs- und Nachkriegszeit. Dazu zählen besonders die Schrecken, menschlichen Katastrophen und Einzelschicksale der insgesamt 12 Millionen Flüchtlinge und Vertriebenen, [2] von denen Millionen diese Strapazen nicht überstehen sollten. [3]

Nach den Ursachen zu forschen erscheint müßig, denn die Flucht vor der Roten Armee war ebenso eine Folge von Hitlers Kriegspolitik wie die Potsdamer Konferenz, auf der die Siegermächte die Zwangsumsiedlung von Millionen Deutschen aus den wieder hergestellten osteuropäischen Staaten festlegten. Die deutschstämmige Zivilbevölkerung hatte nun auszubaden, was die deutsche Besatzung in Osteuropa angerichtet hatte und was die nunmehrigen Sieger als Umkehrung von Hitlers »Heim-ins-Reich«-Parolen verstanden.

Der Zeitpunkt der Flucht aus den Gebieten östlich der späteren Oder-Neiße-Grenze konnte von der bedrohten Bevölkerung schon deshalb nicht früher gewählt werden, da die deutsche Führung die Flucht jeweils bis zum letzten Augenblick aus militärtaktischen Gründen verbot. Anders lag der Sachverhalt bei der Vertreibung. Diese war eine geplante Aktion der osteuropäischen Länder, abgesegnet durch die Siegermächte:

»Die drei Regierungen haben die Frage unter allen Gesichtspunkten beraten und erkennen an, dass die Überführung der deutschen Bevölkerung oder Bestandteile derselben, die in Polen, der Tschechoslowakei und Ungarn zurückgeblieben sind, nach Deutschland durchgeführt werden muss. Sie stimmen darin überein, dass jede derartige Überführung, die stattfinden wird, in ordnungsgemäßer und humaner Weise erfolgen soll.« [4]

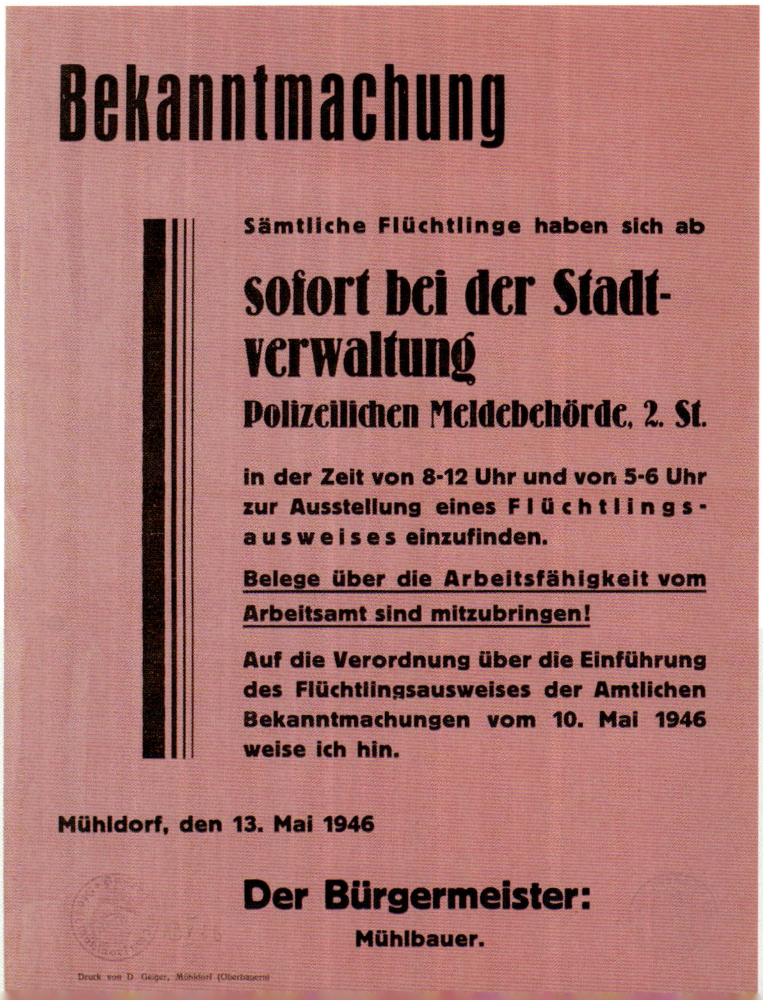
Bekanntmachung

Sämtliche Flüchtlinge haben sich ab
sofort bei der Stadtverwaltung
Polizeilichen Meldebehörde, 2. St.
in der Zeit von 8-12 Uhr und von 5-6 Uhr zur Ausstellung eines Flüchtlingsausweises einzufinden.
Belege über die Arbeitsfähigkeit vom Arbeitsamt sind mitzubringen!
Auf die Verordnung über die Einführung des Flüchtlingsausweises der Amtlichen Bekanntmachungen vom 10. Mai 1946 weise ich hin.

Mühldorf, den 13. Mai 1946

Der Bürgermeister:
Mühlbauer.

Bekanntmachung vom 13. Mai 1946
Plakat
Stadtarchiv Mühldorf a. Inn
Um den Mangel verwalten zu können, verlangte die Verordnung vom 10. Mai 1946, dass sich Flüchtlinge und Vertriebene bei der Stadtverwaltung Ausweise ausstellen lassen.

Somit mussten alle deutschen Bürger, die vor dem Krieg in Ostpreußen, Ostpommern, Ostbrandenburg, Schlesien, in der Tschechoslowakei, Polen, Jugoslawien, Rumänien und Ungarn lebten – soweit sie noch nicht geflohen waren – nach Westen, in ein wesentlich kleineres, zerbombtes Restdeutschland umgesiedelt werden. [5]

Der erste organisierte Transport erreichte am 25. Januar 1946 das Grenzlager Furth im Wald. In den Grenzlagern konnten die Vertriebenen nun wenigstens medizinische Versorgung und Verpflegung in Anspruch nehmen und sie kamen in die Obhut der westdeutschen Länderverwaltungen. Insgesamt sind dann im Laufe dieses Jahres 1.183.370 Menschen in 1.111 Eisenbahnzügen in der amerikanischen Besatzungszone angekommen. [6]

Angesichts der herrschenden Notlage und der bestehenden großen Schwierigkeiten im Nachkriegsdeutschland war es eine ungeheure Leistung der neuen Verwaltung und der karitativen Einrichtungen, alle diese Flüchtlinge und Vertriebene aufgenommen und verpflegt zu haben. Dass diese nicht mehr in ihre angestammte Heimat zurückkehren könnten und alle auf Dauer bleiben müssten, daran wollte zu diesem Zeitpunkt kaum einer glauben.

Das Aufnahmeland Bayern

In dem Protokoll des alliierten Sekretariats war die Verteilung der Ausgewiesenen auf die Besatzungszonen bereits geregelt worden. Dabei beschloss der Länderausschuss für Flüchtlingsvorsorge für die amerikanische Zone, dass 50 % der zu erwartenden Vertriebenen nach Bayern, 27 % nach Hessen und 23 % nach Württemberg-Baden zu überführen seien. [7]

Bis zum 31.12.1946 betrug die Zahl der Flüchtlinge in Bayern 1.672.562 Personen, davon 1.124.830 aus dem Ausland, 547.716 aus den deutschen Ostgebieten. Nichtbayerische Evakuierte waren noch 287.177 Personen, während die Zahl der aus zerstörten bayerischen Städten evakuierten Bürger mit 334.911 noch höher lag. [8] Letztere waren z.T. schon seit 1944 auf die Landgebiete verteilt und trugen mit zur Belastung dieser Regionen bei. [9]

Die Neuankömmlinge setzten sich aus vier Gruppen zusammen. Die erste Gruppe umfasste die ausgewiesenen Deutschen aus dem Ausland, insgesamt 1.306.000 Personen. Als zweite Gruppe fanden sich 620.000 Flüchtlinge aus den deutschen Gebieten östlich der Oder-Neiße-Linie in Bayern wieder. Als dritte Gruppe erschienen die Evakuierten aus dem Reichsgebiet, die Ende 1949 immer noch eine viertel Million ausmachte. Nicht erfasst waren dabei die innerbayerischen Evakuierten aus den bombardierten Großstädten wie z.B. München, Nürnberg, Würzburg. Die vierte Gruppe bildeten die Ausländer, deren Zahl durch Rückführung in ihre Heimatländer ständig abnahm und zum Stichtag 1. Oktober 1949 noch 220.000 betrug. Insgesamt lebten also Ende 1949 genau 1.928.189 Flüchtlinge in Bayern. [10]

Diese riesige Anzahl Heimatloser aufzunehmen und möglichst »gleichmäßig und gerecht« zu verteilen, war zunächst ein rein quantitatives Problem der Flüchtlingsverwaltung, ganz abgesehen von den Einzelschicksalen der Menschen, die es zu bewältigen galt. Die Aufteilung der Flüchtlinge geschah hauptsächlich unter dem Gesichtspunkt des vorhandenen Wohnraumes, wobei die Flüchtlingsverwaltung die Ergebnisse der Wohnungszählung durch das Statistische Landesamt vom 10. Dezember 1945 benutzte. [11]

Dabei erschwerten häufig manipulierte oder gefälschte Angaben über die Anzahl der Räume die Verteilung und machten nachträgliche Korrekturen nötig. [12]

Der Landkreis Mühldorf als Aufnahmegebiet

Der Landkreis Mühldorf war bis Kriegsbeginn ein sehr stark agrarisch geprägter und strukturierter Landkreis ohne nennenswerte Industrie. Größere Industriebetriebe fehlten gänzlich, Sägewerke und Ziegeleien galten als Großbetriebe. In der Landwirtschaft fand damals noch mehr als die Hälfte der Beschäftigten Arbeit. Lediglich in der Kreisstadt selbst waren wegen ihrer zentralen Funktion Arbeitsplätze im öffentlichen Dienst, in der Verwaltung und im Handel vorhanden sowie außerdem noch bei der damaligen Reichsbahn, da es sich hier um den wichtigsten Eisenbahnknotenpunkt in Südostbayern handelte.

Im Jahr 1939 lebten im Landkreis etwa 43.500 Menschen, davon 7.672 in der Kreisstadt Mühldorf, [13] der einzigen städtischen Siedlung. Daneben gab es noch drei Marktgemeinden mit zusammen etwa 5.200 Einwohnern. Der größere Teil der Bevölkerung verteilte sich auf die anderen der damals insgesamt 54 Gemeinden des Kreises.

Danach verteilte sich die erwerbstätige Bevölkerung im Jahr 1939 wie folgt: [14]

Landwirtschaft	14.200 Personen (58 %)
Industrie und Handwerk	6.500 Personen (26 %)
Handel und Verkehr	2.700 Personen (11 %)
Öffentl. Dienst, Dienstleistungen	1.250 Personen (5 %) [15]

Von den direkten Kriegsereignissen war der Landkreis Mühldorf bis 1945 wenig berührt. Relativ spät, am 19. März und 20. April 1945, wurde die Stadt Mühldorf ebenso wie die Werke im Wald von alliierten Flugzeugen bombardiert. [16] In den letzten Apriltagen 1945 kamen amerikanische Truppen in den Kreis, besetzten die Orte und ihre Rathäuser, befreiten am 1. und 2. Mai in Mettenheim Hunderte von KZ-Gefangenen aus dem dortigen Außenlager von Dachau [17] und beendeten den Arbeitseinsatz von Fremdarbeitern in den Munitionsfabriken von Aschau und Kraiburg. [18]

Die ersten Flüchtlinge treffen in Mühldorf ein

Einige Monate später kommt nun die Meldung, dass vor allem aus der Tschechoslowakei immer mehr Menschen vertrieben und nach Bayern kommen würden:

»Der aus München gemeldete Transport mit 850 Flüchtlingen ist am Montag, dem 7. Januar am Bahnhof Mühldorf um 19.50 Uhr eingetroffen. In der Reichsbahnkantine sind dieselben durch das Rote Kreuz verpflegt worden. Anderntags sind die Flüchtlinge mit Omnibussen und Lastkraftwagen in die einzelnen Gemeinden des Landkreises gebracht worden. Dort stieß ihre Unterbringung auf große Schwierigkeiten. Es handelte sich in der Hauptsache um Frauen, Kinder und alte, gebrechliche Leute. Zweifellos werden sie der öffentlichen Fürsorge zur Last fallen. Landwirtschaftliche Arbeiter waren nur ganz wenige dabei.« [19]

Die genaue Zahl der Flüchtlinge und Vertriebenen im Landkreis für das Jahr 1945 zu ermitteln, erweist sich als schwierig, da sowohl in den Wochenberichten des Landrats als auch in den amtlichen Statistiken auf eine Unterscheidung zwischen Flüchtlingen, Evakuierten und Ausländern verzichtet wurde bzw. diese Begriffe verschieden interpretiert wurden.

Im Juli 1945 lebten im Landkreis Mühldorf 7.000 Ausländer, [20] meistens Zwangsarbeiter aus Polen und Frankreich, die auf ihren Rücktransport in ihre Heimat warteten. Dazu kamen etwa 10.000 Flüchtlinge und Evakuierte, wobei gerade die Zahl letzterer im Laufe des Jahres 1945 stark abgenommen haben dürfte. Teilweise widersprüchliche Zahlenangaben zeigen, dass in Bezug auf die zahlenmäßige Erfassung der »nicht ansässigen« Bevölkerung in den Wirren der Nachkriegszeit keine genauen Angaben möglich waren.

Ende des Jahres 1945 erkennt die Bayerische Staatsregierung die Dringlichkeit des Flüchtlingsproblems und setzt einen Staatskommissar für das Flüchtlingswesen ein und in den Landkreisen Flüchtlingskommissare. [21] Die Arbeitsaufnahme dieser Kommissare ging nicht immer reibungslos vonstatten, [22] vor allem drängte angesichts der bevorstehenden Flüchtlings- und Ausweisungswelle die Zeit, um eine diesen Anforderungen gewachsene Verwaltung aufzustellen.

Für den Landkreis Mühldorf wurde zum 23. November 1945 als Flüchtlingskommissar Georg Rosenmeier eingesetzt. Er sollte für seine Tätigkeit ein Auto gestellt erhalten und außerdem eine Wohnung, [23] in der er

Aufruf

an die Bevölkerung des Landkreises Mühldorf!

In den vor den Toren der Stadt Mühldorf liegenden Flüchtlingslagern befinden sich rund 3000 Personen, die auf die Zuweisung in Privatquartiere im Landkreis Mühldorf seit Wochen warten.

Laut der mir übertragenen Aufgabe muß ich nunmehr dafür sorgen, daß diese Flüchtlinge aus den Lagern heraus- und in Einzelquartieren untergebracht werden. Es ist bekannt, daß die Bereitstellung von Wohnraum für eine so hohe Zahl von Menschen außerordentliche Härten mit sich bringen wird. Das Amt der Militärregierung für Bayern hat beanstandet, daß die Räumung der Wohnungen von Nationalsozialisten nicht schnell und umfassend genug vor sich geht, um den äußerst großen Bedarf an Wohnraum zu decken. Das Amt der Militärregierung für Bayern hat deshalb das Bayerische Arbeitsministerium beauftragt, eine Anordnung zu erlassen, die ich an anderer Stelle der Bevölkerung zur Kenntnis bringe.

Dieser sogenannte politische Wohnraum reicht jedoch keineswegs aus, um eine Zahl von 3000 Flüchtlingen unterzubringen. Auch die übrige Bevölkerung muß einen Anteil an dieser Einquartierung tragen. Daß es hierbei nicht ohne zum Teil harte Einschränkungen abgeht, dürfte jedem verständigen Menschen klar sein. Außerordentliche Umstände und Notzeiten verlangen gebieterisch auch außerordentliche Lösungen. Ich appelliere daher an die Bevölkerung, in wahrhaft christlicher Gesinnung den unglücklichen Flüchtlingen, die zum Großteil neben dem Verlust der Heimat auch den Verlust von Hab und Gut zu beklagen haben, zu helfen.

In den nächsten Tagen werde ich durch von mir beauftragte und mit entsprechenden Ausweisen versehene Personen nochmals eine Ueberprüfung des gesamten Wohnraumes in sämtlichen Gemeinden des Kreises Mühldorf durchführen lassen und auf Grund dieser Ueberprüfung die Einquartierung der Flüchtlinge vornehmen.

Ein großer Teil der Bevölkerung ist in anerkennenswertem Verständnis den Maßnahmen hinsichtlich der Flüchtlingsfürsorge entgegengekommen und versucht, das harte Los der Unglücklichen zu mildern. Es sind aber auch eine Reihe von Fällen aufzuzeigen, die von einem absoluten Unverständnis für die Not unserer Zeit zeugen, Vorfälle, die beweisen, daß es bei manchen Leuten in unserem Landkreis durchaus an [redacted] Verständnis für Flüchtlingsbetreuung fehlt.

Ich verweise auf die in Rundfunk und Presse veröffentlichte Verordnung des Staatskommissars für Flüchtlinge und Ausgewiesene in Bayern vom 10. 7. 1946, wonach in Fällen von Ausschreitungen gegen Flüchtlinge, Verweigerung von Quartiergabe oder Verweigerung von Nebenleistungen, wie Küchen- und Abortbenützung oder Entfernung von Wohnungseinrichtung und Zubehör vor und nach der Beschlagnahme, um die Bewohnbarkeit der Räume zu verhindern, Geldstrafen bis zu 10000 RM. oder Gefängnis bis zu 5 Jahren vorgesehen sind.

Ich vertraue auf die verständnisvolle Mitarbeit der gesamten Bevölkerung unseres Kreises und hoffe, daß das schwere Problem in einer für alle Beteiligten befriedigenden Form gelöst wird.

Der Wohnungs- und Flüchtlingskommissar für den Landkreis Mühldorf

gez. Rosenmeier.

Bereitstellung von Wohnraum für Flüchtlinge
Plakat
Stadtarchiv Mühldorf a. Inn
Das Wohnungsproblem war auch in Mühldorf riesig. Tausende von Vertriebenen und Flüchtlingen lebten in Baracken und Notunterkünften und sollten rasch in Privatquartiere umziehen. Bei einer zerstörten Wohnsubstanz in Mühldorf von ca. 40 % kein leichtes Unterfangen. Auf Plakatanschlägen appellierte der Wohnungs- und Flüchtlingskommissar für den Landkreis Mühldorf, Georg Rosenmeier, an die Bevölkerung, privaten Wohnraum für Flüchtlinge zur Verfügung zu stellen. Der Aufruf ist in einer sehr höflichen, um Verständnis werbenden Form gehalten.

auch seinen beruflichen Tätigkeiten nachgehen konnte, nämlich die gesamte Wohnraumbewirtschaftung sowie die Verteilung der behördlich gelenkten Flüchtlinge auf die Gemeinden zu leiten. [24] Um Bevorzugungen oder Ungerechtigkeiten zu vermeiden, waren die Gemeinden bzw. ihre Bürgermeister hinsichtlich der gesamten Wohnraumbewirtschaftung dem Flüchtlingskommissar unterstellt. [25]

Offensichtlich konnten diese Forderungen in Mühldorf nicht erfüllt werden, denn bald schon drohte der Regierungskommissar die Militärregierung in München einzuschalten, wenn nicht innerhalb eines Tages ein Auto, genügend Benzin und ein anständiges Büro bereitgestellt würden. Außerdem erhielt der Flüchtlingskommissar die Vollmacht, jeden Barackenbesitz sofort für die Zwecke der Flüchtlingsvorsorge zu beschlagnahmen. [26] Da somit die »amtliche Registrierung« jedes Flüchtlings durch die Flüchtlingsbehörden gewährleistet war, können ab 1946 die Zahlenangaben als exakt angesehen werden.

Mitte Mai 1946 überschritt die Zahl der hier registrierten Flüchtlinge [27] kurzzeitig 15.000, wobei in manchen Wochen bis zu 1.000 Personen mit Flüchtlingszügen eintrafen.

Bevölkerungsverteilung im Landkreis Mühldorf (Stand 1. Oktober 1946) [28]:

	Personen	in %
Evakuierte Bayern	1.586	2,5
Nichtbayerische Evakuierte	1.228	1,9
Flüchtlinge insgesamt	13.887	21,5
Ausländer, UNRRA-Versorgte	4.808	7,5
Einheimische	42.929	66,6
Gesamtbevölkerung	**64.438**	**100**

Der Anteil der Vertriebenen, Flüchtlinge, Evakuierten und Ausländer machte somit 33,4 % der Gesamtbevölkerung des Kreises aus, anders ausgedrückt war das Verhältnis Einheimische zu Flüchtlingen wie 2 zu 1. Allein dieses Zahlenverhältnis barg häufig einen Grund für Reibereien in sich.

Die Unterbringung der Flüchtlinge

Die organisierten Flüchtlingstransporte kamen aus den Grenzlagern in die Regierungslager der Bezirke, von dort aus folgte die Weiterverteilung auf die Landkreise. Die erste Station im Landkreis Mühldorf war in den meisten Fällen der Bahnhof Mühldorf, wo dann der Flüchtlingskommissar die weiteren Einweisungen zunächst in die Massenlager in Mühldorf, Mettenheim oder Kraiburg vornahm. Ein Journalist der Ortszeitung erlebte dies folgendermaßen:

»Georg Rosenmeier, Flüchtlingskommissar für den Landkreis, versucht mit Wohnungsbeauftragten und Bürgermeistern dem Problem, das die Unterbringung der neuen Flüchtlingsflut darstellt, Herr zu werden. Es sind elende, ausgeplünderte Quartiere, das Waldlager bei Mettenheim, Baracken an der Rennbahn, in Pürten und Kraiburg, in die man die Entwurzelten einweist, in denen sie heimisch werden und neu beginnen sollen.« [29]

Das wesentliche Problem der Wohnraumbewirtschaftung lag darin, dass innerhalb kurzer Zeit und bei der Zunahme der Bevölkerung im Landkreis um mehr als 20.000 Personen, noch keine Neuschaffung von Wohnraum möglich war, sondern der vorhandene Raum zu verteilen war, was bedeutete, »den freien oder nicht voll ausgelasteten Wohnraum zu vermitteln und

Bild eines Heimkehrers
Öl auf Holz
Kreismuseum Lodronhaus, Mühldorf a. Inn

die in Widerstreit geratenen Interessen von Besitzenden und Suchenden, Armen und Reichen, Einheimischen und Vertriebenen gerecht aufeinander abzustimmen.« [30]

Die Flüchtlingsverwaltung des Landkreises hatte also die fast unlösbar scheinende Aufgabe, die vorhandenen 40.724 Wohnräume [31] auf die knapp 65.000 Menschen möglichst »gerecht« zu verteilen. »Eine vollkommene Lösung dieser Aufgabe übersteigt jedes menschliche Vermögen«, charakterisierte Jaenicke das Problem. [32]

Bei dieser wichtigsten Aufgabe des Flüchtlingskommissars wurde er zwangsläufig zum »rigorosen Quartiermeister für ein Heer von Flüchtlingen«, [33] stand doch nach dem Flüchtlingsgesetz die Unterbringung in Privatquartieren vor der Einweisung in Massenlager. Jeglicher freier Raum musste daher als Wohnraum genutzt werden: Schulen, Pfarrhöfe, Gasthäuser, Turnhallen und sogar ehemalige Konzentrationslager. Einige Einheimische weigerten sich allerdings, Wohnraum abzugeben, wie eine ältere Frau, die alleine sechs Zimmer bewohnte; eine andere Wohnung wiederum konnte erst unter massivem Polizeischutz von einer Flüchtlingsfamilie bezogen werden. [34]

Zwischenzeitlich mussten auch Massenlager belegt werden, um den Ansturm zu bewältigen. Vier Barackenlager existierten während dieser Zeit: Lager Pürten mit bis zu 1.000 Bewohnern, meist Sudetendeutschen, Lager Mettenheim mit ebenfalls bis zu 1.000 Vertriebenen aus Ungarn, der ČSR, Polen und Jugoslawien, das Rennbahnlager Mühldorf und das als Massenlager dienende Grümerlager [35] bei Altmühldorf für 400 bis 500 Personen, vor allem aus der Ukraine und aus Jugoslawien. Waren im Oktober 1946 genau 2.716 Personen als Lagerinsassen gezählt, so hielt sich diese Zahl ziemlich konstant, denn Ende 1949 waren es immer noch 2.000 Personen. Der Wohnraummangel und fehlende Baustoffe bestimmten die Aufenthaltsdauer in einem Lager. So verzögerte anhaltender Mangel an Baumaterial zunächst die Fertigstellung der Wohngebäude bei Mößling (Kärnerblock), wo für 40 bis 50 Familien von Eisenbahnern der Reichsbahn Platz geschaffen werden sollte. Flüchtlinge hätten dann deren bisherige Wohnungen übernehmen können. [36]

Nachdem die existenziellen Probleme langsam einer Lösung näher kamen, der Traum von einer baldigen Rückkehr in die eigentliche Heimat immer unerfüllbarer wurde, mochten sich die Vertriebenen mit dem

Flüchtlingsofen
Kreismuseum Lodronhaus, Mühldorf a. Inn

Flüchtlingsbaracken im Lager Mettenheim
Stadtarchiv Mühldorf a. Inn
Von 1944 bis 1945 dienten die Baracken als Unterkünfte für die Häftlinge des KZ-Außenlagers Mühldorf. Nach 1945 wurden sie als Notunterkünfte für Flüchtlinge verwendet. Heute stehen hier moderne Wohnbauten.

Gedanken befassen, sich hier auf Dauer einzurichten. Diese Einsicht zur dauerhaften Eingliederung hatte sich um 1950 bereits weitgehend durchgesetzt, so dass für den Wohnungsbau galt: »Die Flüchtlinge sollen kein besitzloses Proletariat, sondern wertvolle, bodenständige Neubayern werden.« [37]

In Pürten und in Mettenheim entstanden durch die Umgestaltung von Baracken Flüchtlingssiedlungen, in denen jede Familie wenigstens einen eigenen Raum mit einer eigenen Kochgelegenheit hatte und nicht mehr durch die Gemeinschaftsverpflegung versorgt werden musste. Die beiden Lager in Mühldorf und Altmühldorf standen dann um 1950 bereits vor der Auflösung. Dies konnte Schritt für Schritt durch den angelaufenen Wohnungsbau erreicht werden, der vor allem der Wohnraumbeschaffung für die Heimatvertriebenen und Flüchtlinge dienen sollte. [38] Die erste Baumaßnahme im sozialen Wohnungsbau in Mühldorf war die Errichtung einer Wohnanlage mit 48 Wohneinheiten durch die Kreiswohnbaugesellschaft in der zerstörten Moltkestraße. Zeitgleich wurden in Altmühldorf an der Münchener Straße und der Kapellenstraße ebenfalls 48 Wohnungen in drei Wohnblöcken errichtet. Im Zuge der Auflösung des Mettenheimer Lagers erstellte man dort und in der Wilhelm-Beinhold-Straße dann in den Jahren 1952, 1954 und 1955 weitere 58 Wohnungen für Lagerbewohner. Dabei bestanden die Wohnungen aus zwei Zimmern und einer Wohnküche mit 46 m^2 Wohnfläche, ein für damalige Verhältnisse äußerst komfortabler Zuschnitt mit Einzelöfen zum Heizen der Wohnräume. Für die neuen Bewohner ein recht beglückendes Gefühl nach den teils unwürdigen und unmenschlichen Zuständen in den Lagerbaracken. [39]

Vor allem lagen diese Wohnungen in Altmühldorf nicht am Ortsrand oder gar als eigene Flüchtlingssiedlungen (wie z. B. Mettenheim-Hart) abseits des Dorflebens, sondern mitten im bisherigen Dorfgebiet. Dadurch entstanden zwangsläufig vielfältige Kontakte zwischen Einheimischen und Neubürgern, das Zusammenwachsen verlief schneller.

Soziale und kulturelle Integration

Die Heimatvertriebenen hatten von ihrer beruflichen Ausbildung her einen wesentlich größeren Anteil an handwerklich und industriell ausgebildeten Fachkräften als das Aufnahmeland Bayern. Vor allem die Sudetendeutschen brachten eine große Zahl von Fachleuten in Wirtschaftsbereichen, die in Bayern bis dahin unbekannt waren. [40]

Glücklicherweise konnten viele Vertriebene auf dem Gelände der ehemaligen Rüstungsindustrie im Kraiburger Forst in neu entstandenen Betrieben Arbeit, teilweise auch Unterkunft finden. Aber auch in Mühldorf/Altmühldorf selbst kam es zu Betriebsneugründungen durch Vertriebene, z. B. eine Vulkanisierwerkstatt und eine Reinigung, beides Betriebe, die heute noch existieren.

Neben der Bereitstellung von Wohnungen und Arbeitsplätzen stand das Problem der sozialen Integration und Eingliederung der Neubürger. Eine dauernde Isolation der Vertriebenen, wie es bei den Palästina-Flüchtlingen [41] seit 1948 der Fall ist und ein Warten auf eine evtl. Rückkehr kam nicht mehr in Frage.

Eine soziale Eingliederung bedeutet immer einen sehr langwierigen Prozess, der sich weit schwieriger als die wirtschaftliche Eingliederung darstellt. Sie geschieht auf vielen Ebenen, zeigt sich beispielsweise an einer aktiven Beteiligung am kulturellen Leben, an den gleichen Erziehungszielen und nicht zuletzt am Heiratsverhalten. Während die gemeinsame Sprache, die gemeinsame Geschichte eine Integration eher begünstigen, gehören die Besitzlosigkeit, die Unterbringung in Massenquartieren, die hohe Zahl auseinandergerissener Familien zu den negativen Bedingungsfaktoren einer Eingliederung. Günstige Faktoren ermöglichen soziale Kontakte und sogar Heiraten zwischen den Bevölkerungsteilen. So dient die Anzahl der Heiraten als ein wichtiger Maßstab der Integration, denn ein überdurchschnittlich starkes Konnubium (= Anzahl der Heiraten) zwischen zwei sozialen Gruppen deutet auf soziale Nähe, auf Gleichwertigkeit und Ebenbürtigkeit hin. [42] Diese Entwicklung zeigt sich auch deutlich in Stadt und Landkreis Mühldorf. Blieben zwischen 1946 und 1948 die Heiraten zwischen Einheimischen und Vertriebenen noch eine Seltenheit, so stieg die Zahl dieser neuen Art von »Mischehen« stetig an, während umgekehrt die reinen Flüchtlingsehen von zunächst 80 % stark zurückgingen. [43]

Schwierig gestaltete sich die Eingliederung in eine ungewohnte, fremde Umgebung und in eine Gemeinschaft von Einheimischen, da sich letztere häufig mehr als nur abweisend verhielten. So beklagten sich die Flüchtlinge darüber, »... dass sie im Gemüsegeschäft [...] trotz ihres berechtigten Anspruchs nicht so bedient werden, wie die eingesessene Bevölkerung. Sogar Kartoffeln werden den Flüchtlingen vorenthalten.« [44] Die Grundeinstellung der Mühldorfer gegenüber den Fremden wurde beherrscht durch die eigene Not und die Angst, selber zu kurz zu kommen: »Verhungert kommen die Flüchtlinge an und wollen alle nach Bayern, um sich hier anzufressen.« [45] Dieser Widerstand gegen ihre Aufnahme verschlechterte auch die Stimmung unter den Flüchtlingen, so dass die Polizei sogar plötzliche Unruhen befürchten musste. [46]

Innerhalb des Landkreises kam ab 1946 eine Bevölkerungswanderung in Gange. Die Einwohnerzahlen in reinen Landgemeinden sanken wieder erheblich, die Stadt Mühldorf, Gemeinden wie z.B. Aschau, Altmühldorf und Mettenheim hatten sich bedeutend vergrößert und die erste neu gegründete Vertriebenengemeinde Waldkraiburg zählte bereits 2.500 Einwohner. [47] Diese rasch anwachsenden Einwohnerzahlen brachte neue Aufgaben für die Gemeinden und so sah sich die Gemeinde Altmühldorf genötigt, 1951 eine Volksschule zu errichten, welche bereits 1957 erweitert werden musste. Während an anderen Orten eigene Lagerschulen [48] das Trennende eher verstärkten, besuchten hier Kinder von Einheimischen und Flüchtlingen gemeinsam den Unterricht. Schnell entstanden hier Bekanntschaften und Schulfreundschaften, der Grundstein zum Zusammenwachsen einer Dorfgemeinschaft wurde in der jüngsten Generation gelegt.

Ähnlich integrativ dürfte für den größten Teil des Landkreises auch die damalige Oberrealschule am Kirchenplatz in Mühldorf gewirkt haben. Immerhin waren im Schuljahr 1953/54 mit 49% fast die Hälfte der Schüler als Heimatvertriebene (vor allem aus Waldkraiburg) registriert, vier Jahre später immerhin noch 41 Prozent. [49]

Die Flüchtlinge und Heimatvertriebenen engagierten sich sehr schnell in ihrer neuen Heimat, brachten ihre Erfahrungen und Ideen mit und prägten auch die politische und kulturelle Landschaft. Auffallend ist, dass sich die Vertriebenen und hier besonders die Sudetendeutschen zunächst in gewerkschaftlichen und parteipolitischen Gruppierungen organisierten. Vermutlich entsprang dieses Wirken ihrer früheren Situation als Minderheit innerhalb der ČSR. Vertriebene gründeten erstmals SPD-Ortsvereine in Landgemeinden, beteiligten sich aktiv an den Kommunalwahlen und stellten auch bald Räte und Bürgermeister. Diese Bereitschaft der Vertriebenen zur Integration in die neue Heimat zeigt sich deutlich in der ehemaligen Gemeinde Altmühldorf, wurde aber auch von der einheimischen Bevölkerung schon bald mitgetragen. Wegen der großen Anzahl von Flüchtlingen soll diese Gemeinde hier als Beispiel für die gelungene Integration dienen. [50]

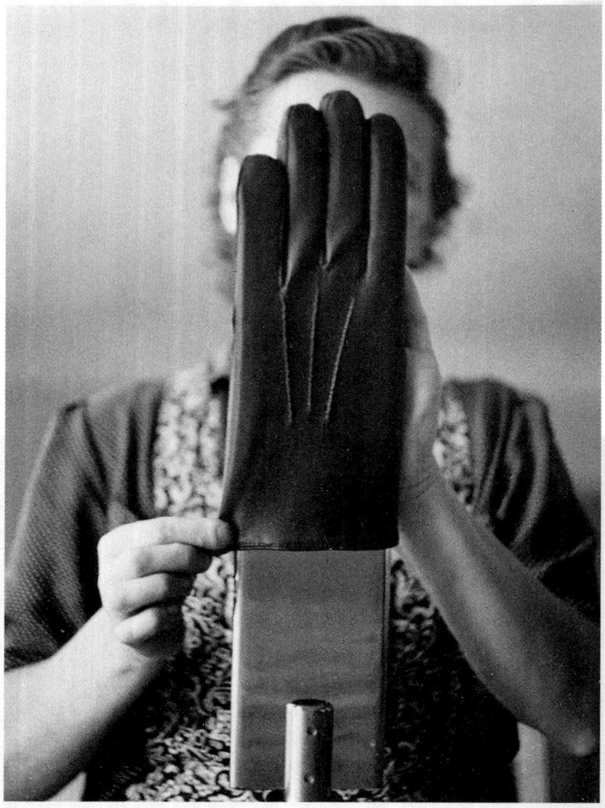

Handschuhindustrie im Wiederaufbau, Neumarkt-St. Veit
Foto vom 22. November 1950
Stadtarchiv Mühldorf a. Inn
Die Aberthamer Handschuhfabrik, bis 1945 in der sudetendeutschen Stadt Abertham angesiedelt, fand nach den Krieg in Neumarkt-St. Veit einen neuen Standort.

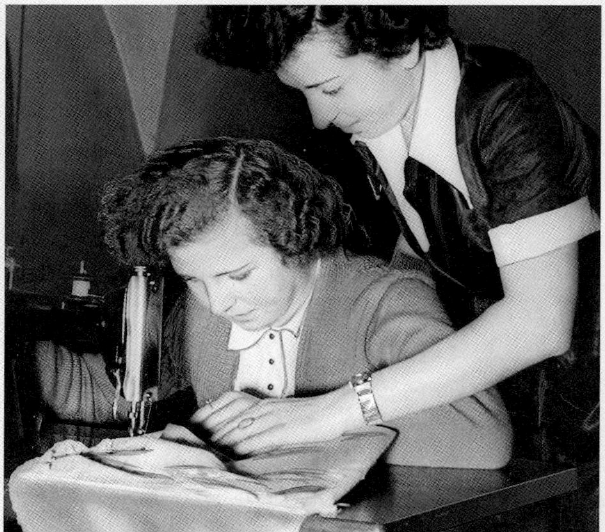

Nähschule, Neumarkt-St. Veit
Foto vom 5. September 1951
Stadtarchiv Mühldorf a. Inn

Bei der Gemeinderatswahl 1952 wurden dort 10 Räte gewählt. [51] Zwei zählten zur SPD (davon ein Flüchtling), zwei zum BHE, [52] fünf rechneten zur CSU und einer war parteilos, so dass zu den insgesamt sieben Einheimischen drei Vertreter von Flüchtlingen kamen. Der Bürgermeister war damals ein heimischer Landwirt.

Bei der Wahl im Jahr 1956 wuchs mit der Zahl der Flüchtlinge auch ihr Einfluss mit vier Gemeinderäten. Sie vertraten die SPD (1) oder die Unabhängige Wählergemeinschaft UWG (3). Stellvertretender Bürgermeister wurde nun bereits ein Heimatvertriebener, welcher durch Einheirat in einen Bauernhof dem Status eines Einheimischen schon sehr nahe gekommen war. Diese starke Minderheit konnte in den Folgejahren durchaus den Wandel der Gemeinde aktiv und entscheidend mitgestalten. Letztlich verwundert es dann nicht mehr, dass der 1972 gewählte Bürgermeister, der nun einer bayerischen Landgemeinde vorstand, in Pommern geboren war und der evangelischen Konfession angehörte. Stärker könnte der Nachweis von gelebter Toleranz unter verschiedenen Stämmen und einer gelungenen Integration nicht sein.

Etwas später begann die Integration der Flüchtlinge in das Vereinsleben der damaligen Gemeinde Altmühldorf. In Altbayern teilweise bislang unbekannte Vereinsformen wurden durch Flüchtlinge initiiert und mitgegründet und bildeten ein geradezu ideales Feld für die schnelle Integration von vormals Fremden. Als Beispiel seien drei heute noch aktive Vereine genannt.

Durch den Bau von Siedlungshäusern, Mietwohnungen mit Schrebergärten entstand auch in Altmühldorf der Wunsch, dass sich Freizeitgärtner mit gleichem Hobby und gleichen Problemen vereinsmäßig organisieren. [53] Im Jahr 1957 gründeten daher Flüchtlinge und Einheimische den Obst- und Gartenbauverein, die Vorstandschaft übernahmen die Initiatoren, zwei »Flüchtlinge«.

Im gleichen Jahr wurde zur Pflege des deutschen profanen Liedgutes und der Geselligkeit ein Männergesangverein aus der Taufe gehoben, für Landgemeinden in Bayern vorher eher etwas Ungewöhnliches. Acht Einheimische, darunter der Bürgermeister und sieben »Vertriebene« gründeten den Verein, der sich zu einem stattlichen Chor entwickeln sollte. [54]

Ebenso waren bei der Gründung des Sportvereins 1963 nicht Einheimische, sondern zu Neubürgern gewordene »Flüchtlinge« die treibenden Kräfte und stellten zunächst die Vorstandschaft. [55]

Diese Vereine bestehen noch heute, was beweist, dass der Zusammenschluss auf Grund gemeinsamer Interessen integrierend für die verschiedenen Volksstämme wirkte. Die Vereine wurden zum Bindeglied zwischen Einheimischen und Vertriebenen und ermöglichten somit eine immer stärker werdende Bindung an die neue Heimat, während gleichzeitig die Einheimischen die Neubürger bald nicht mehr als Fremde, sondern schnell als Ihresgleichen betrachteten.

Mühldorfer!

Was gehört auch in unserer Stadt mit zu den allerschlimmsten Zeiterscheinungen?

Der Wohnraummangel!

Die Überbelegung der Wohnräume der Stadt wird durch private Bauvorhaben niemals gebessert. Die Unterbringung der Mühldorfer Bevölkerung unter menschenunwürdigen Bedingungen kann nicht länger geduldet und verantwortet werden.

Unzählige sind durch diese Zustände seelisch aufs schwerste belastet und hoffen auf eine Besserung der Zustände.

Da an anderweitige Hilfe in absehbarer Zeit nicht zu denken ist, müssen wir zur Selbsthilfe schreiten! Wir werden am

Sonntag, den 16. Januar 1949, um 15 Uhr im Gasthaus Hüttinger eine

Gemeinnützige Wohnbaugenossenschaft

gründen u. rufen alle Kräfte auf, die Mittel zur Erbauung von Neubauwohnungen zu schaffen!

Mühldorfer! Jeder, sei er Wohnungssuchender, Hausbesitzer oder Geschäftsmann, wird aufgefordert, dieses soziale Werk nach besten Kräften zu unterstützen!

Aufnahmegebühr: 5.— DM

Es ist in Euer aller Interesse, so schnell wie möglich wenigstens der allergrößten Wohnungsnot in Mühldorf zu steuern.

Kommt zahlreich zur Gründungsversammlung!

Der Bauausschuß der Stadt Mühldorf:

gez.: Franz Mühlbauer, Bürgermeister Josef Boch, stellv. Bürgermeister

Die Stadträte Adolf Böhm, Josef Feicht, Martin Mauerer, Josef Rieshofer, Karl Leifeder

Stadtkämmerer Hans Six, Stadtbaumeister Kurt Kern und Verw.-Angestellter Hans Schwaiger

Druck von D. Geiger, Mühldorf

Gründung der »Gemeinnützigen Wohnbaugenossenschaft«
Der Bauausschuss der Stadt Mühldorf, bestehend aus Bürgermeistern, Stadträten, Stadtbaumeister, Kämmerer und Verwaltungsangestellten, rief die Mühldorfer Bevölkerung 1949 zur Gründung einer »Gemeinnützigen Wohnbaugenossenschaft« auf, um »die Mittel zur Erbauung von Neubauwohnungen zu schaffen« und so die Wohnungsnot zu beheben.
Lit.: Wanka, Wilfried: 40 Jahre Gemeinnützige Kreis-Wohnungsbaugesellschaft mbH Mühldorf a. Inn. Festschrift. Mühldorf 1991.

»Irgendwo muß doch gefahren werden können« [1]

Straßenverkehr und Mobilität im Raum Mühldorf seit 1800

Gerhard Fürmetz

Leistungsstarke Verkehrswege gehören zu den Grundelementen moderner Stadtentwicklung und Landesplanung. [2] Sie gewährleisten die Bewegung von Personen und Gütern, fördern die Anbindung randständiger Gebiete an größere Wirtschaftsräume und bilden gleichsam das Rückgrat der Infrastruktur in Stadt und Land. Neue Verkehrsmittel wie Eisenbahn und Automobil beeinflussen zudem entscheidend das Mobilitätsverhalten des Menschen. Während um 1800 Fernreisen auf unbequemen Straßen noch überwiegend zum Privileg der Oberschicht zählten, scheint das Zeitalter der Massenmotorisierung nahezu unbegrenzte Bewegungsfreiheit zu bieten – freilich auf Kosten der Umwelt. [3] Pendlerströme und Schwerlastverkehr kennzeichnen – und belasten – schon seit Jahrzehnten unseren Verkehrsalltag. Und nicht zuletzt: Verkehr hat seit jeher die Landschaft verändert wie kaum ein anderer Eingriff des Menschen in die Natur, insbesondere durch neue Trassen und Bauwerke. [4]

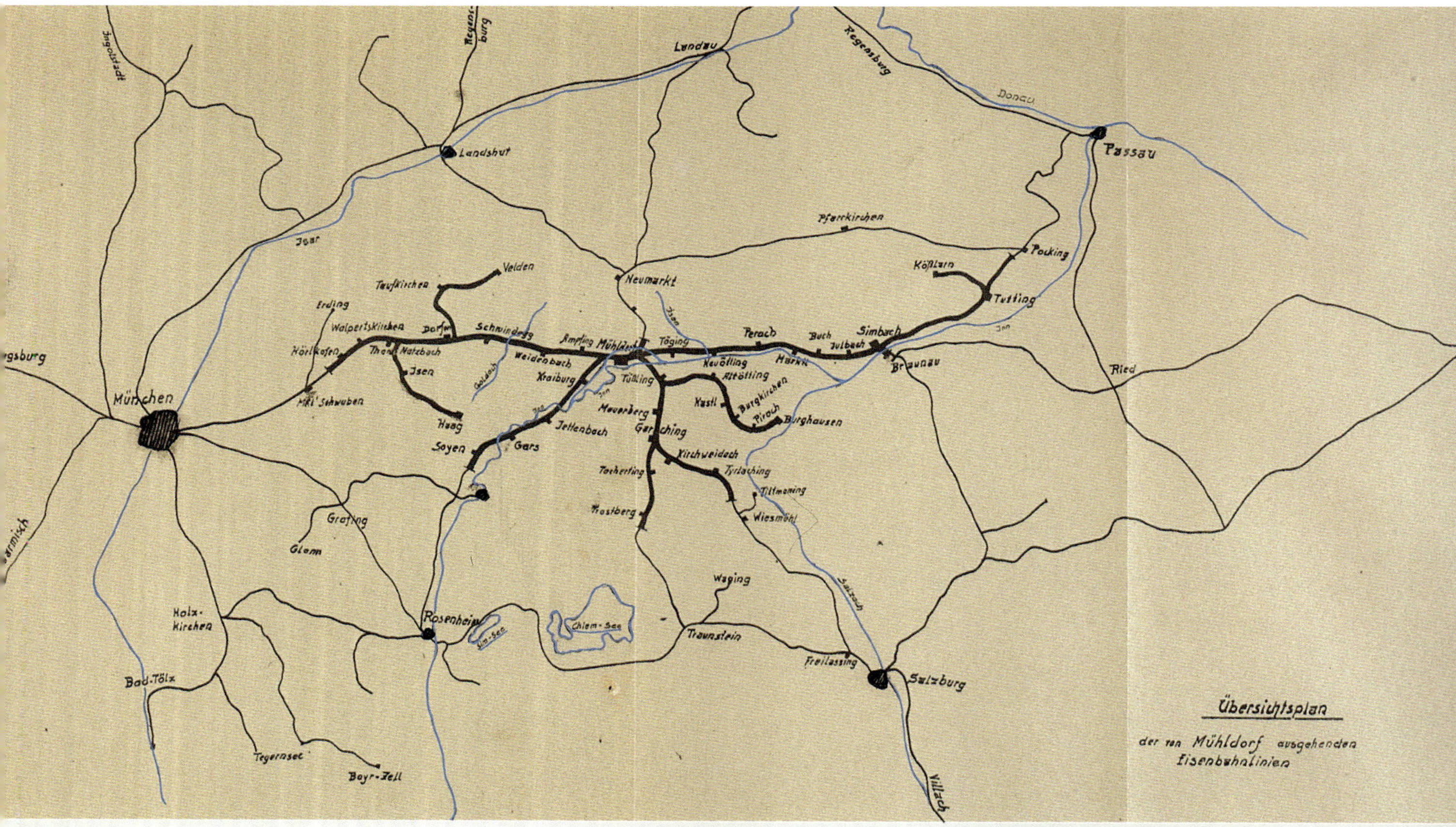

Abb. 1
Plan der im Jahr 1945 von Mühldorf ausgehenden Eisenbahnlinien
StA München

Auch die Stadt Mühldorf und ihr Umland wurden in den letzten beiden Jahrhunderten maßgeblich von der Verkehrsexpansion in Deutschland geprägt. Stärker noch als in anderen Gegenden verlief hier der wirtschafts- und sozialgeografische Wandel im Fahrwasser der verkehrstechnischen Erschließung. Die Verkehrsanbindung der Region stellte zudem einen wichtigen Faktor bei der schrittweisen Integration Mühldorfs in den bayerischen Staat ab 1803 dar. Welche Rolle spielte dabei der heute mit Abstand wichtigste Hauptverkehrsträger Straße? Wie ist das Straßennetz im Raum Mühldorf überhaupt entstanden und welche Strukturveränderungen hat es im Lauf der Zeit erfahren? Schließlich geht es auch um die Straßennutzung. Welche Dimensionen erreichten öffentliches Transportwesen und Individualverkehr bis in unsere Tage? Um diese Fragen zu klären, soll im Folgenden immer wieder der Blick in historisches Akten- und Kartenmaterial geworfen werden. [5]

Fluss und Schiene als Konkurrenten der Straße

Im Verlauf der letzten beiden Jahrhunderte verschob sich das Gewicht der drei Hauptverkehrsträger Fluss, Schiene und Straße mehrfach gegeneinander. [6] Während um 1800 noch die althergebrachte Innschifffahrt florierte und dem Straßenverkehr in ihrem Einzugsbereich an Geschwindigkeit, Transportvolumen und Kosten überlegen war, verschwand der Binnenschiffsverkehr bis in die 1870er Jahre nahezu völlig. [7] Daran konnten auch neue Antriebstechniken wie die Dampfboote nichts ändern, die ab 1853 die traditionelle Treidelschifffahrt und Flößerei verdrängten, um nach kurzer Episode selbst vom Inn zu verschwinden. [8] Der Bau von Innkraftwerken und -staustufen setzte dem Schiffsbetrieb dann endgültig ein Ende. Mit dem Innwerkskanal wurde ab 1919 eine neue Ära eingeleitet, die den Fluss vom Verkehrsträger in einen Energielieferanten verwandelte. [9]

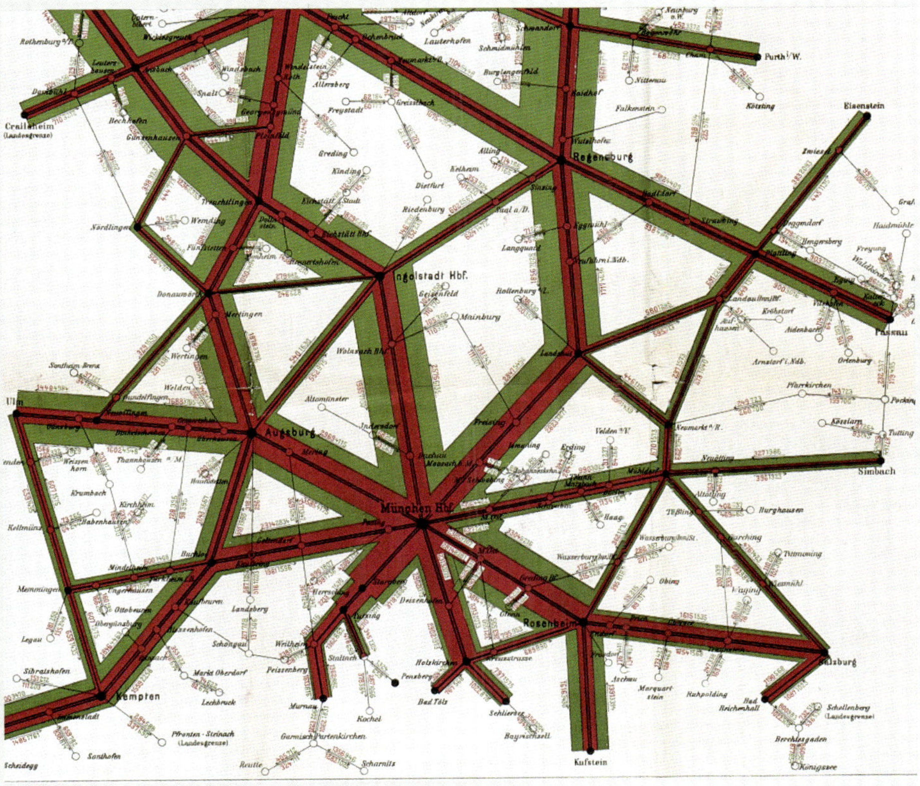

Abb. 2
Ausschnitt aus der Frequenzkarte des bayerischen Eisenbahnnetzes von 1913
BayHStA

Abgelöst wurden die Plätten, Zillen, Flöße und Raddampfer hauptsächlich von der Eisenbahn, die den Raum Mühldorf 1871 zwar erst relativ spät erreichte, dann aber umso engmaschiger erschloss. Innerhalb von 40 Jahren entwickelte sich die Stadt Mühldorf zu einem der wichtigsten Bahnknotenpunkte in Südbayern. Neben Hauptstrecken nach München, Simbach, Landshut, Rosenheim und Freilassing entstanden Nebenlinien nach Burghausen und Traunstein, und auch nach Passau und Plattling konnte man von Mühldorf aus direkt fahren [vgl. Abb. 1]. Noch heute ist Mühldorf Zentrum eines »Liniensterns« von sechs Strecken, die auf diese Weise mit der Hauptbahn nach München verknüpft sind. [10] Industrie- und Rüstungsgelände in der Nähe der Bahntrassen wurden durch Spezialgleise angebunden. Die umfangreichen Bahnhofsanlagen (Abb. 3) begründeten ein neues Stadtviertel und boten zahlreiche Arbeitsplätze, wodurch die Einwohnerzahl merklich angehoben wurde. [11] Das Bahnhofsareal war aber im Frühjahr 1945 auch Hauptangriffspunkt amerikanischer Bombenflugzeuge.

Der Personenverkehr wurde durch den Bau der Eisenbahn geradezu revolutioniert. Schlagartig verkürzte sich die Fahrzeit nach München im Jahr 1871 von bis zu 13 auf dreieinhalb Stunden, 1907 gar auf bis zu eine Stunde und 20 Minuten. Nicht nur der Personenreiseverkehr verlagerte sich rasch von der Straße auf die Bahn, sondern noch mehr der Gütertransport (vgl. Abb. 2). In den 1920er Jahren stieg das Güterverkehrsaufkommen der Eisenbahn mit dem Aufbau der chemischen Industrie im Raum Töging/Burghausen nochmals an. Erst nach 1945 gewann der inzwischen weitgehend motorisierte Straßenverkehr die Oberhand. Dennoch spielte die Straße auch in der Zeit davor eine wichtige Rolle als flexible Ergänzung der ortsgebundenen Verkehrsmittel Schiff und Eisenbahn.

Straßen in Bayern seit 1800

Im Mittelalter und der Frühen Neuzeit wurde das Straßennetz in Bayern stark vernachlässigt. In der landesherrlichen Politik spielte der Handelsverkehr zwar eine wichtige Rolle, mangels Fachkenntnissen im Straßenbau waren die überörtlichen Verkehrswege allerdings in desolatem Zustand. Die Regierung begnügte sich in der Regel damit, »die Breite der zu erbauenden Straßen [...] sowie die einzuhaltende Richtung im allgemeinen vorzuschreiben, alles übrige blieb als Ausführung den äußeren Polizeibehörden überlassen. Die Landgerichte ihrerseits beschränkten sich darauf, in möglichster Anlehnung an den Lauf der alten Wege ohne weitere Rücksicht auf die Steigungsverhältnisse und die sonstige Terrainbeschaffenheit die vorgeschriebene Breite abzumessen, dann beiderseits Gräben zu ziehen und die ausgehobene Erde in die so bezeichnete Bahn zu werfen, darüber aber soviel Steine, Sand, Kies [...] zu breiten, als kurzsichtigen Laien erforderlich und hinreichend

Abb. 3
Der Mühldorfer Bahnhof
Aufnahme 1960
Stadtarchiv Mühldorf a. Inn

Abb. 4
Chaussée von München nach Burghausen und Braunau, 1796
BayHStA
Der Plan stammt aus dem Kartenwerk von Adrian von Riedl, Reise-Atlas von Bajern oder Geographisch-geometrische Darstellung aller bajerischen Haupt- und Landstraßen mit den daranliegenden Ortschaften und Gegenden nebst kurzen Beschreibungen alles dessen, was auf und an einer jeden der gezeichneten Straßen für den Reisenden merkwürdig syn kann. Bd. 1. München 1796.

CHAUSSÉE VON MÜNCHEN
NACH BURGHAUSEN UND BRAUNAU.
4
5
6
INNVIRTL
INN
STROM
Pfleg = Gericht
Pfleg = Gericht = Kraybur
Neuen Oetting
BURGHAUSEN
BRAUNAU
VIRTL
ALZ FL.
MÜLLDORF
ALTEN OETTING
MARKL
Neufahrn
Ampfing
Alt Mühldorf
Lohmühl
Giesen
Tannbrunn
Lengthal
Möring
Hochreiter
Hochburg
Heiligenstadt
Wiesmühler
Staudheim
Stamham
Hochkirchen
Wimpfing
Hart
Harting
Adenberg
1/4
1/2
1 Stunde
2 Stunden.
Eine Teutsche Meile.

erschien. Den Grundbau kannte man nicht einmal dem Namen nach, ebensowenig wurde an eine Prüfung des Materials oder gar an eine Reinigung von Erde und Lehm und eine spezielle Zubereitung desselben gedacht.« [12] Gebaut wurden die Straßen hauptsächlich von den Bewohnern der anliegenden Orte, die zu unentgeltlichen Hand- und Spanndiensten verpflichtet waren und entsprechend wenig Interesse an dieser Arbeit entwickelten, zumal sie selbst kaum länger auf den Chausseen unterwegs waren. Erst unter Kurfürst Max III. Joseph in der zweiten Hälfte des 18. Jahrhunderts lassen sich Ansätze zu einer systematischen Verbesserung des öffentlichen Straßenbauwesens feststellen. [13]

Trotz seiner relativen Dichte befand sich aber das altbayerische Hauptstraßennetz um 1800 – im Gegensatz zu Franken und der Pfalz – nach wie vor in extrem schlechter Verfassung. [14] Daran änderten auch mehrere staatliche Reformversuche ab 1805 längere Zeit nichts. In der Praxis wurde das vorhandene Straßennetz lediglich konserviert, ohne die miserable Qualität der Wege ernstlich zu verbessern – mit nachhaltigen Folgen. Noch weniger gelang zunächst der angestrebte Ausbau der Nebenstraßen – damals Vizinalstraßen genannt –, fehlten doch weiterhin eine fachkundige Bauaufsicht und ausreichende Finanzmittel. Immerhin brachte der gesamtbayerische Straßenverkehrsplan von 1834/35 mit seiner bis heute nachwirkenden Vierstufenhierarchie – von der Staatsstraße über die Kreis- und Distriktsstraße bis hinunter zum Gemeindeweg – eine dringend notwendige Neuregelung der Baulasten. Zu einer prinzipiellen Reform des öffentlichen Straßenbaus kam es allerdings auch jetzt nicht; vielmehr wurde der neue

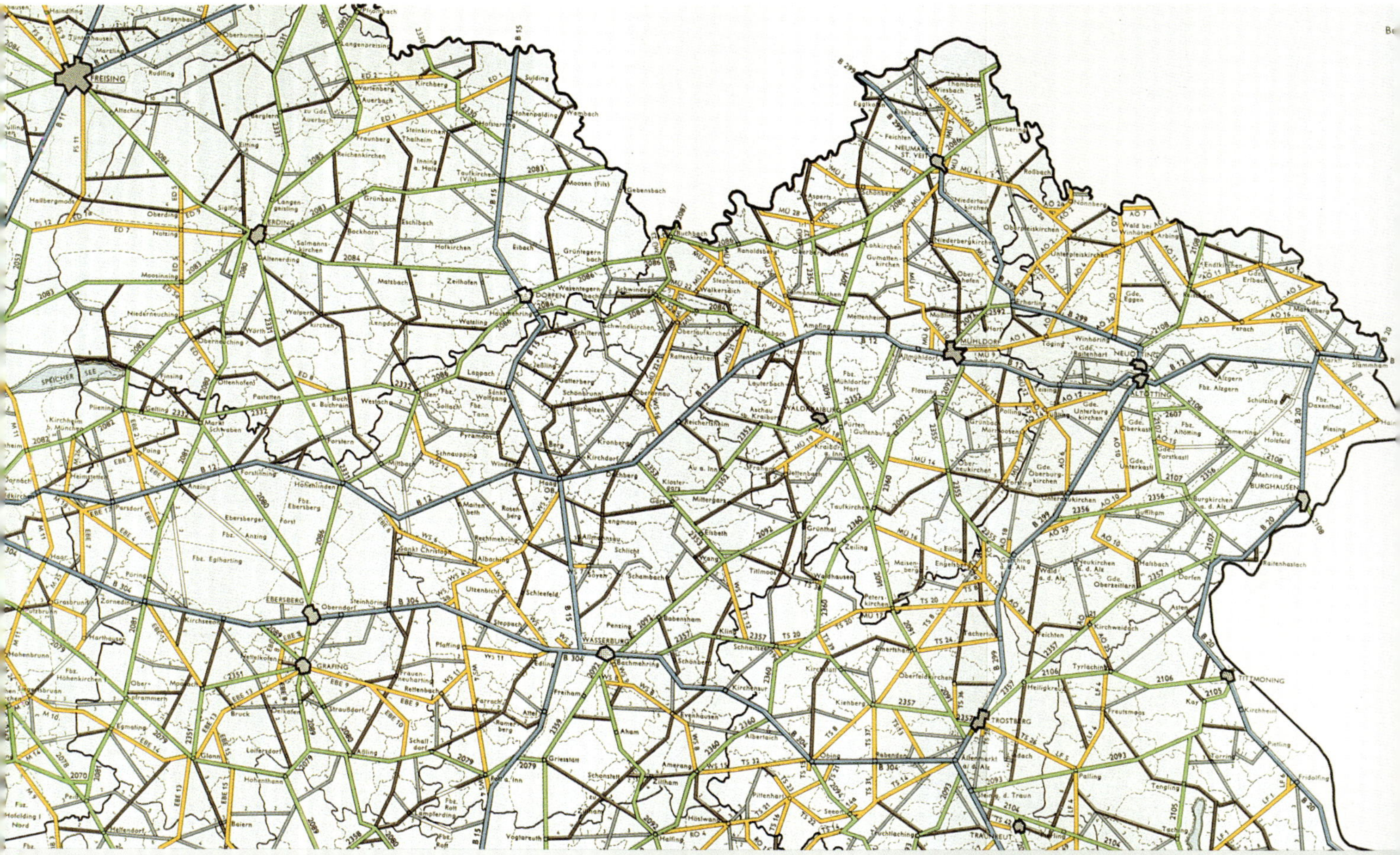

Abb. 5
Schematischer Straßenausbauplan für Oberbayern von 1962 (Ausschnitt)
BayHStA
Ausbauplan für die bayerischen Gemeindeverbindungsstraßen »Das Graue Netz« Oberbayern, aufgestellt bei der Obersten Baubehörde im Bayerischen Staatsministerium des Innern 1962. München 1962, Beilage 3b.

Straßenverkehrsplan bis weit ins 20. Jahrhundert hinein lediglich fortgeschrieben. [15] Mit dem Aufkommen der Eisenbahn ab den 1840er Jahren verloren die Landstraßen schließlich drastisch an Bedeutung, da der überregionale Straßenverkehr zunehmend ausblieb. Zu lokalen Eisenbahnzubringerstrecken herabgesunken, verfiel das landesweite Straßennetz, in dessen Unterhalt nur mehr das Nötigste investiert wurde, im weiteren Verlauf erneut. [16] Als seit der Jahrhundertwende immer mehr Kraftfahrzeuge auf den schlecht präparierten Straßen fuhren, spitzte sich das Problem noch weiter zu. Wie eine Bestandsaufnahme von 1925 ergab, galten 71 Prozent aller Staatsstraßen in Oberbayern als »verkehrshinderlich«. Fast 90 Prozent dieser Fernverbindungen besaßen keinen Grundbau und der Belag bestand bis auf sehr wenige Pflasterstrecken nur aus Schotter. [17] Gänzlich neue Straßen entstanden lediglich im Zuge des Autobahnbaus der 1930er Jahre.

Nach 1945 konnte man jahrelang nur an Notreparaturen und die Wiederherstellung von kriegszerstörten Brücken denken. [18] Als ab Mitte der 1950er Jahre die verkehrspolitischen Weichen klar zugunsten des Straßenverkehrs gestellt wurden, setzte der Straßenbau in Bayern massiv ein – jetzt unter Verwendung neuer Techniken. In mehrjährigen Ausbauplänen wurden sowohl die Fernstraßen, die ab 1934 das Reich und ab 1949 der Bund finanzierte, als auch die nunmehr als Staats-, Kreis- und Gemeindestraßen bezeichneten Strecken der unteren Kategorien unter dem Motto »Gute Straßen bis ins kleinste Dorf!« erweitert und modernisiert. Bis 1961 erhielten alle Bundesstraßen und fast alle bayerischen Staatsstraßen feste Oberflächen und bis Anfang der 1970er Jahre waren die meisten dieser Strecken voll ausgebaut. Zahlreiche Straßen wurden höherklassifiziert und damit finanziell besser gestellt. Die Gemeinden profitierten zudem beim Straßenbau seit den 1960er Jahren vom kommunalen Finanzausgleich und von Bundeshilfen. [19]

Ein regionales Straßennetz entsteht

Der Raum Mühldorf wurde zu Beginn des 19. Jahrhunderts von drei überregionalen Straßenverbindungen durchzogen, deren Routen im Prinzip bis heute fortbestehen: Einer Chaussee von München über Haag, Ampfing, Mühldorf und Burghausen nach Braunau (Abb. 4), einer zweiten von Landshut über Neumarkt nach Burghausen und einer dritten, erst wenige Jahre zuvor neu erbauten Hauptstraße, die in Neumarkt abzweigte und über Ampfing und Kraiburg nach Altenmarkt an der Traun führte. [20] Um 1840 galt diese Strecke nur mehr als zweitrangige »Kreisstraße«, die beiden erstgenannten dagegen als privilegierte »Staatsstraßen«. Hinzu kamen auf der dritten Stufe »Distriktsstraßen« von Mühldorf ins nahe Erharting und über Oberneukirchen nach Trostberg, von Ampfing über Dorfen nach Erding und über Buchbach nach Velden, von Landshut über Haag nach Wasserburg und von dort nach Mühldorf. [21] Im Jahr 1870 errechnete man für die beiden im damaligen Bezirk Mühldorf – dem späteren Altlandkreis – gelegenen Staatsstraßenabschnitte lediglich eine Länge von rund 60 Kilometern – um mehr als 20 Prozent weniger pro Quadratmeile als in Oberbayern insgesamt. Dafür war das Distriktsstraßennetz mit 193,5 Kilometern um etwa 27 Prozent dichter. Für diesen regionalen Straßentypus, dem heute die Kreisstraßen entsprechen, betrugen die Unterhaltskosten pro Streckenkilometer und pro Einwohner sogar fast doppelt so viel wie in ganz Oberbayern. Bereits um 1870 verfügte der Bezirk Mühldorf also über ein vergleichsweise gut ausgebautes Netz von Nahverkehrsstraßen, dessen Länge bis 1895 auf knapp 244 Kilometer und bis 1919 – nun unter der Bezeichnung »Bezirksstraßen« – auf 258,5 Kilometer anwuchs. Ab 1870 wurden besonders die neu entstehenden Eisenbahnhöfe an das Distriktsstraßennetz angebunden. [22] Ergänzt wurde es von zahlreichen Gemeindeverbindungsstraßen, die ausschließlich in der Trägerschaft der Kommunen standen und im Jahr 1907 im Bezirk Mühldorf beispielsweise eine Gesamtlänge von 232,5 Kilometern aufwiesen. [23]

Nach dem Bau des Innwerkskanals zwischen Jettenbach und Töging von 1919 bis 1924, durch den zahlreiche Straßenverbindungen abgeschnitten wurden, mussten kurzfristig 13 neue Straßen- und drei Eisenbahnbrücken errichtet werden. [24] Zu einer nachhaltigen Verdichtung des Straßennetzes im Landkreis kam es freilich erst seit Mitte der 1950er Jahre (vgl. Abb. 5). Während man Anfang 1961 noch knapp 280 Kilometer Staats- und Kreisstraßen verzeichnete, waren es 1984 bereits 436 Kilometer. Die Länge aller inner- und außerorts gelegenen Gemeindestraßen stieg im gleichen Zeitraum von 855 auf 1.534 Kilometer. [25] Damit stand der Landkreis Mühldorf im überregionalen Vergleich weiterhin überdurchschnittlich gut da. Zu Beginn des Jahres 1966 beispielsweise kamen hier auf 100 Quadratkilometer Fläche 200 Kilometer öffentliche Straßen, in Oberbayern dagegen nur 165,3 Kilometer, in Bayern insgesamt gar nur 154,9 Kilometer. [26]

Bau und Unterhalt der Hauptstraßen

Betrachtet man die Geschichte von Bau und Unterhalt der einzelnen Straßenarten im Gebiet des heutigen Landkreises Mühldorf näher, so werden allerdings auch erhebliche Mängel und Probleme deutlich. Mühldorf war bereits um 1810 Sitz der kleinsten von sechs Straßeninspektionen des damaligen Isarkreises. Angeschlossen waren zwei Wegemeistereien in Mühldorf und Ampfing und 13 Wegemacher; eine dritte Wegemeisterei in Neumarkt gehörte zur Inspektion Landshut. [27] Diesen Einrichtungen oblag hauptsächlich der aufwändige und kostspielige Unterhalt der Hauptstraßen München–Burghausen–Braunau und Landshut–Burghausen–den späteren Staatsstraßen Nr. 79 und 66 bzw. Bundesstraßen Nr. 12 und 299. Zu pflegen war auch die Strecke Neumarkt–Ampfing–Kraiburg, die 1805 offenbar in besonders schlechtem Zustand war. [28] Die üblichen Straßenarbeiten, etwa das regelmäßige »Kotabziehen«, führten allerdings bis weit ins 20. Jahrhundert hinein nicht zu der erhofften Verbesserung der Fernverbindungen. [29] So war beispielsweise in den 25 Jahren ab 1879 an größeren Baumaßnahmen entlang der Hauptstrecke von München nach Burghausen im heutigen Landkreisgebiet lediglich der 568 Meter lange Neubau der Ortsdurchfahrung Haag im Jahr 1898 zu verzeichnen. [30] Nach Feststellungen der Obersten Baubehörde verfügte 1925 nur ein kleines Teilstück dieser Straße bei Ampfing über Grundbau. Außer in den Ortsbereichen von Haag, Ampfing und Mühldorf verwendete man untauglichen weichen Schotter als Straßenbelag. Sämtliche Staatsstraßenabschnitte im Bezirk wurden als umbaubedürftig eingestuft. [31]

In den 1920er Jahren häuften sich die Klagen über Schlaglöcher, Glatteis, Fahrrillen und Frostaufbrüche. Zwischen Mühldorf und Ampfing sei die Straße »in so skandalös-lebensgefährlichem Zustand, daß sie polizeilich gesperrt gehörte«, befand zum Beispiel der Mühldorfer Stadtrat im November 1928. Die ADAC-Ortsgruppe Haag glaubte im Juni 1929 gar, dass ihr Ort bald völlig von München abgeschnitten sei, »denn der Verkehr nach Osten ist durch die miserablen Strassen vollkommen lahm gelegt«.[32] Von der Staatsstraße Mühldorf–Neumarkt wusste die Presse im gleichen Monat zu berichten, sie befände sich besonders um die Ortschaft Stetten »in einem so miserablen Zustand [...], daß Autos, wie auch andere Fuhrwerke, geradezu aufgehalten sind, wenn sie sich nicht der Gefahr des Umwerfens aussetzen wollen. Löcher befinden sich in

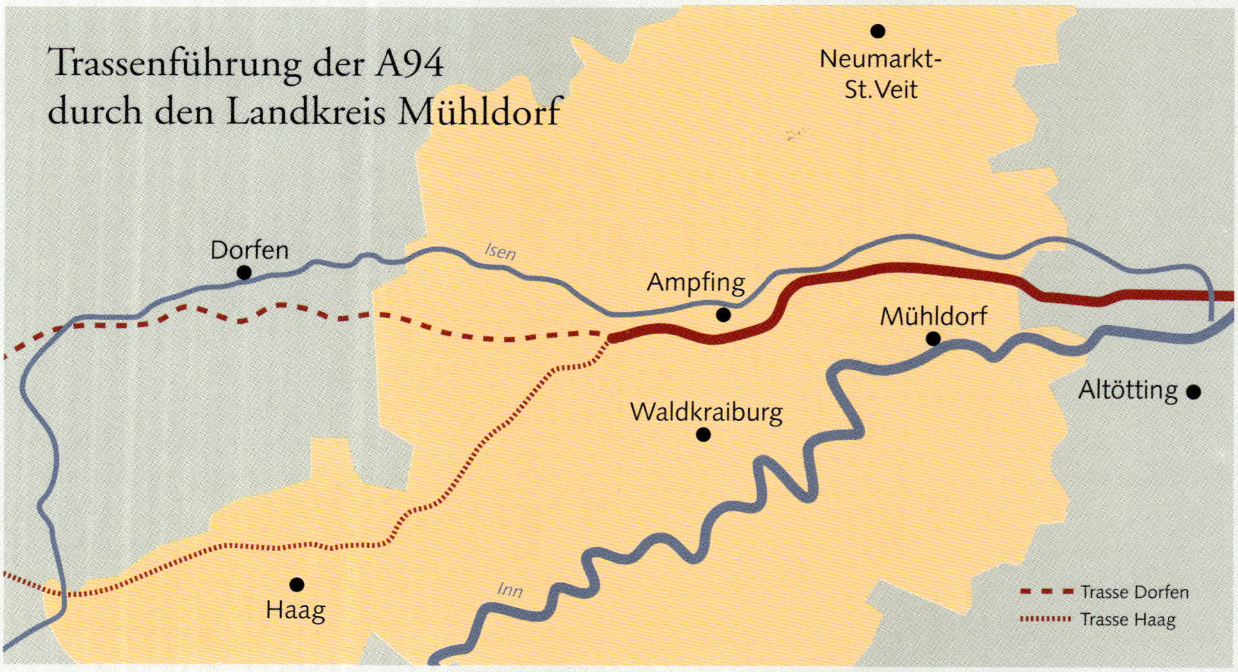

Abb. 6
Geplante Streckenführung der A 94 (Stand Oktober 2000)
Grafik: engelhardt.atelier, Mühldorf a. Inn

der Straßendecke, als ob Granaten dort ihr Unwesen getrieben hätten.« Resigniert fügte man im Bezirksamt Mühldorf hinzu: »Wenn nur wenigstens in die Löcher Kies eingebettet würde [...]! Aber es geschieht gar nichts!« [33] Während das zuständige Straßen- und Flussbauamt Rosenheim in solchen Fällen zumindest regelmäßig meldete, Abhilfe sei veranlasst, gab es in der Frage der Brückensanierung jahrelange Querelen. Als die Rosenheimer Straßenbehörde 1929 den gesamten Schwerverkehr von der Staatsstraße Neumarkt–Erharting dauerhaft auf die Bezirksstraße Neumarkt–Ampfing umleiten wollte, weil vier Brücken nicht über die nötige Traglast verfügten und entsprechende Gewichtsbeschränkungen seit 1920 nichts gefruchtet hätten, gab der Bezirksingenieur zu bedenken, »daß [auch] die [...] Bezirksstraßenbrücken infolge des doppelt aufzunehmenden und sich stets steigernden Verkehres alsbald erledigt sind und ein Unglück nicht ausgeschlossen ist«. [34]

Die entscheidende Ausbauphase der Hauptverkehrsstraßen begann schließlich in den späten 1950er Jahren. Die nunmehrige Bundesstraße 12 zwischen München und Passau wurde 1957 in das so genannte »Blaue Netz« der bevorzugt umzubauenden Bundesfernstraßen aufgenommen. [35] Bis 1970 konnten zahlreiche Ortsumgehungen realisiert, die Trasse verbreitert, Gefahrenstellen entschärft und eine durchgehende Asphaltdecke aufgebracht werden, freilich ohne danach zu fragen, ob der Straßenbau die weitere Zunahme des motorisierten Verkehrs nicht erst recht verstärken würde.

Autobahnen für den Landkreis Mühldorf?

Ein weiterer grundlegender Ansatz zur Lösung des Straßenverkehrsproblems wurde seit den frühen 1930er Jahren im Bau von mehrspurigen, kreuzungsfreien Autostraßen gesehen, die das Land wie ein Netz überziehen sollten. Der Raum Mühldorf blieb allerdings trotz früher Planungen bis heute autobahnfrei. Ein erster konkreter Vorentwurf für eine Reichsautobahn von München über Mühldorf und Passau ins böhmische Budweis und weiter nach Prag stammt aus der Zeit deutschen Großmachtstrebens im Zweiten Weltkrieg. Im September 1941 gingen den betroffenen Landratsämtern Pläne der Obersten Bauleitung der Reichsautobahnen mit der Aufforderung zur Stellungnahme zu. Dabei sei dafür Sorge zu tragen, »daß die allenfalls betroffenen Bauern und Landwirte von der Planung keinerlei Kenntnis erhalten«. Der Änderungsvorschlag des Mühldorfer Landrats lässt bereits grundlegende Probleme in der Trassenführung erkennen, die in späteren Jahren immer wieder kontrovers diskutiert wurden: »Da die Führung der Autobahn zwischen Mühldorf und Mössling in der jetzt vorgesehenen Art nicht durchführbar ist, weil sie einmal die unbedingt notwendige Ausdehnung der Stadt Mühldorf abschneidet und weil sie durch ihren Verlauf im Isental den dort häufig herrschenden Hochwässern ausgesetzt ist, schlage ich vor, die Autobahn zwischen Obertaufkirchen und Walkersaich über das Isental hinüber zu führen und von dort weg etwa in halber Höhe des nördlichen Talhanges weiterzuleiten [...].« [36] Eine zweite Strecke, die allerdings nicht mehr offiziell ins Autobahngrundnetz aufgenommen wurde, sollte in Süd-Nord-Richtung von Übersee am Chiemsee über Straubing bis Marienbad führen und die aufstrebende Industrieregion Töging/Altötting/Burghaksen verkehrstechnisch noch besser anbinden. Wären die beiden Projekte realisiert worden, so hätte man nordöstlich von Mühldorf ein Autobahnkreuz errichten müssen. [37]

Der Autobahngedanke blieb freilich auch nach dem Ende der NS-Zeit am Leben. So tauchte die Strecke München–Passau im Richtlinienentwurf zum Landesentwicklungsplan von 1951/54 mit untergeordneter Priorität wieder auf. [38] 1970 wurde das Vorhaben schließlich konkreter. Der neue Gesamtverkehrsplan sah zwei Autobahnen quer durch den Landkreis vor, die sich diesmal zwischen Ampfing und Mühldorf schneiden sollten. 15 Jahre später wurde die geplante Nord-Süd-Autobahn Regensburg–Landshut–Traunstein allerdings zugunsten eines autobahnähnlichen Neubaus der Bundesstraße 15 von Regensburg über Landshut nach Rosenheim fallen gelassen. Im Falle seiner Realisierung würde die B15 neu das Landkreisgebiet östlich von Buchbach, Schwindegg, Obertaufkirchen und Ramsau durchziehen. [39]

Am weitesten vorangeschritten sind bislang die Planungen für die Autobahn 94 München–Passau, die künftig die überlastete Bundesstraße 12 ersetzen soll (vgl. Abb. 6). Der den Landkreis Mühldorf tangierende Streckenabschnitt zwischen Forstinning und Marktl wurde im Gesamtverkehrsplan von 1985 bereits als »vordringlicher Bedarf« eingestuft; seit 1993 gilt diese Dringlichkeitsstufe für die gesamte A94. [40] Gegenwärtig sieht der Sachstand folgendermaßen aus: [41] Fertig gestellt sind nur Streckenabschnitte außerhalb des Landkreises Mühldorf (München–Forstinning, Winhöring–Marktl). Mit dem Baubeginn der Strecke Erharting–Winhöring im März 2001 wurde der Landkreis erstmals berührt. Die Fortsetzung von Erharting bis Ampfing ist etappenweise ab 2003 geplant. Dabei soll Mühldorf im Norden auf der »Trasse Mitte« zwischen Mößling und der Isen umfahren werden und zwei

Anschlussstellen erhalten. Planfeststellungsbeschlüsse für die noch fehlenden Teilstücke zwischen Forstinning und Heldenstein sind kürzlich erfolgt bzw. werden noch 2002 erwartet. Optimistische Schätzungen gehen davon aus, dass bis 2008 eine durchgehende Autobahnverbindung von München bis Marktl befahrbar ist. Die Autobahnpläne für den Landkreis Mühldorf sind freilich seit Jahrzehnten heftig umstritten. Nach wie vor gerungen wird um die Streckenführung zwischen Forstinning und Heldenstein. Während sich die Befürworter eines völligen Neubaus für eine Trasse durch das ökologisch sensible Isental über Dorfen einsetzen, befürworten die Gegner den kostengünstigeren und weniger folgenschweren vierspurigen Ausbau der bestehenden Bundesstraße 12 über Haag. Obwohl sich die Verfechter einer vollständigen Neutrassierung in einer breiten Koalition aus Verkehrsbehörden, Lokalpolitikern, Industrie und Handwerk zusammengeschlossen haben und einen eigenen Verein »Ja zur A 94« unterhalten, ist der Ausgang des langwierigen Streits noch ungewiss. Mit rechtskräftigen Planfeststellungsbeschlüssen ist vermutlich erst nach mehrjährigen Verwaltungsgerichtsklagen gegen die favorisierte Trasse Dorfen zu rechnen. [42] Welche Folgen der mögliche Bau zweier Autobahnen durch das Landkreisgebiet für das Landschaftsbild, die Wirtschaftsentwicklung und die Ökobilanz haben wird, lässt sich derzeit nur vermuten. Er dürfte jedenfalls den größten verkehrspolitischen Einschnitt bedeuten, den die Region seit dem Bau des Eisenbahnnetzes im 19. Jahrhundert erfahren hat.

Nebenstraßen und Ortsverbindungen im Landkreis

Wie bereits erwähnt, wurde der Bau von Nebenstraßen im frühen 19. Jahrhundert noch hauptsächlich von den Ortsbewohnern selbst bewerkstelligt – wenn auch unter Aufsicht bzw. Anleitung des Landrichters. Dabei waren allerdings nur vereinzelt gute Ergebnisse zu erzielen. Ein positives Beispiel bietet der von einer Obstbaumallee gesäumte, rund zwei Kilometer lange und in gerader Linie quer durch den soeben erst kultivierten »Frixinger Hart« führende »Kommunikationsweg« zwischen Mößling und der Hauptstraße Mühldorf–Neumarkt, den der Obmann der Gemeinde Mößling, Mathias Marxbauer, im April 1805 in nur acht Tagen auf private Kosten herstellen ließ. Das Landgericht Mühldorf hatte lediglich die Idee geliefert und die Streckenführung abstecken lassen. Offenbar war die neue Straße so gut beschaffen, »daß sie an der Güte und Schönheit keiner Landstraße weicht«. [43]

Solange sich das Verkehrsaufkommen im 19. Jahrhundert in Grenzen hielt, genügte das im Bezirk Mühldorf außerordentlich gut entwickelte Distriktsstraßennetz den Anforderungen. 1895 waren die Distriktsstraßen mit 3,5 bis 5 Metern noch ausreichend breit. Der Straßenbelag aus gereinigtem Kies, der in der Regel im März nach Beseitigung der Kothaufen frisch aufgebracht wurde, hielt den Fuhrwerken und Kutschen leidlich stand. Zum jährlich 52.000 Mark teuren Unterhalt dieser wichtigsten Nahverkehrsstraßen, den die beiden kommunalen Zweckverbände, die so genannten Distriktsgemeinden Mühldorf und Neumarkt, aufzubringen hatten, beschäftigte man einen Bezirksbaumeister und 24 Straßenwärter und Wegmacher, von denen jeder rund 10 Kilometer betreuen musste. [44] Bereits wenige Jahre später waren die Nebenstraßen im Bezirk Mühldorf der zunehmenden Verkehrsbelastung durch Kraftfahrzeuge freilich nicht mehr gewachsen: »Das Wichtigste der Strasse, die Wölbung, geht infolge der ungeheuren Abnützung verloren und kann durch die gewöhnliche Schotterauflage nicht wiederhergestellt werden. Die Strassen werden platt und tiefer als das anschliessende Gelände.« Im Jahr 1926 wurde ein Notprogramm zur Verbesserung der inzwischen Bezirksstraßen genannten Strecken entworfen, das die Verbreiterung von Engstellen, die Beseitigung von unübersichtlichen Kurven und Wasserquerrinnen, eine stärkere, das ganze Jahr über andauernde Beschotterung, die vermehrte Anlage von Straßengräben und eine Erhöhung der Straßen durch Aufwalzen mit Quetschkies vorsah. Allein für die am meisten beschädigten 50 Straßenkilometer errechnete man einen Zeitbedarf von vier bis fünf Jahren. [45] Aus Mangel an Geldern geschah freilich kaum etwas. Stattdessen kämpfte der Bezirksingenieur verzweifelt um den notdürftigen Erhalt seiner Straßen, etwa wenn er im Januar 1927 »sicherheitsgefährliche Mißstände« in Oberneukirchen monierte. Schlitten fahrende Kinder würden den Fahrweg am steilen Ortsberg eisig und glatt machen, und »ferners benützen die Gäste des Gastwirtes [...] die vorbeiführende Bezirksstraße als Pissoir und entsteht infolgedessen dort eine Eisplatte«. [46]

Noch schlechter war es offenbar um die Gemeindeverbindungswege bestellt, die sich – so das Bezirksamt im Oktober 1933 – »infolge mangelnder sachgemässer Unterhaltung teilweise in einem derart verkehrsunsicherem Zustand« befänden, »dass unbedingt etwas Durchgreifendes geschehen« müsse: »Eine Wasserpfütze reiht sich an die andere! Die Wege sind von Fahrspuren reichlich durchzogen! Abzug des Strassenkotes wird nicht betätigt. Teilweise liegt der aufgefahrene Kies auf grösse-

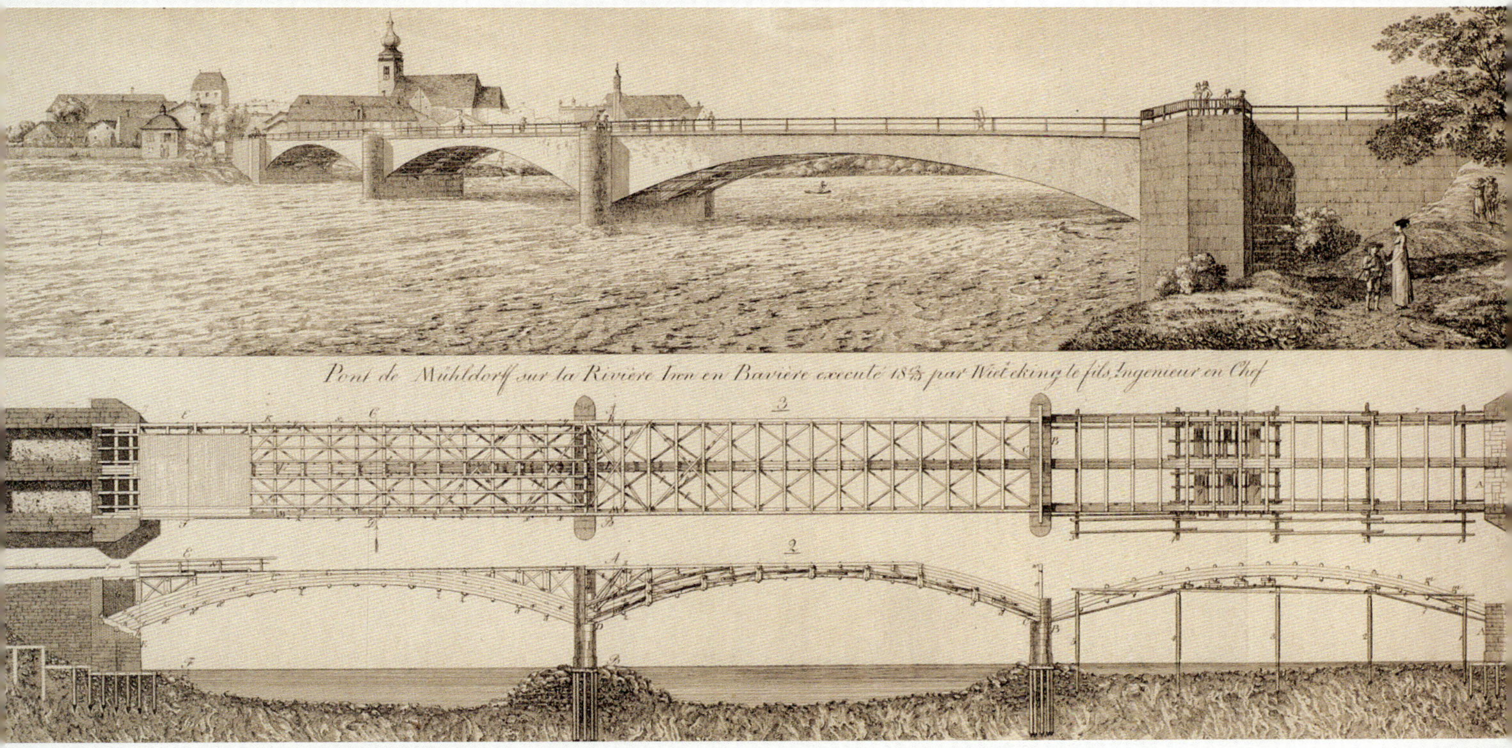

Abb. 7

Wiebeking-Brücke von 1813

Stadtarchiv Mühldorf a. Inn

Die Brücke über den Inn war jahrhundertelang eine hölzerne Konstruktion, die bei Hochwasser oder durch Eisschollen immer wieder zerstört wurde. Durch die Errichtung der auf Steinpfeilern ruhenden »Wiebeking-Brücke« im Jahre 1813 hoffte man, das Problem gelöst zu haben. Sie musste aber bereits 1851 durch die »Maximiliansbrücke« ersetzt werden. Diese Brücke sprengten deutsche Truppen 1945 beim Einmarsch der Amerikaner.

Lit.: Steinbichler, Josef: Die Mühldorfer Maximiliansbrücke. In: Das Mühlrad XXIV (1982), S. 61–82.

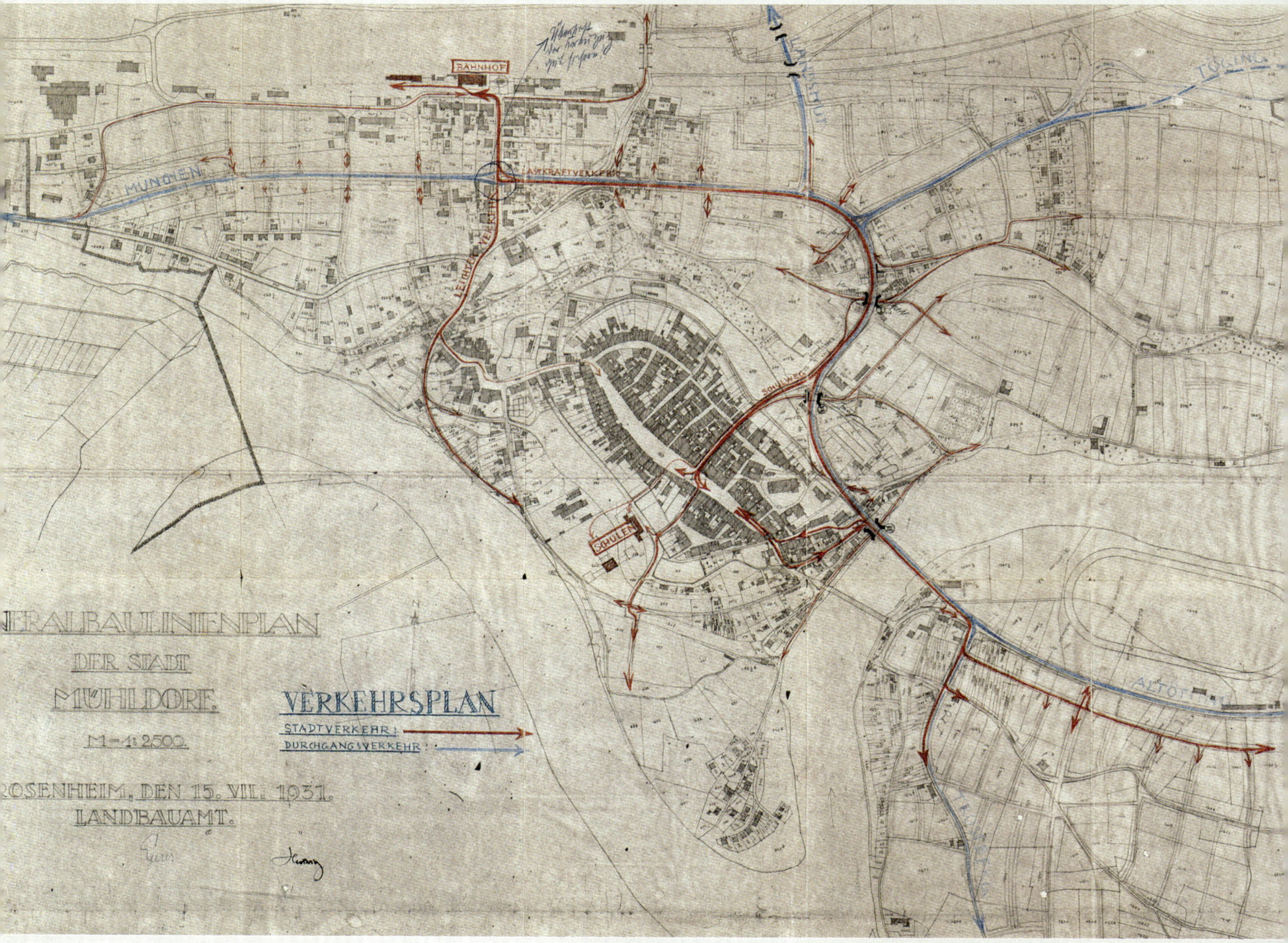

Abb. 8
Verkehrsplan für Mühldorf vom 16.7.1931 mit farblicher Einzeichnung der künftigen Ströme für Durchgangsverkehr (blau) und Stadtverkehr (rot).
StA München

ren Haufen! Ein sachgemässes Auseinanderziehen und Einbetten des Kieses mangelt! Die Wege sind teilweise immer noch mit Querrinnen zwecks Ableitung des Regenwassers versehen.« Als Abhilfe wurde den Gemeinden empfohlen, 40 Arbeitslose dauerhaft als Wegmacher einzustellen und damit zugleich einen Beitrag zu den Arbeitsbeschaffungsmaßnahmen des NS-Staates zu leisten. [47] Bezeichnenderweise bescherten die Nationalsozialisten dem regionalen Straßennetz allerdings weitaus mehr Rückschläge als Verbesserungen, insbesondere durch die Zerstörung bzw. Beschädigung von 17 Isenbrücken, drei Rottbrücken, sieben Innkanalbrücken und nicht zuletzt der Mühldorfer Innbrücke, eine militärisch sinnlose Aktion, die kurz vor Kriegsende der Wehrmacht angeordnet wurde. [48]

Trotz aller Appelle waren so noch um 1950 von den Nebenstraßen im Landkreis kaum mehr als ein paar Ortsdurchfahrten dauerhaft oberflächenbehandelt. Den entscheidenden Durchbruch brachte erst 1958 der bayernweite Ausbauplan für die nunmehr zu Staatsstraßen erklärten Strecken der zweiten Kategorie, das so genannte »Grüne Netz«. Im Rahmen dieser Maßnahmen wurden innerhalb weniger Jahre die besonders frequentierten Strecken von Mühldorf nach Rohrbach und von Neumarkt nach Massing vollausgebaut, alle übrigen Staatsstraßen »zwischenausgebaut« oder zumindest mit einer Asphaltdecke versehen. 1961 folgte ein ähnlicher Ausbauplan für die als »Gelbes Netz« bezeichneten, ca. 117 Kilometer langen und noch fast vollständig ungeteerten Kreisstraßen. Ein weiteres Jahr später ging man an den Ausbau von ca. 226 Kilometern außerörtlicher Gemeindestraßen (»Graues Netz«). [49]

Innerstädtische Straßen und Brücken in Mühldorf

Bis ins frühe 19. Jahrhundert hinein bestand das städtische Straßennetz in Mühldorf im Wesentlichen aus dem Stadtplatz und den davon ausgehenden Gassen. Erst der Abbruch der alten Stadtbefestigung ermöglichte Straßenerweiterungen. 1807 fiel der Voitturm und 1827 mit dem Metzgertor der äußere Stadtturm, ab 1826 wurde der Stadtgraben trockengelegt, in den Jahren um 1850 riss man größere Teile der Stadtmauer ab und 1859 verschwanden das Inntor und das Peterstor am Ende der Bräugasse. [50] Trotz dieser stadtbildverändernden Maßnahmen befanden sich die Straßen in und um Mühldorf in der Mitte des 19. Jahrhunderts in miserablem Zustand. 1844 beispielsweise beschwerte sich das Landgericht Mühldorf, »daß der hiesige Stadt Magistrat schon seit Jahren zu denjenigen Behörden gehört, die nie einen Termin einhalten, und daß die von ihm herzustellenden Wege stets zu den schlechtesten und verwahrlosesten des Bezirkes gehört haben«. [51] Impulsgeber für den Straßenneubau in Mühldorf war schließlich die Eisenbahn. Seit den 1870er Jahren wurden Zufahrtsstraßen zum neuen Bahnhof geschaffen, die wegen ihrer überlokalen Bedeutung zum Teil der Distrikt übernahm. [52] Auch im Stadtkern erfolgten jetzt allmählich Modernisierungen. 1874 legte man Gehsteige am Stadtplatz an und 1897 erhielt die über den Platz führende Hauptstraße ein Granitpflaster. Die 1901 geplante Regulierung des Stadtbergs als Teil der Staatsstraße München–Altötting musste allerdings hauptsächlich aus Geldmangel noch fast 30 Jahre warten. [53] Immerhin wies das stadteigene Straßennetz in Mühldorf ohne Einrechnung der Feldwege im Jahr 1907 bereits eine Länge von 11,84 Kilometern auf. [54]

Als Nadelöhr galt die Mühldorfer Innbrücke, die traditionell vom bayerischen Staat bzw. bis 1802 von Salzburg unterhalten wurde. Während es bis in die Zeit der Napoleonischen Kriege nur hölzerne Brückenbauten gab, die immer wieder Kriegseinwirkungen, Hochwasser oder Eisstößen zum Opfer fielen, [55] wurde 1813 mit der »Wiebeking'schen Bogenbrücke« erstmals – und an neuer Stelle ca. 30 Meter flussaufwärts – ein Steinbau errichtet (Abb. 7). Schon bald zeigten sich freilich zahlreiche Baumängel, so dass ab 1841 Notjoche eingezogen und der Verkehr eingeschränkt werden musste. Nach mehrjährigen Appellen des Mühldorfer Magistrats wurde die schadhafte Brücke schließlich 1849 abgerissen und zwei Jahre später durch die so genannte Maximiliansbrücke ersetzt, eine 122 Meter lange, überdachte Holzkonstruktion auf Steinpfeilern, die bis 1945 das Mühldorfer Stadtbild prägen sollte. Trotz ihres optischen Reizes zeigte sich freilich die Maximiliansbrücke dem modernen Straßenverkehr des 20. Jahrhunderts nicht gewachsen. Als immer mehr Schäden auftraten und die Brücke zeitweilig kaum mehr befahren werden durfte, verstärkte man 1926 zwar die Tragkonstruktion, dennoch blieb der Lkw-Verkehr stark eingeschränkt. [56]

Wie man sich kurz vor dem Ersten Weltkrieg das künftige Mühldorfer Straßennetz vorstellte, zeigt der ab 1909 aufgestellte Baulinienplan, der in der Weimarer Zeit mehrfach ergänzt und modifiziert wurde. [57] Eines der ersten größeren Straßenbauprojekte, das in den 1920er Jahren tatsächlich realisiert wurde, war die Verbreiterung der besonders stark benützten Bezirksstraße ins benachbarte, durch den Innkanalbau aufstrebende

Töging. Im Zuge von Arbeitsbeschaffungsmaßnahmen wurden 1930 die Straßen im Bahnhofsviertel verbessert, der Stadtberg geteert und die Kanalisierung der Altstadt vorangetrieben. Unter nationalsozialistischer Ägide setzte man die punktuelle Verbesserung einzelner Straßenabschnitte anfangs fort, vor allem mit der Pflasterung der Katharinenvorstadt. [58] Äußerst mühsam gestaltete sich dagegen die zehnjährige Debatte mit der Reichsbahn über den Bau einer zweiten Bahnunterführung mit anschließender Kanalbrücke in Altmühldorf für die neu zu trassierende Bezirksstraße nach Gumattenkirchen. Erst 1932/33 wurde die Unterführung schließlich errichtet. Pläne für einen eisernen Fußgängersteg über die Bahngleise auf Höhe der Walzmühle wurden allerdings wieder fallen gelassen. [59]

Heftig diskutiert wurde in den 1920er und 30er Jahren auch der Bau einer Umgehungsstraße einschließlich einer neuen Innbrücke – eine Frage, die nach dem Zweiten Weltkrieg entscheidende Bedeutung für ein neues Verkehrskonzept erlangen sollte. Im Zusammenhang mit der Aufstellung eines Generalbaulinienplans sammelte man 1930/31 verschiedene Trassenvorschläge. Während das Straßen- und Flussbauamt Rosenheim eine klar zwischen Durchgangs- und Stadtverkehr unterscheidende Radikallösung favorisierte, bei der eine Schneise quer durch das Bahnhofsviertel geschlagen und in weitem Bogen die Töginger Straße gekreuzt werden sollte, um dann den Krankenhausberg hinunter zum Stadtwall und über eine neue, flussabwärts gelegene Brücke über den Inn zu gelangen (vgl. Abb. 8), plädierte Stadtbaumeister Lex dafür, lediglich die Stadtbergstraße geradeaus hinunter zum Innufer zu verlängern und flussaufwärts eine neue Innbrücke zu bauen. Von Baumeister Gruber stammte der Vorschlag, die Münchner Straße oberhalb des Schwaigerkellers in steiler Linie hinunter zum Stadtwall zu führen und unmittelbar neben der alten Innbrücke eine neue zu errichten. Der späteren Nachkriegslösung am nächsten kam der Plan des Landbauamts Rosenheim, das die Umgehungsstraße ähnlich wie Lex vom Stadtberg zum Innufer hinunterführen und in einem südwestlichen Bogen um die Altstadt ziehen wollte, um dann aber schlichtweg die alte Innbrücke durch eine neue zu ersetzen. [60]

Während des Zweiten Weltkriegs kamen die hoch fliegenden Straßenplanungen in Mühldorf zum Erliegen. In den beiden Bombenangriffen vom 19. März und 20. April 1945 wurden vielmehr vor allem in der oberen Stadt die vorhandenen Straßen erheblich beschädigt. [61] Weitere folgenschwere Zerstörungen erlitt das Straßennetz durch die kurz vor dem Einmarsch der Amerikaner von der deutschen Wehrmacht vorgenommene Sprengung der Innbrücke und sämtlicher im Stadtbereich gelegener Straßenbrücken über den Innkanal. Während die Kanalbrücken nach Kriegsende von der Innwerk AG relativ rasch wieder errichtet bzw. in einigen Fällen ganz aufgelassen wurden, musste die von der US-Armee Ende Mai 1945 geschaffene stählerne Notbrücke über den Inn mehr als sieben Jahre als Provisorium dienen. [62]

Nach 1945 griff man die Straßenbauideen der Zwischenkriegszeit wieder auf. Unter dem Eindruck des immer stärker werdenden Kraftfahrzeugverkehrs und der rasch wachsenden Bebauung der Mühldorfer Außenbezirke erhielt das städtische Straßennetz ab den 1950er Jahren eine völlig neue Gestalt. Die erste große Straßenbauwelle, die die Finanzkraft der Kommune erheblich belastete, fiel in die erste Amtszeit des 1952 wieder gewählten, ehemaligen NS-Bürgermeisters Hans Gollwitzer. [63] Bis 1956 wurden nicht nur die Straßen des schwer von den Bombenangriffen des Jahres 1945 gezeichneten Bahnhofsviertels repariert, die Seitengassen der Altstadt saniert und Stützmauern am Stadt- und Krankenhausberg angebracht, sondern auch die Ausfallstraßen in Richtung Töging und Neumarkt-St. Veit ausgebaut. Sämtliche instand gesetzten Straßen erhielten einen neuen Unterbau, Asphaltdecken und Gehsteige und wurden zudem verkabelt und beleuchtet. Zu Beginn des Jahres 1961 zählte man bereits 37,1 Kilometer innerstädtische Straßen. [64] An Straßenneubauten entstand vor allem die bereits seit den 1920er Jahren angestrebte Stadtkernumgehung. Mit der Verlegung der B 12 vom Stadtplatz auf die Inn- und Brückenstraße in den Jahren 1952 bis 1954, an deren Kosten sich die Stadt beteiligte, und mit dem Neubau der kriegszerstörten Innbrücke, die 1952 in moderner Spannbetonbauweise errichtet wurde, [65] orientierte man sich stark an dem vergleichsweise zurückhaltenden Planmodell des Landbauamts Rosenheim aus den frühen 1930er Jahren. Der Engpass am Stadtberg konnte dagegen erst zehn Jahre später entschärft werden, als die B 12 im Zuge des Bundesstraßenausbaus großräumig an Altmühldorf vorbeigeführt wurde. Weitere gefährliche Engstellen blieben noch länger bestehen, so etwa die einspurige Mößlinger Unterführung bis zur Mitte der 1980er Jahre. Im

Abb. 9
Luftaufnahme der Stadt Mühldorf a. Inn von 1926
Stadtarchiv Mühldorf a. Inn

letzten Jahrzehnt wurde der Neubau von Umgehungsstraßen in Mühldorf nochmals vorangetrieben. 1994/95 schuf die am Innkanal entlangführende, so genannte Nordtangente eine direkte Verbindung von der B 12 bei Ecksberg bis zur Mößlinger Straße. Bis 2003 soll die daran anschließende Umfahrung von Mühldorf-Nord in Richtung Erharting fertig gestellt sein. [66] Symptomatisch für die seit den 1950er Jahren immer augenfälligere Dominanz der Kraftfahrzeuge im öffentlichen Straßenraum ist schließlich auch der wachsende Platzbedarf für den so genannten ruhenden Verkehr. Während bereits Anfang 1976 588 öffentliche Pkw-Stellplätze mit einer Gesamtfläche von mehr als 9.300 Quadratmetern existierten, wuchs ihre Zahl bis in die Gegenwart auf fast 2.000 an – überwiegend verteilt auf elf Großparkplätze, zwei Tiefgaragen und das neue Parkdeck am Bahnhof. [67]

Öffentlicher Personenverkehr auf den Straßen im Raum Mühldorf

Bis zum 18. Jahrhundert war die salzburgische Exklave Mühldorf aufgrund ihrer Insellage traditionell schlecht an den Überlandverkehr angeschlossen. Erst wenige Jahre vor der Säkularisation führte die wichtige Postroute von München nach Wien über Mühldorf, nachdem man die Stadt zuvor nördlich umgangen hatte. [68] Dennoch erhielt Mühldorf bis 1861 keinen Poststall – mehrere entsprechende Anträge lokaler Amtsträger und privater Interessenten wurden vom staatlichen Oberpostamt abgelehnt. Umspann- und damit Umsteigeorte waren vielmehr Ampfing und Altötting. Wie gering die Personenbeförderungsleistung auf der Straße bis zur Mitte des 19. Jahrhunderts ohnehin war, lässt sich daran ablesen, dass erst ab 1842 mehrmals pro Woche ein sechs- oder neunsitziger Eilwagen von München in Richtung Schärding unterwegs war. Für eine Fahrt von Mühldorf nach München mit der Postkutsche bzw. dem »Postomnibus« – so hieß der ab 1851 eingeführte, geräumigere Fahrzeugtyp – benötigte man um diese Zeit noch bis zu 13 Stunden. Ab 1859 konnte man außerdem von Mühldorf nach Kraiburg reisen. Wer nach Norden wollte, musste bis 1861 zuerst nach Altötting und dort mit Verzögerung umsteigen. Mit der lang ersehnten Einrichtung eines Poststalls in Mühldorf im April 1861, von dem aus täglich einmal nach Neumarkt und zurück gefahren wurde – die reine Fahrzeit betrug zwei Stunden und 15 Minuten –, ging indes nur eine unwesentliche Verbesserung der öffentlichen Transportsituation einher. Von 1871 bzw. 1898 an wurden noch zusätzliche Routen nach Tüßling und Wiesmühl an der Alz bedient. Mit der Eröffnung der von Mühldorf ausgehenden Bahnlinien stellte man die Straßenfahrpost auf den jeweiligen Strecken allerdings sofort wieder ein. Übrig blieben neben dem reinen Lokalverkehr vom Bahnhof zum Stadtplatz nur die kurz nach der Jahrhundertwende eröffneten Kurzstrecken nach Mettenheim, Oberneukirchen und Pleiskirchen. Nach Oberneukirchen beispielsweise fuhren freilich pro Jahr im Schnitt nur 570 Personen. Mit der Motorisierung des Landpostdienstes im Bezirk Mühldorf ab Oktober 1931 ging die Pferdepost, die längst im Schatten anderer Verkehrsmittel wie der Eisenbahn oder dem Automobil stand, zu Ende. Immerhin konnten nun bis zu vier Fahrgäste auf zwei Rundkursen durch den Bezirk in posteigenen Kraftfahrzeugen mitfahren.

Wesentlich bedeutsamer wurde in der Folgezeit der öffentliche Kraftomnibusverkehr. Bereits im Oktober 1928 richtete die Firma Sumser eine erste Linie zwischen Mühldorf und Töging ein, die kurz darauf bis Neu- und Altötting weitergeführt wurde. Anfangs stiegen hauptsächlich Innwerksarbeiter und Mühldorfer Realschüler zu. Ab 1929 unternahm Sumser auch Gesellschaftsreisen und Tagesausflüge ins benachbarte Ausland. Nach dem Ende des Zweiten Weltkriegs begann der Linienbusverkehr am 20. September 1945 erneut dreimal täglich auf der Stammstrecke über Töging nach Altötting und zurück über Teising nach Mühldorf. [69] Weitere privat betriebene Omnibuslinien kamen hinzu, ebenso mehrere Bahn- und Postbusstrecken, die ab 1970 zusammengeschlossen wurden. Der Schulbusverkehr lief zunehmend separat. Seit den 1970er bzw. 80er Jahren teilten sich vor allem zwei Bahnbusunternehmen den Personentransportverkehr im Landkreis auf, die heute als Holdinggesellschaften der Deutschen Bahn AG operieren: RVO (Regionalverkehr Oberbayern) und RBO (Regionalbus Ostbayern). Allein die RBO betrieb 1994 21 der 37 öffentlichen Buslinien im Landkreis; der Rest entfiel auf die RVO und zehn private Busunternehmen. [70] Allerdings war der öffentliche Personennahverkehr (ÖPNV) auf der Straße im Vergleich zum Individualverkehr bis in die 1990er Jahre stark rückläufig.

Seit 1994 sind nun per Gesetz die Landkreise und kreisfreien Gemeinden in Bayern für die Planung und Durchführung des ÖPNV als »freiwillige Aufgabe« zuständig. Zu diesem Zweck stellte man auch im Landkreis Mühldorf 1995 einen Nahverkehrsplan auf. Die Bestandsaufnahme ergab, dass die ÖPNV-Situation auf der Straße vor allem hinsichtlich der Beschaffenheit der Bushaltestellen, der Bedienungsstandards, der Fahrgastinformation und der Abstimmung zwischen Bus und Bahn unbefriedigend war. [71] Deshalb strebt der Landkreis seit 1997 einen systematischen Ausbau des Busnetzes an. Schulbuslinien wurden in öffentlichen Linienverkehr umgewandelt und mit der »Verkehrsgemeinschaft Mühldorf« (VLMÜ) bildete sich ein Zusammenschluss von rund zehn Unternehmen, der einheitliche Tarife und auf die Bahn abgestimmte Fahrtakte ermöglichte. Um die Vernetzung mit dem Zugverkehr zu verbessern, begann man mit dem Bau von Busbahnhöfen in Ampfing, Schwindegg und Neumarkt. [72] Auch das lange Zeit dürftige Stadtbusangebot in Mühldorf wurde 1999 reformiert. Im Jahr 2001 waren bereits rund 35.000 Beförderungen zu vermelden. Gut angenommen wurde offenbar auch ein seit 1998 an Samstagen verkehrender Nachtbus für Jugendliche auf der Strecke von Mühldorf über Altötting nach Burghausen. [73]

Zur Entwicklung des Individualverkehrs

Gütertransport auf der Straße war bis ins späte 19. Jahrhundert nur per Fuhrwerk möglich, das mit der Eisenbahn auf Fernstrecken nicht konkurrieren konnte. Für den Einzelreisenden standen ebenfalls lediglich Fuhrwerke oder das geschilderte dürftige Postkutschenangebot zur Verfügung, sofern man nicht zu Fuß gehen oder seit den 1880er Jahren mit dem Fahrrad fahren wollte. [74] Erst kurz vor der Jahrhundertwende hielten Automobil, Motorrad und Lastwagen Einzug auf den Straßen. Damit setzte freilich ein dramatischer Wandel des Gesamtverkehrsgeschehens ein. Zunächst war ihm das überkommene Straßen- und Brückennetz nicht mehr gewachsen. Ernsthafte Probleme verursachten bereits die 53 Lkw, die 1920 im Bezirk Mühldorf zugelassen waren. Zusammen mit den 1931 gezählten 740 Motorrädern und 250 Pkw zerstörten die schweren Laster rasch die ohnehin desolaten Wege. [75] Zwischen 1950 und 1987 stieg der Kfz-Bestand im Landkreis von 3.618 auf 57.310; davon waren zuletzt rund 70 Prozent Pkw. Mühldorf lag damit seit jeher über dem bayerischen Durchschnitt, rechnet man die Kfz-Zahl auf die Einwohnerstärke um. [76] Im Verhältnis zur beachtlichen Straßendichte im Landkreis kam der Raum Mühldorf allerdings günstiger weg als Bayern insgesamt. So entfielen zum Beispiel 1969 im Landkreis Mühldorf nur 17 Kfz auf einen Kilometer Straße, während es in Bayern 26 waren. Auf 1.000 Einwohner kamen dagegen zu diesem Zeitpunkt 313 Kfz, in Bayern nur 275. [77] Viele Landkreisbewohner stiegen demnach in den Nachkriegsjahren von der Bahn auf Straßenfahrzeuge um, die mehr individuelle Freiheit boten und im Betrieb – wie etwa beim Gütertransport – billiger als die Schienenkonkurrenz waren.

Interessant ist nun das konkrete Verkehrsaufkommen, das lange Zeit jedoch nur auf den beiden Staatsstraßen im Landkreis gemessen wurde. Im Jahr 1910 verkehrten auf der am stärksten befahrenen Hauptverbindung München–Altötting statistisch gesehen täglich streckenweise zwischen 67 und 185 Zugtiere, aber nur bis zu zwei Kraftwagen. Im Vergleich zu Oberbayern bzw. Bayern insgesamt war das recht wenig, vor allem hinsichtlich der Kraftfahrzeuge. Auffällig ist außerdem der gegenüber 1879 überdurchschnittlich starke Rückgang der Zugtierzahlen auf der Strecke Landshut–Altötting, der auf die Dominanz der parallel verlaufenden Eisenbahn im Gütertransport hinweist. [78] 15 Jahre später zählte man im Gebiet des Bezirks Mühldorf zwischen München und Altötting bereits 31 bis 91 Kraftwagen täglich, zwischen Landshut und Altötting 20 bis 43, womit Mühldorf 1924/25 aber immer noch deutlich unter dem landesweiten Durchschnitt rangierte. [79] Bis 1956 stieg das Verkehrsaufkommen pro Tag auf der Bundesstraße 12 zwischen Ampfing und Mühldorf auf über 3.000 Kfz; die restlichen Hauptstrecken lagen deutlich darunter. Abgesehen von dem genannten Spitzenwert war das erneut klar weniger als in Gesamtbayern. [80] 1993 waren auf der B 12 täglich zwischen 11.500 und 15.000 Fahrzeuge unterwegs, auf den Staatsstraßen Ampfing–Kraiburg und Waldkraiburg–B 12 immerhin über 8.000.

Bei einem jährlichen Wachstum von rund 3 Prozent droht freilich sogar im insgesamt vergleichsweise wenig verkehrsbelasteten Landkreis Mühldorf in absehbarer Zeit streckenweise der Straßenkollaps – von den unzähligen Verkehrsunfallopfern einmal abgesehen. [81] Auf diese Entwicklung lediglich mit dem Bau von immer noch leistungsfähigeren Straßen zu reagieren, die wiederum stärkeren Verkehr anziehen, und alternative Verkehrsträger zu benachteiligen, erscheint wenig zukunftsträchtig. Zumindest verfügt der Raum Mühldorf im Unterschied zu anderen Gegenden noch über ein gut entwickeltes Eisenbahnnetz, wenn auch der motorisierte Straßenverkehr seit mehreren Jahrzehnten unangefochtener Hauptverkehrsträger ist – mit weitreichenden Folgen für die Region.

Mühldorfs höhere Schule

Ein Stück bayerische Schulgeschichte

Norbert Lehning

Vergebliche Mühen – Die Anfänge höherer Bildung in Mühldorf

Die Bestrebungen der Mühldorfer, ihren Kindern eine höhere Schulbildung angedeihen zu lassen, reichen weit zurück. [1] So wird bereits zum Jahre 1294 ein Schulmeister namens Läutwein urkundlich erwähnt, der wohl als Kleriker einzustufen ist und der neben seiner Tätigkeit als Cantor und Chorregent auch die Unterweisung der Kinder an der lateinischen Pfarrschule übernommen haben dürfte. [2] Der Schulbesuch dieser ersten kirchlichen Lateinschule, die ja noch nicht staatlich geregelt und für die selbstverständlich Schulgeld zu entrichten war, blieb freiwillig und bereitete auf das Studium an einer auswärtigen höheren Schule und Universität vor. Obwohl seit dem 14. Jahrhundert an der Wiener Universität auch immer wieder Mühldorfer Studenten immatrikuliert waren, schien sich die Pfarrschule nicht recht entwickelt zu haben, so dass man schwerlich von einer institutionell etablierten höheren Schule sprechen kann. Darüber hinaus scheint Mühldorf auch nicht gerade Glück mit seinen lateinischen Schulmeistern gehabt zu haben, mussten diese vor allem im 16. Jahrhundert doch immer wieder vom Stadtrat wegen mangelnden Fleißes und Weinzechens angemahnt werden. Das Schulgebäude, welches 1411 von einem Konrad Kramel gestiftet und 1633 noch einmal instand gesetzt worden war, wurde dann auch am 15.5.1799 um 600 Gulden an einen Mühldorfer Bürger verkauft. [3]

Das ganze 19. Jahrhundert war nun ausgefüllt von Versuchen, in Mühldorf selbst eine höhere Schule oder zumindest die Eingangsstufe für eine solche zu schaffen, da zum einen immer deutlicher die Bedeutung einer solchen für Wissenschaft und Gewerbe erkannt wurde, zum anderen auch in Mühldorf der Wunsch bestand, »die Knaben nicht zu früh aus dem älterlichen Hause unter fremde Leute zu senden […].« [4] So regte am 25.10.1824 das Landgericht Mühldorf (die Vorläuferinstitution des Landratsamtes) beim Stadtmagistrat die Errichtung von lateinischen Vorbereitungskursen an, wozu sich die Stadt aber mangels finanzieller Mittel außer Stande fühlte. Damit blieb der Lateinunterricht und somit die Grundvoraussetzung für ein späteres Studium weiterhin letztlich eine Privatangelegenheit.

Auch der Versuch von 1843 mit Hilfe einer Stiftung, einem so genannten Schulbeneficium, [5] lateinische Vorbereitungsklassen in Mühldorf zu errichten, scheiterte letztlich; die am 16.10.1849 mit zwei Klassen feierlich eröffnete Schule konnte sich mangels Schüler nicht halten, da das Interesse der kleinen Landstadt mit seinen 2.000 Einwohnern offenbar weniger auf Latein als auf praktische Kenntnisse gerichtet war. Da jedoch auch der Versuch einer Umwandlung der Lateinschule in eine technische Schule misslang, [6] hatte Mühldorf mit der Auflösung der Lateinschule von 1875 erneut wieder keine höhere Schule. Auch der 1878 unternommene Vorstoß des Stadtmagistrats, eine Realschule, also eine 6-klassige höhere Schule mit Schwerpunkt auf der mathematisch-naturwissenschaftlichen Ausbildung zu schaffen, [7] scheiterte erneut an finanziellen Mitteln – ebenso wie die Versuche von 1904 und 1913 ein Progymnasium, also den 6-jährigen Unterbau des humanistischen Gymnasiums, zu errichten. [8] Als mit dem hereinbrechenden Ersten Weltkrieg alle schulischen Pläne auf Eis gelegt wurden, war Mühldorf zwar um ein jahrhundertelanges Mühen um eine höhere Schule reicher, aber in der Realisierung noch keinen Schritt vorangekommen. [9]

Der Aufbruch 1921: Gründung einer 6-klassigen Realschule

Das Ende des Ersten Weltkriegs brachte Mühldorf eine neue Entwicklung. Durch den Bau des Innkanals und durch das entstehende Aluminiumwerk in Töging war ein wirtschaftlicher Aufschwung eingetreten, der in der vergrößerten Stadt dem Wunsch nach einer höheren Schule neuen Auftrieb verlieh. [10] So reichte der erst im Jahr zuvor zum geschäftsleitenden Beamten der Stadtverwaltung berufene Stadtobersekretär, der spätere Stadtamtmann und Bürgermeister Leo Mulfinger am 16.6.1920 bei der Regierung ein eingehend begründetes Gesuch um Errichtung einer Mittelschule ein, welches jedoch abgelehnt wurde. [11] Doch Mulfinger steckte nicht auf und versuchte nun, nachdem er sich kundig gemacht hatte, wie andere bayerische Städte in ähnlicher Situation vorgegangen waren, über die örtliche Presse die Einwohner Mühldorfs von der Notwendigkeit der endgültigen Errichtung einer Realschule zu überzeugen.

So führte er am 4.3.1921 im hiesigen Tagblatt aus, dass sich allein 48 Söhne Mühldorfs an auswärtigen Studienanstalten befänden; das gleich große Burghausen hatte hingegen unter seinen 300 Gymnasiasten 70 Schüler aus der eigenen Stadt. In Wasserburg, das immerhin 1.200 Einwohner weniger zählte als Mühldorf, setzte sich sogar die Hälfte der Schülerzahl der dortigen Realschule aus Wasserburgern zusammen. All diese Zahlen bewiesen für ihn zur Genüge, »was den Mühldorfer Söhnen, auch Töchtern, durch den Mangel einer Mittelschule vorenthalten wird.« [12] Zwar machte er deutlich, dass zur Existenzsicherung der von ihm angestrebten privaten Gründung ein relativ hohes Schulgeld erhoben werden müsste, [13] doch käme dies – abgesehen vom ideellen Wert einer solchen Schule vor Ort – immer noch billiger als die hohen Unkosten für eine stadtferne Ausbildung, die bisher nur bestimmten Kreisen vorbehalten geblieben war.

Um diese Missstände zu beseitigen, rief er alle Interessierten auf, sich am 9.3.1921 im Café Kalchgruber einzufinden, um den Weg zur Gründung eines Mittelschulvereins und in der Folge einer Privatrealschule zu bereiten. In der voll besuchten Bürgerversammlung, zu der auch der Gewerbe-Verein Mühldorf eingeladen hatte, entwickelte Mulfinger nun seine bis ins Detail ausgearbeiteten Pläne für die Errichtung einer Realschule mit Lateinabteilung, die vor allem über Schulgeld, freiwillige Zuwendungen und Mitgliedsbeiträge des noch zu gründenden Mittelschulvereins finanziert werden sollte. Dass Mulfinger sowohl die Zuhörer, die städtische Verwaltung als auch die Presse für sein Vorhaben gewinnen konnte, wurde daran ersichtlich, dass noch am selben Abend der Verein mit 102 Mitgliedern gegründet und Mulfinger zu dessen 1. Vorsitzenden gewählt wurde, der Bürgermeister die umgehende Behandlung der Angelegenheit im Stadtrat ankündigte und der Mühldorfer Anzeiger den Vorgang mit den pathetischen Worten kommentierte: »In Mühldorf beginnt es Tag zu werden.« [14]

Das alte Schulgebäude am Kirchenplatz 18, 1922
Stadtarchiv Mühldorf a. Inn
Dieses Gebäude wurde von 1921 bis 1961 als Schule genutzt.

So impulsiv und euphorisch die Vorbereitungen waren, so konsequent wurden sie dieses Mal auch umgesetzt. Bereits am 11.3.1921 billigte der Stadtrat 10.000 Mark als Zuschuss, übernahm die Kosten für die nötigen Baumaßnahmen, gewährte einen 15fachen jährlichen Mitgliedsbeitrag und die Bereitstellung eines geeigneten Raums. Auch der Bezirkstag (der heutige Kreistag) genehmigte einen stattlichen jährlichen Zuschuss; namhafte Spenden kamen zudem von der Walzmühle, den Innwerken und von privater Seite. [15] Auch ein passender Schulraum war im städtischen Gebäude am Kirchplatz gefunden worden, der nun entsprechend der schulischen Belange umgebaut und ausgestattet wurde. Freilich konnte von einem Schulhaus in unserem heutigen Verständnis noch nicht die Rede sein, war doch der Schulraum neben zahlreichen weiteren Mietparteien in ein und demselben Gebäude untergebracht. Als Lehrer, Klassenleiter, Direktor, Schreibkraft und Hausmeister in einer Person wurde Dr. Josef Schoeberl gewonnen, der die Schule in der Folge bis 1932 leiten und somit entscheidend für den konstanten Auf- und Ausbau sorgen sollte. [16]

Nachdem im April die beiden Mühldorfer Tageszeitungen die Termine für die Anmeldung und die Aufnahmeprüfung für die erste Klasse bekannt gegeben hatten, wurde am 3.5.1921 die Schule feierlich eröffnet, [17] der dann am 21.7.1921 durch die Entschließung Nr. 28912 auch die staatliche Genehmigung durch Regierung und Kultusministerium gewährt wurde. In der Folge wurde nun jeweils zum neuen Schuljahr eine neue Klasse eingerichtet und damit auch ein neuer Lehrer eingestellt, sodass die Schule am 15.4.1926 zu einer voll ausgebauten 6-klassigen Realschule mit immerhin 8 hauptamtlichen Lehrern und 201 Schüler angewachsen war, von denen 75 aus Mühldorf selbst stammten.

Mit der Zunahme der Klassen, Schüler und Lehrer in der Zeit der Inflation vermehrten sich, so Mulfinger später in einem Geschäftsbericht des Mittelschulvereins, zunehmend auch »die Sorgen finanzieller und wirtschaftlicher Art. Die unselige Inflation warf alle Berechnungen über den Haufen, das Schulgeld stieg ins Unerträgliche, die Einrichtung konnte kaum mehr beschafft werden und die Bezahlung der Lehrergehälter bereitete die größten Schwierigkeiten.«[18] So betrug das Schulgeld im November 1923 pro Schüler 3,6 Mio. Mark und im gleichen Monat mussten für die Einrichtung eines neuen Klassenraums 100 Billionen Mark aufgewandt werden.[19]

Aufgrund dieser prekären Finanzsituation stellte die junge Privatschule den Antrag an die Regierung, die Schule zu übernehmen. Dieser Vorstoß wurde aber mit der Begründung abgewiesen, dass die Schule von staatlicher Seite ja gar nicht beabsichtigt gewesen sei. Der Wunsch der Mühldorfer nach einer höheren Schule wurde – wie in vielen gleichgearteten Fällen in anderen bayerischen Städten – offenbar nach wie vor nicht überall als legitimes Interesse anerkannt. In dieser Situation

Studienrat Dr. Josef Schoeberl, Leiter der Realschule von 1921–1932
Stadtarchiv Mühldorf a. Inn

sprang die Stadt ein und übernahm »unter Anerkennung der Notwendigkeit, das Bildungswesen der Stadt zu heben«, [20] am 18.1.1923 die Besoldung der hauptamtlichen Lehrkräfte. Dass sie dann im April 1927 einen neuen Realschuletat billigte und damit quasi die ganze Schule übernahm, war eigentlich nur noch die logische Konsequenz, die den Mittelschulverein von seinen drückenden Sorgen befreite. In der zweiten Hälfte der 20er Jahre war somit die Realschule ihren Kinderschuhen entwachsen; 6-klassig ausgebaut, inzwischen um eine Handelsabteilung anstelle des kaum angenommenen Lateinzweigs erweitert und von der Stadt weitgehend finanziert, stand sie kurzzeitig auf solidem Boden. Dies fand seinen Ausdruck auch darin, dass ab 1925 das ganze Gebäude am Kirchplatz ausschließlich zur schulischen Verwendung bereit gestellt wurde: Die höhere Schule Mühldorfs hatte damit ihr eigenes Schulhaus. In Anerkennung der erbrachten Leistungen verfügte daher das Ministerium im Jahre 1930, dass die Mühldorfer Schüler beim Übertritt in die staatlichen Schulen – um z.B. das Abitur an einer 9-jährigen Vollanstalt zu machen – künftig keine Aufnahmeprüfung mehr abzulegen brauchten. [21] Nun war man also auch staatlich voll anerkannt.

Ein neues Projekt: Das Schülerheim 1925

Kaum der finanziellen Misere des ersten Projekts entronnen, bewirkte der wirtschaftliche Aufschwung der Goldenen Zwanziger sogar ein zweites Schulprojekt des Mittelschulvereins: »Mehr und mehr wird die Realschule von Schülern aus der näheren und weiteren Umgebung besucht, die in Mühldorf Kost und Wohnung nehmen müssen. Bei der hier herrschenden großen Wohnungsnot war es bisher nicht möglich, sämtliche Schüler bei geeigneten Familien unterzubringen, weshalb die Realschule darunter Schaden leiden mußte. Um diesem Mißstande abzuhelfen, entschloß sich der Mittelschulverein zur Erbauung eines Pensionats im kleinen Umfange.« [22] Auf der gegenüberliegenden Innseite wurde daher ein Internat für die höheren Schüler erbaut, das bereits am 20. April 1925 seiner Bestimmung übergeben werden konnte. Durch Zeichnung von unverzinslichen Bausteinen, durch private Spenden – vor allem wiederum von Seiten des Innwerks – und durch das Bereitstellen des Grundstücks durch die Stadt konnte so ein Schülerheim geschaffen werden, [23] das 13 Jahre lang jährlich bis zu 40 auswärtigen Schülern Unterkunft, Verpflegung und pädagogische Betreuung bot.

Das Schülerheim der Realschule an der Altöttinger Straße 9
Aufnahme 1928
Stadtarchiv Mühldorf a. Inn
Im April 1925 wurde das Schülerheim eingeweiht. Es bot 13 Jahre lang mehr als 30 auswärtigen Schülern Unterkunft, Verpflegung und pädagogische Betreuung. Es wurde vom Religionslehrer der Realschule geleitet und von Schwestern aus Mallersdorf bewirtschaftet.

Geleitet wurde das Heim zunächst vom Religionslehrer der Realschule, später aus Kostengründen vom Schulleiter;[24] bewirtschaftet wurde es von drei Schwestern der Armen Franziskanerinnen aus Mallersdorf.[25] Allerdings hatte man sich mit diesem neuen Projekt von Anfang an finanziell deutlich überhoben. So ging bereits im ersten Jahr seines Bestehens das Gerücht um, dass das Heim wieder geschlossen werden sollte, weshalb das Mutterhaus der Franziskanerinnen seine drei Schwestern gleich wieder abziehen wollte. Darüber hinaus war man mit dem Wasserburger Schülerheim in heftige Konkurrenz um zahlungskräftige auswärtige Schüler getreten, was sogar zu Konflikten zwischen den beiden Städten führte, besonders als die Mühldorfer den Wasserburgern vorwarfen, dass diese sogar im Mühldorfer Schülerheim selbst versuchen würden, Schüler abzuwerben.[26] Unabhängig von diesen Vorwürfen war letztlich das Mühldorfer Schülerheim 1938 gezwungen, vor allem wegen finanzieller Schwierigkeiten auf immer seine Pforten zu schließen. Das ehrgeizige Projekt aus den Tagen des kurzen wirtschaftlichen Aufschwungs war endgültig gescheitert.[27]

Die Schule im Sog von Weltwirtschaftskrise und Nationalsozialismus

Mit dem Welken der wirtschaftlichen Blüte gegen Ende der 20er Jahre drängten sich wieder zunehmend die Finanzierungsfragen in den Vordergrund, zumal die Schule Anfang der 30er Jahre weiter wuchs. So waren 1931 die Anmeldungen für die erste Klasse erstmals so zahlreich, dass diese geteilt werden musste. Zwar hatte die Anstalt damit viele andere Provinzschulen überflügelt und somit eindrucksvoll ihre Daseinsberechtigung bewiesen, gleichzeitig schien damit aber die Verstaatlichung der Mühldorfer Realschule erneut als einziger Ausweg.[28] Zur Stärkung der eigenen Position schloss sich Mühldorf mit weiteren ebenfalls städtischen Schulen zu einer Arbeitsgemeinschaft zusammen,[29] die auf dem Höhepunkt der wirtschaftlichen Krise 1932 zahlreiche Gesuche um Übernahme durch den Staat bzw. Gewährung von Staatszuschüssen an den Landtag, die Regierung und die Ministerien stellte; bis 1934 waren es allein von Mühldorfer Seite neun Eingaben. Wenn auch den Gesuchen aus finanziellen Gründen nicht stattgegeben wurde, so konnte dennoch erreicht werden,

Schulabgänger Jahrgang 1927
Stadtarchiv Mühldorf a. Inn

dass nun erstmals ein Staatszuschuss von 6.000 Reichsmark gewährt wurde. Die Staatszuschüsse wurden zwar in den kommenden Jahren erhöht, doch auch die Kosten stiegen entsprechend an, sodass es letztlich nur eine Frage der Zeit war, wann das finanzielle Aus für die Schule kommen würde.

Während also die Schule im Äußeren konstant um ihren Erhalt kämpfen musste, vollzog sich mit dem Jahre 1933 ein deutlicher Wandel im inneren Schulbetrieb. Die ganz und gar unpolitische Einstellung der ersten 12 Jahresberichte wurde aufgegeben und das Schulleben veränderte sich mit dem »Dritten Reich« von Grund auf. Während vor 1933 als Aufgabe der Schule formuliert war, die Schüler »auf religiöser Grundlage zu sittlicher Tüchtigkeit« [30] zu erziehen, standen nun »deutsche Menschen voll völkischen Selbstgefühls, wehrhafter Gesinnung und Hingabefähigkeit« [31] im Zentrum schulischer Erziehungstätigkeit. Was darunter zu verstehen war, wurde auch an der Mühldorfer Schule bald deutlich: Das Schuljahr begann nicht mehr mit dem Gottesdienst, sondern mit dem Hissen der Hakenkreuzfahne, nationale Gedenktage prägten den Schulalltag ebenso wie die innen- und außenpolitischen Ereignisse. Die Schulbücherei wurde von der im Sinne des Nationalsozialismus »undeutschen Literatur gesäubert«, Rassenkunde und Vererbungslehre waren nun Bestandteil des Unterrichts. Der »Deutsche Gruß« wurde vor und nach jeder Unterrichtsstunde verbindlich und die körperliche Ertüchtigung vor der intellektuellen Betätigung betont. Symbolisch rückte das Fach Sport im Zeugnis von der letzten an die erste Stelle, Religion von der ersten an die letzte. [32]

Vor allem die Gleichschaltung der Jugend in der Hitlerjugend, der HJ, führte zu immer stärkeren Spannungen mit der Schule, da diese nun zunehmend angehalten wurde, auf die schulfremde Beschäftigung der Kinder bei der Bemessung der Hausaufgaben und der Beurteilung der Leistungen Rücksicht zu nehmen. Dieser Konflikt wurde gerade auch an der Mühldorfer Schule ausgetragen. Die Kontrahenten waren hierbei der Mühldorfer Bürgermeister und der hiesige Religionslehrer, der sich offenbar »Verfehlungen politischer Art in Bezug auf die Beeinflussung der Jugend in ihrem Verhältnis zur H. J. und dergleichen« hatte zu Schulden kommen lassen. [33] Als unmittelbare Reaktion verfügte der Bürgermeister: »Die Stadt wünscht nicht, dass die hiesige Jugend diesen staatsfeindlichen Bestrebungen ausgesetzt ist, weshalb ich hiermit Koop. Namberger das Betreten des städt. Realschulgebäudes zum Zwecke der Unterrichtserteilung untersage.« [34]

Doch nicht nur das Innenleben der Schule veränderte sich, sondern auch deren äußere Struktur. Nachdem mit dem Schuljahr 1938/39 im Zuge der Umgestaltung des höheren Schulwesens in Bayern die 9-jährigen Vollanstalten zu 8-jährigen Oberschulen vereinheitlicht worden waren, wurde auch die bisherige 6-klassige Realschule zunächst in eine 5-klassige Oberschule umgewandelt. Zum Schuljahr 1941/42 wurde dann sogar der Ausbau zur Vollanstalt unternommen, wozu bereits am 16. 10. 1940 die staatliche Genehmigung erteilt worden war. [35] Im Februar und März 1943 konnte so erstmals an der nun 8-klassigen Oberschule die Reifeprüfung abgehalten werden, an der jedoch gerade mal drei Abiturienten teilnahmen; der Rest stand bereits im Feld – eine konsequente Folge für die 1940 vom Mühldorfer Bürgermeister erhobene Forderung: »Dass die Schule in ausgesprochen nationalsozialistischem Geist geführt wird, ist eine Selbstverständlichkeit.« [36]

Die Situation an der Schule und im Alltag verschlechterte sich im »totalen Krieg«. Insbesondere der Lehrermangel nahm schlimme Formen an, sodass die inzwischen 416 Schüler in 12 Klassen kaum mehr geregelt unterrichtet werden konnten. Die Hauptlast der Arbeit musste daher nun von weiblichen Lehrkräften getragen werden. Trotz dieser schulischen Misere wehrten sich die Eltern 1944 erfolgreich gegen Pläne des Bürgermeisters, die Schule in ein Lager der Kinderlandverschickung umzuquartieren; in jenen Jahren, als immer mehr auch Kinder und Jugendliche zum Kriegsdienst herangezogen wurden, waren die Mühldorfer Eltern weitsichtig genug, ihre Kinder nicht aus dem Wirkungskreis elterlichen Schutzes zu geben. [37] Als schließlich im März und April 1945 Mühldorf durch Fliegerangriffe erheblich zerstört und beschädigt wurde, schloss auch die unzerstört gebliebene Schule ihre Pforten.

Mühldorfs Oberrealschule in der Nachkriegszeit

Bereits im November 1945 wurde mit Genehmigung der amerikanischen Militärregierung, die großes Interesse daran hatte, die Kinder und Jugendlichen wieder in einen geordneten Schulbetrieb einzubinden, der Unterricht in den Klassen 1 mit 4 wieder aufgenommen. [38] Schon einen Monat später folgten die Klassen 5 und 6 und als im Februar 1946 auch die Oberstufe mit der 7. und 8. Klasse wieder aufgenommen worden war, war Mühldorfs höhere Schule nicht nur wieder erstanden, sondern hatte mit 512 Schülern sogar den höchsten Schülerstand seit ihrer Gründung erreicht. Da jedoch für die zum Teil über 70 Schüler starken Klassen weder Lehrer noch Räume in entsprechender Weise zur Verfügung standen, [39] musste auch die inzwischen wieder umbenannte Oberrealschule Mühldorf das Schicksal vieler bayerischer Schulen teilen und 1950 den Schichtunterricht einführen. Darüber hinaus verschärfte sich die finanzielle Dauermisere noch zusätzlich, als per Gesetz vom 5.3.1949 den öffentlichen – d.h. den staatlichen und kommunalen – Schulen untersagt wurde, Schulgeld zu erheben. [40] Damit war nicht nur grundsätzlich eine entscheidende Finanzquelle versiegt, es waren auch die Kosten für die auswärtigen Schüler allein auf die Stadt abgewälzt worden. Als 1951 dann noch die Wiedereinführung der vor dem Krieg abgeschafften 9. Klasse angeordnet wurde, [41] schien das lang erwartete Aus für Mühldorfs höhere Schule gekommen zu sein: Am 22.3.1951 beschloss der Mühldorfer Stadtrat die Kündigung der Lehrkräfte und die Schließung des Gebäudes am Kirchplatz. [42]

Doch die Auflösung der Schule konnte abgewendet werden, da die Gemeinden, aus denen mehr als 20 Schüler die Oberrealschule besuchten, zu so genannten Gastschülerbeiträgen aufgefordert wurden, Spenden aus den Wirtschaftsbetrieben in Töging sowie der Stadt selbst eingingen und vor allem im April des Jahres ein »Verein zur Förderung der Oberrealschule Mühldorf« gegründet wurde, dem durch einstimmigen Beschluss alle Schülereltern beitraten, die sich wiederum zu freiwilligen monatlichen Beiträgen verpflichteten. [43] Letztlich konnten all diese Maßnahmen jedoch nur als Flickwerk gelten, eine wirkliche Verbesserung oder gar Lösung konnte nur die seit Jahrzehnten angestrebte Verstaatlichung der Mühldorfer Schule bringen. [44] Diese Ansicht wurde vom kulturpolitischen Ausschuss des Bayerischen Landtags bereits in seiner Sitzung vom 12.9.1951 geteilt, in der über das Gesuch des Mühldorfer Fördervereins um Subventionierung und spätere Verstaatlichung der Oberrealschule verhandelt wurde. Zwar

Neubau der Ruperti-Oberrealschule 1961
Stadtarchiv Mühldorf a. Inn

kritisierte der Vertreter des Ministeriums, dass die Schule von Anfang an ein Defizitbetrieb war, doch wurde gleichzeitig die Lebensnotwendigkeit der Schule für den ganzen Landkreis betont, da die Schule inzwischen von 80% auswärtigen, d.h. stadtfremden Schülern besucht wurde. [45]

Von der städtischen Oberrealschule zum staatlichen Gymnasium

Obwohl Mühldorf mit diesem Problem keineswegs allein stand, zogen sich die Bestrebungen der Städte auf Verstaatlichung ihrer Schulen aufgrund der allgemeinen Haushaltslage des Freistaates Bayern erheblich in die Länge. Darüber hinaus war auch das Ministerium unter Kultusminister Dr. Josef Schwalber diesem Wunsch angesichts der drohenden Verstaatlichungswelle nicht gerade geneigt. Erst die neue Regierung unter Ministerpräsident Dr. Wilhelm Hoegner, der sich bereits 1928 für die Verstaatlichung der Mühldorfer Schule eingesetzt hatte, und ihr Kultusminister, Prof. Dr. August Rucker, zeigten sich hierfür weitaus aufgeschlossener. Nachdem bereits 1956 die ersten Oberrealschulen verstaatlicht worden waren, war es im Folgejahr nun auch für die Mühldorfer Schule soweit: [46] Die Verstaatlichung der höheren Schule Mühldorfs, deren Versuche sich wie ein roter Faden durch die Mühldorfer Schulgeschichte ziehen, wurde am 1.10.1957 endlich Realität. [47] Der Förderverein, bisher zur Aufrechterhaltung des alltäglichen Schulbetriebs unerlässlich, konnte sich »nunmehr ganz seiner eigentlichen Aufgabe widmen, nämlich die wissenschaftlichen Einrichtungen der Oberrealschule zu fördern […].« [48]

Die positiven Auswirkungen zeigten sich bereits ein Jahr später, als mit sieben neuen hauptamtlichen Lehrkräften die Personalnot eine erste deutliche Besserung erfuhr. Lediglich die Schulraumnot bestand nach wie vor, doch war auch deren Lösung bereits bei den Verhandlungen zur Verstaatlichung angedacht worden. So

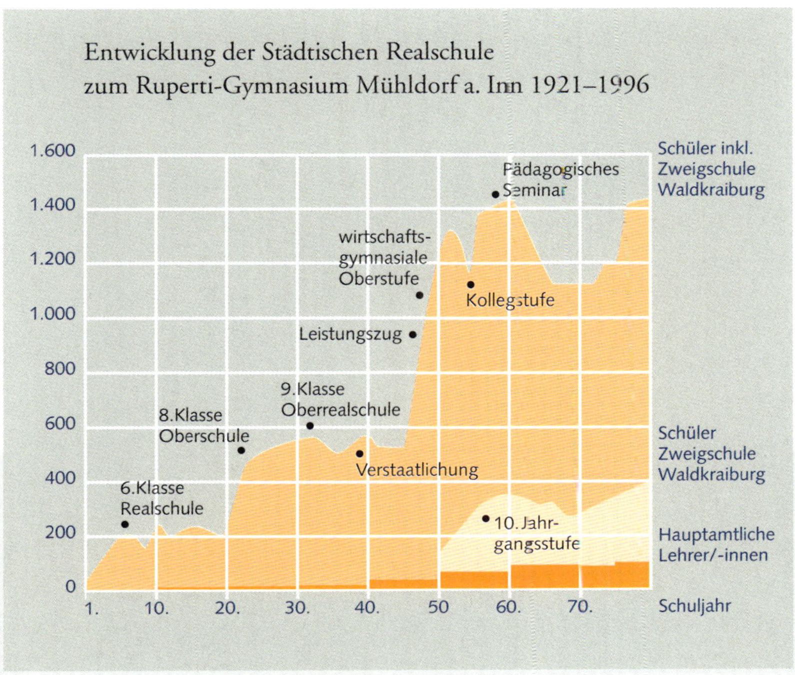

Von der städtischen Realschule zum Ruperti-Gymnasium 1921–1996.
Quelle: Jahresbericht Ruperti-Gymnasium 1996
Grafik: engelhardt.atelier, Mühldorf a. Inn

hatte sich Mühldorf als empfohlene »Morgengabe« [49] für die erstrebte Verstaatlichung verpflichtet, einen geeigneten Neubau für die Oberrealschule zu erstellen. Allerdings verzögerten Finanzierungs- und Grundstücksfragen den Bauanfang erheblich. [50] Erst als der Stadtrat auch vom Gebrauch der Zwangsabtretung nicht mehr länger zurückschreckte, [51] konnten die längst fertigen Baupläne im Bereich der oberen Stadt zügig umgesetzt werden, sodass am 24.3.1961 die Einweihung der Schule erfolgen konnte. In Erinnerung an die jahrhundertealte Bindung der Stadt Mühldorf zum Fürstbistum Salzburg bekam sie den Namen Ruperti-Oberrealschule verliehen. [52]

Die 60er Jahre brachten der Mühldorfer höheren Schule wie den höheren Schulen Bayerns allgemein ein Jahrzehnt tiefgreifenden Wandels. Eingeläutet wurde dieser durch die Oberstufenreform 1959, als den Schülern erstmals die Möglichkeit gegeben wurde, am Ende der 12. Klasse bestimmte Fächer abzulegen und eigene Schwerpunkte zu setzen. Damit sollte – nicht zuletzt angesichts der Wissenskumulation dieser Jahre – eine Vertiefung und gleichzeitig eine Konzentration der Arbeit in der Oberstufe gewährleistet werden. 1962 wurde der in Bayern jahrzehntelang vernachlässigte neusprachliche Zweig an die mathematisch-naturwissenschaftlich ausgerichtete Mühldorfer Schule angegliedert, sodass sich von nun an zwei Ausbildungsrichtungen unter einem Dach befanden. [53] Mit der Einführung der Kollegstufe 1975, die erneut die Oberstufe reformierte und die Ansätze von 1959 zugunsten einer noch stärkeren Wahlfreiheit der Schüler ausbaute, fand das Jahrzehnt des inneren strukturellen Wandels der Mühldorfer Schule, die ab 1965 wie alle höheren Schulen in Bayern den einheitlichen Namen Gymnasium trug, [54] ein Ende.

Gravierende Veränderungen hatten sich in diesem Jahrzehnt aber auch bezüglich der Schülerschaft ergeben. Seit Beginn der Bildungswerbung in der ersten Hälfte der 60er Jahre mit dem Ziel, die Begabtenreserven auf dem flachen Land zu mobilisieren, war die Zahl der höheren Schüler geradezu explodiert: So erhöhte sich am Ruperti-Gymnasium Mühldorf die Gesamtzahl der Schüler von 584 im Schuljahr 1965/66 auf über 1.000 zu Beginn des Schuljahres 1970/71. Während 1964/65 nur 73 Schüler die beiden ersten Klassen besuchten, begannen 1970 nicht weniger als 202, also fast drei Mal so viele; die von der Volksschule übergetretenen Kinder mussten somit in fünf Anfangsklassen untergebracht werden. Auffallend waren jedoch nicht nur die steigenden Schülerzahlen, sondern vor allem auch die einhergehenden Veränderungen in der sozialen Herkunft der Gymnasiasten. So ergab ein Vergleich der sozialen Rekrutierung aller Schüler des Ruperti-Gymnasiums Mühldorf in den Schuljahren 1959/60 und 1969/70, dass sich der Anteil der Kinder aus Arbeiter- und Bauernfamilien – wenngleich natürlich nach wie vor bezüglich ihres Anteils an der Gesamtbevölkerung unterrepräsentiert – weit überproportional gesteigert hatte. [55] Damit war deutlich geworden, dass man die bis dato als bildungsferne Schichten betitelten gesellschaftlichen Gruppen durchaus angesprochen hatte: Der Besuch des Gymnasiums war – etwas polarisierend formuliert – nicht mehr länger ein soziales Privileg.

Der Nachteil dieser Schülerexpansion, die mit den unruhigen Jahren der späten 60er einherging, [56] lag schnell auf der Hand. 10 Jahre nach Bezug des Schulneubaus, herrschten wieder ähnliche Raumverhältnisse wie im alten Schulgebäude am Kirchplatz. [57] Aufgrund dessen wurde 1971 ein Erweiterungsbau errichtet, für den inzwischen schon nicht mehr die Stadt, sondern der neue Bauträger, der Landkreis, verantwortlich zeichnete. [58] Gleichzeitig wurde in Waldkraiburg eine Zweigschule eingerichtet, die nicht nur den Schülern vor Ort den täglichen Schulweg ersparen, sondern darüber hinaus auch ein weiteres Anwachsen des Ruperti-Gymnasiums abfangen sollte. [59] Da jedoch angesichts der steigenden Schülerzahlen – 1972 mussten im Mühldorfer Gymnasium 1.134 Schüler in 38 Klassen untergebracht werden – die Entlastungsfunktion der Waldkraiburger Zweigschule kaum griff und zudem 1978 am Ruperti-Gymnasium ein Studienseminar, also eine Ausbildungsschule für angehende Lehrer, eingerichtet wurde, mussten 1985 erneut Neu- und Umbaumaßnahmen ergriffen werden. [60] Aus den bescheidenen Anfängen der privaten höheren Schule Mühldorfs war nun ein Schulkomplex entstanden, der inzwischen weder aus dem Mühldorfer Stadtbild noch aus der Landkarte der Gymnasien Bayerns wegzudenken war. Spät, aber eindrucksvoll hatte sich somit die Weitsicht einiger Mühldorfer Bürger bestätigt, die Leo Mulfinger 1921 deutlich zum Ausdruck brachte: »Es muss etwas geschehen, um der Jugend in Stadt und Bezirk Mühldorf das Studium oder vielleicht besser gesagt, die Weiterbildung an Ort und Stelle zu ermöglichen. Ob hierzu ein Bedürfnis besteht? Ja!« [61]

Einweihung des Erweiterungsbaus des Ruperti-Gymnasiums am 21. Juli 1971
Stadtarchiv Mühldorf a. Inn
Die Aufnahme zeigt von links Studiendirektor Hermann Maillinger, Kreisbaumeister Franz Egerndorfer, den Bundestagsabgeordneten Valentin Dasch, Kultusminister Prof. Dr. Hans Maier, Landrat Erich Rambold und den Landtagsabgeordneten Nikolaus Asenbeck.

Vereine in Mühldorf

Norbert Stellner

Schon seit dem 19. Jahrhundert spielen Vereine für das soziale und kulturelle Leben der Gemeinden eine maßgebende Rolle. Umso verwunderlicher ist es, dass dieser sozialen Organisationsform im heimatkundlichen und wissenschaftlichen Schrifttum in Bayern bisher so wenig Beachtung geschenkt wurde, [1] zumal die Bedeutung der Vereine als Indikatoren für politische, wirtschaftliche und gesellschaftliche Entwicklungen nicht zu unterschätzen ist. So kann man es nicht hoch genug bewerten, wenn in einer lokalhistorischen Publikation, wie der vorliegenden über Mühldorf, auch das lokale Vereinswesen einen angemessenen Platz findet.

Es ist erstaunlich, welch vielfältige Vereinslandschaft eine bayerische Kleinstadt wie Mühldorf in den letzten zwei Jahrhunderten hervorgebracht hat. Deshalb ist es unmöglich, das gesamte Spektrum vereinsmäßig organisierter Betätigung im Rahmen dieses Beitrags zu beschreiben. Allein die bloße Aufzählung aller in Mühldorf jemals bestehenden Vereine würde schon Seiten füllen. So sei es gestattet, für die nachfolgenden Betrachtungen nur eine bestimmte Gruppe von Vereinen herauszugreifen, um sich an ihrem Beispiel einen Einblick in Struktur und Entwicklung des Mühldorfer Vereinswesens zu verschaffen. Aufgrund der günstigen Quellenlage fiel die Wahl dabei auf eine Gruppe von Vereinen, die man vielleicht als Freizeitvereine bezeichnen könnte. Dazu gehören im wesentlichen Geselligkeits- und Bildungsvereine, Sportvereine sowie so genannte Kulturvereine. [2]

Unter »Verein« soll »ein freiwilliger Zusammenschluß von Menschen« verstanden werden, »die auf diese Weise in ihrer Freizeit (mindestens) ein (nicht profitorientiertes) Ziel durch gemeinsames Handeln realisieren bzw. verfolgen. Charakteristisch für diese Gruppierung sind relativ intensive persönliche Kontakte (die in der Regel nur auf lokaler Ebene gewährleistet sind) und ein Mindestmaß an formaler Organisation (d. h. auf jeden Fall regelmäßige Veranstaltungen).« [3] Zur »formalen Organisation« würde man auch rechnen, »wenn sich die entsprechende Gruppierung ein Minimum an organisatorischer Struktur gegeben hat.« [4] »Es reicht aus, wenn diese Struktur durch informelle Übereinkünfte zwischen den Mitgliedern zustande gekommen ist. Eine feste (schriftliche) Satzung oder die Eintragung in das Vereinsregister sind nicht erforderlich.« [5]

Vom Vormärz bis zur Reichsgründung: Vereine zwischen bürgerlicher Emanzipation und nationaler Gesinnung

Vereine oder Assoziationen entstanden im letzten Drittel des 18. Jahrhunderts als völlig neuer »Typus sozialer Organisation«. [6] Das wichtigste Merkmal dieser Assoziationen war das Prinzip der Freiwilligkeit. [7] Gründung und Auflösung von Vereinen, Beginn und Ende einer Mitgliedschaft basierten auf der selbstständigen Entscheidung freier Individuen. [8] Damit ist schon eine der wesentlichen Voraussetzungen für die Entstehung des Vereinswesens angedeutet: ein »auf Vernunft und Autonomie gegründeter Individualismus«. [9] Dieser konnte nur in einem Prozess der Emanzipation von überlieferten Ordnungen (Ständen, Zünften, Gilden, Nachbarschaften) und von den das öffentliche Leben bestimmenden Obrigkeiten entstehen. Da in diesen Prozess auch die Kultur einbezogen war, wurde sie nun zu einem Betätigungsfeld von Privatleuten. [10] Gleichzeitig wurde das Bedürfnis des Einzelnen geweckt, auf persönlicher Basis geselligen und freundschaftlichen Umgang mit anderen Menschen zu pflegen. [11] Getragen wurde diese ganze Entwicklung vom bürgerlichen Bildungsgedanken jener Zeit. Bildung nicht als schulische oder berufliche Ausbildung verstanden, sondern als »aktiver und selbständiger, individueller Prozeß erfahrungsgeleiteter Persönlichkeitsentwicklung, zu dem grundsätzlich jeder Mensch gleich welchen Standes befähigt sei.« [12] Dementsprechend zählten zu den ersten Assoziationen in Deutschland vor allem Bildungs- und Geselligkeitsvereine. [13]

Auch in Mühldorf bildeten sich als erste Vereine ein »Gesellschaftlicher Verein« (gegr. 1827) [14] und eine »Lesegesellschaft« (gegr. 1842) [15]. Dass in der Stadt in

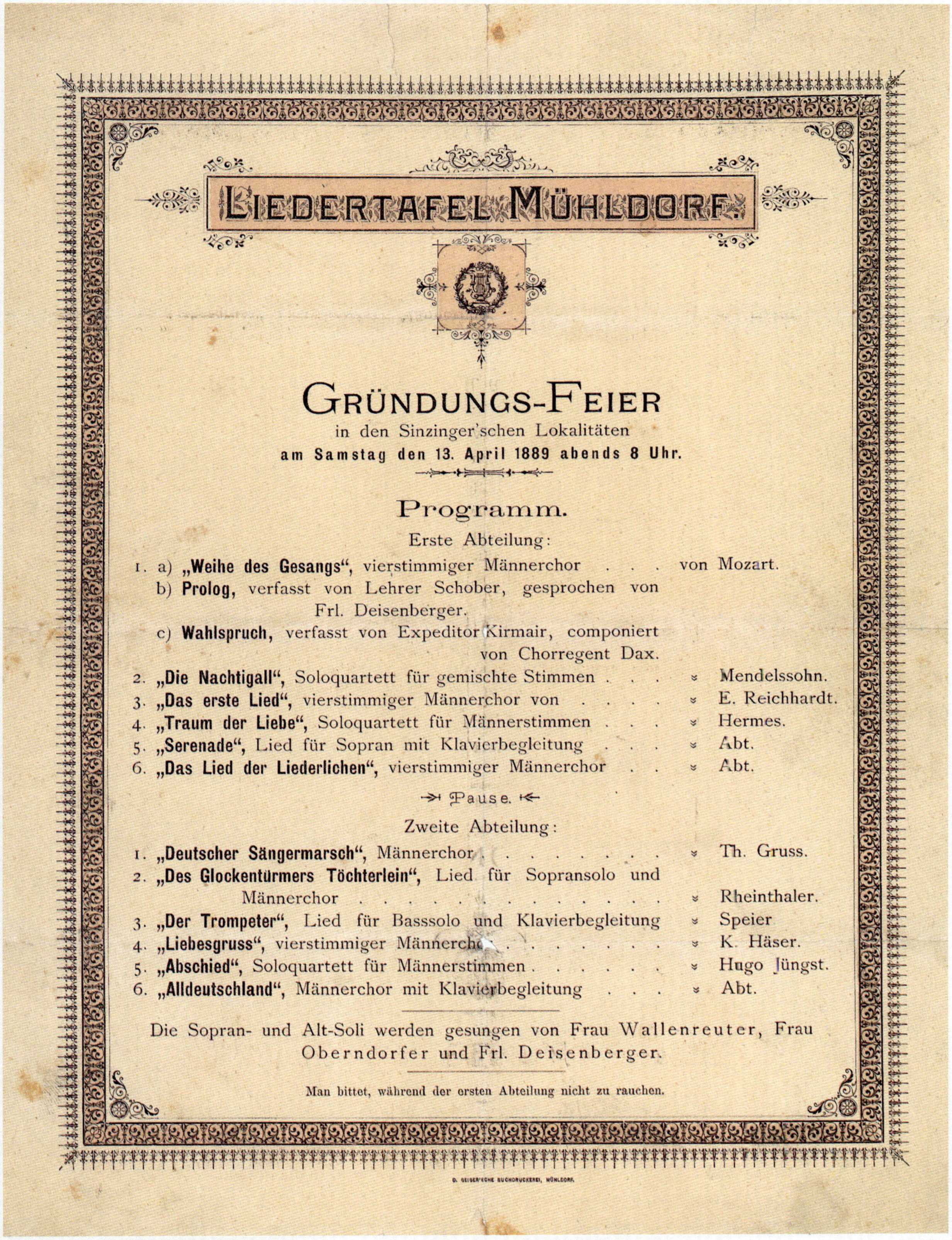

LIEDERTAFEL MÜHLDORF.

GRÜNDUNGS-FEIER
in den Sinzinger'schen Lokalitäten
am Samstag den 13. April 1889 abends 8 Uhr.

Programm.

Erste Abteilung:

1. a) **„Weihe des Gesangs“**, vierstimmiger Männerchor . . . von Mozart.
   b) **Prolog**, verfasst von Lehrer Schober, gesprochen von Frl. Deisenberger.
   c) **Wahlspruch**, verfasst von Expeditor Kirmair, componiert von Chorregent Dax.
2. **„Die Nachtigall“**, Soloquartett für gemischte Stimmen . . . „ Mendelssohn.
3. **„Das erste Lied“**, vierstimmiger Männerchor von . . . . „ E. Reichhardt.
4. **„Traum der Liebe“**, Soloquartett für Männerstimmen . . . „ Hermes.
5. **„Serenade“**, Lied für Sopran mit Klavierbegleitung . . . „ Abt.
6. **„Das Lied der Liederlichen“**, vierstimmiger Männerchor . . „ Abt.

Pause.

Zweite Abteilung:

1. **„Deutscher Sängermarsch“**, Männerchor . . . . „ Th. Gruss.
2. **„Des Glockentürmers Töchterlein“**, Lied für Sopransolo und Männerchor . . . . „ Rheinthaler.
3. **„Der Trompeter“**, Lied für Basssolo und Klavierbegleitung „ Speier
4. **„Liebesgruss“**, vierstimmiger Männerchor . . . . „ K. Häser.
5. **„Abschied“**, Soloquartett für Männerstimmen . . . . . . „ Hugo Jüngst.
6. **„Alldeutschland“**, Männerchor mit Klavierbegleitung . . . „ Abt.

Die Sopran- und Alt-Soli werden gesungen von Frau Wallenreuter, Frau Oberndorfer und Frl. Deisenberger.

Man bittet, während der ersten Abteilung nicht zu rauchen.

D. Geiger'sche Buchdruckerei, Mühldorf.

Programm der Gründungs-Feier der Liedertafel vom 13. April 1889
Stadtarchiv Mühldorf a. Inn

Bürgergesangsverein 1896
Stadtarchiv Mühldorf a. Inn

den folgenden Jahrzehnten darüber hinaus noch weiterer Bedarf an organisierter Geselligkeit bestand, zeigt die Entstehung der Gesellschaft »Harmonie« (gegr. 1850) [16] sowie eines »Carneval-Vereins zur geselligen Unterhaltung während der Faschingszeit« (gegr. 1867). [17] Außer den Gründungsdaten gibt es über diese frühen Mühldorfer Vereinigungen freilich kaum gesicherte Erkenntnisse. Lediglich die Statuten mancher Vereine gestatten einen kleinen Einblick in die Zielsetzungen der kleinstädtischen Geselligkeits- und Bildungsvereine jener Zeit. Exemplarisch seien hier diejenigen der Gesellschaft »Harmonie« (sie heißen dort »Allgemeine Normen«) angeführt. So ist in ihnen von »Beförderung des geselligen Umgangs mit den Mitgliedern, Erleichterung ihrer Bekanntschaften, Zerstreuung und Erholung durch Conversation, Gesang, Gesellschafts-Spiele ec.« die Rede.[18] Bürgerlichen Bildungsanspruch wiederum repräsentieren die Statuten des »Lesevereins«. So wird dort als Zweck die »Anschaffung von Schriften politischen, belletristischen oder sonst allgemein interessanten Inhalts« angegeben.[19]

Für viele Vereine jener Zeit, vor allem aber für die Gesang- und Turnvereine, war es typisch, dass sich zu einer liberalen Grundhaltung auch nationale Begeisterung gesellte. [20] Während etwa das Bestreben der Turnvereine in der körperlichen Erziehung der männlichen Jugend zu wehrhaften Bürgern in einer gesamtdeutschen Nation lag, [21] war besonderes Anliegen der Gesangvereine, »durch die Macht des deutschen Liedes den Geist der Einigkeit im deutschen Volk zu stärken und eine politische Einigung anzubahnen.« [22] Auch bei den Mühldorfer Vereinen lässt sich ein Hinweis auf eine solche Gesinnung finden. So feierte die »Liedertafel« (gegr. 1844 [23]) 1848 ein großes Sängerfest, dessen Erlös »zur Unterstützung der zu gründenden deutschen Flotte« dienen sollte. [24]

Mit der Gründung der »Liedertafel« hatte in Mühldorf der organisierte Männergesang Einzug gehalten. Eine von dem Komponisten und Musikpädagogen Carl Friedrich Zelter (1758–1832) 1909 in Berlin ins Leben gerufene Vereinigung desselben Namens gilt als Keimzelle des deutschen Männerchorwesens, [25] das sich in der ersten Hälfte des 19. Jahrhunderts über ganz Deutschland ausbreitete. [26] Bereits drei Jahre vor dem oben genannten Sängerfest hatte die Mühldorfer »Liedertafel« feierlich ihre Standartenübergabe begangen, bei der auch viele auswärtige Sangesbrüder anwesend waren. [27] In den folgenden Jahren entwickelte sich die »Liedertafel« zu einem wichtigen Faktor im gesellschaftlichen Leben der Stadt. 1851 zählte sie bereits 48 aktive Sänger. Doch lange konnte sich der Verein in der Stadt nicht halten. Bereits in den 1850er Jahren verabschiedete er sich wieder aus der Mühldorfer Vereinsszene.

Die von Friedrich Ludwig Jahn (1778–1852) Anfang des 19. Jahrhunderts begründete Turnbewegung löste im ganzen deutschsprachigen Raum eine wahre Turnbegeisterung aus. [28] Jahn hatte sich zum Ziel gesetzt, das Turnen allen Bevölkerungsschichten und Altersgruppen zugänglich zu machen. Erste Turnvereine waren in Bayern bereits 1846 in Nürnberg, 1847 in Augsburg, 1848 in Würzburg und im selben Jahr in München (Vorläufer des TSV 1860) entstanden. Nachdem sich die Turner den Revolutionären von 1848 angeschlossen hatten, kam es zu einem Verbot der bestehenden Turnvereine. Erst Ende der 1850er / Anfang der 1860er Jahre konnte sich das Turnvereinswesen wieder frei entfalten. Einen wichtigen Impuls erhielt die Turnbewegung durch das erste nationale Turnfest in Coburg im Sommer 1860. Aber schon vorher, im März desselben Jahres, hatte mit der Gründung eines »Turnvereins« diese Bewegung auch Mühldorf erreicht. Und schon im April wurde mit Unterstützung des Magistrats im Spitalhof der Turnbetrieb eröffnet. Da dieser nach dem Willen des Magistrats jedoch auch der Allgemeinheit zum Turnen dienen sollte, suchte sich der Verein bald einen neuen Turnplatz bei den Holzhausergärten (am Stadtwall, unterhalb des Krankenhauses). Als Folge davon entzog der Magistrat dem Verein seine Unterstützung, was wahrscheinlich mit dazu beigetragen hat, dass diesen dasselbe Schicksal ereilte wie die »Liedertafel«, nämlich nur wenige Jahre nach der Gründung bereits wieder aus dem gesellschaftlichen Leben der Stadtgemeinde zu verschwinden. 1862 war der »Turnverein« noch dem Bayerischen Turnerverband beigetreten, ebenfalls in dieses Jahr fällt die erstmalige Aufführung eines Schäfflertanzes.

Auch die Mühldorfer Schützen waren damals bereits vereinsmäßig organisiert. Zum einen in der »Feuerschützen-Gesellschaft«, deren Entstehung zwar bereits bis ins 15. Jahrhundert zurückgeht, [29] die als Verein im modernen Sinne allerdings erst im 19. Jahrhundert greifbar wird. Vorher stellte sie eine zunftmäßig organisierte Einwohnerwehr dar und gehörte damit der alten Ständegesellschaft an. Die Verwandlung in einen Verein hat sich vermutlich 1864 vollzogen. [30] Aus diesem Jahr liegen auch erste Satzungen vor. [31] Entsprechend der »Allgemeinen Schützen-Ordnung für das Königreich Bayern« von 1868 erhielten die Feuerschützen vom Landesherrn ein Privileg, das den Status der Rechtsfähigkeit gewährte, [32] weshalb sie sich jetzt »Königlich privilegierte Feuerschützen-Gesellschaft« nennen durften. [33] Zum anderen in einer »Bolzenschützengesellschaft« (Armbrustschützen; gegr. 1842) [34] und etwas später auch in einer »Zimmerstutzen-Schützengesellschaft« (gegr. 1865). [35] Letztere erhielt später nach ihrem Vereinslokal den Namen »Himmel«. [36]

Mit dem Vereinsgesetz vom Februar 1850 hatte das Königreich Bayern seinen Untertanen das Recht zugestanden, »sich friedlich und ohne Waffen zu versammeln«, ohne dass es dazu einer besonderen Erlaubnis bedurfte. [37] Auch die Gründung von »Vereine(n), deren Zweck sich nicht auf öffentliche Angelegenheiten bezieht« – also nichtpolitischen Vereinen – war ohne vorherige polizeiliche Erlaubnis möglich. [38] Falls sie Vorstand und Satzungen hatten, waren sie allerdings verpflichtet, »ihre Gründung und jede Veränderung ihrer Vorstandschaft oder ihrer Zwecke der vorgesetzten Polizeibehörde binnen drei Tagen anzuzeigen.« [39] Politische Vereine hingegen unterstanden nach dem neuen Vereinsrecht strenger Überwachung. Kamen solche Vereine in den Verdacht, die »Untergrabung der religiösen, sittlichen und gesellschaftlichen Grundlagen des Staates« [40] zu betreiben, drohte ihnen die Auflösung. Und da man diese Bestimmungen damals sehr eng auslegte, distanzierte sich mancher Verein prophylaktisch gleich bei der Anmeldung oder in den Statuten entschieden von jeglicher politischen Betätigung. [41] Privatrechtlich geregelt wurde die Stellung der Vereine in Bayern in einem Gesetz vom April 1869. Dieses ermöglichte Idealvereinen die Erlangung der Rechtsfähigkeit. Damit konnten sie »Rechte erwerben und Verbindlichkeiten eingehen, Eigenthum und andere dingliche Rechte an Grundstücken erwerben, vor Gericht klagen und verklagt werden.« [42]

Die frühen Mühldorfer Vereine waren reine Männergesellschaften, Frauen waren vom damaligen Vereinsgeschehen ausgeschlossen. Außerdem gehörten die Mitglieder dieser Vereine ausschließlich dem gehobenen Bürgertum der Stadt an, vor allem dem Beamten-, Lehrer-, Ärzte- und Kaufmannstand. Die »Liedertafel« und der »Turnverein« stellten da keine Ausnahme dar, [43] obwohl gerade das Gesang- und Turnvereinswesen in Deutschland nachdrücklich den demokratischen Anspruch vertrat, im geselligen Gesang bzw. Turnen alle Bevölkerungsschichten zu vereinen. [44]

In der Kaiserzeit: Die Blüte bürgerlicher und kleinbürgerlicher Vereinskultur

In der Kaiserzeit erreichte das Freizeitvereinswesen in Mühldorf einen ersten Höhepunkt. Gerade Vereine mit sportlicher Ausrichtung schossen jetzt wie Pilze aus dem Boden. Dazu trug maßgeblich eine neue Art von Leibeskultur bei, die sich Ende des 19. Jahrhunderts, von England ausgehend, auf das übrige Europa ausbreitete. [45] Merkmale dieser neuen, als »Sport« bezeichneten Bewegung, waren »das Streben nach Höchstleistung, die Austragung reglementierter Wettkämpfe und ein differenziertes Organisationssystem.« [46] Im Zuge dieser Sportbewegung begannen sich viele der aus England kommenden »Sports« auch in Deutschland durchzusetzen, wie etwa Eislaufen, Fußball, Pferdesport, Radsport, Rudern und Tennis, wobei Bayern bei der Einführung mancher dieser Sportarten sogar eine Vorreiterrolle spielte. [47] Selbst in die Provinzstadt Mühldorf hielten nun viele dieser neuen Sportarten Einzug, was in der Regel mit entsprechenden Vereinsgründungen verbunden war.

Allen voran der Radsport, mit einem bereits 1882 ins Leben gerufenen »Velociped-Club«, der somit zu den frühesten Vereinigungen seiner Art in Bayern zählte. [48] Ein erstes Zweirad-Rennen auf bayerischem Boden, noch auf »Draisinen«, [49] hatte bereits 1829 in München stattgefunden. [50] Ebenfalls in München war 1869 einer der ersten deutschen Radfahrervereine gegründet [51] und 1880 die erste Radrennbahn Deutschlands eröffnet worden. [52] Ab 1884 veranstaltete auch der Mühldorfer »Velociped-Club« in seiner Heimatstadt mehrmals Radrennen, [53] die »für hiesige Gegend einen Reiz der Neuheit« besaßen. [54] Daneben übten sich seine Mitglieder im Kunstradfahren und machten Ausflüge in die nähere und weitere Umgebung, zunächst noch auf Hochrädern, mit Beginn der 1890er Jahre aber zunehmend auf Niederrädern. [55] Dass Mühldorf schon damals dabei war, sich zu einer Hochburg des Radsports zu entwickeln, zeigt die Tatsache, dass dort in der Folgezeit noch eine Reihe weiterer Radfahrervereine/-verbände entstand: so um 1890 ein »Consulat« der »Allgemeinen Radfahrer-Union« (ARU), 1897 der Radfahrerverein »Radfahrerheim«, um 1906 ein »Verband der Rennfahrer des Bezirks Mühldorf« und 1913 eine Ortsgruppe des »Deutschen Rad- und Motorfahrerverbandes ›Concordia‹«. [56] Im »Velociped-Club« beschäftigte man sich jedoch bereits ab Mitte der 1890er Jahre mit motorgetriebenen Zweirädern, [57] die man damals als technische Weiterentwicklungen des Fahrrads sah. Schon bald wurden damit erste Wettfahrten mit Radfahrern ausgetragen. [58] Auch das »Automobil« war um 1900 im Vereinsleben ständiges Thema. [59] Und schließlich war es auch der »Velociped-Club«, der anlässlich des Volksfestes von 1913 ein Flugzeug zur Besichtigung und zu Flugvorführungen nach Mühldorf brachte. [60] So spielte dieser Club in der Stadt eine nicht unbedeutende Rolle als Beförderer technischer Innovationen.

Auf eine ebenfalls lange Tradition kann in Bayern der Pferdesport zurückblicken. 1810 hatte auf der Münchner Theresienwiese bereits ein erstes Galopprennen, [61] 1847, anlässlich des Oktoberfestes, ein Trabrennen stattgefunden. [62] Um pferdesportliche Aktivitäten besser organisieren zu können, entstanden in der zweiten Hälfte des 19. Jahrhunderts nun vielerorts Pferdesportvereine. Die ersten 1863 in Straubing [63] und 1865 in München. [64] In Mühldorf dauerte es allerdings noch knapp dreißig Jahre, bis sich dort 1891 pferdebegeisterte Bürger zu einem »Rennverein« zusammenschlossen. [65] Wie der Satzung zu entnehmen ist, spielte in diesem Verein neben sportlichen Ambitionen von Anfang an aber auch der Zuchtgedanke eine zentrale Rolle. [66] So hatte der Pferdesport, der vorher in den Händen von ständig neu gebildeten Renn-Komitees lag, nun eine solide organisatorische Basis erhalten. Bis zum Beginn des Ersten Weltkriegs wurden jetzt regelmäßig Rennen veranstaltet, in der Winterzeit mit entsprechenden Schlitten. [67]

Sogar der Tennissport fand in Mühldorf bereits um die Jahrhundertwende erste Anhänger. Nur wenige Jahre nachdem in München und Nürnberg erste Tennis-Clubs gegründet wurden (1889, 1892 und 1897), [68] entstand auch in Mühldorf eine entsprechende Vereinigung (1902). [69] Für den damals üblicherweise als »Lawn-Tennis« [70] bezeichneten Sport richtete man »an der Prinz-Luitpold-Allee bei der Kiermayr'schen Dampfsäge« (heute Inn-Park) einen Übungsplatz ein. Wie der Lokalpresse zu entnehmen ist, stieß dieser neue Sport bei den Mühldorfern auf große Neugier. [71] Daneben entstanden in der Stadt an weiteren Sportvereinen ein »Athleten-Klub« (gegr. 1908), [72] ein »Eislaufverein« (gegr. 1911), [73] ein Kegelklub »Gut Holz« (um 1907), [74] einer mit dem Namen »Alle Neun« (um 1909) [75] und ein weiterer ohne irgendeinen Zusatznamen (gegr. 1911), [76] der »Schachclub« (gegr. 1910) [77] und ein »Tanzklub« (gegr. 1912). [78] Auch soll nicht unerwähnt bleiben, dass es nach 1900 einen Versuch gegeben hatte, den Rudersport in Mühldorf heimisch zu machen. So wandte sich 1908 der »Regattaverband der Rudervereine an der oberen Donau« an den Magistrat mit der Bitte, in der Stadt doch die Gründung eines Rudervereins anzustoßen. Dieses Ansinnen wies der Magistrat jedoch zurück mit der Begründung, dass sich der Inn für den Rudersport nicht eigne. [79]

Auch auf den Alpinismus, der sich in Bayern – begünstigt durch die in Mode gekommene Begeisterung der bürgerlichen Gesellschaft für die Bergwelt – in der zweiten Hälfte des 19. Jahrhunderts immer stärker auszubreiten begann, wirkte sich die Sportbewegung aus.

Turnfest 1910
Postkarte
Stadtarchiv Mühldorf a. Inn
Zum 13. Oberbayerischen Bezirksturnfest am 25. Juli 1910 erschien diese Postkarte.

Fortan ging es nicht mehr nur um das Erreichen eines Gipfels, sondern das Erschließen möglichst schwieriger Routen. [80] Von dieser Extremform des Alpinismus weit entfernt waren jedoch die Mühldorfer Bergfreunde, die im Mai 1909 in ihrer Heimatstadt eine Sektion des 1869 in München gegründeten »Deutschen Alpenvereins« ins Leben riefen. [81] Ihnen ging es in erster Linie darum, die Schönheit der Alpenwelt kennen zu lernen. Um die Eindrücke von den Bergen zu Hause in Vorträgen vermitteln zu können, wurde bereits 1910 ein »Lichtbildapparat« angeschafft. [82]

Anfang der 1880er Jahre erhielt auch das Interesse an organisierter regelmäßiger Leibesübung in der Stadt neuen Auftrieb. So wurde im April 1881 der »Turnverein« wieder ins Leben gerufen, [83] der sich in den Folgejahren zu einem tragenden Pfeiler des öffentlichen Lebens in Mühldorf entwickelte. Mit den Turnvereinen von Alt- und Neuötting, Burghausen und Kraiburg tat er sich zum »Inn-Salzach-Turngau« zusammen. Zu den größten Leistungen des Vereins zählt der Bau einer eigenen Turnhalle, die im Juni 1906 feierlich in Betrieb genommen wurde. 1910 wurde vom »Turnverein« anlässlich seines 50-jährigen Geburtstages das Bezirksturnfest ausgerichtet. Bei dieser Gelegenheit sahen die Mühldorfer erstmals Fußballspiele, vorgeführt von Münchner Mannschaften. Das löste in der Stadt eine solche Begeisterung für diesen Sport aus, dass, nur wenige Wochen nach den Vorführungen der Münchner Kicker, im Turnverein eine Fußball-Abteilung gegründet wurde.

Die große Popularität des Schießsports in Bayern vor dem Ersten Weltkrieg [84] spiegelte sich auch in der Mühldorfer Vereinsszene wider, die um 1900 immerhin über zehn Schützenvereine aufweisen konnte. Dazu gehörten die Zimmerstutzen-Schützen-Gesellschaften »Gemütlichkeit« (gegr. 1882), [85] »Eintracht« (gegr. 1884), [86] »Schützenlust« (um 1882), [87] »Mühldorfer Schützenkränzchen« (um 1886), [88] »Hochedelweiß« (um 1895), [89] »Wildschützen« (gegr. 1896), [90] »Fortuna« (gegr. 1899), [91] »Inntal« (um 1909) [92] und »Neustadt« (gegr. 1909). [93] Nach wie vor aktiv waren

Gründungsfoto Zitherclub
»Gut Klang« Mühldorf, 1905
Stadtarchiv Mühldorf a. Inn

auch die »Königlich privilegierte Feuerschützen-Gesellschaft« und die »Zimmerstutzen-Schützen-Gesellschaft ›Himmel‹«.

Neben den Vereinen mit sportlicher Ausrichtung nahm in Mühldorf nun auch die Zahl der Musik- und Gesangvereine zu. Nachdem die »Liedertafel« schon einige Zeit aus dem öffentlichen Leben verschwunden war, gründeten sangesfreudige Mühldorfer Bürger 1886 einen neuen Gesangverein, mit dem Namen »Sänger-Quartett Neu-Germania«[94], den man dann zehn Jahre später in »Bürgergesangverein« umbenannte[95]. Diese Vereinigung scheint aber nicht bei allen dem Gesang verbundenen Mühldorfern Anklang gefunden zu haben, sonst wäre es nicht bereits wenige Jahre nach deren Gründung in Sängerkreisen zu der Feststellung gekommen, dass »trotz des Vorhandenseins zahlreicher Gesangskräfte ein einheitliches Zusammenwirken nicht erzielt werden konnte.«[96] So erging im Februar 1889 ein »Aufruf an die Mühldorfer Sangesbrüder & Gesangsfreunde«, die »seit mehr als 25 Jahren eingeschlummerte ›Liedertafel‹« zu neuem Leben zu erwecken.[97] Bereits im April desselben Jahres wurde mit großem Aufwand das Gründungsfest mit Standartenenthüllung begangen.[98] Nun entfaltete sich in der »Liedertafel« ein reiches gesellig-musikalisches Leben, das angefüllt war mit Konzerten, Ausflügen und Kontakten zu den zahlreichen »Bruder«-Vereinen in der näheren Umgebung. 1908 wurde der »Sängergauverband Mühldorf« gegründet – Vorläufer des heutigen »Inn-Salzach-Sängerkreises« –, der dann im Juni 1911 in Dorfen bereits sein erstes Gausängerfest veranstaltete. Nur bei größeren Anlässen wirkten die »Liedertafel« und der »Bürgergesangverein« zusammen, ansonsten standen sie in musikalischer Konkurrenz zueinander.[99] Daneben entstanden in der Stadt als weitere musikalisch tätige Vereinigungen ein »Bezirks-Cäcilien-Verein« (gegr. 1879),[100] der sich die Pflege geistlicher Musik zum Ziel gesetzt hatte,[101] eine »Dilettanten-Streichmusik ›Harmonie‹« (gegr. 1904),[102] ein »Musikverein« (gegr. 1908),[103] eine »Wilde Liedertafel« (gegr. 1895)[104] und ein »Zither-Klub« (gegr. 1905).[105]

Auch die übrigen in Mühldorf bestehenden Kulturvereine sollen noch erwähnt werden: der »Theaterverein« (1903–1909),[106] der »Volkstheater-Verein« (gegr. 1909)[107] und der »Gebirgstrachtenerhaltungsverein« (gegr. 1912).[108] Mit der Erforschung der Heimatgeschichte beschäftigte sich bereits gegen Ende des 19. Jahrhunderts eine Ortsgruppe des »Historischen Vereins von Oberbayern«.[109] Eher zu den Bildungsvereinen zu rechnen ist dagegen der »Gabelsberger Stenographen-Verein« (gegr. 1879 als »Gabelsberger Stenographen-Kränzchen«).[110] Mit seinen über Jahrzehnte hinweg Woche für Woche abgehaltenen Übungsstunden gehörte er zu emsigsten und beständigsten Vereinen in Mühldorf. Auch der erste in der Stadt entstandene Bildungsverein, der »Leseverein«, bestand in dieser Zeit nach wie vor weiter.

Die dritte Gruppe von Vereinen, die das Mühldorfer Kulturleben entscheidend mitbestimmte, waren die Geselligkeitsvereine. Zu den rührigsten Vereinen dieser Art gehörten die »Ritter zum güldenen Vließ« – eine Vereinigung, die sich mit romantischen Ritterspielen die Zeit vertrieb – (gegr. 1870),[111] die »Quelle« (gegr.

Standarte des Geselligkeitsvereins »Die Quelle«
Kreismuseum Lodronhaus, Mühldorf a. Inn

1875), [112] »Zur Reuße« (benannt nach ihrem »Gesellschafts Locale zur Reusse im Riedl'schen Gasthause«; [113] um 1879) [114] und der »Almenrausch und Edelweiß« (gegr. 1895). [115] Darüber hinaus bestand in der Stadt noch eine Vielzahl weiterer Geselligkeitsvereine, so »Die Gemüthlichen« (um 1889), [116] zwei namens »Fidelia« (ab 1872 und 1896), [117] eine »Tischgesellschaft ›Max & Moritz‹« (gegr. 1906), [118] ein »Vollbartverein« (um 1907), [119] ein »Junggesellenverein« (um 1894) [120] und ein »Verkehrsklub« (gegr. 1892), [121] der aber nur deshalb so hieß, weil er ausschließlich Post- und Bahnbeamte als Mitglieder aufnahm. Andere gesellige Vereinigungen frönten dem Tabakdunst und nannten sich »Rauchklub«, wobei man sich zur Unterscheidung gerne mit einem Beinamen schmückte, wie »Varinasia« (gegr. 1895), [122] »Gemüthlichkeit« (gegr. 1904), [123] »Frisch auf« (um 1905) [124] oder »Bavaria« (gegr. 1908). [125] Als weiteres Kuriosum wäre schließlich noch ein »Schifferverein« zu nennen (um 1879), [126] der sich neben der Geselligkeit auch das »Fahren auf dem Inn bei niederem Wasserstande« in seine Statuten geschrieben hatte. [127]

Noch zum Jahresende 1899 informierte der Mühldorfer Anzeiger seine Leser über das im neuen Jahr in Kraft tretende Bürgerliche Gesetzbuch (BGB), was die privatrechtlichen Verhältnisse der Vereine nun reichseinheitlich regelte: »Von Neujahr 1900 ab müssen nach dem Bürgerlichen Gesetzbuch die Vereine (Turn-, Krieger-, Gesang-, Vergnügungsvereine ec.), welche Rechtsfähigkeit erlangen … wollen in das Vereinsregister der zuständigen Amtsgerichte sich eintragen lassen.« [128] Im öffentlich-rechtlichen Bereich dagegen galten für die Vereine nach wie vor landesrechtliche Bestimmungen. So weist auch der Mühldorfer Anzeiger im Dezember 1905 nichtpolitische Vereine auf ihre Meldepflicht hin: »Für Vereinsvorstände beachtenswert! Gegenwärtig stehen wir im Zeichen der Generalversammlungen. Wir sehen uns darob auch veranlaßt, die Herren Vorstände der Vereine darauf aufmerksam zu machen, daß nach Art. 12 des Vereinsgesetzes [von 1850, N. S.] die nichtpolitischen Vereine verpflichtet sind, die bei den ordentlichen Jahreshauptversammlungen sich ergebenden Veränderungen der Vorstandschaft oder der Satzungen derselben bei der vorgesetzten Polizeibehörde binnen 3 Tagen anzuzeigen. Also jeder neugewählte Ausschuß ist anzumelden, wenn der betr. Vorstand nicht mit dem genannten Art. des Vereinsgesetzes in Konflikt kommen will.« [129] Erst im April 1908 löste ein für das gesamte Reich einheitliches Vereinsgesetz die verschiedenen Landesrechte ab. Dieses Gesetz gestand allen Bürgern Vereins- und Versammlungsfreiheit zu. Lediglich für politische Vereine sah es wiederum Einschränkungen vor. [130]

Humpen der Ritter vom Güldenen Vließ
Kreismuseum Lodronhaus, Mühldorf a. Inn

Mitglieder des Faltbootclubs vor dem Vereinshaus bei der Innfähre 1924/26.
Stadtarchiv Mühldorf a. Inn

Bis zum Ersten Weltkrieg rekrutierten sich die Mitglieder eines Teils der Mühldorfer Vereine nach wie vor aus den höheren Gesellschaftsschichten. Zum einen hing das mit den Aktivitäten der Vereine zusammen, die manchmal einen für damalige Verhältnisse erheblichen materiellen Aufwand erforderten, [131] zum anderen schufen relativ hohe Beiträge »natürliche« Beitrittshürden. Untrennbar mit dem Mühldorfer Vereinswesen jener Zeit verbunden sind die Familien Daxenberger, Geiger, Mösl und Rambold, deren männliche Vertreter sich bei so manchem Verein oft über Jahrzehnte in den Mitgliederlisten finden und nicht selten wichtige Vorstandsämter bekleideten. Gegen Ende des 19. Jahrhunderts öffnete sich die Mühldorfer Vereinsszene jedoch zunehmend dem kleinbürgerlichen Publikum, wozu etwa kleine Beamte, Angestellte und Selbstständige in Handel, Gewerbe, Dienstleistung und Handwerk zu zählen sind. [132] Frauen hatten zu den Mühldorfer Freizeitvereinen allerdings auch in dieser Zeit nur in beschränktem Umfang Zutritt, zumeist als schmückendes Beiwerk bei festlicheren Anlässen oder wenn es die Natur der Vereinsaktivitäten erforderte. [133] Das gesellige Leben besaß einen hohen Stellenwert. Mit Clubabenden, Familienfesten, Namenstagsfeiern, Bällen, Weihnachtsfeiern und Faschingsveranstaltungen war das Vereinsjahr reichlich angefüllt. Besondere Höhepunkte bildeten Vereinsjubiläen und Bannerfeste.

Motorradrennen auf der Sandbahn am 27. Juli 1924.
Motorsport-Club Mühldorf e. V.

Auf Arbeiter-Freizeitvereine stößt man in Mühldorf vor dem Ersten Weltkrieg dagegen so gut wie kaum. Inmitten eines von Landwirtschaft dominierten Gebietes gelegen, war die Stadt damals im wesentlichen von Verwaltung, Handel und Gewerbe geprägt. So gab es dort zu dieser Zeit auch keine »klassische« Industriearbeiterschaft, wie man sie aus den industrialisierten Städten und Regionen Bayerns kennt. Das erste Mal erfuhr man in der Stadt von einem Arbeiter-Freizeitverein im Mai 1909 durch eine Anzeige im Mühldorfer Anzeiger, in der von einem Radfahrerverein mit dem Namen »Einigkeit« zu einer Mitgliederversammlung eingeladen wurde. [134] Diese Anzeige blieb jedoch der einzige Hinweis auf seine Existenz. Lediglich zwei Jahre vor Kriegsbeginn berichtete die Lokalpresse von einem weiteren Arbeiterverein, einem »Arbeiter-Gesangverein«, der sich später den Namen »Männer-Gesang-Verein ›Frohsinn‹« gab. [135] Der Mühldorfer Anzeiger reagierte unverhohlen zynisch auf diese Gründung: »Jedenfalls will man in Zukunft nicht mehr über die schlechten und teueren Zeiten schimpfen, sondern darüber singen.« [136]

Der Ausbruch des Ersten Weltkriegs setzte den Aktivitäten zahlreicher Vereine erst einmal ein Ende. Viele Mitglieder standen im Felde, sodass der Vereinsbetrieb nicht mehr aufrecht erhalten werden konnte. Manche Vereine zeigten sich von ihrer karitativen Seite und spendeten ans Rote Kreuz oder an die Soldaten und ihre Familien (»Velociped-Club«, »Liedertafel«, »Almenrausch und Edelweiß«). [137] Eine wahre Kriegsbegeisterung legte der »Turnverein« an den Tag. Bereits 1912 hatte er eine »Wehrkraft-Abteilung« [138] und 1913 eine »Jugendwehr« [139] gegründet. 1914, kurz nach Kriegsausbruch, richtete er zur Vorbereitung auf den Kriegsdienst eine »Rekruten- und Landsturmriege« [140] und 1915 eine »Jugendkompanie« [141] ein. In einem seit Oktober 1914 herausgegebenen »Nachrichten-Blatt für die Krieger des Turnvereins Mühldorf« spiegelt sich die Begeisterung der Turner für den Krieg wider. So werden dort laufend von der Front eingegangene Postkarten und Briefe von Vereinsmitgliedern abgedruckt, die neuesten Kriegsnachrichten kommentiert und ausführlich die Aufgaben »militärischer Jugenderziehung«

erörtert. [142] Jedoch auch die »Feuerschützen« wollten einen Beitrag zur allgemeinen Wehrertüchtigung leisten und veranstalteten ab August 1914 jeden Samstagnachmittag Schießübungen. [143]

In der Weimarer Republik: Demokratisierung des Vereinswesens

Obwohl man nach Ende des Ersten Weltkriegs erst einmal noch mit großen Versorgungsproblemen zu kämpfen hatte, begann sich mancherorts die Vereinsszene schnell wieder zu erholen. Begünstigt wurde die weitere Entwicklung des Vereinswesens in der Nachkriegszeit durch die Aufhebung von Einschränkungen der Versammlungs- und Vereinsfreiheit. Das Assoziationswesen war jetzt durch Artikel 124 der Weimarer Reichverfassung vom August 1919 geregelt. [144] Ein eigenes Vereinsrecht gab es nicht mehr.

Bereits im Oktober 1919 meldeten sich in Mühldorf der Radfahrerverein »Concordia« und der »Velociped-Club« mit ersten Radrennen zurück. [145] Da man in Radsport-Kreisen jedoch der Meinung war, dass *ein* Radsport-Verein für die Stadt ausreiche, löste man die Mühldorfer »Concordia« bald wieder auf. Wie schon vor dem Krieg entwickelte sich die Stadt in der ersten Hälfte der 1920er Jahre wieder zu einer Radsport-Hochburg. Einen entscheidenden Impuls erhielt diese Entwicklung durch die neugebaute Rennbahn des ebenfalls bereits seit 1919 wieder in Aktion befindlichen »Rennvereins«, der sich ab 1920 »Zucht- und Trabrennverein« nannte. 20.000 Zuschauer kamen zu den ersten Pferderennen auf der neuen Bahn im Juni 1921 nach Mühldorf. Bis zu zehn Renntage wurden in den folgenden Jahren in der Stadt jährlich abgehalten. Erste Radrennen auf dieser Rennbahn veranstaltete der »Velociped-Club« noch im September des Eröffnungsjahres und im Herbst 1922 bereits erste Motorradrennen. [146] Damit wird der »Velociped-Club« zum Begründer der Mühldorfer Motorsporttradition, die heute internationalen Ruf genießt. Ab 1923 gingen die Motorsportveranstaltungen nach und nach in die alleinige Regie des im selben Jahr gegründeten »Motorfahrerklubs« über. Im Herbst des Jahres 1923 sahen die Mühldorfer auf ihrer Rennbahn erstmals Schrittmacherrennen. Und schon bald stellte der Motorsport den Radsport in seinen Schatten. Die Geschwindigkeit des neuen Sports zog jetzt die Zuschauermassen in seinen Bann. Ende der 1920er Jahre hatte der »Velociped-Club« dann seinen Zenit überschritten. Die Feier seines 50. Geburtstages 1932, die recht bescheiden ausfiel, war gleichzeitig die letzte Veranstaltung des Clubs, mit der er in die Öffentlichkeit trat. Der »Motorfahrerklub« fiel in der zweiten Hälfte der 1920er Jahre dagegen durch spektakuläre Veranstaltungen auf. 1929 begeisterte er sein Publikum beispielsweise mit einem Rennen zwischen Motorrad, Beiwagengespann, Auto und Flugzeug. Mit zunehmender Bedeutung Mühldorfs als Motorsportstadt kamen auch

Grosser Sporttag
in Mühldorf a. Inn anläßlich des Volks-Festes
am Sonntag, 1. September 1929, nachm. 2 Uhr auf der Trabrennbahn.
Programm:
1. 1500 Meter-Lauf der Turner des Turnvereins Mühldorf
2. Radrennen (Fliegerrennen, 2 Runden) des Velozipedklubs
3. 100 Meter-Lauf der Turner
4. Radrennen (Punktefahren, 6 Runden) Preis der Stadt Mühldorf am Inn
5. Matsch zwischen Läufern und Trabrennpferd
6. Stabhochsprung der Turner
7. Hauptmatsch zwischen Läufern, Radfahrer, Trabrennpferd und Motorradfahrer
Musik auf dem Platze! Eintritt auf allen Plätzen 50 Pfg. Ende gegen 4 Uhr!
Alle Sportfreunde aus Nah und Fern laden hiezu freundlichst ein
Die Veranstalter:
Turnverein Mühldorf
Velociped-Klub Mühldorf

Programm des Großen Sporttages 1929
Stadtarchiv Mühldorf a. Inn
Am 1. September 1929 fand ein besonderes Spektakel auf der Trabrennbahn statt. Es gab Wettrennen zwischen Läufern, Radfahrern, Pferden und Motorradfahrern.

die Stars der Szene an die Rennbahn am Inn, sodass dort 1932 bereits ein erster internationaler Wettbewerb stattfinden konnte.

Kurz nach Ende des Krieges begann in Mühldorf auch der Siegeszug des Fußballs. Der »Turnverein« hatte 1919 eine separate »Spiel- und Sportabteilung« eingerichtet, der man bereits ein Jahr später jedoch schon wieder einen neuen Namen, nämlich »Fußball-Abteilung des Turn-Vereins Mühldorf«, gab. [147] Nachdem sich Fußballer und Turner bald danach zerstritten, machten sich erstere im Januar 1922 unter dem Namen »Sportverein Mühldorf« selbstständig, benannten sich aber wenig später in »Spielvereinigung Mühldorf« um. [148] Mit dem »Turnverein« konnte ein Vertrag ausgehandelt werden, in dem dieser sich verpflichtete, in Zukunft keinen Fußballsport mehr zu betreiben und der »Spielvereinigung« den Turnplatz für das Training mietweise zur Verfügung zu stellen. [149] Als einer der ersten Sportvereine Mühldorfs nahm der »Turnverein« ab 1919 auch Mädchen und Frauen als Mitglieder auf. [150] Zu den wichtigsten Ereignissen der 1920er Jahre zählt im »Turnverein« die Teilnahme am Deutschen Turnfest in München 1923, auf dem man auch einige bemerkenswerte Erfolge erzielen konnte, sowie die Erweiterung des Sportplatzes im Jahre 1924. [151]

Auch die Mühldorfer Sektion des »Deutschen Alpenvereins« setzte in den 1920er Jahren ihren Vereinsbetrieb fort. Neben Wanderfahrten in die Berge standen vor allem zahlreiche Lichtbildervorträge auf dem Programm. Das gleichzeitig wachsende Interesse am Skisport führte im Jahre 1923 zur Gründung einer Skiabteilung. [152] 1924 wurde die Kasalm auf dem Samerberg eingeweiht und steht seitdem den Mitgliedern des Vereins als Vereinshütte zur Verfügung. [153] 1922 trat in Mühldorf ein weiterer »touristischer« Verein ins Leben, dessen Entstehung aufgrund der Flußlage der Stadt und den sich daraus ergebenden Freizeit-Möglichkeiten von der Lokalpresse als geradezu überfällig betrachtet wurde: »Der Faltbootsport, der in letzter Zeit in hiesiger Stadt bedeutend an Anhängerschaft gewonnen hat, hat nun in einem neugegründeten Faltbootklub feste Formen nach außen hin angenommen. Am vergangenen Freitag abends kam die Gründung zustande, die den Anhängern des Sportes schon längst im Sinne gelegen hatte.« [154] Mit seinen zahlreichen Bootswanderungen entwickelte sich der Club zu einem wichtigen Träger sportkulturellen Lebens in der Innstadt. [155] Das 1924 zum größten Teil in Eigenleistung gebaute Bootshaus sollte »Mühldorf zu einem Stützpunkt des Faltbootsportes am Inn« machen. [156]

Zu den weiteren während der 1920er in der Stadt bestehenden Sportvereinen zählten ein »Schwimmklub« (um 1924), [157] ein »Kraftsport-Verein« (um 1922), [158] der möglicherweise die Tradition des »Athleten-Klubs« aus der Vorkriegszeit fortführte, und ein »Boxklub« (gegr. 1923). [159] Angeregt wurde die Gründung des letzteren durch Schaukämpfe Münchner Klubs in Mühldorf. Nach mehrmonatigem Training wurde dann

Standarte des Arbeiter- und Sängerbundes
Kreismuseum Lodronhaus, Mühldorf a. Inn

im Juni 1923 in Mühldorf der »1. Boxkampf-Abend« veranstaltet: »Mühldorf gegen München«. Vom Ausgang dieses Boxabends berichtet der Mühldorfer Anzeiger: »Die Mühldorfer sind unterlegen, aber in durchaus ehrenvoller Weise. Sie haben große Energie und großen Mut gezeigt und damit schon die gute Grundlage für den Boxsport zu erkennen gegeben.« [160] Von den vielen Schützenvereinen aus der Vorkriegszeit wiederum waren nur die Schützengesellschaften »Inntal« und »Neustadt« sowie die »Königlich privilegierte Feuerschützengesellschaft« übrig geblieben. [161] Aber schon bald tauchten zwei neue Namen auf: die »Freie Schützen-Gesellschaft« (um 1920) [162] und die Zimmerstutzen-Gesellschaft »Höhenlust« (um 1920). [163] Auf Initiative der Schützengesellschaft »Inntal« wurde im Januar 1924 der »Schützengau Mühldorf« gegründet. [164]

Nach dem Krieg regelrecht von der Bildfläche verschwunden waren die früheren Geselligkeitsvereine. Das vereinsmäßig organisierte Musikleben der Vorkriegszeit dagegen fand im »Bürgergesangverein«, der »Liedertafel« und dem »Zither-Klub« seine Fortsetzung. [165] Anfang der 1920er Jahre stößt man dann erstmals auf eine »Freie Orchestervereinigung« (um 1920) [166] und einen »Mandolinen- und Gitarreklub ›Almarausch‹« (gegr. 1924). [167] Bei den Gesangvereinen kam es wenige Jahre nach dem Krieg zu grundlegenden Änderungen: Ein vermutlich 1919 gegründeter »Arbeiter-Gesang-Verein ›Vorwärts‹« [168] hatte sich bereits ein Jahr später mit der »Liedertafel« zusammengeschlossen. [169] Diese wiederum verschmolz noch vor 1924 mit dem »Bürgergesangverein« zum »Sängerbund«, der in Mühldorf bis heute besteht. Einen besonderen Höhe-

Exlibris aus dem Protokoll-Buch des Touristenvereins »Naturfreunde«
Stadtarchiv Mühldorf a. Inn

punkt für die bürgerliche Sängergemeinde der damaligen Zeit stellte das 80-jährige Stiftungsfest der zum »Sängerbund« vereinigten Gesangvereine im Jahre 1924 dar. [170] Von den übrigen Kulturvereinen konnten sich nur der Leseverein und der »Stenographenverein« halten. Auch die Trachtenvereins-Tradition wurde wieder fortgeführt, und zwar in dem 1921 neugegründeten »Gebirgstrachten-Erhaltungsverein ›Edelweiß‹«. [171] Mit der »Pflege echt bayer. Gebirgstracht (Miesbacher), alt bayerischer Sitten, Tänze und Gebräuche« [172] besann er sich unmittelbar auf die Ursprünge der Trachtenvereins-Tradition, die 1859 in Miesbach ihren Ausgang genommen hatte. [173] Während sich mit der in der Mitte der 1920er Jahre in Mühldorf feststellbaren Ortsgruppe des »Süddeutschen Radioklubs« das beginnende mediale Zeitalter andeutete, [174] hatte sich der »Esperantoklub« (um 1929) [175] der Pflege der von dem Polen Ludwig Zamenhof (1859–1917) 1887 entwickelten Welthilfssprache verschrieben. [176]

Von nachhaltiger Bedeutung für das kulturelle Leben der Stadt war die Gründung des »Heimatbundes«. [177] Am Silvestertag 1920 ins Leben gerufen, sahen seine Mitglieder als vorrangige Aufgabe die Museumspflege – das Heimatmuseum befand sich damals im Nagelschmiedturm –, den Natur- und Landschaftsschutz sowie die Verbreitung des Heimatgedankens an. Der Heimatgedanke fand seinen Niederschlag vor allem in einer einmal wöchentlich im »Mühldorfer Anzeiger« erscheinenden, als »Heimatblätter« betitelten Beilage, die bis 1935 über 570 Folgen erreichte. Neben heimatkundlichen Beiträgen fand der Leser dort Geschichten aus der »guten alten Zeit« und gefällige Gebrauchslyrik. In diesen »Heimatblättern« spiegelt sich auch der ideologische Kern der Vereinsarbeit wider, nämlich eine romantisierend-verklärende Flucht aus der deprimierenden Nachkriegszeit in eine heile Vergangenheit, eine Zeit, in der »die Welt noch in Ordnung« war. Obwohl in manchen Vereinskreisen damals ein Klima ausgeprägt nationaler Gesinnung herrschte, [178] konnte sich der »Heimatbund« von revanchistischen Tendenzen weitgehend fernhalten. 1924 richtete er in Mühldorf mit großem Erfolg die südostbayerische Heimattagung aus.

In der Weimarer Republik konnten sich auch in Mühldorf einige Arbeitervereine etablieren, wenngleich bei weitem nicht in demselben Umfang, wie dies in den klassischen Industriestädten und -regionen Bayerns der Fall war. Die Gründung der »Arbeiter-Sängerrunde« im Jahre 1925 war der dritte Anlauf, in der Stadt einen Arbeiter-Gesangverein zu etablieren. Im Gegensatz zu den früheren Versuchen, wurde der neue Zusammenschluss von Mühldorfer Arbeitersängern in der Öffentlichkeit jedoch mit Wohlwollen aufgenommen: »Die rege Teilnahme bei der Gründungsversammlung bewies, daß auch in der hiesigen Arbeiterschaft ein frischer Geist eingezogen ist. An jedem Ort, wo man hinschaut, bestehen Arbeitergesangvereine, nur Mühldorf war bis jetzt im weiten Umkreis der einzige Ort ohne solche Korporation.« [179] Wie die gut erhaltene Standarte der »Arbeiter-Sängerrunde« ausweist, war sie Mitglied im 1908 gegründeten DAS, dem »Deutschen Arbeiter-Sängerbund«. [180] An weiteren Arbeitervereinen sind aus dieser Zeit noch ein »Arbeiter-Sportverein« (um 1929) [181] und eine Ortsgruppe des »Touristen-Vereins ›Die Naturfreunde‹« (gegr. 1924) [182] – der Verband war 1895 als eine Art proletarisches Pendant zum bürgerlichen »Alpenverein« entstanden [183] – bekannt. Im Gegensatz zu den bürgerlichen Alpenfreunden konnten sich die »Naturfreunde«-Mitglieder wegen ihrer bescheideneren Einkünfte damals allerdings nur Ausflüge und Wanderungen in die nähere Umgebung leisten. [184]

In den 1920er Jahren wurden die Mühldorfer Freizeitvereine breiteren Bevölkerungsschichten zugänglich. An erster Stelle wären hier die sportlich tätigen Vereine zu nennen (»Turnverein«, »Spielvereinigung«, Schützenvereine), wenn in ihnen nicht gerade eine Sportart betrieben wurde, deren Ausübung hohe finanzielle Mittel voraussetzte (z. B. »Motorfahrerklub« oder »Rennverein«). Die in manchen Vereinen immer noch nicht gelittene Arbeiterschaft hatte sich ihre Betätigungsfelder ja in eigens gegründeten Arbeitervereinen gesucht. Selbstverständlicher wurde in dieser Zeit die aktive Mitwirkung von Frauen am Vereinsgeschehen. Die wirtschaftlichen Krisen der 1920er Jahre gingen auch an den Vereinen nicht spurlos vorüber. Hatten die meisten von ihnen die Inflation mit ihrem Höhepunkt im Jahre 1923 noch mit einem blauen Auge überstanden, ließen die Folgen der Weltwirtschaftskrise von 1929 die Aktivitäten so mancher Vereine ins Stocken geraten (z. B. »Alpenvereinssektion«, »Rennverein«, »Turnverein«, »Velociped-Club«). Gerade die Ausübung sportlicher Aktivitäten war häufig mit nicht unerheblichen Kosten verbunden. Auch die Geselligkeit litt unter den wirtschaftlichen Krisenzeiten. Tanzveranstaltungen, Christbaumversteigerungen oder Jubiläumsfeste mussten jetzt in viel bescheidenerem Rahmen abgehalten werden, wenn man nicht gleich ganz auf sie verzichtete. Bei nicht wenigen Vereinen gingen die Mitgliederzahlen erheblich zurück, da sich viele aufgrund der hohen Arbeitslosigkeit nicht einmal mehr den Mitgliedsbeitrag leisten konnten.

Vereine unter dem Hakenkreuz: Vernichtung und Gleichschaltung

Der Sieg des Hitlerfaschismus im Januar 1933 brachte für das gesamte deutsche Vereinswesen einschneidende Veränderungen. So begannen die Ortsgruppen der neu entstandenen nationalsozialistischen Organisationen bald in das kulturelle Leben der Gemeinden einzudringen, vor allem die »NS-Gemeinschaft ›Kraft durch Freude‹«, die auf alle Bereiche der Freizeitgestaltung der »Volksgenossen« Einfluss nehmen wollte. [185] Aber auch NS-Frauenschaft, Hitler-Jugend, NS-Bauernschaft oder SA-Ortsgruppen gestalteten jetzt das kulturelle Leben der Gemeinden mit. Dabei wurden zwangsläufig auch Tätigkeitsfelder der angestammten Ortsvereine berührt. Denn ebenso wie diese veranstalteten sie Theateraufführungen, Konzerte, Tanzfeste, Weihnachtsfeiern und Ausflüge. [186] Von dieser Konkurrenzsituation einmal abgesehen, wurde auch eine Reihe gesetzlicher Maßnahmen ergriffen, die darauf abzielte, die Ortsvereine dem nationalsozialistischen Kulturapparat anzupassen.

Kurzen Prozess machte man mit allen kommunistisch oder sozialdemokratisch orientierten Vereinen. Die meisten von ihnen wurden unmittelbar nach Hitlers Machtergreifung verboten, ihre Funktionäre verhaftet und eingesperrt, ihr Eigentum beschlagnahmt und den faschistischen Organisationen oder den gleichgeschalteten Vereinen übereignet. [187] Über die Auflösung der Mühldorfer Arbeitervereine informierte im April 1933 eine Notiz im Mühldorfer Anzeiger: »Durch Regierungsverfügung wurden bekanntlich alle Vereinigungen und Organisationen marxistischer Richtung verboten. Unter den hiesigen aufgelösten Vereinen fallen hierunter die Arbeiter-Sängerrunde, der Freie Sportverein und der Touristenverein ›Die Naturfreunde‹«. [188]

Nachdem man sich der Arbeitervereine entledigt hatte, ging man daran, auch alle »bürgerlichen« Vereine den Erfordernissen des neuen Systems anzupassen. Das gesamte gesellschaftliche Leben sollte auf den Führer und seine alles beherrschende Partei ausgerichtet werden. »Gleichschaltung« nannte man diesen Akt der Zerstörung demokratischer Organisationsformen. Auch innerhalb des Vereinswesens bedeutete »Gleichschaltung« die Ausrichtung nach dem Führerprinzip – ein Vereinsvorstand war jetzt ein Vereinsführer und er wurde nicht mehr gewählt, sondern bestimmt – sowie den Anschluss an Einheitsverbände, die für jeden Vereinstyp aus den bisher bestehenden Verbänden gebildet wurden. [189]

Auf sportlichem Sektor konnten Mitte der 1930er Jahre in Mühldorf nur noch folgende Vereine festgestellt werden: die Sektion des »Deutsch-Österreichischen Alpenvereins« (wie er jetzt hieß), der »Faltbootklub«, die »Feuerschützengesellschaft«, der »Motorradklub« (er war jetzt eine Ortsgruppe des »Deutschen Automobil-Clubs«), [190] der »Schachklub«, der »Veloziped-Klub«, die Zimmerstutzengesellschaft »Neustadt« und der »Zucht- und Trabrennverein«. [191] Aus dem »Turnverein« und der »Spielvereinigung« war 1934 der »Turn- und Sportverein 1860 Mühldorf« geworden. [192] In machen Sparten war man nämlich bestrebt, Vereine mit gleicher Zielsetzung zusammenzulegen, um »das Leben der Vereine recht produktiv zu gestalten und an Stelle vieler kleiner nicht lebensfähiger Vereine stärkere zu setzen.« [193] So mancher dieser Vereine hatte sich ziemlich schnell mit den neuen Machthabern arrangiert, wie etwa die »Alpenvereinssektion«, die sich, ihrer »besonderen Aufgaben bewußt … in den Dienst der Erneuerung des deutschen Vaterlandes« stellte. [194] Zu den wenigen Neugründungen dieser Zeit gehörte ein »Fliegerclub« (gegr. 1933), [195] ein »Reit- und Fahrverein« sowie die zwei Schützengesellschaften »Hubertus« und »Altstadt« (alle drei um 1935). [196]

Jedoch auch die Kultur-, Bildungs- und Geselligkeitsvereine, von denen Mühldorf zu dieser Zeit nur noch wenige besaß – zu diesen gehörten der »Heimatbund«, der »Sängerbund«, der »Stenographenverein« (er war jetzt eine Ortsgruppe der »Deutschen Stenographenschaft«) [197] und der »Zitherklub« [198], an neu hinzugekommenen ein »Absolventenklub ›Juvavia‹« und ein Rauchklub »Innviertler« (beide um 1935) [199] – waren vor den Konzentrationsbestrebungen der neuen Machthaber nicht sicher. Zumindest hat man eine Standardisierung ihrer Aktivitäten angestrebt. Im Gau München ist als erster Schritt in diese Richtung wohl die Gründung eines »K.-d.-F. Vereinsrings« zu verstehen, über die im Februar 1937 die Lokalpresse informierte. Dieser »Vereinsring« sollte, wie es hieß, »die Erfassung und die Betreuung all der Vereine innerhalb des Gaues« übernehmen, »deren Tätigkeit sich mit den Aufgaben der NS-Gemeinschaft ›Kraft durch Freude‹ deckt«, um sie »in der Gesamtarbeit der KdF.-Organisation richtig einzusetzen«. [200] Zu diesen rechnete man u.a. die »Vereine auf den Gebieten des Theaters, der Musik, des Gesanges, der bildenden Kunst«, die »Geselligkeits- und Tanzvereine«, die »Vereine auf dem Gebiete des heimatlichen Volkstums, wie Trachtenvereine, Laienspielvereine, heimatgeschichtliche Vereine« sowie die »volksbildenden und volkserzieherischen Vereine«. [201] In die Selbstständigkeit der Vereine solle zwar nicht eingegriffen werden, dennoch seien sie »von nun an ein Stück der NS-Gemeinschaft ›Kraft durch Freude‹ und damit ein Stück der Partei«, womit sie dann auch »unter dem Schutz der Partei« stünden. [202] Anlässlich des Kreistages der NSDAP in Bad Reichenhall 1937 sollte dann ein »kultureller Leistungswettstreit« innerhalb des »KdF.-Vereinsrings« dazu beitragen, »eine Ueberprüfung des vorhandenen Volksgutes vorzunehmen, eine Auslese zu gewinnen, die den anderen Vorbild ist.« Neben der »Reinerhaltung der Art« stand jetzt die Erhaltung »arteigenen inneren Wesens«, das in »Brauchtum und Sitte« seinen Ausdruck fand. [203]

Heimat- und Brauchtumspflege spielte im Programm der nationalsozialistischen Kulturpolitik eine wichtige Rolle, da man ihr eine große Bedeutung für die Stärkung der Volksgemeinschaft beimaß. In diesem Sinne sah man auch die Aufgaben des Mühldorfer »Heimatbundes«, der sich 1937 ebenfalls der »NSG ›Kraft durch Freude‹« angeschlossen hatte. [204] War es ihm zu Beginn des Dritten Reiches noch gelungen, sich der nationalsozialistischen Ideologie weitgehend zu entziehen, ließ er sich später immer mehr vom völkischen und germanophilen Klima vereinnahmen. [205] »Wir wollen in unserem Heimatbunde eine Waffe schmieden, die unserem Volke Kraft gibt in diesem Kampf für die Zukunft«, klang es in diesem Sinne noch 1943 aus dem Munde des damaligen Bürgermeisters und Heimatbund-Mitgliedes Hans Gollwitzer. [206]

Oftmals waren es aber nicht so sehr ideologische Gründe, die so viele Vereine im Dritten Reich zum Aufgeben zwangen, sondern ihre desolate wirtschaftliche Situation. Das hatte einerseits mit den schnell steigenden Ausgaben gegenüber den jeweiligen Fachverbänden zu tun, zum anderen mit dem Verlust früherer Einnahmequellen. So flossen beispielsweise die Einnahmen aus Tanzveranstaltungen oder Christbaumversteigerungen jetzt generell dem »Winterhilfswerk« zu. [207] Für die Sportvereine gab es zugunsten des Winterhilfswerks sogar spezielle »Opfertage«. Für jede Sportart wurde ein bestimmter Tag festgelegt, an dem die Gesamteinnahmen der abgehaltenen Veranstaltungen dieser Einrichtung zur Verfügung gestellt werden mussten. [208]

Mit dem Ausbruch des Zweiten Weltkriegs kamen auch die Aktivitäten der noch verbliebenen Vereine zum Erliegen. Viele Mitglieder waren zur Wehrmacht eingezogen, weshalb schon einmal ein Großteil der Beiträge wegfiel. Wegen fehlender Mitglieder konnten etwa Musikvereine nun keine vollständigen Ensembles mehr bilden und Sportvereine keine Mannschaften. Als dann überall Metallsammlungen für die Rüstungsindustrie einsetzten, verloren viele Vereine sogar noch ihre wertvollen Trophäen und Pokale.

Die Zeit nach dem Zweiten Weltkrieg: Vereine als Spiegelbild einer pluralistischen Gesellschaft

Die Gleichschaltungsbestrebungen der Nationalsozialisten und der von ihnen angefachte Krieg hatten für die Vereinsszene gravierende Folgen. Jahrzehntealte Vereinstraditionen waren innerhalb weniger Jahre ausgelöscht und wertvolle Vereinsgüter vernichtet worden. Viele Mitglieder standen nicht nur im Feld, sondern blieben auch dort. So verwundert es nicht, dass nur ein kleiner Teil der vor dem Krieg bestehenden Vereine seine Aktivitäten wieder aufnehmen konnte. Zudem musste die Wiederaufnahme des Vereinsbetriebs von den Alliierten lizenziert werden. Besonders schwer hatten es die während des Dritten Reiches bestehenden Sportvereine, die in den Augen der Alliierten die Verbreitung von Nationalsozialismus und Militarismus begünstigt hatten. [209] In Süddeutschland jedoch konnte sich der Sport durch die Toleranz der amerikanischen Besatzungsmacht schnell wieder erholen. Bereits im Juli 1945 wurde der Bayerische Landessportverband gegründet, der von den Besatzern ein knappes Jahr später eine Lizenz erhielt. [210]

Die Assoziationsfreiheit fand nun Eingang ins Grundgesetz, das vom Parlamentarischen Rat im Mai 1949 verabschiedet wurde. Danach haben alle Deutschen das Recht, Vereine und Gesellschaften zu bilden, ausgenommen solche, »deren Zwecke oder deren Tätigkeit den Strafgesetzen zuwiderlaufen oder die sich gegen die verfassungsmäßige Ordnung oder gegen den Gedanken der Völkerverständigung richten.« [211] In privatrechtlicher Hinsicht wiederum gelten für Vereine bis heute die sie betreffenden Bestimmungen des BGB. 1953 wurde das Gemeinnützigkeitsrecht, das schon auf das Jahr 1941 zurückgeht, den geltenden rechtsstaatlichen Gesichtspunkten angepasst. Dadurch erfahren gemeinnützige Vereine in Deutschland – vorausgesetzt sie sind von der Finanzbehörde als solche anerkannt – eine besondere Förderung durch den Staat. [212]

Zu den ersten Mühldorfer Freizeitvereinen, die nach dem Zweiten Weltkrieg ihre Aktivitäten wieder aufnahmen, gehörten vor allem sportlich ausgerichtete Vereine. Darunter die »Alpenvereinssektion«, [213] der »Motorsportclub«, [214] der »Rennverein«, [215] der »Schachklub«, [216] die »Spielvereinigung«, [217] der »Touristenverein ›Die Naturfreunde‹« [218] und der »Turn- und Sportverein (TSV) 1860«. [219] Etwas schwerer taten sich die Schützen, da lange Zeit umstritten war, ob sie als Organisationen militärischen bzw. militärähnlichen Charakters einzustufen und somit als verboten zu betrachten seien. [220] In der ersten Hälfte der 1950er

Jahre können in Mühldorf jedoch schon wieder drei Schützengesellschaften ausgemacht werden («Inntal«, »Altstadt« und »Neustadt«).[221] 1957 wurde dann die Schützengesellschaft »Hubertus«, die späteren »Turmbräu-Standschützen« (in die jetzt auch die »Altstadt«-Schützen aufgingen),[222] und 1958 die »Feuerschützengesellschaft« wiedergegründet.[223] Zu den ersten Kulturvereinen, die sich in der Stadt nach dem Krieg wieder zurückmeldeten, gehörten der »Heimatbund«[224] und die »Liedertafel«.[225]

Das Vereinswesen hat im Nachkriegs-Deutschland eine Vielfalt erreicht, wie sie nur eine pluralistische Gesellschaft hervorbringen kann. Und Mühldorf ist da keine Ausnahme, wie ein Blick auf die letzten zehn Jahre seiner Vereinsgeschichte zeigt.[226] Das beste Beispiel dafür sind wiederum die Sportvereine. Neben Vereinen, die nur auf eine Sportart bzw. eine spezielle Gruppe von Sportarten (Bergsport- und Wandervereine, »Eisstockschützenclub«, »Faltbootclub«, Flugsportvereine, »Golfclub«, Kampfsportvereine, »Kegelclub«, Kunstturn-Vereinigungen, »Motorsportclub«, Pferdesportvereine, »Pool-Billard-Club«, Schützenvereine, »Skateboard-Club«, »Spielvereinigung«, »Tennisclub«) spezialisiert sind oder bestimmte Personengruppen ansprechen (Behinderten- und Versehrtensportverein), wären hier vor allem die allgemeinen Sportvereine zu nennen, die eine ganze Reihe von Sportarten unter ihrem Dach versammeln (»Eisenbahner-Sportverein«, »Postsportverein«, »TSV 1860«). Aber auch viele andere Sparten der vereinsmäßig organisierten Freizeitkultur tauchen in den Vereinsverzeichnissen der letzten zehn Jahre auf: Faschingsvereine, Geschichtsvereine, Geselligkeitsvereine, Musikvereine und Stammtische; daneben CB-Funk-Freunde, »Freunde der alten Feuerwehr«, »Modelleisenbahn-Freunde«, »Oldtimer-Freunde«, ein Trachtenverein, eine Volksbühne, ein »Volkstanzverein« und ein »Westernclub«.

Die Sportvereine spielen auch in der Nachkriegsära in Mühldorf wieder eine zentrale Rolle. Nationalen und internationalen Rang besitzt der »Motorsportclub« und trägt somit den Namen der Stadt in die ganze Welt hinaus. Unter seiner Regie wurden auf der Mühldorfer Rennbahn ab 1958 nicht nur europäische, sondern seit 1972 auch Weltmeisterschaftsfinales ausgetragen.[227] Ebenfalls über den engeren Rahmen der Stadt und Region hinaus geht die Bedeutung des »Zucht- und Trabrennvereins«.[228] Er hat Mühldorf zu einem der bedeutendsten Rennplätze Bayerns gemacht. Seine Rennbahn besitzt außerdem eine Besonderheit: Sie gehört zu den wenigen Bahnen in Deutschland, die einen Rechtskurs besitzen. Ein großes Programm an Schießsportmöglichkeiten bieten die »Feuerschützen«: Luftgewehr-, Pistolen-, Großkaliber-, Kleinkaliber- und Vorderladerschießen.[229] Als Besonderheit des Mühldorfer Schützenwesens wäre der »Bogensportclub« zu nennen.[230] Für die große Palette des Breitensports

Bernhard Simmelbauer
Stadtarchiv Mühldorf a. Inn
Bernhard Simmelbauer vom Mühldorfer TSV 1860 hatte sich im Turnen für die Olympischen Spiele 1984 in Los Angeles qualifiziert.

sind auch in Mühldorf die allgemeinen Sportvereine zuständig. Mit ihrem differenzierten Angebot kommen sie den Bedürfnissen der Freizeitgesellschaft am stärksten entgegen. Den größten und ältesten stellt mit seinen ca. 2.000 Mitgliedern [231] der »TSV 1860« dar. Zu den Olympischen Spielen von 1984 in Los Angeles konnte der Verein aus den Reihen seiner Turner erstmals in seiner Geschichte sogar einen Olympiateilnehmer stellen. [232] Als zweitgrößter allgemeiner Sportverein der Stadt, mit ca. 1.000 Mitgliedern, wäre der 1961 ins Leben gerufene »Eisenbahner-Sportverein« zu nennen. Ursprünglich nur für die Eisenbahner der Stadt gedacht, ist er heute allen Sportinteressierten zugänglich. [233] Der kleinste Mehrspartenverein, mit knapp 300 Mitgliedern, aber umso originelleren Sportarten, ist der »Postsportverein«. [234] So konnte er in den 1960er und 1970er Jahren im Gehen nationale und internationale Erfolge feiern. Auch hat durch ihn der Rudersport am Inn nun doch eine Heimat gefunden. Daneben verhalf er der Stadt im Radsport wieder zu überregionaler Bedeutung. So werden von ihm dort alljährlich im Frühjahr die oberbayerischen Duathlon-Meisterschaften durchgeführt. [235] Mit seiner Schachabteilung setzt er auch die lokale Schachtradition fort, nachdem der ortsansässige »Schachklub« 1987 nach Töging auswandern musste, da er in Mühldorf kein geeignetes Übungslokal finden konnte. [236]

Die Aktivitäten der Mühldorfer Ortsgruppen von »Alpenverein« und »Naturfreunden« unterscheiden sich heute kaum voneinander: Berg- und Klettertouren, Skisport mit entsprechenden Kursen und Schulungen sowie Lichtbilder- und Filmvorträge. Die »Naturfreunde« sind eine der wenigen früheren Arbeiterkulturorganisationen, die sich nach 1945 unter demselben Namen und der gleichen Struktur wiedergründen konnten, [237] obwohl es die Arbeiterschaft als geschlossene Klasse in der neuen Gesellschaftsordnung der BRD nicht mehr gab. Vielleicht hat aber gerade die Herkunft aus der Arbeiterkulturbewegung den Aktivitäten der »Naturfreunde« ihren ökologischen (sanfter Tourismus, umweltverträglicher Sport) und pazifistischen Stempel aufgedrückt. [238] Während die Mühldorfer »Naturfreunde« heute um die 130 Mitglieder haben, zählt die »Alpenvereinssektion« mit ihren ca. 1.500 Mitgliedern mittlerweile zu den größten Vereinen Mühldorfs. [239]

Im Musikleben der Stadt nach wie vor präsent ist der »Sängerbund«, der nach der Gründung eines Frauenchors im Februar 1956 auf eine stattliche Anzahl von über 150 aktiven Sängerinnen/Sängern angewachsen war. [240] Im »Sängerbund« hat man in den letzten fünf Jahrzehnten nicht nur das für Gesangsvereine typische populäre Chorrepertoire gepflegt, sondern sich auch an große Werke der geistlichen und weltlichen Chormusik herangewagt. [241] Mit der Gründung eines eigenen »Sängerbund-Orchesters« im Jahre 1957 wurde der Grundstein für eine erfolgreiche Mühldorfer Laienorchester-Tradition gelegt. [242] Schon sehr früh hatten die Orchestermusiker, die sich nach Differenzen mit den Sängern 1960 unter dem Namen »Mühldorfer Orchester« selbstständig gemacht hatten, musikalische Kontakte nach Salzburg geknüpft. So trat man in der Folgezeit dann auch mehrfach mit Salzburger Ensembles und Solisten auf. [243] Zu den Höhepunkten der Vereinsgeschichte gehört die Zusammenarbeit mit dem Komponisten Jan Koetsier (geb. 1911), der für das »Mühldorfer Orchester« zwei Werke komponierte (die »Mühldorfer Serenade«, 1971, und eine »Intrada classica« für Bläser, Pauke und Harfe, 1972), und der international bekannten Cellistin Angelica May (1986). [244] Bis heute stellen die Konzerte des »Symphonieorchesters Mühldorf«, wie

Die Kindergarde der Inntalia Mühldorf e.V., 2002
Foto Reichelt, Mühldorf a. Inn

Sandbahn-Weltmeisterschaft, Finale am 26.9.1999
Motorsport-Club Mühldorf e. V.

es sich jetzt nennt, [245] einen unverzichtbaren Bestandteil des Mühldorfer Musiklebens dar. Die ebenfalls 1957 erfolgte Gründung der Stadt- und Jugendkapelle hat das Musikleben der Innstadt dagegen um eine musikalisch-populäre Komponente erweitert. [246]

Der »Heimatbund« konnte in den 1950er/1960er Jahren so bedeutende Persönlichkeiten wie den Historiker Benno Hubensteiner, den Heimatdichter Lorenz Strobl und den Künstler Hans Prähofer zu seinen Mitgliedern zählen. [247] In dieser Zeit setzte er sich auch verstärkt für den Denkmalschutz ein, der unter der »Goldgräberstimmung« der Wirtschaftswunderzeit stark zu leiden hatte. Zu den bedeutendsten Leistungen des Vereins in der Nachkriegszeit zählt die Eröffnung des neuen Kreisheimatmuseums im Lodronhaus 1975 sowie die ab den 1980er Jahren einsetzende kritische Aufarbeitung der jüngeren Geschichte, mit Veröffentlichungen über die Luftangriffe in Mühldorf, die Arbeitslager und Konzentrationslager sowie die Rüstungsindustrie im Landkreis. Damit hat er überregionale Diskussionen und vielfältige Aktivitäten zur Erhaltung des Mühldorfer Bunkergeländes als zeitgeschichtliches Denkmal angestoßen: [248] »Während der Heimatgeschichte manchmal der Ruf des Unbedeutenden anhaftet, kann gerade das Beispiel Mühldorf zeigen, dass Heimatgeschichte in gewissem Sinne nationale, ja internationale Bedeutung annehmen kann.« [249] Heute ist der »Heimatbund« einer der größten Vereine am Ort.

Eine zentrale Rolle im Vereinsleben spielt von je her das Vereinslokal. War es früher in der Regel eine Gaststätte, in der man sich traf, ist es heute meist ein im Vereinsbesitz befindliches und von ihm selbst bewirtschaftetes Vereinsheim. Das Vereinslokal ist Ort oder Ausgangspunkt der meisten Aktivitäten eines Vereins. Es beherbergt auch die vom Verein errungenen Trophäen, die meistens in einem speziell zum Zwecke der Präsentation gefertigten Wandschrank aufbewahrt sind. Im Vereinslokal finden regelmäßige Treffen und Versammlungen zur Besprechung von Vereinsangelegenheiten ebenso statt wie die kleineren Feste und Feiern. Besondere Höhepunkte des Vereinslebens bilden Bannerweihen und runde Vereinsjubiläen. Sie werden bei den Traditionsvereinen meistens in größerem Rahmen gefeiert. Solche Feste dauern in der Regel mehrere Tage und beziehen den ganzen Ort ins Geschehen mit ein. Sportvereine umrahmen ihre Feste gerne mit sportlichen Wettbewerben, während sich die Gesangvereine dem musikalischen Wettstreit hingeben. Neben einer ausgeprägten Geselligkeits- und Festkultur haben die Vereine im Laufe ihrer Geschichte auch eine vielfältige Objektkultur entwickelt. Dazu gehören Vereinszeichen, Vereinskleidung, Humpen oder Pokale sowie vor allem die prächtigen Vereinsbanner als Symbole für die Gemeinschaft und Zusammengehörigkeit der Mitglieder. Mittlerweile scheint die Bedeutung der Banner als Gemeinschaftssymbole etwas nachgelassen zu haben. Nur wenige Mühldorfer Vereine besitzen heute überhaupt noch eine Fahne.

Auch wenn sich das gegenwärtige Vereinswesen in Mühldorf auf den ersten Blick als recht konstant erweist – seit Anfang der 1990er Jahre hat sich der Bestand an Vereinen nur wenig verändert –, setzen Medienflut und der verstärkte Rückzug ins Private doch vielen Vereinen zu. Die Folgen davon sind sinkende Mitgliederzahlen und Nachwuchsprobleme, sodass einige Vereine schon heute an Überalterung leiden. Hinzu kommt die schwindende Bereitschaft, sich für gemeinsame Aufgaben und Ziele ehrenamtlich zu engagieren, weshalb der Fortbestand von Vereinen oft von wenigen sozialaktiven Persönlichkeiten abhängt. Es ist zu befürchten, dass einige Vereine unter diesen Bedingungen zumindest mittelfristig aus der Mühldorfer Vereinslandschaft verschwinden. Die Schnelllebigkeit unserer Zeit wird sich zusätzlich auf das Vereinswesen auswirken: Trend-Vereine werden genauso schnell wieder verschwinden, wie sie gekommen sind. Darüber hinaus gehen immer mehr Vereine über den lokalen Bezugsrahmen hinaus, sodass manche von ihnen nur noch ihren Sitz in Mühldorf haben, ihre Mitglieder jedoch aus dem ganzen Landkreis und sogar aus Nachbarlandkreisen kommen. Mit der Aufgabe der Ortsbezogenheit könnten die Vereine jedoch auch ihre Identifikationsfunktion verlieren, nämlich Mitgliedern und Nichtmitgliedern als Symbole für ihre Heimatstadt zu dienen. [250]

Abkürzungen

Dopsch/Spatzenegger I–II
Dopsch, Heinz / Spatzenegger, Hans (Hg.): Geschichte Salzburgs – Stadt und Land. 2 Bde. in 8 Teilen. Salzburg 1981–1991 (mit Neuauflagen einzelner Teilbände).

Martin, Regesten I–III
Die Regesten der Erzbischöfe und des Domkapitels von Salzburg 1247–1343, bearb. von Martin, Franz. 3 Bde. Salzburg 1928–1934.

MGSL
Mitteilungen der Gesellschaft für Salzburger Landeskunde. Salzburg 1861 ff.

SUB I–IV
Salzburger Urkundenbuch Bd. I–IV, bearb. von Hauthaler, Willibald/Martin, Franz. Salzburg 1910–1933.

ZBLG
Zeitschrift für bayerische Landesgeschichte. München 1928 ff.

ÖKT
Österreichische Kunsttopographie

AEM
Archiv des Erzbistums München-Freising

BayHStA
Bayerisches Hauptstaatsarchiv, München

SLA
Salzburger Landesarchiv

SMCA
Salzburger Museum Carolino Augusteum

StA
Staatsarchiv

BSB
Bayerische Staatsbibliothek, München

KAS
Konsistorialarchiv, Salzburg

BNM
Bayerisches Nationalmuseum, München

GNM
Germanisches Nationalmuseum, Nürnberg

Anmerkungen

Mühldorf als erzbischöfliche Stadt

Heinz Dopsch

Seite 12

[1]
SUB I, S. 12; Lošek, Fritz: Notitia Arnonis und Breves Notitiae. In: MGSL 130 (1990), S. 90.

[2]
Zu den Nennungen dieser Orte in der Notitia Arnonis und den jüngeren Breves Notitiae vgl. Lošek, Notitia Arnonis (wie Anm. 1), S. 175 ff. (Ortsregister).

[3]
Vgl. dazu die Übersichtskarte »Die Besitzungen der Salzburger Kirche am Ende der Agilolfingerzeit (788)«. In: Dopsch / Spatzenegger I/1, S. 168/69.

[4]
SUB I, S. 80 f. Nr. 14, S. 160 ff. Nr. 98 und 99. Die Traditionsnotiz Nr. 98, die ausdrücklich die Jahreszahl 935 trägt, wurde von Hauthaler im Kopfregest versehentlich zu 925 datiert. Nach ihr richten sich auch die weiteren Nennungen unter Erzbischof Odalbert.

[5]
Böhmer / Ottenthal, Regesta Imperii Nr. 240 b; die weiteren Quellen bei Dopsch, Heinz: Die Zeit der Karolinger und Ottonen. In: Dopsch / Spatzenegger I/1, S. 206 f. mit Anm. 370.

[6]
Notitia Arnonis c. 1,3, ed. Lošek (wie Anm. 1), S. 80.

[7]
Koller, Fritz: Hallein im frühen und hohen Mittelalter. In: MGSL 116 (1976), S. 36–44; ders.: Salzgewinnung und Salzhandel unter den Erzbischöfen. In: Salz. Katalog der Landesausstellung in Hallein. Salzburg 1994, S. 130 f.

[8]
Wanderwitz, Heinrich: Studien zum mittelalterlichen Salzwesen in Bayern (Schriftenreihe zur bayerischen Landesgeschichte 73). München 1984, S. 213 f. und S. 229 ff.; ders.: Salzhandel in Bayern bis zur Errichtung des herzoglichen Handelsmonopols. In: Tremel, Manfred von / Jahn, Wolfgang / Brockhoff, Eva Maria: Salz Macht Geschichte. (Veröffentlichungen zur Bayerischen Geschichte und Kultur 29/95). Regensburg 1995, S. 212–218.

[9]
Im Diplom Heinrichs VI. von 1190 wird Mühldorf bereits als burgus, als befestigter Markt, bezeichnet. Vgl. dazu und zur Innbrücke Stahleder, Helmuth: Mühldorf am Inn (Historischer Atlas von Bayern, Tl. Altbayern, Heft 36). München 1976, S. 210; die Arbeit von Stahleder ist leider sehr lücken- und fehlerhaft gearbeitet und diese Fehler wurden durchwegs in die jüngere Literatur übernommen, so auch in: Mühldorf – Stadt am Inn, hgg. vom Heimatbund Mühldorf. Mühldorf ²1995.

[10]
SUB II, S. 647 f. Nr. 477; Böhmer / Baaken, Regesta Imperii IV/3, S. 48 f. Nr. 108.

[11]
SUB I, S. 504 Nr. 465 a.

[12]
Koller, Fritz: Salzburg im Spätmittelalter – Die Innere Entwicklung. In: Dopsch / Spatzenegger I/1, S. 611–615.

[13]
Als erster Stadtrichter wird 1278–1281 ein Liebhard genannt: Martin, Regesten I, S. 114 Nr. 881, S. 117 Nr. 915, S. 125 Nr. 978. Genannte (nominati) bzw. Geschworene (iurati) erscheinen seit 1303: Martin, Regesten I, S. 77 Nr. 642, S. 86 Nr. 732, S. 126 Nr. 1090.

[14]
SUB IV, S. 168 ff. Nr. 141; vgl. Dazu Dopsch, Heinz: Recht und Verwaltung. In: Dopsch / Spatzenegger I/2, S. 891 ff.

[15]
Das Mühldorfer Stadtrecht, hgg. von Heigel, Karl Theodor. Beilage zu den Mühldorfer Annalen 1313–1428. In: Die Chroniken der baierischen Städte Regensburg, Landshut, Mühldorf, München (Die Chroniken der deutschen Städte 15). Göttingen 1878 (Nachdruck 1967), S. 392–410.

[16]
Heigel, Mühldorfer Stadtrecht (wie Anm. 15), S. 408 f.

[17]
Wenninger, Markus J.: Zur Geschichte der Juden in Salzburg. In: Dopsch / Spatzenegger I/2, S. 748.

[18]
Ebenda, S. 748 f. und S. 755 f.

[19]
Martin, Regesten I, S. 8 Nr. 59.

[20]
Continuatio Garstensis zu 1256, MGH SS IX, S. 600; Martin, Regesten I, S. 35 Nr. 252 und S. 37 Nr. 273; Wagner, Hans: Vom Interregnum bis Pilgrim von Puchheim. In: Dopsch / Spatzenegger I/1, S. 439 f.

[21]
Dopsch, Heinz: Die Entstehung des Territoriums. In: Dopsch / Spatzenegger I/1, S. 337–346; ders.: 650 Jahre »Land« Salzburg. Vom Werden eines Landes. In: Österreich in Geschichte und Literatur 36 (1992), S. 255–276.

[22]
Hermann von Niederalteich, Annales a. 1257, MGH SS 17, S. 399 f.; Annales s. Rudberti Salisburgenses a. 1257, MGH SS 9, S. 794; Breinbauer, Josef: Otto von Lonsdorf. Bischof von Passau 1254–1265 (Passauer Historische Forschungen 6). Köln 1992, S. 67 ff.; Hoensch, Jörg K.: Přemysl Otakar II. von Böhmen. Der goldene König. Graz 1989, S. 111 f.; Dopsch, Heinz / Brunner, Karl / Weltin, Max: Die Länder und das Reich. Der Ostalpenraum im Hochmittelalter (Österreichische Geschichte 1122–1278, hgg. von Wolfram, Herwig). Wien 1999, S. 452 f.

[23]
Dopsch, Heinz: Přemysl Ottokar II. und das Erzstift Salzburg. In: Ottokar Forschungen. Jahrbuch für Landeskunde von Niederösterreich NF 44/45 (1978/79), S. 493 ff.; Wagner, Interregnum (wie Anm. 20), S. 444–452.

[24]
Martin, Regesten I, S. 151 f. Nr. 1180–1186 und S. 155 Nr. 1211; SUB IV, S. 148 ff. Nr. 126 a, b und S. 157 ff. Nr. 132; Wagner, Interregnum (wie Anm. 20), S. 452 f.; Gollwitzer, Hans: Mühldorfs große Stadtbrände. In: Das Mühlrad XIII (1968–1970), S. 93 ff.

[25]
Erben, Wilhelm: Mühldorfer Ritterweihen in den Jahren 1319 und 1322 (Veröffentlichungen des Historischen Seminars der Universität Graz 12). Graz 1932.

[26]
Martin, Regesten III, S. 33 f. Nr. 334; Erben, Wilhelm: Die Schlacht bei Mühldorf (Veröffentlichungen des Historischen Seminars der Universität Graz 1). Graz 1923; Rönsch, Ernst: Beiträge zur Geschichte der Schlacht bei Mühldorf (Veröffentlichungen des Historisches Seminars der Universität Graz 13). Graz 1933; Wagner, Interregnum (wie Anm. 20), S. 468 f.; Die Schlacht bei Mühldorf. Red. von Steinbichler, Josef. Mühldorf 1993.

[27]
SUB IV, S. 368 f. Nr. 322; Wagner, Interregnum (wie Anm. 20), S. 470 f.

[28]
SUB IV, S. 380–387 Nr. 329; Dopsch, Recht und Verwaltung (wie Anm. 14), S. 893 ff.

[29]
SUB IV, S. 456 ff. Nr. 386; Dopsch, 650 Jahre (wie Anm. 21), S. 255 und S. 273.
[30]
Heigel, Mühldorfer Annalen (wie Anm. 15), S. 384–391.
[31]
Heigel, Mühldorfer Annalen (wie Anm. 15), S. 374 und S. 384; der Pfleger »Warter von der Wart«, der in den Annalen genannt wird, ist allerdings in keiner anderen Quelle als Pfleger von Mühldorf bezeugt.
[32]
Heigel, Mühldorfer Annalen (wie Anm. 15), S. 384 f.; Wagner, Interregnum (wie Anm. 20), S. 476.
[33]
Heigel, Mühldorfer Annalen (wie Anm. 15), S. 385; Wagner, Interregnum (wie Anm. 20), S. 478 f.; Klein, Herbert: Das salzburgische Söldnerheer im 14. Jahrhundert. In: MGSL 66 (1976), S. 108; Gollwitzer, Hans: 1364 – ein denkwürdiges Jahr in Mühldorfs Geschichte. In: Das Mühlrad XI (1962–64), S. 50–60.
[34]
Heigel, Mühldorfer Annalen (wie Anm. 15), S. 385 f.
[35]
Heigel, Mühldorfer Annalen (wie Anm. 15), S. 386 f.; Wagner, Interregnum (wie Anm. 20), S. 484 f.; Klein, Herbert: Erzbischof Pilgrim II. von Puchheim (1365–1396). In: MGSL 112/113 (1972/73), S. 56 f.
[36]
Mell, Richard: Abhandlungen zur Geschichte der Landstände im Erzbistum Salzburg. In: MGSL 43 (1903), S. 174 ff. und S. 357 Nr. V; Dopsch, Heinz: Salzburg im 15. Jahrhundert. In: Dopsch / Spatzenegger I/1, S. 491 ff.
[37]
Dopsch, 15. Jahrhundert (wie Anm. 36), S. 565 f. und S. 578 f.; Marx, Erich: Das Salzburger Vizedomamt Leibnitz. In: MGSL 119 (1979), S. 48 f.; Heilingsetzer, Georg: Ferdinand I., Salzburg und das Land Kärnten in den Jahren 1535/36. In: Carinthia I, 164 (1974), S. 109–125.
[38]
SUB IV, S. 87 ff. Nr. 84; Wagner, Hans: Interregnum (wie Anm. 20), S. 447 f.
[39]
SUB IV, S. 402 f. Nr. 343.
[40]
Regesta Boica XII, S. 176 und XIII, S. 215. Der Verkauf war 1414 nur für sechs Jahre und 1442 für zehn Jahre vorgesehen, der Rückkauf durch die bayerischen Herzöge erfolgte aber jeweils viel später.
[41]
BayHStA, Kurbaiern U 12505 = HL Salzburg 642 fol. 80 r; Reindel-Schedl, Helga: Laufen (Historischer Atlas von Bayern, Tl. Altbayern, Heft 55). München 1989, S. 529 mit Anm. 8; Dopsch, 15. Jahrhundert (wie Anm. 36), S. 517 f. mit Anm. 250.
[42]
BayHStA , Kurbaiern 12506 = Mühldorfer Gerichtsurkunden U 677; Druck bei Stahleder, Mühldorf (wie Anm. 9), S. 179 f. Nr. XI; zum Mühldorfer Burgfrieden, der auch das Gebiet von Altmühldorf umfasste, vgl. Gollwitzer, Hans: Der Mühldorfer Burgfrieden. In: Das Mühlrad XII (1965–67), S. 5–17.
[43]
Sallaberger, Johann: Kardinal Matthäus Lang von Wellenburg (1468–1540). Salzburg 1997, S. 137 ff.
[44]
Sallaberger, Matthäus Lang (wie Anm. 43), S. 255–259; Dopsch, Heinz: Bauernkrieg und Glaubensspaltung. In: Dopsch / Spatzenegger II/1, S. 27 f.
[45]
Sallaberger, Matthäus Lang (wie Anm. 43), S. 269–278; Dopsch, Bauernkrieg und Glaubensspaltung (wie Anm. 44), S. 24 ff.
[46]
Die Ordnung ist abschriftlich überliefert im Stadtarchiv Mühldorf (zweimal) und in der Hs. 825 1/7 im Priesterseminar Salzburg, fol. 148 r – 187 v; vgl. Sallaberger, Matthäus Lang (wie Anm. 43), S. 144, Anm. 78.
[47]
Sallaberger, Matthäus Lang (wie Anm. 43), S. 351; Dopsch, Bauernkrieg und Glaubensspaltung (wie Anm. 44), S. 47 f.
[48]
Sallaberger, Matthäus Lang (wie Anm. 43), S. 364 und 374 mit Anm. 96; Dopsch, Bauernkrieg und Glaubensspaltung (wie Anm. 44), S. 58.
[49]
Die Verpfändung war zunächst auf vier Jahre erfolgt, die Wittelsbacher verlängerten die Frist aber später bis 1530. Erst 1534 waren die gesamten Kriegskosten in der Höhe von 54.400 Gulden beglichen. Vgl. Dopsch, Bauernkrieg und Glaubensspaltung (wie Anm. 44), S. 96; Sallaberger, Matthäus Lang (wie Anm. 43), S. 397 f.
[50]
Originalurkunden von 1525 Okt. 14 und 1527 Dez. 13 im Haus-, Hof- und Staatsarchiv Wien, Allgem. Urkundenreihe; Ein bereits 1521 geschlossener Rezess und der Vertrag von 1527 abschriftl. auch in der Beschreibung des Salbuchs über das Salzburger Voytgericht Mühldorf, Salzburger Landesarchiv, Urbar 127 fol. 1–7v und fol. 256–262; Dopsch, Bauernkrieg und Glaubensspaltung (wie Anm. 44), S. 96.
[51]
Klein, Herbert: Salzburg und seine Landstände von den Anfängen bis 1861. In: Beiträge zur Siedlungs-, Verfassungs- und Wirtschaftsgeschichte von Salzburg. Festschrift für Herbert Klein (= MGSL Erg. Bd. 5). Salzburg 1965, S. 117.
[52]
Zur Gliederung in Ämter und Hofmarken vgl. das Salbuch Mühldorf (wie Anm. 50); Stahleder, Mühldorf (wie Anm. 9), S.156 ff.; Dopsch, Heinz: Der auswärtige Besitz. In: Dopsch / Spatzenegger I/2, S. 952 f.
[53]
Stahleder, Mühldorf (wie Anm. 9), S. 211 behauptet in Anlehnung an die ältere Literatur, dass auch Berufungen gegen die im Stadtgericht Mühldorf gefällten Urteile bis 1764 an die bayerische Regierung gingen. In den Verträgen seit 1527, auch in jenem von 1661 Juli 13 (BayHStA, Gerichtsliteralien Mühldorf 305), auf den sich Stahleder beruft, heißt es aber nur, dass alle Appellationen von den Urteilen des Propst- und Vogtrichters an die kurfürstlichen Regierungen gehen (Art. 13). Das betrifft nicht das Stadtgericht als Hochgericht, wo der Erzbischof dem Stadtrichter den Blutbann verlieh und das Hofgericht in Salzburg Appellationsinstanz war.
[54]
Dopsch, Heinz: Recht und Verwaltung (wie Anm.14), S. 946 ff.
[55]
Marx, Erich: Vizedomamt Leibnitz (wie Anm. 37), S. 1–142; Dopsch, Der auswärtige Besitz (wie Anm. 52), S. 951–981.
[56]
SUB II, S. 691 Nr. 512; SUB III, S. 22 ff. Nr. 551 a und b; Die Urkunden des Kloster Raitenhaslach 1034–1350, hgg. von Krausen, Edgar. (Quellen und Erörterungen zur Bayerischen Geschichte NF 17/1) München 1959, S. 163 Nr. 194; Monumenta Boica III, S. 223.
[57]
Seitz von Törring wird 1346 »Sachwalter« genannt, Otto der Grans (1356–1360) und Seitz von Törring (1362–1371) werden dann ausdrücklich als Pfleger bezeichnet. Vgl. dazu die Auflistung der Quellen im Stadtarchiv Mühldorf, Ordner Personalia; Stahleder, Mühldorf (wie Anm. 9), S. 161 ff. unterscheidet in seiner Aufstellung nicht zwischen Burggraf, Vizedom und Pfleger; auch Gollwitzer, Hans: Ergänzungen und Berichtigungen zum Historischen Atlas für den Landkreis Mühldorf am Inn, masch. Manuskript im Stadtarchiv Mühldorf. Mühldorf 1978, S. 3 ff., setzt irrtümlich Burggrafen und Pfleger gleich.
[58]
Dopsch, Recht und Verwaltung (wie Anm.14), S. 910 ff.
[59]
Dopsch, Recht und Verwaltung (wie Anm.14), S. 901 ff., S. 926 ff. und S. 935 ff.
[60]
Stahleder Mühldorf (wie Anm. 9), S. 156–179; Gollwitzer, Ergänzungen und Berichtigungen (wie Anm. 57), S. 3–29.
[61]
Zu Richter und Geschworenen vgl. Anm. 13; zum Rat Heigel, Stadtrecht (wie Anm. 15) und Stahleder, Mühldorf (wie Anm. 9), S. 211 mit Anm. 7.
[62]
Der Schiedsspruch von 1583 Okt. 8 abschriftl. im Stadtarchiv Mühldorf, A 4497; weitere Details in der Stadt- und Polizeiordnung 1522 (wie Anm. 46) und in der »Declaration« des Erzbischofs Johann Jakob 1562 (abschriftl. im Stadtarchiv Mühldorf); Stahleder, Mühldorf (wie Anm. 9), S. 210–212.

[63]
Martin, Franz: Die kirchliche Vogtei im Erzstift Salzburg. In: MGSL 46 (1906), S. 239–436; Dopsch, Recht und Verwaltung (wie Anm.14), S. 882 ff.
[64]
1278 war Heinrich von Harskirchen von Erzbischof Friedrich II. bestellter Richter im Gebiet von Mühldorf: Martin, Regesten I, S. 114 Nr. 881; BayHStA, Mühldorfer Gerichtsurkunden U 578.
[65]
Die detaillierten Bestimmungen sind in den Verträgen von 1521 und 1527 (wie Anm. 50) enthalten. Zu den komplizierten gesellschaftlichen Verhältnissen vgl. Klein, Herbert: Die bäuerlichen Eigenleute des Erzstiftes Salzburg im späten Mittelalter. In: Klein-Festschrift (wie Anm. 51), S. 137–251; ders., Die Salzburger Freisassen. In: Ebenda, S. 253–262.
[66]
Lienhard der Tullinger führte 1419 Sept. 5 den Titel »Landrichter im Isengau« (BayHStA, Mühldorfer Gerichtsurkunden U 97). Von 1427–1522 war dann der Titel »Land- und Voitrichter« üblich. Nach 1525 wird hingegen nur mehr vom Voitgericht Mühldorf gesprochen. Zum Vogtturm vgl. Gollwitzer, Hans: Voitgericht und Voitturm. In: Das Mühlrad XIV (1971/72), S. 10–29.
[67]
Die Bezeichnung »Propstei« bzw. Urbarpropstei anstelle der sonst üblichen Ämter begegnet im Land Salzburg erst relativ spät (z. B. Propstamt Werfen), sie wurde eher dort verwendet, wo Salzburg nicht das Hochgericht besaß.
[68]
Einen genauen Einblick in die Verwaltung bietet das 1527 Juli 17 angelegte Salbuch Mühldorf (wie Anm.50); Dopsch, Der auswärtige Besitz (wie Anm. 52), S. 952 f.; Stahleder, Mühldorf (wie Anm. 9), S. 156–161 und 289–313; der Name der Propstei »auf den Wäldern« (in nemoribus) ist abgeleitet von den Salzburger Besitzungen und Gerichtsrechten im Eslerwald.
[69]
Stahleder, Mühldorf (wie Anm. 9), S. 167 und S. 172. Die Pfleger fungierten seit Heinrich Knoll 1607 zugleich als Stadtrichter; als Beispiel sei auf Johann Martin von Zimmern verwiesen, der 1667 den Titel führte: »Der Rechte Licentiat, hochfürstlich-salzburgischer Rat, Pfleger, Kastner, Propst, auch Voit- und Stadtrichter zu Mühldorf«. Vgl. Gollwitzer, Mühldorfer Burgfrieden (wie Anm. 42), S. 12 f.
[70]
Das ehemalige Schloss, Sitz des Salzburger Pflegers, beherbergt heute das Finanzamt (Katharinenplatz 16). Es trägt das Wappen des Kardinals Matthäus Lang als Bauherrn und die Jahreszahl 1539.
[71]
Dopsch, Bauernkrieg und Glaubensspaltung (wie Anm. 44), S. 124 f.
[72]
Gollwitzer, Hans / Federer, Josef: Mühldorf am Inn. In: Bayerisches Städtebuch Tl. 2 (Deutsches Städtebuch V/2). Hgg. von Keyser, Erich und Stoob, Heinz. Stuttgart 1974, S. 391 Art. 6 b; Stahleder, Mühldorf (wie Anm. 9), S. 212; die in beiden Arbeiten vertretene Ansicht, der Erzbischof habe von 1571–1582 ständig in Mühldorf residiert, ist sicher unzutreffend, da sich Johann Jakob in diesen Jahren durchaus in Salzburg nachweisen lässt; zur Pest in Mühldorf vgl. Mühldorf – Stadt am Inn (wie Anm. 9), S. 80–85.
[73]
Spatzenegger, Hans: Die katholische Kirche bis 1803. In: Dopsch / Spatzenegger II/3, S. 1393 f.; Fraitzl, Karl: Das Kollegiatstift Mühldorf. In: Das Mühlrad I (1951), S. 52–56; zu Fingerlos vgl. Hammermayer, Ludwig: Die Aufklärung in Salzburg. In: Dopsch / Spatzenegger II/1, S. 423 f.
[74]
Gollwitzer / Federer, Mühldorf (wie Anm. 72), S. 391, Art. 5 b und S. 393, Art. 15 d.
[75]
Gollwitzer, Mühldorfs große Stadtbrände (wie Anm. 24), S. 98–102; Mühldorf – Stadt am Inn (wie Anm. 9), S. 85–90.
[76]
Albrecht, Dieter: Maximilian I. von Bayern 1573–1651. München 1998, S. 1081 f.; Silber und Gold. Augsburger Goldschmiedekunst für die Höfe Europas. Hgg. von Baumstark, Reinhold und Seling, Helmut. Bd. 2. München 1994, S. 214 ff.
[77]
Schroll, Meinrad: Die Seeoner »Propstei Mühldorf«. In: Salzburg Archiv 18 (1994), S. 59 ff. Eine Eroberung der Stadt durch die Schweden bereits 1632, auf die Stahleder, Mühldorf (wie Anm. 9), S. 213, verweist, hat nicht stattgefunden.
[78]
Reiter, Johanna: Mühldorf zwischen Bayern und Salzburg: Die Tauschverhandlungen des Jahres 1701. Hausarbeit (masch.), München 1994.
[79]
Wagner, Hans: Die Neutralität Salzburgs im österreichischen Erbfolgekrieg 1741–1745. In: MGSL 100 (1960), S. 228 f., S. 258 f. und S. 266 f.; Ammerer, Gerhard: Von Franz Anton von Harrach bis Siegmund Christoph von Schrattenbach. In: Dopsch / Spatzenegger II/1, S. 292 und S. 298 f.
[80]
Hartmann, Peter Claus: Der Bayerische Reichskreis (1500–1803) (Schriften zur Verfassungsgeschichte 52). Berlin 1992, S. 233 ff., S. 356 f., S. 458 ff., S. 469 f.
[81]
Byloff, Fritz: Die letzten Zaubereiprozesse in Mühldorf und Landshut. In: ZBLG 11 (1938), S. 427–444; Klein, Herbert: Die älteren Hexenprozesse im Erzstift Salzburg. In: MGSL 97 (1957), S. 46 f.; Neumeyer, August Friedrich: Der Mühldorfer Hexenprozess 1749/50. Mühldorf [3]1992; die Hinrichtung der Verurteilten erfolgte nicht auf der Schranne, wo nur das Urteil öffentlich verkündet wurde, sondern auf der Richtstätte in der Nähe des Salzburger Kommunalfriedhofs.
[82]
Gollwitzer / Federer, Mühldorf (wie Anm. 72), S. 392, Art. 10 b; Hammermayer, Ludwig: Die letzte Epoche des Erzstifts Salzburg. In: Dopsch / Spatzenegger II/1, S. 509–515.
[83]
Hammermayer, Die letzte Epoche (wie Anm. 82), S. 498–502 und S. 515–535; der Text des Reichsdeputationshauptschlusses bei Hoffmann, Hans Hubert (Hg.): Quellen zum Verfassungsorganismus des Heiligen Römischen Reiches Deutscher Nation 1495–1815. Darmstadt 1976, S. 329–358; die offizielle Annahme des Reichsdeputationshauptschlusses erfolgte erst am 25. Februar 1803, weshalb er meist unter diesem Datum geführt wird.
[84]
Ortner, Franz: Vom Kurfürstentum zum Wiener Kongress. In: Dopsch / Spatzenegger II/2, S. 588–594; Putzer, Peter: Staatlichkeit und Recht nach der Säkularisation. Ebenda, S. 628–640.
[85]
Hammermayer, Die letzte Epoche (wie Anm. 82), S. 532 f.; Stahleder, Mühldorf (wie Anm. 9), S. 214; Mühldorf – Stadt am Inn (wie Anm. 9), S. 98 ff.
[86]
Churpfalzbairisches Regierungsblatt vom 21. 1. 1803, S. 41 f.; Hammermayer, Die letzte Epoche (wie Anm. 82), S. 533.
[87]
Stahleder, Mühldorf (wie Anm. 9), S. 214; Gollwitzer, Ergänzungen und Berichtigungen (wie Anm. 57), S. 29.
[88]
Stahleder, Mühldorf (wie Anm. 9), S. 374–383; Gollwitzer / Federer, Mühldorf (wie Anm. 70), S. 392, Art. 9 e.

Bayerns jahrhundertelanges Ringen um Mühldorf

Joachim Wild

Seite 26

[1]
Heeg-Engelhart, Ingrid: Das älteste bayerische Herzogsurbar (Quellen und Erörterungen zur bayerischen Geschichte Bd. 37). München 1990.
[2]
Wittmann, Franz Michael: Monumenta Wittelsbacensia. Urkundenbuch zur Geschichte des Hauses Wittelsbach (Quellen und Erörterungen zur bayerischen und deutschen Geschichte Bd. 37). München 1857, Nr. 54, S. 128–131.
[3]
Wittmann (wie Anm. 3) Nr. 117, S. 281–288.
[4]
BayHStA, Neuburger Kopialbuch 34, f. 113.
[5]
BayHStA, Kurbayern Urk. 12505.

[6]
BayHStA, Kurbayern Urk. 12506.

[7]
BayHStA, Kurbayern Urk. 6901.

[8]
BayHStA, GL Mühldorf 490.

[9]
BayHStA, Kurbayern Geh. Landesarchiv 729.

[10]
BayHStA, Kurbayern Urk. 6262.

Das Mühldorfer Stadtrecht im Spätmittelalter und der Frühen Neuzeit

Hans-Georg Hermann
Seite 36

[1]
Heigel, Karl Theodor (Bearb.): Die Mühldorfer Annalen 1313–1428. In: Hist. Kommission bei der Bayer. Akad. d. Wiss. (Hg.): Die Chroniken der deutschen Städte vom 14. bis ins 16. Jahrhundert. Bd. 15: Die Chroniken der baierischen Städte Regensburg, Landshut, Mühldorf, München. 2. Aufl., Göttingen 1878 (ND Stuttgart 1967), S. 367–410 [Beilage S. 392–410]. Eine Neuedition – dort dann auch mit Nummerierung der Artikel – wird demnächst im Rahmen einer dreibändig angelegten Studie zum Mühldorfer Stadtrecht und seiner Einordnung in den größeren Kontext altbayerischer und salzburgischer Stadtrechtsgeschichte des Spätmittelalters vorgelegt; die Untersuchung umfasst neben Darstellung und Analyse auch die Edition der außerdem greifbaren Archivalien bis 1442 mit Gültbüchern und ca. 500 Urkunden. Der Abschluss ist noch für 2002 geplant.

[2]
Heigel (wie Anm. 1); s.a. Ulmschneider, Helgard: Art. »Grill, Nikolaus«. In: Ruh, Kurt u.a. (Hg.): Die deutsche Literatur des Mittelalters: Verfasserlexikon. Bd.3. Berlin u.a. 1981, Sp. 257–259.

[3]
Heigel, a.a.O., S. 384.

[4]
A.a.O., S. 385.

[5]
Annales Matseenses, MGH SS 9, S. 831, allerdings zum Jahr 1357.

[6]
Heigel, a.a.O., S. 377.

[7]
Beispielsweise mussten die Bürger ihre Rüstungen »in Schuss halten«, vgl. Art. 72 I und II (Heigel, wie Anm. 1, S. 407).

[8]
Nach: Bayer. Landesvermessungsamt (Hg.): Bayerische Städte im jungen Königreich. Ortsblätter des bayer. Flurkartenwerks im 19. Jahrhundert. München 1983.

[9]
Art. 80, vgl. Heigel (wie Anm. 1) S. 409.

[10]
Art. 75 XI, vgl. Heigel (wie Anm. 1) S. 408.

[11]
Art. 82 III, vgl. Heigel (wie Anm. 1) S. 410.

[12]
Art. 72 III, vgl. Heigel (wie Anm. 1) S. 407.

[13]
Stadtbuch mit Eintragungen ab 1448: Stadtarchiv Mühldorf B 3 a.

[14]
Wie Anm. 13, S. 4.

[15]
Stadtarchiv Mühldorf, B 3 a, S. 2; eine weitere Namensliste findet sich auf der nächsten Seite.

[16]
Stadtarchiv Mühldorf, B 3 a, S. 57 f.

[17]
Vgl. Urzinger, Hans (Hg.): Eine Stadtordnung der Stadt Mühldorf vom Jahre 1522, mit Nachträgen aus den Jahren 1560, 1562, 1583 und 1602 (Heimatgeschichtliche Beiträge). Mühldorf a. Inn 1930, S. 7 (Eid der Stadtkämmerer); S. 29: die Fleischkontrolleure werden zu ihrem Amt »mit sonderen Eidspflichten ... verstrickt«, unter Strafbewehrung von einem halben Pfund. Eine Abschrift dieser Stadtordnung befindet sich im Stadtarchiv Mühldorf, B 4, darin fol. 1r – 32v.

[18]
Stadtarchiv Mühldorf, B 3 a, S. 225.

[19]
Zit. nach Bary, Roswitha von: Herzogsdienst und Bürgerfreiheit. Verfassung und Verwaltung der Stadt München im Mittelalter 1158–1560 (Quellen und Forschungen zur Geschichte der Stadt München; 3). München 1997, S. 83.

[20]
Zu den Verhältnissen in München vgl. v. Bary (wie Anm. 19) S. 83 f.

[21]
Stadtarchiv Mühldorf, B 3 a, S. 6.

[22]
Stadtarchiv Mühldorf, B 3 a, S. 25.

[23]
Zum Folgenden s.a. Hermann, Hans-Georg: Frühneuzeitliche Stadtverwaltung vor dem Hintergrund des Pettauer Rechts von 1513. In: Tagungsband des Kolloquiums zum Pettauer Stadtrecht in Ptuj u. Maribor / Slowenien im Oktober 1997 (im Druck).

[24]
Vgl. Urzinger (wie Anm. 17), S. 22.

[25]
Zu Lang vgl. umfassend Sallaberger, Johann: Kardinal Matthäus Lang (1468–1540). Staatsmann und Kirchenfürst im Zeitalter von Renaissance, Reformation und Bauernkriegen. Salzburg u.a. 1997; komprimiert: Hermann, Hans-Georg: Art. »Lang, Matthäus«. In: Heim, Manfred (Hg.): Theologen, Ketzer, Heilige. München 2001, S. 233 f.

[26]
Eine konzise Zusammenfassung dieser Phase findet sich bei Stauber, Reinhard: Herzog Georg von Bayern-Landshut und seine Reichspolitik (Münchener Historische Studien, Abt. Bayer. Geschichte; 15). Kallmünz 1993, S. 141–153, bes. S. 151 f. Näheres dann in der in Anm. 1 genannten Studie.

[27]
Grundlage: Urzinger (wie Anm. 17), S. 3–6.

[28]
Vgl. Friedhuber, Inge: Kaiser Maximilian I. und die Bemühungen Matthäus Langs um das Erzbistum Salzburg. In: Novotny, A. / Pickl, O. (Hg.): Festschrift Hermann Wiesflecker zum 60. Geburtstag. Graz 1973, S. 123–131.

[29]
Stahleder, Helmuth: Mühldorf am Inn (Historischer Atlas von Bayern; Teil Altbayern; 36). München 1976, S. 212 spricht von Residenz 1514 bis 1519. Das erweckt den irreführenden Eindruck dauernder Präsenz Langs; ein durchgängig mehrmonatiger Aufenthalt erfolgte aber im Sommer 1516, mehrmals ist er 1517 hier, länger offenbar wiederum im Sommer 1517, Anfang 1518 hat ihn möglicherweise sogar Kaiser Maximilian hier besucht, vgl. Sallaberger (wie Anm. 25), S. 138 f., 144, 145 f.

[30]
Vgl. Angermeier, Rudolf: Mühldorf unter der Herrschaft der Salzburger Bischöfe. In: Heimatbund Mühldorf (Hg.): Mühldorf, Stadt am Inn. Mühldorf 1989, S. 23–113 [77 f.].

[31]
Vgl. Urzinger (wie Anm. 17), S. 19–21.

[32]
Lang behielt sich aber die Bestrafung vor, falls wieder etwas vorfallen sollte, vgl. Urzinger (wie Anm. 17), S. 17–19.

[33]
Vgl. Sallaberger (wie Anm. 25), S. 144.

[34]
Dopsch, Heinz: Bauernkrieg und Glaubensspaltung. In: Dopsch / Spatzenegger: Geschichte Salzburgs. Salzburg 1988, Bd. II, 1, S. 14 mit Anm. 20 [S. 2886]. 1522 nimmt Lang diesen Nachlass teilweise zurück, indem er der Stadt auferlegt, die »geschenkten« 100 Pfund Pfennig als Kapitalreserve anzulegen, vgl. Urzinger (wie Anm. 17), S. 14 f.

[35]
Der Artikel über die Metzger in der Stadtordnung von 1522 enthält als Insertion eine solche Ordnung »von verschidner Zeiten, als wir in Mildorf Hofhaltung gehabt«, vgl. Urzinger (wie Anm. 17), S. 27–31.

[36]
Zum Phänomen allgemein (mit reicher weiterführender Literatur) vgl. nur Simon, Thomas: Krise oder Wachstum? Erklärungsversuche zum Aufkommen territorialer Gesetzgebung am Ausgang des Mittelalters. In: Köbler, G. / Nehlsen, H. (Hg.): Wirkungen europäischer Rechtskultur. Festschrift für Karl Kroeschell zum 70. Geburtstag. München 1997, S. 1201–1217. Speziell für das Erzstift: Putzer, Peter: Zur Legislative der Frühen Neuzeit im Erzstift Salzburg. In: Rechtswiss. Fakultät der Univ. Salzburg (Hg.): Aus Österreichs Rechtsleben in Geschichte und Gegenwart. Festschrift für Ernst

C. Hellbling zum 80. Geburtstag. Berlin 1981, S. 707–730.

[37]
Hierzu Sallaberger (wie Anm. 25), S. 258 f.

[38]
Knemeyer, Franz-Ludwig: Art. »Polizei«. In: Brunner/Conze/Kosellek (Hg.): Geschichtliche Grundbegriffe. Bd.4, Stuttgart 1978, S. 875–897; Maier, Hans: Die ältere deutsche Staats- und Verwaltungslehre. 2. Aufl., München 1980, S. 92–105; ders.: Art. »Polizei«. In: Handwörterbuch zur Deutschen Rechtsgeschichte. Bd. 3, Sp. 1800–1803; Stolleis, Michael: Geschichte des öffentlichen Rechts in Deutschland. Bd. 1: Reichspublizistik und Policeywissenschaft 1600–1800. München 1988, S. 369–371.

[39]
Vgl. Urzinger (wie Anm. 17), S. 22.

Streiflichter auf die Kirchengeschichte Mühldorfs

Erwin Naimer

Seite 48

[1]
Uttendorfer, Emil: Die Archidiakone und Archipresbyter im Bistum Freising und die Salzburgischen Archidiakonate Baumburg, Chiemsee und Gars. Mainz 1890, S. 38.

[2]
Die Urkunde in: Hauthaler, Willibald / Martin, Franz: Salzburger Urkundenbuch, Bd. 2. Salzburg 1916, S. 48 ff., Nr. 28; zur Frühgeschichte vgl. Paterna, Eugen: Die Anfänge der Stadt Mühldorf. In: Das Mühlrad XXXVII (1995) S. 5 ff.; Hubensteiner, Benno: Anfänge einer Stadt. Zur Frage der Mühldorfer Stadtgründung. In: Das Mühlrad II (1952), S. 17 ff.; Angermeier, Rudolf: Mühldorf unter der Herrschaft der Salzburger Bischöfe. In: Mühldorf. Stadt am Inn. Hgg. vom Heimatbund Mühldorf e.V., Mühldorf 1995, S. 27 ff.

[3]
Hauthaler, Willibald: Salzburger Urkundenbuch, Bd. 1 (SUB I). Salzburg 1910, S. 14 f., Nr. 14.

[4]
Zur Jahreszahl siehe Zauner, Judas Thaddäus: Chronik von Salzburg, 1. Teil. Salzburg 1796, S. 85 f.; die Trennungsurkunde in: SUB I, S. 252 ff., Nr. 1.

[5]
So etwa Angermeier, Mühldorf (wie Anm. 2), S. 101.

[6]
SUB I, S. 739, Nr. 320.

[7]
Zu den Kirchen siehe Angermeier, Mühldorf (wie Anm. 2), S. 100 ff.; Bauer, Joseph: Kurze Geschichte der Stadt Mühldorf a/I. Mühldorf 1902, S. 55 ff.; Hartig, Michael / Gollwitzer, Hans: Mühldorf am Inn. St. Nikolaus und Nebenkirchen. München und Zürich ²1975 (= Schnell, Kunstführer Nr. 547); Bezold, Gustav von / Riehl, Berthold / Hager, G.: Die Kunstdenkmale des Regierungsbezirks Oberbayern, Teil 3. München 1905, S. 2185 ff.; Mayer, Anton/ Westermayer, Georg: Statistische Beschreibung des Erzbisthums München-Freising, Bd. 2. Regensburg 1880, S. 135 ff.; Spagl, Hans Rudolf: Kunst und Kunsthandwerk in Mühldorf (13.–16. Jahrhundert). In: Mühldorf. Stadt am Inn. Hgg. vom Heimatbund Mühldorf e. V. Mühldorf 1995, S. 201 ff.

[8]
Chmel, J. (Hg.): Die Salzburger Diöcese im fünfzehnten Jahrhunderte. In: Notizenblatt. Beilage zum Archiv für Kunde österreichischer Geschichtsquellen 17 (1852), S. 268 f.

[9]
Martin, Franz: Die Regesten der Erzbischöfe und des Domkapitels von Salzburg 1247–1343, Bd 1. Salzburg 1928, S. 8; Annales Sancti Rudberti Salisburgenses. In: Monumenta Germaniae Historica, Scriptorum Tomus IX. Hgg. von Georg Heinrich Pertz, Hannover 1851 (Neudruck Stuttgart und New York 1963), S. 790; Dalham, Florian: Concilia Salisburgensia provincialia et dioecesana ... Augsburg 1788, S. 100 ff.; zur Provinzialsynode siehe auch Hübner, Karl: Die Provinzialsynoden im Erzbistum Salzburg bis zum Ende des XV. Jahrhunderts. In: Deutsche Geschichtsblätter. Monatsschrift zur Förderung der landesgeschichtlichen Forschung 10 (1909), 187 ff., insbesondere S. 207.

[10]
Codices traditionum ecclesiae Pataviensis, olim Laureacensis. In: Monumentorum Boicorum collectio nova, Bd. 29, Teil 2. München (o.J.), S. 66; Schmid, Ulrich: Otto von Lonsdorf, Bischof von Passau 1254–1265. Würzburg 1903, S. 9 f.

[11]
Dopsch, Heinz: Salzburg im 15. Jahrhundert. In: Dopsch, Heinz / Spatzenegger, Hans (Hg.): Geschichte Salzburgs. Stadt und Land, Bd. I, Teil 1. Salzburg ²1983, S. 554 ff.

[12]
Dalham, Concilia (wie Anm. 9), S. 242 ff.; siehe auch Hübner, XV. Jahrhundert (wie Anm. 9), S. 232 ff.

[13]
Dalham, Concilia (wie Anm. 9), S. 278 ff.; Hübner, XV. Jahrhundert (wie Anm. 9), S. 235.

[14]
Vgl. umfassend zu Lang, auch zu den Reforminitiativen und Synoden seiner Regierungszeit Sallaberger, Johann: Kardinal Matthäus Lang von Wellenburg (1468–1540). Staatsmann und Kirchenfürst im Zeitalter von Renaissance, Reformation und Bauernkriegen. Salzburg und München 1997, passim; zur Salzburger Kirchenpolitik auch Ortner, Franz: Reformation, katholische Reform und Gegenreformation im Erzstift Salzburg. Salzburg 1981, passim.

[15]
Die Akten ediert bei Dalham, Concilia (wie Anm. 9), S. 281 ff.; und Pfeilschifter, Georg (Hg.): Acta reformationis catholicae ..., Bd. 1. Regensburg 1959, S. 1 ff.; siehe zudem Dopsch, Heinz: Bauernkrieg und Glaubensspaltung. In: Dopsch, Heinz / Spatzenegger, Hans (Hg.): Geschichte Salzburgs. Stadt und Land. Bd. II, Teil 1. Salzburg 1988, S. 26 ff.

[16]
Sallaberger, Lang (wie Anm. 14), S. 412; ebenda, S. 184, wird das Weihedatum in den Mai 1526 gesetzt.

[17]
Der Rezess bei Dalham, Concilia (wie Anm. 9), S. 287 ff.; Pfeilschifter, Georg (Hg.): Acta reformationis catholicae ..., Bd. 2. Regensburg 1960, S. 321 ff.; siehe auch Hopfner, Max: Synodale Vorgänge im Bistum Regensburg und die Kirchenprovinz Salzburg unter besonderer Berücksichtigung der Reformationszeit. In: Beiträge zur Geschichte des Bistums Regensburg 13 (1979), S. 282 ff.

[18]
Pfeilschifter, Acta (wie Anm. 17), S. 502 ff.

[19]
Ebenda, S. 609 ff.

[20]
Knöpfler, Alois: Die Kelchbewegung in Bayern unter Herzog Albrecht V. München 1891, S. 6 ff.; Ortner, Franz: Die katholische Kirche bis zum Ende des geistlichen Fürstentums. In: Dopsch, Heinz / Spatzenegger, Hans (Hg.): Geschichte Salzburgs. Stadt und Land, Bd. III, Teil 3. Salzburg 1991, S. 1378 f.

[21]
Ausführlich zur Synode Winkler, Gerhard B.: Die nachtridentinischen Synoden im Reich. Salzburger Provinzialkonzilien 1569, 1573, 1576. Wien u.a. 1988, S. 40 ff.

[22]
Die Ansprache gedruckt in: Dalham, Concilia (wie Anm. 9), S. 552 ff.

[23]
Ebenda, S. 557 ff.; Winkler, Synoden (wie Anm. 21), S. 275 ff.

[24]
Sallaberger, Lang (wie Anm. 14), S. 269 ff.

[25]
Zum Protestantismus in Mühldorf vgl. Fischer, Manfred: Geschichte der evangelisch-lutherischen Kirchengemeinde Mühldorf. In: Das Mühlrad XL (1998), S. 115 ff., hier insbesondere S. 120; Spagl, Hans Rudolf: »Die ungehorsamen Communicanten ...«. In: Das Mühlrad XXI (1979), S. 57 ff.

[26]
Archiv des Erzbistums München und Freising (AEM), Ordinariat, Archivakt AV 31, Reformationsakten, Schreiben des Christoph von Lamberg an den Herzog Ernst, ohne Ort und Datum, präsentiert 1553 Juli 20.

[27]
Zauner, Judas Thaddäus: Chronik von Salzburg, Teil 6. Salzburg 1810, S. 408 ff.

[28]
Ortner, Reformation (wie Anm. 14), S. 99, schreibt von 80 Personen, die 1580 unter beiderlei Gestalt kommunizieren wollten. Angeblich hatte ein Prädikant allen, die die Kommunion nur

unter einer Gestalt empfingen, die Verdammnis vorhergesagt.

[29]
Gollwitzer, Hans: Die Mühldorfer und ihre verbotenen Bücher Anno 1617. In: Das Mühlrad XXI (1979), S. 75 ff.

[30]
Ambronn, Karl-Otto: Die Wittelsbacher als Fürstpröpste von Berchtesgaden (1594–1723). In: Brugger, Walter / Dopsch, Heinz / Kramml, Peter F. (Hg.): Geschichte von Berchtesgaden. Stift – Markt – Land, Bd. 2, Teil 1. Berchtesgaden 1993, S. 68 ff.

[31]
Fraitzl, Karl: Das Kollegiatstift Mühldorf. In: Das Mühlrad (1951), S. 52 ff.; Brugger, Walter: Die salzburgischen Kollegiatstifte im 17. Jahrhundert. In: Das Salzfass 34 (2000), S. 1 ff.; Angermeier, Mühldorf (wie Anm. 2), S. 112 f.; AEM, Pfarrakten Mühldorf, Gassinger, Joseph: Chronologische Reihenfolge der Pfarrherrn, Stiftsdekane und Kanoniker ... Aibling 1847 (handschr.); Pfarrarchiv Mühldorf St. Nikolaus, B 6/1, Chronik des Collegiatstifts-Dekans Wolfgang Summerer; Backmund, Norbert: Die Kollegiat- und Kanonissenstifte in Bayern. Windberg 1973, S. 79 f.; Hartig, Michael: Die oberbayerischen Stifte, Bd. 2. München 1935, S. 88 ff.; zu Friesach siehe Sacherer, Johannes: Zum Untergang des Kollegiatsstiftes St.Virgil zu Friesach. In: Carintha 187 (1997), S. 389 ff.; nicht eingesehen wurden die Arbeiten von Sacherer, Johannes: St.Virgil zu Friesach. Klagenfurt 2000; und Jernej, Renate: Das Kollegiatstift St.Bartholomäus in Friesach. Klagenfurt 2001; Herrn Kooperator Manfred Thaler, Ebbs, sei für seine freundlichen Auskünfte gedankt.

[32]
Eine besiegelte Abschrift der Urkunde, angeblich von Erzbischof Markus Sitticus, aber mit dem Ausstellungsjahr 1610, in: AEM, Collegiatstift Mühldorf.

[33]
Reindl-Witt, Irmengard: Die Eichkapelle Mater Dolorosa in Mühldorf. In: Das Mühlrad XLII (2000), S. 3 ff.

[34]
Siehe zum Sterbeeintrag: AEM, Matrikeln Mühldorf 13, 1777 Juni 29 (ohne Seitenzählung).

[35]
Grötsch, Walter: Die Versetzung des Salzburger Priesterhausregens Fingerlos nach Mühldorf. In: Mitteilungen der Gesellschaft für Salzburger Landeskunde 97 (1957), S. 51 ff.; Hubensteiner, Benno: Der letzte Stiftsdekan. In: Das Mühlrad II (1952), S. 98 ff.; zum Lebenslauf siehe Hammermayer, Ludwig: Fingerlos, Matthäus. In: Boehm, Laetitia / Müller, Winfried / Smolka, Wolfgang J. / Zedelmaier, Helmut: Biographisches Lexikon der Ludwig-Maximilian-Universität München, Teil 1 (Münchener Universitätsschriften, Ludovico Maximilianea, Forschungen 18) Berlin 1998, S. 118 f.; Marquart, Heinz: Matthäus Fingerlos (1748–1817). Leben und Wirken eines Pastoraltheologen und Seminarregenten in der Aufklärungszeit (Studien zur Theologie und Geistesgeschichte des Neunzehnten Jahrhunderts 22) Göttingen 1977, passim, insbesondere S. 123 ff.

[36]
Angermeier, Mühldorf (wie Anm. 2), S. 104 f.; Ortner, Reformation (wie Anm. 14), S. 131; Sprinkart, Alfons: Kapuziner. In: Brandmüller, Walter (Hg.): Handbuch der bayerischen Kirchengeschichte, Bd. 2. St. Ottilien 1993, passim, insbesondere S. 804; Gassinger, Reihenfolge (wie Anm. 31), S. 24 f.; Eberl, Angelikus: Geschichte der bayerischen Kapuziner-Ordensprovinz (1593–1902). Freiburg im Breisgau 1902, S. 145 f., auch S. 156 f.

[37]
Pfeiffer, Wolfgang: Mühldorf im Spiegelbild der großen Geschichte. In: Mühldorf. Stadt am Inn. Hgg. vom Heimatbund Mühldorf e.V., Mühldorf 1995, S. 115. Zum Übergang an Bayern siehe auch Stahleder, Helmuth: Mühldorf am Inn. Die Landgerichte Neumarkt, Kraiburg und Mörmoosen und die Stadt Mühldorf (Historischer Atlas von Bayern. Teil Altbayern. Heft 36). München 1976, S. 374 ff. Am gleichen Tag besetzten österreichische Truppen Salzburg. Vgl. Hammermayer, Ludwig: Die letzte Epoche des Erzstifts Salzburg. Politik und Kirchenpolitik unter Erzbischof Graf Hieronymus Colloredo (1772–1803). In: Dopsch, Heinz / Spatzenegger, Hans (Hg.): Geschichte Salzburgs. Stadt und Land, Bd. II, Teil 1. Salzburg 1988, S. 532; Marquart, Fingerlos (wie Anm. 35), S. 123 ff.

[38]
Scheglmann, Alfons Maria: Geschichte der Säkularisation im rechtsrheinischen Bayern, Bd. 3, Teil 2, S. 761 f., schreibt von einer Abschiebung der Kapuziner ins Zentralkloster nach Altötting; Angermeier, Mühldorf (wie Anm. 2), S. 105, spricht von vier Gulden Reisegeld pro Bettelmönch.

[39]
Uttendorfer, Archidiakone (wie Anm. 1), S. 172 ff.

[40]
Zur Säkularisierung und Neuumschreibung der Bistümer siehe u.a. Ortner, Franz: Säkularisierung und kirchliche Erneuerung im Erzbistum Salzburg. Wien und Salzburg 1979, passim; Spatzenegger, Hans: Die katholische Kirche von der Säkularisation (1803) bis zur Gegenwart. In: Dopsch, Heinz / Spatzenegger, Hans (Hg.): Geschichte Salzburgs. Stadt und Land, Bd. II, Teil 3. Salzburg 1991, S. 1429 ff.; Landersdorfer, Anton: Das Erzbistum München und Freising. In: Ammerich, Hans (Hg.): Das bayerische Konkordat 1817. Weißenhorn 2000, S. 101 ff.; Hausberger, Karl: Die Neuorganisation der Kirche in Bayern. In: Schwaiger, Georg (Hg.): Das Erzbistum München und Freising im 19. und 20. Jahrhundert. München 1989, S. 11 ff.; Schwaiger, Georg: Die altbayerischen Bistümer Freising, Passau und Regensburg zwischen Säkularisation und Konkordat (1803–1817) (Münchener theologische Studien. 1. historische Abteilung, Bd. 13). München 1959, S. 173 ff.

[41]
AEM, Matrikeln Mühldorf am Inn 15, S. 107, Sterbeeintrag des Erzbischofs Lothar Anselm von Gebsattel; Sieweck, Paul: Lothar Anselm Freiherr von Gebsatttel, der erste Erzbischof von München und Freising (Münchener theologische Studien, 1. historische Abteilung, Bd. 8). München 1955, S. 55 ff.

[42]
Angermeier, Rudolf: Vom Wandel der Zeit blieb auch die Kirche nicht verschont. In: Münchner Kirchenzeitung (Hg.): 1250 Jahre. Kirche im Erzbistum München und Freising. Dekanat Mühldorf. (München o.J.), S. 7.

[43]
Ringelmann, Heinz: Die Mallersdorfer Schwestern im Mühldorfer Krankenhaus. In: Das Mühlrad XXXV (1995), S. 67 ff.

[44]
Schematismus der Geistlichkeit des Erzbisthums München und Freising für das Jahr 1855. München (o.J.), S. 122. Hier sind die Schwestern erstmals aufgeführt.

[45]
Schematismus der Geistlichkeit des Erzbistums München und Freising für das Jahr 1950. München 1950, S. 183; Schematismus der Erzdiözese München und Freising 1969. München 1969 S. 304.

[46]
Spagl, Hans Rudolf: Künstlerisches Schaffen in neuerer Zeit. In: Mühldorf. Stadt am Inn. Hgg. vom Heimatbund Mühldorf e.V. Mühldorf 1995, S. 246 f.

[47]
Fischer, Kirchengemeinde (wie Anm. 25), S. 132 ff.

Armenfürsorge in Mühldorf

Sabine Veits-Falk
Seite 66

[1]
Mollat, Michel: Die Armen im Mittelalter. München [2]1987, S. 56–67.

[2]
Weiters wird 1410 eine Wiese im Burgfrieden »bei den Siechen« und 1428 »eine Wiese enthalb der Sundersiechen« genannt. BayHStA, Kollegiatstift Mühldorf Urkunden 48; 53, Stadtarchiv Mühldorf Nr. 49. BayHStA, GU 398.

[3]
Vgl. Jetter, Dieter: Das europäische Hospital. Von der Spätantike bis 1800 (DuMont Dokumente). Köln 1986, S. 64 f.; zur Situation in der Stadt Salzburg Weiß, Alfred Stefan / Kramml, Peter F.: Das Bürgerspital. Lebensbedingungen in einem bürgerlichen Versorgungshaus und Altenheim. In: Weidenholzer, Thomas / Marx, Erich (Hg.): Hundert Jahre »Versorgungshaus Nonntal«. Zur Geschichte

der Alters- und Armenversorgung der Stadt Salzburg (Schriftenreihe des Archivs der Stadt Salzburg 9). Salzburg 1998, S. 67–110; Stadler, Georg: Das Bürgerspital St. Blasius zu Salzburg. Salzburg 1985.

[4]
Schrott, Ludwig: Das Heiliggeistspital in Bayern. In: Bayernland 64 (Juli/August 1962), S. 201–268, hier S. 207 f.

[5]
Sachße, Christoph / Tennstedt, Florian: Geschichte der Armenfürsorge in Deutschland, Bd. 1. Stuttgart/Berlin/Köln/Mainz 1980.

[6]
Vgl. Spechtler, Franz V. / Uminsky, Rudolf: Die Salzburger Stadt- und Polizeiordnung 1524 (Göppinger Arbeiten zur Germanistik 222, Frühneuhochdeutsche Rechtstexte 1). Göppingen 1978, S. 164–168.

[7]
Stadtarchiv Mühldorf, B/4, Stadtordnung von 1522.

[8]
Stadtarchiv Mühldorf, Auszüge aus Protokollen und Rechnungen, »Almosen«, 1500–1599. Vgl. dazu allgemein Bräuer, Helmut: Almosenausteilungsplätze – Orte der Barmherzigkeit und Selbstdarstellung, des Gesprächs und der Disziplinierung. In: Bräuer, Helmut / Schlenkrich, Elke (Hg.): Die Stadt als Kommunikationsraum. Beiträge zur Stadtgeschichte vom Mittelalter bis ins 20. Jahrhundert. Festschrift für Karl Czok zum 75. Geburtstag. Leipzig 2001, S. 57–100.

[9]
Stadtarchiv Mühldorf, Auszüge aus Protokollen und Rechnungen, »Almosen«, 1559: In diesem Jahr erhielten 14 Hausarme ein Bettelzeichen.

[10]
Vgl. Schubert, Ernst: Gestalt und Gestaltwandel des Almosens im Mittelalter. In: Jahrbuch für Fränkische Landesforschung 52 (1992), S. 241–262, hier S. 260.

[11]
Stadtarchiv Mühldorf, HL Salzburg 989, Schreiben der Stadt Mühldorf vom 24. Dezember 1560.

[12]
Stadtarchiv Mühldorf, Auszüge aus Protokollen und Rechnungen, »Bettelrichter«, 1645: Der bisherige Bettelrichter verzichtet auf seinen Dienst, die Stelle wird an jemand anderen weitergegeben. Wegen der damit verbundenen Aufnahme ins Bruderhaus müsse er sich gedulden, weil die Verwalter nicht anwesend sind. Vgl. auch 1648: Hannß Spainz erhielt als Bettelrichter eine freie Stelle im Bruderhaus.

[13]
Stadtarchiv Mühldorf, Auszüge aus Protokollen und Rechnungen, »Bettelrichter«, 1587.

[14]
Stadtarchiv Mühldorf, Auszüge aus Protokollen und Rechnungen, »Bettelrichter«, 1648. Dem Bettelvogt wurde aufgetragen, darauf zu achten, dass am Freitag nicht mehr die Altmühldorfer Armen in der Stadt betteln. Bei Nicht-Befolgung sollte er sie in das Amtshaus führen. Vgl. dazu Stadtarchiv Mühldorf, Auszüge aus Protokollen und Rechnungen, »Bettelrichter«, 1793.

[15]
Veits-Falk, Sabine: »Zeit der Noth«. Armut in Salzburg 1803–1870 (Salzburg Studien 2). Salzburg 2000, S. 177–180.

[16]
Stadtarchiv Mühldorf, Auszüge aus Protokollen und Rechnungen, »Bettelrichter« 1767, 1786 und 1793.

[17]
Zum im Mühldorfer Mandat erwähnten bayerischen Bettelmandat vom 27. Juli 1770 vgl. Doege, Michael: Armut in Preußen und Bayern (1770–1840) (Miscellanea bavarica monacensia 157). München 1991, S. 239.

[18]
Vgl. Stadtarchiv Mühldorf, Bettelmandat vom 16.12.1770.

[19]
Vgl. dazu Stadtarchiv Mühldorf, Kartei »Leprosenhaus«. Im Visitationsbericht von 1673 wird darauf hingewiesen, dass keine Statuten vorhanden sind: Konsistorialarchiv Salzburg, hinkünftig KAS, 11/77 Generalvisitationen, Visitatio Leprosorii extra civitatem Mildorff facta 28. July (1673), p. 644v–646r.

[20]
Vgl. dazu Belker, Jürgen: Aussätzige. »Tückischer Feind« und »Armer Lazarus«. In: Hergemöller, Bernd-Ulrich (Hg.): Randgruppen der spätmittelalterlichen Gesellschaft. 2., neubearb. Aufl., Warendorf 1994, S. 253–283, hier S. 264–269.

[21]
Stadtarchiv Mühldorf, Auszüge aus Protokollen und Rechnungen, »Sondersiechen«, 1584.

[22]
Stadtarchiv Mühldorf, Auszüge aus Protokollen und Rechnungen, »Sondersiechen«, 1571.

[23]
Belker: Aussätzige (wie Anm. 20), S. 265.

[24]
Stadtarchiv Mühldorf, Auszüge aus Protokollen und Rechnungen, »Sondersiechen« 1612.

[25]
Stadtarchiv Mühldorf, Auszüge aus Protokollen und Rechnungen, »Sondersiechen« 1646.

[26]
Stadtarchiv Mühldorf, Auszüge aus Protokollen und Rechnungen, »Sondersiechen« 1626.

[27]
Stadtarchiv Mühldorf, Auszüge aus Protokollen und Rechnungen, »Sondersiechen«, 1687: Leprosenhausbewohner beschwerten sich, dass auch eine gesunde Person aufgenommen worden war. Vgl. auch Belker: Aussätzige (wie Anm. 20), S. 268.

[28]
Stadtarchiv Mühldorf, Auszüge aus Protokollen und Rechnungen, »Sondersiechen«, 1666.

[29]
Stadtarchiv Mühldorf, HL Salzburg 989, November 1772.

[30]
Stadtarchiv Mühldorf, HL Salzburg 989, Oktober 1783.

[31]
Stadtarchiv Mühldorf, HL Salzburg 989, Oktober und Dezember 1669.

[32]
Stadtarchiv Mühldorf, HL Salzburg 989, Oktober und Dezember 1687.

[33]
BayHStA, GL 2578.

[34]
BayHStA, GL 2578.

[35]
Gollwitzer Hans: Das Heiliggeistspital zu Mühldorf. In: Das Mühlrad XII (1965–1967), S. 88–119, hier S. 88; Angermeier, Rudolf: Mühldorf unter der Herrschaft der Salzburger Bischöfe. In: Mühldorf. Stadt am Inn. Mühldorf ^{2}1995, S. 23–114, hier S. 51 f.; Josef Bauer, Geschichte des hl. Geistspitals in Mühldorf a. I. In: Mühldorfer Anzeiger, 24. 3. 1901.

[36]
Bauer, Hl. Geistspital (wie Anm. 35).

[37]
Schrott, Heiliggeistspital (wie Anm. 4), S. 208.

[38]
Gollwitzer, Heiliggeistspital (wie Anm. 35), S. 89; Angermeier, Mühldorf (wie Anm. 35), S. 52.

[39]
Stadtarchiv Mühldorf, A 4394, Abschrift des Hauptbriefes von Martin Liebhart 1799; vgl. auch Bauer, Hl. Geistspital (wie Anm.35); Gollwitzer: Heiliggeistspital (wie Anm. 35), S. 90.

[40]
BayHStA, Mühldorfer Gerichtsurkunden U 486a, Abschrift im Stadtarchiv Mühldorf von 1757.

[41]
Gollwitzer, Heiliggeistspital (wie Anm. 35), S. 94.

[42]
Stadtarchiv Mühldorf, A 634, Abschrift des Testaments 1799.

[43]
Gollwitzer, Heiliggeistspital (wie Anm. 35), S. 95 f.

[44]
Gollwitzer, Heiliggeistspital (wie Anm. 35), S. 91: Bereits den ersten Rechungen, die 1501 einsetzen, ist zu entnehmen, dass die Stadt »Gülten« auf 13 Häuser sowie 18 Wiesen und Felder und auf Grundstücke in auswärtigen Ortschaften besaß, wie etwa in Flossing, Erharting, Klugham, Forsting, Rossbach.

[45]
Gollwitzer, Heiliggeistspital (wie Anm. 35), S. 93.

[46]
Angermeier, Mühldorf (wie Anm. 35), S. 53.

[47]
Der Stadtmagistrat wies 1790 in einer Stellungnahme darauf hin, dass das Spital nicht nur Pfründner versorgt, sondern auch durchreisende fremde Kranke sowie ortsansässige arme und kranke Personen. Vgl. Gollwitzer, Heiliggeistspital (wie Anm. 35), S. 99.

[48]
Stadtarchiv Mühldorf, Auszüge aus Protokollen und Rechnungen, »Heiliggeistspital«, 1584.

[49]
Gollwitzer, Heiliggeistspital (wie Anm. 35), S. 92.

[50]
KAS 11/77 Generalvisitationen, Visitatio Ecclesia et Hospitalis S. sipiritui in civitate Milldorff

facta 28. Julii (1673), p. 640r–643r. Vgl. auch Stadtarchiv Mühldorf, Auszüge aus Protokollen und Rechnungen, »Heiliggeistspital«, 1734 und 1738: Eine Frau durfte einmal am Tag Kost abholen; ebenso 1738 ein Mann.

[51]
Gollwitzer, Heiliggeistspital (wie Anm. 35), S. 99.

[52]
Stadtarchiv Mühldorf, B/4: Stadtordnung von 1522 und A 634, Hausordnung für die im Spital aufgenommenen Pfründner u. Stadtarmen, undatiert (ca. 1800).

[53]
Gollwitzer, Heiliggeistspital (wie Anm. 35), S. 101.

[54]
Stadtarchiv Mühldorf, A 634, Hausordnung für die im Spital aufgenommenen Pfründner u. Stadtarmen, undatiert (ca. 1800).

[55]
Stadtarchiv Mühldorf, A 634, Hausordnung für die im Spital aufgenommenen Pfründner u. Stadtarmen, undatiert (ca. 1800).

[56]
Stadtarchiv Mühldorf, A 250, Haus Ordnung und Satzungen der Ober und Unterpfründen im Heil. Geist Spitale zu Mühldorf, 1799.

[57]
KAS 11/77 (Inventarien, Rechungen, Ein- und Ausgaben in den Jahren 1665–1672), p. 726r–728r, Hausordnung.

[58]
Stadtarchiv Mühldorf, A 250, Haus Ordnung und Satzungen der Ober und Unterpfründen im Heil. Geist Spitale zu Mühldorf, 1799.

[59]
Vgl. auch Stadtarchiv Mühldorf, A 250, Haus Ordnung und Satzungen der Ober und Unterpfründen im Heil. Geist Spitale zu Mühldorf, 1799.

[60]
Stadtarchiv Mühldorf, A 634, Hausordnung für die im Spital aufgenommenen Pfründner u. Stadtarmen, undatiert (ca. 1800), vgl. ebenso A 250, Haus Ordnung und Satzungen der Ober und Unterpfründen im Heil. Geist Spitale zu Mühldorf, 1799.

[61]
Stadtarchiv Mühldorf, A 634, Hausordnung für die im Spital aufgenommenen Pfründner u. Stadtarmen, undatiert (ca. 1800), KAS 11/77 (Inventarien, Rechungen, Ein- und Ausgaben in den Jahren 1665–1672), p. 726r–728r, Hausordnung; vgl. auch Stadtarchiv Mühldorf, A 250, Haus Ordnung und Satzungen der Ober und Unterpfründen im Heil. Geist Spitale zu Mühldorf, 1799.

[62]
Stadtarchiv Mühldorf, A 634, Hausordnung für die im Spital aufgenommenen Pfründner u. Stadtarmen, undatiert (ca. 1800).

[63]
Stadtarchiv Mühldorf, A 634, Hausordnung für die im Spital aufgenommenen Pfründner u. Stadtarmen, undatiert (ca. 1800).

[64]
Stadtarchiv Mühldorf, A 634, Hausordnung für die im Spital aufgenommenen Pfründner u. Stadtarmen, undatiert (ca. 1800).

[65]
KAS 11/77 Generalvisitationen, Visitatio Ecclesia et Hospitalis S. sipiritui in civitate Milldorff facta 28. Julii (1673), p. 640v–643r.

[66]
Gollwitzer, Heiliggeistspital (wie Anm. 35), S. 98.

[67]
Vgl. dazu ausführlich Gollwitzer, Heiliggeistspital (wie Anm. 35), S. 100–102.

[68]
Bauer, Hl. Geistspital (wie Anm. 35).

[69]
Bauer, Hl. Geistspital (wie Anm. 35).

[70]
Stadtarchiv Mühldorf, HL 989 Schreiben der Stadt Mühldorf vom 24. Dezember 1560

[71]
BayHStA, Salzburger Domkapitel 19, Ankauf eines Hauses, das dem Domkapitel gehört, zu einem Bruderhaus.

[72]
Stadtarchiv Mühldorf, Auszüge aus Protokollen und Rechnungen, »Bruderhaus«, 1564. Vgl. auch Kramml, Peter F.: Das Bruderhaus zu St. Sebastian. Vom spätmittelalterlichen Armenhaus und Hospital zum Versorgungs- und Altenheim des 19. Jahrhunderts. In: Weidenholzer, Thomas / Marx, Erich (Hg.): Hundert Jahre »Versorgungshaus Nonntal«. Zur Geschichte der Alters- und Armenversorgung der Stadt Salzburg (Schriftenreihe des Archivs der Stadt Salzburg 9). Salzburg 1998, S. 111–160.

[73]
Stadtarchiv Mühldorf, HL 989, Schreiben vom 23. November 1655.

[74]
Stadtarchiv Mühdorf, HL 989, November 1772.

[75]
Stadtarchiv Mühldorf, HL 989, Oktober 1783.

[76]
KAS 11/77 Generalvisitationen, Visitatio Domus pauperum in civitate Mildorf facta 28. Julii (1673), p. 643r –644r.

[77]
Stadtarchiv Mühldorf A 250, Hausordnungen und Satzungen für die Einverleibten und Einwohner in den armen Bruderhaus zu Mühldorf, 1799.

[78]
Stadtarchiv Mühldorf A 250, Hausordnungen und Satzungen für die Einverleibten und Einwohner in den armen Bruderhaus zu Mühldorf, 1799.

[79]
Stadtarchiv Mühldorf, Auszüge aus Protokollen und Rechnungen, »Bruderhaus«, 1612.

[80]
Stadtarchiv Mühldorf, Auszüge aus Protokollen und Rechnungen, »Bruderhaus«, 1648.

[81]
Stadtarchiv Mühldorf, Auszüge aus Protokollen und Rechnungen, »Bruderhaus«, 1646.

[82]
Stadtarchiv Mühldorf, Auszüge aus Protokollen und Rechnungen, »Bruderhaus«, 1644, 1645.

[83]
Stadtarchiv Mühldorf, Auszüge aus Protokollen und Rechnungen, »Bruderhaus«, 1624.

[84]
Stadtarchiv Mühldorf, Auszüge aus Protokollen und Rechnungen, »Bruderhaus«, 1651.

[85]
Stadtarchiv Mühldorf, Auszüge aus Protokollen und Rechnungen, »Bruderhaus«, 1580.

[86]
Stadtarchiv Mühldorf, HL 989 .

[87]
Gollwitzer, Heiliggeistspital (wie Anm. 35), S. 103–117.

Die salzburgische Enklave als Wirtschaftsstandort

Christian Dirninger
Seite 78

[1]
BayHStA, MH 8895 »Märkte in Mühldorf«.

[2]
Abel, Wilhelm: Agrarkrisen und Agrarkonjunkturen. Eine Geschichte der Land- und Ernährungswirtschaft Mitteleuropas seit dem hohen Mittelalter. 3. Aufl. Hamburg/Berlin 1978.

[3]
BayHStA, MH 8895 »Märkte in Mühldorf«.

[4]
Ebenda.

[5]
Ebenda.

[6]
Angermeier, Rudolf: Mühldorf unter der Herrschaft der Salzburger Bischöfe. In: Mühldorf. Stadt am Inn. Hgg. vom Heimatbund Mühldorf e.V., Mühldorf 1989, S. 67.

[7]
Ebenda, S. 74.

[8]
Ebenda, S. 75.

[9]
Angermeier, Rudolf: Bier vom Himmel und von der Hölle. In ders.: Mühldorf. Geschichte und Kultur einer Stadt am Inn. (Gebundenes Manuskript) S. 253 f.

[10]
Steinbichler, Josef: Zeittafel zur Geschichte der Stadt Mühldorf. In: Mühldorf Stadt am Inn. Hgg. vom Heimatbund Mühldorf e.V., Mühldorf 1989, S. 322.

[11]
Siehe auch Beitrag Dopsch in diesem Band.

[12]
Schroll, Meinrad: Die Reichsstraße Salzburg–Regensburg im 13. Jahrhundert. In: Das Mühlrad XXXV (1993) S. 7–22.

[13]
Ebenda, S. 20.

[14]
Schremmer, Eckart: Zwischen Konkurrenz und Kartell. Wechselbeziehungen zwischen der österreichischen und der bayerischen Salzhandelspolitik im 17. und 18. Jahrhundert. In: Knittler, Herbert (Hg.): Wirtschafts- und sozialhistorische Beiträge. Festschrift für Alfred

Hoffmann. Wien 1979, S. 156–174.
[15]
Angermeier: Mühldorf (wie Anm. 6) S. 78.
[16]
Neweklowsky, Ernst: Mühldorf und die Innschiffahrt. In: Der Landkreis Mühldorf am Inn. Geschichte, Entwicklung und Gegenwart. Ein Heimatbuch. München 1962, S. 29.
[17]
Gollwitzer, Hans: Mühldorf. In: Der Landkreis Mühldorf am Inn. Geschichte, Entwicklung und Gegenwart. Ein Heimatbuch. München 1962, S. 88.
[18]
Ring, Uwe: Die Inn-Schiffahrt. In: Mühldorf. Stadt am Inn. Hgg. vom Heimatbund Mühldorf e.V., Mühldorf 1989, S. 275–288.
[19]
Die Entwicklung ist noch keineswegs ausreichend erforscht. Die folgende Darstellung stützt sich insbesondere auf die knappen Ausführungen bei Häberle, Eckehard: Zollpolitik und Integration im 18. Jahrhundert. Untersuchungen zur wirtschaftlichen und politischen Integration in Bayern von 1765 bis 1811. München 1974, S. 152.
[20]
Mathis, Franz: Die Salzversorgung des Tiroler Unterlandes im 16. und 17. Jahrhundert. In: Tiroler Wirtschaftsstudien, Bd. 33. Innsbruck 1977, S. 247–258.
[21]
Häberle: Zollpolitik (wie Anm. 19), S. 152.
[22]
Hübner, Lorenz: Beschreibung des Erzstiftes und Reichsfürstenthums Salzburg in Hinsicht auf Topographie und Statistik. Bd 1. Salzburg 1796, S. 46 f.
[23]
Kaltenstadler, Wilhelm: Bayerische Zollverfassung und Zollpolitik 1769–1777. Beiträge zur bayerisch-österreichischen Handelspolitik. In: Zeitschrift für bayerische Landesgeschichte 30 (1967) S. 654–730; Häberle: Zollpolitik (wie Anm. 19).
[24]
Hauf, Eugen: Vom Ende der Innschiffahrt. In: Das Mühlrad II (1952), S. 12.
[25]
Ebenda, S. 13.
[26]
Hübner: Beschreibung (wie Anm. 22), S. 42.
[27]
Diese Auflistung wurde dem Autor freundlicherweise von Frau Mag. Angelika Kromas zur Verfügung gestellt.
[28]
Angermeier, Rudolf: Mühldorfs Süden. In ders.: Mühldorf. Geschichte und Kultur einer Stadt am Inn. (Gebundenes Manuskript) S. 57 f.; Wanka, Reinhard: Verkehrsknotenpunkt Mühldorf. In: Mühldorf. Stadt am Inn. Hgg. vom Heimatbund Mühldorf e.V., Mühldorf 1989, S. 291.
[29]
BayHStA, MH 8895 »Märkte in Mühldorf«.
[30]
Ebenda.
[31]
Ebenda.
[32]
Hübner: Beschreibung (wie Anm. 22), S. 46.
[33]
Stadtarchiv Mühldorf A 1978 / 842/4 Acten des Magistrates der Stadt Mühldorf in Betreffe der Jahrmarkts-Abhaltung 1792.

Abtei St. Peter in Salzburg

Adolf Hahnl
Seite 94

[1]
Siftsbibliothek a XII 23. 196 v., um 1130.
[2]
Stiftsarchiv St. Peter Hs.B 1, fol. 8, von 1215–1236.
[3]
Stiftsarchiv HsB 6, fol. 49–52, 1365.
[4]
Alte Bayerische Provinz, 1255 als Wilhelmitenkloster gegründet, von 1268–1802 Augustiner-Eremiten.
[5]
Tagebuch 1795 , siehe Archiv St. Peter HsA 76.
[6]
Ebenda.
[7]
Ebenda.

Handwerk und Zunft in Mühldorf am Inn zur Salzburger Zeit

Reinhold Reith
Seite 98

[1]
Schremmer, Eckart: Die Wirtschaft Bayerns. Vom hohen Mittelalter bis zum Beginn der Industrialisierung. Bergbau, Gewerbe, Handel. München 1970, S. 81.
[2]
Schremmer (wie Anm. 1), S. 83.
[3]
Goerge, Dieter: Die Bäcker und Metzger in den salzburgischen Städten. Mit Beispielen aus Hallein, Laufen, Mühldorf, Salzburg und Tittmoning. In: Mitteilungen der Gesellschaft für Salzburger Landeskunde 120/121 (1980/81) S. 459–515, hier S. 460 f.
[4]
Hier und im Folgenden nach Urzinger, Hans: Das Mühldorfer Stadtrecht (Nach Dr. K. Th. V. Heigel). Heimatgeschichtliche Beiträge, Heft 3. Mühldorf (o.J.).
[5]
Goerge (wie Anm.3), S. 487 f.
[6]
Jaritz, Gerhard: Handwerkliche Produktion und Qualität im Spätmittelalter. In: Handwerk und Sachkultur im Spätmittelalter. Wien 1988, S. 33–49, hier S. 34.
[7]
Urzinger, Hans: Eine Stadtordnung der Stadt Mühldorf vom Jahre 1522 mit Nachträgen aus den Jahren 1560, 1562, 1583 und 1602. In: Heimatgeschichtliche Beiträge (Mühldorf 1930), S. 4.
[8]
Goerge (wie Anm. 3), S. 475.
[9]
Krausen, Edgar: Stadtarchiv Mühldorf am Inn (Bayerische Archivinventare H. 13, Reihe Oberbayern H. 2). München 1958, S. 1 ff.
[10]
Krausen, Stadtarchiv (wie Anm. 9), S. 1 ff.
[11]
Vgl. hier und im Folgenden: Steur Puech der Hochfürstlich Salzburgischen Statt vnnd Burckhfridts Mühldorf, aufgerichtet Anno 1624. In: Das Mühlrad XIX (1977), S. 30–63.
[12]
Gollwitzer, Hans: Meisterwürde und Meisterbürde. In: Das Mühlrad XXV (1983), S. 31–36, hier S. 31 f.
[13]
venia data = mit Verlaub.
[14]
Gollwitzer, Hans: Bier-Beschwerde Anno 1681. In: Das Mühlrad XV (1973), S. 85–92, hier S. 89 ff.
[15]
Gollwitzer, Meisterwürde (wie Anm. 12), S. 33.
[16]
Weinberger, Elisabeth: Waldnutzung und Waldgewerbe in Altbayern im 18. und beginnenden 19. Jahrhundert. Stuttgart 2001, S. 182 f., S. 218.
[17]
Schremmer (wie Anm. 1), S. 93 f.
[18]
Vgl. Eisenhofer, Dr.: Geschichte der Mühldorfer Bäcker-, Metzger-, Schmiede und Wagnerzunft. In: Heimatblätter. Beilage zum »Mühldorfer Anzeiger« und zur »Neumarkter Post« 14/18 (1934) (o.p.).
[19]
Denzel, Markus A.: Professionen und Professionisten. Die Dachsbergische Volksbeschreibung im Kurfürstentum Baiern (1771–1781). Stuttgart 1998, S. 271, nach Hazzi 1801/1808, Bd. III. Abt. 2, S. 866 f.
[20]
Urzinger, Stadtordnung (wie Anm. 7), S. 63.
[21]
Denzel (wie Anm. 19), S. 271.
[22]
Reith, Reinhold (Hg.): Lexikon des alten Handwerks. Vom späten Mittelalter bis ins 20. Jahrhundert. München 1990, S. 121–124.
[23]
Reith (wie Anm. 22), S. 38–42.
[24]
Tyszka, Carl von: Handwerk und Handwerker in Bayern im 18. Jahrhundert. Eine wirtschaftsgeschichtliche Studie über die bayerische Gewerbeverfassung im 18. Jahrhundert. München 1907, S. 104 ff.
[25]
Markmiller, Fritz: Welsche Maurer, Kaminkehrer und Krämer in Dingolfing. In: Der Storchenturm 5 (1970), H. 10, S. 56–68.

[26]
Mielke, Heinz-Peter: Schornsteinfeger. In: Reith (wie Anm. 22), S. 214–217.
[27]
Steuerbuch (wie Anm. 11), S. 53.
[28]
Hier und im Folgenden nach Spagl, Hans Rudolf: Zinn- und Zinngießer aus Mühldorf. In: Das Mühlrad XI (1962–64), S. 21–41.

Zu Gottes Ehr, mir und den Meinigen zum Nutzen
Angelika Kromas
Seite 108

[1]
Vgl. hierzu den Beitrag von Christian Dirninger »Die salzburgische Enklave als Wirtschaftsstandort« in diesem Band, S.78.
[2]
Selheim, Claudia: Die Inventare eines süddeutschen Warenlagers 1778–1824. Würzburg 1994.
[3]
Wieser, Max: 1250 Jahre Piding. o.O., o.J., S. 296 f.
[4]
Stadtarchiv Mühldorf, B 1/33.
[5]
Stadtarchiv Mühldorf, B 3 b.
[6]
Stadtarchiv Mühldorf, B 1/33.
[7]
Gollwitzer, Hans: Die Schmidt, eine alte Mühldorfer Kaufmannsfamilie. In: Das Mühlrad XVII (1975), S. 106–118.
[8]
Stadtarchiv Mühldorf, B 1/50.
[9]
Stadtarchiv Mühldorf, Briefprotokoll 1749, B 2, 30–38.
[10]
Stadtarchiv Mühldorf, Briefprotokoll 1769, B 2, 53–58.
[11]
Stadtarchiv Mühldorf, Briefprotokoll 1769, B 2, 53–58.
[12]
Barth-Scalmani, Gunda: Der Handelstand in der Stadt Salzburg am Ende des 18. Jh. Altständisches Bürgertum in Politik, Wirtschaft und Kultur. Diss. Salzburg 1992, S. 201 f.
[13]
Gollwitzer, Schmidt (wie Anm. 7).
[14]
Gollwitzer, Schmidt (wie Anm. 7).
[15]
Barth-Scalmani, Handelsstand, 1992, S. 219 f. (wie Anm. 12).
[16]
Es handelt sich vermutlich um die Hofmark Gern bei Eggenfelden.
[17]
Zu den Speizifikationen der Handlungen s. Barth-Scalmani, Handelsstand (wie Anm. 12), S. 130 f.
[18]
Klein, Herbert: 340 Jahre Joseph Anton Zezi. Salzburg 1951.
[19]
BayHStA, GL Mühldorf Nr. 2575.
[20]
Fassl, Peter: Konfession, Wirtschaft und Politik. Von der Reichsstadt zur Industriestadt, Augsburg 1750–1850. Sigmaringen 1988.
[21]
Schädler, Karl-Ferdinand: Manufakturen in Bayern. Von den Anfängen bis zum Ende des 18. Jahrhunderts. München-Ottobrunn 1982, S. 10.
[22]
Zu den Salzburger Kartenmalern: Bauer, Günther G.: Das Salzburger Hexenspiel. In: Homo ludens. Der spielende Mensch. Internationale Beiträge des Instituts für Spielforschung und Spielpädagogik an der Hochschule »Mozarteum«. Hgg. von Günther G. Bauer, Bd II. Salzburg 1992, S. 238–282, hier S. 258 ff.
[23]
BayHStA, Erzstift Salzburg 1039.
[24]
BayHStA, Erzstift Salzburg 1040, 1784 Juli 9.
[25]
BayHStA, GL Mühldorf Nr. 2598.
[26]
Tuchmacher sind für Mühldorf bereits im 14. Jahrhundert nachgewiesen. Klein, S. Herbert: Die Tuchweberei am unteren Inn und der unteren Salzach im 15. und 16. Jahrhundert nach Salzburger Quellen. In: MGSL 106 (1966), S. 115–139; Martin, Franz: Ein handelspolitischer Bericht über Salzburg von 1764. In: MGSL 80 (1940), S. 187–204.
[27]
Leider ließ sich nicht feststellen, welche Stoffart das »Ponso-Tuch« sein könnte.
[28]
Unter »Rasch« sind verschiedene wollene, seidene und halbseidene Gewebe in Köperbindung zu verstehen. Selheim, S. Claudia: Das textile Angebot eines ländlichen Warenlagers. (Veröffentlichungen zur Volkskunde und Kulturgeschichte, Bd. 53) Würzburg 1994, S. 123 f.
[29]
Rotes Sandelholz stammt von einer in Ostindien und Afrika verbreiteten Pflanze und wird durch Auskochen bestimmter Pflanzenteile gewonnen. 1994 S. 66 (wie Anm. 2).
[30]
Vitriol ist eine alte Bezeichnung für kristallisierte, kristallwasserhaltige Sulfate von Zink, Eisen und Kupfer. Baumgartner kaufte »grien« Vitriol, wohl Kupfervitriol. Selheim, Inventare (wie Anm. 2), S. 78.
[31]
Gallus sind Galläpfel und dienen zu Schwarz-, Braun- oder Graufärben von Wolle und Leder, auch zur Tintenherstellung. S. Selheim, Inventare (wie Anm. 2), S. 67. Baumgartner hat bei Reischl »kleine« und »große« gekauft.
[32]
Indigo ist ein pflanzliches Pigment aus der ostindischen Indigopflanze oder dem chinesischen Färberknöterich, es färbt schwärzlich-blau. Selheim, Inventare (wie Anm. 2), S. 60.
[33]
Grapp/Krapp heißt auch Färberröte und ist ein aus der Wurzel der einheimischen Krapppflanze gewonnener Farbstoff. Selheim, Inventare (wie Anm. 2), S. 64.
[34]
Reth könnte das weit verbreitete und günstige englischrot, ebenfalls ein Mittel zum Färben, gewesen sein. Selheim, Inventare (wie Anm. 2), S. 63.
[35]
Blaues Holz war ein günstiger Ersatz für Indigo und wurde in erster Linie zum Stofffärben benutzt. Das aus Südamerika importierte Holz wurde zerkleinert und ausgekocht. Es waren damit verschiedene Schattierungen von schwarz über violett bis blau zu erzielen. Selheim, Inventare (wie Anm. 2), S. 59.
[36]
Mit Allaun stellte man Beizen zum Färben her. Selheim, Inventare (wie Anm. 2), S. 77.
[37]
Waid – aus den Blättern der einheimischen Färberwaide gewonnen – war ebenfalls ein preisgünstiger Ersatz für das teure Indigo. Selheim, Inventare (wie Anm. 2), S. 59.
[38]
Rothweinstein wurde zur Herstellung von Beizen beim Wollfärben angewendet. Selheim, Inventare (wie Anm. 2), S. 80.
[39]
Ohne Nachweis.
[40]
Ohne Nachweis.
[41]
Fernanpock ist ein aus Brasilien oder Asien stammendes rot färbendes Holz, das allerdings viel teurer als das Rotholz ist. Selheim, Inventare (wie Anm. 2), S. 65.

Zur Kunst nachgotischer Zeit in der salzburgischen Exklave Mühldorf
Thomas Johannes Kupferschmied
Seite 118

[1]
Der vorliegende Aufsatz musste aus zeitlichen Gründen vornehmlich auf Basis bereits publizierter Arbeiten zur Mühldorfer Kunst verfasst werden. Mein Dank für seine Hilfestellungen gilt Herrn Stadtarchivar Edwin Hamberger.
[2]
Zitat des Passauer Bildhauers Josef Matthias Götz, 1715, nach Guby, Rudolf: Passauer Bildhauer des 18. Jahrhunderts. 1 Heft. Josef Matthias Götz. Passau o. J. (1920), S. 14.
[3]
Beispiel aus einem Kaufvertrag für eine Handwerksgerechtigkeit, zitiert nach Goerge, Dieter: Johann Nepomuk della Croce 1736–1819. Leben und Werk. Burghausen 1998, S. 327.

[4]
Ein schlagendes Beispiel bietet die verflochtene Familiengeschichte der Mühldorfer Maler Spägl, Fechtl, Khurtz und Pernhardt: Meister Wolf Spägl starb 1691. Seine Tochter Maria Catharina, die offenbar die Handwerksgerechtigkeit hielt, ehelichte den Maler Carl Fechtl aus Innsbruck [vgl. Stadtarchiv B 1/54] um 1701. Nach dem Tod Fechtls im Juli 1711 heiratete Maria Catharina den Saalfeldener Malergesellen Paul Khurtz, der sich daraufhin in Mühldorf gewerblich niederlassen konnte. 1717 starb Maria Catherina Spägl-Khurtz. Paul Khurtz lebte bis 1747. Seine zweite Ehefrau, Barbara Huber-Khurtz, heiratete vier Jahre nach dem Tod des Paul Khurtz den Malergesellen Nicolaus Pernhardt, der die auf diese Weise erworbene Mühldorfer Gerechtigkeit später mit einem zunächst in Wasserburg ansässigen Sohn Khurtz' tauschte. Vgl. Reindl-Witt, Irmengard: Biographische Notizen zum Mühldorfer Barockmaler Paul Kurz. In: Das Mühlrad IXL (1997), S. 175–185.

[5]
Zedler, Johann Heinrich: Grosses vollständiges Universal-Lexicon, Bd. 64. Halle u. a. 1750, Sp. 210.

[6]
Zedler, Johann Heinrich: Grosses vollständiges Universal-Lexicon Bd. 11. Halle u. a. 1735, Sp. 12 f.

[7]
Vgl. Kupferschmied, Thomas Johannes: Der Freskant J. Martin Heigl. Schriften aus dem Institut für Kunstgeschichte der Universität München Bd. 41. München 1989, S. 6.

[8]
Der oben erwähnte J. M. Götz beispielsweise hatte die Stellung des Stiftsbildhauers von St. Nikola inne, einer Abtei vor den Toren Passaus, die seit dem Mittelalter unter dem Schutz der Herzöge von Bayern stand und ihre eigene Gerichtsbarkeit hatte. Die Stellung als Bildhauer von St. Nikola gewährte ihrem Inhaber einen Vorrang bei allen klösterlichen und kirchlichen Aufträgen im Einzugsbereich, zum Verdruss des Passauer Magistrats und der örtlichen Zünfte, offenbar aber auch die legale Möglichkeit, für die Bürger der Stadt tätig zu werden, vgl. Vogl, Hubert: Joseph Deutschmann 1717–1787. Der letzte Klosterbildhauer von St. Nikola vor Passau. Weißenhorn 1989, S. 10. Der Klosterbildhauer von St. Nikola hatte weltlichen Stand.

[9]
Als herausragendes Beispiel lässt sich hier Cosmas Damian Asam nennen, der die Academia di San Luca in Rom besuchte und mit der Erringung eines ersten Preises bei den Wettbewerben des Jahres 1713 seiner Karriere entscheidenden Aufschwung gab, vgl. Trottmann, Helene: Cosmas Damian Asam 1686–1739. Tradition und Invention im malerischen Werk. Nürnberg 1986, S. 26 ff.

[10]
Zedler, Johann Heinrich: Grosses vollständiges Universal-Lexicon Bd. 64. Halle u. a. 1750, Sp. 206 f.

[11]
Ortsgeprägte.

[12]
Stadtarchiv Mühldorf, R 1/157, S. 90. Vgl. hierzu auch Hartmann, Adolf: Ein Gang durch das Mühldorfer Rathaus. In: Das Mühlrad XXI (1979), S. 20 f.

[13]
Stadtarchiv Mühldorf, R 1/157, B 1/28 und B 1/29; Beschwerden der Schreiner und Zimmerer, denen der Rat entgegnet, dass wegen der umfangreichen Brandschäden in der gesamten Stadt die Beschäftigung auswärtiger Kräfte notwendig sei.

[14]
Intarsien sind durch Ritzungen und Beizungen imitiert.

[15]
Der Mühldorfer Maler Jacob Staiger wird für Malerarbeiten in den Ratsstuben bezahlt, vgl. Stadtarchiv Mühldorf, R 1/157.

[16]
Vgl. Stadtarchiv Mühldorf, Auszüge aus Ratsprotokollen und Stadtkammerrechnungen, Maler.

[17]
Mitteilung des Stadtarchivs.

[18]
Vgl. Stadtarchiv Mühldorf, Auszüge aus Ratsprotokollen und Stadtkammerrechnungen, Maler.

[19]
Stadtarchiv Mühldorf, R 1/233.

[20]
Das Folgende basiert vornehmlich auf Gollwitzer, Hans: Die Mühldorfer Jahrmärkte. In: Das Mühlrad XVIII (1976), S. 97 ff.; vgl. auch Dambeck, Franz: Der Meister der Kriegerfigur am Münchener Tor. In: Das Mühlrad VI (1956), S. 8 ff.

[21]
Auch: Keimhofer.

[22]
Gollwitzer, Hans: Salzburger Grenzsteine. Mühldorf ²1983, S. 15.

[23]
Stadtarchiv Mühldorf, A 35/324, 5; vgl. Gollwitzer, Jahrmärkte (wie Anm. 20), S. 99 ff.

[24]
Der heutigen Stadtpfarrkirche; zum Kollegiatstift vgl. den zugehörigen Artikel.

[25]
Das Folgende vor allem nach Kreilinger, Kilian: Der bayerische Rokokobaumeister Franz Alois Mayr. In: Jahrbuch des Vereins für Christliche Kunst 9 (1976), S. 85 ff.

[26]
Ebenda, S. 87.

[27]
Vgl. Pillwein, Benedikt: Biographische Schilderungen oder Lexikon salzburgischer ... Künstler. Salzburg 1821, S. 80.

[28]
Bei der Kirchenrenovierung; nach Hagenauers Plänen wurde allerdings bereits 1764 die Turmkuppel erneuert; vgl. Hartig, Michael / Wagner, Ernst / Maier, Josef: Stadtpfarrkirche St. Nikolaus in Mühldorf am Inn. München u. a. ³1989, S. 3.

[29]
BayHStA, Mühldorf, Kollegiatstift St. Nikolaus 63 (Rapular für 1770, S: 114); mit diesem Archivfund kann Kapfer nun über Stilvergleiche für viele Kirchen Mayrs als Entwerfer der Stuckierung angenommen werden.

[30]
Als Bildhauer in Mühldorf ist C. B. Fröhlich um 1770 nachweisbar (Stadtarchiv B 1/59).

[31]
Zusammenarbeit z. B. in Marienberg und im Kloster Raitenhaslach; vgl. Kupferschmied, Thomas Johannes: Der Freskant J. Martin Heigl. Schriften aus dem Institut für Kunstgeschichte der Universität München, Bd. 41. München 1989.

[32]
Evtl. Johann Paul Khurtz, vgl. Reindl-Witt, Irmengard: Biographische Notizen zum Mühldorfer Barockmaler Paul Kurz. In: Das Mühlrad IXL (1997), S. 183.

[33]
Ausnahme: der nordwestliche Seitenaltar ist eine marmorierte Kistlerarbeit offenbar des frühen 20. Jahrhunderts.

[34]
Steinmetzen zu dieser Zeit in Mühldorf sind bisher nicht nachweisbar.

[35]
Vgl. Kupferschmied, Thomas Johannes: Die geheimen Welten der Faßmaler Zellner oder: Beispiele der Marmorierungskunst aus Buchbach und dem Erdinger Land. In: Das Mühlrad XXXVIII (1991), S. 119–138.

[36]
Zum westlichen linken Seitenaltar vgl. Anm. 33.

[37]
Originalpatrozinium; der Altar zeigt augenblicklich (unpassend) eine Figur des hl. Nikolaus vor der verschlossenen Retabelöffnung.

[38]
Vgl. Hartig, Michael / Wagner, Ernst / Maier, Josef: Stadtpfarrkirche St. Nikolaus in Mühldorf am Inn. München u. a. ³1989, S. 12; die Altärblätter aller Seitenaltäre wurden um 1900 erneuert.

[39]
Alle Aussagen gemäß Beobachtungen am Bestand.

[40]
Vgl. für alle Daten und Informationen dieses Abschnittes v. a. Die Kunstdenkmale des Königreiches Bayern. Die Kunstdenkmale des Regierungsbezirkes Oberbayern, VII. Theil Bezirksamt Mühldorf. München 1902, S. 2190 f.

[41]
Hartig, Michael: Kirchen und Kirchenbaukunst der Pfarreien von Mühldorf und Altmühldorf. (MS) München o. J., S. 12; Hartig, Michael / Wagner, Ernst / Maier, Josef: Stadtpfarrkirche St. Nikolaus in Mühldorf am Inn. München u. a. ³1989, S. 11; Die Kunstdenkmale des Königreiches Bayern. Die Kunstdenkmale des Regierungsbezirkes Oberbayern, VII. Theil, Bezirksamt Mühldorf. München 1902, S. 2191.

[42]
Hartig, Michael: Kirchen und Kirchenbaukunst der Pfarreien von Mühldorf und Altmühldorf. (MS) München o. J., S. 12.

[43]
Hartig, Michael / Wagner, Ernst / Maier, Josef: Stadtpfarrkirche St. Nikolaus in Mühldorf am Inn. München u. a. ^{3}1989, S. 17; Erharting wurde vom Mühldorfer Kollegiatstift aus pastoriert.
[44]
Augenblicklich im Chor aufgehängt.
[45]
Vgl. Pfarrarchiv St. Nikolaus, Summerer-Chronik, S. 17 f.; die Reliquien stammten aus Rom und wurden in Salzburg vorbereitet, gefasst, in den Schrein gebettet und anschließend auf Salzach und Inn verschifft.
[46]
Vgl. Spagl, Hans R.: Zinn und Zinngießer aus Mühldorf. In: Das Mühlrad XI (1962–64), S. 25 f. bzw. Beschauzeichen.
[47]
In Mühldorf waren damals tätig (wohl nacheinander): Jakob Gottlieb Schuster (Stadtarchiv B1/58), Edmundus Wimmer (B1/99), Theodor Kronberger (B 1/106).
[48]
Zuweisung über die Beschlagmarken.
[49]
Dischinger, Gabriele: Zeichnungen zu kirchlichen Bauten bis 1803 im Bayerischen Hauptstaatsarchiv. Bd. 1. Wiesbaden 1988, S. 64; Reindl, Irmengard: Die Wallfahrtskirche St. Salvator in Ecksberg. In: Das Mühlrad XXXVIII (1996), S. 52.
[50]
Dischinger, Gabriele: Zeichnungen zu kirchlichen Bauten bis 1803 im Bayerischen Hauptstaatsarchiv. Bd. 1. Wiesbaden 1988, S. 62.
[51]
Ebenda.
[52]
Reindl, Irmengard: Die Wallfahrtskirche St. Salvator in Ecksberg. In: Das Mühlrad XXXVIII (1996), S. 52.
[53]
Dischinger, Gabriele: Zeichnungen zu kirchlichen Bauten bis 1803 im Bayerischen Hauptstaatsarchiv. Bd. 1. Wiesbaden 1988, S. 62.
[54]
Ebenda.
[55]
Stadtarchiv Mühldorf R 1/238, B1/52; Zuccalli käme damit als verantwortlicher Baumeister für die Umgestaltung Mühldorfer Bürgerhäuser in Frage.
[56]
Vgl. Reindl, Irmengard: Die Wallfahrtskirche St. Salvator in Ecksberg. In: Das Mühlrad XXXVIII (1996), S. 54. Oberhofer stammte aus Regen. Seine Bezahlung erfolgte übrigens aus der Mühldorfer Amtskasse, die Beauftragung könnte deshalb durchaus auch der Stadt zugerechnet werden.
[57]
Mitteilung des Stadtarchivs.
[58]
Vgl. Stadtarchiv, R 1/321 ff.
[59]
Zu den Charakteristika des Rokokofreskos vgl. besonders Bauer, Hermann u. Anna: Johann Baptist und Dominikus Zimmermann. Regensburg 1985.
[60]
Hartig, Michael / Wagner, Ernst / Maier, Josef: Stadtpfarrkirche St. Nikolaus in Mühldorf am Inn. München u. a. ^{3}1989, S. 4.
[61]
Vgl. Pillwein, Benedikt: Biographische Schilderungen oder Lexikon salzburgischer ... Künstler. Salzburg 1821, S. 231.
[62]
BayHStA, Mühldorf, Kollegiatstift St. Nikolaus (Rapular für 1770), S. 6: »herr Wolfgang Summerer hat zu dasig neuen stüfts gottshaus bau, hauptsachlich aber zu beyschaffung einer neuen orgl als ein donum gratuitum dargeschossen 1300 [fl]«.
[63]
Hartig, Michael: Kirchen und Kirchenbaukunst der Pfarreien von Mühldorf und Altmühldorf. (MS) München o. J., S. 9; Hartig, Michael / Wagner, Ernst / Maier, Josef: Stadtpfarrkirche St. Nikolaus in Mühldorf am Inn. München u. a. ^{3}1989, S. 6.
[64]
Hartig, Michael: Kirchen und Kirchenbaukunst der Pfarreien von Mühldorf und Altmühldorf. (MS) München o. J., S. 40. Bildhauerarbeiten Fröhlich, Kistlerarbeiten Fackler, vgl. die Kanzel in St. Nikolaus.
[65]
Vgl. Hartig, Michael: Kirchen und Kirchenbaukunst der Pfarreien von Mühldorf und Altmühldorf (MS). München o. J., S. 19; Hartig, Michael / Wagner, Ernst / Maier, Josef: Stadtpfarrkirche St. Nikolaus in Mühldorf am Inn. München u. a. ^{3}1989, S. 22; Die Kunstdenkmale des Königreiches Bayern. Die Kunstdenkmale des Regierungsbezirkes Oberbayern. VII. Theil, Bezirksamt Mühldorf. München 1902, S. 2201.
[66]
Vgl. Reindl-Witt, Irmengard: Biographische Notizen zum Mühldorfer Barockmaler Paul Kurz. In: Das Mühlrad IXL (1997), S. 176. Vermutung aufgrund des Umstandes, dass Fechtl bis 1711 in Mühldorf als Maler tätig war, Annahme dass man lokal beauftragte.
[67]
Vgl. Kupferschmied, Thomas Johannes: Barockes Mühldorf. In: Mühldorf. Stadt am Inn. Mühldorf 1989, S. 239; vgl. v. a. auch Reindl-Witt, Irmengard: Die Eichkapelle Mater Dolorosa in Mühldorf. Sonderdruck aus: Das Mühlrad XLII (2000), S. 6.
[68]
Die Nennung Zuccallis als Baumeister z. B. bereits bei Hartmann, Adolf: Die Eichkapelle mit dem »Hungerbrünnl«. In: Das Mühlrad XII (1967), S. 18; zuletzt bei Reindl-Witt, Irmengard: Die Eichkapelle Mater Dolorosa in Mühldorf. Sonderdruck aus: Das Mühlrad XLII (2000). Die einfache Architektur zeigt Züge des Dilettantenbaues, die einen gewissen Einfluss des Auftraggebers annehmen lassen.
[69]
Zuschreibungen durch Reindl-Witt, Irmengard: Die Eichkapelle Mater Dolorosa in Mühldorf. Sonderdruck aus: Das Mühlrad XLII (2000), S. 10 ff.
[70]
Stadtarchiv Mühldorf, B 1/45.
[71]
Stadtarchiv Mühldorf, B 1/44.
[72]
Spagl, Hans R.: Zinn und Zinngießer aus Mühldorf. In: Das Mühlrad XI (1962–64), S. 35.
[73]
Stadtarchiv Mühldorf, B 1/50.
[74]
Stadtarchiv Mühldorf, B 1/51.
[75]
Stadtarchiv Mühldorf, B 1/54.
[76]
Vgl. oben.
[77]
Aus Innsbruck, Stadtarchiv Mühldorf, B 1/54.
[78]
Aus Graz Stadtarchiv Mühldorf B 1/51.
[79]
Aus Pribram, Stadtarchiv Mühldorf, B 1/58.

Der Meister von Seeon

Albrecht Miller
Seite 132

[1]
Grossmann, Dieter: Der Meister von Seeon. In: Marburger Jb. f. Kunstwissenschaft, Bd. 19 (1974), S. 85–138.
[2]
Ramisch, Hans: Ulm und die Salzburger Plastik im 15. Jahrhundert. – Hans Sweicker von Ulm, der Bildhauer der Pröpste von Chiemsee in der Zeit von 1430 bis 1467. In: Skulptur in Süddeutschland 1400–1770, Festschrift für Alfred Schädler. Hgg. von Rainer Kahsnitz und Peter Volk. München/Berlin 1998, S. 17–50.
[3]
AK Schöne Madonnen 1350–1450, Salzburg 1965, Nr. 52.
[4]
AK Stabat Mater, Salzburg 1970, S. 110 Nr. X und S. 112 Nr. XII.
[5]
Schultes, Lothar: Mittelalterliche Plastik im Mühlviertel. In: AK Das Mühlviertel. Schloss Weinberg bei Kefermarkt 1988, S. 382.
[6]
Wie Anm. 3, Nr. 17–18.
[7]
Wagner, Franz: Die Siegelbilder der Salzburger Erzbischöfe des Spätmittelalters. In: Alte und moderne Kunst, 23. Jg., 1978, Heft 156, S. 18, Abb. 10.
[8]
Spagl, Hans Rudolf: Kunst und Kunsthandwerk in Mühldorf (13.–16. Jh.). In: Mühldorf, Stadt am Inn. Mühldorf 1995, S. 201.
[9]
BayHStA, G 1287, Standort des Originals unbekannt.

[10]
Fritz, Johann Michael: Goldschmiedekunst der Gotik in Mitteleuropa. München 1982, Nr. 587.
[11]
Müller, Carl Theodor: Zur Monumentalen Salzburger Plastik des frühen 15. Jahrhunderts. In: Zeitschrift des Deutschen Vereins für Kunstwissenschaft, Bd. 6, Jg. 1939, S. 235–250; Selinsek, Polona: Grabmale dreier Schlosshauptmänner von Pettau. In: Zbirka orožja na ptuiskem gradu. Ptuj 1999, S. 94–104.
[12]
Leonhard, Karl Friedrich: Spätgotische Grabdenkmäler des Salzachgebiets. Leipzig 1913, S. 42–43, Abb. 27.
[13]
Wie Anm. 11, S. 244–247, Abb. 4.
[14]
Auktionskatalog Sammlung Georg Schuster, Julius Böhler, München 1938, Nr. 10.
[15]
Kobler, Friedrich: Die spätgotische Tür der Salzburger Kapuzinerkirche. In: Jahresschrift des Salzburger Museums Carolino Augusteum 23/24 (1977/1978), S. 91–94; Wagner, Franz: Studien zum spätmittelalterlichen Chorgestühls des Salzburger Domes. In: Alte und moderne Kunst 25, 1980, Nr. 172/173, S. 10–16.
[16]
AK Schatzhaus Kärntens, St. Paul 1991, Nr. 11.5.
[17]
AK Spätgotik in Salzburg, Salzburg 1976, Nr. 128, Abb. 114.
[18]
Staatl. Museen zu Berlin, Skulpturensammlung, Bildwerke aus sieben Jahrhunderten, Bd. II, Berlin 1972, Nr. 25, Abb. 35.
[19]
Sommer, Clemens: Der Meister des Kefermarkter Altars und Passau. In: Zeitschrift des Deutschen Vereins für Kunstwissenschaft, Bd. II. 1935, S. 264, 266, Abb. 5.
[20]
Liedke, Volker: Salzburger Maler und Bildschnitzer sowie Bau- und Kunsthandwerker der Spätgotik und Renaissance. In: Ars Bavarica, Bd. 3, 1975, S. 36–37, 50.
[21]
Mader, Felix: Die Kunstdenkmäler von Niederbayern III, Stadt Passau. München 1919, S. 323–326, Abb. 264.

»Nun sind wir glücklich, wir werden bayerisch«
Edwin Hamberger
Seite 146

[1]
Huber, Ernst Rudolf: Deutsche Verfassungsgeschichte seit 1789. Bd. 1: Reform und Restauration 1789–1830. Stuttgart u.a. 1967, S. 42–61.
[2]
Pertz, G.H.: Das Leben des Ministers Freiherrn von Stein. Bd. 1. Berlin 1849, S. 227.
[3]
Siehe auch Döllinger, Georg: Sammlung der im Gebiete der inneren Staats-Verwaltung des Königreichs Bayern bestehenden Verordnungen, Bd. 1. München 1835, S. 130; der Übergang der Stadt Mühldorf an das Kurfürstentum Bayern wird im § 1 erwähnt. »Mühldorf und der auf dem linken Innufer gelegene Theil der Grafschaft Neuburg werden mit aller Landeshoheit mit dem Herzogtume Bayern vereinigt. Das Äquivalent der Einkünfte von Mühldorf und der Landeshoheit über Neuburg ist von den Einkünften, welche Freisingen in Österreichischen Gebiete besitzt, zu nehmen.« S.a. Hauptschluss der außerordentlichen Reichsdeputation vom 25. Februar 1803 die Entschädigungen betreffend mit der französischen Originalausfertigung der 47 ersten §§. Frankfurt a. Main, 1803, S. 7.
[4]
Huber, S. 48.
[5]
Weis, Eberhard: Bayern und Frankreich in der Zeit des Konsulats und des ersten Empire (1789–1815). In: Historische Zeitschrift, Bd. 237, Heft 3, München 1983, S. 559–595.
[6]
Hauf, Eugen: Mühldorf 150 Jahre bayerisch. In: Das Mühlrad II (1952), S. 24; Wimmer, Jürgen: Die Stadtkammerrechnungen der Stadt Mühldorf a. Inn aus den Jahren 1802 und 1803. Analyse und Edition im Hinblick auf den Übergang an Bayern. Hauptseminararbeit, unveröffentlicht, Mühldorf 2000, S. 11–15; s.a. SLA Nachlass Fellner, Nr. 16; SLA, Geheime Hofkanzlei XLI 4a.
[7]
Schreiben des Pflegers von Hartmann vom 12.8.1802, SLA, Geheime Hofkanzlei, XLI 4a; s.a. SLA Geheime Hofkanzlei, XLI 1.
[8]
Schreiben des Hofratsdirektoriums vom 20.8.1802, SLA, Geheime Hofkanzlei XLI 4a.
[9]
Die Gastwirte und Hausbesitzer bekamen als Entschädigung für die Verpflegung und Einquartierung der Truppen 8 Kreuzer täglich. S.a. den Bericht des Pflegers von Hartmann und des Bürgermeisters Schauer vom 19. August 1802 an das Geheime Kanzleidirektorium in Salzburg. SLA, Geheime Hofkanzlei XLI 4a.
[10]
Das Hofratsdirektorium hatte den Pfleger von Hartmann angewiesen, regelmäßig über die Lage in Mühldorf zu berichten. »Hier herrscht ein erwartungsvoller Zustand, die Mannschaft verhält sich still und ruhig«, Bericht vom 11.9.1802 an das Hofratsdirektorium, SLA, Geheime Hofkanzlei XLI 4a.
[11]
Hammermayer, Ludwig: Die letzte Epoche des Erzstifts Salzburg. Politik und Kirchenpolitik unter Erzbischof Graf Hieronymus Colloredo 1772–1803. In: Dopsch, Heinz (Hg.): Geschichte Salzburgs, Bd. II, 1. Teil. Salzburg 1991, S. 532.
[12]
Mandat vom 11. Februar 1803, Mandatensammlung Stadtarchiv Mühldorf; gedruckt auch bei Koch-Sternfeld, J.E. von: Bayern und Berchtesgaden in historisch-statistisch-geographischen und staatsökonomischen Beiträgen. Salzburg 1810, S. 345 ff.
[13]
BayHStA, MA 39123, der Deputation gehörten folgende Bürger an: Franz Xaver Scheifele, Kämmerer, Anton Gaigl, Weinwirt, Anton Breitenbacher, Weinwirt, und Anton Stark, Färber.
[14]
Schreiben des Mühldorfer Stadtmagistrats vom 1.10.1802, BayHStA, MA 39123.
[15]
Schreiben des Mühldorfer Stadtmagistrats vom 1.10.1802, BayHStA, MA 39123.
[16]
»Im ganzen genommen hat das Erzstift kein Pfleggericht, das schwerer zu verwalten ist, als Mühldorf indem von Zeit zu Zeit neue Zwistigkeiten mit den angrenzenden vielen bayerischen Beamten sich ereignen. Das Volk liebt, wie seine Nachbarn, Pferderennen, Freyschießen und Kegelspiele, wovon hier jährlich einige mit ansehnlichen Preisen bekannt gemacht werden«; Hübner, Lorenz: Beschreibung des Erzstifts Salzburg 1796. In einem Schreiben des Landgerichts Kraiburg an die Regierung vom München bezeichnet der bayerische Pfleger die Stadt Mühldorf als allgemeinen Zufluchtsort der Diebe und Räuber, BayHStA, GL 2558. Reiter, Johanna: Mühldorf zwischen Bayern und Salzburg. Die Tauschverhandlungen des Jahres 1701. Unveröffentlichte Magisterarbeit, München 1994, S. 76–81.
[17]
Die Stadt Mühldorf war von 1798 bis 12. Oktober 1800 von österreichischen und von 12. Oktober 1800 bis 12. April 1801 von französischen Truppen besetzt. S.a. Stadtarchiv Mühldorf Akten 3, 4, 181, 182, 185, 193, 194, 1000 u. 1409.
[18]
»Wir haben die von euch an uns abgesendete Deputation mit Wohlgefallen aufgenommen und ihr könnt sicher sein, dass wir dereinst wenn ihr in die Civil-Verwaltung unserer Regierung förmlich übertretet unsere landesväterliche Sorgfalt mit gleichen wohltätigen Einflusse, wie bey unseren übrigen Unterthanen auch auf euer gemeines Wesen erstrecken und den Wohlstand eurer Bürgerschaft nach Möglichkeit zu befördern uns bestärken werden.« Schreiben Max IV. Joseph vom 4.10.1802, BayHStA, MA 39123.
[19]
BayHStA, MA 39123.
[20]
Huber, S. 45.

[21]
Zur Geschichte der Generallandesdirektion siehe Volkert, Wilhelm (Hg.): Handbuch der bayerischen Ämter, Gemeinden und Gerichte 1799–1980. München 1983, S. 35 f.
[22]
Neue deutsche Biographie I. Hgg. von der historischen Kommission bei der Bayerischen Akademie der Wissenschaften. Berlin 1953, S. 347 f.
[23]
BayHStA, MA 39123, s.a. schriftliche Stellungnahme von Freiherr von Aretin zur Vorgehensweise bei der Besitzergreifung des Hochstifts Freising, der Grafschaft Werdenfels und der Stadt Mühldorf mit handschriftlichen Vermerken von Graf v. Monteglas, BayHStA, MA 39123.
[24]
Simon Ruland wurde dem Stadt- und Pfleggericht Mühldorf »zur durchgehenden Kontrolle« als Amtsadjunkt beigegeben und musste alle Schreiben des Pflegers von Hartmann gegenzeichnen, s.a. BayHStA, MA 39123. Er wurde dann am 6.12.1803 zum Vorstand des neugebildeten Landgerichts Mühldorf bestellt, s.a. Churbaierisches Regierungsblatt 1803 Spalte 1004. Am 13.4.1809 starb er unter mysteriösen Umständen, siehe Gollwitzer, Hans: Das tragische Ende des Mühldorfer Landrichters Simon Ruhland. In: Das Mühlrad XIII (1968–1970), S. 108–118; Rockinger, Josef: Der Tod des Landrichters Ruland. In: Das Mühlrad VIII (1958), S. 26–30.
[25]
Die Einzelheiten zur Zivilbesitznahme Mühldorfs sind dem Diarium und Protokoll des Sekretärs Eisenrieth vom 1. bis 3. Dezember 1802, abgeschlossen in München am 3. Dezember 1802, zu entnehmen, BayHStA, MA 39123.
[26]
Keil, Norbert: Das Ende der geistlichen Regierung in Freising. Studien zur altbayerischen Kirchengeschichte, Bd. 8. München 1987, S. 205; Gleixner, Sebastian: Von der fürstbischöflichen Residenzstadt zum bayerischen Behördensitz. Die Eingliederung Freisings in das Kurfürstentum Bayern 1802–1804. Unveröffentlichte Magisterarbeit, München 2001.
[27]
Stadtarchiv Mühldorf R 1/359. In der Stadtkammerrechnung von 1802 sind unter Rubrik »zusätzliche Ausgaben fol 59–65« zahlreiche Ausgaben vermerkt, die beim Empfang des Generalkommissärs angefallen sind, z.B. »dem Herrn Burgermeister Schauer für die zween Bedienten des kurfürstlichen Herrn Kommissär und dessen Herrn Sekretär mit 2 bayerischen Talern, 4 Gulden, 48 Kreuzer«.
[28]
Stadtarchiv Mühldorf, R 1/359, »Dem Herrn Feldwebel sind für Abrichtung des bürgerl. Militärkorps durch Herrn Bürgermeister Schauer laut Anweisung behändiget worden 22 Gulden«.
[29]
Marquart, Heinz: Matthäus Fingerlos (1748–1817). Leben und Wirken eines Pastoraltheologen und Seminarregenten in der Aufklärungszeit (Studien zur Theologie und Geistesgeschichte des Neunzehnten Jahrhunderts 22). Göttingen 1977, S. 123–131; Grötsch, Walter: Die Versetzung des Salzburger Priesterhausregens Fingerlos nach Mühldorf. In: MGSL 97 (1957), S. 51 ff.; Hubensteiner, Benno: Der letzte Stiftsdekan. In: Das Mühlrad II (1952), S. 98 ff.
[30]
Protokoll des Sekretärs Eisenrieth vom 7.12.1803, BayHStA, MA 39123.
[31]
Zur Biografie siehe Klein, Herbert: Aus dem Leben des Salzburger Hofkammerrats Dr. Sigmund Christoph von Hartmann. In: MGSL 106 (1966), S. 293–302.
[32]
Noch am selben Tag schickte von Hartmann einen Bericht mit den Ereignissen von Mühldorf nach Salzburg und bat um seine Entlassung. »Ich schmeichle mir auch nach der Versetzung in höchstkurfürstlichen Amtdienste mich zu hohen Hulden ehrfurchtsvoll empfehlen zu dürfen.« SLA Geheime Hofkanzlei 4a.
[33]
Siehe Schreiben des Kanzleidirektoriums vom 27.11.1802, SLA Geheime Hofkanzlei 4a.
[34]
Der Text zur Kantate ist im Protokoll des Sekretärs Eisenrieth beigelegt, BayHStA, MA 39123; die Originalnoten befinden sich in der Bischöflichen Administration der Hl. Kapelle Altötting, Musikaliensammlung.
[35]
Protokoll des Sekretärs Eisenrieth vom 7.12.1803, BayHStA, MA 39123.
[36]
Anweisung Aretins vom 2. Dezember 1802, BayHStA, MA 39123.
[37]
S.a. schriftliche Stellungnahme von Freiherr von Aretin zur Vorgehensweise bei der Besitzergreifung des Hochstifts Freising, der Grafschaft Werdenfels und der Stadt Mühldorf mit handschriftlichen Vermerken von Graf v. Monteglas, BayHStA, MA 39123.
[38]
Zitiert nach einen Bericht, der wohl erst nach Besitzergreifung geschrieben wurde und zum offiziellen Akt beigefügt wurde, der Verfasser ist nicht bekannt, BayHStA, MA 39123; siehe auch Diarium des kurfürstlichen Sekretärs Eisenrieth über die Zivilbesitznahme der Stadt Mühldorf vom 1. bis 3. Dezember 1802, abgeschlossen in München am 3. Dezember 1802, BayHStA, MA 39123.
[39]
Chronologische Geschichte der Stadt Mühldorf von Andreas Unterholzner, Stadtarchiv Mühldorf.
[40]
Die Sinnsprüche sind als Abschriften dem Protokoll des Sekretärs Eisenrieth beigelegt, BayHStA, MA 39123.
[41]
Bericht des Pflegers von Hartmann vom 5.1.1803, StA München, LRA Mühldorf 714.
[42]
Schreiben Aretins vom 2. Dezember 1802, BayHStA, MA 39123.
[43]
BayHStA, Generalkommissariat Freising u. Mühldorf 577 $^1/_2$; Auflösung des Kapuzinerklosters; siehe auch StA München, AR 732/14.
[44]
Am 16. Juli 1639 war der Bau der Kirche und die Errichtung des Kapuzinerklosters durch den Erzbischof Paris Graf Lodron genehmigt worden, BayHStA, GL 2590; die Grundsteinlegung erfolgte am 7. August 1639, Stadtarchiv Mühdorf, R/156.
[45]
BayHStA, Generalkommissariat Freising u. Mühldorf 577 $^1/_2$; Auflösung des Kapuzinerklosters; siehe auch StA München, AR 732/14.
[46]
BayHStA, Generalkommissariat Freising u. Mühldorf 577 $^1/_2$; Auflösung des Kapuzinerklosters.
[47]
Durch die Besetzung französischer Truppen von 11.12.1800 bis April 1801 hatte sich der Schuldenstand der Stadt auf 17.000 Gulden erhöht. Gemäß einem Schuldentilgungsplan von 1801 sollten jährlich 4.000 Gulden an die Gläubiger zurückgezahlt werden. 1803 betrug der Schuldenstand 14.000 Gulden. 1812 hätte die Stadt schuldenfrei sein sollen. Bericht des Pflegers von Hartmann vom 5.1.1803, StA München, 714.
[48]
Schreiben Rulands an Aretin 6. 2.1803, »Die Kapuzinergeschichte ist hier erloschen. Nicht ein Wörtchen spricht man davon. Selbst jene Schmiedin erwähnte die Kapuziner vor mir mit keinem Worte. Ich bin nur mehr als je überzeugt; wenn Beamte und Ortspfarrer für die Regierung zusammenwirken, kann die Regierung tun was sie will«, BayHStA, GL 2572.
[49]
Schreiben des kurfürstlichen Generalkommisariats an das kurfürstliche Stadt- und Pfleggericht Mühldorf vom 19. April 1803, StA München, RA 1840/29676; 1815 werden aus der am Stadtplatz abgerochenen Frauenkirche die Altäre, die Glocken, die Orgel und das Marienbild in die ehemalige Klosterkirche gebracht. Am 18. November 1815 wird die Kirche offiziell als Marienkirche, die heutige Frauenkirche bestätigt. Stadtarchiv Mühldorf Band 54/S.145.
[50]
StA München, AR 696/83.

[51]
StA München, RA 878/14310; Stadtarchiv Mühldorf, Band 10.
[52]
Stadtarchiv Mühldorf, Akt 1999, heute befindet sich dort der städtische Kindergarten.
[53]
Stadtarchiv Mühldorf, Akt 2101, aus Platzgründen wurde jedoch bald ein Umbau bzw. Anbau angestrebt, der aber aus Kostengründen nicht weiter verfolgt wurde. 1891 ziehen die Franziskaner in das Kapuzinerkloster ein. 1978 wird in den ehemaligen Räumen eine städtische Musikschule errichtet.
[54]
Schreiben vom 27.12.1802, StA München, AR 732/14.
[55]
BayHStA, Generalkommissariat Freising u. Mühldorf, 577 ½, Die Auflösung des Kollegiatstifts.
[56]
Gollwitzer Hans, Getreidekasten–Fronfest–Museum. In: Das Mühlrad XVII (1975), S. 91–100.
[57]
Stadtarchiv Mühldorf, RA 612/10389.
[58]
Stadtarchiv Mühldorf, RA 612/10389.
[59]
BayHStA, Generalkommissariat Freising und Mühldorf 588, Die Pensionierung des weltlichen Kirchenpersonals.
[60]
Schreiben der Ursula Rinesel vom 3. Juni 1803 an das kurfürstliche Generalkomissariat Freising-Mühldorf, BayHStA.
[61]
Stellungnahme Aretins vom 17.9.1803 an den bayerischen Kurfürsten, BayHStA, Generalkommissart Freising und Mühldorf 588, Die Pensionierung des weltlichen Kirchenpersonals.
[62]
Churpfalzbayerisches Regierungsblatt vom 21.1.1803, S. 41 f.

Mühldorfs Suche nach historischer Identität

Karl Borromäus Murr
Seite 176

[1]
Vgl. die grundlegenden Unterscheidung von kommunikativem und kulturellem Gedächtnis bei Assmann, Jan: Das kulturelle Gedächtnis. Schrift, Erinnerung und politische Identität in frühen Hochkulturen. München ^{2}1997, S. 48–66.
[2]
Nipperdey, Thomas: Deutsche Geschichte 1800–1866. Bürgerwelt und starker Staat. München ^{4}1987, S. 499.
[3]
Zu den Feierlichkeiten: Stadtarchiv Mühldorf, B 106/1, Franz Paul Niggl, (Handschriftliche) Stadtchronik. I. Bd., S. 82f.
[4]
Ebenda, S. 83.
[5]
Ebenda.
[6]
Siehe zu diesem Aspekt die anlässlich der Besitzergreifungs-Feierlichkeiten entstandene Festkantate: BayHStA, MA 39123.
[7]
Siehe dazu: Stadtarchiv Mühldorf, A 2638.
[8]
Ebenda (Magistrat Mühldorf an Stadtpfarramt, 22.11.1827, Konzept).
[9]
Ebenda (Protokoll des Stadtschreibers, 3.12.1827).
[10]
Ebenda (Regierung des Isarkreises an Landgericht Mühldorf, 26.1.1828, Abschrift).
[11]
Ebenda (Protokoll des Stadtschreibers, 3.12.1827).
[12]
Mayring, Eva Alexandra: Bayern nach der französischen Julirevolution. Unruhen, Opposition und antirevolutionäre Regierungspolitik 1830–33 (Schriftenreihe zur bayerischen Landesgeschichte, 90). München 1990.
[13]
Stadtarchiv Mühldorf, 2638 (Stadtgemeinde Mühldorf an Ludwig I., 8.12.1831, Konzept).
[14]
Ebenda.
[15]
Erichsen, Johannes / Puschner, Uwe (Hg.): »Vorwärts, vorwärts sollst du schauen …«. Geschichte, Politik und Kunst unter Ludwig I., Aufsätze. München 1986; Körner, Hans-Michael: Staat und Geschichte im Königreich Bayern 1806–1918 (Schriftenreihe zur bayerischen Landesgeschichte 96). München 1992.
[16]
Vgl. aus Mühldorfer Perspektive: Stadtarchiv Mühldorf, B 106/1, Franz Paul Niggl, (Handschriftliche) Stadtchronik. I. Bd., S. 16.
[17]
Stadtarchiv Mühldorf, 1870 (Benl an Magistrat Mühldorf, 24.2.1838).
[18]
BayHStA, MInn 24055; Stadtarchiv Mühldorf, 1201. Hartmann, Adolf: Kampf um Kampfbilder. In: Das Mühlrad XX (1978), S. 95–104; hier besonders S. 95–100. Die Ölskizze, die wohl als Vorlage für das Fresko diente, befindet sich im Kreismuseum Mühldorf.
[19]
Stadtarchiv Mühldorf, 1201 (Landgericht Mühldorf an Magistrat Mühldorf, 11.12.1839).
[20]
Vgl. Signat Ludwigs I., 16.06.1840. In: Signate König Ludwigs I. Ausgewählt u. eingeleitet v. Max Spindler, hgg. v. Andreas Kraus. Bd. 4: 1839–1841 (Materialien zur bayerischen Landesgeschichte Bd. 4). München 1992, S. 287.
[21]
BayHStA, MInn 24055 (Akademie der bildenden Künste an Regierung von Oberbayern, 19.5.1840).
[22]
Stadtarchiv Mühldorf, 1201 (Landgericht Mühldorf an Magistrat Mühldorf 7.9.1840).
[23]
Vgl. zur Schlacht bei Mühldorf Erben, Wilhelm: Die Schlacht bei Mühldorf (Veröffentlichungen des Historischen Seminars der Universität Graz 1). Graz u.a. 1923; ders.: Die Berichte der erzählenden Quellen über die Schlacht bei Mühldorf (Archiv für österreichische Geschichte 105/1). Wien 1916; Die Schlacht bei Mühldorf. 28. September 1322. Ursachen – Ablauf – Folgen. Hgg. v. Heimatbund Mühldorf. Mühldorf 1993.
[24]
Das sechsstrophige Lied der Mühldorfer Landwehr-Compagnie entstand anlässlich der Inspektion der örtlichen Landwehr durch Freiherrn von Gumppenberg. Stadtarchiv Mühldorf, B54, Aufzeichnungen des Lebzelters Franz Paul Niggl, S. 184 f.
[25]
Es muss hier einschränkend festgestellt werden, dass die zeitgenössischen lokalen, aber auch staatlichen Quellen mindestens ebenso häufig von der Schlacht bei Ampfing wie von der Schlacht bei Mühldorf reden.
[26]
Gesandtschaftsberichte aus München 1814–1848, Abt. II: Berichte der österreichischen Gesandten. Bearbeitet v. Anton Chroust. Bd. 2. München 1941, S. 514 (Spiegel an Metternich, 28.2.1833). Von den 16 Fresken aus der wittelsbachischen Geschichte in den Münchner Hofgartenarkaden war gleichfalls eines der Schlacht von Mühldorf gewidmet. Die weitere Anspielung Graf Spiegels bezieht sich auf ein Freskobild der so genannten »Sendlinger Mordweihnacht« von 1705, das auf der Sendlinger Kirche den Kampf der oberbayerischen Bauern gegen die kaiserlich-österreichischen Truppen festhielt.
[27]
Mühldorfer Anzeiger, Nr. 98, 7.12.1871. Zum Kriegerdenkmal: Stadtarchiv Mühldorf, A 1089, 324/4; A 4370, 324/4; A 1088, 324/4; Abhandlungen Nr. 202.
[28]
Zur Finanzierung durch die Kommune: Stadtarchiv Mühldorf, A 1088 (Auszug aus dem Sitzungsprotokoll des Magistrats Mühldorf, 31,7.1873). Die Summe der eingegangenen Spendengelder konnte nicht ermittelt werden.
[29]
Mühldorfer Anzeiger, Nr. 98, 7.12.1871.
[30]
Ebenda.
[31]
Jeismann, Michael: Das Vaterland der Feinde. Studien zum nationalen Feindbegriff und Selbstverständnis in Deutschland und Frankreich 1792–1918. Stuttgart 1992.

[32]
Mühldorfer Anzeiger, Nr. 69, 27.8.1874.
[33]
Ebenda.
[34]
Ebenda.
[35]
Mühldorfer Anzeiger, Nr. 68, 23.8.1874.
[36]
Ebenda.
[37]
Ebenda.
[38]
Ebenda.
[39]
Koselleck, Reinhart: Kriegerdenkmale als Identitätsstiftungen der Überlebenden. In: Marquard, Odo / Stierle, Karlheinz (Hg.): Identität. München 1979, S. 255–276, Zitat: S. 259.
[40]
Mühldorfer Anzeiger, Nr. 62, 23.5.1902. Zur Beschreibung der Festlichkeiten: Stadtarchiv Mühldorf, Akt 1187, Mühldorfer Anzeiger, Nr. 104, 29.8.1902 (unveröffentlichter Vordruck).
[41]
Stadtarchiv Mühldorf, A 1187 (Magistrat Mühldorf an Luitpold, 2.6.1902, Konzept).
[42]
Stadtarchiv Mühldorf, Akt 1187, Mühldorfer Anzeiger, Nr. 104, 29.8.1902 (unveröffentlichter Vordruck).
[43]
Bauer, Joseph: Kurze Geschichte der Stadt Mühldorf. Mühldorf ^{2}1924 (Erstauflage 1902). Siehe Pfarrer Bauers Widmung ebenda, S. 4: »Möge das Büchlein, so unvollkommen es auch ist, Freude an der Lokalgeschichte und eine recht große Liebe der Bewohner Mühldorfs zu ihrer Vaterstadt und zum angestammten Herrscherhaus der Wittelsbacher, die ja seit 1802 Mühldorf in vielfacher Beziehung begünstigt haben, erwecken.«
[44]
Spagl, Hans Rudolf: Aus der Geschichte des Mühldorfer Volksfestes. In: Das Mühlrad XLII (2000), S. 131–148, hier besonders S. 133–135.
[45]
Stadtarchiv Mühldorf, 204.
[46]
»In der Entscheidungsschlacht am 28. Sept. 1322 bei Mühldorf und Ampfing, wo von Ludwig dem Bayer und Friedrich dem Schönen von Oesterreich um die deutsche Kaiserwürde gekämpft wurde, fiel mit GOTTES Hilfe der Sieg den Bayern zu und wurde Friedrich nach tapferer Gegenwehr von dem fränkischen Ritter Albrecht Rindsmaul überwältigt und gefangen. Ludwig und Friedrich versöhnten sich später und lebten zusammen in treuester Freundschaft bis zum Tode. Der HERR, der mit Ludwig war, stehe uns fürder bei und erhalte uns seinen Frieden.«
[47]
Vgl. Stadtarchiv Mühldorf, 204 (Präsidium der Franziskaner-Niederlassung Mühldorf an Magistrat Mühldorf, 14.11.1899); Mühldorfer Anzeiger, Nr. 144, 21.9.1902.
[48]
Stadtarchiv Mühldorf, 204 (Widmann an Daxenberger, 7.4.1897).
[49]
Mühldorfer Anzeiger, Nr. 101, 22.8.1902.
[50]
Stadtarchiv Mühldorf, 204 (Daxenberger, undatiert). An dieser Stelle muss jedoch bemerkt werden, dass in der zeitgleichen Stadtgeschichtsschreibung Mühldorfs sehr wohl festgestellt wurde, dass die Stadt 1322 auf der Seite der Habsburger gestanden hatte und damit zu den Verlierern der Schlacht zählte. Vgl. Schober: Mühldorf und seine Umgegend nebst den zuführenden Bahnlinien. Mit Illustrationen und Karte, sowie einem Plane der Stadt. Für Fremde und Einheimische. Nach Quellen bearbeitet und eigener Anschauung geschildert. Mühldorf o.J. [1892], S. 29 f.
[51]
Stadtarchiv Mühldorf, Akt 1187, Mühldorfer Anzeiger, Nr. 104, 29.8.1902 (unveröffentlichter Vordruck).
[52]
Vgl. dazu Lübbeke, Wolfram: Das kleine bayerische Rathaus. In: Mai, Ekkehard / Paul, Jürgen / Waetzoldt, Stephan (Hg.): Das Rathaus im Kaiserreich. Kunstpolitische Aspekte einer Bauaufgabe des 19. Jahrhunderts. Berlin 1992, S. 301–357, hier S. 305–309.
[53]
Zitiert ebenda, S. 306.
[54]
Stadtarchiv Mühldorf, 204 (Daxenberger, undatiert).
[55]
Mühldorfer Anzeiger, Nr. 126, 20.10.1901. Auch die wohl gleichzeitig und nochmals 1904 aufkommende Idee, auf der Frauenkirche ein Fresko mit dem Motiv »Einsturz der Innbrücke unter den fliehenden Böhmen vom Jahre 1258« darzustellen, womit sich ein weiterer Berührungspunkt der wittelsbachischen mit der Mühldorfer Geschichte hätte ausdrücken lassen, wurde niemals realisiert. Stadtarchiv Mühldorf, 204 (Bezirksamt Mühldorf an Magistrat Mühldorf, 29.6.1904); ebenda (Auszug aus dem Sitzungsprotokoll des Magistrats Mühldorf, 29.7.1904).
[56]
In Kraiburg war schon seit 1892 in vielen Wiederholungen ein überaus erfolgreiches Volkstheaterstück mit dem Titel »Ludwig der Bayer oder der Streit von Mühldorf« aus der Feder Martin Greifs auf der dort eigens errichteten Bühne gespielt worden. Vgl. Steinbichler, Josef: Martin Greif: »Ludwig der Bayer« Bericht über die Uraufführung am 5. Juni 1892 in Kraiburg. In: Das Mühlrad XXXV (1993), S. 55–110. Vgl. zu Ampfing Hacker, Fritz: Die Kaiserschlacht bei Ampfing am 28. September 1322: ihr Anlaß, ihr Verlauf, ihre Folgen. Festschrift für die 600-Jahrfeier der Schlacht in Ampfing 1922. Mühldorf 1922.
[57]
Weber, Josef / Rambold, Franz Xaver: Die Schlacht bei Mühldorf. Eine geschichtliche Studie zum 600jähr. Gedenktag d. Schlacht. Festschrift zum Kraiburger Volksschauspiel »Ludwig der Bayer oder der Streit von Mühldorf«. Mühldorf 1922.
[58]
Rambold, Franz Xaver: Das Paradiesgärtlein. Mühldorf ^{2}1981, S. 72–76.
[59]
Vgl. zur Anschaffung der beiden Porträts Stadtarchiv Mühldorf, A 3128, Bogen 4.
[60]
Schober, Mühldorf (wie Anm. 50), S. 41.

Mühldorf in Bayern
Reinhard Heydenreuter
Seite 190

[1]
Rbl. 1802, S. 845; Döllinger, G.: Sammlung der im Gebiete der inneren Staats-Verwaltung des Königreichs Bayern bestehenden Verordnungen. Bd. 1. München 1835, S. 186.
[2]
Rbl. 1803, S. 41; Döllinger (wie Anm. 1), S. 403.
[3]
BayHStA, MF 57573.
[4]
Stahleder, Helmuth: Mühldorf am Inn. Die Landgerichte Neumarkt, Kraiburg und Mörmoosen und die Stadt Mühldorf (Historischer Atlas von Bayern, Teil Altbayern, Heft 36). München 1976, S. 374 ff.
[5]
Pfeiffer, Wolfgang: Mühldorf im Spiegelbild der großen Geschichte. In: Mühldorf. Stadt am Inn. Mühldorf 1989, S. 117.
[6]
VO v. 21 2.1799, Rbl. 149.
[7]
Rbl. 241.
[8]
Rbl. 521.
[9]
Pfeiffer (wie Anm. 5), S. 122.
[10]
Gerichtsverfassungsgesetz vom 10. Nov. 1861, Gbl. 1861/62, Sp. 209–248.
[11]
GVBl. 1969, 148.
[12]
Staatsanzeiger 1972, Nr. 2.
[13]
VO v. 23. Sept. 1810, Rbl. 809 ff.
[14]
VO v. 20. Febr. 1817, RBl. 113.
[15]
VO v. 29. Nov. 1837.

[16]
VO v. 24. März 1802, Rbl. 236.
[17]
BayHStA,MF 57573 .
[18]
GVBl. 315.
[19]
BayHStA, Minn 57655.
[20]
BayHStA, Minn 57655.
[21]
GVBl. 1897, 364.
[22]
Pfeiffer (wie Anm. 5), S. 155.
[23]
Rbl. 1808, Sp. 1089.
[24]
Rbl. 1808, Sp. 2789, 2405.
[25]
Stahleder, Mühldorf (wie Anm. 4), S. 387.
[26]
Gbl. S. 49.
[27]
Vgl. dazu Seydel, Max von: Bayerisches Staatsrecht, 2. Bd. 2. Aufl., Freiburg und Leipzig 1896, S. 4 ff.
[28]
Intelligenzblatt der kgl. Regierung von Oberbayern 1845, Sp. 1553.
[29]
Intelligenzblatt der kgl. Regierung von Oberbayern 1848, Sp. 1495.
[30]
Gbl. 865, 1009.
[31]
Pfeiffer (wie Anm. 5), S. 140.
[32]
GVBl. S. 796.
[33]
Staatsanzeiger 1972, Nr. 7.

Wachstum, Strukturwandel und Integration in der Peripherie der Industrialisierung
Christian Dirninger
Seite 202

Dieser Beitrag steht in Zusammenhang mit einem im Auftrag der Kreissparkasse Mühldorf durchgeführten Projekt zur Wirtschafts- und Sozialgeschichte des Landkreises Mühldorf im 19. und 20. Jahrhundert.
[1]
Wanka, Reinhard: Mühldorf wird Bahnstation. In: Das Mühlrad XXVIII (1986), S. 35–60; ders.: Der Bahnknotenpunkt Mühldorf. In: Das Mühlrad XXIX (1987), S. 6–30; ders.: Verkehrsknotenpunkt Mühldorf. In: Mühldorf. Stadt am Inn. Hgg. vom Heimatbund Mühldorf e.V. Mühldorf 1989, S. 289–298.
[2]
Wochen-Blatt für die Bezirke der königl. Landgerichte Burghausen, Altötting und Mühldorf 1848, S. 68.
[3]
Eisenmann, Joseph Anton: Topographisch-statistisches Lexicon vom Königreiche Bayern. Bd. 2. Erlangen 1831, S. 102.
[4]
Stadtarchiv Mühldorf, A 850/853.
[5]
Nachweisung der einzelnen Fabriken und Handwerksbetriebe; Stadtarchiv Mühldorf, A 826/923.
[6]
Stadtarchiv Mühldorf, B 24/3–24/7.
[7]
Der Landkreis, S. 49 f.
[8]
Pfeiffer, Wolfgang: Mühldorf im Spiegelbild der großen Geschichte. In: Mühldorf. Stadt am Inn. Hgg. vom Heimatbund Mühldorf e.V. Mühldorf 1989, S. 139 f.
[9]
Stadtarchiv Mühldorf, B 66: Chronik von Mühldorf a. Inn, Heimatbund , anno 1921, H. Eisendorfer.
[10]
Pfeiffer, Mühldorf, S. 161.
[11]
Müller, Peter: Das Bunkergelände im Mühldorfer Hart. Rüstungswahn und menschliches Leid. Mühldorf a. Inn 1999; Raim, Edith: Die Dachauer KZ-Außenkommandos Kaufering und Mühldorf. Rüstungsbauten und Zwangsarbeit im letzten Kriegsjahr 1944/45. München 1991.
[12]
Pfeiffer, Mühldorf, S. 176.
[13]
Spagl, Hans Rudolf: Neubeginn nach 1945. In: Mühldorf. Stadt am Inn. Mühldorf 1989, S. 185.

Bayern im 20. Jahrhundert
Ulrike Stoll
Seite 214

[1]
Aufruf Kurt Eisners »An die Bevölkerung Münchens« in der Morgenausgabe der Münchener Neuesten Nachrichten, 8.11.1918, abgedruckt in: Quellen zur Geschichte des Parlamentarismus und der politischen Parteien. Reihe I, Bd. 10: Die Regierung Eisner 1918/19. Ministerratsprotokolle und Dokumente. Bearb. von Franz J. Bauer. Düsseldorf 1987, Dok. 2.
[2]
Mayer, Franz: Bayerns Verfassungstradition – Gewachsene Eigenstaatlichkeit oder Selbsttäuschung? In: Roth, Rainer A. (Hg.): Freistaat Bayern. Die politische Wirklichkeit eines Landes der Bundesrepublik Deutschland. 3. überarbeitete Auflage, München 1982, S. 71.
[3]
Berlin, 9.7.1919, Bayerische Gesandtschaft Berlin, von Preger an den bayerischen Ministerpräsidenten; zitiert nach Schlögl, Sabine: »Das letzte sichtbare Zeichen der Souveränität, das Bayern noch besitzt« – Gesandtschaften in München und Berlin in der Weimarer Republik. In: Erichsen, Johannes / Brockhoff, Evamaria (Hg.): Bayern & Preußen & Bayerns Preußen. Schlaglichter auf eine historische Beziehung (Veröffentlichungen zur Bayerischen Geschichte und Kultur 41/99). Augsburg 1999, S. 136.
[4]
Gefordert wurde eine Verschiebung der Zuständigkeitsabgrenzung zwischen Reich und Ländern zugunsten letzterer, eine Stärkung des Reichsrats gegenüber dem Reichstag und vor allem die Rückgabe der Finanzhoheit an die Länder.
[5]
Schönhoven, Klaus: Die Bayerische Volkspartei 1924–1932 (Beiträge zur Geschichte des Parlamentarismus und der politischen Parteien 46). Düsseldorf 1972, S. 27.
[6]
Volkert, Wilhelm: Geschichte Bayerns. München 2001, S. 89.
[7]
Menges, Franz: Vom Freistaat zur Reichsprovinz (1918–1933). In: Treml, Manfred (Hg.): Geschichte des modernen Bayern. Königreich und Freistaat (Bayerische Landeszentrale für politische Bildungsarbeit 95). München 1994, S. 147–274, hier S. 226 f.
[8]
Vollhardt, Ulla-Britta: »Das Bayerland« und der Nationalsozialismus. Zum Wirken einer Heimatzeitschrift in Demokratie und Diktatur (Forschungen zur Landes- und Regionalgeschichte 4). St. Ottilien 1998, S. 48.
[9]
Ähnliche Überlegungen wurden auch vor der Gleichschaltung Bayerns 1933 und nach Ende des Zweiten Weltkriegs 1945/46 noch einmal angestellt.
[10]
Der Reichstagsabgeordnete und spätere Reichskanzler und Reichsaußenminister Gustav Stresemann vermutete 1922 für den von Monarchisten ersehnten und in verschiedenen Szenarien durchdachten Fall der Wiedereinführung dieser Staatsform in Bayern: »Nordbayern (Franken, Nürnberg) werde sich dann von Südbayern lostrennen, ebenso Augsburg: der Graf Fugger in Augsburg habe ihm gesagt, er werde nicht mitmachen und Augsburg auch nicht.« – So berichtet der Diplomat Harry Graf Kessler über eine Äußerung Stresemanns am 25.3.1922; Kessler, Harry Graf: Tagebücher 1918–1937. Hgg. von Wolfgang Pfeiffer-Belli. Frankfurt am Main 1996, S. 291.
[11]
In der seit 1816 zu Bayern gehörigen linksrheinischen Pfalz gab es zwischen 1918 und 1924 immer wieder Versuche der Abspaltung von Bayern, besonders während der Besetzung des Ruhrgebietes durch französische Truppen 1923/24. Vgl. Gräber, Gerhard / Spindler, Matthias: Revolver Republik am Rhein. Die Pfalz und ihre Separatisten. Bd. 1: November 1918–November 1923. Landau 1992.
[12]
Vgl. Mintzel, Alf: Bayern und die CSU – Regionale politische Traditionen und Aufstieg zur dominierenden Kraft. In: Geschichte einer Volkspartei. 50 Jahre CSU – 1945–1995. Sonderausgabe der Politischen Studien, hgg. von der Hanns-Seidel-Stiftung e.V. München 1995, S. 195–252,

hier S. 200–206; Thränhardt, Dietrich: Wahlen und politische Strukturen in Bayern 1848–1953. Historisch-soziologische Untersuchungen zum Entstehen und zur Neuerrichtung eines Parteiensystems (Beiträge zur Geschichte des Parlamentarismus und der politischen Parteien 51). Düsseldorf 1973, S. 152–180.

[13]
Beispiel hierfür ist etwa der Beschluss des schwäbischen Kreistags von 1929, für den Kreis Schwaben und Neuburg einen eigenen Heimatpfleger anzustellen – ein regionalpolitischer Schritt, der zwar nicht direkt gegen die bayerische Staatsregierung gerichtet war, aber doch sehr bewusst die eigene Stammeseigenart betonte. Vollhardt, Ulla-Britta: Zwischen Staatstradition und Regionalbewußtsein. Staatliche Heimatpolitik in Bayern nach 1945. In: Knoch, Habbo (Hg.): Das Erbe der Provinz. Heimatkultur und Geschichtspolitik nach 1945 (Veröffentlichungen des Arbeitskreises Geschichte des Landes Niedersachsen nach 1945 18). Göttingen 2001, S. 117–142, S. 128 f.

[14]
Ziegler, Walter: München als politisches Zentrum Bayerns: Regierungssitz und Gauhauptstadt. In: München, Hauptstadt der Bewegung. (Ausstellungskatalog) München 1993, S. 212–218, hier S. 212.

[15]
Ziegler, München, S. 213.

[16]
Vgl. z.B. eine Auseinandersetzung zwischen BVP-Anhängern und NSDAP-Leuten um einen weiß-blau geschmückten Maibaum in Daring bei Laufen im Mai 1935 (StA München, LRA 30658) oder zur selben Zeit den ähnlich gelagerten Konflikt in Putzbrunn bei München (StA München, LRA 58146).

[17]
Vgl. Kock, Peter Jakob: Bayerns Weg in die Bundesrepublik (Studien zur Zeitgeschichte 22). München 1988, S. 87–97.

[18]
Kock, Bayerns Weg, S. 101; vgl. auch S. 44–86.

[19]
Kock, Bayerns Weg, S. 101. Vgl. allgemein auch Ziegler, Walter: Widerstand in Bayern – Ein Überblick. In: Rumschöttel, Hermann / Ziegler, Walter (Hg.): Franz Sperr und der Widerstand gegen den Nationalsozialismus in Bayern. München 2001, S. 7–24.

[20]
Ziegler, München, S. 213.

[21]
Ebenda, S. 214.

[22]
Ebenda, S. 215; Ziegler, Walter: Die nationalsozialistischen Gauleiter in Bayern. Ein Beitrag zur Geschichte Bayerns im Dritten Reich. In: Zeitschrift für bayerische Landesgeschichte 58 (1995), S. 427–460, hier S. 452.

[23]
Vgl. Ziegler, Gauleiter, S. 453.

[24]
Hockerts, Hans Günter: »Hauptstadt der Bewegung« In: München, Hauptstadt der Bewegung. (Ausstellungskatalog) München 1993, S. 355.

[25]
Vgl. München, Hauptstadt der Bewegung. (Ausstellungskatalog) München 1993, S. 394.

[26]
Zorn, Wolfgang: Bayerns Geschichte im 20. Jahrhundert. Von der Monarchie zum Bundesland. München 1986, S. 444.

[27]
Proklamation Nr. 2, abgedruckt in: Ursachen und Folgen. Vom deutschen Zusammenbruch 1918 und 1945 bis zur staatlichen Neuordnung Deutschlands in der Gegenwart. Hgg. und bearb. von Herbert Michaelis und Ernst Schraepler. Bd. 23: Deutschland unter dem Besatzungsregime. Berlin o.J., S. 46 f.

[28]
Ziegler, München, S. 218.

[29]
Vgl. Gelberg, Karl Ulrich: Die bayerische Pfalzpolitik 1945–1956 mit einem Quellenanhang. In: Zeitschrift für bayerische Landesgeschichte 58 (1995), S. 637–672.

[30]
Mayer, Verfassungstradition, S. 73.

[31]
Fait, Barbara: Demokratische Erneuerung unter dem Sternenbanner. Amerikanische Kontrolle und Verfassungsgebung in Bayern 1946 (Beiträge zur Geschichte des Parlamentarismus und der politischen Parteien 114). Düsseldorf 1998, S. 514 f., S. 543 f.

[32]
Mayer, Verfassungstradition, S. 77.

[33]
Zur Entstehung der Präambel vgl. Schmidt, Eduard: Staatsgründung und Verfassungsgebung in Bayern. Die Entstehung der Bayerischen Verfassung vom 8. Dezember 1946. Bd. 1 (Beiträge zum Parlamentarismus 10/1). Regensburg 1993, S. 139–141.

[34]
Vgl. Stoll, Ulrike: Bayern – ein Land ohne Identitätsprobleme? In: Geschichte im Westen 16 (2001), S. 20–37, hier S. 23–26; Vollhardt, Staatstradition, S. 124–131.

[35]
Vgl. Vollhardt, Staatstradition, S. 135 f.

[36]
Vgl. Handl, Johann: War die schnelle Integration der Vertriebenen ein Mythos? In: Endres, Rudolf (Hg.): Bayerns vierter Stamm. Die Integration der Flüchtlinge und Heimatvertriebenen nach 1945 (Bayreuther historische Kolloquien 12). Köln u.a. 1998, S. 183–214.

[37]
Mintzel, Alf: Die CSU-Hegemonie in Bayern. Strategie und Erfolg. Gewinner und Verlierer. Passau 1998; Thränhardt, Wahlen, S. 152–180.

[38]
Speckle, Birgit: Streit ums Bier in Bayern. Wertvorstellungen um Reinheit, Gemeinschaft und Tradition (Münchner Universitätsschriften. Münchner Beiträge zur Vokskunde 27). Münster u.a. 2001.

[39]
Lanzinner, Maximilian: Zwischen Sternenbanner und Bundesadler. Bayern im Wiederaufbau 1945–1958. Regensburg 1996, S. 253; vgl. grundlegend Erker, Paul: Keine Sehnsucht nach der Ruhr. Grundzüge der Industrialisierung in Bayern 1900–1970. In: Geschichte und Gesellschaft 17 (1991), S. 480–511.

[40]
Gelberg, Karl Ulrich: Alfons Goppel (1905–1991). In: Aretz, Jürgen / Morsey, Rudolf / Rauscher, Anton (Hg.): Zeitgeschichte in Lebensbildern. Bd. 10. Münster 2001, S. 261–279, hier S. 265; »Das schönste Amt der Welt.« Die bayerischen Ministerpräsidenten von 1945 bis 1993 (Staatliche Archive Bayerns. Kleine Ausstellungen 13). Hgg. von der Generaldirektion der Staatlichen Archive Bayerns. München 1999, S. 102; zur Energie- und Verkehrspolitik vgl. Deutinger, Stephan: Eine »Lebensfrage für die bayerische Industrie«. Energiepolitik und regionale Energieversorgung 1945 bis 1980. In: Schlemmer, Thomas / Woller, Hans (Hg.): Bayern im Bund. Bd. 1: Die Erschließung des Landes 1949 bis 1973 (Quellen und Darstellungen zur Zeitgeschichte 52). München 2001, S. 33–118; und Gall, Alexander: »Gute Straßen bis ins kleinste Dorf!« Verkehrspolitik und Landesplanung 1945 bis 1976. In: Schlemmer, Thomas / Woller, Hans (Hg.): Bayern im Bund. Bd. 1: Die Erschließung des Landes 1949 bis 1973 (Quellen und Darstellungen zur Zeitgeschichte 52). München 2001, S. 119–204.

[41]
Deutinger, Stephan: Vom Agrarland zum High Tech Staat: zur Geschichte des Forschungsstandorts Bayern 1945–1980. München, Wien 2001.

[42]
So Ministerpräsident Franz Josef Strauß in der Regierungserklärung vom 18. November 1982; zitiert nach Deutinger, Agrarland, S. 33.

[43]
Deutinger, Agrarland, S. 35.

[44]
Wolfgang Zorn, zitiert nach Gelberg, Goppel, S. 279.

[45]
Ebenda, S. 267.

[46]
Vgl. Müller, Winfried / Schröder, Ingo / Mößlang, Markus: »Vor uns liegt ein Bildungszeitalter.« Umbau und Expansion – das bayerische Bildungssystem 1950 bis 1975. In: Schlemmer, Thomas / Woller, Hans (Hg.): Bayern im Bund. Bd. 1: Die Erschließung des Landes 1949 bis 1973 (Quellen und Darstellungen zur Zeitgeschichte 52). München 2001, S. 273–355.

[47]
Volkert, Geschichte Bayerns, S. 111.

[48]
Gelberg, Goppel, S. 271 f.; Schlemmer, Thomas / Woller, Hans: Einleitung. In: Dies. (Hg.): Bayern im Bund. Bd. 1: Die Erschließung des Landes 1949 bis 1973 (Quellen und Darstellungen zur Zeitgeschichte 52). München 2001, S. 1–31, hier S. 19–22.
[49]
Vgl. Mayer, Verfassungstradition, S. 76.
[50]
Das schönste Amt, S. 125.
[51]
Gelberg, Goppel, S. 266.
[52]
Ebenda, S. 269.
[53]
Das schönste Amt, S. 134 f.
[54]
Ebenda, S. 174.
[55]
Vgl. Geleitwort. In: Rumschöttel, Hermann / Ziegler, Walter (Hg.): Franz Sperr und der Widerstand gegen den Nationalsozialismus in Bayern. München 2001, S. V f.
[56]
Vgl. die Positionsbeschreibung des bayerischen Staatsministers für Bundes- und Europaangelegenheiten: Bocklet, Reinhold: Föderalismus heute: Landespolitik zwischen Bund und Europa. In: Bayern und das Grundgesetz. Hgg. vom Bayerischen Landtag. München 1999, S. 37–47.

Zwischen Ende und Anfang

Angelika Fox
Seite 228

[1]
Hamberger, Edwin: Luftangriffe auf Mühldorf a. Inn. 19. März 1945 / 20. April 1945. In: Das Mühlrad XXXVII (1995), S. 141–160.
[2]
Siehe dazu die Veröffentlichungen von Prähofer, Hans: Durch Nacht zum Licht. In: Mühldorfer Nachrichten im Oberbayerischen Volksblatt (23.8.1949–14.2.1950) und darauf zurückgehend Prähofer, Hans: Wie es war. Kriegsende und Neubeginn in Mühldorf am Inn und seinem Hinterland. Mühldorf [3]1994 (1985). Des Weiteren die Artikelserie im Mühldorfer Anzeiger: Vor 10 Jahren (20.4.1955–15./16.6.1955).
[3]
Der Bericht von Hans Gollwitzer von 1952 über den Einmarsch der Amerikaner und seine eigenen Verdienste stellt eine nachträgliche Rechtfertigung seiner nationalsozialistischen Vergangenheit dar und ist deshalb als zuverlässige Quelle nur eingeschränkt verwendbar: Stadtarchiv Mühldorf, B 48/4, S.60–64.
[4]
StA München, LRA 184.478: Wochenbericht, 25.7.1945.
[5]
StA München, LRA 184.480: Wöchentliche Lageberichte der Schutzpolizei, 20.7. und 10.8.1945.
[6]
Prähofer, Hans: Durch Nacht zum Licht. In: Mühldorfer Nachrichten im Oberbayerischen Volksblatt, 32. Fortsetzung (23.8.1949–14.2.1950).
[7]
StA München, LRA 184.468: Wochenbericht Nr. 14, 18.3.1947.
[8]
StA München, LRA 184.472: Wochenbericht Nr. 12, 18.3.1947.
[9]
StA München, LRA 184.472: Wöchentliche Lageberichte der Schutzpolizei, 17.12.1947.
[10]
Stadtarchiv Mühldorf, A 4226: Lagebericht der Stadtpolizei, 23.6.1948. Das folgende Zitat ebenfalls aus diesem Bericht.
[11]
Stadtarchiv Mühldorf, A 4226: Lagebericht, 13.10.1946.
[12]
Stadtarchiv Mühldorf, A 4226: Lageberichte, 28.2.1946 und 22.3.1946.
[13]
BayHStA, OMGUS CO 440/8: War diary, 10.9.1945.
[14]
BayHStA, OMGUS CO 440/8: Monthly Historical Report, 31.12.1945.
[15]
Mühldorfer Anzeiger 102 (11.5.1945) bzw. StA München, LRA 184.478: Wöchentlicher Lagebericht der Schutzpolizei, 25.7.1945 und BayHStA, OMGUS CO 440/8: War diary, 31.12.1945.
[16]
BayHStA, Polizeipräs. Obb. 291: Schreiben der Landpolizei, 1.11.1945.
[17]
Dazu zählten auch »volksdeutsche Flüchtlinge« aus der Tschechoslowakei. Die fünf Lager waren: Reichsbahnlager, Rennbahnlager, Friedhoflager, Mohrenberglager, Lager an der Neumarkter Straße 17.
[18]
StA München, LRA 184.481: Monatsbericht, 31.1.1949.
[19]
Amtsblatt des Landkreises Mühldorf/Obb. 24 (13.6.1952).
[20]
Raim, Edith: Die Dachauer KZ-Außenkommandos Kaufering und Mühldorf. Rüstungsbauten und Zwangsarbeit im letzten Kriegsjahr 1944/45. München 1991; Fürmetz, Gerhard: Pragmatismus, Verweigerung, Opfermentalität. Historische Untersuchungen zur Verwaltung, Beseitigung und Verarbeitung der NS-Hinterlassenschaft im Nachkriegsbayern am Beispiel des Rüstungs- und KZ-Außenkommandokomplexes im Landkreis Mühldorf am Inn (1945–1952). Ungedruckte Magisterarbeit. München 1992; Müller, Peter: Das Bunkergelände im Mühldorfer Hart. Rüstungswahn und menschliches Leid. Mühldorf [2]2000; Müller, Peter: Die Konzentrationslager im Kreis Mühldorf. In: Das Mühlrad XXIII (1981), S. 5–33; Müller, Peter / Blindeneder, Georg: Das Bunkergelände im Mühldorfer Hart. In: Das Mühlrad XXVI (1984), S. 73–86; Hammermann, Gabriele: Die Dachauer Außenlager um Mühldorf. In: Dachauer Hefte 15 (1999), S. 77–98; Raim, Edith: Das Mühldorfer Außenlager des Konzentrationslagers Dachau 1944/45. In: Bayerischer Landesverein für Heimatpflege e.V. (Hg.): Forum Heimatforschung. Ziele–Wege–Ergebnisse, Heft 6: Zeitgeschichte und Heimatforschung. München 2001, S. 115–136; Fürmetz, Gerhard: Ein NS-Rüstungsprojekt und seine Folgen. In: Haustein, Petra / Schmolling, Rolf / Skriebeleit, Jörg (Hg.): Konzentrationslager. Geschichte und Erinnerung. Neue Studien zum KZ-System und zur Gedenkkultur. Ulm 2001, S. 71–87. Siehe auch StA München, LRA 188.485: Schreiben Dr. Jauer, 6.6.1945.
[21]
Hammermann, Gabriele: Die Dachauer Außenlager um Mühldorf. In: Dachauer Hefte 15 (1999), S. 97.
[22]
Fürmetz, Gerhard: Pragmatismus, Verweigerung, Opfermentalität. München 1992, S. 82–89.
[23]
Müller, Peter: Das Bunkergelände im Mühldorfer Hart. Rüstungswahn und menschliches Leid. Mühldorf [2]2000, S. 29.
[24]
Valentien, Christoph: KZ-Außenlager Mühldorf. In: Dachauer Hefte 15 (1999), S. 218–239; Aicher, Ernst: Das Bunkergelände im Mühldorfer Hart. Als Mahnmal gerettet und interdisziplinär erforscht. In: Bayerischer Landesverein für Heimatpflege e.V. (Hg.): Forum Heimatforschung. Ziele–Wege–Ergebnisse, Heft 6: Zeitgeschichte und Heimatforschung. München 2001, S.136–144.
[25]
Fürmetz, Gerhard: Pragmatismus, Verweigerung, Opfermentalität. München 1992, S. 54.
[26]
Amtliche Bekanntmachungen (1.6.1945, 19.6.1945, 22.6.1945).
[27]
Siehe dazu Fürmetz, Gerhard: Pragmatismus, Verweigerung, Opfermentalität. München 1992.
[28]
Mühldorfer Anzeiger 4/78 (9.9.1949).
[29]
StA München, LRA 188.484 und Stadtarchiv Mühldorf, A 2924.
[30]
Fürmetz, Gerhard: Pragmatismus, Verweigerung, Opfermentalität. München 1992, S. 87–90 und vor allem S. 110–117; Raim, Edith: Das Mühldorfer Außenlager des Konzentrationslagers Dachau 1944/45. In: Bayerischer Landesverein für Heimatpflege e.V. (Hg.): Forum Heimatforschung. Ziele–Wege–Ergebnisse, Heft 6: Zeitgeschichte und Heimatforschung. München 2001, S. 128–130.

[31]
BayHStA, OMGUS CO 440/8: Monthly Historical Report, September 1945.
[32]
Amtliche Bekanntmachungen (1.2.1946).
[33]
Siehe beispielsweise StA München, LRA 188.468: Wochenberichte Nr. 3, 18.3.1946 und Nr. 14, 8.3.1946.
[34]
StA München, LRA 184.444.
[35]
BayHStA, MSO 0159: Landrat an Militärregierung, 12.12.1945 und weitere Schreiben o. D.
[36]
Gesetz- und Verordnungsblatt Nr. 10 (1.7.1945). Für die Mühldorfer Bevölkerung zugänglich über das Oberbayerische Volksblatt 2/19 (8.3.1946), S. 7–10.
[37]
StA München, LRA 188.468: Wochenbericht Nr. 3, 18.3.1946.
[38]
Gruppe 1 = Hauptschuldige und damit u.a. automatische Einweisung in ein Arbeitslager für mehrere Jahre, Gruppe 2 = Belastete, Gruppe 3 = Minderbelastete, Gruppe 4 = Mitläufer, Gruppe 5 = Entlastete.
[39]
Eine gute Übersicht über die verfahrensrechtlichen Grundzüge des BefrG bietet Daum, Wolfgang: Entnazifizierung in Landsberg. Das Befreiungsgesetz vom 5. März 1946 und seine Praktische Durchführung. St. Ottilien 1996, bes. S. 52–90.
[40]
BayHStA, MSO 0151.
[41]
BayHStA, MSO 0159: Liste zur personellen Besetzung der Spruchkammer Mühldorf, 22.6.1946.
[42]
Amtliche Bekanntmachungen (30.10.1946).
[43]
Die (Um-)Besetzungen der Spruchkammer Mühldorf in: BayHStA, MSO 0159.
[44]
Stadtarchiv Mühldorf, A 4226: Lagebericht, 1.10.1946.
[45]
Prähofer, Hans: Durch Nacht zum Licht. In: Mühldorfer Nachrichten im Oberbayerischen Volksblatt, 56. und 61. Fortsetzung (23.8.1949–14.2.1950).
[46]
Stadtarchiv Mühldorf, A 4226: Lagebericht, 13.10.1946.
[47]
Oberbayerisches Volksblatt 3/8 (28.1.1947), S. 5. Allerdings gab es auch Spruchkammern, die überhaupt noch keinen Fall zum Abschluss gebracht hatten.
[48]
Niethammer, Lutz: Die Mitläuferfabrik. Die Entnazifizierung am Beispiel Bayerns. Berlin/Bonn 1982, bes. S. 436–482.
[49]
Süddeutsche Zeitung 11 (25.1.1947): »Die Hineingepressten von Mühldorf« und Oberbayerisches Volksblatt 3/10 (4.2.1947), S. 5: »Schützte Landrat Goßner die Nazis?«. Schließlich gelangte der Fall bis vor den Landtag: Der FDP-Abgeordnete Fritz Linnert nutzte den Vorfall, um das allgemein bekannte eigenmächtige Verhalten des Sonderministers Loritz anzuprangern: Stenographischer Bericht über die Verhandlungen des Bayerischen Landtags, 5. Sitzung (30.1.1947), S. 73–103, bes. S. 90–94 und 6. Sitzung (31.1.1947), S. 105–135, bes. S. 129.
[50]
StA München, LRA 188.472: Wochenbericht Nr. 10, 5.3.1947 und LRA 188.473: Wochenbericht Nr. 20, 13.5.1947; Stadtarchiv Mühldorf, A 2866.
[51]
StA München, LRA 188.472: Wochenbericht Nr. 4, 22.1.1947: Kastl war bereits bei der Entnazifizierung der Mühldorfer Lehrerschaft im fünfköpfigen Vorprüfungsausschuss tätig gewesen (StA München, LRA 184.060–184.064). Sein Manko war vor allem die Herkunft: Wie alle anderen stammte er weder aus Mühldorf noch aus Bayern.
[52]
BayHStA, OMGUS CO 440/8: Monthly Historical Report, Oktober 1947; StA München, LRA 188.473: Wochenbericht Nr. 33, 13.8.1947.
[53]
StA München, LRA 188.474: Wochenberichte Nr. 8, 27.2.1948 und Nr. 11, 17.3.1948. Siehe auch BayHStA, MSO 0159: Schreiben vom 28.4.1948 und Abschrift eines Berichts des Landrats, o.D.
[54]
BayHStA, MSO 0159: Spruchkammervorsitzender Pisner an Minister für Sonderaufgaben, 1.6.1948.
[55]
StA München, LRA 188.481: Monatsbericht, 25.6.1948.
[56]
BayHStA, MSO 0159: Schreiben vom 15.9.1948.
[57]
BayHStA, OMGUS CO 440/8: War diary, 31.12.1945.
[58]
Stadtarchiv Mühldorf, A 4740.
[59]
Stadtarchiv Mühldorf, A 2865: Wöchentliche Lageberichte an die Militärregierung, 6.2.1946; Stadtarchiv Mühldorf, A 4226: Lagebericht der Schutzpolizei vom 31.1.1946; Amtliche Bekanntmachungen (1.2.1946).
[60]
StA München, LRA 184.473: Wochenbericht Nr. 26, 25.6.1947.
[61]
Stadtarchiv Mühldorf, A 4201; Stadtarchiv Mühldorf, B 38/5: Stadtratsbeschlussbuch.
[62]
Stadtarchiv Mühldorf, A 4226: Lagebericht der Schutzpolizei vom 21.5.1947 (mit Nachtrag).
[63]
Stadtarchiv Mühldorf, A 3666.
[64]
Siehe zum Folgenden die Aufzeichnungen zum Leben Gollwitzers im Stadtarchiv Mühldorf.
[65]
StA München, LRA 184.481: Monatsbericht, 27.4.1948.
[66]
StA München, LRA 188.475.

Heimat verloren – Heimat gewonnen
Reinhard Wanka
Seite 242

[1]
Zitiert nach: Krockow, Christian Graf von: Heimat – eine Einführung in das Thema. In: Bundeszentrale für politische Bildung (Hg.): Heimat (Schriftenreihe Band 294). Bonn 1990, S. 56–69, hier S. 62.
[2]
Diese beiden Begriffe werden hier, dem damaligen Sprachgebrauch folgend, synonym verwendet.
[3]
Bundesministerium des Innern (Hg.): Betrifft: Eingliederung der Vertriebenen, Flüchtlinge und Kriegsgeschädigten in der Bundesrepublik Deutschland. Bonn 1982, S. 12 f.
[4]
Blumenwitz, Dieter: Denk' ich an Deutschland. Dokumentenband. München 1989, S. 28.
[5]
Vgl. Zayas, Alfred M. de: Die Vertreibung. In: Grube, Frank / Richter, Gerhard: Flucht und Vertreibung. Deutschland zwischen 1944 und 1947. Hamburg 1980, S. 169–184, hier S. 169.
[6]
Von Beginn der Ausweisung bis Ende April waren dies täglich 4 Züge mit je etwa 1200 Personen, bis Mitte Juli täglich 6 Züge, dann bis 3. November täglich 4 Züge, bis Ende November täglich 3 Züge. Nach: Bundesministerium für Vertriebene, Flüchtlinge und Kriegsgeschädigte (Hg.): Die Eingliederung der Flüchtlinge in die deutsche Gemeinschaft. Bericht der ECA Technical Assistance Commission (Sonne-Bericht). Bonn 1951, S. 123.
[7]
Nach Bauer, Franz: Flüchtlinge und Flüchtlingspolitik in Bayern, 1945–1950. Stuttgart 1982, S. 25.
[8]
Jaenicke, Wolfgang: Jahresbericht über die Tätigkeit der Bayerischen Flüchtlingsverwaltung. München 1947, S. 2.
[9]
So besagt eine Meldung der Gemeinde Oberhofen, Landkreis Mühldorf, dass ab Januar 1944 mehrere Familien aus München und aus Wien evakuiert worden waren. Diese kehrten in den Monaten September und Oktober des Jahres 1945 wieder nach München bzw. Wien zurück. Sogar Mühldorfer Bürger wurden nach dem ersten Bombenangriff in die Landgemeinden evakuiert, z.B. nach Rattenkirchen (Frdl. Mitteilung Erika Maillinger).

[10]
Jaenicke, Wolfgang: Vier Jahre Betreuung der Vertriebenen in Bayern 1945–1949. München 1950, S. 7.
[11]
Ebenda, S. 8.
[12]
Kornrumpf, Martin: In Bayern angekommen. München 1979, S. 112.
[13]
Stadtarchiv Mühldorf, Einwohnerstatistik.
[14]
Bayerisches Statistisches Landesamt (Hg.): Statistisches Handbuch für Bayern. München 1946, S. 146 ff.
[15]
Gerundet auf volle Prozent.
[16]
Bei den Angriffen wurden 471 Wohnungen total zerstört und 791 Wohnungen beschädigt, was etwa 40 % des Wohnraums in der Stadt Mühldorf entsprach.
[17]
Vgl. Müller, Peter: Das Bunkergelände im Mühldorfer Hart. 2. erw. Aufl., Mühldorf 2000, S. 87 ff.
[18]
Franz, Georg: Entstehung und Entwicklung der Industriesiedlung Waldkraiburg. Waldkraiburg 1955, S. 15.
[19]
StA München, LRA 188467, Wochenbericht des Landrats an die Militärregierung vom 11.1.1946
[20]
StA München, LRA 188478, Lagebericht des Landrats vom 23. Juli 1945.
[21]
Jaenicke, Jahresbericht (wie Anm. 8), S. 1.
[22]
Bauer, Flüchtlinge, S. 58 f.
[23]
Dokumentationsstelle im Landratsamt Mühldorf (Doku Mdf), Schreiben vom 23.11.1945 an den Landrat.
[24]
Doku Mdf, Rundschreiben Nr. 1 vom 24.11.1945.
[25]
Besatzungsanordnungen, Stadtarchiv Mühldorf, A 3664.
[26]
Doku Mdf, Schreiben vom 5.12.1945 an den Landrat.
[27]
StA München LRA 188469, Wochenbericht vom 24.5.1946.
[28]
Statistischer Informationsdienst, Oktober 1946, S. 18.
[29]
Prähofer, Hans: Wie es war. 4. Aufl., Mühldorf 2000, S. 112.
[30]
Jaenicke, Betreuung, S. 26.
[31]
Amtliches Zahlenmaterial, II, 1947, S.6.
[32]
Jaenicke, Betreuung, S. 26.
[33]
Bauer, Flüchtlinge, S. 76.
[34]
Polizeibericht (Stadtpolizei Mühldorf) vom 4.12.1946.
[35]
Hierbei handelte es sich um ein ehemaliges Bauarbeiterlager der OT.
[36]
Polizeibericht vom 4.12.1946.
[37]
Festschrift Elastonwerk Waldkraiburg. Waldkraiburg 1958, S. 19.
[38]
Erstes Wohnungsbaugesetz vom 24. April 1950.
[39]
Wanka, Wilfried: 40 Jahre Gemeinnützige Kreis-Wohnungsbaugesellschaft mbH Mühldorf a. Inn. Festschrift. Mühldorf 1991, S. 24–36.
[40]
Sonne-Bericht (s. Anm. 3), S. 234.
[41]
Aufnahmestaaten und Flüchtlinge selbst sind dort an einer Integration nicht interessiert.
[42]
Müller, Karl Valentin: Die psychisch-soziale Einwurzelung der Flüchtlingsgruppen in Westdeutschland, gemessen am Konnubium. Sonderabdruck, Göttingen 1950, S. 1.
[43]
Ab 1960 wird bei der Herkunft der Ehepartner nicht mehr unterschieden.
[44]
Polizeibericht vom 10.9.1946.
[45]
Polizeibericht vom 24.9.1946.
[46]
Ebenda.
[47]
Mühldorfer Anzeiger, Ergebnis der Volkszählung, 4. Oktober 1950.
[48]
In unmittelbarer Nähe z.B. Lager Pürten und Mettenheim-Hart.
[49]
Jahresberichte der Oberrealschule, Nr. 33 und Nr. 37.
[50]
Von den früher vier selbstständigen Gemeinden der heutigen Stadt Mühldorf hatte Altmühldorf – lässt man den Ortsteil Ecksberg außer Acht – mit mehr als 30 % den weitaus höchsten Anteil an Flüchtlingen vor Mößling mit 25 %, Hart/Hölzling (19 %) und Mühldorf (16 %).
[51]
Gemeinde Altmühldorf: Orts-Chronik. 3 Bände. Altmühldorf o.J.
[52]
Eigene Parteigründungen von Vertriebenen waren der BHE (Bund der Heimatvertriebenen und Entrechteten) und die WAV (Wirtschaftliche Aufbau-Vereinigung), welche anfänglich bedeutenden Einfluss auf die politischen Entscheidungen der jungen Bundesrepublik nehmen konnten. Mit zunehmender Integration verschwanden diese Vertretungen von Volksgruppen aus den Parlamenten und Räten und wichen Parteien und Initiativen, die sich an Zielen und nicht vorrangig an der landsmannschaftlichen Herkunft der Mitglieder orientieren.
[53]
Orts-Chronik Altmühldorf.
[54]
Männergesangverein Altmühldorf: Vereinschronik. Altmühldorf o.J.
[55]
Orts-Chronik Altmühldorf.

»Irgendwo muß doch gefahren werden können«
Gerhard Fürmetz
Seite 250

[1]
StA München, LRA 185606, Stellungnahme des Bezirksingenieurs von Mühldorf vom 24.11.1929.
[2]
Vgl. dazu allgemein Matzerath, Horst (Hg.): Stadt und Verkehr im Industriezeitalter (Städteforschung, Reihe A 41). Köln u.a. 1996; Reininghaus, Wilfried / Teppe, Karl (Hg.): Verkehr und Region im 19. und 20. Jahrhundert. Westfälische Beispiele (Forschungen zur Regionalgeschichte 29). Paderborn 1999.
[3]
Vgl. Pohl, Hans (Hg.): Die Einflüsse der Motorisierung auf das Verkehrswesen von 1886 bis 1986 (Zeitschrift für Unternehmensgeschichte, Beiheft 52). Stuttgart 1988; Niemann, Harry / Hermann, Armin (Hg.): Die Entwicklung der Motorisierung im Deutschen Reich und den Nachfolgestaaten. Stuttgarter Tage zur Automobil- und Unternehmensgeschichte. Stuttgart 1995; Kühne, Thomas: Massenmotorisierung und Verkehrspolitik im 20. Jahrhundert: Technikgeschichte als politische Sozial- und Kulturgeschichte. In: Neue Politische Literatur 41 (1996), S. 196–229; Kuhm, Klaus: Moderne und Asphalt. Die Automobilisierung als Prozeß technologischer Integration und sozialer Vernetzung (Stadt, Raum und Gesellschaft 9). Pfaffenweiler 1997; Schmucki, Barbara: Vom Schwung der Fahrt zur Form der Strasse. Veränderungen des städtischen Raums im Zeichen der Massenmotorisierung. In: Traverse 6 (1999) Nr. 2, S. 151–168. – Zum Konkurrenzkampf Straße–Schiene vgl. insbesondere Wolf, Winfried: Eisenbahn und Autowahn. Personen- und Gütertransport auf Schiene und Straße. Geschichte, Bilanz, Perspektiven. Hamburg / Zürich 1986.
[4]
Vgl. Zeller, Thomas: Landschaften des Verkehrs. Landschaftsveränderung durch Verkehrswege in Deutschland im 20. Jahrhundert. Öffentliche Diskussion und technische Lösungsangebote. Diss. München 1998.
[5]
Ausgewertet wurden v.a. die Überlieferungen im Bayerischen Hauptstaatsarchiv (BayHStA) und im Staatsarchiv München (StA München). – Zur Geschichte der Verkehrskartografie in Bayern vgl. Wolff, Hans u.a.: Cartographia Bavariae. Bayern im Bild der Karte (Ausstellungskataloge der Bayerischen Staatsbibliothek 44). Weißenhorn 1988, S. 321–344. – Nennenswerte Literatur zur Verkehrsgeschichte Mühldorfs gibt es nur in den Bereichen Eisenbahn und Schifffahrt; der Straßenverkehr ist mit Ausnahme des Posttransports und

der Mühldorfer Innbrücke noch nicht erforscht. Zusammenfassend bisher nur der knappe Überblick von Wanka, Reinhard: Verkehrsknotenpunkt Mühldorf. In: Heimatbund Mühldorf e.V. (Hg.): Mühldorf. Stadt am Inn. Mühldorf 1989, S. 289–298.

[6]
Dem lokalen Flugverkehr mit seinen Start- und Landeplätzen im Isental bei Ampfing und Mößling kommt nur vergleichsweise geringe Bedeutung zu. Während der NS-Zeit existierte ab 1936/37 noch ein Militärflugplatz bei Mettenheim; vgl. Schwabe, Günter / Wanka, Reinhard: Der Flugplatz Mettenheim. Eine Dokumentation zur Zeitgeschichte des Landkreises Mühldorf von 1933 bis 1945. In: Das Mühlrad XXX (1988), S. 65–76; Heiß, Ulrich: Militärbauten. In: Nerdinger, Winfried (Hg.): Bauen im Nationalsozialismus. Bayern 1933–1945 (Ausstellungskataloge des Architekturmuseums der Technischen Universität München und des Münchner Stadtmuseums 9). München 1993, S. 462–513, hier S. 498. Ebenfalls nicht behandelt werden Kommunikationswege wie Telegraf (in Mühldorf ab 1863) und Fernsprecher (ab 1897); vgl. dazu Sullek, Otto H.: Telegrafendienst und Fernsprechbetrieb in Mühldorf. In: Das Mühlrad XXVII (1985), S. 15–34.

[7]
Vgl. z.B. Neweklowsky, Ernst: Die Schiffahrt und Flößerei im Raum der oberen Donau. Bd. 1–3 (Schriftenreihe des Instituts für Landeskunde von Oberösterreich 5, 6, 16). Linz 1952/54/64; Aberle, Andreas: Nahui, in Gotts Nam! Schiffahrt auf Donau und Inn, Salzach und Traun. Rosenheim 1974, S. 8–33; Heyn, Hans (Hg.): Der Inn. Vom Engadin ins Donautal. Von der Urzeit bis heute. Rosenheim 1989, S. 214–226; Egginger, Josef: Schifffahrt auf dem Inn. In: Vogel, Dieter (Hg.): Der Inn. Landschaften und Städte. Vilsbiburg 2001, S. 52–61. – Speziell zu Mühldorf vgl. Hauf, Eugen: Vom Ende der Innschiffahrt. In: Das Mühlrad II (1952), S. 12–15; Neweklowsky, Ernst: Mühldorf und die Innschiffahrt. In: Der Landkreis Mühldorf am Inn. Geschichtliche Entwicklung und Gegenwart. Ein Heimatbuch. München 1962, S. 28–33; Ring, Uwe: Die Innschiffahrt. In: Heimatbund Mühldorf, Mühldorf, S. 275–288.

[8]
Vgl. v.a. Freundl, Stefan: Die Dampfschiffahrt auf dem Inn. Wasserburg 1984.

[9]
Vgl. allgemein Hauf, Eugen: Die Umgestaltung des Innstromgebietes durch den Menschen. Eine kulturgeographische Untersuchung vor allem der Korrektion und der Groß-Wasserkraftausnutzung sowie deren Folgen. In: Mitteilungen der Geographischen Gesellschaft in München 37 (1952); Zitka, Hans-Roland: Die wirtschaftlichen Veränderungen im bayerischen Raum zwischen Inn und Salzach (Schriften des Instituts für Kultur- u. Sozialforschung e.V. 6). Gräfelfing bei München 1959, S. 52–97; Kraus, Werner: Wasserkraft am Inn. In: Vogel, Inn, S. 62–67. – Speziell zum Innkanal vgl. Haas, Hans: Das Kraftwerk Jettenbach–Töging. In: Ebd., S. 68–73; Ahammer, Hubert: Das Kanalkraftwerk Töging–Jettenbach. In: Das Mühlrad XXII (1980), S. 90–100; Kolbinger, Andreas: »Die Hochzeit des Kanals« – Ein Bericht über die erste Flutung des Innkanals. In: Das Mühlrad XXXVIII (1996), S. 93–106.

[10]
Vgl. Gollwitzer, Hans: Hundert Jahre Mühldorfer Eisenbahn. In: Das Mühlrad XIV (1971/72), S. 77–87; Wanka, Reinhard: Mühldorf wird Bahnstation. In: Das Mühlrad XXVIII (1986), S. 35–60; Wanka, Reinhard: Der Bahnknotenpunkt Mühldorf. In: Das Mühlrad XXIX (1987), S. 6–30; Wanka, Reinhard / Wiesner, Wolfgang: Hauptbahn München–Simbach und ihre Zweigbahnen. Egglham 1996; Vyzina, Rudolf: Festschrift Linienstern Mühldorf. München 1994. – Jetzt grundlegend zur Geschichte der Eisenbahn in Bayern bis 1920: Hetzer, Gerhard u.a.: Weichenstellungen. Eisenbahnen in Bayern 1835–1920. Eine Ausstellung des Bayerischen Hauptstaatsarchivs (Ausstellungskataloge der Staatlichen Archive Bayerns 43). München 2001.

[11]
Vgl. Oegg, Bärbel: Mühldorf am Inn. Eine stadtgeographische Skizze. In: Mitteilungen der Fränkischen Geographischen Gesellschaft 13/14 (1966/67), S. 371–384, hier S. 375–378.

[12]
Hartung, Gottfried: Die bayerischen Landstraßen, ihre Entwicklung im XIX. Jahrhundert und ihre Zukunft. Eine historisch-kritische Studie aus dem Gebiete der bayerischen Verkehrspolitik (Wirtschafts- und Verwaltungsstudien mit besonderer Berücksichtigung Bayerns 16). Leipzig 1902, S. 11–12.

[13]
Vgl. Schlögl, Daniel: Der planvolle Staat. Reformpolitik und kartographische Landesaufnahme im spätabsolutistischen Bayern. Phil. Diss. München 2001, S. 39–91.

[14]
Vgl. z.B. Hartung, Landstraßen, S. 16–21.

[15]
Vgl. Schäfer, Hans-Peter: Bayerns Verkehrswesen im frühen 19. Jahrhundert. In: Müller, Rainer A. (Hg.): Aufbruch ins Industriezeitalter. Bd. 2: Aufsätze zur Wirtschafts- und Sozialgeschichte Bayerns 1750–1850 (Veröffentlichungen zur Bayerischen Geschichte und Kultur 4/85). München 1985, S. 308–322, hier S. 311–314; Hartung, Landstraßen, S. 23–26, 47–49.

[16]
Vgl. dazu Deutinger, Stephan: Eisenbahn und Landesentwicklung im Königreich Bayern. In: Hetzer, Weichenstellungen, S. 249–273, hier S. 264.

[17]
Oberste Baubehörde im Staatsministerium des Innern (Bearb.): Die bayerischen Staatsstraßen. Die Ursachen ihres jetzigen schlechten Zustandes und die notwendigen Maßnahmen zu ihrer Verbesserung. München 1925, S. 10–12, 26–27.

[18]
Vgl. Bruner, Ludwig (Hg.): Straßen- und Brückenbau in Bayern in Schrift und Bild. Ein Überblick seiner Entwicklung seit dem Jahre 1945. München 1956.

[19]
Zum Straßenbauboom der 1950er bis 1970er Jahre in Bayern vgl. zusammenfassend Gall, Alexander: »Gute Straßen bis ins kleinste Dorf!« Verkehrspolitik und Landesplanung 1945 bis 1976. In: Schlemmer, Thomas / Woller, Hans (Hg.): Bayern im Bund. Bd. 1: Die Erschließung des Landes 1949 bis 1973 (Quellen und Darstellungen zur Zeitgeschichte 52). München 2001, S. 119–204, hier S. 147–150, 174–182. – Vgl. auch Oberste Baubehörde im Bayerischen Staatsministerium des Innern (Hg.): Straßen und Brücken in Bayern. Folge 2–5. München 1961–89; ferner Klenke, Dietmar: Bundesdeutsche Verkehrspolitik und Motorisierung. Konfliktträchtige Weichenstellungen in den Jahren des Wiederaufstiegs (Zeitschrift für Unternehmensgeschichte, Beiheft 79). Stuttgart 1993.

[20]
Nach der Riedl'schen Straßenkarte von 1805; vgl. Wolff, Cartographia Bavariae, S. 212–219. – Zur zeitgenössischen Beschreibung der Strecken vgl. Riedl, Adrian von: Reise-Atlas von Bajern oder Geographisch-geometrische Darstellung aller bajrischen Haupt- und Landstraßen mit den daranliegenden Ortschaften und Gegenden nebst kurzen Beschreibungen alles dessen, was auf und an einer jeden der gezeichneten Straßen für den Reisenden merkwürdig syn kann. 2 Bde. München 1796.

[21]
BayHStA, OBB 12854, Straßenverzeichnis von ca. 1839. – Zum Teil waren die genannten Distriktstraßen 1838/39 noch im Bau. – Die Strecke von Landshut über Haag nach Wasserburg wurde erst nach 1925 zur Reichs- bzw. Bundesstraße 15 aufgewertet.

[22]
Zahlen für 1870 nach Hartung, Landstraßen, S. 70; für 1895 StA München, LRA 185352, Bericht vom 2.12.1895; für 1919 StA München, LRA 188454, Verzeichnis vom 7.8.1919. – Zur Straßenanbindung der ersten Bahnhöfe vgl. StA München, LRA 185353.

[23]
Zum Stand von 1907 vgl. StA München, LRA 185382. – Zu Herstellung und Unterhalt von Gemeindeverbindungsstraßen im Bezirk Mühldorf in der zweiten Hälfte des 19. Jahrhunderts vgl. StA München, RA 65528.

[24]
Vgl. Zitka, Die wirtschaftlichen Veränderungen, S. 58. – Ursprünglich waren sogar 15 Straßenbrücken geplant; StA München, LRA 188490, Übersichts-Lageplan vom Februar 1919.

[25]
Berechnet nach den offiziellen Zahlen in Bayerisches Statistisches Landesamt (Hg.): Die Gemeindestraßen in Bayern. Ergebnis der Statistik der Gemeindestraßen nach dem Stand vom 1. Januar 1961 (Beiträge zur Statistik Bayerns 247). München 1963, S. 14–15; bzw. nach den Angaben in Landkreis Mühldorf a. Inn (Hg.): Unser Landkreis Mühldorf a. Inn. Eine Broschüre des Landkreises. 3. Aufl., Bamberg 1984, S. 61–63. – 1984 kamen noch 83 Kilometer Bundesstraßen hinzu. Für eine Einzelauflistung der drei Bundes-, zwölf Staats- und 49 Kreisstraßen im Jahr 1984 vgl. ebd.

[26]
Bayerisches Statistisches Landesamt (Hg.): Öffentliche Straßen, Brücken und Parkeinrichtungen in Bayern. Ergebnisse der Statistik der Straßen in den Gemeinden sowie der Straßen- und Brückenbestandsaufnahme der staatlichen Straßenbauverwaltung des Landes Bayern nach dem Stand vom 1. Januar 1966 (Beiträge zur Statistik Bayerns 279). München 1967, S. 24 und 28.

[27]
BayHStA, OBB KuPl 1.

[28]
StA München, RA 33241, Inspektionsbericht vom 26.5.1805. – Zum staatlichen Unterhalt der Strecken München–Burghausen–Braunau und Neumarkt–Ampfing–Kraiburg im frühen 19. Jahrhundert vgl. BayHStA, OBB 4008–4010, 8280 bzw. OBB 4060, 5151, 8282.

[29]
Vgl. StA München, RA 62940–62944; StA München, LRA 185608.

[30]
Vgl. BayHStA, OBB 12855.

[31]
Vgl. Oberste Baubehörde, Die bayerischen Staatsstraßen, Anlage 2–4.

[32]
StA München, LRA 185187, Zeitungsausschnitt vom 24.11.1928; StA München, RA 62943, Auto- und Motorradclub Haag an Straßen- und Flussbauamt Rosenheim, 8.6.1929.

[33]
StA München, LRA 185190, Bezirksamt Mühldorf an Straßen- und Flussbauamt Rosenheim, 20.6.1929, mit Zeitungsausschnitt vom gleichen Tag.

[34]
StA München, LRA 185606, Stellungnahme des Bezirksingenieurs von Mühldorf vom 24.11.1929.

[35]
Vgl. Zitka, Die wirtschaftlichen Veränderungen, S. 149; Gall, Verkehrspolitik, S. 174.

[36]
StA München, LRA 185186, Bezirksplanungsbehörde beim Regierungspräsidenten von Oberbayern an Landratsämter Altötting, Ebersberg, Mühldorf, München und Wasserburg, 23.9.1941; Antwort des Landrats Mühldorf, 20.10.1941. – Vgl. auch Hölz, Christoph: Verkehrsbauten. In: Nerdinger, Bauen im Nationalsozialismus, S. 54–97, hier S. 65–66.

[37]
Vgl. Hölz, Verkehrsbauten, S. 66.

[38]
Vgl. Gall, Verkehrspolitik, S. 139.

[39]
Bayerisches Staatsministerium für Wirtschaft und Verkehr (Hg.): Gesamtverkehrsplan Bayern. München 1970, S. 107–108; Bayerisches Staatsministerium für Wirtschaft und Verkehr (Hg.): Gesamtverkehrsplan Bayern 1985. München 1985, Karte 1. – Vgl. auch Gall, Verkehrspolitik, S. 149–150.

[40]
Bayerisches Staatsministerium für Wirtschaft und Verkehr, Gesamtverkehrsplan Bayern 1985, S. 118; Auskunft Autobahndirektion Südbayern, 27.2.2002.

[41]
Vgl. Auskunft Pressestelle der Stadt Mühldorf, 11.2.2002; Auskunft Autobahndirektion Südbayern, 27.2.2002.

[42]
Vgl. Auskunft Autobahndirektion Südbayern, 7.3.2002; Süddeutsche Zeitung vom 18.3.2002.

[43]
BayHStA, OBB 2753, Landgericht Mühldorf an Landesdirektion von Baiern, 22.4.1805.

[44]
StA München, LRA 185352, Bericht vom 2.12.1895.

[45]
StA München, LRA 185352, Bericht des Bezirksingenieurs vom 25.1.1926.

[46]
StA München, LRA 185352, Bezirksingenieur an Bezirksamt Mühldorf, 7.1.1927.

[47]
StA München, LRA 185382, Bezirksamt Mühldorf an alle Landgemeinden, 18.10.1933.

[48]
StA München, LRA 185683, Brückenverzeichnis vom 18.5.1945.

[49]
Vgl. Ausbauplan für die bayerischen Staatsstraßen »Grünes Netz«. Aufgestellt bei der Obersten Baubehörde im Bayerischen Staatsministerium des Innern. München 1958; Ausbauplan für die bayerischen Kreisstraßen »Gelbes Netz«. Aufgestellt bei der Obersten Baubehörde im Bayerischen Staatsministerium des Innern. München 1961; Ausbauplan für die bayerischen Gemeindeverbindungsstraßen »Das Graue Netz« Oberbayern. Aufgestellt bei der Obersten Baubehörde im Bayerischen Staatsministerium des Innern. München 1962.

[50]
Vgl. StA München, RA 140, 33586, 33587, 33591; vgl. auch (mit leichten Abweichungen von diesen Quellen) Pfeiffer, Wolfgang: Mühldorf im Spiegelbild der großen Geschichte. In: Heimatbund Mühldorf, Mühldorf, S. 115–179, hier S. 122–123, 125.

[51]
StA München, RA 1857, Landgericht Mühldorf an Regierung von Oberbayern, 30.6.1844. – Zum Ausbau und Unterhalt der Gemeinde- und Ortsstraßen in Mühldorf, Altmühldorf und Mößling vom 19. Jahrhundert bis in die 1930er Jahre vgl. StA München, LRA 185391, 185414–185416.

[52]
Vgl. StA München, LRA 185283.

[53]
Zum Stadtplatz vgl. Pfeiffer, Mühldorf, S. 132; zur gescheiterten Stadtbergregulierung vgl. StA München, LRA 185608.

[54]
Zum Vergleich: Mößling besaß 1,3 Kilometer. – StA München, LRA 185382, Verzeichnisse vom 16. bzw. 14.5.1907.

[55]
Vgl. Markt, Alois: Die Innbrücke – ein Stück Mühldorfer Stadtgeschichte. In: Das Mühlrad I (1951), S. 74–80. – Allein zwischen 1800 und 1809 wurde die Mühldorfer Innbrücke dreimal von abziehenden Truppen zerstört und provisorisch wieder aufgebaut, u.a. durch den Schiffsmeister und Handelsmann Anton Stark; vgl. dazu BayHStA, OBB 1783, 1946, 11132; ferner Hartmann, Adolf: Anton Stark (1766–1839). Ein bayerischer Bürger im Isarkreis. In: Das Mühlrad XVII (1975), S. 56–68.

[56]
Vgl. Steinbichler, Josef: Die Mühldorfer Maximiliansbrücke. In: Das Mühlrad XXIV (1982), S. 61–92, hier S. 62–75. – Vgl. auch BayHStA, OBB 1946, 1947, 11132; StA München, RA 1474; StA München, LRA 185610.

[57]
Vgl. z.B. den Entwurf von Bezirksingenieur Fischer von 1924 in StA München, LRA 185293.

[58]
Vgl. StA München, LRA 185283, 185188; vgl. auch Pfeiffer, Mühldorf, S. 151 und 167.

[59]
Vgl. StA München, LRA 185318. – 1996/97 entstand schließlich eine moderne Fußgängerüberführung unmittelbar neben dem Bahnhofsgebäude.

[60]
Vgl. dazu StA München, LRA 185293.

[61]
Zu den Luftangriffen auf Mühldorf vgl. Hamberger, Edwin: Luftangriffe auf Mühldorf a. Inn 19. März 1945 / 20. April 1945. In: Das Mühlrad XXXVII (1995), S. 141–160; Hartmann, Adolf: Mühldorf am 19. März 1945. In: Das Mühlrad XXII (1980), S. 30–35; Schorer, Maria: Die Fliegerangriffe auf Mühldorf. In: Das Mühlrad XXII (1980), S. 38–41; Pfeiffer, Mühldorf, S. 172–175.

[62]
Vgl. StA München, LRA 187415; Steinbichler, Die Mühldorfer Maximiliansbrücke, S. 86–90.
[63]
Vgl. Stadtarchiv Mühldorf, A 4090, Rechenschaftsbericht des Bürgermeisters für die Amtszeit 1952–1956 vom 7.3.1956.
[64]
Im gesamten Landkreis waren die Innerortsstraßen zu diesem Zeitpunkt 158,8 Kilometer lang; Bayerisches Statistisches Landesamt, Gemeindestraßen in Bayern, S. 35 und 42.
[65]
Vgl. Steinbichler, Die Mühldorfer Maximiliansbrücke, S. 90. – Die neue Brücke war mit 13,3 Metern fast doppelt so breit wie die alte Maximiliansbrücke. 1995–1997 musste die Innbrücke wegen schwerer Schäden wiederum teilerneuert werden; vgl. Auskunft Stadtbauamt Mühldorf, 15.2.2002.
[66]
Auskünfte Stadtbauamt Mühldorf, 15. und 28.2.2002. – Im Zuge des Baus der Nordtangente wurde 1994/95 auch die wichtige Innkanalbrücke an der Straße nach Erharting und Mößling aufwändig erneuert.
[67]
Vgl. Bayerisches Statistisches Landesamt (Hg.): Öffentliche Straßen, Brücken und Parkeinrichtungen in Bayern. Ergebnisse der Statistik der Straßen in den Gemeinden sowie der Straßen- und Brücken-Bestandsaufnahme der staatlichen Straßenbauverwaltung des Landes Bayern nach dem Stand vom 1. Januar 1976 (Beiträge zur Statistik Bayerns 364). München 1977, S. 76 und 84; Auskunft Stadtbauamt Mühldorf, 19.2.2002.
[68]
Zur Geschichte des örtlichen Personentransportwesens bis Anfang der 1930er Jahre vgl. Sullek, Otto H.: Der Poststall von Mühldorf und seine Vorgeschichte. In: Das Mühlrad XXV (1983), S. 5–30.
[69]
Vgl. Der Landkreis Mühldorf am Inn, S. 196.
[70]
Vgl. Nahverkehrskonzeption Landkreis Mühldorf a. Inn 1995, S. 18.
[71]
Ebenda, S. 22–36.
[72]
Vgl. Auskunft Landratsamt Mühldorf, 19.2.2002.
[73]
Vgl. Auskunft Stadtwerke Mühldorf, 19.2.2002.
[74]
Zum Fahrradverkehr im Landkreis Mühldorf, einer regelrechten Radfahrerhochburg, vgl. Stellner, Norbert: Radfahrervereine in der bayerischen Provinz. Raum Mühldorf/Altötting 1882–1994 (Beiträge zur Geschichte und Kulturgeschichte des Fahrrads 1). Regensburg 2000.
[75]
Zahlen nach StA München, LRA 187090, bzw. Pfeiffer, Mühldorf, S. 152.
[76]
Vgl. Bayerisches Landesamt für Statistik und Datenverarbeitung (Hg.): Der Kraftfahrzeugbestand in Bayern 1907 bis 1987 (Beiträge zur Statistik Bayerns 421). München 1987, S. 11, 34, 96.
[77]
Vgl. Bayerisches Staatsministerium für Wirtschaft und Verkehr, Gesamtverkehrsplan Bayern 1970, Tabellenteil, S. 147 (Stand 1.7.1969). – Am 1.7.1993 waren es bereits 530 Pkw pro 1.000 Einwohner; vgl. Nahverkehrskonzeption Landkreis Mühldorf a. Inn 1995, S. 49.
[78]
Zahlen nach einem Plan der Obersten Baubehörde von 1914, BayHStA, OBB 12856.
[79]
Vgl. Oberste Baubehörde, Die bayerischen Staatsstraßen, Anlage 5–6.
[80]
Vgl. Ausbauplan für die bayerischen Kreisstraßen »Gelbes Netz«, Beilage 7.
[81]
Zahlen nach Nahverkehrskonzeption Landkreis Mühldorf a. Inn 1995, S. 47–49. – Beispiele für Verkehrsunfälle mit Kfz-Beteiligung im Bezirk Mühldorf bis 1933 in StA München, LRA 185177. – Zu dem regelrechten »Straßenkrieg«, der nach 1945 entbrannte, vgl. Fürmetz, Gerhard: »Kampf um den Straßenfrieden«. Polizei und Verkehrsdisziplin in Bayern zwischen Kriegsende und beginnender Massenmotorisierung. In: Ders. u.a. (Hg.): Nachkriegspolizei. Sicherheit und Ordnung in Ost- und Westdeutschland 1945–1969 (Forum Zeitgeschichte 10). Hamburg 2001, S. 199–228.

Mühldorfs höhere Schule
Norbert Lehning
Seite 266

[1]
Um den Apparat im erwünschten leserfreundlichen Rahmen zu halten, wird versucht, die Belegdichte möglichst knapp zu gestalten. Wenn keine explizite Nennung erfolgt, sind die Informationen aus den Ratsprotokollen, Stadtkammerrechnungen und Regesten im Stadtarchiv Mühldorf, die bzgl. ihrer schulgeschichtlichen Relevanz von Alfred Fickel detailliert gesichtet und zusammengestellt wurden, und den ebenfalls im Stadtarchiv geschlossen überlieferten Jahresberichten der höheren Schule Mühldorfs bzw. aus den Festschriften entnommen, die bereits zahlreiche schulgeschichtliche Beiträge v.a. von Leo Mulfinger, Hans Gollwitzer und Wolfgang Pfeiffer enthalten. Für die allgemeine über Mühldorf hinausgehende Entwicklung der bayerischen höheren Schulen sowie für den jeweiligen historischen Kontext vgl. die ebenfalls für 2002 geplante und mit einer entsprechend umfangreichen Quellen- und Literaturliste ausgestattete Dissertation des Autors dieses Beitrags.
[2]
Vgl. Fickel, Alfred: Mühldorfs Schulgeschichte. Von den Anfängen bis zur Übergabe der Stadt an Bayern 1294–1803. o.O. o.J.
[3]
Vgl. Fickel, Schulgeschichte. Allerdings ist nicht sicher belegt, ob es sich über die Jahrhunderte hinweg auch tatsächlich um dasselbe Schulgebäude handelte. Da die Ratsprotokolle und Stadtkammerrechnungen nur sporadisch Nachrichten über die lateinische Schule geben, kann nicht einmal deren konstanter Bestand vom 14. bis zum 19. Jh. nachgewiesen werden.
[4]
Stadtarchiv Mühldorf, 2286: Aufschreibung des königlichen Landgerichts Mühldorf vom 1.5.1843 zu den »Stiftungen zu einem Beneficium für die Schulmesse und lateinische Schule zu Mühldorf«.
[5]
Vgl. Stadtarchiv Mühldorf, 1983, 2286.
[6]
Vgl. Stadtarchiv Mühldorf, 2017.
[7]
Eine 6-klassige Realschule stellte den Unterbau einer 9-jährigen Oberrealschule dar.
[8]
Interessant ist in diesem Zusammenhang mit welchen Argumenten zu Beginn des 20. Jh. für eine höhere Schule geworben wurde: Die »sehr schöne und gesunde Lage« Mühldorfs, die inzwischen erhaltene elektrische Beleuchtung und die geplante Wasserleitung wurden hierfür ebenso ins Feld geführt wie der geplante Ausbau der Eisenbahnlinie Freilassing–Mühldorf, der Mühldorf zu einem »Eisenbahnknotenpunkt« machen würde. Darüber hinaus war es einfach nicht akzeptabel, dass diese »altehrwürdige, historische Stadt«, die ja der »Sitz einer Reihe von staatlichen Behörden« war, ohne höhere Studienanstalt blieb. Daher wollte man auch nicht das Gegenargument gelten lassen, eine Mühldorfer Schule würde dem humanistischen Gymnasium in Burgenhausen die Schüler wegnehmen; vgl. Stadtarchiv Mühldorf, 1141: Stadt- und Landbote Nr. 81 vom 12.7.1904.
[9]
Zu den gescheiterten Versuchen im 19. und frühen 20. Jh. vgl. Stadtarchiv Mühldorf, 1984, 2002, 2017, 2752, 4437, 4745.
[10]
Gerade auch das Interesse der Mühldorfer Wirtschaft an einer höheren Schule wurde bei den entsprechenden Vorplanungen vom späteren Initiator der Gründung stark betont; vgl. Stadtarchiv Mühldorf, 2753: Mühldorfer Tagblatt Nr. 53/1921.

[11]
Unter einer Mittelschule war hier eine 6-klassige höhere Schule, also der Unterbau einer Vollanstalt zu verstehen, nicht die Real- oder Mittelschule unserer Tage.

[12]
Stadtarchiv Mühldorf, 2753: Mühldorfer Tagblatt Nr. 53/1921.

[13]
Das jährliche Schulgeld betrug schließlich 800 Mark.

[14]
Stadtarchiv Mühldorf, 2753: Mühldorfer Anzeiger Nr. 58/1921.

[15]
Zu den Schenkungen, Spenden und Zuschüssen vgl. Stadtarchiv Mühldorf, 2753; Jahresbericht 1922/23, S. 6 f.

[16]
Zu den einzelnen Direktoren der Schule vgl. v.a. 40 Jahre Oberrealschule Mühldorf 1921–1961. Eine Festschrift zum 40-jährigen Bestehen der Schule. Mühldorf 1961, S. 38 ff.

[17]
Vgl. hierzu den Bericht im Mühldorfer Tagblatt Nr. 103/1921, Stadtarchiv Mühldorf, 2753.

[18]
Geschäftsbericht zur Hauptversammlung des Mittelschulvereins am 11.3.1927. In: Jahresbericht 1926/27, S. 21 f.

[19]
Zu den Auswirkungen der Inflation vgl. Stadtarchiv Mühldorf, 2753. Wie enorm schwierig damit gerade auch die Planung der Ausgaben war, mögen folgende Beispiele zeigen: Ein Lehrerpult, welches am 9.12.1922 noch 85.000 Mark gekostet hatte, kostete am 13.9.1924 bereits 8 Mio. Mark; als im April 1923 eine Wandtafel bestellt wurde, lautete der Kostenvoranschlag auf 605.000 Mark, als sie im Juli geliefert wurde, kostete sie bereits 1.282.000 Mark.

[20]
Stadtarchiv Mühldorf, 2753: Auszug aus dem Sitzungsprotokoll des Stadtrates vom 18.1.1923. Die Schule hatte künftighin die Bezeichnung »Städtisch subventionierte Realschule Mühldorf« zu führen. Den vorausgehenden Antrag hatte der Schulverein am 30.12.1922 gestellt.

[21]
Vgl. KME Nr. VIII 44378 vom 24.4.1930, Stadtarchiv Mühldorf, 2753.

[22]
Stadtarchiv Mühldorf, 2590: Schreiben des Mittelschulvereins an das Bezirksamt Mühldorf vom 20.1.1925. Die Wohnungsnot war aber nur die halbe Wahrheit. Von Anfang an war sich der Mittelschulverein bewusst, dass die erstrebte spätere Verstaatlichung der Schule nur glücken konnte, wenn »die Schule möglichst viel von auswärtigen Schülern besucht wird.« – Stadtarchiv Mühldorf, 2589.

[23]
Zu den Aufwendungen, Rechnungen und Kostenveranschlagungen vgl. Stadtarchiv Mühldorf, 2589, 2591.

[24]
Zur Leitung des Schülerheims, dem zunächst Pfarrer Karl Knöbel vorstand, vgl. Stadtarchiv Mühldorf, 2590, 2751, 4745.

[25]
Vgl. Stadtarchiv Mühldorf, 2590. Damit hatte man die Wirtschaftsführung des Realschulpensionats in Wasserburg kopiert.

[26]
Vgl. hierzu Stadtarchiv Mühldorf, 2590.

[27]
Vgl. Stadtarchiv Mühldorf, 2590. Zu den 13 Jahren Mühldorfer Schülerheim vgl. auch Stadtarchiv Mühldorf, 4745: Sonderbeilage des Mühldorfer Anzeigers zur Eröffnung der neuen Oberrealschule am 24.3.1961.

[28]
Als Vorbild diente die bereits 1924 bei zahlreichen Oberrealschulen erfolgte Verstaatlichung. Zu den vergeblichen Bemühungen Mühldorfs auf Übernahme der städtischen Oberrealschule durch den Staat bzw. Gewährung entsprechender Staatszuschüsse vgl. Stadtarchiv Mühldorf, 2856.

[29]
Folgende Städte schlossen sich zusammen: Bad Tölz, Berchtesgaden, Brückenau, Füssen, Haßfurt, Lichtenfels, Miesbach, Mühldorf, Münchberg, Oberstorf, Uffenheim; vgl. Stadtarchiv Mühldorf, 2856. In seiner Ansprache zur Verstaatlichung der inzwischen zur Oberrealschule aufgestockten Mühldorfer Schule nannte Bürgermeister Gollwitzer hingegen folgende Städte: Bad Reichenhall, Bad Tölz, Berchtesgaden, Cham, Garmisch-Partenkirchen, Lichtenfels, Marktredwitz, Miesbach, Sulzbach und Vilshofen; vgl. Stadtarchiv Mühldorf, 4437.

[30]
Jahresbericht 1932/33, S. 3.

[31]
Jahresbericht 1933/34, S. 3. Vgl. hierzu auch Stadtarchiv Mühldorf, 2753, 2890.

[32]
Vgl. z.B. BayHStA, MK 53512: Bericht des Schulleiters an das Kultusministerium zum Schuljahr 1938/39.

[33]
Vgl. hierzu die von Bürgermeister Hans Gollwitzer an das Ordinariat weitergeleiteten Beschwerden, Stadtarchiv Mühldorf, 2594.

[34]
Stadtarchiv Mühldorf, 2594: Schreiben des Bürgermeisters an das katholische Stadtpfarramt vom 8.1.1936. Der Streit wurde schließlich insofern beigelegt, dass Namberger nur noch das Recht erhielt, die unteren Klassen zu unterrichten. Spätestens ab 1940 übernahm dann der katholische Stadtpfarrer den gesamten Religionsunterricht, über das weitere Schicksal Nambergers konnte aus dem Akt nichts gewonnen werden.

[35]
Vgl. BayHStA, MK 53512.

[36]
Stadtarchiv Mühldorf, 2890: Auszug aus dem Tagesbericht des Bürgermeisters vom 25.9.1940.

[37]
Vgl. BayHStA, MK 53512.

[38]
Vgl. Stadtarchiv Mühldorf, 4709. Da ein Großteil der Kinder unterernährt war, wurde von amerikanischer Seite die so genannte Schulspeisung organisiert, an der schließlich die meisten Mühldorfer Schulkinder teilhatten, vgl. hierzu Stadtarchiv Mühldorf, 2689, 3183.

[39]
Ein erheblicher Teil der bayerischen Lehrerschaft konnte aufgrund der Entnazifizierung nicht wieder eingesetzt werden, vgl. Stadtarchiv Mühldorf, 2772, 3650, 4102.

[40]
Vgl. GVBl. 1949, S. 59. Gleichzeitig wurde auch die Lernmittelfreiheit angeordnet. Zwar hatte der Staat dafür entsprechende Ausgleichszahlungen zu leisten, doch blieben diese stets hinter den tatsächlichen Kosten zurück; vgl. hierzu Stadtarchiv Mühldorf, 4709; BayHStA, MK 54042.

[41]
Vgl. KMBek Nr. VIII 13513 vom 5.6.1951 in KMBl. 1951, S. 18 ff.

[42]
Vgl. Stadtarchiv Mühldorf, 4559: Schreiben des Stadtrats an das Kultusministerium vom 22.3.1951. Als Begründung der Schließung wurde angeführt, dass die Übernahme des enormen Fehlbetrags der Oberrealschule in den städtischen Haushalt nicht genehmigt würde, da fast 80 % der Schüler nicht ortsansässig seien. »Dem Mühldorfer Steuerzahler könne unter diesen Umständen eine Übernahme eines Fehlbetrags in Höhe von 60.035 DM keinesfalls zugemutet werden.«

[43]
Stadtarchiv Mühldorf, 4559. Trotz der breiten Unterstützung musste die Stadt bis zur Verstaatlichung alljährlich einen bedeutenden Fehlbetrag selbst ausgleichen; zu den jährlichen Fehlbeträgen zu Lasten des Schulträgers vgl. BayHStA, MK 54042.

[44]
Zu den erneuten Eingaben auf Verstaatlichung nach 1945 vgl. BayHStA, MK 53512, 54042; Stadtarchiv Mühldorf, 4709.

[45]
Vgl. ABayLT, Kupo II/8 (12.9.1951). Der Ausschuss empfahl daher auch eine Erhöhung der jährlichen Subventionsleistungen von 91.000 DM auf 166.000 DM. Zu den staatlichen Zuschüssen an die Mühldorfer Oberrealschule sowie zu deren Verwendungszweck vgl. BayHStA, MK 53512; Stadtarchiv Mühldorf, 2748, 4701. Zu den Ausgaben der Stadt für die höhere Schule vgl. Stadtarchiv Mühldorf, 4073.

[46]
Am 9.2.1955 war über den Stimmkreisabgeordneten Albert Weggartner (Bayernpartei) erneut ein Antrag auf Verstaatlichung der höheren Schule Mühldorfs in den Landtag eingebracht worden (vgl. BBd. I

1954/58 Nr. 145). Gleichzeitig wandte sich das Mühldorfer Lehrerkollegium mit der Bitte um Verstaatlichung an das Finanzministerium (vgl. BayHStA, MF 71361: Schreiben vom 24.2.1955). Zu den forcierten Bemühungen der Stadt um Verstaatlichung der Schule ab Mitte der 50er Jahre vgl. Stadtarchiv Mühldorf, 6700.

[47]
Vgl. KMBek Nr. IX 50092 vom 4.9.1957 in KMBl. 1957, S. 572.

[48]
Stadtarchiv Mühldorf, 4559: Schreiben des Bürgermeisters an das Finanzamt vom 7.10.1959.

[49]
Stadtarchiv Mühldorf, 6700: Aktenvermerk zum Gespräch mit Vertretern verschiedener Ministerien hinsichtlich der Verstaatlichung. Da zu erwarten war, dass die Ministerien jene Schulen bei der Verstaatlichung bevorzugen würden, die »über ausreichende und in gutem Zustand befindliche Schulgebäude« verfügten, versuchte Mühldorf die Verstaatlichung zu beschleunigen, indem es den Schulneubau zusagte.

[50]
Zu den Baumaßnahmen zwischen 1956 und 1962 und zur Finanzierung des Neubaus in Höhe von 3,6 Mio. DM (Stand: 23.8.1962) vgl. Stadtarchiv Mühldorf, 4745, 5044, 5045, 5906; Bayerischer Philologenverband (Hg.): Neues Land (1960), S. 21 und (1961), S. 90.

[51]
Vgl. Stadtarchiv Mühldorf, 5045.

[52]
Vgl. KMBek über die Namensverleihung an die Oberrealschule Mühldorf a. Inn Nr. IX 23666 vom 30.3.1961 in KMBl. 1961, S. 333. Vgl. hierzu auch Stadtarchiv Mühldorf, 4437, 4745.

[53]
Vgl. Bayerischer Philologenverband (Hg.): Neues Land (1962), S. 111.

[54]
Der Begriff Gymnasium war bis 1965 ausschließlich der humanistischen Ausbildungsrichtung vorbehalten gewesen.

[55]
Vgl. Huber, Gerald: Veränderungen in der sozialen Herkunft der Gymnasiasten. In: Schulreport 3 (1971), S. 29. Im benannten Zeitraum war v.a. der Anteil der Kinder aus Arbeiterfamilien um 9,2 % drastisch gestiegen. Mit rund 23 % entsprach diese Gruppe natürlich noch nicht dem Anteil der Arbeiter-Bevölkerung an der Mühldorfer Kreisbevölkerung, der bei ca. 42 % lag. Zu den Bemühungen des Ruperti-Gymnasiums um Förderung der sozial benachteiligten Schüler vgl. Bayerischer Philologenverband (Hg.): Die Höhere Schule in Bayern (1968), S. 143 ff.

[56]
Allerdings war von den 68er Unruhen am Mühldorfer Gymnasium nur wenig zu spüren – vgl. hierzu Fürmetz, Gerhard: Zwischen Selbstbefreiung und Klassenkampf. Schülerprotest an bayerischen Gymnasien um 1968. In: Parigger, Harald u.a. (Hg.): Schön ist die Jugendzeit ...? Das Leben junger Leute in Bayern 1899–2001 (Veröffentlichungen zur Bayerischen Geschichte und Kultur; 27). Augsburg 1994, S. 85–88.

[57]
Vgl. Bayerischer Philologenverband (Hg.): Die Höhere Schule in Bayern (1966), S. 297.

[58]
Die Grundlage für die neue Bauträgerschaft bildete das Schulfinanzierungsgesetz vom 26.10.1962; vgl. hierzu GVBl. 1962, S. 276 ff. Die Stadt Mühldorf hatte am 14.2.1963 einen Antrag auf Übernahme des schulischen Sachaufwandes durch den Landkreis gestellt, der in der Kreistagssitzung vom 25.4.1964 gebilligt worden war. Mit Wirkung vom 1.1.1964 hatte damit der Landkreis Mühldorf gemäß Art. 13 des Schulfinanzierungsgesetzes den Sachaufwand und damit auch die Bauträgerschaft übernommen; vgl. Stadtarchiv Mühldorf, 5218. Zu den unmittelbaren Auswirkungen des Gesetzes, wie die Übergabe des schulischen Sachbedarfs, vgl. Stadtarchiv Mühldorf, 4949, 4950, 4951.

[59]
Vgl. Bayerischer Philologenverband (Hg.): Das Gymnasium in Bayern (1969), S. 19.

[60]
1994 wurde der Schulkomplex um eine weitere Außenstelle erweitert, die in unmittelbarer Nähe zum Hauptgebäude errichtet wurde. Die Zweigschule Waldkraiburg wurde schließlich 1998 zur selbstständigen Vollanstalt ausgebaut.

[61]
Stadtarchiv Mühldorf, 2753: Mühldorfer Tagblatt Nr. 53/1921.

Vereine in Mühldorf

Norbert Stellner

Seite 276

[1]
So enthalten beispielsweise weder die Zeitschrift »Schönere Heimat« (herausgegeben vom »Bayerischen Landesverein für Heimatpflege«) noch das »Bayerische Jahrbuch für Volkskunde« (herausgegeben von der »Kommission für bayerische Landesgeschichte bei der Bayerischen Akademie für Wissenschaften – Institut für Volkskunde«) in den letzten 20 Jahren auch nur einen einzigen Beitrag, der sich mit einem einzelnen Verein, einem Vereinstyp oder der Vereinsszene einer bestimmten Stadt oder Region beschäftigt hätte.

[2]
Außer Tier- und Pflanzenliebhabervereinen, die ebenfalls zu den Freizeitvereinen gerechnet werden müssen, aus Platzgründen aber nicht behandelt werden können.

[3]
Foltin, Hans-Friedrich: Geschichte und Perspektiven der Vereinsforschung. In: Hessische Blätter für Volks- und Kulturforschung N.F. 16 (1984), S. 8.

[4]
Grosshenrich, Franz-Josef: Die Mainzer Fastnachtsvereine. Geschichte, Funktion, Organisation und Mitgliederstruktur. Wiesbaden 1980, S. 58.

[5]
Ebenda.

[6]
Nipperdey, Thomas: Verein als soziale Struktur in Deutschland im späten 18. und frühen 19. Jahrhundert. In: Boockmann, Hartmut / Esch, Arnold / Heimpel, Hermann / Nipperdey, Thomas / Schmidt, Heinrich (Hg.): Geschichtswissenschaft und Vereinswesen im 19. Jahrhundert. Göttingen 1972, S. 1.

[7]
Ebenda, S. 1 und 10; Kratzsch, Gerhard: Vereinsbildung und Vereinswesen. In: Westfälische Forschungen 39 (1989), S. 1 f.

[8]
Nipperdey, Verein, S. 10.

[9]
Ebenda, S. 9 f.

[10]
Vgl. ebenda, S. 10 f., 26.

[11]
Ebenda, S. 10.

[12]
Maentel, Thorsten: Aufbruch aus alter Enge. In: Damals. Das aktuelle Magazin für Geschichte und Kultur 31 (1999), Nr. 8, S. 62. Vgl. dazu auch Nipperdey, Verein, S. 11; Kratzsch, Vereinsbildung, S. 6 ff.

[13]
Nipperdey, Verein, S. 1 f.; Kratzsch, Vereinsbildung, S. 6 f. sowie Stützel-Prüsener, Marlies: Die deutschen Lesegesellschaften der Aufklärung. In: Dann, Otto (Hg.): Lesegesellschaften und bürgerliche Emanzipation. Ein europäischer Vergleich. München 1981, S. 71 ff.

[14]
StA München: Regierungsakten 1366/20 862.

[15]
StA München: Regierungsakten 1387/20 963.

[16]
Stadtarchiv Mühldorf: Vereinsverzeichnis v. 1850–1877 (134/1 1914).

[17]
StA München: Antiquar-Registratur 1668/18.

[18]
Vereinsverzeichnis v. 1850–1877.

[19]
Ebenda.

[20]
Nipperdey, Vereine, S. 18, 36 f.; Klenke, Dietmar: Der singende »deutsche Mann«. Gesangvereine und deutsches Nationalbewußtsein von Napoleon bis Hitler. Münster 1998, S. 21 ff.

[21]
Vgl. Bohus, Julius: Geschichte des Sports in Bayern. Augsburg 1998, S. 22.

[22]
Ewers, Franz-Josef (Hg.): Das Deutsche Sängerbuch. Wesen und Wirken des Deutschen Sängerbundes in Vergangenheit und Gegenwart. Karlsruhe/Dortmund 1930, S. 19.
[23]
Mück, Erich: 150 Jahre Sängerbund. In: Das Mühlrad XXXVI (1994), S. 39.
[24]
Ebenda, S. 41. Benefizkonzerte für eine deutsche Flotte fanden damals in ganz Deutschland statt und sind im Zusammenhang mit dem Ausbruch des ersten deutsch-dänischen Krieges (1848) zu sehen, der die deutsche Ohnmacht zur See deutlich vor Augen führte (vgl. dazu Klenke, Gesangvereine, S. 79 ff.).
[25]
Artikel »Chor und Chormusik«. In: MGG. Die Musik in Geschichte und Gegenwart. Allgemeine Enyklopädie der Musik. Sachteil, Bd. 2. Kassel/Basel/London/New York/Prag [2]1995, S. 778 ff.
[26]
Klenke, Gesangvereine, S. 52 ff.
[27]
Zu den folgenden Zeilen: Mück, Sängerbund, S. 40 f.
[28]
Zu diesem Absatz: Bohus, Geschichte des Sports, S. 16 ff. und, soweit es den Mühldorfer Turnverein betrifft: Festschrift 125 Jahre Turn- und Sportverein (TSV) 1860 Mühldorf 1860–1985. Mühldorf 1985, S. 6 ff.
[29]
Stadtarchiv Mühldorf: Verzeichnis der in der Stadtgemeinde Mühldorf bestehenden Vereine 1888 ff. Die Bezeichnung »Feuerschützen« diente früher zur Abgrenzung von den Armbrustschützen.
[30]
StA München: Antiquar-Registratur 1668/18.
[31]
Vereinsverzeichnis 1888 ff.
[32]
Dotzauer, Gerhart: Das Schützenwesen in Bayern. Landshut 1984, S. 110 f.
[33]
Bayer. Schützenjahrbuch-Verlag (Hg.): Unsere bayerischen Schützen. Chronik Schützengau Mühldorf. München o. J., S. 139.
[34]
StA München: Regierungs-Akten 1369/20 889.
[35]
Vereinsverzeichnis 1888 ff.
[36]
Ebenda.
[37]
Weber, Karl: Neue Gesetz- und Verordnungen-Sammlung für das Königreich Bayern. Bd. 4 (1848–1856). Nördlingen 1885, S. 81.
[38]
Ebenda, S. 82.
[39]
Ebenda.
[40]
Intelligenzblatt der Königlichen Regierung von Oberbayern, Nr. 11, v. 11.3.1850, Spalte 473.
[41]
So etwa die Feuerschützen-Gesellschaft (Kreisarchiv München: Antiquar-Registratur 1668/18) oder die Zimmerstutzen-Schützen-Gesellschaft (Nichtpolitische Vereine 1877–1893).
[42]
Weber, Karl: Neue Gesetz- und Verordnungen-Sammlung für das Königreich Bayern mit Einschluß der Reichsgesetzgebung. Bd. 8 (29.4.1869 bis 2.5.1871). Nördlingen 1888, S. 62.
[43]
Siehe Mitgliederliste der »Liedertafel« in: Mück, Sängerbund, S. 40, und des »Turnvereins« in: Festschrift TSV 1860, S. 6.
[44]
Nipperdey, Vereine, S. 18 f. Eisenberg, Christiane: »English sports und deutsche Bürger. Eine Gesellschaftsgeschichte 1800–1913. Paderborn/München/Wien/Zürich 1999, S. 113 ff. u. 128 ff.; Klenke, Gesangvereine, S. 32 f.
[45]
Eisenberg, English sports, S. 152 ff.; Wedemeyer, Bernd: Möglichkeiten und Grenzen volkskundlicher Sportgeschichte – dargestellt an Beispielen deutsch-österreichischer Turnvereinsgeschichte zwischen 1848 und 1933. In: Österreichische Zeitschrift für Volkskunde 102/N. S. 53 (1999), S. 166 f.
[46]
Bohus, Geschichte des Sports, S. 24.
[47]
Ebenda, S. 24 f.
[48]
Stellner, Norbert: Radfahrervereine in der bayerischen Provinz. Raum Mühldorf/Altötting 1882–1994. Regensburg 2000, S. 33.
[49]
Im wesentlichen aus Holz bestehende Zweiräder, die durch Abstoßen der Beine vom Boden in Bewegung gesetzt wurden.
[50]
Der Bayerische Landbote v. 25.4.1829. Vgl. dazu auch Salvisberg, Paul von: Der Radfahrsport in Bild und Wort. München 1897, Reprint Hildesheim/New York 1980, S. 70.
[51]
Salvisberg, Radfahrsport, S. 71.
[52]
Ebenda, S. 71 ff.
[53]
Stellner, Radfahrervereine, S. 36.
[54]
Mühldorfer Anzeiger v. 1.4.1888.
[55]
Stellner, Radfahrervereine, S. 37.
[56]
Ebenda, S. 38 ff., 48 f.
[57]
Ebenda, S. 41. Es handelte sich dabei um Maschinen der Münchner Firma »Hildebrand & Wolfmüller«, den ersten in Deutschland serienmäßig hergestellten Motorrädern.
[58]
Stellner, Radfahrervereine, S. 44.
[59]
Mühldorfer Anzeiger v. 9.11.1900, 17.2.1901 u. 10.1.1902.
[60]
Stellner, Radfahrervereine, S. 48.
[61]
Landeshauptstadt München (Hg.): 175 Jahre Oktoberfest 1810–1985. München 1985, S. 11 ff.
[62]
Ebenda, S. 35.
[63]
Mittelbayerische Zeitung v. 1./3.5.1998.
[64]
Spindler, Max (Hg.): Bayerische Geschichte im 19. und 20. Jahrhundert: 1800–1970. Zweiter Teilband. Sonderausgabe München 1978, S. 872.
[65]
Vereinsverzeichnis 1888 ff.
[66]
In: Nichtpolitische Vereine 1877–1893.
[67]
Gollwitzer, Hans: Zur Geschichte des Zucht- und Trabrennvereins Mühldorf e. V. (Stadtarchiv Mühldorf: Abhandlungen 62).
[68]
Bohus, Geschichte des Sports, S. 25.
[69]
Mühldorfer Anzeiger v. 1.6.1902.
[70]
Englische Bezeichnung für Rasentennis.
[71]
Ebenda.
[72]
Mühldorfer Anzeiger v. 15.9.1908.
[73]
Mühldorfer Anzeiger v. 10./11.12.1911.
[74]
Mühldorfer Anzeiger v. 18.1.1907.
[75]
Mühldorfer Anzeiger v. 12.10.1909.
[76]
Mühldorfer Anzeiger v. 4.10.1911.
[77]
Mühldorfer Anzeiger v. 19.2.1910.
[78]
Mühldorfer Anzeiger v. 7.5.1920.
[79]
Vereinsverzeichnis 1888 ff.
[80]
Bohus, Geschichte des Sports, S. 28 f.
[81]
Festschrift 75 Jahre Alpenvereinssektion Mühldorf, 1909–1984. Mühldorf 1984, S. 14.
[82]
Ebenda.
[83]
Zu diesem Absatz: Festschrift TSV 1860, S. 8 ff.
[84]
Dotzauer, Schützenwesen, S. 137.
[85]
Nichtpolitische Vereine 1877–1893.
[86]
Ebenda.
[87]
Ebenda.
[88]
Ebenda.
[89]
Mühldorfer Anzeiger v. 28.6.1895.

[90]
Vereinsverzeichnis 1888 ff.
[91]
Ebenda.
[92]
Mühldorfer Anzeiger v. 20.7.1909.
[93]
Mühldorfer Anzeiger v. 7.12.1909.
[94]
Vereinsverzeichnis 1888 ff.
[95]
Ebenda.
[96]
Mühldorfer Anzeiger v. 6.2.1889.
[97]
Ebenda.
[98]
Mühldorfer Anzeiger v. 17.4.1889.
[99]
Mück, Sängerbund, S. 42.
[100]
Mühldorfer Anzeiger v. 9.5.1897.
[101]
Mühldorfer Anzeiger v. 30.11.1884.
[102]
Vereinsverzeichnis 1888 ff.
[103]
Angermeier, Rudolf: Mühldorf a. Inn in alten Ansichten. Bd. 2. Zaltbommel 1991, S. (49).
[104]
Vereinsverzeichnis 1888 ff.
[105]
Ebenda.
[106]
Mühldorfer Anzeiger v. 6.2.1903.
[107]
Mühldorfer Anzeiger v. 22.2.1907 u. 17.2.1909.
[108]
Mühldorfer Anzeiger v. 17.4.1912.
[109]
Mühldorfer Anzeiger v. 9.5.1888.
[110]
Vereinsverzeichnis 1888 ff.; Nichtpolitische Vereine 1877–1893.
[111]
Stadtarchiv Mühldorf: Ritter vom güldenen Vließ 134/1 4870; Heimatblätter. Beilage zum Mühldorfer Anzeiger und zur Neumarkter Post, Nr. 20, v. 20.10.1934 und Nr. 21, v. 3.11.1934.
[112]
Mühldorfer Anzeiger v. 25.1.1877.
[113]
Statuten, § 1. In: Nichtpolitische Vereine 1877–1893.
[114]
StA München: Antiquar-Registratur 1668/18.
[115]
Mühldorfer Anzeiger v. 23.1.1895.
[116]
Nichtpolitische Vereine 1877–1893.
[117]
So wurde der »Carneval-Verein« ab 1872 unter diesem Namen weitergeführt (StA München: Antiquar-Registratur 1668/18), während es sich bei dem zweiten um eine mehr als 20 Jahre später erfolgte Neugründung handelte (Vereinsverzeichnis v. 1850–1877).
[118]
Tischgesellschaft Max & Moritz: Chronik v. Februar 1906 bis 1923 (keine genaueren Angaben).
[119]
Mühldorfer Anzeiger v. 27.2.1907.
[120]
Mühldorfer Anzeiger v. 4.3.1894.
[121]
Nichtpolitische Vereine 1877–1893.
[122]
Mühldorfer Anzeiger v. 10.4.1895.
[123]
Vereinsverzeichnis 1888 ff.
[124]
Mühldorfer Anzeiger v. 10.11.1905.
[125]
Mühldorfer Anzeiger v. 6.11.1908.
[126]
StA München: Antiquar-Registratur 1668/18.
[127]
Nichtpolitische Vereine 1877–1893.
[128]
Mühldorfer Anzeiger v. 31.12.1899.
[129]
Mühldorfer Anzeiger v. 29.12.1905.
[130]
Huber, Ernst Rudolf (Hg.): Dokumente zur deutschen Verfassungsgeschichte. Bd. 3: Deutsche Verfassungsdokumente 1900–1918. Stuttgart/Berlin/Köln ^{3}1990, S. 16 ff.
[131]
Z. B. »Alpenvereinssektion«, »Rennverein«, »Tennis-Club« oder »Velociped-Club«.
[132]
Als Beispiele wären hier zu nennen: »Ritter vom güldenen Vließ« (Stadtarchiv Mühldorf, 134/1 4870), »Gesellschaft Quelle« (Stadtarchiv Mühldorf, 134/1 4872), »Gesellschaft Fidelia« (Vereinsverzeichnis v. 1850–1877), »Bürgergesangverein« (Mück, Sängerbund, S. 43), die Radfahrervereine »Radfahrerheim« (Mühldorfer Anzeiger v. 5.2.1899) und »Concordia« (Stellner, Radfahrervereine, S. 49).
[133]
Z.B. beim Gebirgstrachtenerhaltungsverein, Tanzklub oder den Theatervereinen.
[134]
Mühldorfer Anzeiger v. 30.4.1909.
[135]
Mühldorfer Anzeiger v. 4.9.1912 u. 29.7.1914.
[136]
Mühldorfer Anzeiger v. 4.9.1912.
[137]
Mühldorfer Anzeiger v. 8.8.1914, 16.1.1914, 2./3.4.1916 u. 30.11.1916.
[138]
Mühldorfer Anzeiger v. 4./5.1912, 17.8.1912 u. 27.8.1912.
[139]
Mühldorfer Anzeiger v. 23.1.1913.
[140]
Nachrichten-Blatt für die Krieger des Turnvereins Mühldorf Nr. 1/Oktober 1914.
[141]
Nachrichten-Blatt für die Krieger des Turnvereins Mühldorf Nr. 6/April, Mai 1915.
[142]
Z. B. in: Nachrichten-Blatt für die Krieger des Turnvereins Mühldorf Nr. 4/Januar 1915.
[143]
Heimatbund Mühldorf (Hg.): Mühldorf. Stadt am Inn. Mühldorf ^{2}1995, S. 136.
[144]
Huber, Ernst Rudolf (Hg.): Dokumente zur deutschen Verfassungsgeschichte. Bd. 4: Deutsche Verfassungsdokumente 1919–1913. Stuttgart/Berlin/Köln ^{3}1991, S. 169.
[145]
Zu diesem Absatz: Stellner, Radfahrervereine, S. 51 f.; Mühldorfer Anzeiger v. 6./7.4.1991.
[146]
Zu diesem Absatz: Stellner, Radfahrervereine, S. 52 f. u. 57 ff.; Festschrift 75 Jahre Motorsport-Club Mühldorf e. V. im ADAC. Mühldorf 1998, S. (6) ff.
[147]
Mühldorfer Anzeiger v. 6./7.6.1920.
[148]
Festschrift 60 Jahre Spielvereinigung Mühldorf 1909–1969. Mühldorf 1969, S. 21 ff.
[149]
Mühldorfer Anzeiger v. 19./20.2.1922.
[150]
Festschrift TSV 1860, S. 15.
[151]
Ebenda, S. 19 u. 21.
[152]
Festschrift 75 Jahre DAV, S. 15.
[153]
Ebenda, S. 55 f.
[154]
Mühldorfer Anzeiger v. 17.5.1922.
[155]
Mühldorfer Faltboot-Club: Vereinschronik, Bd. 1, v. 13.5.1922 bis 8.11.1924.
[156]
Antrag auf Zuschuß für Bootshausbau v. 8.8.1924. In: Vereinsverzeichnis 1888 ff.
[157]
Mühldorfer Anzeiger v. 25./26.5 1924.
[158]
Mühldorfer Anzeiger v. 6.7.1922.
[159]
Mühldorfer Anzeiger v. 13.3.1923.
[160]
Mühldorfer Anzeiger v. 12.6.1923.
[161]
Adreßbuch für die Stadt und den Bezirk Mühldorf a. Inn sowie für die Stadt Burghausen 1920. München 1920, S. 41.
[162]
Mühldorfer Anzeiger v. 1./2.2.1920.
[163]
Adreßbuch 1920, S. 41.
[164]
Chronik Schützengau Mühldorf, S. 9.
[165]
Adreßbuch 1920, S. 41.

[166]
Ebenda.
[167]
Mühldorfer Anzeiger v. 3.1.1924.
[168]
Mühldorfer Anzeiger v. 14.5.1919.
[169]
Mühldorfer Anzeiger v. 3./4.10.1920.
[170]
Mück, Sängerbund, S. 42. Als Bezugspunkt für dieses Jubiläum hatte somit das Gründungsjahr der »Liedertafel« gedient.
[171]
Mühldorfer Anzeiger v. 8./9.12.1921.
[172]
Ebenda.
[173]
Maier, Gerhard: Von der Förderung der »ächten Nationaltracht«. 127 Jahre Trachtenbewegung – 100 Jahre Trachtenverein Miesbach. In: Charivari 1986/5, S. 9 ff.
[174]
Mühldorfer Anzeiger v. 7.2.1925.
[175]
Adreßbuch für das Bezirksamt Mühldorf a. Inn 1929. München 1929, S. 53.
[176]
Brockhaus Enzyklopädie. Bd. 6. Wiesbaden/Mannheim ^{20}1997, S. 602.
[177]
Zu diesem Absatz: Spagl, Hans Rudolf: 75 Jahre Heimatbund Mühldorf – eine Vereinschronik. In: Das Mühlrad XXXVII (1995), S. 95 ff.
[178]
Z. B. bei den Gesangsvereinen (Klenke, Gesangvereine, S. 182 ff.) oder den Radfahrervereinen (Stellner, Radfahrervereine, S. 55 f.).
[179]
Mühldorfer Anzeiger v. 27.10.1925.
[180]
Leben und Arbeiten im Industriezeitalter. Katalog zur Ausstellung vom 10.5.–25.8.1985 im Germanischen Nationalmuseum. Nürnberg 1985, S. 453.
[181]
Mühldorfer Anzeiger v. 24.9.1929.
[182]
Touristen-Verein »Die Naturfreunde«: Protokoll-Buch vom 17.5.1924 bis 10.12.1955.
[183]
Vgl. dazu Zimmer, Jochen: Der Touristenverein »Die Naturfreunde«. In: Teichler, Hans Joachim/Hauk, Gerhard (Hg.): Illustrierte Geschichte des Arbeitersports. Berlin/Bonn 1987, S. 82 ff.
[184]
Protokoll-Buch Naturfreunde.
[185]
Buchholz Wolfhard: Die Nationalsozialistische Gemeinschaft »Kraft durch Freude«. Freizeitgestaltung und Arbeiterschaft im Dritten Reich. Diss. masch. München 1976, S. 196 ff.
[186]
Siehe dazu exemplarisch den »Leistungsbericht der NS.-Gemeinschaft ›Kraft durch Freude‹« für das Jahr 1936. In: Mühldorfer Anzeiger v. 30.11.1936.
[187]
Zur Situation in Bayern: Hetzer, Gerhard: Die Industriestadt Augsburg. Eine Sozialgeschichte der Arbeiteropposition. In: Broszat, Martin / Fröhlich, Elke / Grossmann, Anton (Hg.): Bayern in der NS-Zeit. 3. Herrschaft und Gesellschaft im Konflikt, Teil B. München/Wien 1981, S. 182 ff.; Kulturreferat der Landeshauptstadt München (Hg.): Empor zum Licht. Arbeitersänger und Arbeitersportler in München vor 1933. München 1987, S. 78 ff., 91 f., 107 und 124 f.; Tenfelde, Klaus: Proletarische Provinz. Radikalisierung und Widerstand in Penzberg/Oberbayern 1900–1945. In: Broszat, Martin / Fröhlich, Elke / Grossmann, Anton (Hg.): Bayern in der NS-Zeit. 4. Herrschaft und Gesellschaft im Konflikt, Teil C. München/Wien 1981, 1981, S. 225 f.
[188]
Mühldorfer Anzeiger v. 6.4.1933.
[189]
Für die Gesangvereine vgl. Klenke, Gesangvereine, S. 190 ff. Vor allem trifft dies aber für das Sportvereinswesen zu, das in manchen Sportarten vor 1933 in eine Vielzahl von Verbänden aufgesplittet war. Vgl. dazu z. B.: Chronik Schützengau Mühldorf , S. 13; Stellner, Radfahrervereine, S. 64; Festschrift 75 Jahre Motorsport-Club Mühldorf e.V. im ADAC. Mühldorf 1998, S. (9).
[190]
Festschrift 75 Jahre Motorsport-Club Mühldorf, S. (9).
[191]
Adreßbuch für Stadt und Bezirk Mühldorf a. Inn 1935. München 1935, S. 49 f.
[192]
Festschrift 60 Jahre Spielvereinigung Mühldorf, S. 25.
[193]
Mühldorfer Anzeiger v. 31.8.1933.
[194]
Festschrift anläßlich des 25jährigen Bestehens der Alpenvereinssektion Mühldorf a. I. 1909–1934. Mühldorf 1934, S. 22.
[195]
Mühldorfer Anzeiger v. 30.7.1987.
[196]
Adreßbuch 1935, S. 50.
[197]
Ebenda, S. 49.
[198]
Ebenda, S. 49 f.
[199]
Ebenda, S. 49.
[200]
Mühldorfer Anzeiger v. 4.2.1937.
[201]
Ebenda.
[202]
Mühldorfer Anzeiger v. 1.3.1937.
[203]
Mühldorfer Anzeiger v. 20.4.1937.
[204]
Spagl, Heimatbund Mühldorf, S. 108.
[205]
Ebenda, S. 102 ff.
[206]
Zitiert ebenda, S. 114.
[207]
Stellner, Radfahrervereine, S. 67 f.
[208]
Reichssportblatt 1 (1934)/36, S. 1028 und 1 (1934/37, S. 1056.
[209]
Strych, Eduard: Der westdeutsche Sport in der Phase der Neugründung 1945–1950. Schorndorf 1975, S. 16.
[210]
Ebenda, S. 48.
[211]
Art. 9, Abs 1 u. 2. Grundgesetz. Textausgabe mit ausführlichen Sachregister, Stand: 15. Februar 1999. München ^{2}1999, S. 5.
[212]
Troll, Max / Wallenhorst, Rolf / Halaczinsky, Raymond: Die Besteuerung gemeinnütziger Vereine und Stiftungen. München ^{4}2000, S. 21 f. Für diesen Hinweis sei Herrn Weinberger vom Finanzamt Mühldorf gedankt.
[213]
Festschrift 75 Jahre DAV, S. 21.
[214]
Festschrift 75 Jahre Motorsport-Club Mühldorf, S. (10).
[215]
Mühldorfer Anzeiger v. 6./7.4.1991.
[216]
Mühldorfer Anzeiger v. 3.4.1987.
[217]
Festschrift 60 Jahre Spielvereinigung Mühldorf, S. 39.
[218]
Protokoll-Buch Naturfreunde.
[219]
Festschrift TSV 1860 Mühldorf, S. 24 f.
[220]
Dotzauer, Schützenwesen, S. 139 ff.
[221]
Chronik Schützengau Mühldorf, S. 13, 15 u. 136.
[222]
Ebenda, S. 136.
[223]
Ebenda, S. 139.
[224]
Spagl, Heimatbund Mühldorf, S. 116.
[225]
Mück, Sängerbund, S. 45.
[226]
Als Quellen dienten: Informationsbroschüre »Landkreis Mühldorf a. Inn«. Kissing 1992, S. 79 ff. und Bürgerinfo 2000. Mühldorf 2000, S. 38 ff.
[227]
Festschrift 75 Jahre Motorsport-Club Mühldorf, S. (11) ff.
[228]
Mühldorfer Anzeiger v. 6./7.4.1991.
[229]
Chronik Schützengau Mühldorf, S. 139.
[230]
Ebenda, S. 231.
[231]
Mitteilung von Herrn Drapke, Mühldorf.

[232]
Festschrift TSV 1860 Mühldorf, S. 44 f.
[233]
Mitteilung von Herrn Hermann Rampfl, Flossing.
[234]
Zu den nachfolgenden Zeilen: Festschrift 25 Jahre Postsportverein Mühldorf a. Inn e. V. 1965–1990. Mühldorf 1990, S. 15 ff. u. S. 32 ff. sowie Mitteilung von Herrn Alfons Huber, Mühldorf.
[235]
Duathlon ist ein Dreikampf in zwei Disziplinen, in der Reihenfolge: Laufen – Radfahren – Laufen.
[236]
Mühldorfer Anzeiger v. 3.4.1987.
[237]
Falter, Reinhard: Pioniere des sozialen Wandels. Die Münchner Naturfreunde. In: Landeshauptstadt München (Hg.): Empor zum Licht. Arbeitersänger und Arbeitersportler in München vor 1933. München 1987, S. 110.
[238]
Ebenda, S. 191 f.
[239]
Mitteilung von Herrn Peter Schiller und Herrn Roland Unger, beide Mühldorf.
[240]
Mück, Sängerbund, S. 46.
[241]
Ebenda, S. 48 f. Dazu gehörten z. B. die »Jahreszeiten« und »Schöpfung« von Joseph Haydn, die »Carmina Burana« von Carl Orff, die »Cäcilienmesse« von Charles Gounod sowie der »Messias« von Georg Friedrich Händel, »Paulus« von Felix Mendelssohn-Bartholdy und »Orpheus und Eurydike« von Christoph Willibald Gluck.
[242]
Steinbichler, Josef: Aus der Chronik des Mühldorfer Orchesters. In: Das Mühlrad XXX (1988), S. 78 f.
[243]
Ebenda, S. 83.
[244]
Ebenda, S. 85 ff., 92 f.
[245]
Bürgerinfo 2000, S. 45.
[246]
Festschrift zum 20jährigen Gründungsjubiläum der Stadt- und Jugendkapelle Mühldorf a. Inn. Mühldorf 1977.
[247]
Zu diesem Absatz: Spagl, Heimatbund Mühldorf, S. 116 ff.
[248]
Wie etwa die »8. Tagung ober- und niederbayerischer Heimatforscher« am 21. Oktober 2000 in München zeigt, wo zwei der dort gehaltenen Referate dieses Gelände thematisierten: Bayerischer Landesverein für Heimatpflege (Hg.): Forum Heimatforschung. Ziele – Wege – Ergebnisse, Heft 6: Zeitgeschichte und Heimatforschung. München 2001, S. 115 ff.
[249]
Raim, Edith: Die Mühldorfer Außenlager des Konzentrationslagers Dachau 1944/45. In: Forum Heimatforschung, Heft 6, S. 132.
[250]
Zur Identifikationsfunktion von Vereinen vgl. Lehmann, Albrecht: Zur volkskundlichen Vereinsforschung. In: Dann, Otto (Hg.): Vereinswesen und bürgerliche Gesellschaft in Deutschland. München 1984, S. 146 f., 149.

Literaturverzeichnis

A

AK: »Das schönste Amt der Welt.« Die bayerischen Ministerpräsidenten von 1945 bis 1993 (Staatliche Archive Bayerns. Kleine Ausstellungen 13). Generaldirektion der Staatlichen Archive Bayerns (Hg.). München 1999.

AK: Bauen im Nationalsozialismus. Bayern 1933–1945. Hgg. v. Nerdinger, Winfried. (Ausstellungskataloge des Architekturmuseums der Technischen Universität und des Münchner Stadtmuseums 9). München 1993.

AK: Bayern entsteht. Montgelas und sein Ansbacher Mémoire von 1796. München und Ansbach 1996/97.

AK: Cartographia Bavariae. Bayern im Bild der Karte (Ausstellungskatalog der Bayerischen Staatsbibliothek 44). Weißenhorn 1988.

AK: Freiheit – Gleichheit – Brüderlichkeit. 200 Jahre Französische Revolution in Deutschland. Germanisches Nationalmuseum Nürnberg 1989.

AK: Aus 1200 Jahren. Das bayerische Hauptstaatsarchiv zeigt seine Schätze. Generaldirektion der Staatlichen Archive Bayerns (Hg.). München 1979.

AK: Kaiser Ludwig der Bayer 1282–1347. Stadtmuseum Fürstenfeldbruck 1997.

AK: Leben und Arbeiten im Industriezeitalter. Katalog zur Ausstellung vom 10.5.–25.8.1985 im Germanischen Nationalmuseum. Nürnberg 1985.

AK: Schöne Madonnen 1350–1450. Salzburg 1965.

AK: Das Mühlviertel. Schloss Weinberg bei Kefermarkt 1988.

AK: München, Hauptstadt der Bewegung. München 1993.

AK: Reformation, Emigration, Protestanten in Salzburg. Schloß Goldegg 1981.

AK: Hl. Rupert von Salzburg 696–1996. Dommuseum und Erzabtei Salzburg 1996.

AK: Salz. Katalog der Landesausstellung in Hallein. Salzburg 1994.

AK: Salzburg zur Zeit der Mozart. Salzburg 1991.

AK: Schatzhaus Kärntens. St. Paul 1991.

AK: Spätgotik in Salzburg. Salzburg 1976.

AK: Stabat Mater. Salzburg 1970.

AK: Weichenstellungen. Eisenbahnen in Bayern 1835–1920. Eine Ausstellung des Bayerischen Hauptstaatsarchivs (Ausstellungskataloge der Staatlichen Archive Bayerns, 43). Hgg. v. Hetzer, Gerhard u.a. München 2001.

Abel, Wilhelm: Agrarkrisen und Agrarkonjunkturen. Eine Geschichte der Land- und Ernährungswirtschaft Mitteleuropas seit dem hohen Mittelalter. 3. Auflage, Hamburg/Berlin 1978.

Aberle, Andreas: Nahui, in Gotts Nam! Schiffahrt auf Donau und Inn, Salzach und Traun. Rosenheim 1974, S. 8–33.

Ahammer, Hubert: Das Kanalkraftwerk Töging-Jettenbach. In: Das Mühlrad XXII (1980), S. 90–100.

Aicher, Ernst: Das Bunkergelände im Mühldorfer Hart. Als Mahnmal gerettet und interdisziplinär erforscht. In: Bayerischer Landesverein für Heimatpflege (Hg.): Forum Heimatforschung. Ziele – Wege – Ergebnisse, Heft 6: Zeitgeschichte und Heimatforschung. München 2001, S. 136–144.

Albrecht, Dieter: Maximilian I. von Bayern 1573–1651. München 1998, S. 1081 f.

Alpenvereinssektion Mühldorf: Festschrift anläßlich des 25jährigen Bestehens der Alpenvereinssektion Mühldorf a. I. 1909–1934. Mühldorf 1934.

Alpenvereinssektion Mühldorf: Festschrift 75 Jahre Alpenvereinssektion Mühldorf, 1909–1984. Mühldorf 1984.

Altmann, Lothar / Mülbe, Wolf-Christian von der: Das Maximilianeum in München. Regensburg 1993.

Ambronn, Karl-Otto: Die Wittelsbacher als Fürstpröpste von Berchtesgaden (1594–1723). In: Brugger, Walter / Dopsch, Heinz / Kramml, Peter F. (Hg.): Geschichte von Berchtesgaden. Stift – Markt – Land. Band II, Teil 1. Berchtesgaden 1993, S. 68 ff.

Ammerer, Gerhard: Von Franz Anton von Harrach bis Siegmund Christoph von Schrattenbach – Eine Zeit des Niedergangs. In: Dopsch, Heinz / Spatzenegger, Hans (Hg.): Geschichte Salzburgs – Stadt und Land. Band II, Teil 1. Salzburg 1981–1991, S. 245–323.

Ammerich, Hans (Hg.): Das bayerische Konkordat 1817. Weißenhorn 2000.

Angermeier, Rudolf: Bier vom Himmel und von der Hölle. In: Ders.: Mühldorf. Geschichte und Kultur einer Stadt am Inn. (Gebundenes Manuskript) S. 253 f.

Angermeier, Rudolf: Mühldorf am Inn in alten Ansichten. 2 Bände. Zaltbommel/Niederlande 1982/1991.

Angermeier, Rudolf: Mühldorfs Süden. In: Ders.: Mühldorf. Geschichte und Kultur einer Stadt am Inn. (Gebundenes Manuskript).

Angermeier, Rudolf: Mühldorf unter der Herrschaft der Salzburger Bischöfe. In: Heimatbund Mühldorf e.V. (Hg.): Mühldorf. Stadt am Inn. Mühldorf 1989, S. 23–114.

Angermeier, Rudolf: Vom Wandel der Zeit blieb auch die Kirche nicht verschont. In: Münchner Kirchenzeitung (Hg.): 1250 Jahre. Kirche im Erzbistum München und Freising. Dekanat Mühldorf. (München o.J.)

Annales Sancti Rudberti Salisburgenses. In: Pertz, Georg Heinrich: Monumenta Germaniae Historica, Scriptorum Tomus IX. Hannover 1851 (Neudruck Stuttgart und New York 1963).

Assmann, Jan: Das kulturelle Gedächtnis. Schrift, Erinnerung und politische Identität in frühen Hochkulturen. München 1997.

Auktionskatalog Sammlung Georg Schuster, Julius Böhler. München 1938.

B

Backmund, Norbert: Die Kollegiat- und Kanonissenstifte in Bayern. Windberg 1973.

Barth-Scalmani, Gunda: Der Handelsstand in der Stadt Salzburg am Ende des 18. Jh. Altständisches Bürgertum in Politik, Wirtschaft und Kultur. Diss. Salzburg 1992.

Bary, Roswitha von: Herzogsdienst und Bürgerfreiheit. Verfassung und Verwaltung der Stadt München im Mittelalter 1158–1560 (Quellen und Forschungen zur Geschichte der Stadt München 3). München 1997.

Oberste Baubehörde im Staatsministerium des Innern (Bearb.): Die bayerischen Staatsstraßen. Die Ursachen ihres jetzigen schlechten Zustandes und die notwendigen Maßnahmen zu ihrer Verbesserung. München 1925.

Oberste Baubehörde im Bayerischen Staatsministerium des Inneren (Hg.): Straßen und Brücken in Bayern. Folge 2–5. München 1961–1989.
Bauer, Franz: Flüchtlinge und Flüchtlingspolitik in Bayern, 1945–1950. Stuttgart 1982.
Bauer, Günther G.: Das Salzburger Hexenspiel. In: Bauer, Günther G. (Hg.): Homo ludens. Der spielende Mensch. Internationale Beiträge des Instituts für Spielforschung und Spielpädagogik an der Hochschule »Mozarteum«. Band II. Salzburg 1992, S. 238–282.
Bauer, Hermann und Anna: Johann Baptist und Dominikus Zimmermann. Regensburg 1985.
Bauer, Joseph: Kurze Geschichte der Stadt Mühldorf a/I. Mühldorf 1924.
Baumstark, Reinhold / Seling, Helmut: Silber und Gold. Augsburger Goldschmiedekunst für die Höfe Europas. Band 2. München 1994, S. 214 ff.
Bayerischer Philologenverband (Hg.): Das Gymnasium in Bayern (1969).
Bayerischer Philologenverband (Hg.): Die Höhere Schule in Bayern (1966) ff.
Bayerischer Philologenverband (Hg.): Neues Land (1960) ff.
Bayerischer Schützenjahrbuch-Verlag (Hg.): Unsere bayerischen Schützen. Chronik Schützengau Mühldorf. München o.J.
Bayerisches Landesamt für Statistik und Datenverarbeitung (Hg.): Der Kraftfahrzeugbestand in Bayern 1907 bis 1987 (Beiträge zur Statistik Bayerns 421). München 1987.
Bayerisches Landesvermessungsamt (Hg.): Bayerische Städte im jungen Königreich. Ortsblätter des bayerischen Flurkartenwerks im 19. Jahrhundert. München 1983.
Bayerisches Staatsministerium für Wirtschaft und Verkehr (Hg.): Gesamtverkehrsplan Bayern. München 1970.
Bayerisches Staatsministerium für Wirtschaft und Verkehr (Hg.): Gesamtverkehrsplan Bayern 1985. München 1985.
Bayerisches Statistisches Landesamt (Hg.): Die Gemeindestraßen in Bayern. Ergebnis der Statistik der Gemeindestraßen nach dem Stand vom 1. Januar 1961 (Beiträge zur Statistik Bayerns 247). München 1963.
Bayerisches Statistisches Landesamt (Hg.): Öffentliche Straßen, Brücken und Parkeinrichtungen in Bayern. Ergebnisse der Statistik der Straßen in den Gemeinden sowie der Straßen- und Brückenbestandsaufnahme der staatlichen Straßenbauverwaltung des Landes Bayern nach dem Stand vom 1. Januar 1966 (Beiträge zur Statistik Bayerns 279). München 1967.
Bayerisches Statistisches Landesamt (Hg.): Öffentliche Straßen, Brücken und Parkeinrichtungen in Bayern. Ergebnisse der Statistik der Straßen in den Gemeinden sowie der Straßen- und Brückenbestandsaufnahme der staatlichen Straßenbauverwaltung des Landes Bayern nach dem Stand vom 1. Januar 1976 (Beiträge zur Statistik Bayerns 364). München 1977.
Belker, Jürgen: Aussätzige. »Tückischer Feind« und »Armer Lazarus«. In: Hergemöller, Bernd-Ulrich (Hg.): Randgruppen der spätmittelalterlichen Gesellschaft. Warendorf 1994, S. 253–283.
Bezold, Gustav von / Riehl, Berthold / Hager, G.: Die Kunstdenkmale des Regierungsbezirks Oberbayern. Teil 3. München 1905.
Blumenwitz, Dieter: Denk' ich an Deutschland. Dokumentenband. München 1989.
Bocklet, Reinhold: Föderalismus heute: Landespolitik zwischen Bund und Europa. In: Bayerischer Landtag (Hg.): Bayern und das Grundgesetz. München 1999, S. 37–47.
Bocklet, Reinhold: Geleitwort. In: Rumschöttel, Hermann / Ziegler, Walter (Hg.): Franz Sperr und der Widerstand gegen den Nationalsozialismus in Bayern. München 2001, S. V f.
Bohus, Julius: Geschichte des Sports in Bayern. Augsburg 1998.
Bräuer, Helmut: Almosenausteilungsplätze – Orte der Barmherzigkeit und Selbstdarstellung, des Gesprächs und der Disziplinierung. In: Bräuer, Helmut / Schlenkrich, Elke (Hg.): Die Stadt als Kommunikationsraum. Beiträge zur Stadtgeschichte vom Mittelalter bis ins 20. Jahrhundert. Festschrift für Karl Czok zum 75. Geburtstag. Leipzig 2001, S. 57–100.
Breinbauer, Josef: Otto von Lonsdorf. Bischof von Passau 1254–1265 (Passauer Historische Forschungen 6). Köln 1992.
Brugger, Walter: Die salzburgischen Kollegiatstifte im 17. Jahrhundert. In: Das Salzfass 34 (2000), S. 1 ff.
Bruner, Ludwig (Hg.): Straßen- und Brückenbau in Bayern in Schrift und Bild. Ein Überblick seiner Entwicklung seit dem Jahre 1945. München 1956.
Buchholz, Wolfhard: Die Nationalsozialistische Gemeinschaft »Kraft durch Freude«. Freizeitgestaltung und Arbeiterschaft im Dritten Reich. Diss. masch. München 1976.
Bundesministerium des Inneren (Hg.): Betrifft: Eingliederung der Vertriebenen, Flüchtlinge und Kriegsgeschädigten in der Bundesrepublik Deutschland. Bonn 1982.
Bundesministerium für Vertriebene, Flüchtlinge und Kriegsgeschädigte (Hg.): Die Eingliederung der Flüchtlinge in die deutsche Gemeinschaft. Bericht der ECA Technical Assistance Commission (Sonne-Bericht). Bonn 1951.
Byloff, Fritz: Die letzten Zaubereiprozesse in Mühldorf und Landshut. In: Zeitschrift für bayerische Landesgeschichte 11 (1938), S. 427–444.

C

Chmel, J. (Hg.): Die Salzburger Diöcese im fünfzehnten Jahrhundert. In: Notizenblatt. Beilage zum Archiv für Kunde österreichischer Geschichtsquellen 17 (1852).
Codices traditionum ecclesiae Pataviensis, olim Laureacensis. In: Monumentorum Boicorum collectio nova, Band 29, Teil 2. München o.J.

D

Dalham, Florian: Concilia Salisburgensia provincialia et dioecesana . . Augsburg 1788.
Dambeck, Franz: Der Meister der Kriegerfigur am Münchener Tor. In: Das Mühlrad VI (1956), S. 8–13.
Daum, Wolfgang: Entnazifizierung in Landsberg. Das Befreiungsgesetz vom 5. März 1946 und seine praktische Durchführung. St. Ottilien 1996.
Denzel, Markus A.: Professionen und Professionisten. Die Dachsbergische Volksbeschreibung im Kurfürstentum Baiern (1771–1781). Stuttgart 1998.
Deutinger, Stephan: Eisenbahn und Landesentwicklung im Königreich Bayern. In: Hetzer, Gerhard u a.: Weichenstellungen. Eisenbahnen in Bayern 1835–1920. Eine Ausstellung des Bayerischen Hauptstaatsarchivs (Ausstellungskataloge der Staatlichen Archive Bayerns 43). München 2001, S. 249–273.
Deutinger, Stephan: Eine »Lebensfrage für die Bayerische Industrie«. Energiepolitik und regionale Energieversorgung 1945 bis 1980. In: Schlemmer, Thomas / Woller, Hans (Hg.): Bayern im Bund. Band 1: Die Erschließung des Landes 1949 bis 1973 (Quellen und Darstellungen zur Zeitgeschichte 52). München 2001, S. 33–118.
Deutinger, Stephan: Vom Agrarland zum High Tech Staat: zur Geschichte des Forschungsstandorts Bayern 1945–1980. München/Wien 2001.
Dirlmeier, Ulf: Mittelalterliche Hoheitsträger im wirtschaftlichen Wettbewerb. In: Vierteljahresschrift für Sozial- und Wirtschaftsgeschichte. Beiheft 51. Wiesbaden 1966
Dischinger, Gabriele: Zeichnungen zu kirchlichen Bauten bis 1803 im Bayerischen Hauptstaatsarchiv. Band 1. Wiesbaden 1988.
Doege, Michael: Armut in Preußen und Bayern (1770–1840) (Miscellanea bavarica monacensia 157). München 1991.
Döllinger, G.: Sammlung der im Gebiete der inneren Staats-Verwaltung des Königreichs Bayern bestehenden Verordnungen. Band 1. München 1835.

Dopsch, Heinz / Spatzenegger, Hans (Hg.): Geschichte Salzburgs. Stadt und Land. 2 Bände in 8 Teilen. Salzburg 1981–1991 (mit Neuauflagen einzelner Teilbände).
Dopsch, Heinz: Bauernkrieg und Glaubensspaltung. In: Dopsch, Heinz / Spatzenegger, Hans (Hg).: Geschichte Salzburgs. Stadt und Land. Band II, Teil 1. Salzburg 1988, S. 11–131.
Dopsch, Heinz: Der auswärtige Besitz. In: Dopsch, Heinz / Spatzenegger, Hans (Hg.): Geschichte Salzburgs – Stadt und Land. Band I, Teil 2. Salzburg 1981–1991, S. 951–981.
Dopsch, Heinz: Die Entstehung des Territoriums. In: Dopsch, Heinz / Spatzenegger, Hans (Hg.): Geschichte Salzburgs. Stadt und Land. Band I, Teil 1. Salzburg 1981–1991, S. 337–346.
Dopsch, Heinz / Brunner, Karl / Weltin, Max: Die Länder und das Reich. In: Wolfram, Herwig (Hg.): Der Ostalpenraum im Hochmittelalter. (Österreichische Geschichte 1122–1278). Wien 1999.
Dopsch, Heinz: Přemysl Ottokar II. und das Erzstift Salzburg. In: Ottokar Forschungen. Jahrbuch für Landeskunde von Niederösterreich NF 44/45 (1978/79).
Dopsch, Heinz: Recht und Verwaltung. In: Dopsch, Heinz / Spatzenegger, Hans (Hg.): Geschichte Salzburgs. Stadt und Land. Band I, Teil 2. Salzburg 1981–1991, S. 867–950.
Dopsch, Heinz: Salzburg im 15. Jahrhundert. In: Dopsch, Heinz / Spatzenegger, Hans (Hg.): Geschichte Salzburgs. Stadt und Land. Band I, Teil 1. Salzburg 1983, S. 487–593.
Dopsch, Heinz: Die Zeit der Karolinger und Ottonen. In: Dopsch, Heinz / Spatzenegger, Hans (Hg.): Geschichte Salzburgs. Stadt und Land. Band I, Teil 1. Salzburg 1983, S. 157–228.
Dopsch, Heinz: 650 Jahre »Land« Salzburg. Vom Werden eines Landes. In: Österreich in Geschichte und Literatur 36 (1992), S. 255–276.
Dotzauer, Gerhart: Das Schützenwesen in Bayern. Landshut 1984.

E

Eberl, Angelikus: Geschichte der bayerischen Kapuziner-Ordensprovinz (1593–1902). Freiburg im Breisgau 1902.
Egginger, Josef: Schifffahrt auf dem Inn. In: Vogel, Dieter (Hg.): Der Inn. Landschaften und Städte. Vilsbiburg 2001, S. 52–61.
Eisenberg, Christiane: »English sports« und deutsche Bürger. Eine Gesellschaftsgeschichte 1800–1913. Paderborn/Mükchen/Wien/Zürich 1999.
Eisenhofer, Dr.: Geschichte der Mühldorfer Bäcker-, Metzger-, Schmiede- und Wagnerzunft. In: Heimatblätter zum »Mühldorfer Anzeiger« und zur »Neumarkter Post« 14/18 (1934).
Eisenmann, Joseph Anton: Topographisch-statistisches Lexicon vom Königreich Bayern. Band 2. Erlangen 1831.
Erben, Wilhelm: Die Berichte der erzählenden Quellen über die Schlacht bei Mühldorf (Archiv für österreichische Geschichte 105/1). Wien 1916.
Erben, Wilhelm: Mühldorfer Ritterweihen in den Jahren 1319 und 1322 (Veröffentlichungen des Historischen Seminars der Universität Graz 12). Graz 1932.
Erben, Wilhelm: Die Schlacht bei Mühldorf (Veröffentlichungen des Historischen Seminars der Universität Graz 1). Graz u.a. 1923.
Erichsen, Johannes / Puschner, Uwe (Hg.): ›Vorwärts, vorwärts sollst du schauen …‹. Geschichte Politik und Kunst unter Ludwig I. Aufsätze. München 1986.
Erker, Paul: Keine Sehnsucht nach der Ruhr. Grundzüge der Industrialisierung in Bayern 1900–1970. In: Geschichte und Gesellschaft 17 (1991), S. 480–511.
Ewers, Franz-Josef (Hg.): Das Deutsche Sängerbuch. Wesen und Wirken des Deutschen Sängerbundes in Vergangenheit und Gegenwart. Karlsruhe/Dortmund 1930.

F

Fait, Barbara: Demokratische Erneuerung unter dem Sternenbanner. Amerikanische Kontrolle und Verfassungsgebung in Bayern 1946 (Beiträge zur Geschichte des Parlamentarismus und der politischen Parteien 114). Düsseldorf 1998
Falter, Reinhard: Pioniere des sozialen Wandels. Die Münchner Naturfreunde. In: Landeshauptstadt München (Hg.): Empor zum Licht. Arbeitersänger und Arbeitersportler in München vor 1933. München 1987.
Fassl, Peter: Konfession, Wirtschaft und Politik. Von der Reichsstadt zur Industriestadt. Augsburg 1750–1850. Sigmaringen 1988.
Ferchl, Franz: Dr. Franz Ferchl, k.k. Salinenarzt in Hallein. Eine Selbstbiographie. Kurze Lebensbeschreibung, mich und meine Familie betreffend. In: MGSL 91 (1951), S. 107–123.
Fickel, Alfred: Die Einführung des Zeichenunterrichts in Altbayern. Dargestellt am Beispiel Mühldorfs. In: Jahrbuch für Volkskunde (1986), Sonderdruck.
Fickel, Alfred: Die Entwicklung des städtischen Lehrerstandes von den Anfängen bis zum Beginn des 19. Jahrhunderts, illustriert an den Schulverhältnissen in Mühldorf am Inn. In: Hohenzollern, Johann Georg Prinz von / Liedtke, Max (Hg.): Schreiber, Magister, Lehrer. Zur Geschichte und Funktion eines Berufsstandes. Bad Heilbrunn 1989, S. 160–192
Fickel, Alfred: Mühldorfs Schulgeschichte. Von den Anfängen bis zur Übergabe der Stadt an Bayern 1294–1803 o.O. o.J.
Fischer, Manfred: Degenhart Pfeffinger aus Salmanskirchen, ein Freund Martin Luthers? In: Das Mühlrad XLIII (2001), S. 61–98.
Fischer, Manfred: Geschichte der evangelischen-lutherischen Kirchengemeinde Mühldorf. In: Das Mühlrad XL (1998), S. 115–175.
Fischer, Manfred: Die »Lutherischen« in Mühldorf. Eine Chronik der evang. luth. Gemeinde Mühldorf a. Inn. Gedr. Manuskript. Mühldorf 1998.
Foltin, Hans-Friedrich: Geschichte und Perspektiven der Vereinsforschung. In: Hessische Blätter für Volks- und Kulturforschung N.F. 16 (1984).
Fraitzl, Karl: Alte Mühldorfer Bierquellen. In: Das Mühlrad VIII (1958), S. 35–38.
Fraitzl, Karl: Das Kollegiatstift Mühldorf. In: Das Mühlrad I (1951), S. 52–56.
Freundl, Stefan: Die Dampfschiffahrt auf dem Inn. Wasserburg 1984.
Friedhuber, Inge: Kaiser Maximilian I. und die Bemühungen Matthäus Langs um das Erzbistum Salzburg. In: Novotny, A. / Pickl, O. (Hg.): Festschrift Hermann Wiesflecker zum 60. Geburtstag. Graz 1973, S. 123–131.
Fritz, Johann Michael: Goldschmiedekunst der Gotik in Mitteleuropa. München 1982.
Fürmetz, Gerhard: »Kampf um den Straßenfrieden«. Polizei und Verkehrsdisziplin in Bayern zwischen Kriegsende und beginnender Massenmotorisierung. In: Fürmetz, Gerhard u.a. (Hg.): Nachkriegspolizei: Sicherheit und Ordnung in Ost- und Westdeutschland 1945–1969 (Forum Zeitgeschichte 10). Hamburg 2001, S. 199–228.
Fürmetz, Gerhard: Pragmatismus, Verweigerung, Opfermentalität. Historische Untersuchungen zur Verwaltung, Beseitigung und Verarbeitung der NS-Hinterlassenschaft im Nachkriegsbayern am Beispiel des Rüstungs- und KZ-Außenkommandokomplexes im Landkreis Mühldorf am Inn (1945–1952). Ungedruckte Magisterarbeit. München 1992.
Fürmetz, Gerhard: Zwischen Selbstbefreiung und Klassenkampf. Schülerprotest an bayerischen Gymnasien um 1968. In: Parigger, Harald u.a. (Hg.): Schön ist die Jugendzeit …? Das Leben junger Leute in Bayern 1899–2001 (Veröffentlichung zur Bayerischen Geschichte und Kultur 27). Augsburg 1994, S. 85–88.

G

Gall, Alexander: »Gute Straßen bis ins kleinste Dorf!« Verkehrspolitik und Landesplanung 1945 bis 1976. In: Schlemmer, Thomas / Woller, Hans (Hg.): Bayern im Bund. Bd. 1: Die Erschließung des Landes 1949 bis 1973 (Quellen und Darstellungen zur Zeitgeschichte 52). München 2001, S. 119–204.
Gelberg, Karl-Ulrich: Alfons Goppel (1905–1991). In: Aretz, Jürgen / Morsey, Rudolf / Rauscher, Anton (Hg.): Zeitgeschichte in Lebensbildern. Band 10. Münster 2001, S. 261–279.

Gelberg, Karl-Ulrich: Die bayerische Pfalzpolitik 1945–1956 mit einem Quellenanhang. In: ZBLG 58 (1995), S. 637–672.
Gemeinde Altmühldorf: Orts-Chronik (3 Bände). o.J.
George, Dieter: Die Bäcker und Metzger in den salzburgischen Städten. Mit Beispielen aus Hallein, Laufen, Mühldorf, Salzburg und Tittmoning. In: MGSL 120/121 (1980–81), S. 459–515.
Gesandtschaftsberichte aus München 1814–1848. Abt. II: Berichte der österreichischen Gesandten. Bearbeitet v. Anton Chroust. Band 2. München 1941.
Glanz und Ende der alten Klöster. Säkularisation im bayerischen Oberland 1803. München 1991
Gleixner, Sebastian: Von der fürstbischöflichen Residenzstadt zum bayerischen Behördensitz. Die Eingliederung Freisings in das Kurfürstentum Bayern 1802–1804. Unveröffentlichte Magisterarbeit. LMU München 2001.
Goerge, Dieter: Johann Nepomuk della Croce 1736–1819. Leben und Werk. Burghausen 1998.
Götz, Ulrike / Spagl, Hans Rudolf: Mühldorf in Ansichten der Malerfamilie Gumberger. In: Das Mühlrad XXXVII (1995), S. 59–66.
Gollwitzer, Hans: Bier-Beschwerde Anno 1681. In: Das Mühlrad XV (1973), S. 85–92
Gollwitzer, Hans: Das tragische Ende des Mühldorfer Landrichters Simon Ruland. In: Das Mühlrad XIII (1968–70), S. 108–118.
Gollwitzer, Hans: Ergänzungen und Berichtigungen zum Historischen Atlas für den Landkreis Mühldorf am Inn. Masch. Manuskript im Stadtarchiv Mühldorf. Mühldorf 1978.
Gollwitzer, Hans / Kaderka, Anton: Die Geschichte der Mühldorfer Berufsschule. In: Das Mühlrad XXIII (1981), S. 53–70.
Gollwitzer, Hans: Zur Geschichte des Zucht- und Trabrennvereins Mühldorf e.V. (Stadtarchiv Mühldorf: Abhandlungen 62).
Gollwitzer, Hans: Getreidekasten–Fronfest–Museum. In: Das Mühlrad XVII (1975), S. 91–100.
Gollwitzer, Hans: Das Heiliggeistspital zu Mühldorf. In: Das Mühlrad XII (1965–1967), S. 88–119.
Gollwitzer, Hans: Hundert Jahre Mühldorfer Eisenbahn. In: Das Mühlrad XIV (1971–1972), S. 77–87
Gollwitzer, Hans: Meisterwürde und Meisterbürde. In: Das Mühlrad XXV (1983), S. 31–36.
Gollwitzer, Hans: Mühldorf. In: Der Landkreis Mühldorf am Inn. Geschichte, Entwicklung und Gegenwart. Ein Heimatbuch. München 1962.
Gollwitzer, Hans / Federer, Josef: Mühldorf am Inn. In: Keyser, Erich / Stoob, Heinz (Hg.): Bayerisches Städtebuch. Tl. 2 (Deutsches Städtebuch V/2). Stuttgart 1974.
Gollwitzer, Hans: Der Mühldorfer Burgfrieden. In: Das Mühlrad XII (1965–67), S. 5–17.
Gollwitzer, Hans: Der Mühldorfer Franzosenfriedhof. In: Das Mühlrad XVI (1974), S. 104–108.
Gollwitzer, Hans: Die Mühldorfer Jahrmärkte. In: Das Mühlrad XVIII (1976), S. 94–115.
Gollwitzer, Hans: Die Mühldorfer und ihre verbotenen Bücher Anno 1617. In: Das Mühlrad XXI (1979), S. 75–108.
Gollwitzer, Hans: Mühldorfer Steuerbuch. In: Das Mühlrad XIX (1977), S. 30–68.
Gollwitzer, Hans: Die Mühldorfer Zeichnungsschule, die Vorläuferin der Berufsschule. In: Das Mühlrad XI (1962–1964), S. 102–118.
Gollwitzer, Hans: Mühldorfs große Stadtbrände (1285–1495–1640). In: Das Mühlrad XIII (1968–1970), S. 93–102.
Gollwitzer, Hans / Hartmann, Adolf: Salzburger Grenzsteine. Denkmäler aus vergangener Zeit. Mühldorf 1983.
Gollwitzer, Hans: Der salzburgisch-bayerische Tafelkrieg. In: Das Mühlrad XV (1973), S. 5–10.
Gollwitzer, Hans: Die Schmidt, eine alte Mühldorfer Kaufmannsfamilie. In: Das Mühlrad XVII (1975), S. 106–119.
Gollwitzer, Hans: Voitgericht und Voitturm. In: Das Mühlrad XIV (1971–1972), S. 10–29.
Gollwitzer, Hans: 1364 – ein denkwürdiges Jahr in Mühldorfs Geschichte. In: Das Mühlrad XI (1962–1964), S. 50–60.
Gollwitzer, Heinz: Ludwig I. von Bayern. Königtum im Vormärz. Eine politische Biographie. München 1986.
Gräber, Gerhard / Spindler, Matthias: Revolver Republik am Rhein. Die Pfalz und ihre Separatisten. Band 1: November 1918 – November 1923. Landau 1992.
Grötsch, Walter: Die Versetzung des Salzburger Priesterhausregens Fingerlos nach Mühldorf. In: MGSL 97 (1957), S. 51 ff.
Grosshenrich, Franz-Josef: Die Mainzer Fastnachtsvereine. Geschichte, Funktion, Organisation und Mitgliederstruktur. Wiesbaden 1980.
Grossmann, Dieter: Der Meister von Seeon. In: Marburger Jb. f. Kunstwissenschaft 19 (1974), S. 85–138.
Guby, Rudolf: Passauer Bildhauer des 18. Jahrhunderts. 1. Heft. Josef Matthias Götz. Passau o.J. [1920].

H

Haas, Hans: Das Kraftwerk Jettenbach-Töging. In: Vogel, Dieter (Hg.): Der Inn. Landschaften und Städte. Vilsbiburg 2001, S. 68-73.
Häberle, Eckehard: Zollpolitik und Integration im 18. Jahrhundert. Untersuchungen zur wirtschaftlichen und politischen Integration in Bayern von 1765 bis 1811. München 1974.
Hacker, Fritz: Die Kaiserschlacht bei Ampfing am 28. September 1322: ihr Anlaß, ihr Verlauf, ihre Folgen. Festschrift für die 600-Jahrfeier der Schlacht in Ampfing 1922. Mühldorf 1922.
Hamberger, Edwin: Luftangriffe auf Mühldorf a. Inn 19. März 1945 / 20. April 1945. In: Das Mühlrad XXXVII (1995), S. 141–160.
Hammermann, Gabriele: Die Dachauer Außenlager um Mühldorf. In: KZ-Außenlager – Geschichte und Erinnerung. Dachauer Hefte 15 (1999), S. 77–98.
Hammermayer, Ludwig: Die Aufklärung in Salzburg. In: Dopsch, Heinz / Spatzenegger, Hans: Geschichte Salzburgs. Stadt und Land. Band II, Teil 1. Salzburg 1981–1991, S. 375–452.
Hammermayer, Ludwig: Die letzte Epoche des Erzstifts Salzburg. Politik und Kirchenpolitik unter Erzbischof Graf Hieronymus Colloredo (1772–1803). In: Dopsch, Heinz / Spatzenegger, Hans (Hg.): Geschichte Salzburgs. Stadt und Land. Band II, Teil 1. Salzburg 1988, S. 453–535.
Hammermayer, Ludwig: Fingerlos, Matthäus. In: Boehm, Laetitia / Müller, Winfried / Smolka, Wolfgang J. / Zedelmaier, Helmut: Biographisches Lexikon der Ludwig-Maximilian-Universität München Teil 1 (Münchener Universitätsschriften, Ludovico Maximilianea, Forschungen 18). Berlin 1998.
Handl, Johann: War die schnelle Integration der Vertriebenen ein Mythos? In: Endres, Rudolf (Hg.): Bayerns vierter Stamm. Die Integration der Flüchtlinge und Heimatvertriebenen nach 1945 (Bayreuther historische Kolloquien 12). Köln u.a. 1998, S. 183–214.
Hartig, Michael: Kirchen und Kirchenbaukunst der Pfarreien von Mühldorf und Altmühldorf. (MS) München o.J.
Hartig, Michael / Gollwitzer, Hans: Mühldorf a. Inn. St. Nikolaus und Nebenkirchen (Schnell, Kunstführer Nr. 547). München und Zürich 1975.
Hartig, Michael / Wagner, Ernst / Maier, Josef: Stadtpfarrkirche St. Nikolaus in Mühldorf am Inn. München u. a. 1989.
Hartig, Michael: Die oberbayerischen Stifte. Band 2. München 1935.
Hartmann, Adolf: Anton Stark (1766–1839). Ein bayerischer Bürger im Isarkreis. In: Das Mühlrad XVI (1975), S. 56–68.
Hartmann, Adolf: Die Eichkapelle mit dem »Hungerbrünnl«. In: Das Mühlrad XII (1965–1967), S. 18–22.
Hartmann, Adolf: Die Frauenkirche in Mühldorf. In: Das Mühlrad XXIV (1982), S. 114–127.
Hartmann, Adolf: Ein Gang durch das Mühldorfer Rathaus. In: Das Mühlrad XXI (1979), S. 19–22.
Hartmann, Adolf: Kampf um Kampfbilder. In: Das Mühlrad XX (1978), S. 95–104.
Hartmann, Adolf: Mühldorf am Inn 19. März 1945. In: Das Mühlrad XXII (1980), S. 30–35.

Hartmann, Adolf: Die Wasserversorgung in Mühldorf. In: Das Mühlrad XXV (1983), S. 79–84.
Hartmann, Peter Claus: Der Bayerische Reichskreis (1500–1803) (Schriften zur Verfassungsgeschichte 52). Berlin 1992.
Hartung, Gottfried: Die bayerischen Landstraßen, ihre Entwicklung im XIX. Jahrhundert und ihre Zukunft. Eine historisch-kritische Studie aus dem Gebiete der bayerischen Verkehrspolitik (Wirtschafts- und Verwaltungsstudien mit besonderer Berücksichtigung Bayerns 16). Leipzig 1902.
Hauf, Eugen: Vom Ende der Innschiffahrt. In: Das Mühlrad II (1952), S. 12–17.
Hauf, Eugen: Mühldorf 150 Jahre bayerisch. In: Das Mühlrad II (1952), S. 20–25.
Hauf, Eugen: Die Umgestaltung des Innstromgebietes durch den Menschen. Eine kulturgeographische Untersuchung vor allem der Korrektion und der Groß-Wasserkraftausnutzung sowie deren Folgen. In: Mitteilungen der Geographischen Gesellschaft in München 37 (1952).
Hausberger, Karl: Die Neuorganisation der Kirche in Bayern. In: Schwaiger, Georg (Hg.): Das Erzbistum München und Freising im 19. und 20. Jahrhundert. München 1989, S. 11 ff.
Hauthaler, Willibald / Martin, Franz: Salzburger Urkundenbuch. 4 Bände. Salzburg 1910–1933.
Heigel, Karl Theodor: Die Mühldorfer Annalen 1313–1428. In: Historische Kommission bei der Bayerischen Akademie der Wissenschaft (Hg.): Die Chroniken der deutschen Städte vom 14. bis ins 16. Jahrhundert. Band 15: Die Chroniken der baierischen Städte Regensburg, Landshut, Mühldorf, München. Göttingen 1878 (Nachdruck Stuttgart 1967), S. 367–410.
Heilingsetzer, Georg: Ferdinand I., Salzburg und das Land Kärnten in den Jahren 1535/36. In: Carinthia I, 164 (1974), S. 109–125.
Heimatbund Mühldorf (Hg.): Kornkasten und Haberkasten. Kulturzentrum in der Mühldorfer Altstadt. Mühldorf 1996.
Heimatbund Mühldorf (Hg.): Mühldorf. Stadt am Inn. Mühldorf 1995.
Heimatbund Mühldorf (Hg.): Die Schlacht bei Mühldorf. 28. September 1322. Ursachen – Ablauf – Folgen. Mühldorf 1993.
Heiß, Ulrich: Militärbauten. In: Nerdinger, Winfried (Hg.): Bauen im Nationalsozialismus. Bayern 1933–1945 (Ausstellungskataloge des Architekturmuseums der Technischen Universität München und des Münchner Stadtmuseums 9). München 1993, S. 462–513.
Hentschel, Volker: Ludwig Erhard. Ein Politikerleben. München/Landsberg 1996.
Hermann, Elisabeth Anna: Max Keller – Porträt eines Altöttinger Musikers. In: Öttinger Land 5 (1985), S. 158–164.
Hermann, Hans-Georg: Frühneuzeitliche Stadtverwaltung vor dem Hintergrund des Pettauer Rechts von 1513. In: Tagungsband des Kolloquiums zum Pettauer Stadtrecht in Ptju und Maribor/Slowenien im Oktober 1997 (im Druck).
Hermann, Hans-Georg: Lang, Matthäus. In: Heim, Manfred (Hg.): Theologen, Ketzer, Heilige. München 2001, S. 233 f.
Hetzer, Gerhard: Die Industriestadt Augsburg. Eine Sozialgeschichte der Arbeiteropposition. In: Broszat, Martin / Fröhlich, Elke / Grossmann, Anton (Hg.): Bayern in der NS-Zeit 3. Herrschaft und Gesellschaft im Konflikt. Teil B. München/Wien 1981, S. 182 ff.
Heyn, Hans (Hg.): Der Inn. Vom Engadin ins Donautal. Von der Urzeit bis heute. Rosenheim 1989, S. 214–226.
Hockerts, Hans Günter: »Hauptstadt in Bewegung«. In: München, Hauptstadt der Bewegung (Ausstellungskatalog). München 1993.
Hölz, Christoph: Verkehrsbauten. In: Nerdinger, Winfried (Hg.): Bauen im Nationalsozialismus. Bayern 1933–1945 (Ausstellungskataloge des Architekturmuseums der Technischen Universität München und des Münchner Stadtmuseums 9). München 1993, S. 54–97.
Hoensch, Jörg K.: Přemysl Otakar II. von Böhmen. Der goldene König. Graz/Wien/Köln 1989.
Hoffmann, Hans Hubert: Quellen zum Verfassungsorganismus des Heiligen Römischen Reiches Deutscher Nation 1495–1815. Darmstadt 1976, S. 329–358.
Hofmann, Heiner: Die Traditionen, Urkunden und Urbare des Stiftes Gars (Quellen und Erörterungen zur bayerischen Geschichte Bd. 31). München 1983.
Hopfner, Max: Synodale Vorgänge im Bistum Regensburg und die Kirchenprovinz Salzburg unter besonderer Berücksichtigung der Reformationszeit. In: Beiträge zur Geschichte des Bistums Regensburg 13 (1979), S. 282 ff.
Hubensteiner, Benno: Anfänge einer Stadt (Mühldorf). Zur Frage der Mühldorfer Stadtgründung. In: Das Mühlrad II (1952), S. 17–20.
Hubensteiner, Benno: Der letzte Stiftsdekan. In: Das Mühlrad II (1952), S. 98–100.
Huber, Ernst Rudolf: Deutsche Verfassungsgeschichte seit 1789. Band 1: Reform und Restauration 1789 bis 1830. Stuttgart 1957.
Huber, Ernst Rudolf: Deutsche Verfassungsgeschichte seit 1789. Band 5: Weltkrieg, Revolution und Reichserneuerung 1914–1919. Stuttgart 1978.
Huber, Ernst Rudolf (Hg.): Dokumente zur deutschen Verfassungsgeschichte. Band 3: Deutsche Verfassungsdokumente 1900–1918. Stuttgart/Berlin/Köln 1990.
Huber, Ernst Rudolf (Hg.): Dokumente zur deutschen Verfassungsgeschichte. Band 4: Deutsche Verfassungsdokumente 1919–1913. Stuttgart/Berlin/Köln 1991.
Huber, Gerald: Veränderungen in der sozialen Herkunft der Gymnasiasten. In: Schulreport 3 (1971).
Hübner, Karl: Die Provinzialsynoden im Erzbistum Salzburg bis zum Ende des XV. Jahrhunderts. In: Deutsche Geschichtsblätter. Monatsschrift zur Förderung der landesgeschichtlichen Forschung 10 (1909), S. 187 ff.
Hübner, Lorenz: Beschreibung des Erzstiftes und Reichsfürstenthums Salzburg in Hinsicht auf Topographie und Statistik. Band 1. Salzburg 1796.

J

Jaenicke, Wolfgang: Vier Jahre Betreuung der Vertriebenen in Bayern 1945–1949. München 1950.
Jaritz, Gerhard: Handwerkliche Produktion und Qualität im Spätmittelalter. In: Handwerk und Sachkultur im Spätmittelalter. Wien 1988, S. 33–49.
Jeismann, Michael: Das Vaterland der Feinde. Studien zum nationalen Feindbegriff und Selbstverständnis in Deutschland und Frankreich 1792–1918. Stuttgart 1992.
Jetter, Dieter: Das europäische Hospital. Von der Spätantike bis 1800 (DuMont Dokumente). Köln 1986.

K

Kaltenstadler, Wilhelm: Bayerische Zollverfassung und Zollpolitik 1769–1777. Beiträge zur bayerisch-österreichischen Handelspolitik. In: ZBLG 30 (1967), S. 654–730.
Keil, Norbert: Das Ende der geistlichen Regierung in Freising. Studien zur altbayerischen Kirchengeschichte. Band 8. München 1987.
Kessler, Harry Graf: Tagebücher 1918–1937. Hgg. von Pfeiffer-Belli, Wolfgang. Frankfurt am Main 1996.
Klein, Herbert: Die bäuerlichen Eigenleute des Erzstiftes Salzburg im späten Mittelalter. In: Beiträge zur Siedlungs-, Verfassungs- und Wirtschaftsgeschichte von Salzburg. Festschrift für Herbert Klein (MGSL, Erg. Band 5), S. 137–251.
Klein, Herbert: Erzbischof Pilgrim II. von Puchheim (1365–1396). In: MGSL 112/113 (1972/73).
Klein, Herbert: Die älteren Hexenprozesse im Erzstift Salzburg. In: MGSL 97 (1957), S. 17–50.
Klein, Herbert: Aus dem Leben des Salzburger Hofkammerrats Dr. Sigmund von Hartmann. In: MGSL 106 (1966), S. 293–302.
Klein, Herbert: Salzburg und seine Landstände von den Anfängen bis 1861. In: Beiträge zur Siedlungs-, Verfassungs- und Wirtschaftsgeschichte von Salzburg. Festschrift für Herbert Klein (MGSL, Erg. Band. 5). Salzburg 1965, S. 115–136.

Klein, Herbert: Die Salzburger Freisassen. In: Beiträge zur Siedlungs-, Verfassungs- und Wirtschaftsgeschichte von Salzburg. Festschrift für Herbert Klein (MGSL, Erg. Band 5), S. 253–262.
Klein, Herbert: Das salzburgische Söldnerheer im 14. Jahrhundert. In: MGSL 66 (1976).
Klein, Herbert: Die Tuchweberei am unteren Inn und der unteren Salzach im 15. und 16. Jahrhundert nach Salzburger Quellen. In: MGSL 106 (1966), S. 115–139.
Klein, Herbert: 340 Jahre Joseph Anton Zezi. Salzburg 1951.
Klenke, Dietmar: Der singende »deutsche Mann«. Gesangsverein und deutsches Nationalbewusstsein von Napoleon bis Hitler. Münster 1998.
Klenke, Dietmar: Bundesdeutsche Verkehrspolitik und Motorisierung. Konfliktträchtige Weichenstellungen in den Jahren des Wiederaufstiegs (Zeitschrift für Unternehmensgeschichte, Beiheft 79). Stuttgart 1993.
Knemeyer, Franz-Ludwig: Polizei. In: Brunner/Conze/Kosellek (Hg.): Geschichtliche Grundbegriffe. Band 4. Stuttgart 1978, S. 875–897.
Knöpfler, Alois: Die Kelchbewegung in Bayern unter Herzog Albrecht V. München 1891.
Kobler, Friedrich: Die spätgotische Tür der Salzburger Kapuzinerkirche. In: Jahresschrift des Salzburger Museums Carolino Augusteum 23/24 (1977/1978), S. 91–94.
Koch-Sternfeld, J. E. von: Bayern und Berchtesgaden in historisch-statistisch-geographischen und staatsökonomischen Beiträgen. Salzburg 1810.
Kock, Peter Jakob: Bayern nach dem Zweiten Weltkrieg. In: Treml, Manfred (Hg.): Geschichte des modernen Bayern. Königreich und Freistaat (Bayerische Landeszentrale für politische Bildungsarbeit 95). München 1994, S. 375–497.
Kock, Peter Jakob: Bayerns Weg in die Bundesrepublik (Studien zur Zeitgeschichte 22). München 1988.
Körner, Hans-Michael: Staat und Geschichte in Bayern im 19. Jahrhundert. München 1992.
Körner, Hans-Michael: Staat und Geschichte im Königreich Bayern 1806–1918 (Schriftenreihe zur bayerischen Landesgeschichte 96). München 1992.
Kohl, Irene: Dr. Franz Ferchl aus Mühldorf, k.k. Salinenarzt in Hallein. In: Das Mühlrad X (1960–1961), S. 103–112.
Kolbinger, Andreas: »Die Hochzeit des Kanals« – Ein Bericht über die erste Flutung des Innkanals. In: Das Mühlrad XXXVIII (1996), S. 93–106.
Koller, Fritz: Hallein im frühen und hohen Mittelalter. In: MGSL 116 (1976), S. 36–44.
Koller, Fritz: Salzburg im Spätmittelalter – Die Innere Entwicklung. In: Dopsch, Heinz / Spatzenegger, Hans (Hg.): Geschichte Salzburgs – Stadt und Land. Band I, Teil 1. Salzburg 1983, S. 594–661.
Koller, Fritz: Salzgewinnung und Salzhandel unter den Erzbischöfen. In: Salz. Katalog der Landesausstellung in Hallein. Salzburg 1994.
Kornrumpf, Martin: In Bayern angekommen. München 1979
Koselleck, Reinhart: Kriegerdenkmale als Identitätsstiftungen der Überlebenden. In: Marquard, Odo / Stierle, Karlheinz (Hg.): Identität. München 1979, S. 255–276.
Kramml, Peter F.: Das Bruderhaus zu St. Sebastian. Vom spätmittelalterlichen Armenhaus und Hospital zum Versorgungs- und Altenheim des 19. Jahrhunderts. In: Weidenholzer, Thomas / Marx, Erich (Hg.): Hundert Jahre »Versorgungshaus Nonntal«. Zur Geschichte der Alters- und Armenversorgung der Stadt Salzburg (Schriftenreihe des Archivs der Stadt Salzburg 9). Salzburg 1998, S. 111–160.
Kratsch, Gerhard: Vereinsbildung und Vereinswesen. In: Westfälische Forschungen 39 (1989), S. 1 ff.
Kraus, Andreas: Geschichte Bayerns. Von den Anfängen bis zur Gegenwart. München 1983.
Kraus, Andreas: Materialien zur bayerischen Landesgeschichte Band 4: Signate König Ludwigs I., ausgewählt u. eingeleitet v. Max Spindler. München 1992.
Kraus, Werner: Wasserkraft am Inn. In: Vogel, Dieter (Hg.): Der Inn. Landschaften und Städte. Vilsbiburg 2001, S. 62–67.
Krausen, Edgar: Die handgezeichneten Karten im Bayerischen Hauptstaatsarchiv sowie in den Staatsarchiven Amberg und Neuburg a.d. Donau bis 1650 (Bayerische Archivinventare, Heft 17. Hgg. von der Generaldirektion der Staatlichen Archive Bayerns). Neustadt a.d. Aisch 1973.
Krausen, Edgar: Altbayerische Pechlerfamilien italienischer Herkunft. In: Genealogie und Heraldik 3 (1951), S. 56–58.
Krausen, Edgar: Das Pechlergewerbe im alten Mühldorf. In: Das Mühlrad I (1951), S. 101–106.
Krausen, Edgar: Stadtarchiv Mühldorf am Inn (Bayerische Archivinventare, Heft 13, Reihe Oberbayern Heft 2). München 1958.
Krausen, Edgar: Die Urkunden des Klosters Raitenhaslach 1034–1350 (Quellen und Erörterungen zur Bayerischen Geschichte NF 17/1). München 1959, S. 163 Nr. 194.
Kreilinger, Kilian: Der bayerische Rokokobaumeister Franz Alois Mayr. In: Jahrbuch des Vereins für Christliche Kunst 9 (1976), S. 1–161.
Kriss-Rettenbeck, Lenz: Das Votivbild. München 1958.
Krockow, Christian Graf von: Heimat – eine Einführung in das Thema. In: Bundeszentrale für politische Bildung (Hg.): Heimat (Schriftenreihe Band 294). Bonn 1990, S. 56–69.
Kühne, Thomas: Massenmotorisierung und Verkehrspolitik im 20. Jahrhundert: Technikgeschichte als politische Sozial- und Kulturgeschichte. In: Neue Politische Literatur 41 (1996), S. 196–229.
Kuhm, Klaus: Moderne und Asphalt. Die Automobilisierung als Prozeß technologischer Integration und sozialer Vernetzung (Stadt, Raum und Gesellschaft 9). Pfaffenweiler 1997.
Kulturreferat der Landeshauptstadt München (Hg.): Empor zum Licht. Arbeitersänger und Arbeitersportler in München vor 1933. München 1987.
Die Kunstdenkmale des Königreiches Bayern. Die Kunstdenkmale des Regierungsbezirkes Oberbayern. VII. Theil Bezirksamt Mühldorf. München 1902.
Kupferschmied, Thomas Johannes: Der Freskant J. Martin Heigl (Schriften aus dem Institut für Kunstgeschichte der Universität München Band 41). München 1989.
Kupferschmied, Thomas Johannes: Barockes Mühldorf. In: Heimatbund Mühdorf (Hg.): Mühdorf – Stadt am Inn. Mühldorf 1989, S. 229–244.
Kupferschmied, Thomas Johannes: Die geheimen Welten der Fassmaler Zellner oder: Beispiele der Marmorierungskunst aus Buchbach und dem Erdinger Land. In: Das Mühlrad XXXVIII (1991), S. 119–138.

L

Landersdorfer, Anton: Das Erzbistum München und Freising. In: Ammerich, Hans (Hg.): Das bayerische Konkordat 1817. Weißenhorn 2000, S. 101 ff.
Landeshauptstadt München (Hg.): 175 Jahre Oktoberfest 1810–1985. München 1985.
Landkreis Mühldorf a. Inn (Hg.): Unser Landkreis Mühldorf a. Inn. Eine Broschüre des Landkreises. Bamberg 1984.
Lanzinner, Maximilian: Zwischen Sternenbanner und Bundesadler. Bayern im Wiederaufbau 1945–1958. Regensburg 1996.
Lehmann, Albrecht: Zur volkskundlichen Vereinsforschung. In: Dann, Otto (Hg.): Vereinswesen und bürgerliche Gesellschaft in Deutschland. München 1984.
Leonhard, Karl Friedrich: Spätgotische Grabdenkmäler des Salzachgebiets. Leipzig 1913.
Liedke, Volker: Der Maler Wilhelm Pätzsold und der Bildhauer Matthäus Krinis, zwei bedeutende Mühldorfer Meister vom Anfang des 16. Jahrhunderts. In: Ars Bavarica 59/60 (1989), S. 1–44.
Liedke, Volker: Salzburger Maler und Bildschnitzer sowie Bau- und Kunsthandwerker der Spätgotik und Renaissance. In: Ars Bavarica 3 (1975), S. 33–56.
Lošek, Fritz: Notitia Arnonis und Breves Notitiae. In: MGSL 130 (1990), S. 5–192.
Lospichl, Franz von: Die Familie Haffner und Triendl. Salzburg 1970.

Lübbeke, Wolfram: Das kleine bayerische Rathaus. In: Mai, Ekkehard / Paul, Jürgen / Waetzoldt, Stephan (Hg.): Das Rathaus im Kaiserreich. Kunstpolitische Aspekte einer Bauaufgabe des 19. Jahrhunderts. Berlin 1992, S. 301–357.

M

Mader, Felix: Die Kunstdenkmäler von Niederbayern III, Stadt Passau. München 1919.
Männergesangsverein Altmühldorf: Vereinschronik. o.J.
Maentel, Thorsten: Aufbruch aus alter Enge. In: Damals. Das aktuelle Magazin für Geschichte und Kultur 31 (1999).
Maier, Gerhard: Von der Förderung der »ächten Nationaltracht«. 127 Jahre Trachtenbewegung – 100 Jahre Trachtenverein Miesbach. In: Charivari 1986/5, S. 9 ff.
Maier, Hans: Die ältere deutsche Staats- und Verwaltungslehre. München 1980, S. 92–105.
Maier, Hans: Polizei. In: Handwörterbuch der Deutschen Rechtsgeschichte. Band 3. Berlin 1978–1984.
Markmiller, Fritz: Welsche Maurer, Kaminkehrer und Krämer in Dingolfing. In: Der Storchenturm 5 (1970), H. 10, S. 56–68.
Markt, Alois: Die Innbrücke – ein Stück Mühldorfer Stadtgeschichte. In: Das Mühlrad I (1951), S. 74–80.
Marquart, Heinz: Matthäus Fingerlos (1748–1817). Leben und Wirken eines Pastoraltheologen und Seminarregenten in der Aufklärungszeit (Studien zur Theologie und Geistesgeschichte des Neunzehnten Jahrhunderts 22). Göttingen 1977.
Martin, Franz: Ein handelspolitischer Bereicht über Salzburg von 1764. In: MGSL 80 (1940), S. 187–204.
Martin, Franz: Hundert Salzburger Familien. Salzburg 1946.
Martin, Franz: Die Regesten der Erzbischöfe und des Domkapitels von Salzburg 1247–1343. 3 Bände. Salzburg 1928–1934.
Martin, Franz: Die kirchliche Vogtei im Erzstift Salzburg. In: MGSL 46 (1906), S. 239–436.
Marx, Erich: Das Salzburger Vizedomamt Leibnitz. In: MGSL 119 (1979), S. 1–142.
Mathis, Franz: Die Salzversorgung des Tiroler Hinterlandes im 16. und 17. Jahrhundert. In: Tiroler Wirtschaftsstudien. Bd. 33. Innsbruck 1977, S. 247–258.
Matzerath, Horst (Hg.): Stadt und Verkehr im Industriezeitalter (Städteforschung, Reihe A 41). Köln u.a. 1996.
Mayer, Anton / Westermayer, Georg: Statistische Beschreibung des Erzbisthums München-Freising. Band 2. Regensburg 1880.
Mayer, Franz: Bayerns Verfassungstradition – Gewachsene Eigenstaatlichkeit oder Selbsttäuschung? In: Roth, Rainer A. (Hg.): Freistaat Bayern. Die politische Wirklichkeit eines Landes der Bundesrepublik Deutschland. München 1982, S. 65–82.
Mayring, Eva Alexandra: Bayern nach der französischen Julirevolution. Unruhen, Opposition und antirevolutionäre Regierungspolitik 1830–33 (Schriftenreihe zur bayerischen Landesgeschichte, Band 90). München 1990.
Mell, Richard: Abhandlungen zur Geschichte der Landstände im Erzbistum Salzburg. In: MGSL 43 (1903), S. 93–178.
Menges, Franz: Vom Freistaat zur Reichsprovinz (1918–1933). In: Treml, Manfred (Hg.): Geschichte des modernen Bayern. Königreich und Freistaat (Bayerische Landeszentrale für politische Bildungsarbeit 95). München 1994, S. 147–274.
Michaelis, Herbert / Schraepler, Ernst (Hg.): Ursachen und Folgen. Vom deutschen Zusammenbruch 1918 und 1945 bis zur staatlichen Neuordnung Deutschlands in der Gegenwart. Band 23: Deutschland unter dem Besatzungsregime. Berlin o.J.
Mintzel, Alf: Bayern und die CSU – Regionale politische Traditionen und Aufstieg zur dominierenden Kraft. In: Hans-Seidel-Stiftung e.V. (Hg.): Geschichte einer Volkspartei. 50 Jahre CSU – 1945–1995. Sonderausgabe der Politischen Studien. München 1995, S. 195–252.
Mintzel, Alf: Die CSU-Hegemonie in Bayern. Strategie und Erfolg. Gewinner und Verlierer. Passau 1998.
Mollat, Michel: Die Armen im Mittelalter. München 1987.
Monumenta Boica III. Hgg. von der Bayerischen Akademie der Wissenschaft. München 1763 ff.
Motorsport-Club Mühldorf: Festschrift 75 Jahre Motorsport-Club Mühldorf e.V. im ADAC. Mühldorf 1998.
Mück, Erich: 150 Jahre Sängerbund. In: Das Mühlrad XXXVI (1994), S. 39–50.
Mühldorfer Faltboot-Club: Vereinschronik. Band 1. v. 13.5.1922 bis 8.11.1924. o.J.
Müller, Carl Theodor: Zur Monumentalen Salzburger Plastik des frühen 15. Jahrhunderts. In: Zeitschrift des Deutschen Vereins für Kunstwissenschaft. Band 6. Jahrgang 1939.
Müller, Karl Valentin: Die psychisch-soziale Einwurzelung der Flüchtlingsgruppen in Westdeutschland, gemessen am Konnubium. Sonderabdruck. Göttingen 1950.
Müller, Peter / Blindeneder, Georg: Das Bunkergelände im Mühldorfer Hart. In: Das Mühlrad XXVI (1984), S. 73–86.
Müller, Peter: Das Bunkergelände im Mühldorfer Hart. Rüstungswahn und menschliches Leid. Mühldorf 2000.
Müller, Peter: Die Konzentrationslager im Kreis Mühldorf. In: Das Mühlrad XXIII (1981), S. 5–33.
Müller, Winfried / Schröder, Ingo / Mößlang, Markus: »Vor uns liegt ein Bildungszeitalter.« Umbau und Expansion – das bayerische Bildungssystem 1950 bis 1975. In: Schlemmer, Thomas / Woller, Hans (Hg.): Bayern im Bund. Band 1: Die Erschließung des Landes 1949 bis 1973 (Quellen und Darstellungen zur Zeitgeschichte 52). München 2001, S. 273–355.
Die Musik in Geschichte und Gegenwart. Allgemeine Enzyklopädie der Musik. Sachteil, Bd. 2. Kassel / Basel / London / New York / Prag 1995.

N

Neue deutsche Biographie I. Hgg. von der historischen Kommission bei der Bayerischen Akademie der Wissenschaften. Berlin 1953.
Neumeyer, Anton Friedrich: Abgebrochene Mühldorfer Kirchen und Kapellen. In: Heimatblätter Nr. 33. Mühldorf 1930.
Neumeyer, Anton Friedrich: Der Mühldorfer Hexenprozess 1749/50. Mühldorf 1992.
Neweklowsky, Ernst: Mühldorf und die Innschiffahrt. In: Der Landkreis Mühldorf am Inn. Geschichte, Entwicklung und Gegenwart. Ein Heimatbuch. München 1962, S. 28–33.
Neweklowsky, Ernst: Die Schifffahrt und Flößerei im Raum der oberen Donau. Band 1–3 (Schriftenreihe des Instituts für Landeskunde von Oberösterreich 5, 6, 16). Linz 1952/54/64.
Niemann, Harry / Hermann, Armin (Hg.): Die Entwicklung der Motorisierung im Deutschen Reich und den Nachfolgestaaten. Stuttgarter Tage zur Automobil- und Unternehmergeschichte. Stuttgart 1995.
Niethammer, Lutz: Die Mitläuferfabrik. Die Entnazifizierung am Beispiel Bayerns. Berlin/Bonn 1982.
Nipperdey, Thomas: Deutsche Geschichte 1800–1866. Bürgerwelt und starker Staat. München 1987.
Nipperdey, Thomas: Verein als soziale Struktur in Deutschland im späten 18. und frühen 19. Jahrhundert. In: Boockmann, Hartmut / Esch, Arnold / Heimpel, Hermann / Nipperdey, Thomas / Schmidt, Heinrich (Hg.): Geschichtswissenschaft und Vereinswesen im 19. Jahrhundert. Göttingen 1972, S. 1 ff.

O

Oberrealschule Mühldorf: 40 Jahre Oberrealschule Mühldorf 1921–1961. Eine Festschrift zum 40-jährigen Bestehen der Schule. Mühldorf 1961.
Oberrealschule Mühldorf am Inn / Ruperti-Gymnasium Mühldorf: Jahresberichte 1921/22 bis 1999/2000.
Oegg, Bärbel: Mühldorf am Inn. Eine stadtgeographische Skizze. In: Mitteilungen der Fränkischen Geographischen Gesellschaft 13/14 (1966/ 67), S. 371–384.
Ortner, Franz: Die katholische Kirche bis zum Ende des geistlichen Fürstentums. In: Dopsch, Heinz / Spatzenegger, Hans: Geschichte Salzburgs. Stadt und Land. Band II, Teil 3. Salzburg 1991, S. 1371–1428.
Ortner, Franz: Reformation, katholische Reform und Gegenreformation im Erzstift Salzburg. Salzburg 1981.
Ortner, Franz: Säkularisierung und kirchliche Erneuerung im Erzbistum Salzburg. Wien/Salzburg 1979.

Ortner, Franz: Vom Kurfürstentum zum Wiener Kongress. In: Dopsch, Heinz / Spatzenegger, Hans (Hg.): Geschichte Salzburgs. Stadt und Land. Band II, Teil 2. Salzburg 1981–1991, S. 587–619.

P

Paterna, Eugen: Die Anfänge der Stadt Mühldorf. In: Das Mühlrad XXXVII (1995), S. 5–10.
Peche, Gabriele: Das Wesen der Werktagsschule in Mühldorf/Inn, nach der Übergabe der Stadt an Bayern im Jahre 1902/03 bis zum Jahre 1961 – aufgezeigt an handschriftlichen Quellen dieser Zeit. o.O. 1983.
Pertz, G. H.: Das Leben des Ministers Freiherrn von Stein. Band 1. Berlin 1849.
Pfeiffer, Wolfgang: Mühldorf im Spiegelbild der großen Geschichte. In: Heimatbund Mühldorf e.V. (Hg.): Mühldorf. Stadt am Inn. Mühldorf 1989, S. 115–179.
Pfeilschifter, Georg (Hg.): Acta reformationis catholicae ... Regensburg 1959/1960.
Pillwein, Benedikt: Biographische Schilderungen oder Lexikon salzburgischer Künstler. Salzburg 1821.
Pohl, Hans (Hg.): Die Einflüsse der Motorisierung auf das Verkehrswesen von 1886 bis 1986 (Zeitschrift für Unternehmensgeschichte, Beiheft 52). Stuttgart 1988.
Postsportverein Mühldorf: Festschrift 25 Jahre Postsportverein Mühldorf a. Inn e.V. 1965–1990. Mühldorf 1990.
Prähofer, Hans: Wie es war. Kriegsende und Neubeginn in Mühldorf am Inn und seinem Hinterland. Mühldorf [3]1994 (1985).
Prinz, Friedrich: Die Integration der Flüchtlinge und Vertriebenen in Bayern. Versuch einer Bilanz nach 55 Jahren. Hgg. v. Haus der Bayerischen Geschichte. Augsburg 2000.
Prodinger, Frederike / Heinisch Reinhard R.: Gewand und Stand. Kostüm und Trachtenbilder der Kuenburg–Sammlung. Salzburg u.a. 1983.
Puchta, Hans: Das kleine St. Veit in den Spannungen der großen Politik. Ein Beitrag zur Frühgeschichte des Klosters. In: Oberbayerisches Archiv 116 (1992), S. 107–114.
Putzer, Peter: Zur Legislative der Frühen Neuzeit im Erzstift Salzburg. In: Rechtswissenschaftlichen Fakultät der Universität Salzburg (Hg.): Aus Österreichs Rechtsleben in Geschichte und Gegenwart. Festschrift für Ernst C. Hellbling zum 80. Geburtstag. Berlin 1981, S. 707–730.
Putzer, Peter: Staatlichkeit und Recht nach der Säkularisation. In: Dopsch, Heinz / Spatzenegger, Hans (Hg.): Geschichte Salzburgs. Stadt und Land. Band II, Teil 2. Salzburg 1981–1991, S. 620–659.
Putzer, Peter: Vom Zunftzwang zur Gewerbefreiheit. Aspekte der rechtlichen Ordnung des Salzburger Gewerbes. In: Salzburger Museum Carolino Augusteum (Hg.): Vom Stadtrecht zur Bürgerbeteiligung. Festschrift 700 Jahre Stadtrecht von Salzburg. Jahresschrift Band 33, 1987. Salzburg 1987, S. 107–125.
Quellen zur Geschichte des Parlamentarismus und der politischen Parteien. Reihe I. Band 10: Die Regierung Eisner 1918/19. Ministerratsprotokolle und Dokumente. Bearb. von Franz J. Bauer. Düsseldorf 1987.
Raim, Edith: Die Dachauer KZ-Außenkommandos Kaufering und Mühldorf. Rüstungsbauten und Zwangsarbeit im letzten Kriegsjahr 1944/45. München 1991.
Raim, Edith: Die Mühldorfer Außenlager des Konzentrationslagers Dachau 1944/45. In: Bayerischer Landesverein für Heimatpflege (Hg.): Forum Heimatforschung. Ziele – Wege – Ergebnisse. Heft 6: Zeitgeschichte und Heimatforschung. München 2001, S. 115–135.
Rambold, Franz Xaver: Das Paradiesgärtlein. Mühldorf 1981.
Ramisch, Hans: Ulm und die Salzburger Plastik im 15. Jahrhundert. – Hans Sweicker von Ulm, der Bildhauer der Pröpste von Chiemsee in der Zeit von 1430 bis 1467. In: Kahnsnitz, Rainer / Volk, Peter (Hg.): Skulptur in Süddeutschland 1400–1770. Festschrift für Alfred Schädler. Berlin 1998, S. 17–50.
Reindl-Schedl, Helga: Laufen (Historischer Atlas von Bayern. Tl. Altbayern, Heft 55). München 1989.
Reindl, Irmengard: Die Wallfahrtskirche St. Salvator in Ecksberg. In: Das Mühlrad XXXVIII (1991), S. 33–92.
Reindl–Witt, Irmengard: Die Eichkapelle Mater Dolorosa in Mühldorf. In: Das Mühlrad XLII (2000), S. 3–22.
Reindl-Witt, Irmengard: Biographische Notizen zum Mühldorfer Barockmaler Paul Kurz. In: Das Mühlrad XXXIX (1997), S. 175–185.
Reininghaus, Wilfried / Teppe, Karl (Hg.): Verkehr und Region im 19. und 20. Jahrhundert. Westfälische Beispiele (Forschungen zur Regionalgeschichte 29). Paderborn 1999.
Reiter, Johanna: Mühldorf zwischen Bayern und Salzburg: Die Tauschverhandlungen des Jahres 1701. Magisterarbeit an der Universität München. München 1994.
Reith, Reinhold (Hg.): Lexikon des alten Handwerks. Vom späten Mittelalter bis ins 20. Jahrhundert. München 1990.
Riedl, Adrian von: Reise-Atlas von Bajern oder Geographisch-geometrische Darstellung aller bajerischen Haupt- und Landstraßen mit den daranliegenden Ortschaften und Gegenden nebst kurzen Beschreibungen alle dessen, was auf und an einer jeden der gezeichneten Straßen für den Reisenden merkwürdig syn kann. 2 Bände. München 1796.
Riezler, Sigmund: Geschichte Bayerns. 6 Bände. Gotha 1880–1932.
Ring, Uwe: Die Inn-Schiffahrt. In: Heimatbund Mühldorf e.V. (Hg.): Mühldorf. Stadt am Inn. Mühldorf 1989, S. 275–288.
Ringelmann, Heinz: Die Mallersdorfer Schwestern im Mühldorfer Krankenhaus. In: Das Mühlrad XXXVII (1995), S. 67–84.
Rockinger, Josef: Der Tod des Landrichters Ruland. In: Das Mühlrad VIII (1958), S. 26–30.
Rönsch, Ernst: Beiträge zur Geschichte der Schlacht bei Mühldorf (Veröffentlichungen des Historischen Seminars der Universität Graz 13). Graz 1933.
Ruperti-Gymnasium Mühldorf am Inn: Jubiläumsjahresbericht – 75. Jahresbericht. Schuljahr 1995/96.

S

Sachße, Christoph / Tennstedt, Florian: Geschichte der Armenfürsorge in Deutschland. Band 1. Stuttgart/Berlin/Köln/Mainz 1980.
Sallaberger, Johann: Kardinal Matthäus Lang von Wellenburg (1468–1540). Staatsmann und Kirchenfürst im Zeitalter von Renaissance, Reformation und Bauernkriegen. Salzburg/München 1997.
Salvisberg, Paul von: Der Radfahrsport in Bild und Wort. München 1897. Reprint Hildesheim / New York 1980.
Schädler, Karl-Ferdinand: Manufakturen in Bayern. Von den Anfängen bis zum Ende des 18. Jahrhunderts. München-Ottobrunn 1982.
Schäfer, Hans-Peter: Bayerns Verkehrswesen im frühen 19. Jahrhundert. In: Müller, Rainer A. (Hg.): Aufbruch ins Industriezeitalter. Band 2. Aufsätze zur Wirtschafts- und Sozialgeschichte Bayerns 1750–1850 (Veröffentlichung zur Bayerischen Geschichte und Kultur 4/85). München 1985, S. 308–322.
Schaup, Wilhelm: Salzburg auf alten Landkarten 1551–1856/67. Salzburg 2000.
Schematismus der Geistlichkeit des Erzbisthums München und Freising für das Jahr 1855. München o.J.
Schematismus der Geistlichkeit des Erzbistums München und Freising für das Jahr 1950. München 1950.
Schematismus der Erzdiözese München und Freising 1969. München 1969.
Schleglmann, Alfons Maria: Geschichte der Säkularisation im rechtsrheinischen Bayern. Band 3, Teil 2. Regensburg 1908.
Schlemmer, Thomas / Woller, Hans: Einleitung. In: Schlemmer, Thomas / Woller, Hans (Hg.): Bayern im Bund. Band 1: Die Erschließung des Landes 1949 bis 1973 (Quellen und Darstellungen zur Zeitgeschichte 52). München 2001, S. 1–31.
Schlögel, Daniel: Der planvolle Staat. Reformpolitik und kartographische Landesaufnahme im spätabsolutischen Bayern. Phil.Diss. München 2001.

Schlögl, Sabine: »Das letzt sichtbare Zeichen der Souveränität, das Bayern noch besitzt« – Gesandtschaften in München und Berlin in der Weimarer Republik. In: Erichsen, Johannes / Brockhoff, Evamaria (Hg.): Bayern & Preußen & Bayerns Preußen. Schlaglichter auf eine historische Beziehung (Veröffentlichungen zur Bayerischen Geschichte und Kultur 41/99). Augsburg 1999, S. 133–145.

Schmid, Alois / Weigand, Katharina (Hg.): Die Herrscher Bayerns. München 2001.

Schmid, Ulrich: Otto von Lonsdorf, Bischof von Passau 1254–1265. Würzburg 1903.

Schmidt, Eduard: Staatsgründung und Verfassungsgebung in Bayern. Die Entstehung der Bayerischen Verfassung vom 8. Dezember 1946. Band 1 (Beiträge zum Parlamentarismus 10/1). Regensburg 1993.

Schmidtchen, Volker: Kriegswesen im späten Mittelalter. Technik, Taktik, Theorie. Bochum 1984.

Schmucki, Barbara: Vom Schwung der Fahrt zur Form der Strasse. Veränderungen des städtischen Raums im Zeichen der Massenmotorisierung. In: Traverse 6 (1999) Nr. 2, S. 151–168.

Schober: Mühldorf und seine Umgegend nebst den zuführenden Bahnlinien. Mit Illustrationen und Karte, sowie einem Plane der Stadt. Für Fremde und Einheimische. Nach Quellen bearbeitet und eigener Anschauung geschildert. Mühldorf o.J. (1892).

Schönhoven, Klaus: Die Bayerische Volkspartei 1924–1932 (Beiträge zur Geschichte des Parlamentarismus und der politischen Parteien 46). Düsseldorf 1972.

Schorer, Maria: Die Fliegerangriffe auf Mühldorf. In: Das Mühlrad XXII (1980), S. 38–41.

Schremmer, Eckhart: Zwischen Konkurrenz und Kartell. Wechselbeziehungen zwischen der österreichischen und der bayerischen Salzhandelspolitik im 17. und 18. Jahrhundert. In: Knittler, Herbert (Hg.): Wirtschafts- und sozialhistorische Beiträge. Festschrift für Alfred Hoffmann. Wien 1979, S. 156–174.

Schremmer, Eckhart: Die Wirtschaft Bayerns. Vom hohen Mittelalter bis zum Beginn der Industrialisierung. Bergbau, Gewerbe, Handel. München 1970.

Schroll, Meinrad: Die Reichsstraße Salzburg–Regensburg im 13. Jahrhundert. In: Das Mühlrad XXXV (1993), S. 7–22.

Schroll, Meinrad: Die Seeoner ›Propstei Mühldorf‹. In: Salzburg Archiv 18 (1994), S. 59 ff.

Schrott, Ludwig: Das Heiliggeistspital in Bayern. In: Bayernland 64 (Juli/August 1962), S. 201–268.

Schubert, Ernst: Gestalt und Gestaltwandel des Almosens im Mittelalter. In: Jahrbuch für Fränkische Landesforschung 52 (1992), S. 241–262.

Schultes, Lothar: Mittelalterliche Plastik im Mühlviertel. In: Ausstellungskatalog: Das Mühlviertel. Schloss Weinberg bei Kefermarkt. 1988.

Schwabe, Günter / Wanka, Reinhard: Der Flugplatz Mettenheim. Eine Dokumentation zur Zeitgeschichte des Landkreises Mühldorf von 1933 bis 1945. In: Das Mühlrad XXX (1988), S. 65–76.

Schwaiger, Georg: Die altbayerischen Bistümer Freising, Passau und Regensburg zwischen Säkularisation und Konkordat (1803–1817) (Münchener theologische Studien. 1. historische Abteilung. Band 13). München 1959, S. 173 ff.

Seeberger, Max: Wie Bayern vermessen wurde (Hefte zur Bayerischen Geschichte und Kultur 26). Augsburg 2001.

Selheim, Claudia: Das textile Angebot eines ländlichen Warenlagers. (Veröffentlichungen zur Volkskunde und Kulturgeschichte. Band 53). Würzburg 1994.

Selheim, Claudia: Die Inventare eines süddeutschen Warenlagers 1778–1824. Würzburg 1994.

Selinsek, Polona: Grabmale dreier Schlosshauptmänner von Pettau. In: Zbirka orozja na ptuiskem gradu. Ptuj 1999, S. 94–104.

Seydel, Max von: Bayerisches Staatsrecht. Band 2. Freiburg und Leipzig 1896.

Sieweck, Paul: Lothar Anselm Freiherr von Gebsattel, der erste Erzbischof von München und Freising (Münchener theologische Studien, 1. historische Abteilung, Bd. 8). München 1955, S. 55 ff.

Simon, Thomas: Krise oder Wachstum? Erklärungsversuche zum Aufkommen territorialer Gesetzgebung am Ausgang des Mittelalters. In: Köbler, G. / Nehlsen, H. (Hg.): Wirkungen europäischer Rechtskultur. Festschrift für Karl Kroeschell zum 70. Geburtstag. München 1997, S. 1201–1217.

Sommer, Clemens: Der Meister des Kefermarkter Altars und Passau. In: Zeitschrift des Deutschen Vereins für Kunstwissenschaft. Band II. 1935.

Spagl, Hans Rudolf: Betrachtungen zu den Heigel'schen Deckenfresken der St. Nikolauskirche. In: Das Mühlrad XVII (1975), S. 5–22.

Spagl, Hans Rudolf: »Die ungehorsamen Communicanten …«. In: Das Mühlrad XXI (1979), S. 57–74.

Spagl, Hans Rudolf: Aus der Geschichte des Mühldorfer Volksfestes. In: Das Mühlrad XLII (2000), S. 131–148.

Spagl, Hans Rudolf: Kunst und Kunsthandwerk in Mühldorf (13.–16. Jahrhundert). In: Heimatbund Mühldorf e.V. (Hg.): Mühldorf. Stadt am Inn. Mühldorf 1995, S. 201 ff.

Spagl, Hans Rudolf: Künstlerisches Schaffen in neuerer Zeit. In: Heimatbund Mühldorf e.V. (Hg.): Mühldorf. Stadt am Inn. Mühldorf 1995, S. 245 ff.

Spagl, Hans Rudolf: Neubeginn nach 1945. In: Heimatbund Mühldorf e.V. (Hg.): Mühldorf. Stadt am Inn. Mühldorf 1989, S. 181–194.

Spagl, Hans Rudolf: Zinn und Zinngießer aus Mühldorf. In: Das Mühlrad XI (1962–1964), S. 21–43.

Spagl, Hans Rudolf: 75 Jahre Heimatbund Mühldorf – eine Vereinschronik. In: Das Mühlrad XXXVII (1995), S. 95–140.

Spatzenegger, Hans: Die katholische Kirche von der Säkularisation (1803) bis zur Gegenwart. In: Dopsch, Heinz / Spatzenegger, Hans (Hg.): Geschichte Salzburgs. Stadt und Land. Band II , Teil 3. Salzburg 1991, S. 1429–1520.

Spechtler, Franz V. / Uminsky, Rudolf: Die Salzburger Stadt- und Polizeiordnung 1524 (Göppinger Arbeiten zur Germanistik 222. Frühneuhochdeutsche Rechtstexte 1). Göppingen 1978, S. 164–168.

Speckle, Birgit: Streit ums Bier in Bayern. Wertvorstellungen um Reinheit, Gemeinschaft und Tradition (Münchner Universitätsschriften. Münchner Beiträge zur Volkskunde 27). Münster u.a. 2001.

Spielvereinigung Mühldorf: Festschrift 60 Jahre Spielvereinigung Mühldorf 1990–1969. Mühldorf 1969.

Spindler, Max (Hg.): Bayerische Geschichte im 19. und 20. Jahrhundert: 1800–1970. Zweiter Teilband. Sonderausgabe München 1978.

Spindler, Max (Hg.): Handbuch der bayerischen Geschichte. 4 Bde. München 1979–2001.

Sprinkart, Alfons: Kapuziner. In: Brandmüller, Walter (Hg.): Handbuch der bayerischen Kirchengeschichte. Band 2. St. Ottilien 1993.

Staatliche Museen zu Berlin. Skulpturensammlung. Bildwerke aus sieben Jahrhunderten. Band II. Berlin 1972.

Stadler, Georg: Das Bürgerspital St. Blasius zu Salzburg. Salzburg 1985.

Stadt- und Jugendkapelle Mühldorf: Festschrift zum 20jährigen Gründungsjubiläum der Stadt- und Jugendkapelle Mühldorf a. Inn. Mühldorf 1977.

Stadtwerke Mühldorf a. Inn. 100 Jahre. Festschrift anlässlich der 100. Jahr-Feier der Stadtwerke Mühldorf a. Inn. Mühldorf 1998.

Stahleder, Helmuth: Mühldorf am Inn. Die Landgerichte Neumarkt, Kraiburg und Mörmoosen und die Stadt Mühldorf (Historischer Atlas von Bayern, TI. Altbayern, Heft 36). München 1976.

Stauber, Reinhard: Herzog Georg von Bayern-Landshut und seine Reichspolitik (Münchener Historische Studien. Abteilung Bayerische Geschichte 15). Kallmünz 1993.

Steinbichler, Josef: Aus der Chronik des Mühldorfer Orchesters. In: Das Mühlrad XXX (1988), S. 77–94.

Steinbichler, Josef: Martin Greif: »Ludwig der Bayer«. Bericht über die Uraufführung am 5. Juni 1892 in Kraiburg. In: Das Mühlrad XXXV (1993), S. 55–110.
Steinbichler, Josef: Die Mühldorfer Maximiliansbrücke. In: Das Mühlrad XXIV (1982), S. 61–92.
Steinbichler, Josef: Die Schlacht bei Mühldorf. Mühldorf 1993.
Steinbichler, Josef: Zeittafel zur Geschichte der Stadt Mühldorf. In: Heimatbund Mühldorf e.V. (Hg.): Mühldorf. Stadt am Inn. Mühldorf 1989, S. 313 ff.
Stellner, Norbert: Radfahrvereine in der bayerischen Provinz. Raum Mühldorf/Altötting 1882–1994 (Beiträge zur Geschichte und Kulturgeschichte des Fahrrads 1). Regensburg 2000.
Stoll, Ulrike: Bayern – ein Land ohne Identitätsprobleme? In: Geschichte im Westen 16 (2001), S. 20–37.
Stolleis, Michael: Geschichte des öffentlichen Rechts in Deutschland. Band 1: Reichspublizistik und Policeywissenschaft 1600–1800. München 1988, S. 369–371.
Strobl, Lorenz: Von Wachsziehern und Lebzeltern. In: Das Mühlrad XIX (1977), S. 113–115.
Strych, Eduard: Der westdeutsche Sport in der Phase der Neugründung 1945–1950. Schondorf 1975.
Stützel-Prüsener, Marlies: Die deutschen Lesegesellschaften der Aufklärung. In: Dann, Otto (Hg.): Lesegesellschaften und bürgerliche Emanzipation. Ein europäischer Vergleich. München 1981, S. 71 ff.
Sullek, Otto H.: Der Poststall von Mühldorf und seine Vorgeschichte. In: Das Mühlrad XXV (1983), S. 5–30.
Sullek, Otto H.: Telegrafendienst und Fernsprechbetrieb in Mühldorf. In: Das Mühlrad XXVII (1985), S. 15–34.

T

Tenfelde, Klaus: Proletarische Provinz. Radikalisierung und Widerstand in Penzberg/Obekbayern 1900–1945. In: Broszat, Martin / Fröhlich, Elke / Grossmann, Anton (Hg.): Bayern in der NS-Zeit 4. Herrschaft und Gesellschaft im Konflikt. Teil C. München/Wien 1981.
Thränhardt, Dietrich: Wahlen und politische Strukturen in Bayern 1848–1953. Historisch-soziologische Untersuchungen zum Entstehen und zur Neueinrichtung eines Parteiensystems (Beiträge zur Geschichte des Parlamentarismus und der politischen Parteien 51). Düsseldorf 1973.
Treml, Manfred / Jahn, Wolfgang / Brockhoff, Eva Maria: Salzhandel in Bayern bis zur Errichtung des herzoglichen Handelsmonopols. In: Salz Macht Geschichte (Veröffentlichung zur Bayerischen Geschichte und Kultur 29/95). Regensburg 1995, S. 212–218.
Treue, Wilhelm (Hg.): Das Hausbuch der Mendelschen Zwölfbruderstiftung zu Nürnberg: deutsche Handwerkerbilder des 15. und 16. Jahrhunderts. 2 Bände. München 1965.
Troll, Max / Wallenhorst, Rolf / Halaczinsky, Raymond: Die Besteuerung gemeinnütziger Vereine und Stiftungen. München 2000.
Trottmann, Helene: Cosmas Damian Asam 1686–1739. Tradition und Invention im malerischen Werk. Nürnberg 1986.
TSV 1860 Mühldorf: Festschrift 125 Jahre Turn- und Sportverein (TSV) 1860 Mühldorf. 1860–1985. Mühldorf 1985.
Tyroller, Franz: Die Grafschaften des Isengaues. In: Oberbayerisches Archiv 80 (1955), S. 45–102.
Tyszka, Carl von: Handwerk und Handwerker in Bayern im 18. Jahrhundert. Eine wirtschaftsgeschichtliche Studie über die bayerische Gewerbeverfassung im 18. Jahrhundert. München 1907.

U

Ulmenschneider, Helgard: Grill, Nikolaus. In: Ruh, Kurt u.a. (Hg.): Die deutsche Literatur des Mittelalters: Verfasserlexikon. Band 3. Berlin u.a. 1981, Sp. 257–259.
Urzinger, Hans: Das Mühldorfer Stadtrecht (Nach Dr. K. Th. V. Heigel). Heimatgeschichtliche Beiträge, Heft 3. Mühldorf o.J.
Urzinger, Hans (Hg.): Eine Stadtordnung der Stadt Mühdorf vom Jahre 1522 mit Nachträgen aus den Jahren 1560, 1562, 1583 und 1602 (Heimatgeschichtliche Beiträge) Mühldorf a. Inn 1930.
Uttendorfer, Emil: Die Archidiakone und Archipresbyter im Bistum Freising und die Salzburgischen Archidiakonate Baumburg, Chiemsee und Gars. Mainz 1890.

V

Valentien, Christoph: KZ-Außenlager Mühldorf. In: Dachauer Hefte 15 (1999), S. 218–239.
Veits-Falk, Sabine: »Zeit der Noth«. Armut in Salzburg 1803–1870 (Salzburger Studien 2). Salzburg 2000, S. 177–180.
Verhandlungen des Bayerischen Landtags: Beilagen-Bände (BBd.). 1946 ff.
Volkert, Wilhelm: Geschichte Bayerns. München 2001.
Volkert, Wilhelm (Hg.): Handbuch der bayerischen Ämter, Gemeinden und Gerichte 1799–1980. München 1983.
Vollhardt, Ulla-Britta: »Das Bayerland« und der Nationalsozialismus. Zum Wirken einer Heimatzeitschrift in Demokratie und Diktatur (Forschungen zur Landes- und Regionalgeschichte 4). St. Ottilien 1998.
Vollhardt, Ulla-Britta: Zwischen Staatstradition und Regionalbewusstsein. Staatliche Heimatpolitik in Bayern nach 1945. In: Knoch, Habbo (Hg.): Das Erbe der Provinz. Heimatkultur und Geschichtspolitik nach 1945 (Veröffentlichungen des Arbeitskreises Geschichte des Landes Niedersachsen nach 1945, 18). Göttingen 2001, S. 117–142.
Vyzina, Rudolf: Festschrift Linienstern Mühldorf. München 1994.

W

Wagner, Franz: Die Siegelbilder der Salzburger Erzbischöfe des Spätmittelalters. In: Alte und moderne Kunst. 23. Jahrgang. Heft 156. 1978.
Wagner, Franz: Studien zum spätmitte alterlichen Chorgestühl des Salzburger Domes. In: Alte und moderne Kunst 25 (1980).
Wagner, Hans: Vom Interregnum bis Pilgrim von Puchheim. In: Dopsch, Heinz / Spatzenegger, Hans (Hg.): Geschichte Salzburgs. Stadt und Land. Band I, Teil 1. Salzburg 1983, S. 437–485.
Wagner, Hans: Die Neutralität Salzburgs im österreichischen Erbfolgekrieg 1741–1745. In: MGSL 100 (1960), S. 209–272.
Wanderwitz, Heinrich: Salzhandel in Bayern bis zur Errichtung des herzoglichen Handelsmonopols. In: Treml, Manfred / Jahn, Wolfgang / Brockhoff, Eva Maria: Salz Macht Geschichte (Veröffentlichung zur Bayerischen Geschichte und Kultur 29/95). Regensburg 1995, S. 212–218.
Wanderwitz, Heinrich: Studien zum mittelalterlichen Salzwesen in Bayern (Schriftenreihe zur bayerischen Landesgeschichte 73). München 1984.
Wanka, Reinhard: Der Bahnknotenpunkt Mühldorf. In: Das Mühlrad XXIX (1987), S. 6–30.
Wanka, Reinhard / Wiesner, Wolfgang: Hauptbahn München–Simbach und ihre Zweigbahnen. Egglham 1996.
Wanka, Reinhard: Die Integration der Heimatvertriebenen und Flüchtlinge am Beispiel der Flüchtlingsstadt Waldkraiburg. Unveröffentl. Manuskript. Mühldorf 1994.
Wanka, Reinhard: Mühldorf wird Bahnstation. In: Das Mühlrad XXVIII (1986), S. 35–60.
Wanka, Reinhard: Verkehrsknotenpunkt Mühldorf. In: Heimatbund Mühldorf e.V. (Hg.): Mühldorf. Stadt am Inn. Mühldorf 1989, S. 289–298.
Wanka, Wilfried: 40 Jahre Gemeinnützige Kreis-Wohnungsbaugesellschaft mbH Mühldorf a. Inn. Festschrift. Mühldorf 1991.

Weber, Josef / Rambold, Franz Xaver: Die Schlacht bei Mühldorf. Eine geschichtliche Studie zum 600jährigen Gedenktag der Schlacht. Festschrift zum Kraiburger Volksschauspiel ›Ludwig der Bayer oder der Streit von Mühldorf‹. Mühldorf 1922.
Weber, Karl: Neue Gesetz- und Verordnungen-Sammlung für das Königreich Bayern. Band 4 (1848–1856). Nördlingen 1885.
Weber, Karl: Neue Gesetz- und Verordnungen-Sammlung für das Königreich Bayern mit Einschluß der Reichsgesetzgebung. Band 8 (29.4.1869 bis 2.5.1871). Nördlingen 1888.
Wedemeyer, Bernd: Möglichkeiten und Grenzen volkskundlicher Sportgeschichte – dargestellt an Beispielen deutsch-österreichischer Turnvereinsgeschichte zwischen 1848 und 1933. In: Österreichische Zeitschrift für Volkskunde 102/N.S. 53 (1999).
Auf dem Weg zum Grundgesetz. Verfassungskonvent Herrenchiemsee 1948. Hefte zur bayerischen Geschichte und Kultur. Band 21. Augsburg 1998.
Weigand, Wolf Volker: Bayern in der NS-Zeit (1933–1945). In: Treml, Manfred (Hg.): Geschichte des modernen Bayern. Königreich und Freistaat (Bayerische Landeszentrale für politische Bildungsarbeit 95). München 1994, S. 275–374.
Weinberger, Elisabeth: Waldnutzung und Waldgewerbe in Altbayern im 18. und beginnenden 19. Jahrhundert. Stuttgart 2001.
Weis, Eberhard: Bayern und Frankreich in der Zeit des Konsulats und des ersten Empire (1789–1815). In: Historische Zeitschrift. Band 237. Heft 3. München 1983, S. 559–595.
Weis, Eberhard: Die Begründung des modernen bayerischen Staates unter König Max I. (1799–1825). In: Spindler, Max (Hg.): Handbuch der Bayerischen Geschichte. Band IV/1. München 1974.
Weis, Eberhard: Montgelas. Band 1. München 1988.
Weiß, Alfred Stefan / Kramml, Peter F.: Das Bürgerspital. Lebensbedingungen in einem bürgerlichen Versorgungshaus und Altenheim. In: Weidenholzer, Thomas / Marx, Erich (Hg.): Hundert Jahre »Versorgungshaus Nonntal«. Zur Geschichte der Alters- und Armenversorgung der Stadt Salzburg (Schriftenreihe des Archivs der Stadt Salzburg 9). Salzburg 1998, S. 67–110.
Wenninger, Markus J.: Zur Geschichte der Juden in Salzburg. In: Dopsch, Heinz / Spatzenegger, Hans (Hg.): Geschichte Salzburgs. Stadt und Land. Band I, Teil 2. Salzburg 1981–1991, S. 747–756.
Wieser, Max: 1250 Jahre Pieding. o.O., o.J.
Wild, Joachim: Wolf Dietrich und Herzog Maximilian I. In: Fürsterzbischof Wolf Dietrich von Raitenau. Gründer des barocken Salzburg. Salzburg 1987, S. 75–78.
Wimmer, Jürgen: Die Stadtkammerrechnungen der Stadt Mühldorf a. Inn aus den Jahren 1802 und 1803. Analyse und Edition im Hinblick auf den Übergang an Bayern. Unveröffent. Hauptseminararbeit. Mühldorf 2000.
Winkler, Gerhard B.: Die nachtridentinischen Synoden im Reich. Salzburger Provinzialkonzilien 1569, 1573, 1576. Wien u.a. 1988.
Winkler, Gerhard B.: Die Salzburger Provinzialsynoden. In: Rottenburger Jahrbuch für Kirchengeschichte 5 (1986), S. 25–32.
Wolf, Winfried: Eisenbahn und Autowahn. Personen- und Gütertransport auf Schiene und Straße. Geschichte, Bilanz, Perspektiven. Hamburg/Zürich 1986.
Wolff, Hans u.a.: Cartographia Bavariae. Bayern im Bild der Karte (Ausstellungskatalog der Bayerischen Staatsbibliothek 44). Weißenhorn 1988, S. 321–344.

Z

Zaisberger, Frederike: Die Salzburger Landtafeln. Salzburg 1990.
Zauner, Judas Thaddäus: Chronik von Salzburg. 1. Teil. Salzburg 1796.
Zauner, Judas Thaddäus: Chronik von Salzburg. Teil 6. Salzburg 1810.
Zayas, Alfred M. de: Die Vertreibung. In: Grube, Frank / Richter, Gerhard: Flucht und Vertreibung. Deutschland zwischen 1944 und 1947. Hamburg 1980, S. 169–184.
Zeller, Thomas: Landschaften des Verkehrs. Landschaftsveränderung durch Verkehrswege in Deutschland im 20. Jahrhundert. Öffentliche Diskussion und technische Lösungsangebote. Diss. München 1998.
Ziegler, Walter: Die nationalsozialistischen Gauleiter in Bayern. Ein Beitrag zur Geschichte Bayerns im Dritten Reich. In: ZBLG 58 (1995), S. 427–460.
Ziegler, Walter: München als politisches Zentrum Bayerns: Regierungssitz und Gauhauptstadt. In: München, Hauptstadt der Bewegung (Ausstellungskatalog). München 1993, S. 212–218.
Ziegler, Walter: Widerstand in Bayern – Ein Überblick. In: Rumschöttel, Hermann / Ziegler, Walter (Hg.): Franz Sperr und der Widerstand gegen den Nationalsozialismus in Bayern. München 2001, S. 7–24.
Zimmer, Jochen: Der Touristenverein »Naturfreunde«. In: Teichler, Hans Joachim / Hauk, Gerhard (Hg.): Illustrierte Geschichte des Arbeitssports. Berlin/Bonn 1987, S. 82 ff.
Zitka, Hans-Roland: Die wirtschaftliche Veränderungen im bayerischen Raum zwischen Inn und Salzach (Schriften des Instituts für Kultur- u. Sozialforschung e.V. 6). Gräfelfing bei München 1959, S. 52–97.
Zorn, Wolfgang: Bayerns Geschichte im 20. Jahrhundert. Von der Monarchie zum Bundesland. München 1986.

Bildnachweis

Autobahndirektion Südbayern, München: S. 244

Bayerische Staatsbibliothek, München: S. 28, 30

Bayerische Staatsgemäldesammlung, München: S. 155

Bayerische Staatskanzlei, München: S. 213

Bayerische Verwaltung der Staatlichen Schlösser, Gärten und Seen, München: S. 79, 141

Bayerisches Hauptstaatsarchiv, München: S. 17, 25, 31, 33, 65, 80, 135, 138, 152, 157, 163, 205, 208, 209, 238, 241, 242

Bayerisches Nationalmuseum, München: S. 63

Foto Franck, Salzburg: S. 19

Foto Fromberger, Mühldorf a. Inn: S. 45, 89, 185, 226, 230, 232, 237

Foto Schröck, Laufen an der Salzach: S. 137

Foto Strauß, Altötting: S. 140

Germanisches Nationalmuseum, Nürnberg: S. 136, 150

Haus der Bayerischen Geschichte, Augsburg: S. 139, 142, 143, 153, 212, 225

Inntalia Mühldorf e.V.: S. 282

Konsistorialarchiv, Salzburg: S. 46

Kreismuseum Lodronhaus, Mühldorf a. Inn: S. 203, 219 rechts, 223

Kunsthistorisches Museum, Wien: S. 36

Albrecht Miller, München: S. 84, 87, 121, 122, 123, 124, 125, 126, 127, 128, 129, 130, 131, 132, 133

Motorsport-Club Mühldorf e.V: S. 274, 283

Wolf-Christian von der Mülbe, Dachau: S. 61

Salzburger Landesarchiv: S. 21, 37, 52, 74

Salzburger Museum Carolino Augusteum: S. 48, 61, 62, 66, 67, 90, 92, 95, 104

Dr. Hans-Rudolf Spagl, Mühldorf a. Inn: S. 14, 44, 55, 5775, 93, 94, 99, 100, 101, 102, 103, 108, 109, 110, 111, 113, 115, 154, 159, 166, 180, 183, 187, 210, 219 links, 233, 234 links, 271, 272, 276

Staatsarchiv Landshut: S. 13

Staatsarchiv München: S. 239, 248

Stadtarchiv Mühldorf a. Inn: S. 16, 27, 29, 41, 53, 72, 76, 78, 136, 144, 167, 170, 171, 172, 175, 179, 188, 191, 192, 193, 194, 196, 197, 199, 201, 206, 207, 216, 217, 218, 221, 222, 227, 234 rechts, 236, 240, 247, 251, 255, 256, 257, 258, 260, 263, 265, 266, 269, 270, 273, 275, 277, 281

Stadtarchiv Würzburg: S. 81

Stadtbibliothek Nürnberg: S. 91

Autoren

Prof. Dr. Christian Dirninger
Institut für Wirtschafts- und Sozialgeschichte, Universität Salzburg

Prof. Dr. Heinz Dopsch
Institut für Landesgeschichte, Universität Salzburg

Dr. Angelika Fox
Haus der Bayerischen Geschichte, Augsburg

Gerhard Fürmetz M. A.
Bayerisches Hauptstaatsarchiv, München

Prof. Dr. Adolf Hahnl
Stiftsbibliothekar, Erzabtei St. Peter, Salzburg

Edwin Hamberger
Stadtarchivar, Mühldorf a. Inn

Dr. Hans-Georg Hermann
Leopold-Wenger-Institut für Rechtsgeschichte, Universität München

Prof. Dr. Reinhard Heydenreuter
Bayerisches Hauptstaatsarchiv, München

Prof. Dr. Hans-Michael Körner
Historisches Seminar, Abt. Didaktik der Geschichte, Universität München

Angelika Kromas M. A.
Freilassing

Dr. Thomas Johannes Kupferschmied
Landesamt für Denkmalpflege, München

Norbert Lehning
Katholische Universität Eichstätt-Ingolstadt

Dr. Albrecht Miller
Bayerische Verwaltung der staatlichen Schlösser, Gärten und Seen, München

Karl Borromäus Murr M. A.
Katholische Universität Eichstätt-Ingolstadt

Dr. Erwin Naimer
Archiv der Erzdiözese München-Freising

Prof. Dr. Reinhold Reith
Institut für Wirtschafts- und Sozialgeschichte, Universität Salzburg

Dr. Norbert Stellner M. A.
Regensburg

Ulrike Stoll M. A.
Universität München

Dr. Sabine Veits-Falk M. A.
Stadtarchiv Salzburg

Dr. Reinhard Wanka
Mühldorf a. Inn

Prof. Dr. Joachim Wild
Direktor des Bayerischen Hauptstaatsarchivs, München

Impressum

© 2002
Stadt Mühldorf a. Inn

Konzeption, Redaktion:
Edwin Hamberger,
Angelika Kromas M. A.
Lektorat:
Thomas Stark M. A., Maitenbeth
Gestaltungskonzeption, Layout:
engelhardt.atelier, Mühldorf a. Inn
Reproduktionen:
ReproLine, München,
DiaTec, München,
ReproTeam, München,
Foto Frank, Salzburg,
engelhardt.atelier, Mühldorf a. Inn
Druck, Bindung:
Bosch-Druck, Landshut

ISBN 3-9808380-0-5
Printed in Germany